李村火集 （上卷）

青岛市李沧区政协编

中国海洋大学出版社

"李沧记忆丛书"之《李村大集》卷
编委会

平凡人物

大案故事

王希静 题

序

　　李村大集历经 400 余年，沧桑久远，远近闻名。乡村集市文脉久远深厚，蕴含商业与民俗精髓。区政协匠心独运、不辞劳苦，编纂《李村大集》一书，通俗易懂，雅俗共赏，集真实性、艺术性、历史性于一体，遍观天下，迄今无二。如今，曾经脏乱不堪的李村河中游已实现了岸净水清、鱼翔浅底，蜿蜒的水流诉说的是记忆、是传承、是情感、是信念。

　　每逢农历二、七，四面八方的人群涌入李村大集，讨价声、叫卖声不绝于耳，可谓李沧版的"清明上河图"。明万历《即墨县志》建置篇载："市集，在乡十二。李村，在县南六十里。"清末至民国时期，李村大集以自由交易为主，既有本地自产的粮食、海产品，也有产自外地的手工制品、木材，更有煤油、火柴等洋货。民国十七年《胶澳志》载："李村，距青岛市三十里地，当李村河之中流，为四通八达之地……临时营业恒得千数百家，集会人数二三万。"新中国成立初期，社会安定，李村大集逐年发展。改革开放后，农村体制改革，农民收入增加，李村及周边城乡购买力提高，李村大集进入了繁盛时期，并由此带动了李村商圈的发展。

　　嘈杂与凌乱的李村河底生动地折射出城市最真实的鲜明特征，给无数青岛人留下了难以忘怀的回忆。这里曾是演绎人间烟火的鲜活剧场，也是一座浓缩城市百姓故事的摄影棚。百年大集真实而鲜活地集中展现着平民百姓的市井生活，承载着老一辈青岛人对于亲情和欢乐的久远印记。因其特殊的历史地位，2012 年李村大集成功入选青岛市市级非物质文化遗产目录。如今，李村大集成功搬迁，新的李村大集再现着摩肩接踵、热闹非凡的盛世景象。

对于曾经管理混乱、洪水威胁的李村大集来说，搬迁是为发展，易地是为重生：通过实施李村大集文化发掘传承专题创作工程、建设李村大集民俗博物馆，进一步诉说"李沧故事"、传承"李沧记忆"、升华"李沧精神"。

"万物有所生，而独知守其根。"城市文化是一座城市的精神之根、精神之魂。李村大集是青岛这座城市文化的缩影，是城市文化潜移默化的传承与延续，是定格在青岛人心中永恒的记忆。党的十九大报告提出："满足人民过上美好生活的新期待，必须提供丰富的精神食粮。"李村大集作为延续城市文脉的重要载体，不仅贯穿于外在的规模发展，更体现于温暖的人间烟火、沸腾的市井生活。通过深入实施文化建设"量子工程"，以实际行动充分保护蕴含在李沧山、海、河、城中的丰厚历史文化资源，把这些承载历史、彰显特色、寄托情感的宝贵财富利用好、传承好、发展好，共筑城市精神家园和情感港湾。

卖香油的张家兄弟、卖干货的李大哥、卖米豆的楚阿姨……李村大集的历史更是一部普通人的奋斗史。从无到有、从小到大，李村大集用一个个个体的奋斗凝聚起改革发展的强大合力。爬坡过坎、攻坚克难，正在成为千千万万李沧人民的共识，由此汇聚起的磅礴伟力，更是如春风化雨，无形中滋润着"诚信实干、奋勇争先"的李沧精神。腹有诗书气自华，对一个人如是，对一座城市更是如此，个人的奋斗最终将一股股精神细流汇集成城市创新发展的源头活水。在文化的传承与创新中，城市焕发新的生机，必将在未来闪光发亮；在岁月的流逝与变迁中，我们汲取精神的力量，谱写李沧发展新篇章。

王希静

2018 年 12 月

前　言

　　《李村大集》一书在历时两年的艰辛劳动之后，今天终于出版问世，高兴之情自不必讲。

　　李村大集始于明朝，迄今已有439年历史，见证了明、清、德占、日占、民国、抗日战争、解放战争和新中国的历史风云，也经历了从普通乡集向区域乡集、乡区大集、城市大集地位的转变。长期以来，李村大集与李村地区的社会与经济发展密切相连，一体同气，集市文化深植于社会生活各个层面，底蕴深厚，丰富多彩，大集文化既是李沧地域文化的代表，也是青岛城市文化符号之一。从一定意义上说李村大集就是青岛历史发展的见证者。

　　经过数百年的沿革，李村大集在高度繁荣发展的同时，也受到空间、环境制约，缺乏后续发展潜力。李沧区委、区政府审时度势，于2016年6月将李村大集整体搬迁新址，掀开了李村大集历史发展新的一页。

　　集场的搬迁不是李村大集的结束，也不是集市文化的衰落，而是李村集市文脉的延续与发展。为了留住李村大集的文化印记、保护大集文化遗产，延续集市文化主脉，助力李村新大集的培育发展，李沧区政协决定编辑出版《李村大集》一书，以达到"保护遗产""存史资政"之目的。

　　李村大集历经400余年沧桑，泽被滋润无数苍生，居民百姓感念至深，口说文传，闻名遐迩。然而对于集市的起源与变迁，管理体制、交易模式的制定与演化，商业、民俗文化内涵特色等课题一直乏有调研问津者，实为一大憾事。

　　鉴于李村大集独有的历史和商业、民俗文化特色，针对集市商业流动性强、缺乏历史档案和日常管理资料、调查采访对象文化水平偏低的现实，《李村大集》编辑组制定了"三亲、三新、三结合"的编纂原则。所谓"三亲"即在实地调研采访和撰稿时要秉承"亲历、亲见、亲闻"的基本原则，保持讲述人的阅历故事、行为风格和语言文风，保证采访文章的真实性、可信性与趣味性；"三新"则是坚持发掘新史料、新数据、新内容，为本书编写提供历史依据、社会背景和故事情节；"三结合"则是以历史资料、沿革概述和"三亲"文章共同构成图书体例和文字内容，形成"史、述、文"三结合的创新模式。在这一原则指导下，编辑组以李村大集历史资料调查发掘为基础，对大集从营业人员和知情人进行全方位实地调研采访，广泛征集历史资料与口碑资料，整理编纂"李村大集故事"。通过对李村集的历史档案资料的发掘和实地调研，不仅发掘整理出李村大集历史沿革全貌与集市文化的内涵，更发掘研究了在传统集市商业文化和外来殖民商业文化影响下李村集市商业文化的经营理念、税收制度、集市管理的模式以及对青岛和全国集市商业管理的引领与影响，使《李村大集》有历史资料、有故事情节、有数据依据，凸显李村大集特有的平民性、独有性、趣味性和可信性的文化特点。充分展现了成果的历史性、现实性和文化创新性，是政协"保护遗产""传承文脉""存史资政"文化工程的一大贡献。作为首部系统讲述乡村集市历史沿革、商业模式和文化记忆的著作成果，《李村大集》在文史资料编纂和我国集市商业文化发掘研究模式方面作了一些探讨创新，希望这一创新能为文史资料研究领域提供有益的启示作用。

李桂锡

2018 年 12 月

上卷

目　录 Contents

□ 风生水起弄潮人

下卷

□ 八方见闻说江湖

综述：李村大集沿革概述

李村大集沿革概述

一、李村起源与集市的形成

李村和李村集市显名于明朝万历七年（公元 1579 年），距今已有 439 年历史。李村集因其地理、区位、交通优势和丰富的人口、物产，成为即墨县重要的乡村集市。

（一）集市的起源

集市，起源于史前时期人们的聚集交易，是在商品经济不发达的时代和地区普遍存在于农村或小城市中定期买卖货物的市场，一般设在交通便利、人口较多的较大村镇。集市的名称因地域而有不同的叫法，北方普遍称作集，人们到集上买卖物品称为"赶集""上集"，不买东西而去集上的则称为"逛集"或"赶闲集"。"集"在南方也叫"墟""集墟"。大型的集市也叫"会"，如"山会""庙会""物资交流大会""骡马大会"等。关于集市的起源，编纂于 1928 年的《胶澳志》有简洁的说明："盖初民之交易范围狭隘，事类简单，需要之数量微少，故无永久设肆之可能；购买之区域散漫，故有周流普遍之必要。《易经》系辞：日中为市，周礼地官五十里有市，是知古人之市有一定之时期与一定之地点。今之市集遍及各省（东北或曰庙会，西南或曰赶墟），实古人市制之遗意。"古时日中为市，以中午为齐集之时，人与物相聚会，买卖物品。现在人们均称为"集"，间有称小市者。"至集市上买卖名曰'赶集'、'上集'，无急要事到集上，见可买的就买点，称为'逛集'。集市结束曰'散集'。"

在人类历史长河中，农业和商业是支撑社会的主要行业。尽管在中国古代历代王朝中均奉行"重农抑商"政策，但国家经济收入的重要来源仍是商业税收。商人在政治上受到压抑，但其活动能力和影响力则是很大的。司马迁《史记》云："农工商交易之路通，而龟贝金钱刀币之币兴焉。"正是因为商业的发展，才促进了城市和乡村集市贸易经济的发展。

随着商品交易量的增加和交易范围空间的扩大，单纯的物物交换的方式已经不能满足人们对商品的需求，因此出现了中间担保和换算物品——货币。最初的货币是以贝类等珍稀物品作为媒介的，后来发展到以金属和纸币为中介物品，钱币因此出现。传统的物物交易从此发展为以货币为主要交易结算方式的规模较大的贸易市场，亦即人们所说的集市贸易。

在早期中国文字语言中，"集"与"市"具有不同的意义。"集"属于具有一定流动性的贸易形式，而"市"是固定的贸易场所。后来社会的发展进程中，"集"与"市"的差异逐渐缩小，意义也趋于一致，"集市"成为一个词语。

在中国古代城市规划与管理体制中，"市"的地位非常重要。《国语·齐语》记载管仲对齐桓公说："夕先王之处士也，使就闲燕，处工就官府，处商就市井，处农就田野。"在古代，国家对"市"的管理非常严格，"市"的等级、性质、种类等有严格的规定。《周礼·司市》载："大市日昃而市，百族为主；朝市朝时而市，商贾为主；夕市夕时而市，贩夫贩妇为主。"另外，这种城市贸易场所的"市"在大中城市中不止一处，一般较大规模的城市里可以根据城市规模和市民数量设置若干个"市"。《庙记》云：西汉"长安市有九，各方三百六十六步，六市在道西，三市在道东"。"市"的名称也不同，有的叫作坊市、有的叫作厢市，也有叫东市、西市、南市、北市等，是根据"市"所处的城市空间位置来称呼的。古诗《木兰辞》里讲述"东市买骏马、西市买鞍鞯，南市买辔头、北市买长鞭"，表明木兰要购置出征的装备，需要到不同的市场才能购置完备。

市是封闭式管理，设有市门，有专门的管理机构和官吏，设置令、丞、啬夫、门卒等官员吏卒。市令的主要职责就是收取"市租"，为政府财政收入的一项重要来源。西汉主父偃称说"齐临淄十万户，市租千金，人众殷富，巨于长安"。可见市租在国家税收中占有重要地位。为此，历代政权都非常重视"市"的设置与管理。《汉书》记载，王莽在京都长安和全国五大城市中设置"市令"官职，以收取"市租"增加国家税收。《三国志》也记载了曹丕巡视南阳时，地方官员为取悦曹丕，关闭了南阳市场，影响了居民的生活，引起曹丕震怒，罢免了南阳郡守等地方官吏的故事。可见集市在古代社会中的重要性。

相对于设在大中城市、由官府直接管理的"市"而言，"集"大多设于小城镇和乡村，早先也属官府管理征税，后官府疏于管理，交由基层政权管理，带有乡村自营自管的性质。

在小城市和离城市较远的乡村，不可能每个村庄都设置集市。只能根据交通条件、村庄之间的距离、人口密度等条件，在方位适中、交通便利、人口密度较大的村镇设置乡集。与每天都有交易的"市"不同，"集"是周期性的交易方式，每集之间间隔数日。北方地区一般以五日一集的传统方式来划分集日，即以农历一六（初一初六）、二七（初二初七）、三八（初三初八）、四九（初四初九）、五十（初五初十）来确定划分每个集市的交易日期。集市贸易时间根据集市的规模大小而定，一般集市都是"日中而市"，大的集市可以经营到下午日落之前，而一些小的集市只能是在早晨交易，日出后即告结束，俗称"早市"，民间亦称之为"露水集"，意即太阳一出露水消散，集市就结束了。

在规模较大的集市，每年定期有一次或几次大规模的交易时间，称为大集，亦称为"山会"。一到大集时间，周边数十里甚至数百里外的商家汇聚集市，货物充沛，花样繁多，周边乡民纷至沓来，采购所需物资，称为"赶大集"或"赶山会"。有的宗教庙宇举办大型祭祀文化活动时，往往也同时举办商品交易活动，形成大型商品交易与宗教文化相结合的活动，称为"庙会"，也是集市的形式之一。"山会""庙会"除了商品交易活动外，也是一种大型的文化活动。会期有众多文化艺术团体八方云集，争相登台亮相，奉献各种文艺活动。乡民在采购商品的同时，也能尽情享受平日罕见的文化娱乐活动。李村早年的清凉院庙会就是这种形式。只不过是清凉院庙会期间恰好与李村集期重合，届时原本在集市上的商贩和顾客都自动转移到清凉院周边赶庙会，形成规模空前的庙会大集，成为李村集市和庙会的一大特点。大集作为一种经济、文化、民俗汇集绽放的大平台，在交通蔽塞、文化生活单一、商品交流滞后的年代里，给人们带来的不仅是经济的便利，也是文化、民俗的传播。

（二）崂山居民与李村地名的来历

李村地名最早见于明朝万历年间编纂的《即墨县志》，村名与集市互伴共生。《即墨县志·建置篇》记载："市集，在乡十二……李村，在县南六十里。"查《即墨县志》编者为即墨知县许铤，成书年代为明万历七年，即公历 1579 年，距今已有 439 年历史了，称其"历史悠久"可谓实至名归。

人们可能会问：既然产品交换活动早在原始社会就已经出现，集市贸易也早在先秦时代就已经成熟，那么作为历史上以商业发达而闻名的齐国故地的即墨（李村）集市为什么仅仅在明代中期才见于史籍记载呢？难道在明朝万历年以前的历史长河中即墨、李村地区就一直没有集市文化的存在吗？故事还要从即墨、李村的历史沿革与移民文化说起。

胶东半岛地区历来是经济发达之地，古即墨又是齐国和秦汉时期的中心城市，集市经济自然不会落后。李村所在的胶州湾地区早在秦汉时期就是经济发达、人口稠密之地，历史上曾设置过不其县、不其侯国、挺县、即墨县、长广郡、东青州等州、郡、县（侯国）行政建制。但自三国以来，山东地区历经战乱，西晋八王之乱和五胡十六国之乱及南北朝对峙时期，山东地区田园荒芜，经济凋敝，民不聊生，人口减少。后来经历宋金对峙、金蒙（古）之战、元末农民起义等战乱后，山东地域经济、人口再度损失惨重，原住民锐减。加上史籍散失等原因，明代之前的李村地域文化已不可考。

明朝初年，鉴于山东、河北地广人稀的状况，明太祖朱元璋制定了从战乱较少的西部地区"起小民"东迁到山东、河北的政策，以强制手段将遭受战争破坏较轻、人口较稠密的西部地区的平民安置到山东、河北等地。同时建立灵山卫、鳌山卫等卫所，调集驻云南、贵州的军队移防山东沿海。这些官兵原籍江淮，后随军征伐云贵，又奉调移防山东，属于世代相袭的军户。一般东迁的平民则有山西、四川、云南、江苏等地迁移之说。明清时期，胶东地区移民后裔已成为当地居民的主要成分，并与原住民完全融为一体，在风俗文化、语言方面难以区分，但仍保留了一些特有的风俗和习惯，在语言上也保留了一些家乡的味道。如山东人习惯将双手放在背后，称为"背手"，祖辈传说是因为移民被官兵押送时双手被绑在背后以防逃跑形成的习惯。另，山东人称大小便为"解手"，则是因为双手被绑，需要小便时必须解开绑缚的双手才能完成排泄动作，因此称为"解手"等等。这些传说反映了移民文化的苦难社会背景。

明朝的移民政策虽然是强制性的，但解决了西南地区人口密集与土地短缺的矛盾和北方战乱地区土地荒芜人口稀少的问题，促进了经济的发展，符合社会发展的需求。从此，胶州湾地区的居民有了比较安定的生活环境，逐渐繁荣发展起来。

由于战乱、灾异、疾病等原因，即墨地域经济、人口损失严重，原住民流散，史籍资料散失，很难看到明代以前的地方史籍。从目前所能看到的历史资料和族谱资料来看，现在李村地区的居民基本上都是明初外地移民的后代，很少有原住民的传承。村庄地名也大都是明代之后所命名，且多以移民先祖的姓氏命名。"李村"地名的来历也是如此。1984年出版的《崂山地名志》载："据李村《李氏祖谱》载：'始祖李周于明正统年间自云南迁即墨城东流村，短期停留后迁居此地。'以姓氏命名。"古代以大姓或创始人之姓氏命名村镇地名属约定俗成之惯例。李姓始祖迁居李村河畔后，繁衍生息，形成村落，遂按照传统习惯，以姓氏为村名，名正言顺。其后他姓居民相继移入，多姓杂处，丁口日盛，开村之李姓反为村中小姓。虽然如此，当地村民仍按照习俗旧约，不易村名，李村地名延续，直至今日。

对于李村的行政与地域范围在历史上有多种释义，有时仅限于李姓初迁地——河北村一隅，有时候又包括河北、河南两村。一般来说，在明清时期，李村是专指河北村，但近代以后，因为李村区公共设施建设横跨李村河南、北两岸，李村集市又在两个村庄之间的河滩上，从李村街区规划范围而言，河北、河南两村实际已连为一体，人们对李村的地理概念包括了这两个自然村。再向后发展，李村的范围已经涵盖了周边的几个自然村。1899 年，德国人将青岛市区之外的乡村划为李村乡区，李村成为行政区域的名称。这是后话。

在行政建置上，李村在明清时期一直属于山东省莱州府即墨县仁化乡郑疃社。明万历七年版《即墨县志·建置卷·乡社》记载：即墨全县共有仁化、东移风、海润、里仁、零山、福海、西移风七乡。其中仁化乡辖有"浮峰社、郑疃社、聚仙社、南曲社、女姑社、古镇社、葛村社、铁其社、训虎社、石原社、其信社、官庄社、双埠社、温良社"共计十四社，李村即为郑疃社下属的一处普普通通的村庄。

清朝乾隆版《即墨县志·建置卷·里社》记载与万历版《即墨县志》略有不同：仁化乡辖十三社，比万历版《即墨县志》少了官庄社，李村仍属郑疃社。另外，清朝雍正年间裁撤卫所以后，鳌山卫、大嵩卫及浮山所、雄崖所辖领的六十二屯收并入即墨县辖领。其中浮山所领屯赵家、葛家、李家、毛家、侯南、展家、浮山所九处军屯划入仁化乡管辖。

（三）李村集的起源

明清两代，胶州湾与崂山地区远离战火动乱，生活比较安宁，加之气候宜人，农产、海产丰盛，被人们视为风水宝地，遂有即墨乡贤胡峄阳的名言"大涝不涝，大歉不歉（艰年），千难万难，不离崂山"之说，深为本地人所认同。众多外地居民也陆续迁居崂山地区，李村等地居民人数急剧增加，社会经济也在平稳中发展。经济的发展和人口的增加，必然带动商品交易的需求，作为自主经济形态下的集市贸易便应运而生。占尽交通、物产和人口等有利条件的李村便成为周边村民公认的集市贸易场所，李村集由此产生。若是寻根溯源的话，李村作为民间自发集市的形成应当早于明万历年间，因为文字记载一般都要晚于事实发生的时间。而且集市产生、发展需要一个培育的过程，李村集从一个普通小集市发展到即墨县有名的乡集，需要经过多年的实践与发展。因此，李村集市的出现显然要早于万历年间。随着历史车轮的不断前行，李村集从一个普普通通的乡村小集市日渐发展培育壮大，得以名列即墨县十二乡集之列。又经历了几百年的曲折变迁，最终成为胶州湾畔一颗城乡商业贸易领域闪亮的明星。

如前所述，最早有关李村集市的文字记载是明朝万历年间编撰的《即墨县志》，在《即墨县志·建置卷·市集》中载有"市集：在城五：东门里集、南门里集、东关集、南关集、西关大集。在乡十二：客旅店，在县东北六十里；零山，在县西北四十里；信村，在县西三十里；团湾，在县西四十里；城阳，在县西南三十里；栾村，在县西六十里；刘家庄，在县西北六十里；南村，在县西七十里；流亭，在县西南三十里；李村，在县南六十里；棘洪滩，在县西南四十里；长直，在县西北三十里"的内容。是为李村及李村集市最早见于史籍的记载，当然也是即墨各处城乡集市的最早记载，算来已经有400余年的历史了。

时过200余年，在清朝乾隆年间编纂的《即墨县志·建置卷·市廛》中再次提到了李村集市："市廛。城集四：西关小集，二七；东关小集，三八；南关小集，四九；西关大集，五十；乡集二十四：长直、刘家庄、南村、栾村、信村、棘洪滩、流亭、李村、王村、客旅店、瓦哥庄、灵山、城阳、段铺栏、林哥庄、程哥庄、华阴、石泉头、皋埠、移风店、王哥庄、段村、普东、七及。"李村集为二十四乡集之一。

经过数百年的发展变迁，即墨县乡村商贸经济得到了较大发展。到清朝同治年间，李村与李村集的名字再次登上了即墨县志。清朝同治年间编纂的《即墨县志·建置卷·市廛篇》记载：即墨县有"城集四：西关（二七小集），东关（三八小集），南关（四九小集），北关（五十大集）；乡集二十四：长直、刘家庄、南村、乐村、信村、棘洪滩、流亭、李村、王村、客旅店、龙哥庄、灵山、城阳、段铺阑、林哥庄、程哥庄、华阴、皋埠、移风店、王哥庄、段村、普东、七级"。李村集仍为二十四乡集之一。《即墨县志》还记载"续增乡集十四：王圈庄、社生集、方各庄、王疃、塔子夼、洼里、毛家岭、牛齐埠、张哥庄、卫里、下林庄、歇佛寺、范哥庄、三官庙。"如此，即墨全县共有城集四处，乡集三十八处，较明朝万历年间增加了两倍多。

无论是明朝万历年间的十二乡集还是清朝乾隆年间的二十四乡，抑或是同治年间的三十八乡集，李村集在这三个历史时期中都拥有一席之地。值得注意的是，在同治版《即墨县志》所载之《七乡村庄图》中，对于仁化乡诸村落均标注村庄名字，唯独李村冠以"李村集"的名号，应该说是别有深意的。从地图上看，李村集（村）位居仁化乡中心地带，横跨李村河，在李村集周边密布着河南、河北、东（西）大村、麦泊以及四方、湖岛、枣园等数十处村庄，形成以李村集为中心的涵盖即墨县仁化乡众多村庄在内的地区性经济商贸圈，李村中心乡集的地位由此确立。

李村之所以能够成为即墨西南部地区的经济商贸中心，应该说是具有几方面的原因：

第一，在地理空间上李村处于即墨西南乡，东接崂山主脉，西临胶州湾。南部是黄海重镇浮山所，北经经济发达的城阳、流亭直达即墨，可谓衔山连海，四方交通之枢纽。另外，自明、清以降，李村都是即墨县西南方面的主要交通驿站。明朝万历版《即墨县志·建置卷·仓铺》记载："总铺：旧在西门外。今易为民地，迁县治大门西……西北抵平度州，曰李村十里，曰周家庄二十里，曰长直三十里，曰段泊栏三十里，曰泉庄五十里，曰刘家庄六十里，曰高家庄七十里。"表明李村是即墨通往平度的西北路的起始点。在清朝乾隆版《即墨县志·武备卷·邮驿》中也记载："总铺，在县治大门西……西北路通平度州、莱州府铺七：李村、周哥庄、长直、段铺栏、泉庄、刘家庄、高家庄，铺司七名，兵夫二十一名。"李村仍为即墨西北路邮驿的起点。由此可见李村在即墨地理空间位置和交通网络中的重要地位。

第二，海口开放促进了李村集市贸易的发展。明万历年间，即墨知县许斑奏请开辟即墨县域沿海港口，得到朝廷允准，相继开放了金口、沙子口、青岛口、沧口、女姑口、塔埠头等港口，商贸航线遍及南北洋和朝鲜、日本等地，形成了"商贾云集，货物相聚"的海口贸易状况。港口贸易的发展，也影响和带动了即墨境内集市贸易的发展与人们消费格局的变化，对于毗邻沿海各港口且为交通中枢的李村集的发展带来有力的促进作用。

第三，明初移民政策的实施，填补了战乱给山东地区带来的人口减少的危机状态。尽管崂山属于山多地少且土地贫瘠的山区，但良好的气候、环境以及海滨丰富的物产等条件仍吸引了众多的外地人前来定居。地处李村河中游的李村恰因地理位置适中成为人们的首选之地，户口增多，人丁聚集，逐渐成为即墨南部的人口较多、影响力较大的中心乡镇。据同治版《即墨县·户口卷》记载："旧志阖县及收并鳌山、大卫、雄崖、浮山四卫所共十万四千二百六十八户，十七万四千三百七十四口。乾

隆二十八年（统计）。"到了同治年间，"阖县共七万二千五百七十一户，男女大小共三十七万四千六百六十一口，屯卫俱在七乡之内。"户数减少而人口数激增，这与雍正推行"摊丁入亩"的税赋政策有关。在全县七乡八十五社中，李村所在的仁化乡郑疃社有"三千七百七十一户，一万八千一百八十三口，"是即墨县八十五社中人口最多的乡社。人口的增加是建立在经济繁荣的基础上，众多的人口也是促进集市贸易发展的重要因素。

第四，丰富的物产和多元化的商品是李村集成为商贸交流中心的主因之一。李村所在地区襟山临海，农产品和海产品丰富多样，农业经济和渔业经济特色鲜明，生产的物品不同，其消费需求也不尽相同，人们需要一处互通有无、商品丰富的交流平台。地理适中、交通便利、人稠物阜、物资丰富的李村集自然成为人们物资交流的首选之地。

第五，乡村宗教与民俗文化的影响也是李村集市发展的重要原因。宗教文化、民俗文化对于商业经济有着较大的影响力。在德国殖民当局编制的《胶州发展备忘录》中列举的青岛本土道教、佛教等宗教庙宇，除了崂山著名的宫观寺庙外，还有李村的三官庙、玉皇庙、清凉寺（院），以及周边村庄曲哥庄的关帝庙，东李村的关帝庙、娘娘庙等乡村庙宇。这些庙宇大都为本村所建、所管，有浓郁的本地宗教信仰、民俗文化。在缺少文化娱乐的时代，宗教庙宇的影响力是很大的。特别是像清凉寺（院）这样规模和影响力较大的庙宇不仅有着宗教活动场所，更是每年正月为时三天的清凉院庙会的所在地。庙会与集市

的交汇融合，宗教文化与民俗文化、商业文化相互辉映，丰富了李村集市文化的内涵，也解决了当地居民的商品交易、宗教信仰和文化娱乐的需求。

在平时，乡村集市也是民俗文化传播与感受的场所。德国人海因里希·谋乐在其编纂的《山东德邑村镇志》中写道："人们去赶集不仅仅是买卖货物，而是过节，与朋友数人一起吃顿饭，聊聊天，谈谈新闻。在集市上可以听到各种事。甚至还有说书人，讲述长久在人们中间流传的故事和神话。"李村集作为本地最大的乡村集市，其民俗文化凝聚和传播的功能更为明显，也更有吸引力和影响力。

第六，李村河为李村集提供了重要空间平台。讲到李村和李村集，就必然要讲李村河。李村河是即墨西南地区仅次于白沙河的一条较大河流，因李村村庄而得名。德国占领青岛以后，为解决水源不足，先后开辟了海泊河、李村河水源地，其中李村河水源地因水质好、供水量大而尤为历届政权所重视，可以称得上青岛的母亲河。1928年胶澳商埠局编纂出版的《胶澳志》对此有较详细的描述："亚于白沙河之水为李村河，发源于石门山之东南方，自上流庄至苏家下河折而西南流，合臧瞳河经庄子、郑瞳蜿蜒至东李村之西。自卧狼齿山南流之水及自李村南山北流之水均汇焉。由此西流经杨哥庄、曲哥庄南，至闫家山，枯桃山南方之张村河来汇之，北折至李村水源地北西流，合王埠、瞳河入于胶州湾。李村河全长二十余千米，河口宽三百公尺，平时水量枯竭，遇雨则洪流横溢，与白沙河相类。河口附近平日水幅仅一公尺乃至三公尺，水深约二公寸。"正是由于李村河的滋润，才使得沿岸居民得以安居乐业、繁衍生息。而李村集市的诞生、发展和壮大都离不开李村河这片清洁甘甜的河水和宽阔的沙滩河床。李村大集就在这片河床沙滩上存在了400余年。

（四）李村集市特色

早年李村集市的规模、商品种类和交易额没有见于文字记载。从近代对李村集市的记叙来看，李村集市是利用李村河滩来设置集市的，集市范围在李村河北村与河南村之间的河滩上，以农历初二、初七为集市日期。集市上出售的主要是本地出产的农副产品、干鲜海货和周边县域贩运来的粮油和手工业产品，除了本地的蔬菜、水果、杂粮、海产品、松柴等以外，还有来自周边州县等地生产的粮食、粉丝、白菜、萝卜、柳编、红席、陶器、食用油以及大小牲畜等，商品来源和来做生意的商人主要来自即墨本地和胶州、平度、莱阳、掖县（莱州）、诸城、高密、昌邑、潍县、章丘等州县，涵盖范围包括今胶东、鲁中地区，更远的地区是来自"口外"的商人、货物（牲畜）。从历史资料记载来看，李村集市与周边小集市相比，除了在集市规模、赶集人数、商品数量、交易金额略胜一筹外，李村集与其他集市最大的区别是具有其他集市所没有的大牲畜交易功能。作为胶东地区数量不多的牲畜交易大集，李村集市上挤满了来自"口外"（长城以外）和鲁中、鲁西地区贩运来的牛、驴、骡、马、猪、羊等大型牲畜，吸引了众多顾客和看热闹的人群。这一点也是李村集成为中心集市的主因之一。

　　早期李村集市交易有一大特点，即在集市上的商品交易除了牲畜交易需要缴纳一定的牲畜交易税（缴纳牲畜卖价的2%）外，其他商品均不征收交易税，既没有后来的"摊位税"，也没有"公称税"。无税或低税自然会吸引众多商家和购物者，李村集的人气也就越来越高涨，集市规模和交易数额当然也就水涨船高，大集的基础已然形成。

　　李村集的管理方式也很有特色，一直是由集市所在地李村河北村的地保来负责，主要是清理散集后遗留的垃圾、污秽，同时兼理维持集市秩序、调停交易纠纷等。地保等人没有薪金报酬，只是等到年终进入腊月门以后，每逢集期到各个摊位上拿走部分货物充当一年的报酬，俗称"敛集"或"抓集"。这种管理与取酬的方式沿行已久，直到青岛解放以后方告结束。

400余年来，李村集的集期和交易地点、交易方式、交易时间都没有大的改变。1925年5月，新任李村杂税征收所主任孙鸿升在致财政局报告中说道："李村每月六个集期，按旧历二七日。枣园每月六个集期，按旧历四九日。兹查乡间集场于市内不同，当日中市聚之际，商民蜂拥蚁聚，只在一时。""日中而市"的特点非常明显。

李村集的历史轨迹在平稳发展300余年以后，终因一个震惊世界的突发事件而有所改变。与之共同改变的还包括即墨西南乡数万居民的命运。这一事件就是德国侵占青岛的"胶州湾事件"。

二、德国殖民占领时期的李村集

1897～1914年是青岛历史上的第一个转折点。德国以武力侵占青岛，建立和实施了一套完整的殖民统治体系，李村成为青岛租借地"外界"李村乡区的政治、经济中心。德国殖民当局对于李村集这一青岛租借地最重要的乡村集市非常重视，在经过充分乡区社情和集市调研之后，采取了"放水养鱼""割韭菜"的政策，使李村集市迅速成为李村乡区主要商业经济产业和重要税源。1908年9月，也就是在德国侵占青岛11年之后，德国殖民当局出台了在李村等集市征收公称、摊商、牲畜三大杂税的法令规章，这一严苛的集市杂税征收制度成为德国殖民当局制定的以青岛当地财政税收开发建设其"模范殖民地"战略的重要组成部分。

（一）德占胶澳初期李村社会状况

1891年6月，在经过了多年的酝酿筹议之后，清朝政府终于决定在胶州湾东岸的青岛口驻军设防，修筑炮台、码头，成为近代青岛建置的肇始。但在当时，这一决议对于李村和李村集没有丝毫影响，因为青岛口的驻军设防只是军事上的行为，对于本地区的行政、司法没有关联，自然也不会影响到李村居民的日常生活和李村集的经营。

1897年11月14日，德国制造"胶州湾事件"，以武力占领青岛。第二年3月6日，德国逼迫清政府签订《胶澳租界条约》，将包括即墨县仁化乡、里仁乡和胶州的部分村庄以及胶州湾在内1128.25平方千米的海陆总面积（陆域面积551.75平方千米）"租借"给德国。从此，包括李村在内的208个村镇和8万多居民沦入了德国殖民者的统治之下，李村与李村集的命运也随之发生了重大变化。

德国侵占青岛后，实行了一套完整的殖民政策，设置了德国海军部直属的胶澳总督府，下辖军政、民政、民军共同经理部，工务部，法院和参事会等机构。德国殖民当局的首要任务是在青岛建设一座为海外舰队提供屯泊地的港口和军事要塞。为此，在建设青岛港和胶济铁路的同时，投入巨资规划修建了西起胶州湾，东至太平山东麓，北至海泊河，南临黄海，面积为30余平方千米的青岛要塞，建设了庞大的炮台、堡垒、壕沟、兵营等军事设施，驻扎了由16艘军舰组成的东亚舰队和数千人的要塞守备部队，并在要塞范围内规划建设了青岛、大鲍岛、台东镇、台西镇等城市街区。短短几年时间，青岛就从一个荒僻的海滨渔村发展成为华北重要港口和要塞城市。

1899年10月，德国总督府将胶澳租界划分为内、外界，"内界"为青岛区（即青岛要塞核心区，界址南起浮山湾、盐城路、镇江路、南口路、海泊河，北至胶州湾），也就是青岛的市区。青岛市区以外的500余平方千米的乡村为"外界"，称为李村区。德国殖民当局在李村河中游的李村（河北村、河南村）设立了直属总督府民政部的李村区公所和警察署，派出警官担任区长兼警察署长，兼理行政与司法。德国殖民当局先后在李村规划建设了区公所、法院、兵营、华人监狱、农事实验场、邮局、医院、教堂等公共机构，并在李村河下游建设了李村水源地。短短数年间，李村从一个普普通通的小村庄一跃成为德国胶澳租界李村乡区的行政、司法中心。

　　为确保在李村乡区的殖民统治，德国殖民当局在李村建起了兵营，设置了一个分遣队的兵力，军人是由德国殖民当局招收的华人连的官兵组成。同时，设置了由德国海军现役军官、边防警官及华人巡捕组成的李村警察局。几年后，华人连解散时，从中抽调了一些士兵充实到警察局当了华人警察（巡捕）。李村警察局的职责除了日常执勤外，还要负责监督建筑工程和卫生监察。另外的职责就是负责大集等聚会活动的治安管理和协助征税等工作。可以说，李村集等集市活动的管理也是警察局的职能之一。

　　与市区轰轰烈烈的规划建设场面形成明显对照的是，德国殖民当局对于包括李村在内的广大农村则没有兴趣也没有精力进行重大变革。除李村等少数村庄因德国人驻军、驻警和收税等建设了少量房屋建筑外，在经济产业、生产方式和民俗文化等方面仍然延续明清时期的传统方式。这一点在后来日本占据青岛时期和胶澳商埠督办公署治理期间仍无太大变化。

　　《胶澳志》对于李村居民在生产和生活方式有着以下叙述："乡民之衣食住三事大都取自给自足主义，食粮蔬菜当然取给于自艺之园圃耕作，即制衣之布、建屋之砖（或土坯）、取火之柴、系物之绳，亦多取之宫（家）中，不假外求。稍裕之家则油酒酱酢大都自制。故阖村妇孺恒有工作终岁积蓄不至外流。惟其生活较为单简，故需求易于取给。惟其欲望易于满足，故社会相安无事，此实我国之美风，亦不仅胶澳为然。然所惜者世事变迁，外受经济自然之压迫，内不知革新以存古，以此家内手工日受淘汰，而百货仰给于人。《旧志》所谓女世纺绩之业，今则机杼已成罕见之物。而衣食且仰给于外国。《大学》所谓生众食寡为疾用舒之原则。则今日适得其反。教育不进而欲望日高，衣食不周又何谈礼仪哉。"

　　《胶澳志》作者袁荣叟长期居住青岛，对于青岛政治、经济、民俗有深刻了解。在编撰《胶澳志》时也做了一些调查考证。尽管志书所关注的内容是以青岛城市为重点，乡村涉猎较少，但总的来看资料数据比较翔实，讲述的市情、社情是可信的。

（二）近代李村集状况调查

德国占领青岛之初，便对青岛租界内的村镇、人口、土地、物产等进行了全面调查。结果发现李村等村庄 "没有任何土地登记簿，只有土地税账册"，而农民除了缴纳地亩税以外没有其他税捐。《胶澳志》对此评论说："胶澳未辟以前，僻处海滨，荒凉砂砾，恶有所谓捐税制度。其时居民渔户除旧制每地一亩完纳国课银三分二厘外，其他并无任何捐税直接取之于民者。自德人据为租借地，改正土地，于是手数料赁贷税营业许可状等种种名称层出不已。"

在李村当地居民看来，德国和大清朝的管理对于自己的日常生活似乎没有太大影响。要说变化也就是将原来向即墨县衙门也就是清政府缴纳的地亩税改为向德国殖民当局也就是洋衙门缴纳。但是，随后的变化就出乎其意外了：乡民原来向即墨县衙门只缴纳单一的田亩税，其他税赋一概没有。而此时除了需要缴纳更多的田亩税外，突然又冒出来一批前所未闻的新税捐。

1898 年 9 月 2 日，德国殖民当局发布首批征收税赋法令，开始在胶澳租界征税，包括鸦片税、地产税、灯标费和港口费、狗税、狩猎税等税赋，以及 "对用作当地交通的车辆、轿子、剧院、药店、烧锅、鸦片馆、客栈、膳宿公寓、宾馆、当铺、拍卖行、旅行代理人、旅游船等颁发特别营业执照。这些执照的费用及颁发日期视需要由总督府规定。"

对于德国人而言，青岛这块土地绝不仅仅是德国争霸世界的军港和要塞，更是一片丰美的前景无限的风水宝地。德国殖民当局在《胶州发展备忘录》中谈到 "未来的税制和财政自治" 时丝毫不加掩饰地说道："上述税制只是暂定。预期本地区今后几年的发展将提供制定新的税收标准和方法依据。首先在财政方面应尽可

能实行自治管理：拟成立的乡镇代表机构应有权自行收税。这样，它才有可能正确对待在新殖民地中居民面临的各种经济和文化任务。展现在德国商人和实业者眼前的是一片辽阔、肥美和几乎尚未开垦过的活动领域。这一殖民地的发展最终将取决于他们的首创精神和深思熟虑。"

德国在青岛投入了巨额开发建设资金，成为国家财政支出的一项重要内容，在国会引起较大争议。如何利用青岛租界内的土地、物产、商贸等资源扩大征税来源，增加殖民地的财政收入，减少国家财政压力，是德国总督府一直密切关注和考量的大事。德国殖民当局在占领之初，便开始在占领区进行土地统计、登记，制定土地税收制度。就整体税收制度而言，德国殖民当局努力扩大商品进出口贸易以增加海关税收，强化土地调查登记以增加地亩税，制定各项专卖税、专项特许费等，以扩大税收范围和数量。另外，当局为促进租界区的内贸活动，扩大税收来源，针对城乡集市贸易制定了一套新的管理和税收制度。

德国在青岛的税收制度主要有以下几大类：一是地租税，分为青岛城市街区地租税和李村乡区地亩税两种；二是盐税；三是犬税；四是酒精税；五是啤酒税；六是营业税；七是中国人公益事业税等。李村等城乡集市的税费征收属于第七大类的"中国人公益事业税。"关于这一点，将在后边讲述。

李村是德占胶澳租界乡区的中心，李村集则是胶澳租界内最重要的集市。因此，德国殖民当局对李村乡区和李村集进行了全面的调查。德国人海因里希·谋乐经过调查，撰写了《山东德邑村镇志》一书。书中对李村和李村集是这样表述的："李为水果李子之意。在这个李姓村子中，农历每月的初二、初七、十二、十七、二十二、二十七为集，'集'这个汉字的意思就是集会。在宽大的河床上，呈辐射状的交汇至此的路上聚集有 400 至 1200 人，备有多种生活必需品。"

在胶澳总督府所编纂的《青岛开埠十七年——胶澳总督备忘录》（1898 年 10 月底）中的"德属地区及其居民"一文中，对 1898 年的李村大集作了如下介绍：

　　"租借地比较重要的集镇是李村。在这里交换农产品，诸如牛、驴和猪等牲畜的交易很活跃。在逢集的日子里，离此数里远的小贩和商人都到这里来赶集，四面八方通往李村

的道路上云集着独轮推车、大车，肩上挑着物品的挑担者和两侧鞍边挂有装满物品的大筐的驴子，这个平时十分安静的地方变得非常热闹。中国人在活跃的交易中大声嚷嚷，但很少出现严重危害公共秩序的事，所以市场警察几乎无需加以干涉。"这应该是德国官方史料中对李村集市贸易状况的首次记载。

　　出于"蓄水养鱼"政策的考量，德国殖民当局对李村集市的发展一直是采取鼓励支持态度。据《胶澳发展备忘录》（1902年10月至1903年10月年度）所载"中国农村居民的从业活动"章节中对于李村及周边地区的农村集市作过一个很详细的实地调查："在固定时间和地点举行的集市，被用来进行在上述情况下产生的互通有无的交流活动。李村是农村的主要集市。从中国农历每月第二天起，每隔五天，在这里举行一次农产品交易。另一个较小的集市是坊子街；在流亭和华阴的集市上也销售相当数量的德占区产品。另一方面中国地区的商品也在德占区市场上销售。"此处需要说明的是，那个被称为"另一个较小的集市是坊子街"的集市，实际上是李村附近的大枣园集。历史上，李村地区只有李村集与枣园集两个集市。大枣园集场位于坊子街村，因此德国人如此称呼。

　　在谈到李村集的详情时说道："李村集在11月至3月份最为兴旺。中国新年（约在2月份）前夕是最繁忙的时节，前来赶集的人数可达15000人。即使在遭到冷落的夏季，只要天气适宜，赶集人数也不少于4000人。

集市上货摊提供的货品一般接近 70 种。6 月份的一次中等规模的集市上搭起的货摊有 1788 个，出售 65 种货品，其中：燃料商贩 218 人，渔产品商贩 181 人，甘薯（地瓜）干商贩 141 人，蔬菜果品商贩 122 人，其他 10 种农产品商贩 283 人，共计 945 人。这些商贩经营的农产品只有 14 种，更多的商摊上出售着 51 种不同的手工业产品，这说明乡间的商业活动意义不大。"调查报告也对游走于乡间的小商贩的作用进行了解释。同时指出，在李村和仙家寨的乡间村庄里都开设有小本生意的小客店。另外，对沧口、女姑口、沙子口、东盐场的 50 家专营出口生意的商店也作了调查。认为集市、串乡商贩和店铺构成了李村乡村经济的框架。

这篇调查报告是德国占领青岛之后最详尽的一次调研活动的成果，对于李村集的集期、规模、淡旺季节、人数、商摊数量、货物品种等叙述的比较完整，是一份难得的李村集市的档案资料。这个调查报告较之谋乐的调查更为详细、可信。这份调研报告的形成，显示了李村集市经济在青岛早期商业活动中的地位，也充分暴露了德国殖民者急于促进商品交流，扩大青岛商业经济规模，以便征收更多税赋、增加财政收入的迫切目的。调研报告为德国殖民当局日后税赋制度的制定和实施提供了有力的参考价值。

在调查报告中还包括有"农业、果树栽培、林业经济、畜牧业、渔业、晒盐、工业生产、商贩及其他"内容的"各种实业"的调查。这些调查中的一些数据可以视为李村等集市交易货物的标准价格，因为每个农民家里的工具和生活用品都是需要从集市上购买的。如"农业"一节提到"一个十亩地的农户大约拥有"的农具的价格："一张犁 5000 制钱，二张锄 2500

制钱，一个石磙 800 制钱，一把镰刀 300 制钱，一张木锨 300 制钱。"

同时，在调查表后边注有"现在 1400 文制钱相当于 1 块墨西哥大洋。1000 制钱也叫 1 吊钱"的文字。

粮食调查栏目表中，注明了计量单位和价格数字：

"谷子 1 升（=15 斤）=550 文制钱，

黍子 1 升（=17 斤）=600 文制钱，

稷子或稗子 1 升（=7-8 斤）=400 文制钱，

高粱 1 升（=18 斤）=550 文制钱，

玉米 1 升（=18 斤）=800 文制钱，

小麦 1 升（=20 斤）=1000 文制钱，

大麦 1 升（=13-14 斤）=950 文制钱，

豌豆 1 升（=20 斤）=950 文制钱，

大豆 1 升（=21-22 斤）=900 文制钱，

荞麦 1 升（=18 斤）=1000 文制钱，

晚红薯、鲜薯 1 斤 =5 文制钱，

萝卜 1 斤 =4 文制钱，

白菜 1 斤 =6 文制钱，

早播鲜土豆 1 斤 =30 文制钱。"

水果调查一栏中列举了主要栽培的水果：

"苹果 100 斤 2 银元，

梨 100 斤 0.6 银元，

石榴 1 个 2 文制钱，

枣子 100 斤 3 银元，

栗子 100 斤 6.5 银元，

白面子（花椒）100 斤 1.3 银元，

核桃 100 斤 5 银元，

葡萄 100 斤 3 银元。"

牲畜与肉食调查一栏：

"牛（活）20-100 吊钱，

小牛（活）7-15 吊钱，

牛肉 1 斤 140-160 文制钱，

生牛皮 1 斤 200-250 文制钱，

牛脂 1 斤 200-450 文制钱，

牛血（染船帆用）1 斤 90-250 文制钱，

未育肥的猪 2-7 吊钱，

已育肥的猪 12-20 吊钱，

猪肉 1 斤 100-180 文制钱，

生猪皮 1 斤 170-250 文制钱，

鞣制猪皮 1 斤 800-1200 文制钱，

猪鬃 1 斤 1500-2500 文制钱，

猪血（染船帆用）1 斤 90-250 文制钱。"

渔业调查中鱼货价格：

"鲅鱼 1 斤 50-120 文制钱，

刀鱼 1 斤 50-120 文制钱，

香鱼（白鳞鱼）1 斤 100-150 文制钱，

鲜墨鱼 1 斤 100-200 文制钱，

腌制品 1 斤 300-600 文制钱。"

以上这些数据成为早期李村集市主要商品价格的重要历史档案资料。

（三）中心集市形成的原因

近代李村集的发展首先是早已具备的地理、交通、物产、文化等先天条件为基础。但在德国占领青岛以后，李村集的发展也是与德国殖民当局的鼓励支持和大环境的改变分不开的。

李村集市的发展一定意义上还要得益于德国殖民当局在李村的公共卫生设施建设。1904 年，与李村华人监狱建成使用的同时，德国在李村设立的医院门诊部正式开张，由德国医生、护士组成的医疗机构的主要服务对象是驻防李村乡区的德国军人和警察，同时也为当地中国居民诊病治病。德国人这样做的目的有拉拢中国居民的目的，但更主要的是为了及早发现和治疗曾经给德国军民造成重大损失的传染病的需要。在德军占领青岛初期，突发的传染病造成了包

括其胶澳总督叶世克在内的众多德国官兵死亡的惨剧。鉴此，对于卫生环境的治理和医疗机构的建设就成为德国在青岛的一项重要任务，而李村门诊所的设置就是这一公共卫生设施建设的重要部分。李村集周边居民在尝试了新奇的西医治疗后，本地人很快对西医产生了兴趣，前来治病的人迅速增加。这也为李村及李村集市带来了意想不到的人气。《胶澳发展备忘录》1904年 10 月至 1905 年 10 月的年度报告中特别指出："李村门诊部的新楼已交付使用，到这个门诊部看病的人超过了 800 人。它特别受到了赶集人的欢迎，而在一个月内每隔五天便有二至三万人来该处赶集。正是那些从相距遥远的村庄来到李村寻求特遣队医生诊治的中国人才使后者得以及时了解在边界上出现的传染病。"

1904 年，连接青岛与济南的胶济铁路建成通车。这条连接内地与青岛的海陆交通大动脉，构成了强大的全新的物流体系。德国殖民当局利用其海港、铁路等交通优势，在促进中国商品出口的同时，也加大了对外国特别是德国商品的进口以及中国内地产品向租界区的进口量。从海关提供的数据来看，早期的进口商品主要是棉制品、棉纱、煤油、五金、苯胺染料、针、煤、火柴、糖等本地不出产的商品。1905 年，作为青岛城乡公路建设的重点工程——台东镇至柳树台（台柳路）的完成，沟通了青岛市区至李村、李村至崂山的公路，促进了李村与市区和崂山的联系，也促进了李村集市贸易的发展。之后，又陆续修筑了若干条以李村为中心的乡间公路，如李村经沙子口至登窑、李村经枣园至仙家寨、李村经沧口至赵村、李村经中韩至山东头等多条公路。1907 年后，这些乡村公路上出现了汽车等先进交通工具，李村集等集市上出现了大宗"洋火（火柴）""洋布""洋烟（烟卷）""火油（煤油）""洋钉""维打罗（铁桶）""保险灯"等洋货品牌。这些"洋货"的出现，改变了李村等集市以本地产品为主要消费品的传统贸易方式，洋货、外地货逐渐成为李村等集市的交易商品，刺激了李村集的商品品种和交易量，吸引了更多商人和消费者。《胶澳志》载："据本地居民言，自胶澳辟为租界，而后德人颇奖励市集之发展，故有逐年日盛之象。德人尝调查莅会人数，先后统计十余次，平均每次得二万二千人。"《胶澳志》记载的赶集人数规模与德国人谋乐在早期调查的李村集"聚有 400 ～ 1200 人，备有多种生活必需品"的人数规模相比，不啻有天壤之别。

（四）青岛集市杂税征收制度的形成

李村集市贸易的飞速发展，为正因建设军事要塞、港口、铁路和城市基础设施面临着巨额投资压力，急需扩大青岛本地税源，增加财政收入而发愁的德国殖民当局带来了新的征税对象。1904年5月5日，德国殖民当局主持的胶澳租借地新的地产登记完成后，发布施行新的

土地税法，并废除了利用当地收税员征收土地税的传统方式，改由当地村长统一征收，将征收来的中国制钱按牌价兑换成墨西哥银元上缴德国殖民当局。德国人很得意地承认：实行新税法后，"随后顺利地征收了第一季地产税，金额达到了用旧法征收的上季税额3038.60银元的三倍多，即9840.32银元。"

初步尝到了甜头之后，德国人便将征税的目光瞄向了集市杂税的征收上。

德国殖民当局对于李村等乡村集市的征税管理制度是在巩固其殖民统治的基础上逐渐形成的。开始时，对集市贸易的管理和征税方式基本上仍依照明清时期约定俗成的乡约成规，仅收取牲畜税，不收取其他交易税费。等到地产、房产登记完成，制定了新的征税制度以后，便开始研究和制定集市贸易税收制度。最终在1908年9月1日发布了专门针对中国人的《收民费筹办公益章程》（又译《中国人公益事业筹办课税规则》），开始在青岛城乡集市征收交易税费。

载于德国人谋乐编纂的《青岛全书》中文版本的《收民费筹办公益章程》共计九条，其中涉及李村集的有三条：

"第三条，在女姑口、沧口、沙子口、塔埠头、台东镇、李村设立公称，

以便所有买卖之货物过秤，称费归卖主认交。凡过称之货物每值一百抽不过三，惟此项称费至少铜元三枚，每担不能过于一角五分。至于应该过称之货物详细规条以及征收称费则例，由管理中华事宜辅政司随时出示晓谕。倘有不服之处由本总督断定。

第四条，在李村集、台东镇凡有卖摆摊货者应分别摊之大小纳费，小摊每座每日收铜元二枚，大摊每座每日收铜元四枚。该卖货者一经将摊摆落即须出一日之费，大摊一处占地不得过四方米打，若过四方米打自应核算所占之地多大，加收摊费。每摊地段只准一人摆设，由管理中华事宜辅政司亦可随时出示详细规条。倘有不服之处由本总督断定。

第五条，在李村凡有买卖牲口之事，该卖者应照牲口价值每百分缴纳二分。"

其他条款是在女姑口、沧口、塔埠头等港口及台东镇、台西镇开发市区征收房屋税；在沧口、塔埠头居民牲畜圈、仓库等征收仓储税的内容。

日本人田原天南于1914年编辑出版的《胶州湾》对此章程也有相关记载：《课税规则》规定"对女姑口、沧口、塔埠头等港口及台东镇、台西镇开发市区征收房屋税；沧口、塔埠头居民牲畜圈、仓库等征收仓储税；女姑口、沧口、沙子口、塔埠头、台东镇、台西镇及李村集市设置公平秤，按买卖货物的价值向卖主征收百分之三的'公称费'；对在李村及台东镇市场的露天店（露天摊位）征收摊商税，每个摊位按照摊位占地面积每天征收两枚铜元（小店）或四枚铜元（大店）；李村集市上牲畜交易税按照成交价的百分之二缴纳，由卖家交付；房屋税、仓储税的缴纳按照应在缴纳后注明金额、时间，摁手印后，领取缴税证明。其他各税按照征税要求缴纳；

26

本法令于 1908 年 10 月 1 日开始实施。"

对照民国十二年胶澳督办公署实施的征税办法，可发现德国殖民当局对最初颁布的税收办法与征税比例在后来是有所修改的。如牲畜税在 1908 年税法中规定按成交价的 2% 缴纳，由卖家交付。后来改为征收 4%，由买卖双方均摊；称税在原税法规定按照买卖货物的价值向卖主征收 3% 的"公称费"，后改为征收 2%。对于这一修订后的征税比例，无论是德国殖民当局还是后来的日本占领军当局和中国胶澳商埠督办公署都没有作出修改，相沿不变。

关于德国殖民当局在台东镇、李村等城乡集市征收交易税费的具体实施办法目前还没有发现文字资料，但后来取代德国占领青岛的日本当局和历届青岛政府都提到德国对于青岛城乡集市的税收管理办法：如通过警察局对集市经营秩序进行管理，由财政局委托一家商户或个人承包某处集市，代政府征收集市税捐等款项（承包商一般都是青岛本地或即墨县籍的商家）。在完成承包额度后，从征收税款中抽取一定比例反馈承包商作为抽成费用，一般是返还三成费用。收费方式按商摊、公称、牲畜三种形式收取，商摊费按商人占用摊位面积计算，公称费按商贩货物数量征收，牲畜税按照成交价格征收。由于青岛集市的规模、人数、营业额不尽相同，各集市征收的摊费和公称费的数额也有所不同。一般来说，像台东镇、李村这样的大集市税收额度高，沙子口、沧口、塔埠头次之，枣园集最少。这种税收管理方式也有两面性，一方面减轻了殖民当局的人员劳务成本，有效避免了集市税收的流失。但同时也给承包商以营私舞弊，刻意加税增税的机会，因此也会遭到商家反对，集市商贩拒不缴税的事情时有发生。李村集市每年有 72 个集市，每逢集日，承包商就带人到集上收税。赶集的商人最初对突然实行的征税制度不满，也不习惯缴税。但承包商一般都聘用当地痞性较强的青壮年协助征税，遇到有不缴纳税费者或对税额有异议者则软硬兼施，强迫缴纳。实在不缴的就交由在集市上巡逻的警察处理。警察局当然是殖民当局税务部门和承包商的有力后台，赶集的商人即使有天大的不满也不敢不缴纳税费。

正如 1929 年青岛市财政局所承认的那样"此种税收迹近苛细，旧商包办流弊尤多"，是一种很严苛的税收剥削。但在德国殖民当局的高压下，李村等地商民无力反抗和改变其税收制度，久而久之，集市征税也就成了惯例。

由于这一税收管理方式有利于统治者对集市的管理，后来的历届青岛地方政权在集市税收与管理方面基本上都参照和实行这一税收管理模式。

（五）货币与集市的演变

德国占领时期，青岛市区的主要交易场所设于德县路与潍县路交界处的公立市场和台东镇市场。公立市场位于德人居住的青岛区与大鲍岛华人区的交界处，是青岛中心市区的唯一市场。而台东镇市场规模较大，是市区华人主要的商品交易场所，也是德国殖民当局征收集市杂税的重点。乡区的主要集市则有李村、枣园、塔埠头、沙子口、沧口等处。其中塔埠头、沙子口、红石崖为港口集市，李村、枣园为内陆集市，最大的集市仍是李村集。由于缺乏资料，德占时期的李村集市的税收承包金额无从知晓。

在德国占领时期，青岛地区的货币使用一直比较混乱，除了中国官方发行的铜元、制钱、银元外，还有德国创办的德华银行发行的马克、海外流入的墨西哥纸币和银元等。为此，德国殖民当局发布了系列《通用钱币衡量章程》，包括《以铜元救钱荒章程》、《铜元进口章程》》、《通用镍铬小洋章程》和《订立衡量告示》。其中于 1904 年 7 月 22 日发布的《以铜元救钱荒章程》规定：

"第一条，嗣后德境以内凡有华人往来交易，暂时应准如制钱例通用新铸之铜圆，姑无论该铜圆造自何处皆宜一律按照使用制钱向规悉数领收以归划一。

第二条，所有朝鲜、日本两种铜圆俱不准在德境内行使。

第三条，倘有违背第一条或违犯第二条故用朝、日两种铜圆者，查出罚洋至十五元之多，或监押至十四日之久。"

1909 年 10 月 1 日发布的《通用镍铬小洋章程》则通告："德政府铸有

镍铬小元，兹拟发出，于胶澳德境以内通用，其名价分为两样，有一角者，每十枚当英洋一大元。有五分者，每二十枚当英洋一大元。"另外对小洋样式和与中国银元兑换比例作了规定："一角每十枚当大洋一元，或五分每二十枚当大洋一元。"并声明"凡用此项镍铬小元在三元以内，无论各署公廨、各项公司与各样铺户人等均须收用"等条文。同布告标注："此项小洋在青共合六万七千五百元，计一角者四万七千元、五分者二万零五百元。"

法令布告虽然颁布，但在李村等乡村集市上，人们之间的交易仍习惯以制钱和铜元为主要货币，很少使用外国货币，银元也很少见到。这种状况一直到青岛主权回归以后才逐步有所改变。

度量衡制度的统一一直是青岛商业交易的难题。德国殖民当局实行的是西式度量衡制度（公制），而青岛居民通用的是传统的老式制度（旧制）。市场交易时常因旧制与公制的计算单位不同而产生纠纷。为此，德国胶澳总督府于1905年9月18日发布《订立衡量告示》："德境以内应用之称平、斗管、尺头，应与胶州市面相同，庶归划一，而免纷争。"告示发布了中国旧制度量衡与西式度量衡的参照数字，规定中国旧制"每斤以十六两为率"，每斤合西数574.16克；"其度量长短之尺头分别两种"：一种是营造尺，每尺合西数320毫米。一种是裁尺，每尺合西数340毫米；并"将应用之称平、砝码、秤锤、斗管、尺头各造两分，一分存储本署水师工务局，一分常存青岛商务公所，以备商民遇事往对。惟每逢校对应酌缴公所对费京钱一百文，藉资挹注。为此，仰商民人等一体遵行勿违。"

但是，这种规章对于青岛市内集市有一定的制约力，但在李村等乡村集市则很难推行。之后历届政府都有类似规定，但都未能达到"整齐划一"的效果。

李村成为德国胶澳租借地的乡区中心后，李村集也水涨船高，成为青岛乡村最大的中心集市。在"胶州湾事件"之前，李村集的物价与即墨各集市的价格差别不大。在德国殖民统治时期，由于德国以全力建设青岛要塞、港口、铁路和城市，提升了青岛地区的消费水平，也对李村集的物价指数有较大的影响。日本人田原天南所著《胶州湾》记载了1914年5月《胶澳官报》发布的德国租借地内青岛（主城区）、台东镇、李村三地的物价表，分别以市场上法定使用的中国制钱为计算单位，实地记录了当年青岛三大市场的商品种类和物价差别。

地点 ＼ 品种	香蕉	梨	樱桃	豆	豆腐	豆油	胡椒（红）	栗子
青岛（主城区）	400	400	120	100	60	320	400	140
台东镇	300	300	130	110	60	300	320	110
李村	100	100	120	100	50	400	960	80

（单位：文制钱／斤）

地点 ＼ 品种	生牛肉	熟牛肉	猪肉	砂糖	大蒜	小麦馒头	花生	小米馒头
青岛（主城区）	400	280	520	280	140	40	240	60
台东镇	320	360	560	240	80	40	140	40
李村	300	260	400	300	300	40	160	40

（单位：文制钱／斤）

从表中选取的部分物价来看，一般的本地商品价位以青岛城区最高、台东镇次之，李村集最低。但外地商品和国外商品则李村集最高，城区次之，台东镇最低。这里既反映了三地的消费水平，也反映了交通物流费的高低差异。李村集市物价高昂，对于商人来说获利的空间更大，也因此吸引了更多的商人和货物，提升了集市交易额度。李村集的摊商税、公称费和牲畜税等杂税的征收额度也就越来越大，为德国殖民当局带来了丰厚的税利收入，成为"中国人公益事业税规"的主要来源之一。

在实行包括集市税费等一系列税收制度后，德国胶澳租借地收取的各项税费逐年提高，有力地缓解了德国国库的拨款压力，减少了国家对青岛的拨款投资额度。到德国占领后期，青岛本土的财税收入额已经占了投资额的很大比例。据《胶州湾》记载：1888 ~ 1899 年德国在青岛的财政收入仅为180113 马克；到 1908 年发布实行《中国人公益事业筹办课税规则》时的年度收入为 1533524 马克；而到了 1913 年，年度收入已达到 6280000 马克。虽然李村等集市杂税的税收数额在青岛总收入中仅仅占很小部分，但从德国在青岛的历年收入数额来看，各种税收一直是在飞速增长中。遗憾的是，到目前为止，李村集的具体征税数额还没有见到档案资料的记载。

三、日本军事占领下的李村集市

1914 年，日本趁一战之机对德国宣战，取代德国占据青岛。日本占领军实施了比德国更为严酷细密的殖民统治体系，疯狂掠夺青岛和山东人民的财富资源。李村军政署对李村乡区和李村等集市的社会、经济、文化和生活方式等进行了全面详细的调查，在推出了鸦片、酒类专卖税制度的同时，继续实行德占时期的集市杂税代征承包制度，由日本人直接管理和承包李村、枣园集的杂税征收事宜。这一更为严苛、繁杂的杂税代征承包制为日本占领当局掠夺了丰厚的财富。

（一）日本在青岛的殖民掠夺

1914 年 8 月，第一次世界大战爆发。日本乘机向德国宣战，出动海陆军进攻青岛，是为日德战争。9 月 18 日，日军一部在崂山王哥庄登陆后，于 9 月 27 日侵占李村，逼迫中国居民修筑了李村至沧口的轻轨铁路，将李村作为进攻青岛的中转站。11 月 7 日，青岛德军战败投降，日本取代德国占领青岛及胶济铁路，成立"日本青岛守备军司令部"，对青岛实行军事占领。在日本占领时期，李村的区划没有大的改变，行政上则设立了青岛守备军司令部李村军政署，在李村实行军事管制。1917 年，李村军政署改为日本青岛守备军民政部李村分署，下设内务、外务、警务课、卫生、经理 5 课。同时，李村还驻有步兵守备队和宪兵分队等军事力量。乡村管理由宪兵队和各宪兵派出所监督，每村指定 "首事"数名、地保一名负责村庄治理。

并在李村、王家下河等 12 个中心村设置保安团，组织壮丁维护治安，建立了严密的军事管制网络。

在日德战争中，李村居民饱受战火蹂躏，房屋财产损失巨大。据日本战后统计，战争爆发前夕李村区共有居民 71300 余人，到 11 月下旬统计只有 59200 余人，有 12000 余人逃亡在外，直到 12 月底才陆续归来。战争期间和战后很长一段时间，李村集市都处于关闭停滞状态。

日本占领青岛和胶济铁路后，鼓励日本人移居青岛乃至山东，青岛和胶济铁路沿线城镇的日本侨民数量急剧增长，从"一战"前 1913年的 316 人猛增到数万人，1921 年青岛日侨达到 24000余人。日本不但将德国公产、
私宅、工厂、企业、银行等据为己有，还掠夺了大量中国居民的财产。在德国占领时期，李村绝少有外国人工作、居住。但日本占领青岛以后，大批日本人来到李村，据日本李村军政署调查，1914 年 12 月，李村有日本人 340 人，1915 年年末为 478 人。这些日本人依仗日本军队的势力，肆意掠夺李村居民的土地财产。其中最典型的一个案例就是日本人国武金太郎串通李村军政署，以低价强行购买李村居民 1 万余亩的农田，成立名为"国武农场"的大庄园，使得本来就人多地少的李村居民失去土地，生活更加艰难。李村居民为此不断抗争，青岛主权回归以后更成为中日之间有重大争议的司法"悬案"，被称为"国武农场案件"，讼争多年，直到 1933 年才以赎买的方式由政府收回作为公产，但仍由国武金太郎承租。而最终解决是在日本战败投降以后。

日占时期，城市管理、土地制度和税收政策等方面基本沿用了德国在青岛实行的制度规则，但新增了很多征税法令，在征税项目和税费额度方面较德国更为厉害。

日本占领青岛以后很长一段时间，青岛贸易和税收一直不景气，主要原因一是在日德战争中青岛外贸受影响，二是战争中和战后一段时间青岛工商贸易活动全都停止，三是日本占领青岛和提出"二十一条"的行为遭到中国人民强烈反对，形成抵制日货的运动，诸多原因导致青岛财税收入锐减。日本人一方面千方百计地促进发展青岛对外贸易，同时加大对青岛地域内的城乡集市贸易税费征收，并设置鸦片、酒类等专卖，以收取更多税捐。

（二）《李村要览》与社情调查

《李村要览》（日文）由日本青岛守备军李村军政署所辖之李村出张所（派出所）编写出版。该书 260 余页，共分七章，从地理、行政、农业、商业、渔业、工场、交通等方面全面记述了李村的状况。

据《李村要览》记载：1915 年 4 月，日本守备军司令部指定日本扶桑公司特许鸦片专卖，在李村设立专卖分局，在李村、沧口、沙子口、仙家寨、张村、老洼乡、小水清沟、姜哥庄、大崂设置分店，由扶桑公司提供鸦片供居民吸食，收取巨额鸦片税。同时，设置酒类特许专卖，在青岛城乡各村镇、集市征收酒税。至于集市征税则继续沿用德国征税办法，在李村等集市收取牲畜、摊费和称税等各种杂税。

《李村要览》对于李村的描述和评价如何呢？"李村地处李村河畔，西临沧口，北边经王埠疃、流亭到即墨，东经张村抵沙子口，位于道路网络中心，四通八达之要冲，有三百余年历史。有集市，每月农历二、七日在李村河沙滩开集，一年七十二个集。每届集日，远近村落做买卖的络绎不绝来集上赶集，物资集散量颇大。昔日李村集非常有名，德国时期在李村设有副臬司衙门及监狱、农园等，使之更加突出。惟不接港湾和铁路，将来难以发展成大的商业中心。但随着占领区内农工业逐渐发展，作为物产小集散地在本区内足以保证其有数的地位。"

《李村要览》对李村乡民的服装、食品种类及价钱的数据等都有调查。

　　在第 4 节《生活状态》的"衣服"一栏中提到:"无论男女大都布衣,蓝色无花,至于绸缎之类仅富家女子出嫁时服之耳。女子见着花纹或红色之衣服,其原料则购之于李村、枣园、流亭、城阳、王哥庄、台东镇之市集,或于家庭自制之成衣大都由家庭妇女自为缝纫,不假手外人。大约成人所着之单长衫(俗称大褂)须作三日,单短衫(小褂)二日,单裤一日,夹者各增半日,绸棉袄三日半。其工作之迟钝,较之日本普通女子之手工不及三分之一,盖其缝纫极细密,不务华美而以坚牢耐久为主。"

名称 品目	小褂	夹小褂	小袄	小皮袄	大褂	夹大褂	大袄	大皮袄
粗布	二吊文	二吊六百文	三吊五百文	十吊文	二吊四百文	五吊文	七吊文	十五吊文
洋布	一吊六百文	二吊文	三吊文		二吊二百文	四吊五百文	六吊文	十四吊文
假缎								十八吊文
缎						十四吊文		

名称 品目	坎肩子	马褂	裤子	套裤	汗衫	卫生衣	腿带	兜子
粗布	一吊五百文	三吊文	一吊六百文	一吊文	一吊六百文	夏用一吊四百文 冬用二吊二百四十文	布四百二十文 缎七百文	一吊二百文
洋布	一吊文		一吊四百文	八百文				
假缎	一吊六百文	四吊文						
缎	二吊文	八吊文		三吊五百文				

　　书中列表表示了衣服名称、布料、价位等，为当年李村乡民所着衣服式样、布料状况，以及李村等集市所出售之衣服价格的实录，从中可以窥见当年李村集市的服装样式及价位情况。

　　《李村要览》对李村居民的食物也表述得较详细："李村乡民之食事，冬季朝、夕两餐，春夏秋则朝、午、夕三餐。通年食物以甘薯（俗称地瓜）为主，每人所需一日平均二斤半乃至四斤。甘薯以外杂以粟、豆、高粱、小麦。冬春食甘薯居多，夏秋食粟居多，是为主食品。自制之腌萝卜、白菜、菠菜、韭菜、茄子及豆腐之类，类以肉杂或甘薯之干叶制以为冻，更有以盐混于洋粉皮以佐食者，是为副食品。至于道家者流以麦粉制为馒头杂以鱼肉，此非上流社会不得享食。寻常人家仅嫁娶宴会时用之，不以供常食。其他野草凡叶之柔软者莫不采以供食。彼东三省以高粱为常食，而此地则以高粱、小麦为高等之食品，其食品之粗劣盖可知矣。"并附有各类食品的制作方法（略）。

　　调查表对集市常卖的黄酒、地瓜酒、烧酒、绍兴酒、状元红、玫瑰露、五加皮、史国公等酒类的等级、价位均有说明。从中可看出：交通发达和视野开阔使得李村集市上已经有了国外和南方生产的酒类，居民消费观念和生活习惯也在逐步发生变化。

名称 等级	黄酒	地瓜酒	烧酒	绍兴酒	状元红	玫瑰露	五加皮	史国公
上等	九.三钱	四.七钱	二二.〇钱	七.四钱	一三.〇钱	一四.〇钱	一三.六钱	一三.六钱
下等	五.三钱	四.七钱	二〇.〇钱					
最下等	四.七钱							

　　注：上列酒类统计的计量单位是"升"。

除酒类外，"其次为烟，本地产甚少，大部分由潍县运来，烟叶每斤一角五分内外，由各市镇购取。吸烟卷者尚属少数。"从烟叶到烟卷，除了意识和习惯以外，价位应当是一个主要问题，毕竟缺衣少食的李村乡民不是都能够抽得起价格高昂的"洋烟卷"的。

至于茶叶等饮料，"乡民平日殆不饮茶，而以莱连草（亦名车轱辘草）代之。又由九水至北九水一带地方产竹甚伙，居民相习煎竹叶以代茶。"文中还提到了在柳树台疗养院的德国医生曾经研究过竹茶，认为能治疗脑病，因此有游览九水的游客经常折取竹子带回市里煎煮饮水喝。还有德国人教村民采集藤萝花叶晒干充当饮料的故事。显然，早年的李村集市是没有南方茶叶的踪影的。

（三）恢复中的李村集市

李村居民在日德战争期间遭到入侵、掠夺，乡村经济凋敝，集市贸易更无形消亡，直到战争结束以后很久才逐渐恢复。数年后，李村大集已经恢复到了德占时期的状况。《李村要览》第 16 节"李村区的商业"中记叙道：李村区内称得上商业地区的只有李村、沧口和沙子口，沧口和沙子口有港口贸易，"而李村就是一个农村的商业中心，每月有 6 个集期，每个集期上市商品价值约 1 万元，全年共计 70 万元，如果以交易二成或三成计算，每年交易额挡在十四五万至二十一二万左右。"同时还提到"李村原有一家油坊、一家烧锅（酒坊），因战争和水灾，房屋倒塌，至今没有恢复生产。"

在《李村要览》第 2 节"各地开市概况"中，列有"李村市概况附枣园市"一段，介绍更为详细："李村市有 330 余年历史，每月农历二、七日在李村沙滩开市。枣园市也有百余年历史，每月农历四、九日在同村西街南端的沙滩开市。其中李村市是附近的大市，一年七十二个集市。每到集市日子，四方商贩络绎不绝汇聚而来。除掉季节天气差别，一年平均每集有露天摊位一千二百余个（主要经营鱼类、杂货、谷物种子类、饮食等店铺等），其物资总价额九千元左右。在农事闲散且天气晴好时节，露天摊位在一千四百以上,物资总价额达一万元以上。据当地居民言,德国占领以前,集市物资数量较少。德国占领一二年以后,鼓励集市发展。经过一段时间发展,集市日益繁荣。当年德国殖民当局曾在集市上做过十几次的人数测算,平均每集期赶集的人数约计有二万二千人。至于枣园集市与李村相比要小得多,最多时有露天摊位一百五十个以上,上市物资价额约一千元。一年平均下来露天摊位在一百左右,物资总额约七百元,人数一千人左右。"书中还提到制作过一张李村上市物资平均数与商品种类一览表,没有收入本书。

《李村要览》还对流亭、华阴集市的概况作了叙述:流亭集以每月一、六为集期,平均露天摊位七百三四十个,物资总价额三千七百元,是李村集的三分之一强;华阴集市每月四、九为集期,露天摊位大约八百四五十家,物资价额平均二千五六百元,仅占李村集市的四分之一。流亭、华阴都是李村周边的大集市,属即墨县地面。如此比较,足见李村集市在规模、价额、人数等方面都远远高出周边集市,可谓一枝独秀。

(四)日占时期的李村集杂税

李村集市如此货物丰足、人气旺盛、资金雄厚,势必让天性贪婪的日本人为之动心。因此,李村集市的杂税也就成为日本守备军司令部关注的重要税源。

有关李村集市的税制,《胶澳志》书记载分明:青岛实行杂税源于德国占领时期,有"女姑口、沧口、沙子口、塔埠头、台东、李村之公秤使用费(按货价百分之三),李村、台东各处之商摊税(大摊日收铜元四枚,小摊二枚),牲畜税(向售主征收卖价百分之二)等均于一千九百零八年始行。规定征收专充各乡村公益之用"。日本占领时期基本延续德国税制,但增加两项专卖特许专卖(亦名专卖监督费),为日本占领时期大宗收入:"一为烟膏专卖专许费,指定扶桑公司为专卖局(民国四年),并于李村、沧口、沙子口、仙家寨、张村、老洼乡、小水清沟、姜哥庄、大崂等处各设分局,犯贩卖烟膏者每两征收专卖费；一为中国酒专卖特许费，特许商人大莱号松本菊雄专卖，非经专卖人之手不得酿造中国酒或输入于本埠。日人对于前二项之收入年收若干既不公开无从计算，而对于青岛之市政极力扩充，总计六七年之间经费尚有余裕。以视德国人之年须国库补助相去何至倍。况经营专卖之人一经包办立致巨富，则其为巨额之收入概可想矣。"

日本占领时期，对于台东、李村等集市的管理和税收仍延续了德国时期的承包制度。日本交还青岛主权时，没有按照协定移交档案资料，导致日占时期档案资料几乎空白。从青岛市档案馆保藏之 1923 年 2 月 8 日胶澳商埠督办公署财政科税务股的部分档案记载中可见日本占领时期青岛集市税收代征承包制的端倪："为知会事，查本股所管外镇杂税一月份征缴款项业经收足，逐项转交会计科核收并挈有收条。惟代征费用向支三成，每届月终结算收税总数之后即便核明代征费数，于次月十日以前发给承办人。此将一月份外镇征收各项杂税及应支代征费各数目开具清单，相应知会贵股查照核发，是为公便。此致制用科。附清单一纸。财政科税务股启，二月八日。"附着的清单载明："外镇承办杂税各商交到十二年一月份征税款总额及应支代征费细数清单，计开：

一、枣园，自一月一日至三十一日，收商摊税铜元六百七十枚，四次。收称费税铜元六百六十六枚，四次。以上共收铜元一千三百三十六枚，合足钱二十六千七百二十文，应支三成代征费，足钱八千零二十文。

一、李村：自一月一日至三十一日，收商摊税洋六十五元九角六分，六次。收称费税洋七十七元六角一分，六次。收牲畜税洋一百二十七元八角五分，六次。以上共收洋二百七十一元四角二分，应支三成代征费八十一元四角三分。

一、台东镇，自一月一日至三十一日，收商摊铜元四千伍佰一十枚，六次。收称费铜元三万六千五百三十二枚，六次。以上共收铜元四万一千零四十二枚，合足钱八百二十千零八百四十文，应支三成代征费足钱二百四十六千二百六十文。

一、沙子口：自一月一日至三十一日，收装船税洋三元九角五分，一次，应支三成代征费一元一角八分。

一、塔埠头，自一月一日至三十一日，收称费税洋二百二十九元三角，二次。又，足钱二百八十三千九百六十文，应支三成代征费洋六十八元七角九分。又，足钱八十五千一百八十文。

一、沧口，自一月一日至三十一日，收装船税洋二元四角，一次，应支三成代征费洋七角二分。统计以上共收大洋五百零七元零七分。又，足钱一千一百三十一千五百二十文。应支三成代征费洋一百五十二元一角三分，又，足钱三百三十九千四百六十文。财政科税务股。中华民国十二年二月八日。"

从现存档案可看出，德国和日本占领时期，青岛城乡主要集市只有台东镇、李村、枣园、沙子口、塔埠头、沧口六处。这六处集市功能不尽相同，税收性质和范围也不一样。其中沙子口、沧口只收取装船税，不涉及商摊税和称费税；塔埠头只收取称费税，没有商摊税；台东镇和枣园收取摊商税和称费税；李村集除了收取商摊费和公称费以外，还收取牲畜税，而且是重头税项，占李村集总税额的近一半。比较之下，台东镇与李村是青岛最重要的两大集市，台东镇在市区，李村在郊区，两大集市税收数额相近，各具特色，可谓半壁江山，各领风骚。

应当指出的是：台东镇是青岛的市区集市，不同于李村等乡村集市，而且是当时青岛最大、最重要的贸易集市，但仍被德、日殖民当局列为"外镇"。而日本人设立和把持的第一市场并没有列入商贸集市的范畴。可见殖民当局对中国人集市的歧视政策。同时也证明李村、台东镇等集市的主要商民和消费群体是中国人。

（五）日本人承包李村集杂税

在日本统治时期，李村集市的管理和税收仍延续了德国时期的承包制度，面向社会竞标承包。但在日本军事占领下，青岛所有可以获取较大利益的行业、部门几乎全被日本人占据，中国人被排除在外。在集市征税管理方面，市区最大的第一市场被日本商人把持。李村集和枣园集的承包权也被日本人所垄断，中国人完全被排除在这三个集市的管理和承包体制之外。从青岛市档案馆所保藏的档案中发现，在1922年主权回归之前胶澳集市的承包期限为一年。这时的台东镇承包商是台东镇商会的杨圣训，沙子口承包商为李肇锡，沧口承包商为王君桂，塔埠头承包商为崔子远。以上四大集市的承包商均为中国人，唯独李村集与枣园集的杂税征收承包人是日本人大深菊平。

青岛市档案馆藏有日本承包商大深菊平出具的六份领取李村集、枣园集代征费提成的收条。记录了1923年1月至3月大深菊平在上缴承包款后，从财政局领取的"代征费"收条。其中3月份的两份收条是1923年4月签收。一份收条内容是："今收到三月一日至三十一日枣园六集共计分代征费银票一元零六分，大正十二年四月十七日，领取人大深菊平。"另一份收条内容是："今收到三月一日至三十一日李村六集共计分代征费银票九十二元九角七分，大正十二年四月十七日，领取人大深菊平。"

从上述承包商大深菊平的收条可以看出几个问题，一是李村集和枣园集的代征税承包商是日本人大深菊平；二是李村集和枣园集属于捆绑式承包；三是因承包期限未满，大深菊平直到青岛收回主权后仍在李村集和枣园集收取杂税；第四，承包商根据所收税款数额，领取一定费用作为提成费，即"分代征费"，分成比例为三成。

按照大深菊平3月份收条的代征费计算，李村集杂税征收额在3月份为309.9元，枣园集杂税征收额3.37元，两集合计313元。按年承包时间合计李村枣园集杂税征收总额在3,759元左右。

四、胶澳商埠与集市杂税征收制度

1922 年 12 月 10 日，中国政府收回被德、日占据 25 年的青岛主权，设置直属北京民国政府的胶澳商埠督办公署，在青岛恢复和实施民国法律和行政管理。在集市杂税征收方面则"率由旧章"，继续沿用德国、日本实行的杂税代征模式。然而，管理者身份的变换和社会大背景的变化影响了旧有制度的施行。李村集市的杂税征收制度面临多方挑战，杂税征收一波三折，经历了杂税征收承包公开招标，取消承包制由政府设立征税所直接征税，恢复杂税承包制，取消集市杂税征收制等一系列措施。通过杂税征收真实地反映了中国政府探寻、试验最终规范李村等集市管理的真实过程，因而成为李村集市历史发展中非常重要也颇有特色的历史阶段，也从一个侧面折射出青岛主权回归初期青岛复杂、动荡的政治、社会大环境。

（一）青岛主权回归后的社会状况

在经历了反对"21 条"、一战结束与巴黎和会、五四运动、华盛顿会议、鲁案谈判等重大历史事件后，在全国人民的激烈抗争下，中国政府于 1922 年 12 月 10 日收回被德国、日本占据了 25 年的青岛主权。鉴于青岛的特殊地位，北京民国政府宣布将青岛辟为开放商埠，正式命名为胶澳商埠，但人们仍习惯性地称为青岛。胶澳商埠的行政区域保持了德、日时期的区域范围。因青岛地位重要，民国政府在胶澳设立了直属中央政府的胶澳商埠督办公署，任命山东省省长熊炳琦兼任胶澳商埠督办。胶澳商埠成立之初，面对被日本劫掠一空的青岛财政困局和日本有意遗留下的大量争议案件（如李村的"国武农场案"），督办公署无暇全面改革德、日实施的城市管理法规章程，在许多方面只能"因仍旧章"，参照原有法规章程予以改良沿用。然而，在司法、文化等领域则坚决革除德日殖民遗迹，制订和实施中国法律，恢复中国文化教育，如设立胶澳初级法院、检察厅和各区分庭，颁行民国法律；将青岛市区原有日文命名的道路、山头、海岛、公共设施等地名取消，重新用中国文字命名等等。这些改革措施也普及到曾经被殖民者严重忽视的李村乡区。1923年10月，胶澳督办公署下发《李村区新定道路名称表》，重新命名李村区内所有19条道路，以彻底清除日本殖民文化痕迹和规范城乡道路交通管理。道路命名时，明确了道路首、尾两端的地点、道路的长度等元素，其中与李村相关联的主要道路有台柳路（台东至柳树台）、李村市路（李村街市各路）、李大路（李村至瓮窑头）、李沧路（李村至沧口）、李坊路（李村至坊子街）、李塔路（李村至狗塔埠）、李沙路（李村至沙子口）、李山路（李村至山东头）等8条道路。另有四流路、湛沙路、四小路、胶小路、辛大路等。

同年12月，山东青岛地方审判、检察厅发布第41号布告：应李村乡民所请，在李村设立审判、检察分庭，管辖李村区所属210个村庄的司法审判事宜，首次在李村乡村实行中国司法行政管辖权。

在城乡行政设置和管理制度方面，胶澳督办公署基本沿用了德、日占领时期的惯例，仍将青岛分为城区和乡区两大部分，但城市范围已从德国时期的青岛要塞（海泊河、太平山东麓为边界）向海泊河以北的四方、沧口扩展。面积缩小后的李村乡区的行政、司法、文化和商业中心仍在李村街上。

在行政管理上，胶澳督办公署在李村设置了李村区公所和胶澳警察厅李村警察署，委派官吏、警员治理李村乡区所辖村庄、集市。李村警察署共辖第一至第七分驻所，其中李村、李村南庄、庄子、杨哥庄、东李、苏家、曲家、侯家庄、刘家下河、水源地、河南庄、郑庄等42个村庄均归第一分驻所管辖。

在二十年代，李村区的人口户数逐年增加。据《胶澳志·民社志·户口》记载："民国十三年七月调查为十八万九千四百十一人。民国十六年度我国调查为六万三千五百九十八户，计三十二万二千一百四十八人。"其中市区内"共有一万九千六百六十五户，计九万一千五百余人"。换言之，1927年（民国十六年）李村乡区的户数应为43933户，人口230600余人。较德日占领时期增加甚多。

具体到李村本地，1924年（民国十三年），李村户数：425户，人数2,034口；李村南庄：65户，300口；庄子：86户，403口；东李：214户，1,150口；杨哥庄：119户，571口；1925年（民国十四年），李村户数：423户，人数2,033口；李村南庄：67户，318口；庄子：102户，413口；东李：220户，1193口；杨哥庄：125户，571口；1926年（民国十五年），李村户数：443户，人数1,953口；南庄：67户，318口；庄子：102户，413口；东李：250户，1,193口；杨哥庄：125户，465口（其他村庄略）。

20世纪20年代的李村乡区在经济形态、社会制度和民风民俗方面没有太大的变化。《胶澳志·民社志·风俗》称："胶澳自开埠以来，五方杂处，市乡人民埋首痛心于外人管理之下者二十余年，直至接收乃得复见汉官威仪。商埠以内非土民固有之俗也。而乡间则异是，冠婚丧祭犹有古风不故为标新立异，不浮慕奇技淫巧。顾以教育不能普及，思想过于闭塞，昧于新陈代谢之道，恒至动静两失其宜。至今幼女尚事缠足，壮男犹存发辫。性本勤勉而不尚洁净，子女早婚而不重学艺，具谨愿之美德而乏强健之常识。其弊也流之懦弱，虽遇横逆侵凌而罔敢与之抵抗，盖亦质美未学，不识穷变通久之道，有一使然。此在闭关自守之日犹可谓之瑕瑜互见，得失相乘。而当此世界潮流不免益少损多，相形见绌矣。"

在1922年12月至1929年4月中华民国北京政府治理时期，青岛民族工商业得到一定程度的发展。《胶澳志·职业》中称："商业一项最难得起确数。本国大商店二百十家……小商店实数据修志时专员调查：市内有二千三百余家（大商号及无招牌字号之浮摊均不计及）。市外沧口一百二十八家，四方三十家，红石崖八十四家，塔埠头三十八家，李村二十余家，沙子口二十余家，共计二千六百余家，每家平均五人，约为一万三千人，浮摊货贩之流亦不下一二千人。""又据日人之《青岛商工案内》所载：'日商三百一十二家，所用华籍职员一千六百三十九名。尚有日人所设之小商店六百四十五家'。"

从调查表中可以看出，在当时的青岛（20世纪20年代末）大型商业设施和商号中，日本商人的实力远超中国商人，而小商号则以中国人为主流，至于本小利微的浮摊商贩则均为中国人所经营。从数据来看，李村没有大型商号，甚至小商号也仅有20余家，仅占全市商号总数的百分之一，在市外六处主要商业中心中倒数第一。所以李村当地居民一直流传着"李村没有大买卖家，也没有大富之人"的说法。可见李村的商业形态完全是靠在李村集上摆摊谋生的"浮摊商贩"和亦农亦商的本地居民的广泛参与下才得以存在并逐渐兴旺发展的。没有"浮摊商贩"的存在，李村集就不会发展，后来的李村大集和李村商圈也就不能形成，而这一特点也恰好是李村商圈与其他城乡商圈发展道路及经营形式的重大区别。

这一时期，青岛市场集市有所变化。据《胶澳志·建置志·市廛》记载：1928年时，青岛有"公立市场一，商办二，乡间市集则有李村、沧口、枣园、浮山所、薛家岛、红石崖、韩家庄以及即墨交界之流亭、华阴等处。"公立市场亦名劝业场，长期以来被日本人把持的青岛最大的室内市场。商办市场是指1928年中国商人集资兴建的台东镇市场和台西镇市场。"本区市集以李村、枣园、沧口、浮山所为著，流亭、华阴地在即墨县境而与本区毗连，附近之胶澳人亦于此取给焉。"

（二）"因仍旧章"与杂税招标制度

在税收制度上，胶澳商埠基本延续德国、日本在青岛实施的税收制度。《胶澳志·财赋志一·税制》载："地辟则民众，商通则货兴，政繁则赋重，事有相因而至者。胶澳未辟以前，僻处海滨，荒凉砂砾，恶有所谓捐税制度。其时居民渔户除旧制每地一亩完纳国课银三分二厘外，其他并无任何捐税直接取之于民者。自德人据为租借地，改正土地，于是手数料赁、贷税、营业许可状等种种名称层出不已……日人继之，有延续旧制者，有特别改订者。而其种种设施则纯以占领地之政策为主旨。我国接收以后，本部税制大致因仍旧章，未能根本改革。"

实际上，胶澳商埠督办公署也并非全搬德日"旧制"。青岛接收之初的1923 年 1 月 27 日，山东省省长兼胶澳督办熊炳琦发布训令，针对青岛币制混乱，商民纳税用一枚铜元折合银币一分的习惯，下令废除这一陋习，一律以银币为准，"若有奇零，即照当日银元市价折收银元，"以保护商民利益。与此同时，胶澳督办公署又制定发布了一系列法规章程，其中与集市贸易有关的如《胶澳商埠税务杂费投标规则》《取缔药摊暂行规则》《取缔药摊暂行细则》等与市场管理有关的法规条例。但在"外镇"集市税收及招投标等方面则仍沿用了以前的规章制度。

在青岛主权回归之际，青岛各处市场、集市的承包期限尚未到期，只能仍由原承包商继续履行征税职责。1923 年 1 月，在北京路开办复丰恒商号的即墨籍商人王子青向财政局呈请"包办胶澳李村集与枣园等处牲畜税、栈税及商摊税，出银洋一千八百元包办。"财政局认为胶澳商埠杂税征收事关重大，应在前承包商承包期满以前确定接收后的新一轮承包竞标活动，遂通知王子青届时按招标文书参与竞标。

因为是青岛主权回归后的首次杂税征收承包招标事宜，胶澳商埠督办公署极为重视，指令财政局认真查阅德国、日本所实施的承包方法，按照其惯例制定招投标规则及招标办法。1923 年 3 月 26 日，经山东省省长兼胶澳商埠督办熊炳琦批准，胶澳商埠财政局向社会各界发布了《胶澳商埠税务杂费投标规则》，共计 15 条款，其中："第一条，本埠牲畜、商摊、装船、公称等税务及粪便杂费招商包办依照本规则投票决定，以认款最多数者为得标。从前代征按成留支办法悉数撤销之。第二条，包办期限定为一年，即照会计年度自每年七月一日为始至翌年六月末日至。但十二年三月三十一日旧包商业已满期，应即提前投标，仍以十二个月为满。按照此次得标款额另加包款四分之一，准其包期延长三个月，但嗣后仍以六月末为一年度。"其他各条款则对招投标具体办法作了详细规定。同时，财政局又对外发布了投标日期、场地和各个集市最低承包价位，规定："台东镇商摊公称税每年最低税数大洋六千元""李村枣园集牲畜税、商摊费、公称费每年最低税数大洋五千元，沧口公称费每年最低税数大洋八百元，塔埠头公称费每年最低税数大洋五千元"等等。

民国十二年3月23日，胶澳商埠督办熊炳琦发布"第281号指令"："准派本署总务科会计股股长邹鲁、政务科实业股股长周东曜与投标开标时到场监视，以昭慎重。"

3月28日，经过了事前公告宣传、材料领取分发、投标人报名填表、招标保证金交纳等一系列工作程序后，各界瞩目的胶澳商埠"税务杂费招标大会"在财政局大楼会议室召开。会议室里坐满了前来投标的30家商号老板。此次招投标的项目有"李村枣园集牲畜商摊公称各税、台东镇粪便税款、台东镇商摊公称等税""沧口公称税""濑户广岛町唧筒粪便税""塔埠头公称税""市内粪便税"等项目。对于上述标的各商家反响不一，但对"台东镇粪便税款"的招标项目尤为关注，竟有16人报名竞标，竞争非常激烈；"濑户广岛町唧筒粪便税"次之，有4人投标竞争；"李村枣园集牲畜商摊公称各税"和"沧口公称税"各有3人投标竞争；"市内粪便税"有2人竞标；"台东镇商摊公称等税"和"塔埠头公称税"各有2人竞投。其中竞标"李村枣园集牲畜商摊公称各税"的有杨延卿、孙峰岚、复盛昶（张显悌）三人，竞标人先行缴纳500元的保证金，金额仅次于"市内粪便税"（1000元）和"台东镇商摊公称等税"（600元），而与"塔埠头公称税"（500元）同等，属于本次招标各类项中较重要的项目之一。

这次招标活动由财政局主持，招标文件由财政局拟定并经胶澳商埠督办熊炳琦批准，在全市通告发布，吸引众多商家参与。招标当天，督办公署派官员现场监视，当众开标，可谓是"阳光工程"，足以显示督办公署对这次招投标工作的重视程度。因招标项目和参与投标商家较多，遂决定分为上午和下午两场举办。

经过激烈竞争，各集市的杂税代征税承包权在开标之后最终确定。"市内粪便税"以 10040 元为郭建堂竞得，"台东镇商摊公称等税"为张德山竞得（6001 元），"台东镇粪便税款"被张荣华竞得（8213 元），"濑户广岛町唧筒粪便税"被王长鸿竞得（1865 元），"沧口公称税"被孙圣楷竞得（1400 元），"塔埠头公称税"中标人为梁方进（5036 元）。而"李村枣园集牲畜商摊公称各税"的承包人最终为孙峰岚竞得，标的金额为 5010 元，远远超出杨延卿（3111 元 1 角 1 分）和张显俤（2720 元）的标额。开标以后，中标人当场与财政局签订承包合同，承包商的担保人也与财政局一一签订担保书。下午时分，主权回归后的胶澳商埠第一次杂税承包招标大会顺利结束。

会后，财政局于 4 月 7 日发布第八号通告："照的本埠李村枣园集牲畜商摊公称各税、台东镇粪便税款、台东镇商摊公称等税业于三月二十八日各包商齐集本局投标，即日当众公开，以最多数孙峰岚、张荣华、张德山得标，曾经公布在案。此据该包商呈拟四月一日为接办之期，所有上项税款按照从前旧例由该包商收缴。为此布告商民等一体遵照，不得有违抗偷漏绕越情事。除咨会警察厅饬行分所就近保护外，特此布告。"同时，明令将此布告"实贴李村、枣园、台东镇、台东镇（街道）"四处，为各个集市的承包商张目。同时咨请警察厅"分饬李村枣园集、台东镇各警察署所，就近妥为保护"。而中标的承包商人也就理所当然地走马上任，在各个集市上开始了青岛主权回归后首次由中国官方制定的杂税承包工程。

（三）首届杂税承包制度的失败

以 5010 元的高标的竞得"李村枣园集牲畜商摊公称各税"的承包人孙峰岚并非李村本地人，而是蓝村籍商人。中标后，孙峰岚在李村设立征税处，招收王均、袁仲三、孙金藻、谢水亭、孙墨亭、孙玉贵、孙玉洪、孙玉和、李成同、吕可亦等 10 人为税役（税差），招收的税役职责分工也很明确，有"司账一人、司票一人、税差六人、调查员一人、司称一人"。这种分工办法应该是沿袭了德国、日本占领时期在李村枣园集上的征税模式。

至于征税额度，也沿袭了以往的征税比例，按照胶澳商埠发布的新税收办法实施："一、牲畜税按售价值百抽四，买主卖主均各二分；一、称税每售价铜元五十枚收一枚；一、摊税每摊收铜元二枚。"这种征税承包制的征税办法与征税比例、额度与德国、日本占领时期完全一样。

为使杂税征收具有法律作用，胶澳商埠督办公署于 1923 年 5 月 15 日发布《胶澳商埠杂税征收款项暂行规则》，其中第三条规定："杂税征收税率均应照旧日习惯办理，不得额外增加。违者照第八条处罚。"而第八条规定："违反第三条规定，额外增加，按照增加之数加十倍处罚。"法令不为不严厉。

关于胶澳商埠所颁发实行的征税法规有关杂税的内容，在《胶澳志》曾有详细记载："商摊税：杂货商，每占地皮一坪征收铜元二枚（逐月征收，其有板房者按月汇缴），沿德日时代习惯，与现制略同……（附记：表内之公称税、商摊税、山轿捐等本年九月间已将塔埠头、红石崖、台东镇、沧口、李村、枣园、沙子口及柳树台等处一体命令取消；扫除烟筒费于十六年冬间停办）。"

这些税收额度和办法均从德、日时期继承而来，按说是"萧规曹随"，代征税款制度应该是可以顺利推行实施的。

竞得李村枣园集承包权的孙峰岚中标后，意气风满地来到李村租赁房屋，招募了一批本地人组成征税助手，开始在李村集上征收税费。不料时移世易，刚刚接收青岛主权的胶澳商埠督办公署面对被日本掠夺一空的青岛财政和百废待举的行政、经济、社会的烂摊子，短时间内还没有建立起绝对的权威。各大集市的商贩挣脱日本重压以后，颇有解放、吐气之感，对于新承包商颇有反抗之意。另外，新承包商急于完成税额，不免采取加税增收手段，引起商人反感。征税现场诚如市民张立珂两年后所痛斥的那样："逢集挨摊索取铜元数枚，形同乞丐。并且收捐者不无中饱之弊，争多论少，辱骂凶殴，此等情事时所恒有，未免有伤国体。"李村集商人与承包商矛盾加剧，抗税之事必然发生。加上台东镇原来的承包商杨洪勋等不甘心承包权落在他人之手，遂利用其台东镇商会的势力挑动台东镇商家拒绝缴纳税费，鼓动商贩控告新承包商张德山私自加税等"恶行"，并策动集体罢市，致使台东镇征税活动一再受阻，难以完成征税任务。在台东镇商贩的影响下，沧口、塔埠头、李村枣园等集市的征税工作也同样遭到商家抵制。相对台东镇以长期固定摊位商户为主要征税对象的情况，李村集主要的商家是流动性的临时摊位和小商贩，这更给征税带来困难。加上承包商在征收税费时收税不公、私自加税等事情，招致李村地面和商人的反感、抵制，在一些商人带动下集体拒缴税费，导致"称税因地面反对征收不齐，草类及地瓜因商民罢市，称税、摊税皆停征。""牲畜税乃大宗税款，乡间私相授受者颇多，"导致牲畜税也无法征收。带头抗拒征税的主要是李村本地的商户，其他商贩见本地商人拒绝缴税，也都采取观望、呼应态度，拖延、抗拒缴税。真是应了"强龙不压地头蛇"的说法，蓝村人孙峰岚在李村地面上使尽浑身解数，包括告求警察协助等也无法征足既定税费。有鉴于此，孙峰岚便以征税困难为由拖欠应缴税费。无论财政局如何催促，始终没有缴纳。而且拖欠手段十分习滑，一旦财政局向孙峰岚催缴税款，孙峰岚便告"失踪"，致使政府催讨无方。类似的场景在其他市场也同步展现：台东镇粪便包商张荣华、塔埠头包商梁方进、沧口包商孙圣楷和台东镇杂税承包商张德山等均以征税困难为由拖欠税款。财政局屡次催缴都没有实效。

1924年1月，正是旧历年末，距一年承包期满仅剩几个月了，财政局在忍无可忍又无法可施的情况下咨文警察厅："本局前以台东镇粪便包商张荣华欠税业经函请饬传押追在案。此查李村、塔埠头、沧口等处杂税包商孙峰岚、梁方进、孙圣楷等均自接办以来拖欠税款甚钜。屡次催提，籍端抗违，延不缴纳。自应以原保人等是问。值此年关紧迫，整顿税收之际，催征实难再缓。相应函请贵厅查照，分令各该警署迅传各该包商孙峰岚等并原保人栾子仁等到案，连同张荣华一案勒限押追税款，务于三日内赶紧来局缴纳，以重国税。并希见复，停案以待，幸无稽延。"警察厅遂以"拖欠税款"为由立案，派警察前往追索欠款。但孙峰岚等和担保人闻风潜逃，没有下落。2月4日，警察厅回复财政局：接函后"敝厅当即分别令行该管区警署查传严追去后。据青岛一二两署复称：'孙峰岚、张荣华，保人栾子仁等均于上年九月间外出不家，营业早已停顿，无凭传追。孙圣楷亦不在青……梁方进……因犯烟案移送地方检察厅讯办，其营业铺保义盛泰遍查无此字号'"。最终只将梁方进的保人义泰号经理何福祺找到，"令其取具妥实铺保听候办理"，此外一无所获。催缴欠税一事再次放了空炮。

实际上，孙峰岚等承包商的拖欠行为与胶澳商埠督办公署的不作为密切相关。孙峰岚等承包商并未外出逃债，一直安住家中。在李村枣园等集市上的征税活动也一直没有停止，仍在孙峰岚的掌控之中。财政局竟然在长达10个月的时间里没有采取断然措施追缴欠款和立案追押，怎么说也是讲不过去的。而警察局虚与应对，不全力追究，含糊了案，更让孙峰岚等人壮了胆气，不仅指示税役在集市上继续征税，还明目张胆地亲自到李村集现场监视征税，警察对此视而不见。这样一来，就造成了商家抵制拒缴税款，承包商借口收税困难拖欠不缴，财政局催缴不力，警察厅推诿应付，国家法令成一纸空文，集市杂税交不到政府手中。因而形成了李村枣园等集市照赶，税费照收，但不上缴政府的怪圈。可以说，这位青岛主权回归后第一个在李村集上吃螃蟹的承包商孙峰岚是一个典型的欠税老赖。而青岛主权回归后实施的第一届集市杂税征收承包招标制度也在李村枣园集市的实践中彻底失败。

对于财政局而言，1923年绝对是多事之秋。台东镇、李村枣园等集市的拒缴税费的事情还没有解决，设于大窑沟的第一市场又发生了日本商人策动的罢市风波。第一市场亦名劝商（业）场，最初由德国人设立，位于德国人居住区的德县路和中国人聚居区的潍县路交界处。日本占据青岛后，"移筑于市场一路之现设地点，其建筑之宏伟为本埠市场冠"。（《胶澳志》）市场始建于1917年11月，完工于1918年2月，市场重要店摊几乎全被日本商人挤占，由日本人组织市场组合承租市场房屋，排挤中国商民入驻。市场实行承租制，每月租金日金 770 元，租期一年。最后一年包租契约至 1923 年 10 月满期。届满后，胶澳商埠财政局发布第 36 号布告，宣布"收归官厅直接管理，并拟定管理规则。"通知该组合"解除租约，并派员接收管理。"但日本商人拒绝交出承租权和管理权，拒不撤出市场，要求按照旧承租金额继续承租第一市场，租期十年。中国籍商人傅东川等也向督办公署提出按原租金承租，"额外每年报效三千元"的承租要求，双方相持不下。中国籍商贩夏九成等也不断上书督办公署揭露原承租市场的日本商人屈尾一藏和中国奸商连秀山等相互勾结，营私贪污等劣迹。日本商人为逼迫胶澳商埠督办公署接收日本商人承租的无理要求，遂勾结中国奸商打伤中国商人傅东川，进而策划罢市，拒绝中国税务官员和管理人员接管，形成了不小的罢市风波。

为尽快平息日本商人和中国籍奸商的捣乱罢市行为，同时保护中国籍中小商人的利益，山东省省长兼胶澳督办熊炳琦电令财政局派员调解，加强了对原由日本人控制的第一市场的管理，制定了管理章程。规定：第一市场"由财政局派员经理"，成立市场公会，以华人为会长，日人为副会长，中日商家共同管理市场。这样，既保留了日本商人的部分诉求，也满足了中国籍中小商人的部分要求，罢市风波得以解决。

1924 年，在经历了第一市场罢市风波、台东镇抵制张德山杂税承包事件和李村、枣园等集市抵制征税及承包商拖欠应缴税款等事件之后，胶澳商埠财政局请示督办公署批准，下令停止实施集市征税承包制度，改由财政局直接管理和征收各集市的税务征收工作，在台东镇、李村等集市专门设立了"杂税征收所"，委派专职委员直接负责集市税收事宜。集市杂税征收从此由"民办"改为"官办"。

（四）短暂的李村杂税征收所

1924 年 4 月 30 日，胶澳商埠财政局发布第五号布告："照得李村枣

51

园公称税、商摊费、牲畜税各项，现拟收归官办设所征收，委任孙洪升为征收委员，所有一切征收手续悉仍照旧办理。"同一天，财政局向胶澳警察厅发函："为咨会事：案查李村枣园公称税、商摊费、牲畜税包商孙峰岚积欠包款，业经斥退，亟应收回官办。兹派孙鸿升为征收委员，赳日前往设所征收，所有征收一切手续，悉仍照旧办理。除呈报并出示布告外，相应咨会贵厅，请烦查照，转饬该区分署一体知照，于该委员到后，实力协助，遇事维持。"

孙鸿升受命后，立即展开市场调查。5月2日，向财政局报告在李村租赁办公场所，购置办公用品，聘用助手，5月5日即开始在李村集征收税款，成为政府直接征税的第一个吃螃蟹的人。

孙鸿升到任后，发现原承包商孙峰岚留下的是一个满目疮痍的烂摊子，孙峰岚不仅没有缴清已征收的承包税款，而且没有将所领取的税票交还李村枣园杂税征收所，甚至政府下令取消其承包合同后竟然还在李村枣园集上征收各种税款，李村商民不了解情况，纷纷传言是官方与孙峰岚共同"合办"征税等等。于是便在5月2日将李村枣园集市的征税状况的调研情况及工作计划函告财政局，提出请财政局催促孙峰岚补缴欠款，表示："该包商系蓝村人，家资小康，前之包费财政局并未按期追缴追讨，致有'合办'之讥讽。而财局既经追索，该包商即援以逃遁为辞，其实居家安度，前两月尚曾亲赴李村监视征收。风闻该乡人云'该包商自十二年三月起迄今共收税款贰仟五六百元'，是否向其催讨包费，请科长钧裁。"同时，要求财政局责令孙峰岚交还剩余税票；呈请督办公署出布告，按旧例征收税款，并请李村警察署派警协助征税；在李村街上租赁五间民房充作杂税征收所办公用地，置办公秤、秤架和桌椅板凳办公用品；对于孙峰岚原来从社会上聘用的征税人员，孙鸿升认为他们了解大集情况，熟悉征收业务，建议继续聘用，"借其熟手，以资引导，待一月后酌量去留。"上述要求得到财政局批准，孙峰岚也交还了剩余的税票共计18657张。至于欠缴的2500多税款是否补缴则没有档案记载。同月，李村枣园杂税征收所正式开张。从此，李村枣园集的征税制度就从"民办"变成了"官办"模式。

李村杂税征收所属于胶澳商埠财政局外派机构，除主任由财政局委派外，其余职员均由孙鸿升聘用。5月开办时，孙鸿升开列了10人的编制数，并加以解释："书记一名、税役二名，此三人长川住所，以备不逢集期时征缴乡间牲畜税款。临时书记一名、书记兼稽查一名，又税役四名，均逢集期来所办公，支派赴集场征收各税款，工资按集期计算，按月支付。若逢集期均赴集征税，所中无人，为此需伙夫一名，以资守望。但李村每月六个集期，按旧历二、七日。枣园每月六个集期，按旧历四、九日。兹查乡间集场于市内不同，当日中市聚之际，商民蜂拥蚁聚，只在一时。因之征收税款需人颇多，特此详明。"

据财政局档案记载：李村杂税征收所计有职员12人，职责各有分工。书记2人：王维球，月薪16元，"管理簿记事项兼收牲畜税"；袁朋传，月薪10元，"管理各项税票事兼牲畜税稽查"。税役3人：裘承统，月薪12元，"管理称税事记账2征收事宜"；周正枫，月薪8元，"填写称税票"。胡元昌，月薪8元，"收摊税"。临时税役5人：孙玉贵，月薪8元，"管理征收上各项交涉及调查牲畜税"；孙玉和，月薪4元，"收摊税"；李成同，月薪4元，"收称税"。谢瑞赞，月薪4元，"帮收牲畜税"；夫役1人，范永琴，月薪8元。

后来，职员名单有所调整，最终确定在11人的名额上。据1924年6月统计表显示：李村杂税征收所计有主任1人，职员10人，其薪俸（工资）按照其职责分工而有所不同，其中孙鸿升俸给50元，其余10人的薪饷为16元1人，12元2人，10元1人，8元2人，4元4人。合计征税所每月支出薪俸132元。加上其他开支如水费、电费、煤费、火油费、旅费等开支，总计每月办公经费160元（实际开支154.32元）。

孙鸿升到任后，发现商人在牲畜交易中普遍存在偷税漏税行为。另外，李村集的大宗交易商品豆饼的交易数量很大，历来是纳税大户。但自从改为"官办"后，豆饼经营商户竟然集体拒绝缴税，一连三个集期，分文未得。经过调查，原来是"豆饼商人王知章、王丕珍从中挑拨，以致各商皆存观望"。孙鸿升认为："凡经营豆饼者皆系油坊殷实商家，倘富商不纳税，穷商势必怨声载道。迭经极力劝导，愿纳税者实居多数，不过王知章、王丕珍等等把持而已。"遂将李村集豆饼商应缴而未缴税款的商号名单、地址、欠缴税款数额等予以登记在册，呈报财政局，要求警方予以协助征收。

为平息风波，财政局致函李村乡民公会会长张鸣鸾、副会长毕勋臣，言明利害，请其协助阻止牲畜税"透漏纳税情事，"劝说调解豆饼商照章纳税。"查买卖牲畜纳税报捐全国通行，漏税科罚国有明令，焉可轻于尝试。至于油坊发售豆饼每片征收铜元二枚之税，以较内地油坊税类为数亦属甚微。商民本应尽纳税之义务，安得抗违不遵，致令他商群起观望？夙仰阁下为乡民之表率，洽惬舆情，倘能谆谆劝导，协助征收，则乡曲愚民庶不致滋生事变，切请鼎力斡旋相助为理。"

一系列抗税事件的发生，昭示着"官办"征税的道路不会顺畅。实行官办征税以后的李村枣园杂税征收额度没有总收入统计数字，但从孙鸿升的每月报告中仍可窥其一端。1924年6月24日，孙鸿升向财政局报告称："职所于本年五月一日奉委筹备征收事宜，于五月五日试办征收，九日设所，十日实行征收"，5月份李村枣园集共收税款"元钱1307900文"，按照大洋一元兑换元钱4290文的市价折算成"大洋307元"。同时，孙鸿升呈报了李村枣园早期几个集日征税详细情况："6月10日，枣园集期发票数目：商摊税票86张，收税数目元钱3440文；公称税票50张，收税数目元钱4160文；6月13日李村集期发票数目：牲畜税票14张，收税数目元钱49520文，商摊税票897张，收税数目元钱35880文，公称税票273张，收税数目元钱35020文；6月18日李村集期发票数目：牲畜税票6张，收税数目元钱20800文，商摊税票778张，收税数目元钱31120文，公称税票 267 张，收税数目元钱 35560 文。"分别计算后，13 日李村集收税款元钱 120420 文，18 日李村集期收税款元钱 87480 文，两个集期共计收税元钱 207900 文。按照当年大洋一元兑换元钱 4280 文的市价折算，两集税收共计大洋 48 元 5 角 7 分多。依照每年 73 个集期估算，李村集每年可收税款 1773 元，而枣园集 6 月 10 日、15 日两集税款仅 3.57 元，可见枣园集税额远少于李村集。应该指出的是，这仅是接办初期且受到摊商集体抵制的税收数目，之后的税收数目要高于这一数字。

孙鸿升在李村杂税所的工作效率还是很不错的，短时间内平息了抗缴税款的风波，工作上也是比较敬业负责，颇受上司好评。不久，财政局又让他兼任了红石崖杂税征收工作，一身二任，足见其工作能力是很不错的。

然而，杂税征收工作明面上风波平息，但在底下仍然暗波涌流。继李村集豆饼商抵制征税和罢市之后，红石崖商人也以孙鸿升态度跋扈、手段强硬为由，煽动罢市抵制杂税征收所征税。其他集市的征税工作也遇到商人和地方乡绅的批评与抵制，致使由政府直接征税的新制度仅仅实行数月时间便步履艰难。主要原因是大环境改变后青岛商人的心境发生重大变化，不管是民办还是官办，对于征税一事一概反对。早在德国、日本占据时期，集市商人和地方乡绅对于外来殖民者强行在集市征收税款一直有抵制情绪，只是在殖民当局高压下不敢公开反抗，"敢怒而不敢言。"青岛主权回归后，这些想法与情绪也就充分暴露出来，前期反对承包商代征税收的行为就是其表现之一。另一方面则是奸商操纵，假借民意，抵制、拖欠和拒缴应纳税款，意图偷税漏税。改为官办后，商人还是不愿缴税，稍有压制，便以罢市相要挟，群起抗缴。在这种情况下，财政局被迫撤销了李村杂税征集所，宣告政府直接征税模式的失败。

李村征税所从匆匆开张到戛然而止，共存在了三个月时间，仅花费了 97 元 1 角的开办费用。这里面包括了办公桌椅、笔墨文书、生活用品等（不含租赁房屋费、水电煤费等）。从孙鸿升所呈报的购置物品来看，应该还是很节俭的。

（五）杂税承包制度的曲折历程

长期以来，在商界和市民中有不少人认为原本李村等集市就没有征收过地皮税（商摊税）、公称税，是德国与日本强行设置的苛捐杂税。青岛主权回归后，上述杂税理应取消。于是，在官办征税遇到困难之际，一个叫张立珂的市民于1924年6月30日致函新任胶澳督办高恩洪，提出"关心民瘼，除弊兴利，取消李村集摊捐"的要求。

张立珂认为："自古以来，凡为民上者皆当以民为本，兴其利而除其弊。其弊为何？即如李村集征收摊捐是已。查李村之设集也，历有年载。既非台东镇、台西镇之附近本埠，又非若沧口、沙子口之为水路码头。不过皆乡间农民日中为市，交易而退，一切买卖物品俱系乡民日用之需。近来生活程度日高，虽云取之于商，实皆取之于民。我国二十二行省各城镇市集皆无此等征收，惟李村集自德人站（占）领青岛以后，甘心剥夺民财，巧取民利，遂于李村集征收摊捐，每摊征收铜元二枚、三枚、四枚不等。迨至日人世代，依然踵而行之，尤加甚焉。乡民沦于异域二十余年，在其势力范围之下敢怒而不敢言。今国土重光，云霓望慰，凡德日所行虐民害民之政皆当一扫而除。若云有例不减，无例不增，率由旧章等等言辞，俱是官有文章，敷衍塞责。以中国官行中国政，萧规曹随则可，安可以堂堂中国仍沿外人之苛政，剥夺民脂民膏，逢集挨摊索取铜元数枚，形同乞丐。并且收捐者不无中饱之弊，争多论少，辱骂凶殴，此等情事时所恒有，未免有伤国体。至所收之款直等陋规，约计每年征收不过二千余元，除去用人工费一切开支，所余千元左右。国家纵然库款支绌，亦安用此区区？若将摊捐革除，一力专办牲畜税捐，此乃李村旧有全国通行之政，人民无不乐从。办理得法，每年可得七八千元之数，用人亦少，入款则多。虽牺牲此项摊捐亦不难小往而大来。况李村集之摆摊生意绝非殷实商贾，而皆小本营业利觅蝇头，甚至肩担负贩，售卖鲜鱼水菜瓜果梨桃者居其多数。夙仰督办关心民瘼体恤民隐，倘蒙毅然独断，将李村征收摊捐之弊政立即免除，不惟胶澳区内十余万众颂德歌功，即境外四乡赶集之民亦皆有口皆碑，流传百世。凡我乡民被督办之深仁厚泽，浃髓沦肌，自当没齿不忘也。"

张立珂，史料中没见记载，不知何许人也。但从呈请取消李村摊捐、一力专办牲畜税捐的建议以及对李村集税收来源及种种弊端之详细陈述来看，似乎应为李村本地人或者对李村集市非常熟悉之人，抑或是在李村集市上从事商业经营者。不管是何等职业，也不管是哪方人士，这一篇呈文，将李村集摊捐税费的来龙去脉及征税弊端讲述得淋漓尽致。可见当地乡民对于德国、日本在李村集征收摊商税、公称税是多么的反感。至于取消商摊税、公称税的理由也是很中肯，而且很有主权意识和政治见解。

然而，青岛主权回归之初，中国官方的执政理念就是延续德、日行政管理方式来治理青岛，至于集市管理和税收章程办法也是"率由旧章"或"因仍旧章"，按照德、日留下的模式办理。同时，青岛既要保障本地机关行政开支，又要负担驻防青岛海陆军的巨额军费，财政压力甚大，收不抵支，处处需款。在这样的环境下，免除李村商摊捐税的愿望显然是要落空的。

胶澳商埠督办公署对于张立珂的呈文还是非常重视的。当即批交财政局"阅办。"7月5日，财政局将回复意见呈报高恩洪："查李村集商摊之设，始于德人，日人因之。我国接收仍照旧规办理。此项摊捐系属一种临时营业地皮捐性质，各省城镇码头凡有官地位商民占据营业者莫不受租，不过名目不同而已。"同时也承认"仅就表面观察此捐似近苛细，然考其实际官地收租理无不合。且摊捐不仅一处，行之既久，未闻病民，似未便准予取消，致启他处效尤。"据此，督办公署下发"胶澳督办公署批第五三七号文"给张立珂："呈悉。查李村集商摊捐之设由来已久。我国接收后仍照旧规办理，未闻病民。且此项摊捐系属一种临时营业地皮捐之性质，官地收租理无不合。至推行牲畜税一节，查李村牲畜税久经设立，与摊捐无设，并无取消摊捐方能推行牲畜税之理由。所请取消摊捐之处应毋庸议，此批。"张立珂关于取消摊商税的建议就此终止，后来再也没有人提起取消摊税、称税的意见。直到 1928 年 10 月 1 日，胶澳商埠局通令取消境内一切杂税，不仅摊税、称税取消，连牲畜税也一同"豁免"不征。已经是 4 年以后了。

高恩洪是 1924 年 4 月出任胶澳商埠督办一职的。高是山东蓬莱人，此前曾出任中华民国交通总长、教育总长等显赫职位。本人志向高远，既善于理财，又善于从政，到青岛后很想干一番事业。短短半年时间，创办了私立青岛大学、青岛银行等重要机构，鼓励开发工商业。鉴于官办征税工作的困境和当地商民的情绪，当机立断，下令在李村枣园、沙子口集市恢复承包税制，台东镇、塔埠头、红石崖等处仍实行官办征税，沧口则由当地商会代收。7 月末，通过新一轮招投标，李村商人王振堂以 3600 元大洋的价位竞得李村枣园集的代征税承包权，承包期从 8 月 1 日起至来年 7 月末止。

此次招标，财政局接受了上届承包商拖欠税款拒不缴纳的教训，规定税款必须按月缴纳，不得拖延，并且先预交十分之一的保证金，须有殷实商家作为保人等制约条件。王振堂作为李村本地人，熟悉李村社情和集市交易状况，又是李村乡民公会的董事，具有较高的社会地位和经济实力，是典型的"地头蛇"，不存在受本地人欺负排外的情况，在李村枣园集市上占尽天时、地利与人和的优势。尽管如此，在征税时还是遭到抵制。用王振堂的话说是"因乡愚无知，屡次出而抗违不纳，"几经打压安抚，"方将各税办理就绪，"征税工作得以顺利进行。但到了 1924 年 9 月"银价陡涨"，而李村枣园集征税向来都是制钱或铜元，按照规定上缴财政局的税款必须折算成银元（大洋）。而银价一高，铜钱兑换银元的比例就会提高，承包商就会亏损。同时，山东督军张宗昌派军队驻扎青岛，攫取政权，镇压青岛工人运动，造成时局动荡，市面凋敝。因此，王振堂向财政局"呈请核减"承包费。经财政局批准"暂准减收二成，每月按二百四十元呈解。"如此一来，承包费就变成了 2880 元。税务代征任务得以顺利完成。1925 年 7 月，在顺利完成上一年度承包税款的情况下，志得意满的王振堂给财政局上书"呈请李村商摊及牲畜各税再行继续办理。原因乡愚无知，屡次出而抗违不纳，方将各税办理就绪，倘易生人生手，难免不再发生变故等情。故愿仍按十三年价格，原人办理，以资热手而维收入。倘蒙俞允，实为公便"。财政局经过研究，以"查该商自承办以来，办理尚称安善"为由，呈报胶澳商埠督办高恩洪批准，由王振堂继续承包李村枣园集杂税征收。8 月 1 日，王振堂及保人协聚祥（商号）正式续签了李村枣园集的杂税承包合同。

然而好景不长，续包三个月后，王振堂再次上书财政局财政科请求免受 10 月份税款。究其原因是"因张督办剪发令下，即有剪发队，每逢集期，迫令乡民剪发。以致乡愚一哄而散。数集之间收有十余元，未足工人之开销。继又有招兵队每逢集期强行拉人，以致摆摊者弃摊而逃，避者有之，弃器具而逃者又有之。至今未敢有一人来集买卖者。"集市无人敢来，买卖没人成交，税收征不上来。"商小本营业，何能有担负此款之能力。迫出无奈，唯有恳祈贵科免收十月份应缴洋二百四十元，以示体恤而免赔累。"最后所举理由也很奇葩："本来关系公家税务，然公家负担以区区之数轻而易举，而商担负有闭门歇业之虑。"一番诉苦说辞，并未打动财政局，两天后，财政局批回呈请，认为"该包商本年包价已属从轻规定，所请豁免上月包款一节未便照准"。拒绝了王振堂呈文中所讲的征税困难理由和减税请求。

王振堂在呈文中所讲的社会动荡、集市凋零、征税困难等因素是符合当时的青岛社会状况的。1925 年张宗昌出任山东督办后，擅自将原属中央政府直辖的胶澳商埠督办公署改为省辖的胶澳商埠局，派海陆军驻扎青岛，派其掖县同乡赵琪出任总办，将青岛当成了敛财的聚宝盆和提款机，对青岛政局、经济产生了重大影响。

王振堂所说的集市萧条的原因很多，剪发只是其中之一，更重要的是军队到集上征兵拉夫和强行兑换军用票等事情对李村集影响极大。另外，为了扩大税源，胶澳商埠在海西（胶州湾西岸）的红石崖增设牲畜检疫税，每一百元征收二十元的检验税，结果"正值农历七月二十一日财神会山，上市牲口颇多，农民不肯承认，陆续散去，移就胶境交易，是牲畜税一项又复大受影响"。此前沧口开市，免收三月税款，也包括牲畜交易税，引起李村杂税征收所的不满，旋即取消。如此到处新设交易集市，也是影响李村集市税收的一个原因。

1926年7月，王振堂又一次呈请财政局"准将该集牲畜、地皮两税核减包价，俾再继续承办，籍补亏累，以示体恤"。提出的亏累原因：一是"自去秋以来，战事发生，兵火频仍。该集市面萧条，买卖零落，于九、十两月铺户关闭，四民恐慌，集场空虚，凋敝寂寥，较常尤甚。牲畜摊捐直至无处稽征，分文莫见；"二是"今年二月，正值旺月，又奉令剪发，兵士如云，日至该集，络绎巡逻，带辨即捕。商旅惊逃，乡民畏避，一月如斯，莫之敢至；"三是"迨至四月，又沧口招兵，寻拨民夫。地近咫尺，举足可到，军兵林立，商业绝迹，又复月余。空资靡费，税无所出；"四是"该集又募校刀，军队士卒学生充满街市，串换军票，纷扰愈甚，影响商业，飘零万分，疮痍满目，收税更难；"五是"银价较常陡涨数倍，征收税项原按铜元缴纳，而报解公款须易银元交兑。此中暗亏，无形垫赔，日积月累，损失良多。"正是由于以上原因，才导致税收不保，赔累不堪。声称"商报效公家经征，两年包期已届，计共亏垫公款六百余元。不支情形，人所共见。"要求"将该集牲畜、地皮两税核减包价，俾再继续承办，籍补亏累"。

承包商讲述的种种动乱和集市凋零的状况是客观存在的，对税收也是影响极大的。但奇怪的是：王振堂一边诉苦承包亏累赔钱，一边还要求继续承包，条件是核减承包费。由此可见，李村集的税收指标还有提升空间。

即使遭遇社会动乱、市场动荡，承包商还是有钱可赚。否则王振堂不会一边哭穷一边要求继续承包李村集市征税的。

胶澳商埠局总办赵琪也是聪明人，一眼看出承包商的目的是想继续承包李村枣园集税，遂批复说"查本届包价已属最低限度，碍难核减。该商承办有年，应准仍照原价，全年二千八百八十元，按月摊缴，接续承办。"但必须先缴清本届欠款，并预交十分之一的保证金后，才能签订续约。王振堂无奈之下，只能按原价续包。

转眼到了来年的7月，上一年度的承包期届满，但王振堂和其他商人并没有提出承包申请。此时，沙子口杂税承包招标无效，让财政局很是头痛。财政局向王振堂发函询问其是否愿意继续承包李村集征税。而王振堂趁机大倒苦水："年来洋价飞涨，铜元易缴包款，亏耗甚钜。益以军队散驻，生意萧条，收入尤为减色。拟请每月核减包洋二十元，以年额二千六百四十元继续包办，否则若照原价请另派人接办。"财政局无奈之下，便以"该商承包李村杂税业经数年，办理尚属和平，亦未拖欠包款。兹据所称各节，谅系实情"为由，同意以王振堂所提的价格续包李村杂税。8月1日，王振堂与财政局签订续包合同，其承保人协兴成商号也签字盖章。

长期以来，在李村河流传着动人的聚宝盆故事。近代以后，这个故事变成了现实，所谓聚宝盆就是货聚人旺的李村集。而作为李村集征税承包商的商人更被大家视为具有聚宝盆的能人，大家都想成为具有聚宝盆的那个能人，也就是李村枣园集征税承包商。王振堂与财政局关系密切，遂通过内部授权而连续获得李村枣园集的承包权，从而发了大财。尽管前几年时局动荡，集市时衰时旺，但李村集一直比较繁荣热闹，正如《胶澳志》所说："李村，距青岛市三十里地，当李村河之中流，为四通八达之地，乡区之交通路线，悉以此为中心点。村贸易亦聚于是，河崖有市集，每逢农历二、七。乡民张幕设店，米面、布匹、木器、家具乃至家禽等应有尽有，临时营业恒得千数百家，集会人数二三万。"有着如此商摊众多、商品繁杂、人口兴旺的集市，焉能不是聚宝盆。

王振堂确实是商场老手。从 1924 年一直干到 1928 年，整整干了四年的税收承包商，在李村枣园集市上干得风生水起，上下关系疏通，征收税款顺利，得以连续承包四届李村集市，本人也通过承包税款发了大财。但也因此引起他人的觊觎之心。李村集杂税承包再次成为青岛集市杂税承包中的关注焦点。

1928 年 4 月 10 日，商人李文章在台东洪聚昌和春阳楼的担保下，向胶澳商埠局提出："欲承包李村河滩、枣园等处杂税局，并为提倡国家政策利权可保金钱不致外溢起见，故此承包两处杂税局，如蒙批准，开办后每年缴税洋叁仟元整，按月计算，每届月底承缴税洋一次。如届期倘有欠少等事，以保证人为据。成立税局以后，若有本局办事人员放荡行为、以公诈财、不合规则等弊，拟请钧座派员查察，按罪惩罚，并有承办员担负责任，况有商保承办者。特此具文呈禀总办批准实行，伏赐委示至遵开办。"同时提出承包李村杂税征收的还有台东镇商人刘可胜等人。

赵琪接报后，批示"查旧包商尚未期满应俟届期招标再行照章投呈核办。"

同年 7 月，王振堂第四届承包期届满。6 月 29 日，财政局通知王振堂："该包商五、六两月份包款均未缴纳，与定章不合。为此通知限于十日内来科照缴，无得稍延，致干未便。再，该商承包限期至七月末日即行届满，是否仍愿照原价须包，即一并声复，以凭核办。"

7 月，对李村枣园集税收承包感兴趣的商人纷纷提出承包申请，写明承包价格、铺保商号。除了李文章外，李子善、张显约也都提出了承包申请。王振堂也再次提出续包申请。

（六）杂税承包制的终结

1928 年是青岛的多事之秋。4 月，盘踞山东多年的奉系军阀张宗昌被国民党新军阀打败，退出济南。日本以"保护侨民"为名，派重兵登陆青岛，侵占青岛、济南和胶济铁路，制造"济南惨案"，逼迫中国军队退出青岛、济南和胶济铁路沿线城镇。在日军占据下，失去张宗昌庇护的胶澳商埠局成了日军控制下的"孤岛"，总办赵琪也成了傀儡，几无作为可言。在这种情况下，财政局没有采取召开招标大会当众开标的形式，而是将四家申请承包李村枣园集杂税的商家所提承包条件内容综合并案上报胶澳商埠局请示意见。这四家申请承包金额分别是："一、王振堂，愿增加一百贰拾元，计全年包款二千七百六十元（原包款每月洋二百二十元）；一、李子善，愿照原价预交两个月包款，计全年包款洋元贰仟六百四十元；一、李文章，愿出全年包款洋叁仟五百元；一、张显约，愿每月出洋三百元，计全年包款洋叁仟陆佰元。"四人报价对比，张显约出价最高，且张显约在申请书中表示"商世居李村集，对于当地情形极为熟悉，办理定不有误。"财政局财政科据此通知张显约"速来本科稽征股听候面询。"在张显约表示"情愿预缴两个月包款洋六百元、保证金洋三百六十元，并取具最殷实铺保。"的保证后，财政局答允了张显约的承包要求："自本年八月一日起至十八年七月末日满期。"张显约成为李村集市的新一届承包商。

档案资料显示："张显约，年49岁，籍贯胶澳，住址李村河南，职业商。"与王振堂一样也是李村本地人，在李村征税具有很大优势。张显约签订承包合同时，预交了两个月的包款，但360元的保证金迟迟未交，也就没有领取承包凭照。没有凭照，在李村集征税就遇到困难。此时山东和青岛的形势非常混乱，日军占据青岛和胶济铁路，致使大局动荡，人心惶惶，商业大受影响。特别是因交通中断，牲畜货源缺乏，商人囤积居奇，在乡间私自交易，拒不缴纳税款。张显约为此呈文商埠局"呈求敕令警界晓瑜乡民按照旧章缴纳牲税，勿落影响。"

为支持张显约的请求，胶澳商埠局专门发布了第35号布告："为布告事，

据包商张显约呈请办李村枣园两处杂税，自十七年八月一日起至十八年七月末日止。业蒙批示，照准给照接办在案。凡商摊、公称、买卖牲畜等税，应准该包商在上开两处内遵照旧章办理，商民人等不得无故抗违。"

同时，发布第855号训令，令警察厅"转饬该管分署所一体查照，对于该包商予以相当保护为要"。

然而，由于张显约既没交保证金，也没有预交9月份承包款，自然就没领取经营凭照，这就属于非法征税。财政局和警察局认为在张显约没有交纳保证金以前，不能发放凭照和提供保护。一再催促下，张显约交清了保证金。恰在此时，胶澳商埠局鉴于日军占领青岛和济南，时局大乱、社会动荡、经济凋敝的状况，于10月1日下令取消集市各项杂税。如此一来，张显约的承包合同无形作废。

然而，除了预交的两月税款600元和保证金360元外，按照约定还应缴纳9月份税款300元。张显约欲哭无泪，只好上书总办赵琪："商承办此税甫满三月，除预交之两个月包价外，计尚欠九月份报价洋三百元，理应遵缴。惟查李村集场纯系附近农民交易之址，每年向以冬春季农闲时贸易为最盛，税收亦以此时为较旺。而商接办迄今恰值秋季，农民忙于收获。且数月以来连降大雨，四乡河水陡发。道路交通阻碍，集期赴市者寥寥无几。总计三个月内所收税款尚不满四百元，计赔累约五百元。原冀冬春收项畅旺籍以抵补。现既遵令结束，此项赔累实系无力担负。"要求"将九月份应缴三百元恩准豁免。前缴存之保证金三百六十元立予发还，并此外赔垫之款酌予补助，以全血本而维生计。"

针对张显约的诉求，财政局认为张显约自述赔累 500 元税款系属"片面之词，无从考证。"但所说"李村集向以冬春季农民农闲暇贸易最盛之时，该包商接办适值秋收农忙，加以大雨连绵，交通梗阻，税收顿减各节，尚属实在情形"。遂拟订了两个方案，一是"将保证金抵留九月份包款，发还余洋六十元，以符原案"；二是"免缴九月份包款，将保证金全数发还，籍示格外体恤之处"。最终，赵琪以第 1240 号批文回复："呈悉。查该包商九月份包款三百元，本应由前纳保证金项下如数扣抵，以符原案。姑念呈称各节不无情有可原之处，从宽准予免缴九月份包款，将保证金洋三百六十元全部发还，以示格外体恤。"同时，批销了未及发给张显约包办李村枣园集杂税的凭照。张显约承包李村杂税一事就此结束。这一事件也标志着德国占据青岛以来制定的集市杂税征收承包制度的结束。

总括而言，在胶澳商埠时期，李村集市的经济地位和社会影响是比较高、大的。凡是有关李村集市的呈文、报告、建议等等几乎全部得到胶澳督办公署、财政局、警察局等政府部门的关注，熊炳琦、高恩洪、赵琪等历任督办、总办等青岛最高长官都有亲笔批示，李村集的税收制度和管理体制也都是在最高长官的批准后才得以实施的。这在青岛 120 余年的历史上是从未有过的事。这也充分凸显了李村集市在青岛经济、社会和民俗文化方面的地位。

也正是从这个时期开始，因拥有李村集市这一特色旅游资源的李村被官方正式列为青岛的旅游名胜地。《胶澳志·游览》中将李村列为青岛市郊重要游览景点，介绍说："李村，距青岛市三十里路地，当李村河之中流，为四通八达之地，乡区之重要路线悉以此为中心点，村贸易亦聚于是。河涯有市集，每逢农历二七等日，乡民张幕设店，米面、布匹、木器、农具以及家畜、家禽应有尽有，临时营业恒得千数百家，集会人数不下二三万，枣园、流亭、华阴等处集市概不如李村之胜。附近有农事试验场。稍远有李村水源地之建

65

置，皆足以供游览。"之后，李村与李村集都被历届政府列为青岛风景名胜地，在《青岛指南》《胶济铁路指南》《青岛案内》等旅游指南中均占有一席之地。

五、30年代的李村集

从 1929 年到 1937 年是青岛城市经济、文化和市政发展较快的历史时期。青岛市政府推行"乡村建设"模式，在青岛乡村设立乡区建设办事处，取得了较好的效果。在李村乡区建设办事处的直接关注下，管理与征税方式已经成熟的李村集市处于平稳发展的历史时期，以李村集为平台的李村商业经济得到较大的发展。

（一）青岛乡区建设与李村社会调查

1929 年 4 月 15 日，南京国民政府派出的青岛接收专员陈中孚接收青岛行政权。青岛接收专员公署属于临时组织，仅仅存在了三个月，没做什么大事。5 月的一天，一封呈请书交到公署陈中孚专员的办公桌上。原来是即墨籍的青岛商人王友三"呈请包办李村全区牲畜买卖税事。"信中写道："自该税停止以来，畜贩成奸，弊迹闪烁，骗买压卖，秩序纷纷，甚至莫问公理，买卖无信。民因管见及兹，不胜感激。窃就税务论之，无论何项税务混言其要，均为国家度支上之设备。该税虽云寥寥，然亦似在不却之列。是以爱敢备文呈请：凡该项税务之征收仍循前规按百分之四照扣买卖者之税赢，统计周年共集（李村集）七十二个，自今年五月一日起至明年五月一日止，拟愿缴纳该税金额一千元。"同时，李村商人崔鹏九也有同样内容的呈请书上报。陈中孚遂一一批交财政局研办。

财政局在给陈中孚的报告中称："牲畜税系前商埠局直接收入杂税项下之一种，于十七年十月通令一律豁免。此种税收迹近苛细，归商包办流弊尤多。在各项杂税未经具体恢复以前，拟暂不准承包，以利民生。"据此，陈中孚批示："查该项税收前经明令豁免，现在仍拟缓办。所请承包之处应勿庸议。"驳回了王友三、崔鹏九的申请。

陈中孚之后，短短两年时间，青岛又换了 4 任市长，政局动荡，社会不宁。直到 1931 年 12 月沈鸿烈出任市长后，青岛政局才逐渐平稳发展起来。30 年代初，经过多年的经营建设，李村的街区风貌、基础设施、道路交通、中小学教育和民风民俗等都有了很大的进步。成文于 1933 年的《李村乡村建设办事处报告》曾对李村街区、集市和交通状况做过调查："本市乡区之最大市镇厥为李村，距离市区有二十五华里，位于本市乡区之中心点，设有公安分局、农林分所、农场、法院、监狱、中学、医院等重要机关。乡村贸易皆集于此，并在河岸附近设有集市，每逢二七等日，乡民临时设帐营业者恒有数百家，交易人数不下二三万。交通方面之重要道路如李大路、李沧路、李坊路、李塔路、李沙路、李山路莫不辐辏于此。此外并有最主要之路发展，台柳路东通九水路，南达市内，成为本市乡区四通八达之地，现在公共汽车公司即设站于此。此年以来，乡区发展百业进步，因之汽车路线又行扩充，一方通至大劳，一方通至沙子口，皆以李村为会集中心。"

1932 年 3 月，青岛市推行乡村建设计划，将原李村乡区一分为五，分别成立了李村等五处乡村建设办事处，取得了较好的效果。1934 年出版的《考察江宁、青岛、邹平、定县纪实》对于李村乡村建设办事处及所做之诸种事情评价甚好，认为："德日租占时代，于市区建设，虽有长足进步，而于乡村建设可谓全未注意。吾国接收后，仍多率由旧章，致市与乡成畸形之发展。至民国二十一年市长沈鸿烈，始注意乡村，将各乡村划为五区，每区设乡村建设办事处一处，即李村、九水、沧口、阴岛、薛家岛等五处。"

李村乡村建设办事处的模式不同于德国、日本占领时期的李村乡区，也不同于胶澳商埠时期的李村区公所，办事处的人员是以市政府相关局、处抽调组成的，专业知识能力配备相对合理。李村乡村建设办事处成立后，首先对区内经济、教育、交通、民俗等情况进行调查，并针对存在的弊端采取措施，取得了一定的成绩，其中就包括李村集市管理方面的内容。

1933 年 7 月，李村乡区建设办事处统计："李村乡区农户总数为 12,918 户，总人数 72,688 人，其中从事副业人数 19,268 人。经济收入：平均男子每人月 90 元左右，最高 200 元左右，最低月 50 元；女子每人月 50 元，最高月 80 元，最低月 30 元；儿童平均收入约 25 元，最高约 60 元，最低约 10 元。"在青岛五个乡区中，以李村乡区的收入最高。而李村居民的经济收入在本乡区内又是最高的。

而作为办事处所在地的李村在农产品方面也有不俗的表现。1932 年 12 月，李村乡区建设办事处对李村乡区农产调查显示："李村有小麦 270 亩，平均产量 320 斤；甘薯 375 亩，平均产量 4400 斤；谷子 160 亩，平均产量 220 斤；高粱 66 亩，平均产量 400 斤；黍 73 亩，平均产量 330 斤；大豆 150 亩，平均产量 330 斤；花生 90 亩，平均产量 440 斤；玉蜀黍 23 亩，平均产量 450 斤；豌豆 24 亩，平均产量 330 斤；萝卜 46 亩，平均产量 4100 斤。"杂粮品种、产量都属中上水平。

居民家庭经济水平的另一项指标是家畜家禽饲养业。1932 年 7 月，李村乡区建设办事处对李村乡区家畜调查显示："李村有猪 257 头、牛 38 头、骡 13 头、驴 56 头、马 3 头、羊 4 头、鸡 510 只、鸭 20 只。"家畜家禽的数量远高于周边村庄。

但是，"制造品"就很可怜了："工厂出品有冻粉一项，其余小手工业仅有编制柳条筐、竹篮等物。"

1934 年，青岛市社会局创办的《业务特刊》第三章"市乡区建设"第一节"视察乡区"之"各村情况"中记载有"李村河南、河北区百五十余户，有地一千零四十一亩，有牛三十头、马三头、骡十三头、驴五十六头，人民除务农外，营商者七十六家"，"村民嗜好以酒为最，河南北共有酒店四五家"等等。

两次调查，数字差别不大。但后项调查讲到李村有七十六家商户的事实，说明李村商业经济得到较大发展，实在难能可贵。

至于李村集市的主要食品与物价："食粮以地瓜、小米、苹果、梨为主要物产，其价：地瓜每百斤约一元五角，小米每百斤约七元，梨每百斤约二元，苹果每百斤约五元。"

在李村集市上流通的货币"以中、交、中央三行钞票在市面流通，以铜元辅之，价值与青岛相同。本地并无其他纸币。至度量衡沿用旧制者仍居多数，现已取缔"。1935年币制改革以后，在全国推行法币，禁止其他货币流通。青岛和李村集市均采用法币为流通货币，除银元外，其他货币逐渐退出李村集市交易平台。

（二）李村集市优化管理与平稳发展

经过数十年的磨合，李村集市的管理、税收及乡民交易习惯固化成型，"率由旧章"的征税方式管理规则已成为青岛市执政当局和本地居民共同认可的东西。主要区别是：废止了个人承包集市税收的"旧章程"，由李村区税务征所直接征税，免除了征税纠纷。因此，青岛市政府和李村乡区建设办事处对李村集市的管理、征税等事项干预不多。主要的干涉大多是在市容、集容、卫生检疫、集场秩序和基础设施方面。

最令人尴尬的是，被人们视为交通中枢和乡村经济中心的李村却没有一处像样的停车场。"所有上下往返之汽车皆停留于村街之两旁，对于商号之营业、通过之车辆均有妨碍。"因此，建设李村公共汽车停车场被办事处视为头等大事。1933年11月，办事处在李村河南岸沿台柳路与李村河之间开辟公用停车场一处，可容汽车50余辆，不仅方便了城乡居民和物流交通，也对李村集市的发展起了重大促进作用。同时，推进了青岛市政府大力宣传实施的崂山旅游开发工程，可谓一举多得。

很长一段时间里，青岛商民中一直存在公制和旧制两种度量衡器同时使用。青岛主权回归后，开始推行公制度量衡，但成效不大。30年代初，青岛市在全市推行"度量衡划一"行动，用公制替代旧制，但在乡村集市则无法全面推行。办事处无奈地承认："本市度量衡划一日期早经届满，惟乡区沿于旧习，仍多使用旧器，参差不齐，商民所受经济损失甚大。本处屡经择定户口繁多村庄张贴布告，重申禁令，俾令家喻户晓。复于李村市期派员劝导乡民速行改用新制尺秤，以资划一而利商民。"但推行公制度量衡以代替旧制度量衡的计划推行困难，李村集市的商贩和顾客仍在使用旧制度量衡器，一直到青岛解放以后才真正在李村集市实现公制度量衡划一的目标。

自古以来，游医就与集市密不可分，各地乡村集市常有游方郎中出没。青岛建置以后，历届政权都比较重视从事医疗卫生人员的资质问题，曾多次布告禁止野医、假药。但这些禁令的效果仅限于城市，对乡村游医关涉不大，特别是乡村集市更是野医游医的用武之地。每逢集期，便在集市上摆开摊位，摆放一些号称祖传的专治跌打损伤、疑难杂症的丸散药品、狗皮膏药等，现场示范，为人诊治，推销药品。这些人基本上都是江湖野医，骗人钱财。办事处发现李村集市存在无资质和无营业执照的野医行骗行为后，按照青岛市的相关规定予以取缔："查李村市场有过路大夫未领医药执照，私在市场设摊出卖痧药膏药等，并医治一切病症。查此项药摊不但诈取民财，亦恐贻误人命，已严加取缔并逐其出，不准分赴各村逗留。"虽有一定成效，但都是短暂行为。野医现象并未完全绝迹。

凡有人群集居之地，就少不了乞丐。丰年乞丐少，艰（歉）年或战乱年代乞丐必多。青岛城市相对安宁，工商业繁荣发达。李村是大集市，物丰人多，民风淳朴，自然是乞丐喜欢光顾的场所。但青岛作为特别市，人口密集，且外侨较多，是一座"中外杂处"的国际海滨旅游城市，对乞丐的乞讨行为管理很严，制定了详细的管理安置办法。乞丐在城里无法容身，便向郊区最大的交易场所李村集转移，成为集市上特殊的"顾客"，也被视为街区和集市的隐患。办事处认为："人民因穷迫流为乞丐沿街乞讨，若不设法收容，不但与观瞻不雅，亦于人道有碍。本市设有乞丐及游民收容所，将所有市内一般乞丐、游民一律收容，使衣食有所寄托。其未经入所者，亦须谋一劳力职业，不许在市街行乞。于是分赴各乡区赶集，以李村集期，各处乞丐群集李村乞讨，并有一种乞丐硬要恶讨。会经公安第六分局屡次取缔，递解出境，重则即送入乞丐收容所。现在集期乞丐大见减少矣。"虽则减少但并没有彻底消失。乞丐与集市偷窃一直是困扰李村集市管理的问题之一。

对食品的质量监督管理，历届政府皆有明令。在青岛接收后的第一个月，也就是1923年1月，胶澳商埠督办公署就发布了关于严格实行对生熟食品管理监督法律，对于售卖生熟食品有着若干规定。但由于卫生检疫部门在机构、人员方面的欠缺，关注市区各市场食品卫生检疫检查较多，对乡村集市的食品卫生监管不是太严，致使乡集往往出现售卖过期变质食品的事情。对此，办事处汇报："刚刚时至夏令，蝇蚋最易发生，病菌传染为害最烈。所有李村集上售卖食品摊贩对于应用纱罩纱盖者大半皆未置备齐全。当由本处派公安股处员会同公安第六分局，挨户告知各售卖食品铺户摊贩速行置纱罩纱盖应用，免致蝇蚋落下传染病菌，以重卫生而保健康。"

随着青岛对农林科学技术的推广运用，李村本地的农产品特别是瓜果等物品的产量激增，成为李村集市夏、秋季节的大宗货物。在丰富集市物品、促进交易的同时，也给集市卫生管理工作带来了压力和负担。对此，办事处采取了相应对策："查本处境内为产生瓜果最盛之区，每年夏季瓜果成熟时期，李村集日及平时为瓜果集中地点，而售卖瓜果摊贩亦特别较多，往往将瓜皮果核任意抛弃道上、河中，迭经取缔，言之谆谆，听之藐藐，仍然狼藉满地，对于清洁卫生两有妨碍。除由本处派员会同公安第六分局官警逐一再行告知各摊贩须各设提筐将瓜皮果核盛于筐内不得任意抛弃，违者取缔售卖，加以处罚。"

办事处所制定的"取缔饮食物营业简章"在档案资料中没有发现。但这种让商户自己收拾保存垃圾的办法在李村集的历史上是一个创新。

在李村集市上长期存在着"敛集"（又称"抓集"）的传统习惯，是河北村地保向商贩收取管理费的一种形式。然而，这一行为却遭到部分商贩和周边村长的反对，几乎酿成风波。对此，办事处是这样应对解决的："查李村地保应承事务繁杂，酬金菲薄，人民多所规避，不愿充当。且李村设有市场，五日一集，所有远近商人在场设摊，任意污秽，对于清洁整理不尽丝毫义务，均须地保随时扫除整理，每年废历年终向各摊商敛取少数财务以为年终酬金。此项办法相沿已久，并无异言。乃本年一月间，忽有商人袁子明联合少数村长呈请取消敛集办法。本处阅悉前情，当会同公安分局召集李村村治人员讨论改良办法，佥于敛集一节一旦完全取消，将来市场管理无人，于观瞻上、市容上均有不便。但为双方照顾愿起见，议定改良办法数条：即减少敛集次数，只准敛集一次，不许拿货只许收钱，并限定数目；上等摊收洋三角，二等二角，三等一角，零星小贩不许有任何敛收行为。此项办法不但商人减少担负，地保亦不至空尽义务。"年终"敛集"的方式和次数对于集市管理有一定益处，但后来并未完全照办，"敛集"仍然是以抓货物为主。后来，一些地痞流氓在集市上强拿货物，也以"抓集"为名，已经失去年终酬劳的原意。

李村集市的卫生问题是一个难以解决的大问题。一直以来，村民在集市上安放陶罐溺器，以方便顾客和收集肥料。但办事处认为："李村河直通李村水源地，原以供给饮料之用。该村市场设在河滩，每逢市期，村民随地安设溺器，以致群众任意便溺。不但有伤风化，且与饮料关系甚钜。已饬村长地保一律移于河边并设围箔以资掩蔽。"

如此一来，虽说将大小便场所从集市移至河边，并竖起围箔遮挡视线，在解决人们视觉污染上有所改良，但并没有从根本上解决业户与顾客如厕难和避免河水污染的问题，加上人们缺乏自律意识和市场管理乏力，李村集随地大小便的问题并没有得到解决。

李村集是建在河滩上的露天集场，每到冬天季节，北风呼啸，寒冷彻骨，摊贩顶风冒雪做生意，苦不堪言。有些常年在集市上做买卖的摊贩就自己想办法运来庄稼秆在河滩上安装篱笆，籍以阻挡风寒。人人仿效，安装篱笆墙围，蔚然成景。但因各自为战，没有统一规整，形容散乱。办事处认为其"任意栽植，参差不齐，实系有碍观瞻。兹经分别通知各商商定其一律载设，均需划一尺寸，俾成行列，并派员前往指导"。

随着李村街区不断扩大，道路日渐完善。更由于李村集市规模的持续发展，吸引了很多商贩到李村街上设铺摆摊。这些摊贩平时在马路上摆摊营业，李村集期就到河滩上出摊经营，完成了从临时集摊到常设摊商的转变，从而促进了李村整体商业的发展，但也留下了严重的环境问题。办事处对此是怎么整治处理的呢？"查李村街马路两旁摊贩林立，瓜皮果核随处抛弃，致使污秽满地，脏物狼藉。不特妨碍清洁，抑且有碍观瞻。本处为整理市容起见，当召集各该摊贩来处训话，详加指导，俾令嗣后务宜保持清洁，并各发给临时许可证，以资限制。此后未经核准者一律不准在马路再行添设摊铺。"这是1933年的事情。

又过了一年，办事处开展了第二次市容清洁。起因是李村街马路两旁商贩搭建的"板房二十余处，参差不齐，未经严加取缔，至今仍旧存在，实属有碍观瞻。现为整顿市容起见，除派员实地查验外，复召集各房主来处开会，分别轻重拟定拆除、修改两种办法。结果，各房主均各表示服从。现已一律修整完竣"。

摊贩在市场设摊经营需要办理许可证，这在青岛市区早已实行。市民若想经营商摊，需要向政府申请，填报其年龄、籍贯、住址等多项内容，并需有人担保，经审核批准后发给经营证书，才得以上市场出摊经营。李村集市属于乡村集市范畴，赶集的商人多为游商浮贩，只有在李村街道上设有固定店铺的极少数商人才有营业许可证。这些在马路上设摊经营的小商贩以前多是在李村河滩集市上摆临时摊位的游商，后来登陆李村街道，成为无证经营的固定摊商。虽然强化了李村的商业氛围，也给社会秩序维护和环境治理带来了新问题。于是，才有办事处分发临时营业许可证之举。虽属无奈，但也是管理上的一种进步，对于后来街头摊商和集市摊商的管理起了启迪与借鉴作用。

李村集市售卖鞭炮由来已久，特别是腊月集期，鞭炮生意格外兴旺。自从国民政府取消农历新年后，各地均不准再过农历新年（春节）。但人们并不认同这一法令，依旧欢度农历新年，燃放鞭炮庆祝。于是，李村办事处于1934年在各村庄和李村集市张贴布告"查禁废历年一切旧习"，"对于燃放爆竹一节，以关系地面治安，已会同公安分局严厉查禁，并巡祝（驻）李村集及商店一律禁止贩卖"是为李村集市首次禁卖鞭炮，也是李村集历史上的一个小插曲。但春节民俗由来已久，岂是一个禁令就能禁得了的。因此，你禁你的，我过我的（春节），鞭炮还是要卖要放，只是规模和买卖、燃放形式从公开至隐秘的变化而已。

从历史档案资料来看，南京政府管理时期，李村集市在青岛市政府的关注程度远不如北京政府时期的胶澳商埠。迄今为止，除接收专员陈中孚外，还没有看到一件市长批阅的有关李村集市的文件报告。关于李村集市的当年情况，基本上都是通过李村乡区建设办事处的例行月报获取的，这与胶澳商埠时期动辄由督办、总办或局长、厅长批示或执行的情况形成鲜明对比。青岛的报纸、杂志也没有李村集的相关报道。

六、战火中衰败的李村集市

1938年1月，日本侵略军再次侵入青岛，开始了又一轮为期八年的军事占领。在实行"以战养战""以华制华"战略的日伪政权统治下，青岛城市与李村乡区成为日本疯狂掠夺的对象，经济凋敝、物资匮乏、物价飞涨，居民生活困苦艰难 。受此影响，李村集市物品种类、集市规模、赶集人数急剧下降，陷入日益衰败的状况。

（一）日军刺刀下的李村社会

1938 年 1 月 10 日，日本海军第四舰队侵入青岛，青岛再度沦为日本占领区。青岛陷落前夕，青岛市政府和驻守青岛的中国军队实行"焦土抗战"，将日本在青岛开办的工厂企业和青岛港码头起重机等设施予以炸毁后撤出青岛。李村的师范学校（原李村中学）、农林试验所、监狱、警察分局等公共设施也被炸毁焚烧，市区居民大部分逃离青岛。李村本地居民无处逃避，人心惶惶，不知所措。李村集市自然也归于消失。

日军侵占青岛后，立即派陆军一部进驻李村，强占李村小学作为兵营，控制李村及周边村镇。1938 年 6 月，青岛日本宪兵队在李村成立宪兵分队，强行占领李村医院作为宪兵队驻地。

在日军登陆青岛后第 7 天，前胶澳商埠局总办赵琪在日军扶持下网罗一批汉奸成立伪青岛治安维持会，自任会长（一年后改为伪青岛特别市公署，赵琪任"市长"），成为日本侵略者刺刀下的傀儡政权。随后，伪政权在李村等乡区组织了伪区公所，设置了伪警察分局、分驻所，在各乡村建立起伪保甲制度。新民会等伪组织也粉墨登场，在李村设"新民实验村"，进行奴化教育，企图在政治、军事、经济和文化上压迫和奴化李村人民。

为了强化青岛的政治、军事和经济地位，以利于日本侵华战争的需要。1939 年，日伪当局将即墨、胶县划归伪青岛特别市公署管辖，改名为即墨、胶州办事处。后来，又将原李村乡区主要村庄划分为"崂山办事处"，对青岛各乡区区划也做了调整。伪李村警察分局在 1941 年 5 月所呈"李村分局状况报告"中说："本区自重行划界，管区缩小面积为 249277 平方千米，划归崂东、台东两分局者计 64 村，现管辖 118 村，全区户数 15921 户，男女 87533 名。"

日伪对于占领区的物产、人口等战略资源极为重视，掠夺战略资源被列为"以华制华""以战养战"侵华战略的根本。因此，每到一处，便要进行全面系统的人口、物产调查。

据伪李村警察分局 1941 年 3 月所作的《李村区户口调查表》统计：李村，户数 482，男女人口 2790 口；杨哥庄，户数 161 户，男女人口 823 口；曲哥庄，户数 181 户，男女人口 916 口；河南村，户数 111 户，男女人口 582 口；李村南庄，户数 85 户，男女人口 463 口；东李村，户数 285 户，男女人口 1533 口；侯家庄，户数 2i2 户，男女人口 1336 口；郑庄，户数 258 户，男女人口 1333 口，等等。合计调查 53 个村，共计户数 7876 户，男女共计 40270 口。

对比之前的户口调查表可以看出，李村及周边村庄的户口人数一直处在增长状态。当然，除了村庄居民户口的自然增长外，还包括外来人口的迁入和军队、政权、警察、学校、医院、监狱等公共机关单位人员。另外，战争难民也是一个原因。

日伪当局对于物产调查更加重视。据 1940 年 3 月 6 日伪《青岛新民报》刊发《市区所属各乡镇土产调查统计——李村区界内产量最丰富》的文章："本市警察局前奉市公署训令，对于本市辖区内各乡镇土产物之种类及产量，应详细调查，以便向北京实业部汇报，以兹调查华北物产状况。本市乡区、台东镇、海西、李村等各分局界内各种产物以李村为最多，且极丰富，兹将各分局最近调查所得分录如下：

李村区界内每年产地瓜一四六六、五〇〇〇斤、约值六五、九九二五元，梨四四九、三〇〇〇斤、值二三四六五〇元，葡萄二〇〇〇斤、约值五五六八元，樱桃五、二〇〇〇斤、约值一四〇元，杏一〇〇〇斤，桃子三、七七〇〇斤、约值一八八五元，柿饼子八二五〇〇斤、劈柴二〇七、〇〇〇〇斤、约值二、四八四〇元，松炭三、〇〇〇〇斤、约值二一〇〇元，柞炭二、〇〇〇〇元，青草六、五〇〇〇斤，药草二〇〇〇〇斤，孔竹一五〇〇斤，松菌四〇〇斤，粉条二一、六〇〇〇斤，小麦八九、六〇〇〇元，谷子二八、三〇〇〇元，豆子一〇、二〇〇〇元，花生三三、二八〇〇斤，鱼一二六、〇〇〇〇斤、约值一二六〇〇〇元，大米五〇〇斤、石三料、〇〇〇〇斤，包米一二〇〇斤，松本三〇〇、〇〇〇〇斤，马铃薯三、〇〇〇〇斤，芋头一、〇〇〇〇斤，高粱一、七〇〇〇斤，黄豆五〇〇〇〇斤，虾一六〇〇〇〇斤，土粉子五〇、〇〇〇〇斤，冻粉二〇〇〇斤。"

既然物产如此丰富，当然成为日伪的掠夺重点。伪李村警察分局报告称：本区"居民多土著，务农间有经商、捕鱼、园艺、果产、饲畜，劳力糊盆、作工种种副业，平时足以自给。惟现处匪徒滋扰及物价高涨之下，农村经济凋敝。"最后一句话道出了李村居民的生活实况。

（二）物资"统制"与经济掠夺

日本再次侵占青岛以后，青岛市市场的物价指数不断升高。1939 年 5 月，青岛日本商工会议所在青岛调查了七大类 70 种商业物品的价格，发现与上个月（4 月）物价相比，"腾贵者 22 个品种，平稳者 39 个品种，下落者 7 个品种，未调查者 2 个品种，平均物价上涨了九分四厘"。"与 1934 年 1 月相比，物价指数上涨了 169%。其中涨价最厉害的是肉类及鱼类，上涨 232.9%；其次是衣料，上涨 212.9%；谷类及蔬菜类，上涨 198.4%；燃料，上涨 161.8%；其他食品，上涨 134.1%；调味品，上涨 127.5%；杂品，上涨 127%。"

1941 年 12 月日本发动太平洋战争以后，各种物资更加匮乏，进一步催发了物价的飞涨。青岛日军为严密控制物资流入抗日根据地和中国居民手中，指示成立了青岛地方物资对策委员会，由日本人绪方真记为委员长，连续制订发布了多项"规程"、"规程施行细则"以及一号、二号、三号等多个布告。12 月 15 日第二号布告中，严禁兵器、弹药、人造橡胶制品、机械类机器和金属制品、汽车脚踏车、矿油、煤炭、皮革及制成品、生胶皮及制成品、棉花棉布及其他纤维制品、洋灰（水泥）、木材、盐、火柴、医疗药品、工业药品、米、小麦及小麦粉、杂谷类、砂糖、纸类、蜡烛等物资出境。在第三号布告中，指定了经营十大类物资的"统制团体，"这些团体中有九个是日本企业，只有经营食盐的青岛盐务局名义上是伪政权所属实际上由日本掌控的官方机构。

除此以外，日伪当局还发布了"关于青岛地方物资移动取缔"命令："第一条，本令为强化对敌经济封锁及占领地域内物资交流之圆滑，关于由青岛旧市区向其以外地域之物资移动取缔之规定，对于帝国臣民及其以外之人民适用之；第二条，凡欲由青岛旧城区向其外地域输出特定物资者须呈请青岛地方物资对策委员会许可关于物资之特定及许可之规程由该委员会规定之；第三条，受有第二条所定之许可者欲输出物资时在路上关系须向宪兵队据呈许可书请求检阅，在海上关系须向青岛方面海军特别根据地司令部提呈许可书请求检阅……第五条，如未受有第二条所定之许可而由青岛旧市域向其以外之地域输出物资或将输出因经济搅乱行为危害军之利益或妨害军事行动之行为者，适用军律处罚之；第六条，本令自昭和十六年十二月二十日起施行。"

同时还发布了日军桐第四二七〇部队长、青岛方面特别根据地队司令部《布告》："为期于强化对敌经济封锁并青岛地方物资交流圆滑，自昭和十六年十二月二十日以后自青岛旧市域欲向该地方以外之搬运物资不向帝国臣民与其外国人应遵照青岛地方物资对策委员会之规定呈请许可。倘有违反者以军律处罚之。"

物资统制、禁止物资外运、市面商品缺乏，必然导致物价上涨。李村属青岛郊区，本不该在物资取缔范围内。但由于李村地处城区与即墨、崂山乡野之间，抗日力量经常进入李村一带袭击日伪军警，导致"地方不靖，"日伪难以完全控制局势。同时，李村又是通往外地的中枢要道，物资很容易偷运出境。因此,日军对于李村等乡区的物资禁运非常严格,严禁在集市上出售违禁物资。一旦发现,买卖双方都要受到严厉惩处。

在抗日战争后期,李村作为青岛最主要的乡区和军事据点,一直处在非常微妙、尴尬的地位。由于李村是联系市区和崂山郊区的枢纽,又是青岛日军抵抗和防范青岛外围地区抗日军队的前哨。1942年4月,日本为强化军事占领和防止战略物资出境,修建了南起山东头海岸,中经中韩、李村、西大村,北至板桥坊的防御沟——"惠民壕"。壕沟深4米,宽5米,全长16千米,每隔100~200米修筑一座碉堡,派重兵把守,在交通要道山东头、李村、板桥坊等地设置卡子门,严格盘查过往行人和随身携带物资。

(三)艰难困苦中的李村集市

在这种情况下,李村和李村集市的处境异常艰难。日本占领军当局颁发了一系列军令、法令,禁止棉花、棉纱、布匹、火油、火柴、粮食、煤炭等战略物资和生活用品出境,以防运到解放区"资敌"。同时,每逢集期就出动伪警察和征税人员一边征税,一边严查"违禁"物资,大抓"经济犯",致使李村集上的交易品种、数量大幅度减少。更主要的是,由于日军封锁进出李村的道路,周边村民要绕行很远才能走到日军卡子门到李村赶集。购买物资出卡子门时,更要被搜身检查购买货物是否有违禁品,一旦查出,轻者没收,重则拘押。有些购买了火柴等"违禁品"的居民为逃避检查,采取攀爬封锁沟的危险方式。一旦被日军发现,即开枪射击,生命财产根本得不到保障。

1940年2月3日,伪《青岛新民报》刊载"李村分局派警弹压集市"文章,称:"本市警察局、李村分局以该分局所在管界内李村集市,在旧历年前为本市乡区各商云集之处,各乡镇村民多赴李村集购买年货,往来客商众多,为整理秩序起见,除对于集市各商摊按指定处所摆设外,车辆禁止穿行。"就是日伪当局严格管控李村集市的罪证。

在日伪当局的多重压迫和重税盘剥下,李村"农村经济凋敝",居民生活异常艰辛。粮油等生活用品被日军"统制"后，集市粮油等物资严重匮乏，人们购买不到生活物品，生活必然艰难，而物资缺乏，又引起物价上涨，更给生活贫困的李村居民增添了负担，简直是"雪上加霜"。由于"经济凋敝""物资统制"商品匮乏，物价飞涨，导致李村集的规模、商品数量、交易额度更呈萧条委顿状况，赶集人数从抗战以前的数万人锐降到数千人。李村集所仅有的交易商品也多为本地出产的产品。

征税是日伪当局在李村等集市管理的重点。李村区一直设有税收办事处，重点对李村等集市征收杂税。后来，为加大征税力度，青岛伪政权以"为便利市民交纳税款，会于市内设立税收办事处六处，开始办公以来，成绩极佳，顷为体恤乡民来缴纳税款，特在乡区增设税收办事处五处"，即李村、王哥庄、九水、阴岛、薛家岛等税收处。收税网络遍及各村镇。1942年10月，伪青岛特别市公署下令成立崂山办事处，办事处机构设在李村。原属伪青岛市财政局所辖的李村征收办事处奉令移交伪崂山办事处。但其征税业务、办公地点和主要办事人员没有变化。这个"李村征收办事处"是在日本第二次侵占青岛以后设立的，目的就是为日伪当局搜刮一切可以搜刮的民财，配合日本的"以华制华""以战养战"战略。李村征收办事处设有主任一人（曹建）、职员若干人，其主要征税对象除了李村区的田亩税外，李村集的杂税是其主要的征收对象和主要税源。

日伪当局在李村集除了征收日常摊商税、公称税和牲畜税等杂税外，此时还增加了"牙税"项目。所谓牙税是对于在集市上收取的经纪（中介）税费。关于李村集缴纳牙税的档案没有发现，但青岛市档案馆保藏有日伪时期的《青岛特别市胶州区管内市集情形调查表》，记载胶州所辖七区内32处集市征收牲畜税、牙税的情况。以第一区沙滩集为例："牲畜税骡马每头一元，驴每头三角，牙行税百分之二，第一区应交牲畜税八百元，又应交牙税四百元，"其他13处有牲畜交易的集市分别缴纳牲畜税、牙税数百元至数十元不等。在日伪统治下，胶州与李村所同属伪青岛特别市公署管辖，实行的税收章程应属一致。可以肯定的是，在日伪时期，李村集市杂税征收内容除了传统的摊商税、公称税、牲畜税以外，还要缴纳牙税这一新设税款。

在日伪当局重压之下，李村商业经济遭受重大摧残，商家锐减。据1945年日本投降后青岛李村警察分局调查，李村仅有各类商家9家，与1934年青岛社会局调查李村有"营商者七十六家"的数据相比，减少了67家。

路名	门牌	名称	经理姓名	伙友人数	资本额数	电话号码	开业日期	管辖分驻所	备考
李村台柳路	一一八	合记理发馆	祝燕实	一	二百元	无	民国十二年三月二十日	李村分驻所	无
李村河南	一四五	志成理发馆	吕燕熙	二	五十元	同	二十六年七月十五日	同	执照营字第八号
同	二七三	荣安堂	张成安	二	一百元	同	三十二年五月四日	同	执照营字第二九号
李村台柳路	一一五	三盛园	宣连盛	一	二百五十元	无	三十二年七月二十七日	李村分驻所	执照营字第六号
同	一二一	新华饭店	袁振邦	六	六千元	同	三十三年六月六日	同	无
同	三一	复盛栈	常邦贤	一	五百元	同	二十七年二月	同	执照营字第三号
李村河南	一九八	高凤夏	高凤夏	一	四千元	无	三十四年一月二十日	李村分驻所	
同	二一五	张维聚	张维聚	一	二百元	同	三十年一月二十日	同	
李村台柳路	二八〇	王曲氏大车店	王曲氏	三	二百元	同	三十三年七月一日	同	

附：青岛市警察局李村区分局管内旅店业调查表

七、风雨飘摇李村集

1945年8月，日本战败投降后，国民党政府接收青岛行政权。同全国一样，青岛军政官员大发"抗战胜利财"，以"接收"名医争夺敌伪和平民财产，被人们讥刺为"劫收"和"五子登科"。政治腐败，民怨沸腾，加之发动内战，更使经济凋敝，物价飞涨，民不聊生。在风雨飘摇中，李村集市面临着军事戒严、集场搬迁、物资短缺，货币贬值、物价腾飞的处境，给集市商贩和居民生活造成严重影响。

（一）抗战胜利后的李村社会状况

1945年8月，日本战败投降。在崂山打游击的原国民党青岛市党部主任委员、流亡青岛市李先良出任青岛市市长，率领在青岛保安队进驻市区和李村等地，接管了青岛的行政权，恢复了抗战以前的行政制度，成立了青岛市政府以及李村等区公所和保甲制度。

李村地处乡区，在日伪当局统治下，经济衰败、民生艰难。好容易盼到日寇投降，国家光复，居民均是喜不自禁，以为从此可以摆脱日寇统治，重新过上社会安宁、经济恢复、人民安居乐业的好日子。所以，枪声甫停，各村居民就汇聚李村集市，一是为了交易商品，更多的是打听信息，互相享受胜利喜悦。李村集市重新兴盛起来。

然而，事与愿违，驻防李村的国民党杂牌军青岛保安队纪律涣散，四处滋扰民众，成为一大祸害。后来的驻军青年军更被李村人称为"上山砍树、下山打狗"的扰民军队。加上各地跑到青岛无法维生的难民的滋扰，李村社会治安恶化，居民怨言纷纷。为此，1945年12月30日，国民党青岛当局以"确保治安，而杜匪患，并严整军风纪为目的，"由驻防李村的青岛保安第一旅与李村警察分局合组"李村区军警联合稽查队，"稽查队计有青保两个班士兵和10名警察，以"查究奸宄，严整军纪，并随时取缔不良分子为原则，"在李村和集市执勤，以维持李村的社会治安和民情民意。

但是，联合执勤并没有成效，反而更加混乱。1946 年 1 月 29 日，李村警察分局训令："地方不靖，冬防吃紧，若不加以限制，诚恐宵小乘机扰乱危害治安，殊非浅鲜，规定除旧历除夕外，每日夜间十时后不得燃放鞭炮"。如此一来，社会治安更加紧张。

此时的李村街上汇聚了众多公共机关单位，青岛市警察局李村区警察分局李村分驻所管界公共处所调查表显示，在李村河北的有山东第四监狱、李村区公所、李村镇公所、夏庄区公所、青岛市工务局第四工区、青岛市立李村小学；在李村河南的有青岛李村电话局、青岛李村邮政局、青岛财政局李村稽征所、青岛市立图书馆、第八军某部、青保第七大队、青岛市立李村简易师范，以及散布于李村周边村庄的青岛市立曲哥庄小学校（曲哥庄）、青岛市立东李村小学校（东李）、青岛市立郑庄乡中心小学校（侯家庄）、青岛市立郑庄小学校（郑庄）、青岛市立下王埠初级小学校（下王埠）、青岛市立王埠庄小学校（上王埠）等。

在这一时期，李村区和李村各村的户数和人口都有不同程度的增加。据市档案馆保藏的"李村区各保概况表"（1948 年 6 月统计）：李村区共有 30 保另有临一保（临时安排流亡到李村的"难民"），其中"第一保，甲数：21，户数：564，人口总数：3172，等级：甲，保公所地址：李村河南；第二保，甲数：22，户数：400，人口：2455，等级：乙，保公所地址：李村河北；第三保，甲数：31，户数：583，人口：2939，等级：甲，保公所地址：杨哥庄。"第四保，下王埠，甲数 23，户数 507，人口 2749；其他如第八保，东李村，甲数 27，户数 596，人口 3077；第九保，侯家庄，甲数 21，户数 429，人口 2219；第十保，庄子村，甲数 17，户数 369，人口 1931；第十二保，达翁新村，甲数 10，户数 204，人口 1123。（其他保甲略）

对比 1941 年的《李村区户口调查表》看，李村的户数、人口数量仍然呈持续上升态势。

值得注意的是，随着蒋介石发动内战，战火波及山东各地，许多"难民"从外地来到青岛谋生，散处在青岛市区和李村等乡区。1948年李村区的难民调查显示：李村区的11个保内共有难民463户，人数2597，壮丁360：其中2保6户，人口24，壮丁1；3保23户，88人，壮丁6。这些外来人口没有房产，没有土地，很多人就靠在李村集和其他集市上做个小本生意来维持生存。一定意义上说，外来人口的增加在一定程度上促进了李村集市的发展。

（二）"劫收财"与涨价风

民国三十七年（1948年）12月31日《青岛健报》刊发的"李村集市的素描"文章，记者对李村集市交易情景作了一个简单的"素描"："严冬的早晨，把人们都冻得缩了脖子，一阵阵的寒风把道旁的电线杆刮得吱吱发响。太阳还没有升起的时候，那条青岛至李村的公路上，已三三两两地布满了汽车、大车、小车和一些挑着挑子的人，他们都是在去赶个早集的。"

作者描述了李村集的一个集期的状况，完全是从正面来描述李村集市，似乎商贩和赶集人都是那么的幸福和谐。然而，如果结合当时的档案报纸对于物价飞涨的痛恨、战争的阴影、社会的动荡所记载的悲惨情况来看，就会发现作者笔下的李村集似乎太过安宁，人们的心态表情太过健康，文章与社会现实有太大差别。从历史和现实角度来看，李村集市的发展轨迹是扭曲的，发展模式也是畸形的。人们对李村集是既爱又恨，爱是因为人们的商品交易和日常生活都离不开李村集，恨的是物资缺乏，货币贬值，价格飞涨，民不聊生。而这一切的原因都是因为当权的国民党政治腐败、经济掠夺、发动内战而造成的。

日本投降后，大批以"抗战英雄"自居的国民党接收大员和杂七杂八的军人、警察涌入青岛，立刻掀起了大发"抗战胜利财"浪潮，到处查封日伪财产，包括日本人和汉奸的房产、企业、浮财、汽车、黄金，银票等等全盘接收，中饱私囊，贪污成风。人们把这些贪占的财产很形象地归纳成房子、金子、票子、车子、女子，被世人讥讽为"五子登科"。为了争抢财产，各路军队甚至互相开枪射击，武力抢劫。权力低下的官员、军警则向平民百姓下手，巧立名目，敲诈勒索。形成了党国整体腐败的风气，短短数月时间，国民党的形象在沦陷区人民心目中轰然倒地。

国民党政权的迅速腐败堕落，导致了经济衰败、货币贬值、物价上涨、民怨沸腾的结局。这些很快就在李村集市显现出来。

1945年11月17日，李沧区警察分局向市局报告："查本月十六日李村集市各种物价较上集均行暴涨，显系奸商浮贩扰乱金融、操纵物价所致，影响民生，至深且巨。制止办法，当经电请查拿。奉谕后。职当即带同员警赴集场严查取缔，并一面布告商民不得任意抬高物价，如有违反，即予送警惩处。由此市稍见平和，人心似呈稳定。谨将是日百货行情检同调查物价统计表一份备文呈报。"在调查统计表中显示了1月11日与16日两个集市的物价数字。16日集市物价比11日集市物价暴涨了一到两倍，如地瓜从每斤14元涨到30元，地瓜干从30元涨到90元，小麦从每升3700元涨到6000元，谷子从每升900元涨到16500元，面粉每袋从6000元涨到12200元等。通货膨胀的浪潮开始弥漫在李村集市的上空，犹如开闸的洪水，一泻千里。

1946年6月22日，青岛市合作社物品供销处在接收伪青岛地区合作社联合会崂山办事处物资品等呈文中附带呈报了1945年12月至1946年6月间面粉价格，可窥见李村物价上涨之一斑：12月，每袋面粉6000元；1月，7500元；2月，8500元；3月，10000元；4月，13000元；5月，32000元；6月，30000元。半年时间上涨了5倍。然而，这个涨幅比起1947～1948年的物价涨幅来不过是小巫见大巫罢了。

青岛市面物价飞涨情形，势必影响到李村集的交易。李村集上的物价也随同青岛市和全国的涨价潮流飞腾直上，终于不可遏制。李村集也在物资匮乏、价格飞涨的双重打击下奄奄一息，失去了往日风采。

法币是国民政府于1935年发行的，之后不断贬值。据统计，1937年时100元法币能买两头牛，第二年只能买一头牛，到1941年只能买一头猪，1943年可买一只鸡，1946年只能买一个鸡蛋，到了1947年就连一盒火柴也买不到了。而到了1948年，法币就基本成了一张废纸。

1948年6月28日，《青报》用"青岛市场一周先疲后涨盘桓起伏 游资充斥为害无穷"的标题讲述了青岛物价飞涨一事："讵忆二十四下午纱布初市，沪上突电华股下垂，股票大抛，游资充斥，龙头布已平二千，复以本市场内隔夜支票，国行本票，滥流市面，银根呈明紧暗松情形，客帮因出口受限制，乃改攻为守，大量吸进，货主步步喊高，涨跌频繁，民灰复燃，纱布首作飞人狂跳，价一时千里，瞬息万变，黄金美钞一马当先，新峰叠秀，高潮飞溅，势不可退，如火燎原，粮食纸烟，并驾齐驱，始造成今日之恶劣局面。九十万市民闻之咋舌，当局闻之震怒，而无理性之物价，置若罔闻，通货一再膨胀，法币一再贬值，物价看穿政府把戏，藐视当局法令，肆无忌惮，称雄市场，一日之间上涨百万之面粉，上升一亿之棉纱……半月来，本市物价上涨之速，无法计矣。"

（三）深受其害的"币值改革"

1948年8月19日，国民党南京政府鉴于法币贬值严重，在人民中已丧失信用，遂实行所谓"币制改革，"发行金圆券取代法币，强制人民将手中的黄金、银元、美钞到指定银行兑换金圆券，禁止在市场上使用和兑换黄金、银元、美钞，否则即视为犯罪。市民在严令之下，迫于威压，纷纷将积蓄多年的黄金、银元和美钞交到银行换取金圆券纸币。但国民党的官僚则与银行勾结，大肆购买和囤积黄金、银元和美钞，大发"改革"财。青岛部分商人心存疑虑，继续保有和使用银元、美钞。警察遂在市场明察暗访，发现使用银元和美钞者，不论买家还是卖家，一律以"金融犯"的罪名逮捕，按情节轻重予以处理。

青岛《民报》于1948年8月8日以"钞鬼游街——李村亦捕获大批奸商"为题，报道了青岛市大抓"金融犯"的事件："（本报讯）连日因抬高物价，贩卖或使用美钞、银元而被经检队拘获之商人，已近二百余人，特刑庭既无房舍收容，警局又人满为患，而且囚粮也大成问题，故经检队负责人方面对此极为头痛，昨特别请示市长，可否将情节极轻及使用美钞在一元以下者，予以游街处分后释放？龚市长以此并'无伤大雅'，乃原则准许如此办。昨晨于二百余金融犯中，择出情节轻微者共五十余人，先集合警局操场，由刘副局长晓以新经济措施兴国家民族之利害关系，并详示各项有关法令。于下午一时许，即由警局押解游街，由警局经中山路、馆陶路至中央银行门口，勒令将所持美钞、银币兑换后，具结释放。沿街观众云集，睹之莫不称快。"

同一天，《青岛时报》也以"情节轻微之金融犯五十余人游街具结释放 李村集捕抬物价商多人"为标题做了报道，内容完全一致，显然是警察局发给各报社记者的统稿。

李村集是青岛乡区最大的集市，自然也是宣传实行币制改革意义以及抓捕所谓"金融犯"的重要场所。青岛《民报》在这一篇文章的后半部分记录了警察在李村集抓捕"金融犯"的过程："警察局李村分局，为使区内商民彻底明了改革币制各项有关法令起见，特于李村集期（八月二十六日）前一日，召集各商号谈话，由臧分局长首先说明新经济政策对国计民生之重要，凡吾国民应绝对支持金圆信用，以稳定中国整个经济，只许成功不许失败。并详细解释各项法令，盼各商号坚定信念，一起拥护力行。于八月二十六日李村集期后出动大批员警，监视市场交易，并派便衣严密防查集场情形，大致尚好，一般物价均未超过"八一九"限价，但仍有少数商人趁机抬高物价，或使用美钞及银币，计查获七八起之多，现均解送总局法办。兹将所查奸商条名如下：杨维元行使美金卖梨接收美金一元，李言令行使美金一元买鞋，张作道行使银元卖麦接收银元一元，臧作臻行使银元卖梨接收银元三元，蓝兆才行使银元卖粮接收银元三元，宋仁良行使三元银元交易，赫益山行使三元银元交易，刘梅五行使三元银元交易，苏有洲、李悦本、王明堂抬高物价以双龙布一匹售价二十九元，王瑞诺抬高物价以猪肉一斤售价一元五角，王吉智抬高物价以猪肉一斤售价一元五角。"

同一天，《青岛时报》也对李村集的这一事件作了新闻报道，内容基本一致，但在犯事细节上略有不同："各犯姓名如下，抬高物价商三人：王明堂，双龙布二匹每匹售价二十九元，超出售价七角；王瑞诺，猪肉十八斤四两，每斤售价一元五角，高出二角；王吉智，猪肉六十二斤，每斤售价一元五角，高出二角。使用银元犯十一名：宋仁良三元，赫益山二元，刘梅志（买方）与苏有训（卖方）五元，李言会一元买草鞋，张作道一元卖麦，臧作臻一元卖梨，蓝兆林三元买粮，李悦本（商、给方）与刘梅志（受方）一元，美金犯杨维元一元卖梨。"

1948 年 8 月 28 日似乎是青岛市拥护币制改革、力推金圆券的宣誓日。除了各报纸纷纷报道警察局在市区将轻微"金融犯"游街示众和李村集大抓"金融犯"外，青岛《民报》还发表了市政府抑制物价的文章"一表定市场"："关于零售用品价目，警察局刘副局长，会向龚市长请示处理办法，据闻已饬令社会局克日调查，编制各种物品价格细表，以为纠察之标准，市民切盼是项调查范围越广越好，并望早日公布。"

军方背景的《军民晚报》也来凑热闹，于 1948 年 9 月 2 日发表"严防市场涨风，恢复物价评议"的文章："上年度市政府为平抑物价，曾于三月三日依法组织物价评议委员会，后因议价失效，于五月二十日暂停。近因奉总统颁布之财政经济紧急处分令规定办法之中整理财政及加强全国各地物品价格，应照三十七年八月十九日各地物品价格，依兑换率折成金圆出售，由各省市主管官署，严格监督执行，兹为防止物价再行波动，以求严格执行，市政府已执行恢复议价会之组织。"

同一天，《军民晚报》还刊载"非法商人查获续志"的文章："李村分局今晨发表李村经纠工作称：现经纠工作在积极进行之中，于上次李村集期（八月二十六日），扒获抬高物价及使用美钞、银元犯八起，已解总分局法办，臧分局长并亲赴集场演讲，希使商民彻底明了新币制之要旨，并恪遵各项有关法令，勿稍违反惟感乡民文化水准较低，仅凭一纸布告命令难收宏效，故发动李村各界作扩大宣传，对商民务加指导，而使周知，既分别晓谕申诫、开释。"

李村警察分局在推行币制改革和推行金圆券行动中态度积极，对于集市上商贩中所谓使用银元、美钞的"金融犯"全力抓捕。实际上这些"金融犯"都是些小本生意，仅仅使用一块银元就被当成"哄抬物价"、"扰乱市场"、对抗币制改革的金融犯人，实在太过荒唐。而那些官商勾结，倒卖金银和物资，大发"币制改革财"的真正金融罪犯则毫发无伤，这种改革焉能不失败。

除了用警力强制推行金圆券外，青岛当局还在李村集上查缉私盐等违禁物资，弹压集市物价，抓捕"哄抬物价"的奸商等等。同时，软硬兼施，出动警力在集市上宣传推行金圆券、促进币制改革的意义和美好前景，欺骗集市商贩和赶集的居民。

然而，南京政府根本无力挽回通货膨胀、经济崩溃的颓势。尽管青岛当局动用警力强制降价，但终归是黔驴技穷，回天乏力，金圆券也沦为与法币同样的下场，只是苦了青岛市的老百姓以及李村集市上的商贩和居民。

（四）动乱衰败的李村集

在这种情况下，李村集市管理也处于松散无序状况。赶集商贩往往离开河滩到街道摆摊经营，影响交通和居民生活。国民党第十一绥靖署司令部曾多次通令布告李村公路交通阻塞，影响军方军事部署行动，要求地方当局清理取缔。李村当地居民也怨声载道，纷纷要求清理集市秩序。1948年3月7日，李村区第二保保长安郁熙向李村警察分驻所曲巡官报告："本保界内每逢旧历二七大集以李村河滩为集场，杂粮市向在鱼市迤西河滩内，因靠近李曲村路隅，遇雨水之时，即移于河边。在以往枭杂粮者为数无多，对于交通尚无大碍，以致放任成习。近查该杂粮市日见扩大，现已移至市街以内，每逢集期枭粮者已挤满路面，不独车辆无法通行，既单人行走亦颇不便，实属妨害交通，长此以往，难保不无意外发生。保长为防患未然便利交通起见，拟将该杂粮市仍移河底，以利交通，为此具呈钧所鉴核，赐予派警取缔，实为公便。"

长久以来，李村集的商品交易一直使用传统的度量衡器，对于新式公制度量衡器采取排斥态度。在30年代中期，李村乡区建设办事处曾推行过公制度量衡器，但效果不大，赶集的商贩和居民还是认同旧制度量衡器，习惯使用传统的十六两老秤和升斗等器具。1948年4月7日，青岛市度量检定所所长王德甫呈称："案奉经济部中央标准局准字第六七四七号代电略开'查关于本年元月一日起，一切度量衡均采双轨制一案即发度量衡器具加刻公制暂行办法一份，电仰遵照办理'等因奉此。兹谨遵照颁发度量衡加刻公制暂行办法，参酌本市实际情形，拟具度量衡加刻公制暂行办法，并拟自五月一日起实施。"同时颁布了详细的实施办法。然而，这次通告的颁布时候已经是国民党政权摇摇欲坠的时候，各级政权根本没有心思和能力推行这一新制度，只能是"光说不练。"直到新中国成立后若干年，李村集才逐渐用公制度量衡器代替了旧制度量衡器。

随着国民党军队在山东战场的节节败退，青岛的局势也越来越严峻。为确保青岛外围防线的安全，国民党第十一绥靖署在李村部署了第32军、青年军、青岛保安旅等众多军队，并连续发布戒严布告，严令李村居民晚上不得出门。并在日军当年修建的"惠民壕"卡子门设置岗哨，严查进出李村的居民和旅客，查禁粮食、布匹、火柴、火油等"违禁品出境"。同时，不断在李村集上搜查违禁物资、抓捕共产党嫌疑分子和非法商人。李村集市由此更加动荡不宁、萧条不堪。

可笑的是，第十一绥靖区公署对如此严防死守仍不放心，又把防范眼光盯在了李村集场上。在军政各方决议下，李村区公所于 1947 年 3 月 7 日发布集市搬迁通告，全文是："为通告事：查李村地处本市乡区中心，军事上极为重要。兹经各军政机关开会议决：李村集场暂移于侯家庄村前河滩。自夏历本月十七日集即开始实行，除分知外，仰该保长即便遵照转知各户知照为要。"文告发送到李村区公所所辖的 30 个保。此为李村集历史上的首次搬迁。但商贩和居民并不认可，过了不多久就又偷偷返回李村河滩旧址，集市搬迁计划失败。

随着战场的溃败，国民党青岛市政府和军警更加强了对商品物资的管控，实行严格的出境物资审批制度。从市区运到李村的物资需要李村本地合作社统计造册报告区公所审核批准，再转呈第十一绥靖区司令部审批，发给出境证，才能运回李村各村庄分配。1948 年 11 月 22 日，青岛市李村区合作社理事会主席王文甫报告李村区公所："十一月份申请出境物资业经各保填送来区，经详为审核分别列表具文呈送钧座鉴核转呈第十一绥靖区司令部合法出境许可证，以利运输是为公便。"物资品种计有生豆饼、烧酒、烟卷、啤酒、土纸、洋连、饭锅、竹木料、洋灰、酒曲、玻璃、杂粮、吉豆、煤炭、火油、棉布、棉花、棉纱、火柴、肥皂、糖类、食盐、茶叶、纸烟、食油、胶鞋等类，每项物品均注有各保需要这些物资的理由、物资数量以及用途，经第十一绥靖区司令部批准后发给物资出境许可证方能从市内运到李村区分发给各保社员。

1948 年 11 月 20 日，青岛市市长龚学遂案准第十一绥靖区司令部戒严令，通告青岛全市自晚上 10 点至早上 6 点为戒严时间，居民不得出门上街。这对于素有起大早占摊位赶大集习惯的李村居民和商贩是一个很大的制约。

随着通货膨胀在全国蔓延，李村集的物价呈飞涨态势，民心不安，生活困难越加明显。而集市上的治安情况也愈加恶化，盗窃偷摸事件屡屡不断，市档案馆保存有多份偷盗案件，计有第一保第八甲住民张体平"其家存有赃物粉条业经查获带案，"保长为其妻担保一案；第二保保民尹兆信"因被窃盗嫌疑"由保长担保一案；第二保保民于永瑞偷窃苹果树苗案担保等档案。

另有一份档案则是李村警察分驻所 1949 年 4 月 15 日给李村警察分局的报告："案于本月十四日下午三时许，据第一保二〇九号居民王延玉扭同窃犯薛心堂来所报称：'我今天在李村赶集，将衣袋内之银元十六元、金圆券八万元，被他窃去'等情。据此，复讯，据该薛心堂称'我只偷了他金圆券八万是实，并没有偷他的银元（详情附笔录一纸）'等语。复查该薛心堂系在青市内外各集场久惯行窃之徒，若不送请依法严惩，何以儆将来而遏盗风，谨将上项情形备文检同失主王延才、窃犯薛心堂及笔录二纸、收据一纸一并送请鉴核讯办。谨呈分局长杨。巡官曲遵圣。"从呈文来看，这个曲巡官还是比较敬业的。然而，这一偷窃案件的处理却让人大跌眼镜：在曲巡官的呈文边页空白处标注四个大字"此案未送！"显然这一盗窃案件不知什么原因被压了下来，没有报送分局。而能将案件压下不送的只有分驻所的所长才有此权力。由此可见在临近青岛解放的青岛警界是如何不作为的。

然而，尽管处在军事戒严状况下，饱受物价飞涨、生活艰辛的苦楚，李村人还是表现出了一种随遇而安、苦中作乐的心态。李村集仍然是青岛市人数较多，比较热闹的大集市，是演艺剧团、杂耍、幻灯影视的理想表演场所。每逢集日和节假日，来自市区和周边练把式、耍猴等杂耍艺人，以及放幻灯和小电影的文化商人都来李村集上表演讨生活，一般都无人干涉。

至于戏剧等大型文化娱乐活动则需要呈报李村警察分驻所批准才能演出。如1948年10月，中国魔术加演马团经理朱大德向李村分驻所提交"马戏请求许可开演申请书"："呈为呈请事窃查中国魔术加演马团经理人前在各大商埠表演多年，来青三年有余，今在四方镇开演，现因营业不佳，无法维持生活，敝团拟自本月二十六日来李村赶集一日，是以恳请钧局恩准，许可开演而维敝团老幼三十余人之生活，恩德两便，理合备文呈请鉴核恩准。"同时附上详细的开演节目（跑马、武术、什样杂耍、国术）、开演地点（李村集场）、开演日期（10月26日赶集一天）、开演时间（上午10时至12时，下午2时至4时）、演员人数（男女共计32人，男19名，女13名）、马匹数量（4匹）、票价（每位400元，儿童半价）以及剧团住址（台东一路菜市）等活动安排。

1949年4月15日，李村第三保保长袁德鸿与"演戏承办人宋吉昌"向曲巡官呈请："兹据本保保民愿值此农闲期间演唱戏剧，共同欢乐。拟自本月十六日起至二十一日止共演唱六日。保长未便擅专，理合具文呈请钧长鉴核准予所请。"此时，国共和平谈判正在北平进行，很多人对于和平抱有幻想和希望。因此，虽然青岛已处于解放军的包围之中，国民党军政当局早已惶惶不可终日。而李村居民尚能苦中作乐，照常生活、娱乐，所有这些文化活动印证了李村集在本地文化传播和娱乐活动中有着突出的地位和影响力。而这也是李村集历来吸引居民赶集逛集享受文化娱乐的原因所在。

八、新中国成立初期的李村集市

1949年6月2日青岛解放。在党和政府领导下，经历了国民经济恢复、合作化、人民公社等一系列社会变革，取得了辉煌的成就。在这一时期中，李村集市作为社会主义经济的一部分，发挥了平抑物价、调剂市场、促进城乡物资交流等作用。1958年以后，集市经济一度受到限制。1962年全面恢复开放城乡集市，对于活跃市场，促进经济，调剂物资交流和改善居民生活起了重要作用。

（一）经济恢复时期的李村集市

1949 年 6 月 2 日，青岛解放。在青岛解放前一天的 6 月 1 日，李村人民在经历了国民党军队的军纪败坏和多日胆战心惊的战乱以后，迎来了纪律严明的人民解放军，天亮了。

青岛解放初期，沿用了前青岛市的行政区域划分，分为市区和农村区，其中市区：市南、市北、台东、台西；郊区：四沧、浮山；农村区：李村。1951 年青岛区划调整后，李村区与原属胶州专署的崂山办事处合并成立青岛市政府崂山办事处；1954 年，崂山办事处改称青岛市崂山郊区人民政府；1961 年，崂山郊区改为崂山县；1988 年，崂山县改为崂山区；1994 年区划调整后，原崂山县李村地区与沧口区合并成立李沧区，直至今日。不管区划和名称如何变化，李村始终都是本区（县）的政治、经济、文化中心。

新中国成立初期，百废待兴，国民党政权留下的烂摊子急需整治，恢复经济成为工作重点。集市贸易作为城乡经济的重要内容，既是人民群众的日常生活所急需，也是促进城乡物资交流的重要平台，同时也是宣传党和政府大政方针的重要场所。因此，青岛市人民政府对于李村等乡村集市非常重视，从政策、税收等方面给予重大支持。从 1949 年下半年开始，李村区政府设立了李村集市管理小组，对所属集市进行整顿和管理，取缔"抓集"等陋习，改善集市贸易秩序，增加商品交易品种，平抑物价，强调买卖公平、价格合理等，使李村集市迅速得到恢复和发展。

1950 年 6 月，《青岛日报》刊登了一篇"半年来的青岛市场"的文章，指出："随着全国金融物价的历史转捩，青岛市场半年来的物价和全国总的物价趋势一样，是由上涨转为下落，复由下落转为平稳。"文章以 25 种主要商品指数为依据，分析揭示了青岛市场价格的变化规律："第一阶段：一月份至三月上旬——物价是节节上升。之后的第二阶段，在政府严格控制下，物价节节下降。第三阶段，物价走上合理发展，整个纱布、粮食市场由此走向稳定。"

随着国民经济的恢复，李村工商业经济也从新中国成立前的凋敝中日渐恢复、发展。摆脱了国民党旧政权的苛捐杂税、货币贬值和物质匮乏等束缚，李村私营工商业无论在数量、资金、规模和职工人数等方面都有飞速发展，对国民经济恢复起了较重要作用。1951年10月，青岛市工商联筹委会向李村区工商联筹委会移李村区籍会员名册，计有凤山商店、和顺栈、文裕堂、人和湧、三义成、万泰堂、复生泰、宋成斌等89家会员商户，职工人数94人（其中店员79人、工人12人、学徒3人）。这与1945年李村仅有9家商户的数字相比较，不啻有天壤之别。

李村工商业的迅速恢复与发展，折射出李村大集的恢复、发展状况。有史以来，李村的工商业规模人数资金等一直不大，其兴衰命运与李村集息息相关。私营工商业经济与集市经济的共同兴旺发展充分折射出新中国成立初期李村集市的恢复与发展。

新中国成立后的乡村集市不仅是个商品交易场所，也是一个宣传党和政府大政方针、国家法令、时政要闻、科学知识、文化娱乐的大平台。新中国成立初期，农村没有报纸、收音机、电话，更没有电视、微信，聆听国家大事和科普知识除了靠大喇叭广播外，赶集就是接收信息、学习新知识新文化的最佳方式。政府经常在集市上举办各种居民喜闻乐见的宣传、交流和文艺活动，赶集群众既能达到交易的目的，也能得到很多信息和知识。这样的宣传活动每次都会收到很好的效果。《青岛日报》1952年11月29日发表"李村集上的'中苏友好月'"的文章，讲述了11月23日李村区文化馆在李村集"布置了一个'中苏友好图片展览会'",新华书店在集上把印成单页的"中苏友好歌"分送给赶集的人,青岛人民广播电台中苏友好协会的"友好宣传车"也赶来给大家演唱各种节目。图片展示的苏联集体农庄的机械化吸引了很多农民,宣传车播放的是中苏友好的歌曲、河南坠子、胶东大鼓说唱"无痛分娩法"等农民喜闻乐见的歌曲。这样的宣传方式既新奇又接地气,自然受到赶集农民的欢迎。

（二）再次搬迁李村集场

李村集市的恢复与发展,也带来了环境保护问题。保护李村河水源地,历来都是政府重视的大事。李村集地处水源地上游,是造成水质污染的主要根源,但始终没有解决。青岛解放前夕李村集曾一度搬迁到侯家庄,但很快又回到李村河滩老集场,成为李村流域最大的污染源。青岛解放初期政府也曾启动搬迁李村集的行为,将集市迁至中韩,但仅仅过了数集,商贩们就又自发回到李村河滩。之后,政府为保障卫生环境保护,保持李村河水清澈,保护水源地水质,青岛市政府和崂山郊区政府决定再次搬迁李村集场。

1954年10月8日。青岛市人民政府城市建设委员会〔54〕建委办字第四〇九号文件"为李村集场迁移问题报请鉴核由"报送青岛市人民政府:"据崂山郊区人民政府为建立李村新市场废除旧市场一案,经协同该区政府前往集场了解,因现集场地点,系在李村河内,不但影响李村水源,而且对医院病人修养,机关办公,亦影响颇大。确有迁移之必要。

惟因崂山郊区政府提出之新集场地点李村公墓靠近公安局及郊区机关。为此,曾与各有关部门联系研究,按公安局意见,因距机关太近,有碍警卫,不同意把集场设在该处。但因集场是城乡物资交流场所,不宜离李村太远,为此,虽曾各方寻觅,因条件所限,未能找妥。复与崂山工委刘书记研究,为保持水源清洁,照顾城乡物资交流,便于物资集散,认为仍以工委以西、李村庙后一带（李村公墓）利用公墓公地作集场为宜，且在迁移集场费用上亦可节省，可否请提市长办公会讨论决定及早批复崂山郊区政府办理！"报告书后边还附有李村公墓附近地形图一份。

12日，接崔副市长（注：崔介）指示："与崂郊研究确定即可。"随后，崂山郊区人民政府便启动了整体搬迁李村集的行动。

关于李村集场动迁的经过，《青岛日报》对此进行了跟踪报道。《青岛日报》1954年12月22日刊登"李村正在开展新市场"的文章："李村集是崂山郊区的一个初级市场，附近四个区的市民及市内的部分市民及小贩，每月要在这里进行六次交易。可是，这个集市的地址是在河滩上，很不卫生，还妨碍本市水源地的清洁。有时，河面忽然下来大水，还能冲走市民和小贩的东西。崂山郊区人民政府为了改善这一状况，经呈请上级批准，决定在李村东北面开展一个新市场。这个新市场的面积占七十多亩地，全市场共分百货、文具、小玩具、副食品等三十多个小市，能容纳两三千人在一起赶集。

昨（二十一）日，市人民政府建设局的两部推土机，在这里已基本完成了平地的工作，估计在春节前后，人们就能在这一新的市场上进行交易。"

李村新集原本是河北村的"乱葬岗"，坟丘遍地，荒草萋萋。建成集场后，面积较李村河滩要小，但更加规范。在统购统销以后，上市物资减少，特别是实行合作化以后，居民忙于农村生产劳动，赶集的人有所减少。但每到冬春季节特别是农历腊月集时候，赶集的人仍然很多，集市容纳不下，就向周边街道拓展，造成交通阻塞和扰民，又引起周边机关和居民不满。而商贩和赶集群众也不太满意的是，新集场没有硬化，一遇刮风，尘土飞扬，环境比不上李村河滩老集场。这也是对集场搬迁产生的意见之一。

新中国成立以后，党和政府对于全民卫生工作非常重视，李村区、崂山郊区和崂山县政府特别关注李村集市秩序管理和环境卫生知识宣传工作，在全国掀起环境卫生运动的大潮中，多次在李村新旧集市宣传和推广"除四害讲卫生"活动，并在新迁到坟场空地的李村集场修建了公厕等卫生设施，加强了市场管理，定期清除垃圾，喷洒消毒药水，使李村街道和李村新集场的卫生环境得到了重大改善，根除了重大传染疾病的发生与传播，李村新集的生态环境和卫生条件得到较大改善，随地大小便的陋习也基本消除。

1959年，政府为发展群众体育运动，在李村新集址建设了崂山体育场，但每到集期仍作为李村集市场地使用。

在20世纪50年代里，李村集的变化还是比较大的。先是在政府有力管控下市场物价得到控制，市场经济迅速得到恢复发展。1954年起，按照国家计划经济体制要求，粮油实行统购统销，自由交易受到限制，大集贸易额略有下降。1955年以后，为了繁荣集市，促进本地区工农业的发展，崂山郊区人民政府每年春、秋两季都在李村大集上举办5～7天的"物资交流大会"，并在集场上搭建高大的戏台，请来专业的戏班，一连多天演出当地民众喜爱的"柳腔""茂腔"等传统戏剧，以此活跃交流会的气氛，招引广大群众前来销货和购物。届时，赶集、听戏的男女老少成千上万，有力地带动了周边地区工商业的发展。

（三）统购统销后李村集市的有限交易

实行统购统销后，粮油肉棉等主要农副产品在国家收购任务未完成前，禁止在自由市场出售，李村集市场物资品种、数量出现短缺，交易额下降，赶集人数减少，李村集市贸易一度呈萎缩状态。1955年以后，集市贸易又再度活跃，李村集成为青岛乡村集市贸易的晴雨表。

1955年5月3日，《青岛日报》刊登文章"李村集上粮食市场开始活跃"："四月二十二日是李村集。这天李村集上的粮食市场开始活跃。农民们把地瓜干、黍子、苞米、小麦拿到市上来，互通有无。当天上市的地瓜干有两千五百多斤，其他粮食有三百多斤。这天有很多农民想买大豆，可是市上并没有卖大豆的，供给合作社就拿出大豆来和农民交换地瓜干、苞米、黍子，供销社并在市场上收购了农民卖剩下来的地瓜干、黍子三百九十三斤。"这是统购统销以后,农民开始在李村集市售卖粮食的一个侧影。这个信号发出后,其他集市的粮食交易也活跃起来。

真正完全放开粮食交易市场的时间是 1956 年 2 月。由于粮食市刚刚开放,人们还不适应,据粮食局统计:2 月里李村集的上市粮食仅有 1000 余斤(地瓜干 389 斤,地瓜 647 斤,粮食 190.5 斤),后数量逐渐增加。但由于市区居民到集市抢购粮食产品,导致市场供不应求,价格飞涨,"特别是地瓜的价格更为突出,市场上好瓜干高价每斤竟达一角一分,超过国家统购价格——五分二厘的一倍以上,接近统销价格——六分二厘的两倍。"而这些城里人"不问价格高低,也不管在什么地方,形成有卖的就要,那里有货就到那里去买。虽然每人买的数量不多(三五十斤不等)但人数不少,很不易管理。"究其原因,主要是城市居民粮食定量不足,要到李村集买高价粮补充家用。这样一来,既破坏了市场价格秩序,也影响了其他居民的利益,只是便宜了商贩,挣得了高额利润。对于这些问题,崂山郊区粮食局除了采取宣传教育和限制购买数量外,也提出了让城市街道适当增加口粮短缺家庭粮食补助的建议。

1956 年社会主义改造运动中,李村集市较大的商店实行了公私合营,小商贩则组织起商业合作社,个体商贩基本消失。1958 年实行人民公社化以后,一度大刮"共产风",实行"一平二调"的过激政策,对乡村集市贸易采取了取消和限制的方针政策。受此影响,青岛市崂山郊区人民委员会于 1958 年 10 月 10 日决定:撤销大枣园、源头、华阴 3 个集市,保留李村、流亭、王哥庄、沙子口、惜福镇 5 个集市,并将原来每 5 日一个集期改为半月一个集期,以达到限制农村集市自由市场贸易的目的。由于这一政策和行为脱离中国经济发展实际情况,不能适应社会发展需求,得不到群众理解和支持。虽有明令,但群众仍按照 5 日一集的传统惯例赶集。类似的情况在全国都有发生，终于引起了中央的关注和重视。

针对这一情况，1959 年 9 月 23 日，中共中央、国务院发出"关于组织农村集市贸易的指示"，要求"商业部门除了大力组织收购、供应，召开各级物资交流会以外，还必须积极组织和指导农村集市贸易，便利人民公社社员交换和调剂商品，沟通城乡物资交流，促进人民公社多种经济的发展，活跃农村经济。""领导和组织农村集市贸易的原则，应当是活而不乱、管而不死。""人民公社、生产队对农村集市贸易要给以必要的支持，并向社员进行有关经济政策的教育，使他们在参加集市贸易当中，作到买卖公平、不抬价、不抢购、不贩运、不弃农经商。"

《指示》对集市贸易的商品范围、价格等方面作出了具体规定：

关于参加集市贸易的商品范围：第一类物资（国家计划收购和计划供应的物资）和第二类物资（国家统一收购的物资），人民公社、生产队"在完成国家规定的交售任务以后，剩余的部分，可以到农村集市进行交易，如果国家需要，应该尽先卖给国营商业部门。""至于哪些品种、在什么时间、在哪些集市交易等，可以由省、自治区、直辖市人民委员会自行规定。"第三类物资（一、二两类以外的其他物资），集体和个人在完成规定的交售任务以后，"剩余的部分，可以到农村集市进行交易；凡是没有同国家签订合同的零星品种，人民公社、生产队可以在集市出售"。

集市市场内的价格问题：集市的交易价格，应该本着有利于多种经济的发展和稳定市场物价的精神，根据集中领导、分级管理的原则，加强管理。对于不同商品的价格，应该按照以下的规定管理和掌握：集体和个人"出售第一、第二类物资的时候，必须一律执行国家的收购牌价"；集体和个人"市场上出售第三类物资的时候，必须服从市场物价的管理。"但应由价格管理部门随时掌握，根据权限制定最高与最低价格。对于零星细小的商品，可以在市场管理委员会的指导下，由交易双方公平议价。

农村集市贸易市场的形式：农村集市贸易市场的形式，应该以有利于生产、满足社员购销要求、节省社员时间为原则；并且应该根据公社化以后农村经济生活的变化情况，因地制宜地采取多种多样的形式。定期集市，应该结合社员的公休、节日和历史习惯来规定。不定期的小型物资交流会和庙会，以及经常性的交易所、货栈、农民服务部等形式，也都可以继续采取。

参加集市贸易的对象：参加集市贸易的，主要是公社、生产队和社员，以及当地的国营商业部门。前者不得进行商品贩运和开设店铺；公社所属企业所需原材料和产品，"属于第一、第二类商品的，由国家指定的商业部门统一供应和收购，不得在市场上自行采购或销售"；外地单位"须持有原地县以上工商行政主管部门的介绍信件，并经当地市场管理机构的批准，才能进入市场交易"。

《指示》特别提到："经过国营商业组织起来的小商贩，按照批准的经营范围，可以赶集串乡，进行贩运，通过地区差价取得合理的收入。但是不准远途贩运，也不准在同一集市作转手买卖，投机取利，并且要严格遵守市场管理。"

加强农村集市贸易市场的领导与管理："在县委镇委公社党委领导下，设立县、集镇市场管理委员会。""市场管理委员会应该有专人负责日常工作，以便更好地组织集市贸易。"

"市场管理委员会的任务是：贯彻执行国家政策和市场管理办法；监督价格政策的执行；保障合法贸易，指导市场交易；组织各种形式的物资交流会；领导交易所和服务部；取缔市场上一切违法活动；处理和解决市场上发生的一些问题。"

虽然有中央和国务院指示精神，但各地对集市贸易仍持限制态势。崂山县仅保留了李村等几个大集，其余小集市全部关闭。李村集市的规模、交易产品种类、交易额度和赶集人数都大幅下降。在三年自然灾害时期，粮油棉布等物资稀缺，居民无处购买，一些商贩和村民在私下暗中交易，形成"黑市"。这种状况一直到 1962 年才开始改变。

（四）三年困难时期与李村集市的恢复

三年困难时期（1960～1962 年）李村和全国一样，因旱涝等天灾和政策失误而导致粮食等农作物连年减产。1958 年至 1962 年的崂山县粮食产量统计：1958 年崂山郊区粮食总产量 19535 万斤；1959 年总产量 16278 万斤；1960 年总产量 7889 万斤；1961 年总产量 8577 万斤；1962 年总产量 10455 万斤。每人每年口粮：1958 年 362 斤，1959 年 328 斤，1960 年 226 斤，1961 年 251 斤，1962 年 262 斤。粮食危机是很深重的。

鉴于严重的困难局面，党中央及时调整经济政策，全力备荒救灾，解散了大食堂，恢复以家庭为生活基点的传统制度，结束了以公社为生产、核算单位的政策，改为以生产队为核算单位。并号召、督促各社队多种植蔬菜，以补充粮食的不足，即所谓的"瓜菜代。"据统计，崂山县在 1958 年生产蔬菜 2 亿斤，1959 年为 2.9 亿斤，1960 年为 3.8 亿斤，年均递增 14.3%。同时，加大海上捕捞力度，提高渔获产量，以弥补肉蛋等副食品的不足。城市和部分专业村镇，在确保粮食、副食品基本供给的同时，清理疏散城市人口，将无正当职业的家庭、人员疏散回农村务农，减轻城市粮食、副食品供应负担。经过一系列政策调整和及时应对，仅用了三年时间，就克服了困难，扭转了经济危机。

所谓"痛定思痛，"在总结了三年困难所带来的历史经验教训以后，各级政府开始探讨恢复开放农村集市贸易的新思路。受中央精神启发，1961 年 3 月 12 日，《青岛日报》发表了王玉成、王春开的署名文章《开展集市贸易　活跃农村经济》。对开展集市贸易的必要性和重要性进行了肯定，并重申了"加强管理，有领导地开展集市贸易"和"活而不乱，管而不死"的管理原则。文章没有太多新意，但是却向各级政府和市（村）民发出了一个信号：农村集市贸易有存在的必要性，全面恢复乡村集市贸易的时候不远了。

经过一系列的政策调整，国家经济形势得到重大改善，国家对于城乡集市的恢复与发展采取了积极开放的态度。1962年，全国正式恢复了农村集市贸易。在以后的实践中，农村集市经济作为计划经济的补充发挥了重要的作用。

其实，在取消农村集市的几年里，乡村集市并没有真正消失。以李村集市为例，虽然集市还没有完全取消，但管理过严，限制过多，许多商品列入禁止交易范畴，严禁上市交易。这样一来，形成了暗地里的交易。正如崂山县政府在1962年总结集市交易情况所指出的那样："过去我们在市场管理上存在很多问题，买卖双方都有恐惧心理，市外碰头，黑市成交现象层出不穷，成交物资往往不看好坏，价钱要多少算多少，物价高昂。"不但没有达到稳定市场和群众生活水平的目的，反而助长了黑市交易和投机倒把活动。

发生这种状况的原因一是数千年集市交易传统文化的影响所在，二是国营、集体的商品生产和供应不能满足人们的生活需求，三是人们确实需要这种物物交换或货币换取必需品以解决生活需求。李村和崂山县人多地少，特别是李村周边村庄土地贫瘠粮食产量很低，粮食不能自给，历史上一直需要外地粮食补充口粮。取消李村集后，外来粮食等物资不能进入李村，而本地粮食供应又不能满足要求。特别是三年困难时期粮食供应紧张，很多人忍饥挨饿的情况下，物资尤其是粮食的私下交易的空间仍然存在。尽管黑市的价格远远超出国营牌价的好多倍，但在物资供应紧缺，个人口粮不够吃的情况下，寻求其他渠道获取粮食物资也是当时的一种办法，尽管是非法的，禁止的，但在求大于供的特殊时期，"黑市"产生是难以避免的。

尽管政府以行政手段禁止李村集市交易，但"上有政策下有对策"，李村本地居民和周边村民仍以各种方式偷偷在李村一些街道和房屋院落里出售家庭自产的粮食、鸡蛋、手工业产品等物品。本地居民也跑到即墨、莱西、平度、胶州等产粮地去购买地瓜、地瓜干、小麦及各种杂粮，但主要的还是地瓜和地瓜干。当然，这些私下交易是要避开集市管理部门的。这也为政府管理部门的工作带来了重大压力。

1962 年初，鉴于经济建设的需要和居民生活的必需，国务院下令开放农村市场，有条件地开放了粮食、蔬菜、副食品等市场。崂山县积极响应和执行农村市场开放政策，开放了全县 16 个传统集市，沉寂了几年的农村集市又恢复了生机。

农村集市开放政策适应了社会经济发展和农民群众生活的需求，因此得到农民的热烈拥护。据崂山县政府 1962 年 10 月 9 日《关于当前集市贸易情况和今后意见的报告》统计："16 个市场参与集市贸易的人数可达 8 万以上。其中 4 个集（李村、流亭、城阳、马哥庄）参加集市贸易的人数都超过万人。有 4 个集（惜福镇、王哥庄、棘洪滩、河套）在五千人以上；有 8 个集（沙子口、坊子街、仲村、源头、南万、中华埠、肖家、王林庄）在千人上下。"

当时，崂山县政府对于农村集市的开放与管理是采取"着重参与经济领导，辅之于行政管理的方法"，收到了"管而不死、活而不乱"的效果。

崂山县政府认为在几个月的实践中"总的说是好的，特点是：市场物资的品种数量激增，物价逐渐降落，投机活动逐步减少，调剂了有无，进一步便利了群众，促进了城乡交流和工农业生产的发展。今后，还在向更好的方面继续发展。"具体总结了以下几个特点：

第一，"上市物资的品种数量增多，活跃了农村经济。全县 16 个集，各类物资上市量可达 34 万元左右，上市物资较 5 月份增加 20% ～ 30%，成交量总值可达 22 万元。由于物价的下降，交易额相反减少 40% 左右。16 个集市每月成交量可达 32 万元，折平价 44 万元，可占起主导作用的国营、供销商业零售总额的 17.6%。"

当时农村集上"肉食禽蛋、干鲜海产、粮、油、柴草、小农家具、土产杂品、日用百货、大小五金、估衣旧货无所不有"。由于市场开放"粮食和饮食业，以及沿海集市的海产市场，都由暗变明，黑市消除，显得尤为活跃。"在集市贸易中，粮食是大宗主要商品，主要是从外地贩运来的，部分是本地农民上市出售的。至于销路，"一是当地群众有无调剂；二是供销社有计划安排饭店适当收购；三是商贩熟食业加工供应市场；四是运往城市"。

报告特别指出："近几个月来，熟食业特别活跃，特点是品种多、数量多。据统计面食有包子、饺子、面条、糖角、火烧、饼子等 20 余种。菜类也有 15 种左右。全县 16 个市场，上市卖熟食的有 1500 多户，而以李村集市最为突出，上市物资最多，成交量最大，市场上多年未见的猪肉、粉丝重新登市，仔猪已形成市场，大家畜也开始上市。据调查每集参加集市人数可达 1.4 万人，较 5 月份以前增多 40%，每集成交额达 3 万元。由于物价跌落，成交金额虽较 5 月份以前减少一半，但成交量却增加 20%。从李村集市的情况看，市场物资大部分销大于购。如小麦、地瓜、禽、蛋、面食等至午后均有剩市。"重新开放以后的李村集的盛况由此可见一斑。

之所以李村集市交易以粮食和熟食品最为活跃，主因是经济困难的年代里粮食短缺是非常突出的问题。经过两年粮食控制，人们的饥饿感已经非常强烈。粮食市场乍一放开，人们可以在集市上购买粮食和熟食品，自然趋之若鹜，争相购买，反过来又刺激了粮商和熟食品经营者的积极性。外地商贩见李村市场广阔，购买力强盛，自然会贩运更多的粮食来李村出售。当地村民纷纷做起了从集上购买杂粮进行熟食品加工出售的买卖，进而繁荣了市场，方便了群众购买所需物品。这对于稳定社会秩序，安抚群众情绪是非常重要的一个环节。

二是"物价逐步下降干群情绪缓和"。市场繁荣的同时又起到了平抑和降低物价的作用，降低了群众的生活负担。"自从开放市场，特别粮食市场开放，市场物资大量增加，公开交易，用户自由选购。因此。物资（价）降低幅度很大，一般降价一半多，国营牌价和自由市场价格差距也在缩小。从李村市场来看，地瓜干（1962年）5月份以前每斤4～5角，最高到8角，5月份以后，降到3角5分，当前最好的3角左右；仔猪也由每斤5元降到1元7角8分；猪肉每斤4元，降至2元6角，各种蔬菜一般下降50%；火烧也较前下降二倍。"

集市物价的逐步下降使得群众"过去存在的紧张心理也显著缓和，抢购现象绝迹，群众愿意存款，他们说：'不用急，等着吧，东西还会便宜。'"

第三、投机倒把活动显著减少。"过去因为上市物资少，价格差距大，投机倒把分子兴风作浪。如垄断市场，倒手转卖，牟取暴利的情况较多。春季李村集每张红席19元，投机商贩金其谣，将全市183张红席全部收购，以每张25元倒手出卖，发现后，当场全部压价迫卖。"类似的打击投机倒把、平抑物价等行为有效地达到了平抑物价、维持市场秩序的目的。

还有一个特点是崂山县的报告中没有总结的。从历史档案中发现，李村人在这次开放市场的政策中占了先机，"靠山吃山，靠集吃集。"李村村民发挥在集市谋生的传统技能，再次成为李村集市贸易的重要力量。"过去的卖贩自1958年取缔后，现在大部分重操旧业。被精简的职工和未升学的学生，不少从事贩商活动。"在当时，这个情况是作为工作中存在的问题而提出来的。

"报告"也列举了存在的若干问题，一是"开放自由市场以来，除部分农民以自己的剩余农副产品上市出售调剂有无外，也有的不参加农业生产，从事贩卖活动。特别集镇周围，弃农经商的人数较多，情况较严重。据李村的调查，河南、河北两个大队农业户501户，经商户历史上占总户数的

70%，今年夏收前后有 50% 从事商业活动。从事商业的农户大部分搞熟食，卖火烧、熟菜等占 65% 左右，其他跑行商卖烟酒、水果、电石等占 35%。"报告提到："由于他们不参加劳动或者很少参加，社员有意见，生产队调动劳力困难影响了生产。有的经商户已发展到投机违法，直接损害了集体利益。"举例说："如河南大队投机商贩张提平贩卖粮油，牟取暴利，花千多元买房子；河北大队投机贩江敦升搞投机欠队公款三百多元不还，而自己盖了四间新房。河南大队张提增跑莱阳贩卖生油，牟取暴利，每天吃喝玩乐，任所欲为，群众不满，影响极坏。类似情况，河南、河北、南庄三个大队就有八户。"

报告还指出："由于没有采取有效措施，以致（1）经商事情继续蔓延，由群众到干部，由社员个人发展到集体。"特别是部分党员干部参与经商影响很坏："河南大队 18 个党员中就有 5 个（其中有 2 人是家属搞）做火烧搞贩卖。队委会以上的干部共 47 人，从事商业活动的就有 17 人。李村河南、河北、东北庄就有七个生产队集体经商卖熟食；（2）集体经商，干部参加、大吃大喝、挥霍浪费，群众反对，而且毁坏了干部；（3）追根到底集体生产不能发展。群众反映：分地单干，公社不能巩固，都去做买卖，一样会搞垮集体。"

第一个问题是："市场阵容未加整顿，市场秩序还较混乱。市场开放后，摊贩数量激增。由于管理部门没有及时进行登记，划清界限，分别去留，批准发证，整顿市场阵容，建立市场秩序。因此，商贩有证者少，无证者多。市场显得混乱"。

第三点，是管理机构问题："市场领导机构和市场形势的发展不相适应，不能加强市场的行政领导与管理。"报告指出，县级管理委员会不健全；市场管理人员不足，16 个集市只有 15 个专职人员；市场管理人员政策业务水平低，工作效率差；有关部门配合不够，对投机倒把分子处理还需进一步配合等等。

最后一点是人事的问题："市场管理部门和税务部门还没有在各集市设置牲畜、粮食市场的交易员，组织正常合法的交易，监督投机违法活动。有的虽已设置交易员，由于缺乏教育引导，名义上为买卖服务，实际上是黑经纪，于买卖之间明吃酒菜，暗扣佣金，甚至'摸指头'、'割把子'或投机倒把，牟取非法利润。如李村集陈福上挂着交易员的牌子，私贩牛、羊，牟取暴利。"

针对这些负面问题，崂山县、李村公社和周边生产大队也积极采取了补救完善措施：一是对从事贩卖活动，长期不参加生产的社员采取扣发本人乃至全家的口粮。各队方法不尽相同，有的一天不参加劳动扣粮 3 斤，有的一天不参加劳动扣全家口粮 3 天。但事实证明"这个办法作用不大"。二是"准予经营，按月向生产队投资，按同等劳力记工划分。"如河南大队"唐长久历史上就是小商贩，生产队准予经商，但每月须向生产队投资 50 元"。三是"放任不管，任其泛滥。以上两种办法仅能约束少数，对多数管不了，只好放任不管"。上述一、二两种办法也取得了一定成效，"约束了一部分人，加之夏收以后群众生活好转，参与贩卖活动的农户也下降至 30% 左右"。但总的情况是成效不大。

为此，对于参与经商的人员分别处理：一是取缔和限制。对于党员干部加强教育，屡教不改者"予以纪律处分。"一般社员适当扣发口粮，同时，"按照无证商贩纳税办法处理"，"凡投机违法和未改造好的四类分子，一律取缔，不准经营商业"。二是不愿放弃经商，而市场又需要的情况下，由供销社"安排摊铺逐步代替，李村市场由李村、中韩供销社设立饭铺打炉包卖面食，"其他市场由当地供销社组织饭铺出摊经营，替代个体饭铺。针对李村四个大队存在的"土地少、人口多，劳力有剩余，副业生产一时搞不了很多"的情况，决定全面停止集体熟食业经营，如社员坚持经营，在经营中必须实行三定："定从业人员，定经营范围，定向队投资金额"。经营者要"经民主评议、大队批准确定"后才能经营。三是"为了加强管理，限制弃农经商情况的发展，增加国家收入，李村几个大队设立税务代征员，按时收税和检查经商户的经营活动。代替（征）员的报酬：代征收税范围采取固定补贴和检举奖励相结合的办法，每月发给报酬。代征员一般应选择会计兼管为宜，并可适当减少他们的工分补贴，以减轻社员负担"。

市场的管理。"对于国家统购、派购任务的一、二类物资和其他三类物资，除深入生产队议价收购外，应于市场，有吞有吐，应根据上级指示精神，集头吐，集尾吐，涨价吐，落价吞，集尾吐，少了吞，通过吞吐一方面平抑物价，稳定市场；同时收购一些粮食、油料、猪羊禽蛋、海产、水果及其他三类物资供应市场需要，增添饭店面食、炒菜品种；加工糕点、粉丝等副食品；或者运销外地，换回当地需要的物资。"

同时，在核发经营证件、加强自营业务教育、加强集市管理机构建设等方面也作了补充完善。对于在转型期的李村集市的管理与发展前景是非常有意义的。

实事求是地说，撇开"投机倒把"、"牟取暴利"、"不事生产"和集体经商、干部腐败等负面问题不论，李村人对于李村集的感情和依赖性是非常深厚的。《报告》调查说："当时召开了一系列会议，实事求是地讨论了：搞商业是什么性质？搞副业好不好？社员做买卖，对集体有那些危害？这样一来各种看法都摊开了。有的说：'靠山吃山，靠海吃海，集镇上无山、海可吃，就得靠集吃集，搞副业。'也有的说：'咱这里人口多，土地少，副业门路不好找，劳动力有剩余，搞点商业还是个门路'。也有的说'不管他什么性质，先弄个钱吃饭，交上电费再说。'"这些言论在当时是作为落后的、错误的观点言论的代表来定位的。但反过来看，上述情况和案例说明在当时李村集市对于本地居民的吸引力和影响力是多么的强大，也说明李村集市对于李村居民和对周边村庄的经济生活是多么的密切相关，李村的传统集市文化的底蕴是非常深厚的。

（五）集市税收与管理

当集市刚刚开放时，管理上没有经验，没有相应的征税机构和人员。参加集市交易的群众也没有缴税的概念和习惯，形成了不缴或漏缴税款的情况。对此，崂山县委、县政府对于开征集市交易税非常重视，于 1962 年 7 月在李村等集市开展开征集市交易税宣传活动，在解释为什么要征税的理由以后，重点讲述如何征收集市交易税：

"第一，哪些品种应该向国家缴纳集市交易税？有五类，第一类，家畜：猪、羊。对 15 斤以下的仔猪，12 斤以下的绵羊、羊羔，8 斤以下的山羊羔不征税。第二类，肉类：猪、羊、牛、驴、骡、马、鸡、鸭、鹅肉。第三类，干鲜果：苹果、梨、核桃、栗子、红枣、乌枣、柿子、柿饼、柿干、山楂、山楂片。第四类，土特产品：麻、蒉、生姜、大蒜。第五类，其他产品：钟表、自行车。第二，卖给国营公司、供销社的产品不缴税，卖给或通过贸易货栈、农民服务部出售的产品，按照应征税款减征 30%。第三，缴税比例：自行车、钟表按照销售额 15% 征税，其余产品一律为 10%。第四，交易产品满 10 元以上的才征税，不满 10 元的不征税。第五，经过政府批准发证的商贩在集市指定范围和规定业务范围内出售产品，只征工商统一税和所得税，不征收集市交易税。没有经过批准发证的商贩，除了征收集市交易税外，还要加成征收临时交易税等等。"

在"为什么要开征集市交易税"方面讲了三个理由，一是"合理负担"，二是"每个公民应尽的义务，"三是"取之于民，用之于民，""因此我们应该以实际行动拥护政府开征集市交易税。"

这个宣传材料实际上是将国务院、山东省政府的征税管理条例简明扼要地总结归纳后公布出来的，为日后集市管理和税收工作奠定了基础。可以说，这是李村集历史上的一个重要文件。

三个月后，国务院下发【特急】国财周字 303 号文件，同意财政部"关于改进农村集市征税工作的报告"，根据全国集市税收情况和群众反映意见，对征税种类、征税对象作了调整。如禽、蛋商品停征集市交易税，其他商品照常征收；对农民出售产品凭生产队出具证明文件，只征交易税，不征临时商业税；不准过度罚款，最高不得超过应缴税额的一倍。对小商贩仍恢复 1957 年以前的照顾办法，规定起征点，营业额低于起征点的不征税；改进税务干部水平、素质等。农村集市税收管理逐步规范化。

重新开放市场以后，城乡自由市场得到空前繁荣和发展，方便了人民群众生活，弥补了国营商业经济和集体商业经济的空白与不足。但自由市场的过度发展也给国营和集体经济带来一定的冲击。同时，因缺乏规范管理和有效引导，投机倒把、哄抬物价、黑经纪现象也较猖獗。各地管理部门自行出台收取税费，涉嫌乱收费和强制收费，影响较恶劣。因此，在社会经济得到彻底好转以后，政府便出台一系列文件整顿规范自由市场，统一市场收费标准，精简城市集市数量、规模，控制集市贸易交易范围，使集市贸易进一步规范。

集市开放初期，各地陆续出台了一批收取税费的规定，如市场管理费、建设费、地摊费、护树费、娱乐费、清洁卫生费、交易服务费等规定。这些规定的出台有益于集市的发展，但也存在"收费项目繁多，管理混乱的情况，"其中许多是"自立名目乱摊乱敛的性质。"为此，山东省人民委员会于 1964 年 8 月发出《关于整顿集市收费问题的通知》，指出："一、集市收费应本着'以集养集，以集建集和以旺养淡'的原则，和根据为买卖双方服务的收费，不服务的不收费的精神，由市场管理部门适当收取一定的集市交易服务手续费。对牲畜家禽检疫注射者，只收取注射费，不收检疫费。各地工商管理部门，应加强对收费人员的政治思想教育，牢固树立政治观点、生产观点、群众观点，防止和纠正收费中的强迫命令现象，并坚决取缔黑经纪的活动。二、收费范围和标准：交易服务手续费，按成交额计算，牛、驴、骡、马收百分之一，由买卖双方各负担百分之零点五；粮食、柴草及未开征集市交易税的地区的自行车、猪、羊收百分之二，由买卖双方各负担百分之一；注射费：牛、驴、骡、马每头收两角，猪每头收一角，羊每只收五分，鸡、兔等如需注射而群众又同意者，每只收注射费五分，以上均由卖方负担。三、除以上规定的收费项目和标准外，各地区、各部门自行规定的长期和临时一切收费项目，如市场管理费、建设费、地摊费、护树费、娱乐费、清洁卫生费等等，应自文到之日起停止征收，今后任何地区、任何部门不得增加收费项目和提高收费标准。"

到了 1965 年 2 月 15 日，青岛市人民委员会发布〔65〕青工商字第 34 号文件，下发《关于在集市贸易市场上收取市场管理费的通知》，规定市场管理费收取范围只限于在集市上摆摊经营的集体和个体业者，对国营、公私合营企业和供销社不收费。收费标准：集体企业按营业额百分之一比例收取；有证商贩和个体业者在集上设临时摊位者每摊每集（日）营业额不满五元者收费一角，五元以上不满十元者收费二角，十元以上不满十五元者收费三角，十五元以上不满二十元者收费四角，二十元以上者收费五角。征收办法：集体企业每月交纳（每月于 5 日前交纳上月管理费）；有证个体商贩和个体业者，在集市上临时设摊出售者，按旬交纳；市场管理费全部上交市财政局。同时，取消了崂山县各集市的卫生费、地摊费。

崂山县政府对于农村集市的管理也是非常重视的。1964 年秋天，针对"有的生产队和社员贪图高价，在市场上大量出售鲜地瓜"的情况，认为"这样既能影响征购任务的完成，又能滋生资本主义的发展，"特别规定禁止生产队到集市出售鲜地瓜。如"要出售鲜地瓜，按交售鲜地瓜计划向国家交售，顶统购任务；"社员自产或分配的鲜地瓜，"也要动员将一时吃不了的地瓜切晒成干留作口粮;""加强市场管理,取缔贩运,对社员自留地、十边地收获的地瓜,在不影响口粮的前提下,要到市场出售时,只准消费者直接购买,不准商贩插手贩运。"在刚刚摆脱口粮不足、仍有饥饿阴影的60年代,这种临时性的管理规定对于计划经济下的社会安定是必要的,也是有益的,并且是很有成效的。

到了1965年,崂山县集市经济发展到了一个新水平,全县已有19个农村集市,比1962年的16个增加了3个,年度集市成交额809万元,集市交易商品品种达到十五大类,如粮食类、油脂油料类、棉烟麻类、肉食禽蛋类水产品类、蔬菜类、干鲜果类、日用杂品类、柴草饲料类农业生产资料类、家禽类、幼禽幼畜类、工业品类、废旧品类、其他等。通常把"粮食类、油脂油料类、棉烟麻类、肉食禽蛋类水产品类、蔬菜类、干鲜果类、日用杂品类、柴草饲料类农业生产资料类"等8类关系到居民日常生活的物资种类成为市场"八大类",是李村集市的主要行市。

应当指出的是,在当时的农村集市交易中,国营、集体商家占有很大的比重。以李村集为例,每逢集期,崂山县商业局、供销社所属各公司、商店、供销社都会到集市上摆摊做生意,临集的本地商店则在店门前摆摊售货。国营、集体商业出售的商品品种多、质量好、价钱便宜,最受居民欢迎。因此,在集市成交额中占有很大比例。另外,作为乡村商品供应的主力军,县、公社供销社还组织货源到城阳、流亭、沙子口等大型集市摆摊售货,支援乡村生产建设。所带的商品除了农民最喜欢的生产资料以外,还有各种日用商品。1963年2月12日,《青岛日报》登载"了解生产需要,多方增加品种,李村供销社生产资料部春耕生产资料准备齐全"报道,表扬李村供销社未雨绸缪,提前组织货源,为农民准备充足的生产资料支援农村春耕生产的事情。

1966年,中国开始"文化大革命"运动。在这期间,李村集市也受到一定影响。"文革"初期,集市交易延续了60年代初的政策与模式,尽管有多种因素干扰,但市场交易比较正规,集市商品品种、数量也没有太大变化。

到了 70 年代中期,在"割资本主义尾巴"的口号下,全国乡村集市经济受到重大制约,崂山县的集市交易额急剧下降。据崂山县革命委员会工商行政管理局《关于农村集市贸易统计年报的说明》(崂工商〔75〕字第 2 号)显示:崂山"全县有 13 个集市。其中万人以上一个,万人以下五千人以上两个,五千人以下的十个。"集市情况:1975 年比 1974 年变化很大。变化的特点主要有:(1)成交额显著减少:1975 年全县集市成交额为 1415 万元,比 1974 年(2259 万元)减少 37.35%;其中粮食:1975 年成交额 297 万元,比 1974 年(485 万元)减少 38.72%;蔬菜:1975 年成交额 211 万元,比 1974 年(512 万元)减少 58.85%;(2)集市贸易成交额相当于社会商品零售额的比重下降;(3)集市价格水平上升,牌市价差距增大。根据中央选定的 20 个商品品种的调查统计,1974 年集市价格高于牌价 38%,1975 年集市价格高于牌价升至 56%。

造成集市交易额下降的原因,工商局认为:一是在"农业学大寨"的热潮中,李村等乡村社队劳力安排控制得较紧。二是加强了对集市的管理。其中一个原因是邻县"特别是即墨、莱西等地关闭粮食市场,对崂山集市成交额有直接影响。据调查,1974 年仅即墨流入崂山的粮食就有 2000 多万斤(其中地瓜干 1800 万斤),占崂山集市粮食上市量(2850 万斤)的 70%。即墨县关闭粮食市场,崂山集市的粮食就急转直下了。另一方面,崂山县对集市也采取了一些管理措施:(1)关闭秋粮市场期间,在全县范围组织了 21 次突击取缔粮、油黑市;(2)禁止一些品种上市;(3)对一些品种采取要大队证明的办法加以限制。"

统计表明:与 1965 年相比,1975 年的成交额(1415 万元)远高于 1965 年的成交额(809 万元),并非传说中的市场关闭、禁止交易的情况。

但是，由于片面地强调了"割资本主义尾巴，"许多控制商品（棉花、烤烟、食油）和紧缺商品被取缔交易，粮食等交易受数额限制。在这种情况下，农民私下的黑市交易仍存在。

1976 年，对于中国来说是一个重大的标志性的转变。历时十年的"文化大革命"运动戛然而止。1978 年以后，随着国家经济政策的改变和市场的开放，李村集市在开放中逐渐发展起来。1954 年从李村河滩迁移到乱葬岗的李村集场已经无法容纳日益增多的商摊和人群，车水马龙的集市商贩已然将集市商摊扩大到了周边的街道马路，使得原本就不宽敞的李村街道更显拥挤不堪，每逢集日车辆行人无法通行，叫苦连天。道路交通"肠梗阻"成为制约李村交通和社会环境发展的一个重要因素。

九、大集的诞生

80 年代后，李村集市贸易得到快速发展上市物资种类数量、交易金额、集市规模、赶集人数都创下历史记录，对李村商圈的形成起到了重要作用，有力地拉动了崂山、李沧的地域经济，成为名副其实的李村大集。大集的发展也带来一些负面因素。为此，历届政府都积极采取积极引导、严格管理的方针政策，在优化管理机构设置、完善工商管理与税收制度、组织个体劳动者自律等方面都有创新成果，为李村大集和谐有序发展提供了有力保障。

（一）重返李村河滩

有鉴于此，崂山县革命委员会决定对李村集市再次搬迁。1978 年 7 月 25 日，崂山县公安局、崂山县革委工商局、崂山县革委交通局、崂山县革委基本建设局联合通告："为了进一步落实抓纲治国战略决策，加强社会治安，维护交通秩序，整顿市容，管好市场，根据崂山县革命委员会指示，李村集于七月三十一日搬迁至李村河老桥以西和新桥以西河底。现将有关事项通告如下：

一、李村老桥和新桥以西至杨哥庄前，河底要平整场地，两岸修筑通道。所有农作物和其他设施，限于本月二十八日前自行清理，过期将统一处理。

二、集市搬迁后，严禁在桥头、街道等处交易。

三、维护社会治安秩序。要服从统一指挥，车辆停放，到指定地点。

四、加强市场管理，维护集市秩序，交易双方要服从统一安排，到指定的行市交易。

五、新集场平整后，严禁任何单位和个人挖沙、挖土、倾倒垃圾和堵塞集场通道。

有关部门要密切配合，依靠群众，加强管理。对于抗拒管理，无理取闹，围攻管理人员和协助管理的群众要按照情节，严肃处理。"

为了保证集场顺利搬迁，县革委对有关部门职责任务作了分工："河两岸和集场入口通道处的指挥，集场内的宣传、管理工作由工商局负责；""集场内各行市的大体划分：老桥以西，新桥以东为粮食市，新桥以西南侧为禽蛋市、木材市，其余都在北侧；"在各个路口安排执勤岗位，"执勤时间：每逢集日早晨 4 点钟到集散；""执勤任务：在自己负责的路段内整个集日都不能出现停留交易和设摊现象，向来赶集的人指示集场方向；""看车处设老桥以东，具体安排由公安局负责"。

于是，李村集场从河滩搬迁到李村公墓新址 24 年之后，再度迁回李村

河底的河滩上。当时的李村河水清沙洁，河床宽阔、沙滩平整，集市空间辽阔，是一处极佳的乡村集场，因此深受周边居民和商贩欢迎。李村集搬迁工程顺利完成。

不久，因李村作为崂山县政府驻地，机关事业单位较多，居民人口集中，日常生活所需品种、数量甚大，仅靠五天一次的李村集已经满足不了人们的日常需求。因此，崂山县工商局于1980年1月向县革委会请示报告，建议设置"平日小市场，"地点拟设在少山路东段和古镇路南段，"搭建简易棚和用水泥板筑售货台300米的固定摊址，共需用资金6000元，资金来源由市场服务费收入解决。"县革委会回复同意。遂建起了李村集市的第一片固定摊位。李村集市开始由临时集摊向固定摊位与临时集摊并存的综合性集市发展，为李村大集"天天市"的设置打下了基础。

1979年以后，国家将发展农村集市交易作为农村经济的一个重要元素提到议事日程，制定了"促进工农业发展，活跃城乡经济，方便群众生活，保护正当贸易，反对弃农经商，打击投机倒把分子"的方针政策。对集市管理的原则是"管而不死，活而不乱。"1979年，山东省革委会在《关于集市贸易政策若干问题的试行规定》中规定了可以上市（生产队和农民自产的农副产品、木材、木制品以及旧自行车等）和禁止上市的品种目录（粮、油产品在完成征购统购任务后可以上市买卖，棉花、等级内的烤烟常年不准上市）、商品交易数量（纯粮不超过50斤，地瓜干不超过100斤，花生米不超过10斤，食油不超过5斤）等，严禁在集市出售迷信用品，取缔测字、占卜、赌博和买卖票证等非法活动。

1980年，国务院针对全国各地猖獗的走私活动和投机倒把行为，对集市贸易发出了《关于加强市场管理，打击投机倒把和走私活动的指示》，强调"对外开放，对内搞活。"青岛市政府认为："强调加强市场管理，打击投机倒把活动，绝不是把市场管死，而是要进一步把市场搞活。"强调"既要支持合法的正当经营，又要制止打击各种投机违法活动，真正做到'管而不死，活而不乱'，维护好社会主义市场秩序。"从此，青岛农村集市贸易得到了飞速发展。

1982 年，青岛市工商局在《关于当前农村集市贸易发展变化情况的调查报告》中指出："我市现有农村集市贸易 159 处。随着党在农村经济政策的落实，商品生产的发展，以及农业生产责任制的进一步完善，使集市贸易得到迅速的恢复和发展。"在对胶县城关、胶南张戈庄、即墨刘家庄、崂山李村、黄岛辛安五个集市的调查中，总结出了集市新的特点：

"1、集市规模不断扩大，成交额大幅增加。根据这五个集市、一个集日的调查（以下同）上市人数为 111,312 人，比 81 年同期 98,842 人增加 12.6%；比去年同期 25,800 人增加三倍。上市摊位共 14,000 个，比 81 年同期 9,955 个增加 40%。上半年这五个集市的成交额为 1431 万元，比去年同期 1,049 万元增加 36%；"

"2、上市商品构成发生显著变化。粮食成交量下降，油、肉、禽、蛋类商品增多。李村集上半年粮食成交额 80 万斤，比 81 年 120 万斤下降 33.09%。据一个集日调查，上市的大米、大豆、小米、黍米等细、小杂粮近 3 万斤，而瓜干仅七八百斤，七七年以前，瓜干通常上市 10 万斤左右；""3、集市购销对象发生变化，贩运活动明显增加。据统计，农村集市 79 年贩卖占 0.7%，80 年占 2.85%，81 年占 3.01%。最近，对五个典型集调查，贩卖占总摊位的 23%。其中，靠城市较近的李村集占 46.75%，离城市较远的刘家庄集占 5.12%。"

"4、农村集市，贸易已成为多种经济成分、多种经济成分的综合型市场。"

集市贸易的新变化预示着实行了 30 年的以国营与集体经营和个体商业综合经营的农村集市格局正在向以个体商户经营为主要格局的方向转化，

这成为李村大集发展的一个标志。在这一形势下，崂山县于1983年5月恢复了城阳公社仲村集、西城汇集，棘洪滩公社中华埠集、南万集，马哥庄公社王林集五处传统集市。

在青岛市和崂山县众多集市中，李村集无疑是最具代表性的。改革开放以后，李村集首当其冲，成为乡村集市经济贸易搞活的典型。实行"包产到户"的生产责任制以后，农村劳动力剩余较多，本地村民积极参与集市经营者愈益增多，李村集市开始了新一轮的跃进式发展。

李村集市的快速发展，也带来了管理上的问题。在"对外开放，对内搞活"的政策下，放开了对城乡集市经营就业的审核批准限制。这样一来，催生了上自由市场做买卖的热潮，汇聚了各色人物到农贸市场"下海弄潮"发财。当时参与市场经营的人员混杂，大致分为几个来源。一是农村剩余劳动力。80年代初期，农村实行"生产责任制"也就是通常说的"分田单干"，产生了一批剩余劳动力，这批劳动力或进入工厂当临时工，或进入市场做买卖经营；二是"平反摘帽"的四类分子和有前科的社会人员。在政府取消了严禁四类分子和有前科行为的人员到市场经商的限制令后，许多人都进入集市交易领域讨生活，并很快发达起来。另外一个重要因素是，李村集的地理环境吸引了很多外地人前来李村经营商业、服务业和手工业，为李村集带来了资金和活力，更增加了李村集的人气和商业氛围，形成了良性循环的发展轨迹。

当时青岛自由市场的另一个典型案例是青岛老市区的即墨路小商品市场。即墨路市场是青岛市政府于1980年创办的17个市区市场之一，开始并不显眼，摊位很少。因为是在中心城区创办的自由市场，早期的从业人员基本上都是有过前科的和社会闲散人员组成，抱有"铁饭碗"的人是不愿意也不可能从事这类自由职业的。新的市场机制给这些"弄潮儿"带来了空前的机遇，丰富的社会经历与税收政策的优惠，使得首批经营者很快就发展起来。到了 1984 年，即墨路小商品市场已发展成为全国乃至海外闻名的自由市场，也是青岛外来游客必到、必购的场所，一时间风光无限，成为青岛著名的商业街和旅游购物地。

李村集当时在游客中虽然没有即墨路市场的名气大，但在崂山郊区的地位也是蒸蒸日上，风光无限。政策的刺激和各色人物的加入，给李村集带来了生机与活力，物流的发展使得集市物资品种空前丰富，更吸引了众多商家和赶集群众。市场传统的杂粮、海货、蔬菜、土产杂品等行业不断扩大，新兴的行业不断增加扩展。90 年代以后，韩国、日本客商盯上了李村集市，在狂购土特产品的同时，"洋货"也涌入李村集市，各种档次的国货、洋货充斥集市，品种丰富异常，使李村集获得了"只有想不到的，没有买不到的"的名声。"李村大集"的规模与名气也正式被人们认可。

到了 20 世纪末，李村大集的发展更是一日千里，无人企及。究其原因，除了经济发展、物流发达的时代原因和传统大集文化的结合外，还有一个重要原因不能忽视。1997 年，青岛市政府对市区小商品市场实行"退路进室"战略，取消了马路摊位，集中到室内经营，从而导致即墨路市场的衰败。一批经营者转移阵地，到李村、即墨等地发展。而李村集的商贩们趁机加速发展，迅速填补了即墨路市场的这一空白，也将原来即墨路小商品的客源吸引到李村集上。李村的资金、物品、人气直线上升，集场的范围也从河底扩展到李村河两岸的街道和上、下游的河滩上，成了青岛乃至山东真正的"李村大集。"

（二）凸现的问题与整治

集市贸易的高度发展，也带来了经营秩序管理与环境保护治理问题，成为长期制约和困扰李村集发展的头等问题。

俗话说"林子大了什么鸟都有""江湖深了什么鱼都有。"从某个角度来说，李村大集就是一个有 400 年历史的老江湖，有江湖就会有各色人等。

80年代以后，政府废止了从事集市商贸经营的门槛限制，各色人物蜂拥到城乡市场讨生活。由于从事商业经营的人员鱼龙混杂、良莠不齐，加之宣传教育和管理工作滞后，没有及时形成管理规程和经营标准要求，难免会有一些商家发生买卖欺诈、售卖假货、短斤缺两、以次充好和偷漏税款等不良行为。特别是在80～90年代期间，原有的集市管理体制和方针政策随着国家总方针政策的改变而失效，而新的管理体制和政策法规还没有健全，集市管理处于政策法规的真空，妨碍了市场管理部门的执政力度，因而各种商业欺诈行为屡见不鲜，群众投诉不断。同时，因治安管理漏洞，大集周边的痞子（本地人称为"小哥"）也经常到集市上 "抓集"，即以"拿点东西尝尝"为名，强拿强抢摊主的货物，摊主和赶集的群众对此敢怒不敢言，极为不满。

另外，集市上一些流动商贩实施"打游击"的经营方式，到处贩卖违法违禁物品，黄色光碟（盘）、黄色刊物、非法出版物、性生活用具、管制刀具、变质食品、黑心棉、二手服装、无证野医、算命打卦等违禁物品和行为随处可见。2000年前后，李村集上贩卖黄碟、淫秽图书等文化物品的活动非常猖狂，人多、货多，古镇路简直成了贩黄一条街。盗版书到处都有，公开摆在集上出售，引起新闻媒体和社会的强烈不满与关注。

一些外地的算命先生（外号"半仙"）因听闻李村集市集大人多，赚钱容易，也纷纷汇聚李村，在街头上设摊张挂，为路人算命测字，预卜吉凶，吸引了不少的赶集群众和当地居民，一时间风生水起，形成不小阵势。《青岛日报》曾予以批评说："位于李村镇繁荣地段的古镇路，成群的人或坐或蹲，聚精会神地听算命先生为他们讲解祸福。这里的算命先生有二十几位，分坐于道的两侧，一个个摇头晃脑，一副玄妙的样子，无生意的则在一旁察言观色，引诱行人上当受骗。据了解，这些算命先生的生意不错，每占一卦收费6至10元不等。"由此，这条经常有算命占卜先生出没的街道被李村人称为"半仙街。"

除此之外，令顾客深恶痛绝的还有摆摊"钓鱼"者。他们以便宜价格招徕顾客，一旦顾客询问或要买，即马上变脸，提高价格，或变斤为两，或变两为克，强行交易，敲诈勒索的事情也时有发生。类似的负面案例大都是外地流动人员作案，机动性强，流动性大。一旦暴露立马撤退，再到别处敲诈行骗。尽管大集管理部门和公安部门全力整治，也抓获了不少违法违规人与物，但终因集市范围太广、赶集人员太多，管理人员很难及时发现，加上作案者生性狡猾，流动性大，此类事情始终没能根除。

另外，原来经营管理非常正规的自行车、摩托车市场也随着大量来历不明的汽车、摩托车等二手车的涌入而变得混乱一团，问题多多，成为新闻媒体和顾客批评的重点问题。

李村的这些乱象引起了社会和媒体的关注，再加上李村大集存在的其他管理、经营和环境卫生等问题，在几年的时间里，李村集成了报纸和电视、电台等媒体曝光的重点对象，揭露、批评李村集市秩序混乱、环境污染、伪劣商品充斥、黄色物品泛滥、非法交易盛行等等内容的文章不断刊出。给大集管理部门带来重大压力，给大集造成了很大的负面影响。

1995年6月10日《青岛日报》发表题为"李村大集该整顿"的文章。除了揭露算命先生外，还批评了李村集的食品卫生状况："沿附近一条土路来到李村桥下，只见这里的几处肉食和小吃摊点均是露天作业，极不卫生。靠近海货市场的污水沟内，塑料袋、烂菜叶等杂物淤积其中，走到近旁，只觉臭味熏天，从沟内打捞上来的部分杂物被搁置沟旁桥洞下，无人处理。而此处，则是李村集的临时餐馆，各种大锅在此就地支起，二十几条长凳一溜儿排开，许多赶集的人往往图省事都在此就餐。临时餐馆在如此脏乱的环境中经营，其卫生状况可想而知。"

狗市也是媒体批评的重点。"经当地人指点，记者来到了位于'华隆酒店'

西北侧的狗市。这里道路狭窄，而狗却泛滥成灾。狗的种类繁多，有金巴狗、白巴狗等观赏狗，同时，也不乏狼狗。狗摊旁，许多'明智'者随之摆上了《名犬相册》、《养狗指南》等书，自吹自擂，好不热闹。"

乱摆摊位造成交通阻塞也是问题之一。"记者又来到了李村西桥上，只见这里买卖兴隆，生意不错。据知情人讲，此处原是3路车必经之路，因李村集许多商贩云集于此，车辆无法通过，只得改道而行。"

文章最后写道："在此，记者呼吁有关管理部门加大管理力度，采取相应措施，彻底整顿李村大集，还市民生活的平静与健康。"

一波未平，一波又起。1995年11月2日，《青岛日报》以"治治李村街头'四怪'"的标题，再次批评李村街头存在的问题。这些问题几乎均与大集密切相关。究竟是哪"四怪"呢？

"一怪，小摊路中摆　漫步李村的大街小巷，您可以发现，卖水果、蔬菜、海产品的小贩们争先恐后，占据马路叫卖。他们各自划分地域，强行霸占车行道、人行道。

二怪，自行车比汽车跑得快　由于马路被小摊贩占用，可行路面时宽时窄，加之行人较多，令机动车司机望路兴叹。但自行车体小灵活，前后左右穿行，使马路独成一番风景。

三怪，算命先生很自在　在李村汽车站西侧路边、邮局门口，总有一些算命先生，他们或看手相，或看面相，或占卜，预测人生旦夕祸福。一次3元或5元，生意颇为兴隆，算命先生人数也在递增。

四怪，李村大集啥都敢卖　由于李村大集是我市近郊唯一的一处大集，加之地处农村、城市结合部，所以李村集便成了销赃的好去处。在大集上，您可以买到无证自行车、摩托车、工业用小设备、小仪器以及市民常用的票证等，可谓应有尽有。令人奇怪的是，别处在不断地丢，这边却不断地销售丢失的物品，物美价廉，买者喜欢，谁能仔细地调查来龙去脉？

因此，消除"四怪"，美化城市，迫在眉睫。"

众多负面新闻报道不断见诸新闻媒体，以及顾客群众大量投诉，引起市、区领导重视，各种批示、督查接踵而至，给市场管理部门和工作人员带来重大压力。

实际上，有关部门一直致力于李村大集的环境卫生整治和市场秩序整顿工作，也取得了较好成绩。如针对群众反映强烈的二手摩托车市场存在的问题，"青岛海关与崂山县工商局在 8 月 19 日上午，联合采取行动，突击取缔李村集上的摩托车交易点，共扣留外国制摩托车三十余辆。对符合手续的车辆予以放行，对其余的车辆，海关等部门将进行认真审查。"是为1984 年的事情，《青岛日报》对此进行了报道。

对于群众提出的批评意见，管理部门也是认真对待，诚心改正。1984年 11 月 13 日，《青岛日报》刊登人民来信："近几年来，有 20 余户个体商户在桥洞里开起饭店，烟熏火燎，石桥下方出现一层深厚的黑灰，有的桥栏也熏黑了。我建议有关部门管一管这件事，爱护好这座石桥。"见报后，李村工商所便对桥下摊位的卫生环境和李村桥的污染问题进行处理，恢复了大桥的风貌。

2000 年以后，随着李村商圈的形成和大集的快速发展，集市管理凸显的问题也越来越明显。为此，李沧区政府采取了许多保障措施，从管理机构、基础设施、资金、人员上加强李村集的管理。在基础设施建设完善方面，李沧区政府拨付巨资，规划修建了通往集场的道路、台阶、大门，完善了商摊大棚，加强污水排放管理等基础设施建设项目。同时，加强和完善了李村集市的管理机制，成立李沧市场服务管理中心，建立由公安、工商、税务、文化和李村大集管理所等部门组成的联合执法机构，有效地解决了管理部门没有执法权的尴尬处境，加大了大集管理力度，提高了执法管理效能。集市管理部门针对媒体和群众反映的问题，结合大集实际情况，加强对从业人员的法制法规教育和职业道德教育。制定了从业标准要求。同时，与公安、交通部门联手，整治集市周边侵占马路摆放摊位的乱象，疏导道路交通秩序，缓解了集市与交通的矛盾。

针对欺行霸市、强买强卖、偷盗、售卖黄碟和非法出版物等恶劣行径，管理部门和公安部门密切配合，进行重点打击取缔，取得了很好的效果，有力地改变了大集的治安状况，完善了李村大集的营业环境和经营秩序。李沧公安分局组织反扒队，在李村大集严密布防，勇捉小偷，威力震慑，取得了不凡的成绩，其勇猛机智反扒窃的事迹得到商户和市民好评，有的反扒队员被冠以"白衣大侠"被电视和报纸报道表扬。他们创造的大集反扒经验"王雷反扒工作法"得到青岛市公安局的表彰，并作为先进经验予以推广，有力地保护了集市交易的商贩和群众的财产安全。

针对黄色淫秽物品泛滥成灾的乱象，李沧区委、区政府专门开会研究，成立了由文化、公安、工商、城管四家组成的李村集联合执法小组，每家出两个人参与文化执法管理工作。文化执法部门在"扫黄打非"行动中与摊贩斗智斗勇，破获多起涉黄案件和非法印刷品案件，曾一次破获数千本非法印刷品的大案，受到上级表彰。

对于短斤缺两、售卖假冒伪劣商品等群众意见较大事情，市场管理部门一方面加强职业道德教育，批评处理违法违规业主。同时，取消杆秤，统一购置标准衡器分发各业主使用。在大集设置公平秤，便于群众监督。加强市场商品质量的检查监督，联合工商、质检随时检查，发现问题立即严肃处理。经过整顿，在大集"天天市"杜绝了短斤缺两和售卖假冒伪劣商品的现象。临时摊位的状况也有所好转。

对于"半仙街"算命先生的处置，则由区公安分局予以落实，将算命先生集中教育后，用汽车遣送回即墨原籍，交由当地公安部门安置。后来还有人偷偷回到李村营业，均被及时发现，随时清理。几次整顿之后，算命先生基本绝迹，"半仙街"又恢复了宁静。

对于二手车市、狗市等问题，也与有关部门联合执法，打击非法行为，维护市场正常经营秩序，促进了市场的规范化管理与经营。

值得一提的是，李村大集推行的"个体营业者自律小组"管理体制对于李村大集的规范经营和管理起了重大作用，收到了很好的效果。1994 年，崂山区成立个体劳动者协会，组织私营个体劳动者自管自律。1997 年 6 月，青岛市李沧区劳动局下发《关于成立青岛市职工自立市场管理委员会的通知》："各有关单位：为了繁荣职工自立市场，加强对入市职工的管理和指导，决定成立青岛市职工自立市场管理委员会。"领导小组包含了区劳动局、市劳动服务公司、工商局滨河路工商所、地税局李村税务所、国税局李村业务部和李沧市场办公室等部门。同时，按照上级要求成立了私营个体协会会员自律办公室，在各个街道办事处成立了分会。自律协会遵照"自我管理、自我教育、自我服务、自我发展"的宗旨，制定了青岛市第一个区级私营个体协会会员自律章程。又在各个市场成立了"自律小组，"制定和公布了经营自律章程，通过这一组织形式将市场管理与经营业户密切联系起来，倡行规范经营、诚信经营，形成合力。这一组织形式得到李村集的固定常摊业主的拥护支持，业主们按照行业分工，自行选举大小组长，分担职责，共同监督，形成了杜绝假冒伪劣、根除短斤缺两、照章纳税、诚信经营的良好风气，杜绝了欺行霸市、欺诈经营的情况，为整个李村集市和李沧区、青岛市的职工自立市场作出了表率，成为全国职工自立市场严格自律的旗帜。李村集海产品经营商、大集自律小组组长张代成响应政府"菜篮子工程"，要求，率先组织商贩到青岛肉联厂批发"放心肉"，杜绝私屠滥宰和病死猪肉在集市出售。组织业户互相帮助，文明经营，为大集经营业户作出榜样。同时，张代成也关注国家大事，积极为全国妇联发起的为西部母亲建水窖活动捐款，成为第一个捐款人。2000 年，张代成在人民大会堂参加全国妇联"为西部母亲建水窖大会"，受到国家领导人陈慕华、彭珮云的接见。之后，张代成作为李村大集"自律小组"的代表应邀参加了全国职工自立市场先进人物表彰大会，并在全省进行巡回报告讲演，成为新时代李村大集诚信经营业户的形象代言人。因为成绩突出，李村大集也成为全国集市经营管理的样板。尽管李村集市管理仍存在诸多不足，但作为一个每个集期都会有数十万人聚会贸易的超大集市，其整体经营环境与全国同类集市相比还是很好的。

（三）李村商圈与李村集

80 年代中期，崂山县对李村街道、李村河及李村集的基础设施和大环境投入较大，整治美化李村镇的街道、新建了李村河大桥等基础设施。从 1985 年开始，利用银行贷款和企业自筹资金，陆续建设了李村人民商场（"水上漂"，建筑面积 6000 余平方米）、崂山宾馆（主楼 20000 平方米，另有附属建筑等）等商业服务设施。这在当年都是轰动性的大工程，《青岛日报》对"水上漂"和被誉为"我市第一座地方集资的崂山宾馆"的开建和竣工都予以报道。

1990 年以后，李村又陆续上马了李村供销社扩建工程（4900 平方米）、李村河北大队（龙海）宾馆等一批项目设施，1995 年改建了李沧供销社集团公司（5800 余平方米）、崂山百货大楼（20000 平方米）、崂山大世界实业公司（388 平方米）等商业设施，提升和完善了李村的基础设施和整体环境，以李村大集为依托的李村新商圈逐渐形成。

在李村商圈和李村大集的发展中，不得不提"水上漂"和滨河商业街项目，因为这两个项目与李村集的发展密不可分，也与李村河道治理工程密切相关。

1986 年 8 月 13 日，《青岛日报》刊登了《崂山县城新添大型商场》的消息："由东方联合企业公司和市工商银行信托公司合资开办的崂山人民商场，日前在崂山县城建成开业。这座总投资二百万元的综合性商场，由

127

七座高低不一的梅花形、圆形、长方形小楼组成，总建筑面积为六千平方米。主要经营日用百货、家用电器、绸布服装、土产杂品等，是县城目前最大的商业市场。"这座"崂山人民商场"就是后来以"水上漂"而闻名的李村滨河商业设施。

"水上漂"位于李村河南侧河道上，是崂山县在李村河道上规划建设的第一个商业项目，也是李村大集从露天临时摊位变为室内固定摊位的重要标志。当时的主旨是想打造一处集商业、旅游、文化于一体的滨水台榭式的商业街建筑群，"水上漂"的设计特点是将一层建在李村河道上，与李村大集连接，二、三层与南岸街道连接，将陆地和河道连成一片，促进李村商圈的发展。这个建设规划分为好几个项目，"水上漂"仅是第一期规划建设项目，后期项目规划因多种原因未能完全实施。"水上漂"建成后，很受李村大集商贩欢迎，所有摊位全部租出，营业效果良好，扩大了李村集常设固定摊位规模，也扩大了大集的营业空间和影响力。

1994年，中共李沧区第一次代表大会提出"三产领先、商贸兴区"的战略目标。随后，又推出了发展第三产业的实施意见。最终形成了"建设大市场、发展大贸易、搞活大流通，把我区建设成为青岛市第二商业中心"的方针。

1994年，李沧区财贸办公室提出"进一步开发建设李村河""开发建设李村河滨河步行街"的建议："(1)拓宽疏通老河道，美化建设滨河两岸，沿李村河308国道桥至李村河西桥之间1100米×10米，两岸滨河街分别规划建设2～3层网点房，一层开向河道，二至三层开向滨河街。建成李村滨河路商业街。(2)清理河床的同时将两桥之间现李村集搭棚建市。因河道防汛等原因，滨河路步行街项目在建成大部分项目后停止建设，但这一项目与"水上漂"项目连成一体，对李村大集"天天市"的发展起到了重大作用，也对李村商圈的形成起了重要作用。

经过多年的发展，李村商圈终于形成，达到了李沧区委、区政府"把我区建设成为青岛第二大商业中心的"目标。1995年11月20日《青岛日报》报道说："近年来，随着崂山百货大楼、崂山第一商场、华隆商厦、商贸大厦和万隆商厦等大型商场的先后崛起，加上有着几十年传统的李村大集，李村已经发展为我市北部的购物中心。"

1995年12月4日，《青岛日报》又以《两大集团对垒　六大商场争雄李村现象：都市边缘新生代》为标题，回顾和讲述了李村商圈的发展奇迹："1989年前，作为原崂山区城的李村仅有崂山百货大楼'一枝独秀'，崂山区供销社率先打破沉闷格局，先后建成开业了崂山第一商场、崂山商贸大厦，形成了李村零售业"三足鼎立"的局面。此时，崂山区商业局不甘落后，一举投资1400万元建成了现代化商场——华隆商厦，将李村商业档次、竞争水平推向高潮，呈现"四强争霸"之势。区划调整以后，在李沧区'商贸兴区'战略的推动下，李沧区商业总公司和供销总公司几乎同时立项、筹资、开工建设了新崂山百货大楼和北方国贸大厦，两商场均投资近亿元，营业面积达1万平方米以上。两大集团在规模、档次、经营、服务上竞争处于白热化之时，崂山新区供销社又不失时机地抢滩李村商业，于今年中秋节开业了面积6000平方米的万隆商厦。目前，不足1平方千米的弹丸之地，百米之内兼有6家较有规模的商场，营业面积近7万平方米。在市财委按全市各大商场1993年综合经济指标统计评选出的全市

10大商场名单中，李村占有4家，且崂山百货大楼和华隆商厦两家赫然名列第三、第四。眼下两大集团属下的北方国贸和新崂百大厦正在紧锣密鼓地筹备年底开业。届时，李村将有6大商场，其中万米商场有3家，在全市10大商场排行榜中将上升到5家，年商品销售预计可突破十个亿，在青岛零售业中几乎可以和以国贸、东方为代表的中山路商业中心平分秋色。

这一耐人寻味的"李村现象"正预示着我市中山路商业中心独领风骚的时代宣告结束，都市边缘开始成为零售商业的新生代。"

（四）新形势下的集市管理与税收

李村集市的管理经历了曲折的过程。新中国成立前的集市秩序维持与管理主要靠李村河北地保（保长）等实施。新中国成立以后，集市管理制度变化较大，从传统的地方村镇管理向政府部门管理过渡中，曾经先后由河北村、李村人民公社、崂山县工商管理部门管理。至于集市管理机构，则根据党中央和国务院规定，成立集市管理委员会来予以实施。1959年，党中央和国务院在"关于组织农村集市贸易的指示"中明确规定："在县委镇委公社党委领导下，设立县、集市场管理委员会，""市场管理委员会应该有专人负责日常工作，以便更好地组织集市贸易。"之后，李村集便在各级市场管理委员会的领导下进行日常组织与管理工作。20世纪末，李沧区成立市场建设服务中心，在李村设立工商管理所直接组织管理李村大集的集市贸易和秩序维持工作。按国家政策规定：对集市商贩要收取一定的工商管理费。李村大集工商管理费的征收额度为2%，征收方式分为常摊和临摊两种，大摊位每月征收80元左右，小摊位征收70元上下；临时摊位征收1至10元不等。征收税费的发票是延续了历史上的格式。当时在李村集市上通用的工商管理费的发票格式是二联单，分为发票和存根两部分，由工商局印制盖章，发票上分别印有1元、2元、5元、10元等数字。收费时，收费员要根据收费数额在相应的发票上填写日期，将发票撕下交给交费人，收费人保留存根以备查账备案，简单快捷易行。

税收历来是李村集的核心工作。李村集的税费征收管理制度由来已久，沿用多年。新中国成立后，党和政府对乡村集市的税收管理工作一直比较重视，废除了多项苛捐杂税和"抓集"陋习。国家对于乡村集市征税政策和法规曾根据社会经济发展实际情况做过多次调整。20世纪末，税法和相关市场管理规程已经很健全。《李沧区志》载："集贸市场的征管范围包括：在辖区范围内，经工商行政管理部门核发《集贸市场开办许可证》的各类集贸市场以及工商行政管理机关和街道、乡（镇）、村管理的各类集贸市场、批发交易市场、摊群市场、早夜市，各种形式的展销会、交易会等市场内外从事商业、加工、修理修配生产经营的企业、单位、个体工商户和其他经营者。"李村集作为重要的中心集市，其税收管理工作要严格，被纳入集贸市场税收和工商管理收费的重点对象。据李村大集管理部门和从业人员介绍：80年代以后，李村集曾经征收过的税费主要有营业税和工商管理费。营业税由青岛市地税局李沧分局收取，工商管理费由青岛市工商管理局李沧分局收取。营业税的征收定额为5%，高于历史上的征税额度。在李村集上的征税对象和征收方式分为常摊和临时摊位两种，常摊营业税是按月征收，征税额度按照摊位面积征收，一般大摊位每月200元，小摊位每月100元；集期的临时摊位按照其出售商品价值征收。由于临时摊商大都为游商浮贩，货物价值不大，征收的税额一般都不大。征税单据由税务局统一印制。早期营业税征收是使用复写纸单据发票，收税时要填写日期和应缴税额数字，将复写单据交给纳税人，留下原件存根备案。这件方式实行起来比较繁复。后来，税务局也采纳工商管理局的办法，印制二联单格式发票，采用手撕发票的方式征税。

长期以来，李村集的营业税和工商管理费一直由税务、工商直接收取。1994年成立李沧市场服务中心以后，工商管理费改由服务中心收取。1998年，税务局实行"委托代收代征办法"，将集市贸易税收委托给街道办事处财政所代收。李村大集因特殊情况，分别由李村路街道办事处和浮山路街道办事处在集上划片征收。由于集市从业者的纳税意识不强，缴纳税费一直受到经营商户的抵制，税费收取困难，李村集市的税费征收一直没有达到预定目标，税费收缴工作不太顺利。为此，李沧国税局在李村大集组织了税法"入集市"活动，演出税法文艺节目，开展现场咨询，发放宣传品等，以通俗的"税法宣传让老百姓看得明白容易懂"。同时，加大对个体税收征管，堵塞税收漏洞的工作力度。"2001年依靠公安机关的支持，对李村集等一些大型集贸（专业）市场和'钉子户'、'难缠户'进行治理整顿，全年治理整顿集贸（专业）市场10余次，拔掉'钉子户'160余家。"经过宣传教育和加强征税力度，商家纳税意识有了一定提高，但征税工作仍没有达到预期目的。为此，李沧区对李村集的税费征收采取了一种招标制度，以标的最高者承包李村集的征税业务。这种招标方式类似于20年代的李村杂税承包制，但与当年不同的是，一是此次招标面对的不是个人，而是本地的税务机构；二是完成征税任务后没有返还三成税款的奖励制度。可以说，与历史上的杂税承包制既有相同也有不同之处。

投标结果，李村街道办事处以20万元价额中标。李村路街道办事处中标后，并未直接进市场征税，而是采取代征办法，委托李村集市个体业户自律小组代征代收。由于委托人的尽职尽责，当年即超额完成征税任务。其后一直到2012年取消集贸市场营业税为止，李村市场的征税任务都能顺利且超额完成，成为照章纳税的典型。

李村的工商管理费也面临商户抵制拒缴管理费的问题。后来也是采用委托李村集的营业商户代收管理费的办法，顺利完成了征收任务，直至2007年集市工商管理费取消为止。

取消营业税和工商管理费是李村大集历史上的一件大事，对于减轻业户负担，促进大集发展起了重要的作用，值得写上一笔。

到了 21 世纪初，李村集市已发展到相当的规模。据 2009 年出版的《李沧区志（1994-2004）》对李村集的介绍说："李村集位于李沧区九水路与滨河路之间的李村河河道，东至东李村、西至杨哥庄，东西长约 1500 米，南北宽约 80 米，占地总面积约 12 万平方米。"自东至西分为四大交易市场：汽车、摩托车市场，每集上市车辆 2000 余部，汽车、摩托车各半；服装、鞋帽、旧货市场，约有摊位 600 个；蔬菜、海鲜、粮食、肉类市场，为设有大棚的全日制市场，固定摊位 400 余个；花鸟、农产品、木材、日用品、自行车市场，摊位达千余个。农历逢二、七为集日。京口路桥和向阳路桥两侧河床之间长约 300 米的区域设常年农贸市场。"

对于集期的描述更为生动："集日时交易品种十分广泛，百货针织、成衣鞋帽、旧货、五金电器、干鲜水产品、调味品、土产杂品、生肉禽蛋、粮食、熟食、蔬菜水果、花鸟鱼虫、古董古玩、旧机动车和非机动车等等，多达两万余种。集日客流量近 20 万人次，高峰期可达约 30 万人次，年交易额（包括常年集贸市场）达五亿元。"李村集已经成为真正的"大集。"

李村大集是青岛乃至山东传统集市的一颗闪亮的明星。经过 400 余年的繁衍生息，今天的李村集已从一个普通乡集一跃而为中外瞩目的李村大集，完成了从丑小鸭到白天鹅的蜕变。李村集的这种变化，除了悠久的历史文脉、先天的区位优势和醇厚的民俗民风为大集夯实

的历史积淀外，青岛城市曲折的发展轨迹与丰富多彩的社会变迁，打造了大集特有的经济体系和消费文化形态。这种特殊的社会、经济、文化大背景与李村集市特有的传统文化相结合，使得李村集市从一个普通乡集的传统模式中破茧而出，一举发展成为百货充盈、万人蚁聚、名声远播、中外瞩目的城乡商贸结合的交易大平台，为李村大商圈的形成与发展起到了孵化器的作用。

十、发展"瓶颈"与凤凰涅槃

历经明朝、清朝、德占时期、日占时期、北京民国政府、南京国民政府、抗日战争、解放战争和新中国等多个历史时期，从一个普通的乡村集市跃升为全国著名的城乡交易中心大集，拥有深厚的历史积淀和丰富的文化特色，成为珍贵的历史文化遗产。

进入到21世纪，李村大集在快速发展的同时，也遇到了新的发展瓶颈：大集环境卫生恶化、李村河防洪安全压力、高度城市化、电商经济模式对传统集市模式的冲击等因素都成为李村大集发展的瓶颈。如何突破这一瓶颈，保护大集经济模式，延续李村大集文脉，成为政府和各界关注的热点。2016年6月，在政府决策和集市业户支持下，李村大集顺利搬迁新址，掀开了李村大集历史新的一页。

（一）环境卫生是制约大集发展的致命问题

困扰李村集的首要问题是集市卫生环境状况，这也是李村集长期以来始终没有解决好的问题。在早期，集场所在的李村河滩比较宽敞，李村集市的规模不大，人数不多，商品种类也比较单一。在自然经济的状态下，人们对于物品非常珍视，不会丢弃任何有用的东西，如菜叶可以收集回去喂猪、喂鸡，碎柴（草）可以捡回家烧火做饭，凡此种种，集场很少遗留垃圾。至于最易污染环境的大小便，则有当地居民为了收集农肥，在集市上摆放着专供人们方便排泄的陶罐。这样一来，传统李村集的总体卫生环境还是不错的。

20世纪20年代以后，青岛各级政府对于李村集市的卫生环境开始重视起来，出台了禁止售卖过期变质生熟食品的法规。30年代初，李村乡区建设办事处根据李村实际情况和乡民急需解决的问题，提出了一系列的对策意见。其中就有 "取缔李村市场便所"的对策，认为"李村河直通李村水源地，原以供给饮料之用。该村市场设在河滩，每逢市期，村民随地安设溺器，以致群众任意便溺。不但有伤风化，且与饮料关系甚钜。已饬村长地保一律移于河边并设围箔以资掩蔽。"

然而，这些做法仅仅是治标不治本。随着集市的规模扩大、赶集人数的增多和集市管理秩序的滞后，李村集上的污染问题日益凸显出来，以致青岛市政府和自来水等部门一再提出防止李村河水质污染的问题。由于战争与动乱，对于李村集市的卫生环境的关注也就淡化下去。

新中国成立以后，党和政府对于卫生防疫工作极为重视，崂山郊区和崂山县政府加强了李村集市环境卫生管理和卫生知识宣传工作，组织和发动群众开展清除李村街道和李村河道、集市的垃圾物，整治污水沟渠，保洁李村河水质等活动。1954年，李村集场从李村河滩搬迁到河北村李村公墓时，平定了集场的坟地，清除积存多年的垃圾、荒草，修建了公厕等卫生设施。集市管理和环境卫生部门定期清除垃圾，喷洒消毒药水，根除了重大传染疾病的发生与传播，李村集的生态环境和卫生条件得到较大改善，为李村新集打下了较好的集市卫生环境。但是，由于新集场原本就是黄土地场，地面没有硬化，一到冬春刮风天气，黄土随风飘荡，迷人眼帘，给集市商贩和赶集群众带来不便。相较李村河滩的沙石地面不起灰尘，集场地势低洼，北边有河岸遮风，冬暖夏凉，商贩和赶集的顾客都感到适宜。所以，集市搬迁后，群众还是有点留恋河滩上老集场。后来，李村集又多次搬迁，但都没有得到居民认可，多则数年，少则数日，商贩和顾客就又回到了老集场。

总的来讲，青岛公墓的新集场存在的时间还是最长的，直到 1978 年才搬回到李村河滩。

李村集市卫生环境的恶化始于李村集场迁回李村河滩之后。

70 年代末李村集场从李村街上再次搬迁到李村河滩以后，李村集的集市贸易得到进一步发展，商户摊位、商品数量、贸易额度和赶集人数都创新高。但是，在搬迁新集场时，没有统筹考虑公厕建设问题，也没有配套环境卫生设施，集市管理力度不够，致使集市环境卫生日益恶化。鉴此，

崂山县基建局曾打报告给县政府拟在集市筹建四处公共厕所，但最终没有完全落实，仅建设了两处简易厕所，远远不能满足赶集群众和商贩的需要。

除了公厕之外，李村集场的整体卫生环境更不尽人意。李村集场搬迁两年后，崂山县工商局于 1980 年 4 月 29 日向崂山县革委会呈报"关于改善李村集环境卫生的报告，"介绍了李村集当年的场景。报告在讲述了"李村集是我县集市贸易的眉目之集"和集场搬迁后的诸多成就外，指出"也出现一些新的、急需解决的问题"：

"一、集市场地环境卫生遭到破坏"，原因是"李村附近工厂、医院、学校、卫生队、机关团体等数十个单位的垃圾都运往集场，星布其（棋）罗，成堆成令（岭），无法赶集，特别是含有传染病菌和血污的医院垃圾，卫生队从宿舍街道清理的死猫烂狗鸡屎粪便，和有毒有害的工厂垃圾。天气稍暖，就臭气熏人。一遇雨天到处泥泞，车辆不通，行动困难。这期间市场管理人

员虽多次全力以赴进行整顿和清理，但随整随倒，无济于事。多次向卫生等单位反映，向县革委写了报告，终未解决。这种状况如不迅速解决，伏季将到，天气转热，蚊蝇孳生，病菌繁衍，瘟疫极易传播，集场成了病源地。而且入市商品多为生活用品和食物，来这赶集的常是十几个县，万人以上，对人民的健康的潜在威胁极大。还应予看到，群众有可能迫于场地破坏、卫生环境的恶化，而四散到大马路上交易，给我们造成被动的局面。

二、卫生设施亟待解决。1978 年，县革委把搬迁集市作为市政建设的一个内容，组织卫生、城建等有关部门共同进行的，并规定集场厕所由城建局修建。通过集场中心的两条污水沟也随同解决，但这些设施至今未建。李村集少则万人，多达三万人以上，场地又大，附近可借用的厕所只有两处，群众没法，有的就随地屙尿，人踩脚沾，恶化环境，污染商品。群众说：'在李村集上有场吃没场屙，喝水容易撒尿难。'李村镇两条污水沟的出口都通过集场中心，把集场分隔成三段，来往不便，经常发生伤人和翻车事故。"

这一段话是对李村集市卫生环境和基础设施状况较为全面系统的讲述。随后，县工商局提出了两条解决意见："一是从老桥以西至杨哥庄前一带，工商局已经县革委批准，正式划为集体使用，并新桥以西河崖征用，赔偿生产队损失计三千六百元。同时还多次投资进行了修整，使用权应得到保护。要求县革委根据《中华人民共和国环境保护法》第六条、第三十二条规定精神，通告各单位，从现在起任何单位和个人不得占用集市场地，不准倾倒垃圾或其他危害人民健康、污染环境、破坏场地的活动。本着'谁污染谁治理'和对造成污染的单位要'予以批评、警告、罚款，或者赔偿损失'的规定，对不听劝阻者要扣留运输工具，一次罚款50元，用于清理垃圾使用，拒付者由银行划播（拨）。二是清理垃圾、平整场地、建厕所四处；通过场内的两条污水沟进行疏通，搭桥四处；河流边沿须修砌护坡。上述建设，要求拨款两万元。"

该报告上去以后的最终结果在档案中没有发现。但从李村集后来的环境卫生和基础设施建设的状况看，这一建议没有落实解决，这也是最终导致李村的公厕缺乏、环境卫生治理问题长期没有解决的一个基础性的原因。正是这些原因，导致李村集市环境卫生的恶化，也严重污染了曾经被称为青岛"母亲河"的李村河，最终导致了李村水源地的废弃。

1982年5月26日，《青岛日报》刊登"李村河成了垃圾河"的文章，指出："李村河从李村镇穿过入海，近一二年来，李村桥两边的住户和一些单位把垃圾倒入河里，使河面逐年变窄，河面宽由原来的四十米，变成二十米左右，河床也升高。如果大雨来临，崂山山洪倾泻下来，将会因河道阻塞造成灾害。因此，建议崂山县有关部门制止向河内倒垃圾，并清理一下河道以防患于未然。"

实际上，崂山县（区）以及李沧区政府对大集卫生环境的整治始终没有松懈。1993年，青岛争创全国卫生城市时，对李村城区和大集的卫生环境提出严格要求，致使政府压力很大。为此，崂山县政府采用摊派形式，让全县14个乡镇的建设工程队（公司）各承建一处公厕，公厕用地由李村各村提供，每建成一个公厕政府补贴4万元。最终建成了13处公共厕所，有效地解决了李村市民和赶集商贩与群众的需求。然而，由于大集市场空间和基础设施的先天不足等原因，李村大集的卫生环境始终没有真正解决，成为制约李村集和谐发展的一大阻力，也是多年来为世人诟病的一个主因。

（二）成败李村河

李村集依托李村河而生、而兴、而盛，终成中心大集。然而，如同"成也萧何败也萧何"一样，李村河对于李村大集也是"成也李村河败也李村河。"经过400余年的风雨，李村河水文环境发生了重大变化，这一变化对于李村大集而言成为致命的问题之一。

凡事都有两面性。李村大集的发展促进了李村商圈的发展，而商贸经济又对李村和崂山县（李沧区）本地的经济、社会、文化发展产生了重大推动力，使其发展成为青岛新的副中心城区。然而，过度占用李村河道开发建设滨河商业设施的行为，也给河道防洪泄洪和环境保护带来了严重的负面的影响，引起了各方面的反响。

李村河流域面积不大，河流长度较短，河床比较狭窄，两岸均为山地，一遇大雨极易形成洪流。因此，李村河道整治历来是个大问题。自青岛建置以来，李村河水曾多次泛滥，给两岸居民和李村集市造成了重大损失。如1927年因李村洪涝灾害严重，山东省省长兼督办张宗昌还特批两千大洋给李村赈济灾民。1940年8月1日，李村区大水，造成房屋倒塌、人员伤亡的重大灾害。其后，因洪涝而发生的灾害事件多次发生。因此，要求整治李村河的呼声也日益增高。1948年2月7日，青岛《军民日报》登载了青岛市政府"疏浚李村河道，辟设乡区公园"的计划书，规划很是诱人，但结果却不了了之。

新中国成立后，党和政府对于李村河道的治理美化做了很多工作，改建完善了德国时期修建的李村桥，后来又修建了向阳路大桥和京口路大桥，解决了李村河两岸的车辆、人员交通往来的老大难问题。在李村河上游修建了毕家水库等水利设施，整修李村河道，修筑堤坝，较好地解决了李村河洪涝灾害问题。但尽管如此，仍时有大水冲毁河堤、造成人员伤亡的事件发生。

据青岛水利局1996年转载《崂山水利志》统计资料称："李村河在建国后的38年里，洪涝灾害出现12年，平均3年一遇，其中较重的洪涝灾害有7年，平均5.4年一遇。1962年汛期一场大水，李村河自王家下河左岸处决口，洪水使河道自然向左改道100米；1975年7月13日夜三小时内降雨222.5毫米，白沙河、李村河水位陡涨，全县河堤决口158处，死亡37人。1985年九号台风袭击崂山，全县平均降雨284毫米，相当于20年一遇，李村河与张村河交汇处闫家山实测洪峰流量1040秒立方米，李村河堤多处决口，经济损失惨重。1995年8月22日晚，李村河流域降雨73毫米，不到10年一遇，洪水将河道内集贸市场的木材、苇箔等杂物全部冲走，致使曲哥庄桥孔基本堵塞，严重阻碍洪水下泄，公交车被淹，50 多人被洪水围困，最后调用救火车才将被困群众救出。河道阻塞严重危及两岸堤防，给两岸人民群众生命安全造成极大威胁。"

之所以出现这些状况，原因是多方面的。进入 80 年代以后，随着农村实行生产责任制，"分田单干""包产到户"后，李村河流域的水利设施处于缺乏管理维修的状况，水土流失加剧，河道沙滩被盗挖，河床遭侵占被填埋的案件时有发生，严重影响和削弱了河流的泄洪功能。特别是李村大集发展后，李村商业氛围空前浓厚，大集商贸空间狭窄的问题越来越突出。一些商家企业便把目光盯在了李村河道的开发上。1985 年，"崂山人民商城"正在李村河滩修建时，九号台风来袭，河道充溢，占用河道的商城建筑被淹没在洪水中，形同漂浮的一叶孤舟，故得诨名"水上漂"。之后，崂山县政府在李村河上游河道进行了多次治理，使上游河道达到了 25 年一遇的防洪标准。但是，对于李村大集所在的中游河段则始终没有治理措施出台。

1994 年，李沧区政府在原崂山区规划的基础上批准了在李村河两岸及河道建设"滨河路商业街"建设项目。李沧区财政贸易办公室在致区政府《关于开发建设"李村河滨河步行商业街"的请示》中说："为全面贯穿落实中共李沧区第一次代表大会提出的'三产优先、商贸兴区'的工作方针。建设大市场、发展大贸易、搞活大流通，把我区建设成为青岛市第二商业中心，"制定了建设"滨河路商业街"的建设规划：在李村大集两侧 1000 米长度的河岸（床）上规划建设 A、B、C、D、E、F、H 七个区片，得到李沧区政府批准，一期工程共建设了 C、D、E（河北侧）和 H（河南侧）四个片区。后期工程因青岛市水利局的反对未能实施。

青岛市水利局反对建设滨河路商业街的理由是："在河道里建设商业街，既违犯《水法》和《河道管理条例》，又严重危及城市防洪安全"。认为"现已基本完工和正在建设的四个工程区，从两岸向河道内覆盖和占压行洪河床宽 38.5 米，长 580 米，占用河床面积约 1.5 万平方米。该河段总宽度为 86.5 米，商业街工程共缩窄行洪河道近二分之一"。在列举了历史上李村河因泄洪不畅而导致河堤决口、造成人民生命财产安全的案例之后，建议停止后续工程施工，腾出占用河道等。在青岛市领导和李沧区领导的批示关注下，滨海商业街的后续工程没有实施。自此以后，李村河的防汛、清障任务越来越艰巨，成为李沧区"抢险救灾"的头等大事。

以后的 20 年中，李村集市因河水泛滥、泄洪不畅曾多次遇险。与历史上的李村集市受灾不同，这时的李村集市已经不是当年五日一集的临时性交易场所，而是有着数百家常设摊位和上千家临时摊位的"天天市"与五天一集的集场相结合的大集市，稍有水患，就会造成市场被淹、货物被毁的结局。水灾也成了青岛电视、报纸等新闻媒体年年关注的议题，其中不乏"李村大集变汪洋"等惊人眼球的标题。因此，每到 7、8 月李村河汛期，政府部门、集市管理人员和经营业主就会处于紧张临战状态。尽管在大家的共同努力下有效地减少了业户的财产损失，保障了业户和赶集群众的生命安全，但确确实实耗费了很大的人力、物力和精力。

除了洪涝灾害外，李村集的消防问题也是一大隐患。由于大集空间狭窄，市场上的货物无处安置，有的货物被随地堆积，极易引起火灾。因此，防止火灾发生成为集市管理的又一大难题。有一次，位于李沧区万年泉路与九水路交界处的李村大集桥底在凌晨突发火灾，桥下十多个摊位被烧毁，损失在 10 万元以上。火情由桥下一烧烤摊位引起，沿着桥底堆放的大批货物蔓延开来，熊熊火焰烧红整个桥洞。经过消防官兵近一个半小时的奋战，才将大火扑灭，险些酿成更大灾害。事后得知，是有人出于报复心理而故意纵火。虽然纵火人得到法办，市场管理部门也加强了防火措施，但火患的阴影始终笼罩在李村大集的头顶上，成为李村集消防安全的另一大隐患。

（三）城市化与传统集市的矛盾冲突

李村集的起源和成长壮大，都是植根于李村这片丰厚的乡土，适中的地理、发达的交通、丰富的物产、海陆交汇的特色以及醇厚的民风民俗，奠定了李村集市的基础。近代以来，李村集市得到迅速发展，其原因除了传统优势外，还在于其紧邻青岛市区的区位优势，既受到城市先进商业文化的熏染，又恪守历史悠久的传统集市文化，使得李村集具备着城市市场和乡村集市两种商业形态特色，在长期影响磨合中完美结合，形成了李村集独有的集市文化与发展模式，无论青岛政局如何变化，李村乡区中心集市的地位永远不会动摇。正是因为李村大集特有的历史文化资源，被列入青岛市非物质文化遗产。

80年代以后，李村集迎来了难得的发展机遇。计划经济的弱化和市场经济的发展，给原本就以自由交易为存在基础的集市贸易带来千载难逢的良机，迅速发展成为青岛乡村唯一的中心集市。在李村集的辐射影响下，李村商圈成为青岛新的商业中心。李村商圈的形成，其影响力涵盖了李沧区和青岛市区，极大地满足了市民的消费需求。

进入21世纪后，李村地区的城市化已经完成。城市化的进程中，必然会出现适合城市居民消费的新的经济模式，李村商圈实际上就是高度城市化的结果。便利的交通、完备的设施、清洁的环境、丰富的商品吸引着越来越多市民进入大商场消费。这些市民的消费需求得到满足以后，李村大集就很难吸引这批市民顾客的光临了。

随着社会、经济的发展，交通物流的便利，各地物资产品都异常丰富，大小市场遍布青岛多个街区，人们就近就可以买到喜爱的商品和生活必需品，而不用再像以前一样为了一件商品就要专门坐车跑到李村集来购买。李村集市的商品种类与市区各市场、商店的货物没有大的区别，商品同质化使得李村大集失去了原有的吸引力。"只有想不到，没有买不到"的场面已经成为过去。

电商的兴起，掀起了一场商业经营方式的革命。人们足不出户，只动动手机就可完成交易，购买到心仪的商品，满足消费的欲望。这种商业模式比传统的面对面交易具有极大的便利性，给实体商家带来极大的冲击，同样也波及集市贸易这种古老、传统的商业交易模式。

集市空间狭窄是李村集又一致命的问题。李村集依托李村河发展成中心大集，与具有宽阔的集场空间有很大关系。但随着城市化进程的加速，李村大集的空间不断被挤占，二、三十万人拥挤在狭窄的河床上，场景令人窒息。

人气的衰减、商品种类的同质化、市场竞争的加剧、交通的制约、集市空间狭小、交易环境恶劣以及李村河的隐患与灾害，诸多因素加在一起构成了李村大集发展的"瓶颈"。李村大集向何处去，成为政府和市民共同关心的社会大问题。

集场搬迁，或许是李村大集文脉延续发展的一条新路！

（四）万众瞩目的大集搬迁

1997年6月20日，李沧区政府发布《李村河防汛、清障专题会议纪要》："会议认为，由于李村河多年未能进行彻底清淤，特别是曲哥庄桥附近淤积严重，严重影响泄洪，必须进行清理。另外，新建滨河路商业街的建筑底层的经营业户私自建起隔断墙以及裕丰房地产开发公司等单位在建设中非法占用河道，部分经营业户的商品堆积在河底、桥洞内等现象，也直接影响了河道排洪能力，都应该坚决予以清除。"会议确定了防汛、清淤的责任分工，并明确提出"组成专门工作班子，结合有利于防汛和市场退路进室以及村庄改造等，尽快研究并提出李村大集迁址方案"。李村大集搬迁正式提到李沧区委、区政府的议事日程上来。

之后，关于李村大集整治和搬迁的呼声越来越高，政府机关、人大、政协都提出了不少的议案和调研报告。但同时，要求保留李村大集的呼声也很激烈。同意搬迁的主要是李村大集周边的居民和相关职能部门，理由是环境脏乱差、扰民、影响防汛、交通阻塞等。而反对搬迁的则主要是在大集谋生发展的经营业户和习惯了李村大集存在感的本地居民，还有从保存李村的传统文化角度要求保护这一非物质文化遗产的市民和专家学者等。两种意见相互交流，各说各的理，各唱各的调。甚至于青岛市的电视、报纸也开辟专栏平台来讨论李村大集的去与留。在青岛百余年的历史上，像李村大集搬迁这样引起全市群众关注和参与的案例实在不多，李村大集在青岛人民心中的重要地位由此可见一斑。由于意见不一，搬迁的方案意见虽然屡屡不断，但始终没有达成一致。其间几次想启动大集搬迁工作，但终因李村河滩上的商摊业户的反对而未能实施。

■■■李村河　　　　　　　　李村集场迁徙图　　设计绘制：崔宪会

■■ 第一次搬迁：1947 年 3 月，从李村河滩搬迁至侯家庄前的李村河滩。不久即回原址。
■■ 第二次搬迁：1950 年初，从李村河底搬往中韩韩哥庄，仅过两个集日就回到河底。
■■ 第三次搬迁：1954 年 10 月青岛市政府批准李村集场从李村河底迁到"李村公墓"（乱葬岗），即河北集场，12 月完成搬迁。
■■ 第四次搬迁：1959 年，在集场修建崂山体育场，搬迁到东北庄。
■■ 第五次搬迁：1959–1960 年，体育场建成后，集市迁回河北集场原址，仍充当集场使用。
■■ 第六次搬迁：1978 年 7 月，从河北集场迁到李村河滩，7 月 31 日完成搬迁。
■■ 第七次搬迁：2016 年 6 月从李村河底老集场搬迁到河南庄旧址（重庆路），7 月 1 日，新集场正式开市营业。

在李村集 400 余年的历史上，其集场基址曾经搬迁过好多次。每次都会遭到商贩和居民的反对、抵制，最后大多以失败告终。搬迁最成功、使用时间最长的是 1954 年的集市搬迁，也没有存在太久，最终还是回到李村河滩。如此反反复复，足见李村集的搬迁工作是何等的艰难曲折。

随着李村河上、下游河道治理的完成，中游李村段的河道治理提到李沧区委、区政府的议题。而治理李村河道，必然牵涉到李村大集的搬迁、整治。在集市占满李村河道的状况下，如果不搬迁李村大集，河道治理只能是一句空话。但是如果没有做好充分准备就贸然搬迁李村大集，显然也是不可行的。据此，2015 年 3 月 20 日，为解决李村河中游长期存在的防汛安全、消防安全等系列重大安全隐患问题，缓解李村商圈交通压力，提升中心城区形象，改善卫生环境，李沧区委、区政府在充分调研的基础上，下发《关于印发〈李村河中游"安全综合整治年"工作方案〉的通知》，决定实施李村大集整体搬迁计划。为使大集顺利搬迁，区政府制订了较以往更为全面的搬迁方案，责成李沧区市场建设服务中心在黑龙江路择址新建了一处占地 50 亩、经营面积 2.34 万平方米的新李村大集。与此同时，在新大集选址、新大集商场大棚规划建设以及搬迁补助和新大集免收摊位费等事项上充分听取业户特别是"天天市"的固定业户的意见，并动员有关部门和市场建设服务中心干部职工做好经营业户的思想工作。

在实施搬迁之前，李沧区商务局与市场建设服务中心对李村大集的"天天市"的业户数量、搬迁态度和意见要求进行了全面调查，汇总了业户反映的问题，如新市场摊位面积太小，要求加大新市场的培育力度，要求给予搬迁补贴和装修费补贴、适当延长租金减免期限，完善周边道路交通设施等。

针对业户的意见和要求，李沧区委、区政府都给予了积极的回复和落实，有针对性地解决了业户反映的困难，解决了业户的思想顾虑和实际困难，为大集的顺利搬迁创造了条件。

　　功夫不负有心人。2016 年 6 月 18 日，在经过认真周密的精心准备以后，李村大集开始搬迁。截至 6 月 30 日，"天天市"的经营业户全部搬迁完成，800 余家固定经营业户全部迁离李村河道。6 月 28 日，李村新大集开始试营业，7 月 1 日，正式开集，翻开了李村大集崭新的一页。

　　撰稿：张树枫

中共李沧区委书记王希静陪同中共山东省委常委、青岛市委书记张江汀到新李村大集调研

大集发展见证人

李村大集记忆

我对李村大集的印象始于 1949 年青岛崂山解放以后，我随军管会进入崂山接收，从此在崂山和李村待了近七十年。

我是莱阳县人，1946 年入党，参加工作。后在莱阳县实业科任副科长。1949 年为迎接青岛解放，胶东区党委从各专区和县抽调干部集中学习培训，我被抽调到南海地委党校学习一个月，编入南海专署军管会崂山办事处。5 月 31 日早晨，办事处队伍从党校出发，6 月 1 日到达崂山。当时崂山白沙河以南还没有解放，我们就住在河北沿。第二天青岛解放，亲眼看到解放丹山等地的战斗。办事处的队伍搬到夏庄办公。1950 年，崂山办事处划归胶州专署领导，党委口是胶州地委崂山工作委员会。

青岛刚解放时李村等地属于青岛市管辖的李村区，不属于崂山的范围。当年崂山县党史办编写崂山党史时不懂这段历史，就把李村写成崂山管辖了。结果所有的志书都这么写，误导了。前几年我写了封信给傅明先等几个区委常委，说李村这个地方当年不属崂山，编史志的人弄错了，将楼山、李村都算成了崂山。之前崂山办事处主要在夏庄办公，因战争动荡，驻地经常变换，曾在毕家村、杨家村、仙家寨驻扎，之后又回到夏庄。1951 年 4 月，青岛市李村区和崂山办事处合并为青岛市崂山办事处，办事处才从夏庄搬到李村。1954 年崂山办事处改为青岛市崂山郊区人民政府，1961 年崂山郊区撤销成立青岛市崂山县，后来改为崂山区、李沧区。这一段历史要明确地写出来，让群众都知道。

进城以后我一直在崂山工作，1949 年 5 月到 1956 年，我先后担任崂山行政办事处实业科副科长、农林科科长、农业科科长等职。1956 年到 1959 年先后担任过崂山郊区委生产合作部副部长、李村公社党委书记。1959 年到 1962 年担任崂山郊区农村工作部副部长、部长（1960 年到 1963 年担任崂山县委常委）。1963 年后担任夏庄公社党委书记，1970 年后先后担任北宅公社党委书记、革委会主任和李村公社党委书记、革委会主任、中共崂山县委常委，"文革"中实行"两政合一"（党委、人委合二而一），我在 1976 年到 1977 那边担任崂山县委副书记、革委会副主任，1977 年 11 月到 1984 年 7 月，担任崂山县委书记，1977 年到 1981 年任县革命委员会主任。1984 年到 1987 年任崂山县人大常委会主任，1987 年后任青岛市人大常委会委员、市人大法制委员会副主任委员。1993 年离休。从 1949 年进城到李村，至今已有 69 年了。工作经历中除了在夏庄、北宅呆过几年外，基本上都是在李村工作。

解放初期，崂山办事处没有自己的政府大院，住的老百姓的房子办公。开始住在河南，是一个房产资本家的房子，平房，政府买过来了，做办公室，住了三四年。1953 年搬到了河北，就在现在的银座那里，工委和办事处各有一个大门出入。这时出了一个故事：崂山办事处的大门大，崂山工委的大门小，而房子和大门是办事处领导（姓刘）负责修建的。为什么这样设计修建？刘主任认为政府人员多，对外工作多，大门应该大一点。结果工委的领导不高兴，到整风的时候把办事处领导好一顿整。后来在 60 年代的时候在三角地建了个二层小楼。当时精简机构，机关人员少，一个农工部才有六七个人，县委、县政府都在里边办公。再以后，建了石头楼，人大、政协办公用。县里四大班子才都有了自己的办公楼。

李村集是个大集，在崂山县和青岛市里边都是最大的集市。据说从明朝就有李村集了，集场原来一直就在李村河的河滩上。当时李村河的水质很好，清澈甘甜，当地村民不吃井水，直接在河床上挖个坑，用柳条筐子一框，直接饮用或者挑回家喝，一点没污染。后来才变污染了。

我在职的时候很少赶集。因为早先在下边公社任职，工作很忙，只有星期天才能回李村家里休息（有很多时候因为工作太忙，星期天也不能回家），没有时间赶李村集。后来到县里主持工作，更忙了，也很少去赶集。退休后有时间了，就经常去赶，去的最多的是旧货市场（旧衣服摊位除外），主要是看书摊，挨个摊位看，看到了好书就买，因为有些书在书店里买不到。再一个是买毛笔。到了年集的时候最热闹，市场太大了，这个时候就去看对联，看馒头卡子、看花卉。李村集的最大特点是东西全，什么东西都有，别处买不到的东西到了李村集都能买到，就像青岛南山的礼拜集一样，大而全。

刚刚解放的时候，李村的交通不便利，只有台东到李村、沧口到李村的几条公交线路。县委、县政府所在的李村规模也不大，商业不是很发达。记得当时有个较大的商号叫"人和涌"，是个酒店，店主叫吴子斌，店铺挺大，有伙计、学徒三四个人，当时在李村就算是大商铺了。我怎么印象这么深呢？是因为1964年到1966年期间我在夏庄当过公社书记，夏庄安乐村有个教师是本村人，叫吴振环。我经常到学校去检查工作，与他很熟悉。他来找到我，跟我说李村人和涌酒店有他父亲的股份，是店主，还说了其他几个股东的名字。可能是因为公私合营的事情没有落实吧，他问我："俺爹是个股东，这个事该去找谁说说？"但是我也不知道应该去找谁落实。后来怎么查的，怎么个结果也不知道，但这件事我印象很深，知道"人和涌"是个大商号。

当时李村街上还有一个镶牙铺，门头忘记了，记得是一个姓杨的医生开的，医术很高明，镶牙技术很好。杨大夫还有一个弟弟，大家称他们弟兄俩"大杨""小二杨"。这个杨大夫家里挺富裕的，不知什么事弟兄两个都被政府收押了，受管制，经常在李村街上扫街道。平时人们叫他"大杨"，看病的时候称呼"杨大夫"。我在李村工作时经常看见他，名字忘记了。

以前的时候，李村集规模不是太大，集场就在李村河底下，交通不便利，平时赶集的基本都是本地人。到了腊月快过年的时候集市就大了，外地人都来赶李村集，很是热闹。平时为什么赶集的人少？集体化时都在村里干农活，没时间赶集。当年赶集得向生产队长请假，不能随便赶集；县里和公社的工作人员平时工作忙，也不能赶集，只有星期天休息时才能上集上买点东西。所以平时赶集的人少。进腊月门了，没有农活了，生产队分红了，要办年货了，赶集的人就多了。

统购统销以后，政府对集市管得严了，一些国家控制的物资不让上市了，商品种类就少了。1958年的时候，实行人民公社化，限制乡村集市贸易。崂山郊区人民委员会曾经出了政策，关了大枣园、源头、华阴三个乡村集市，只保留了李村、流亭、王哥庄、沙子口、惜福镇五个大集市，但是规定这五个保留的集市每半个月赶一次集，也就是把以前五天一个集改成十五天一个集。这种做法违背了群众的意愿，也违背了群众的习惯。结果是"你说你的，我赶我的！"群众照样还是按五天一个集的老习惯来赶集，根本改不了，最后是不了了之。说起来，崂山的群众很有性格，很多老习惯不愿意改变。我在北宅当过几年的公社书记，记得北宅和毕家村都有集市，其实两个村庄离得很近，完全可以合并到一块赶一个集市。但当地群众就是不干，就是不合并，还是各赶各的集。所以说干部做工作一定要尊重和听取群众的意见，不能光在上边制定政策。

从1958年到1962年期间，李村集一直存在，并没有关停，但卖的商品种类很少，百货、粮食、油料、水产等国家控制商品不准上市。集市规模小了，东西少了。当时农业歉收，老百姓吃不饱，还得到集上去买点粮食、副食。有买的就有卖的。不过都是私下里交易，偷偷地卖东西和买东西，形成了黑市，根本堵不住。管理市场的人也都是本地的人，看到卖东西的商贩就上去抓一把东西，然后就说："好了，赶快走吧！"就不管了。卖东西的人是"打一枪换一个地方"，也叫你抓不着！在河里摆固定摊的都是河北人，管理人员也不敢管。外村的人就不能到河里摆固定摊。1962年以后，恢复自由市场，崂山县开了十几个乡村集市，商品种类也多了，赶集的人也多了。

文化大革命时期，李村集也一直存在，没有取消。但在"割资本主义尾巴"时期，对李村集也是管得比较严，有些国家控制商品不让上市出售，但暗地里还是有交易。

历史上李村集曾经多次搬迁。听当地人说，青岛解放前曾搬到过侯家庄，老百姓不愿意去，又搬回到河底下。1954年又搬迁，搬到现在的维客商场地方，当时是个公墓，"乱葬岗"。把地平整了一下，集场搬过来了，后来在原址修了崂山体育场，还做李村集用。后来集市越来越大，扩大到老公安局旁边的马路上。一到二、七，马路都堵死了，汽车、行人都过不去，磕磕碰碰的，很危险。当时为这些事发生的吵架、打架的事情真不少，经常发生。集场空间太小，占路经营，造成交通拥堵，也不安全，打架吵架、环境污染、影响工作等等，管也管不了，机关干部和居民都有很大意见："马路上怎么能赶大集！"都反对。最后到了1978年，我担任中共崂山县委书记和县革委会主任，根据群众要求，崂山县革命委员会决定，将李村集场迁回到李村河底下，一方面腾出马路空间便于城市交通管理，另一方面尊重当地居民在河底下赶集的习惯，也便于集市管理。这样，一直到2016大集搬迁，李村集主要市场就在河底下经营、发展，成了著名的李村大集。

李村集大发展离不开李村河。但后来李村河破坏很厉害，污染很严重。说起来，李村河最不应该建的是"水上漂"。这个建筑一是污染环境，二是危险，不利于防洪防汛。这个项目当时是林瑞良最先提出来的。我那时已经不干县委书记了，上了人大当主任去了。当时有很多人反对上项目，认为会影响河道防汛。后来的县委书记看好了这个项目，说林瑞良的提议太好了，在李村河这块地方搞建设，环境好、又不占土地，节省成本，就同意搞这个项目。结果一发大水，淹了，成了"水上漂"。后来到了九十年代又在河北沿建设商业街，在河底上打桩子。开工仪式上，青岛市政府的一个副秘书长参加开工典礼。我对在河道上建房子非常反对，就没上前去，怕被认出来给叫到前边去。开工仪式结束后，我给青岛市水利局的滕胜业局长打电话，因为滕胜业跟我干过，很熟悉，所以说话也很直率。我说："你这个局长怎么也不遵守《水利法》？"滕局长一听愣了，说道："我怎么不遵守《水利法》了？"我就说："在李村河道上建房子是不是违反《水利法》？你怎么能让他们建呢！"滕局长一听就说："那不行！那是违反《水利法》的。"就派人下来调查。一查，确实违法了，占了河道了，就让他们停下来，把打下的桩子拔出来了，没能再继续建下去。

讲　　　述：李鸿宝　原崂山县委书记

采　　　访：张树枫　吴　娟

整理编纂：张树枫

图为李鸿宝接受采访

林瑞亮与李村大集商圈

——根据座谈记录整理

　　1986 年 8 月 13 日，《青岛日报》第二版刊登了一篇题目为"崂山县城新添大型商场"的新闻报道。报道内容是："由东方联合企业公司和市工商银行信托公司合资开办的崂山人民商场，日前在崂山县城建成开业。这座总投资二百万元的综合性商场，由七座高低不一的梅花形、圆形、长方形小楼组成，总建筑面积为六千平方米。主要经营日用百货、家用电器、绸布服装、土产杂品等，是县城目前最大的商业市场。"令人惊讶的是，这则篇幅不大的新闻报道一经刊出，立即引起了青岛市民特别是崂山县居民的广泛关注。一时间，这座新落成的濒临李村河道的大型商场成了李村街上一道亮丽的风景线，挤满了前来赶集的周边居民和专程来李村河滨观赏风景购买货物的青岛市区居民，崂山县城所在地李村镇的知名度和人气急剧上升，给历史悠久的李村大集增添了新的活力和空间。

组建电子研究所与东方企业联合公司

　　说到"水上漂"，必须先讲述一个在李村和崂山都赫赫有名的能人——林瑞亮。

　　林瑞亮是李村南庄人，生于 1933 年，小学毕业后在村里务农。青岛解放后，林瑞亮积极响应党的号召，参加农会、土改和合作化运动，加入了中国共产党，1951 年至 1955 年担任李村镇副镇长、胜利合作社社长。林瑞亮被大家公认为"为人正直、性情豪爽、待人热情、办事认真，"有很高的威望和号召力。因此，从互助组、初级社、高级社到人民公社，林瑞亮都是村里合作化的带头人，先后担任初级社社长、高级社社长。在他的带领下，南庄村学习科学种田知识，实行科学密植，粮食生产连年获得大丰收。发展多种经营，大搞副业生产，村民生活水平逐年提高，南庄合作社成为李村镇一流的先进合作社，也对李村的其他四个村子的合作化运动起到了带动作用。1958年成立李村人民公社时，被选举为公社工业部领导，主管李村公社的工业发展。1961年，在南庄村民的强烈要求下，经崂山县委批准，林瑞亮回到南庄村担任党支部副书记兼生产大队长（1964年任支部书记），带领村民科学种田，办起了砖瓦厂、豆腐坊、油伞厂、机械加工厂、运输队等副业，迅速扭转了三年自然灾害造成的困难局面，增加了村民收入，南庄的工分值在李村公社首屈一指。1966年任李村公社副社长兼南庄大队党支部书记。"文革"初期遭到冲击，曾在外避难三年。1971年落实政策后，调李村公社机械厂任厂长。1974年出任公社工业办公室主任，从此与商工贸领域发生了关系。在这块新兴领域中，林瑞亮充分发挥了自己的智慧和能力，创办了一批工商企业，将崂山县和李村的经济推向了一个新的制高点。1984年，因在经济领域的重大贡献，林瑞亮被推选为山东省农业劳动模范。

在崂山干部和群众当中，林瑞亮被公认为有经济头脑，很容易接受新事物、新理念，注重科研与商贸发展，也有广泛的人脉资源，与政府部门、银行等关系很好。在李村公社分管经济工作期间，创建了一批科研所、工厂和贸易公司。1987年，崂山县政府在李村诸多小公司的基础上，组建了"青岛东方企业联合公司，"林瑞亮为董事长兼总经理。

当年为什么要成立"青岛东方企业联合公司"呢？主要是因为当时林瑞亮创办的崂山电子研究所在全国有名气，产品研发和生产有后劲。崂山县委、县政府认为林瑞亮是个明白人、精细人，也是个实干家，要支持他，利用他的人脉发展崂山经济。所以支持李村公社成立了绿化、肉食品、食品、商贸、旅游、电子、崂山宾馆、海南家电等八个分公司，在这几个分公司的基础上，林瑞亮向县委、县政府提出了组建大型商贸公司的建议，得到县委、县政府的支持，将以上八个分公司合并组建成一个大型商贸公司，起名为"东方企业联合公司，"简称"东方联。"林瑞亮对企业的未来发展极有信心，曾自豪地说"东方联是青岛明珠，要让它照亮山东大地。"

联合公司最重要的一个实体是崂山电子研究所。1978 年，林瑞亮创办了崂山县电子研究所，担任首任所长。电子所是崂山县第一个环保企业，主要生产环保检测仪器。原本是一家名不见经传的小企业，但在林瑞亮和研究所工程技术人员努力下，研究所很快研制出了大气采样泵等先进环保检测产品。短短几年时间，崂山电子研究所就在国内电子研究领域占有一席之地，成为小有名气的电子科技企业，也是在国家二机部挂号的企业。这个研究所生产的"大气采样泵"被认为是当时中国第一台环保检测仪器。当时我国的科研条件和机械设施都很落后，"大气采样泵"的核心元件是电子钟，市场上没有电子钟的产品，怎么办呢？林瑞亮头脑灵活，得知高档收音机里配置有电子钟元件后，就以每台 128 元的价钱购置了一批上海生产的孔雀牌收音机，将收音机里配置的电子钟拆下装配在大气采样泵里，终于研制装配出了高质量的大气采样泵。拆除了电子钟的收音机则以每台 36 元的低价位卖给市民。市民反映虽然没有电子钟的元件，但收音机的质量很不错，音质和收听效果强于本地市场上的收音机，很受市民欢迎。仅此一事，就足以看出林瑞亮的经济头脑了。大气采样泵刚刚研发成功，就被国家用作原子弹爆炸实验的测试仪器，被列为二机部的重点项目，填补了中国的环境检测仪器产品的空白。"东方联"也被国家二机部列为全国重点企业。

除了"大气采样泵"之外，电子研究所还研发和生产过大功率电子管（硅电子管）。这在当时都是很先进的科研产品。因此，崂山电子研究所就成为青岛市和崂山县的高科技企业。在青岛市组团参加广州贸促会时，崂山电子研究所生产的"大气采样泵"和大功率电子管等产品一直是重点参展商品，非常有名。当时全国有三家此类电子研究所，一家在上海，一家在南京，还有一家就是李村的崂山电子研究所。后来，南京研究所垮了，上海的发展很好，李村的规模虽然没有发展成像上海那样的规模，但仍在继续发展，现在新研究所落户在城阳高新区，由林瑞亮的老部下梁永做领导。

除此以外，总公司下属的绿化、肉食品、食品、商贸、旅游、崂山宾馆、海南家电等分公司也是办的风生水起，各有天地，这些企业都在不同程度上促进了李村大集商圈的发展。而其中最有名的崂山人民商场也就是"水上漂"就是总公司下属的八大分公司之一的商贸公司的组成部分，也是李村大集最典型的商业代表之一。

"林家铺子""水上漂"

20世纪八九十年代，"林家铺子""水上漂"的名字在崂山县几乎是无人不知、无人不晓。其实，这栋坐落在李村河上的建筑物的本名并不叫"水上漂，"它的正规名字是"崂山人民商场。"在李村和崂山县，知道"人民商场"的人寥寥无几，但一提起"水上漂"则无人不知，可见其知名度是如何高了。

崂山区委原副书记、青岛市宗教局长江线贤认为：在李村河上建"水上漂"是与李村大集的发展密切相关的。李村集当时辐射范围已经达到胶东半岛，李村周边五个县胶县、胶南、即墨、莱西、平度等地区的人都来赶李村集，李村集成了胶东经济圈的中心。后来在市里台东区的礼拜集被撤销后，原来的集市功能行市就合并到了李村集上，不但周边县城的人们来赶李村集，连市里的市民也都来赶集，李村集成了青岛最大的集市。特别是80年代以后，李村集的中心地位更加突出，但相对于青岛市的经济发展形势，李村的商业经济规模明显落后，整个崂山县城也就是李村只有一个崂山百货大楼是商业大户。地方商业经济拉动主要靠李村集。而随着李村集的规模、范围、影响力越来越大，原来仅仅依靠李村河滩上的集市贸易场所已经远远不够，永久性的摊位需求也越来越大。而此时，李村河道因常年失修，河道淤塞严重，杂草丛生，垃圾遍地，对李村的城市风貌和李村大集的经营环境带来了极大影响，成为市民诟病的对象和政府的一块心病，急需改变状况。也就在这种状况下，善于思考借鉴的林瑞亮将李村商业发展的目光盯上了李村大集的改造升级上了。80年代初，林瑞亮随县里组织的南方经济贸易考察团到经济发达的南方省区考察学习时，对于南方集市的发展模式很感兴趣。看到一些城市在河道上搞开发建设，觉得挺好，回来后就提出了学习南方模式，搞商贸兴市兴县，依靠李村河，在两岸打造沿河商贸区的议案。得到了崂山县委、县政府的支持，确定由东方企业联合公司来主持李村集的改造升级工程，于是，便有了"水上漂"这个商业项目。

"水上漂"原来的设计规模很大，规划建设范围东起东李村，西到闫家山，包括李村河滩和河两岸都在规划建设范围之内。建设资金由工商银行青岛分行提供，建设开发和后期管理由东方企业联合公司承担。但是刚开工不久，就遭到1985年九号台风的袭击，建设工地全被水淹没了，远远看去就像漂在水面上一样。李村当地的老百姓就说风凉话"林瑞亮的房子成了水上漂"。对于还能不能在李村河道上建房子有了争议。后来请了专家们来看了后，确定能够建设房子，于是便继续建设施工。但是经历了九号台风袭击之后，大家认识到在河床上搞建设规模不能太大，还应该考虑到泄洪和环境保护因素，就将原设计修改了一下，减少了建设规模，特别是减少了对河床的侵占，缩小了建设规模和空间。1986年，完成了李村河改造升级工程项目一期工程后，工商银行银根短缺，不能继续提供建设开发资金，后期工程就没有再继续下去，只完成了"水上漂"和两岸的商业设施建设。

曾担任过崂山林场场长的刘学永回忆道：林瑞亮搞"水上漂"的时候，我在崂山林场工作。当初"水上漂"刚刚开建，正在河底下打桩施工。当时我跟林瑞亮还不熟悉，见到他很好奇地问他："老林，你怎么在这里打桩？在河底下建东西能行啊？"林说："行！桩打得挺结实！"我又问他："在这里建东西能好（行）？"林对我说："在这个地方建东西不用花钱，还能建个景观、搞个商业。"这一下我知道他的想法了，老林确实有商业头脑。

原崂山县建委的解本清回忆说："水上漂"的建设工期较长，大约是两到三年时间。当时我在崂山县城建科上班。记得在1985年时（一种说法是1984年已经开工建设），"水上漂"的图纸已经设计出来了。工程施工要放线，我去给验的线，认为符合规划，就签字开工了。1985年九号台风过来时，刚开工不久，河底下已经打了一批桩子。台风过后，清理现场，停工了几个月时间。图纸设计前已经请专家论证过了，设计能力是可以抗百年一遇的洪水。为此，在开工打桩之前，就在李村河中央修了一条河中河，宽五六米，是用水泥硬化的，别的河段、场地都还没有硬化。1987年崂山县还没有县改区时建成竣工（一说是1986年竣工），我参加了工程验收，当时是综合验收，共有工程质量、建行、城建、基建、监管、设计院等几家单位参加验收，是按照规划设计要求验收的，验收的评定标准是合格。

"水上漂"建筑面积较大，有6000多平方米，主体二层，局部三层，非常前卫，有点欧式建筑风格，在李村河南岸，很漂亮，可以到档案馆查阅图纸，有设计单位、设计人、面积等。

河北岸的滨河路商业街工程建的要比河南"水上漂"晚得多，是90年代末嘉瑞开发置业公司建设的，是参照河南建的滨河路商业街设计的，时间应该是在区划以后了。

江线贤："水上漂"建成以后，在李村河上形成了一道风景线，这是许多人都没有想象到的。"水上漂"的房子建得很漂亮，本身在水（河）上建房就很有意境，而"水上漂"更是在河床上建了平台，平台上建了房子，成了"水上台榭。"在主建筑周边又建了很多小房子，用来开商业开发，形成了一个商业圈。

"水上漂"不是正规名称，是当时的县武装部部长崔德顺给起的，很快被李村和崂山县的人们所接受，传扬开来，成了这座商业设施的大名。后来，李村河发大水时，商业大楼因为建在李村河道上，大水泛滥时，商场犹如漂在水面上，使得"水上漂"名字更为形象。"水上漂"从此成为建筑物的正规名称，沿用至今。

"水上漂"另外还有一个名字是叫"林家铺子。"据林瑞亮的长子林中华回忆："林家铺子"的名字是当时崂山县委书记李鸿宝叔叔给起的，是根据茅盾的小说《林家铺子》（60年代拍成了电影）而起的，一是好记，二是寓意是林瑞亮建的商场。当时李鸿宝书记开玩笑说"有了林家铺子，这一下就不用到河底下（大集上）吃炉包了。"林家铺子也就叫开了。

"水上漂"里规划了若干小型商场，有百货、五金、食品、水产、服装、家电等等，其中经营的炉包非常有名。底层与李村河床相连，平时是商店，二、七大集上就成为李村集的固定摊位，实现了长期固定摊位与集市临时摊位的有机衔接，解决了一批当地居民的就业问题，也促进了当地的经济发展，扩大了李村集的经营范围和空间幅度，增加了集市人气和货物交流。从此，在青岛市区的中山路、辽宁路和台东商圈之外，又形成了李村的新商圈，对于李村大商圈的形成与发展起了重要的加速作用。同时，设计新颖，颇有水榭风格的建筑风格建设在李村河滨地区，形成了李村河和李村商业区的一道亮丽的风景线，成为吸引本地市民和外来游客观光、购物的旅游景点，扩大了李村大集的空间和内涵，也为李村商圈的形成打下了基础。可以说，"水上漂"的规划与建设是李村大集和李村商圈发展历史上的一个重要的里程碑。

"水上漂"项目建成后，与李村大集相辅相成，共赢共荣，很是红火了一阵子。后来，因各种原因，经营乏力，利润下降，工商银行撤出资金，退出商业经营，"水上漂"产权归属崂山县政府所有。后来，政府将"水上漂"产权转让给了私营业主，从此与林瑞亮和东方贸易联合公司再无瓜葛。

客观地说，"水上漂"对于李村集和李村商圈的作用是很大的，对于李村经济发展起了重要促进作用，应予充分肯定。但是，由于占用李村河道建设大型商场，对于李村河的河道和周边的生态环境保护也产生了一定的负面影响。这些负面影响引起了政府部门的关注。加之其他因素的干预，林瑞亮全面建设李村河商业一条街的规划没能完整实施。1994年以后，在李村河北岸又陆续修建了滨河路商业街等临水商铺，形成了沿李村河两岸建设集市和商业街的格局。

近年来，由于李村商圈的崛起，"水上漂"的作用和影响力逐渐弱化。加上产权变更，以及李村大集的整体搬迁等因素影响，加之设备老化、环境脏乱差，"水上漂"的经营已不复当年盛况。

筹建崂山宾馆

在李村商圈的发展历史上，崂山宾馆也是一个重要的角色。同样的，崂山宾馆的名字与林瑞亮的名字也是密切相关，分不开的。

据刘学永回忆：崂山宾馆是当年崂山县最大、规格最高的星级宾馆，也是林瑞亮一手规划建设的，也是从工商银行青岛分行引进的建设资金合作建设的企业，合资方有崂山县政府、南庄村、工商银行青岛分行，合作方式是由南庄村出土地，工商银行青岛分行出资金，三方组成一个股份公司，工商银行青岛分行占大股。开始规划的资金投入较少，后来随着工程扩大，银行不断追加资金投入，最终完成了崂山宾馆的建设项目。崂山宾馆建成后，被崂山县委、县政府定为县委、县政府的专门接待宾馆，崂山县委向宾馆派出了党委书记，大股东工商银行派遣了第一副总经理、财务总监，聘请林瑞亮担任崂山宾馆总经理。三方合作关系处理得很好。

据高会安回忆：当时崂山县基础设施较落后，县里的一般会议集中在县政府招待所，全县乃至青岛市的重要会议、接待活动都放在崂山宾馆。1988年，青岛市崂山县作为东道主，在崂山宾馆召开了"亚太地区教育为农村大众服务"会议，亚太地区教育总干事亚克·江萨参加了会议，崂山县代表孙德胜在会上发了言，会议期间参观了城阳区西城汇乡村农民教育状况。这次会议规格很高，青岛市能将会议放在崂山宾馆召开，说明崂山宾馆在青岛市餐饮住宿接待方面的地位和名气不俗。在林瑞亮的领导下，崂山宾馆业务经营很好，成为青岛宾馆餐饮业的一颗明珠，也给崂山县和李村增加了一道亮丽的风景线，促进了李村商圈的发展。

到了90年代，随着青岛市城市建设和经济飞速发展，青岛市高规格宾馆日益增多，崂山宾馆面临的竞争日渐激烈。工商银行因执行中央和上级要求，要从崂山宾馆撤资，提出由政府将股份收购，而政府又没有资金收购，宾馆的经济效益下滑。经过几次谈判，最终议定由崂山县政府将股份回购，分批付款。这样一来，崂山宾馆的经营模式发生变化。而正在这种情况下，林瑞亮因劳累过度突发心肌梗死入院抢救。虽抢救及时得以病愈，但身体依然衰弱。区委鉴于其身体健康情况，对如何安排林瑞亮工作和职务的问题进行研究，认为林瑞亮是有贡献的，但年龄已高，身体欠佳，如果安排进企业工作，不仅身体不允许，工资待遇也将受到影响，不能亏待了这位老同志。可安排进政府又不可能，进人大当领导的话年龄又大了。最后与政协领导协商后，安排在崂山区政协任专职常委，是年已经57岁了。区级政协设置专职常委，林瑞亮是第一人，也是专门为林瑞亮量身打造的一个职务，足以体现崂山区领导对林瑞亮本人和其贡献的肯定。

2015年，林瑞亮溘然长逝，终年82岁。

讲　　述：江线贤　青岛市宗教事务局原局长
　　　　　刘学永　原崂山县林场场长
　　　　　高会安　原崂山县教育局局长
　　　　　解本清　原崂山县建委科长
　　　　　林中华　林瑞亮之子
采　　访：张树枫　吴　娟　刘　锦
整理编纂：张树枫

李村街往事

　　我的父亲叫王圣刚，是即墨本地人。小时候家里很穷，从小要饭，很早就到青岛来讨生活，给人打工。后来学会了说德语，又学会了开汽车。当年青岛有一个中国人办的汽车公司，买了几辆汽车跑运输，当时满青岛只有三辆小汽车。我父亲给一个德国人开小轿车，开的是美国小轿车，一个气缸，只能拉一个人。开汽车是技术活，工资收入挺高的。积攒下一点钱后，才成了家。父亲有了钱后，就自己做买卖，租了一个小公共汽车，专门跑青岛到烟台的客运线路，每年能赚1200大洋。后来发生战争，把公路破坏了，客运干不了了，买卖赔了，干不下去，就离开青岛跑到了承德。当时日本人占领了东北和热河。我父亲到了热河时，正好赶上日本人招收司机，参加考试的有六个人，只招收了三个人，这是85年前的事，算来应该是1932年。当时承德全城只有五辆汽车，我父亲考了驾照，开起了汽车，收入高了，生活富裕了，就把我们全家从李村带到了承德。我出生于1922年，八岁那年在李村老家上的小学。学了一年，就随同家人到了承德，在承德上完小学上初中，读的是承德师范。16岁时，经人介绍，跟承德一个姓黄的老太太学习针灸。黄老太太当年已经接近80岁了，既喝酒又抽烟，还抽大烟（鸦片），但是耳不聋眼不花，身体很健康，针灸技术也非常好，我也认真地学。后来又跟一个叫斋藤的日本人学针灸，这个斋藤也70多岁了。学了两年后，又转学去了北京，就读北京宏达学院，上的是高中。1941年从北京回到青岛。当时青岛在日本占领下，为了逃避日伪征兵，不愿在市里干，就跑回了即墨老家。20岁结婚成家，帮着我小时候的学校校长做一点工作。

1945 年日本投降后，我在青岛市里一个私人诊所坐诊。当时我年轻，技术也挺好，但自己开不了门头，就在家里给人看病。后来我治好了一个很难治的病症，因此进了国民党青岛市政府的卫生局。因为我懂医，又会日语，就被国民党市政府派去参加接收日本医院，接触了很多日本医生。当时日本的军人战俘都遣返回日本了，没有政治问题的医生等技术人员没有遣返，继续留用。我当时跟日本医生接触较多，记得有内科博士渭河、妇科博士三泽、妇科博士智内元、耳鼻科博士山口等。除了学习德国、日本的医科外，我还会针灸，所以我的水平还是很不错的。后来就在李村滨河沿上，开了一家"王先生诊所"，自立门头，公开给人家看病。1957 年进了青岛市第五人民医院（李村镇医院），一直住在李村河北，因此与李村镇和李村集结下了不解之缘。

青岛解放前后李村没有大买卖，连个中户都没有。刚解放时，河北（村）只有几个业户，逢集时还有点买卖，平时就没有多少买卖。较大的买卖家有宋胖、付春荣，侯家油坊、三兴栈、照相馆、万泰堂、药铺等经营的也还可以。

在我诊所附近有很多店铺，每次出诊都会经过这些店铺，所以记忆很深刻。在教堂以东有大车店，店主是个老太婆，有四个儿子，房子有 100 多平方米大，没有大车，只住人。大车店对面有一个照相馆，店主是诸城一个叫刘瑞芬的，是四几年开的，是当年李村唯一的一个照相馆，买卖很好。刘瑞芬没有儿子，闺女不知道哪儿去了，后来还干不干了我就不知道了。

靠着照相馆的是李村街上出名的店铺叫文裕堂，店主是掖县人，开的是毛笔店铺。店铺是个二层小楼，大门朝北，楼下店面一大间，卖笔、纸等文具，二楼是做笔的。都是几个弟兄自己做笔、刻字，没雇外人。文裕堂的毛笔什么型号的都有，用的笔杆子、狼毫、羊毫等都是很讲究的。笔杆是从南方进的，自己在笔杆上刻字。羊毫笔分大中小型号，质量有高中低三个档次。房子中间放一个大案子，弟兄几个或跪着或坐着，在案子上梳理羊毛。老三、老四字写得好，就在笔杆上刻字。

街上有个药铺叫万泰堂，开得很大，除了自己人参与经营外，还雇了一个伙计。在万泰堂西边也有一家药铺，药铺开得很早，但买卖不太好。店主老两口都有80多岁了，身边有一个老闺女，已经50多岁了，药铺的事主要靠这个老闺女忙活。老先生是个典型的老顽固，老太太和闺女都是清朝打扮，是李村街上很特殊的一家。旁边有一家三兴栈，是制作糕点的，主要是蛋糕和桃酥，糕点的质量非常好，我经常去买来吃。沧口国棉的职工逢年过节都到三兴栈去买蛋糕、桃酥带回去看望老人，口碑好，因此发的财。万泰堂和三兴栈是李村很有名的两家店铺，都是在京口路桥头地方，三兴堂在桥的东边，万泰堂在桥的西边。

李村河北打炉包的很多，但都没有门头，逢到大集就在集上现打现卖。最有名的炉包有两家，一家是刘贵玉的儿子刘成仁，另一家是李振海，是打炉包带卖火烧。刘贵玉家住在河北，紧靠教堂，教堂在路北，李振海家在路南。一到赶大集的日子，这几家打炉包的就在河底下的集市上垒起炉灶，现做现卖。来李村赶集的人都喜欢吃他们打的炉包，不管打多少每集都能卖完，生意很好。

河北村还有一家开饭店的，店主很胖，大家叫他宋胖子，说话有鼻音，是北京人，他是自己掌勺自己做菜。饭店除了炒菜，还自己做猪头肉，都很好吃，在李村很有名。宋胖的饭店规模不大，加上李村人比较穷，平时没有多少人上饭店炒菜吃饭，买卖也就不多。到了赶大集的时候，吃饭的人就多了，大家相约到宋胖的店里点几个菜，倒上酒，一起乐呵乐呵，店里的买卖就多了。

1950年，街上开了一家老俊开成衣店，是两口子开的，有个闺女。成衣店专门给国棉的工人做衣服，在李村集上选好料子，到屋里去做衣服。

在药店周边还有几家店铺，有个叫王崇航的，是弹棉花的。侯家油坊挺有名，在药店边上。旁边有付春荣家的酒坊，是自己做白酒来卖的。

李村河南岸是河南村。河南村的买卖要比河北的买卖多，两村各有各的优点。河南的糕点样式多。益生茶庄是个小买卖，面积不大，老板姓邵，今年（2017年）刚走，100岁了。河南有几家中药铺，其中一家老板姓胡。一家药铺叫友信堂中药铺，坐诊的中医叫于宫林。另外的一家药铺的名字忘了。村里有家马掌店，老板姓倪，有自己的烘炉，是自己打铁自己钉（马掌）。有一家租赁铺，专门出租红白喜事仪具的。另外，还有专卖制作纸人纸马的扎彩店、修表店等。

每逢农历初二、初七就是李村集。李村集规模很大，从东李村一直到杨哥庄都是李村集的范围。赶大集的人多，卖的东西也很多，都说在李村集上没有买不到的东西。像家常用的席子、鞋子、布、瓷器等等都很齐全，都在河底下。

李村地少人多，当地老百姓都很穷，吃的都是菜团子、杂粮，没有钱。所以新中国成立前没有富人家，能吃饱饭就是了。新中国成立后，在工厂当工人的有工资，生活好一点，但要养一大家子，也不富裕。所以李村当地人的购买力不高。记得在三兴栈买糕点，一般也就是买两个蛋糕、两个桃酥，不能多买。买酒就只能是买四两、半斤或者一斤，多了买不起。至于茶叶也没有太好的。

但是应该说，李村的人都很好，讲信用，不欠钱，不赖账。特别是在工厂里当工人的，觉悟那是百分百的高。当时钱少，经常家里没钱了到邻居家借。工人每月有工资，发工资后马上还债，然后再去买鞋、买布，剩下的钱交给公公婆婆家和娘家。这些工人原来都是睁眼瞎，但工作几年后都能看报纸，也敢在大会上讲话了。我给人家看病，很多病人就是他们的孩子、家人，没钱就先欠着，一发工资马上就来还看病的钱，从来不欠钱。

李村街上也是藏龙卧虎。当时在李村福利院里有个老红军，叫赵振德，为人慷慨热情，经常找我看病、聊天。他自己经常讲他的历史，说是与开国将军萧克、肖劲光、杨成武、李水清都认识。开始我以为他是说大话。后来崂山县没有拖拉机，就请他帮忙买台拖拉机。赵振德二话没说，上北京去找了萧克，萧克一下子给了两台东方红拖拉机。拖拉机运回来的时候，轰动了整个崂山县。

赵振德是解放军411医院机械修理所里的一个老排长，是修理火炮的。在一起聊天时问他：你是老红军怎么才是个排长？他说：别提了！我是1938年1月参加的八路军，挂了红军的边。为什么要参军？是因为叫日本鬼子欺负的不得了了，就杀了日本鬼子，带着刀枪到了长城，被当地的游击队抓了，怕我是特务。后来一了解，就把我送到了延安，在八路军队伍里干到了团长，屡犯错误，最后降到了排长。他说，在延安的时候，李水清是卫队长，李的夫人是机要秘书，我是卫士，跟李水清关系很好。到了前线，敢打仗，一步一步地当上了副团长。抗美援朝的时候到朝鲜。平时吊儿郎当，打起仗来能打敢拼。但到了"三反""五反"的时候，被逮捕了，押送到北京，说他有两辆汽车、两个夫人，是大贪污犯。押到北京军法处一审问，知道是得罪人了。半年后证明没事，要释放他，他坚决不出来。后来还是李水清做工作让他出来。李水清说：赵振德这个人是大错不犯，小错不断，给个少校养起来了。赵振德的夫人给萧克当过佣人（服务员）。"文革"时说赵是假党员、假红军。萧克也被抓起来了。赵的女儿是红卫兵，赵就把萧克弄走藏起来了。真红卫兵来了，找不到萧克，把赵整得很厉害。后来平反了，以后不久就得病去世了。

讲　　　述：王文东　青岛第五医院退休医生

采　　　访：张树枫　吴　娟　刘　锦

整理编纂：张树枫

早年李村集回忆

1936 年 10 月，我出生在李村河北村，至今几乎所有的岁月都在这片土地上生活和工作，命运也和这片土地紧紧地联系在一起。对这片生我养我的土地，我充满了感情和依恋。所有的悲欢离合、酸甜苦辣都是这片土地给予我的！

小时候家里很穷。我幼年丧母，父亲落魄，四个孩子养不起了，就都送了人家。我三岁时被送给了时任青岛市公安局第六分局的局长当养子，养父养母没有孩子，对我十分宠爱，视若己出，还将我纳入了叶氏祖谱，从小对我进行严格的培养和教育，使我从小打下了很深厚的书法功底。

1947 年，国民党政权进入了全面衰败崩溃的局面。养父万般无奈之下，撇下我和养母经香港去了台湾，从此亲人天各一方，音信全无，留下我们孤儿寡母相依为命。养母靠着微薄的房租，精打细算维持我们的生活，继续供我读书。

我小学毕业后在崂山文化馆帮过忙，挣点零钱补贴家用。后来养母要我继续读书，初中是在青岛五中上的，也就是现在的五十八中，高中是在青岛二十五中上的。高中毕业后，由于家里的生活越来越窘迫，遂放弃了考大学的念头，尽管当时我的各科学习成绩很优异。随后被分配到山东省地质厅 801 队工作。工作中我勤勤恳恳、认真负责，颇得领导的赏识。正在我的事业风生水起的时候，养母年事已高，自己一个人在家已无法生活。我便毅然辞职，在单位领导的百般挽留中从济南回来，在李村河北村务农。回来不长时间，河北村成立农具修理厂，我是创始人。当时条件很艰苦，没有技术、没有设备、没有资金，我们几乎是白手起家，我自己设计、绘图、描图、晒图、组装机器，什么都干，后来这个厂子发展成崂山电扇厂，又叫青岛电扇厂，是当时青岛地区唯一一家生产家用电扇的工厂，我们生产的"灯塔牌"电风扇畅销全国各地，一度引来了全国一些同行前来参观学习，后来有些成了这个行业中的龙头老大。现在回忆起那段创业的岁月充满感慨，能把一个村办小厂发展成河北村当年的支柱产业也挺不容易的，也算是没有虚度人生的大好时光。

我是土生土长的李村人，李村的一河一桥、一街一巷都印在我的脑海里，尤其是童年的记忆是那么清晰，经常像过电影一样浮现在我的眼前。

日本人侵占青岛的时候，我那时上小学。记忆中日本军队把李村小学给占了，成了他们的兵营，军马把校舍的廊柱子都给啃了。有日本兵在李村小学门口站岗，手里拿着三八大盖枪，站着一动不动。我们一帮小孩儿对着站岗的日本兵，扔小石头。日本兵闭着眼，也不动，因为李村是日本统治的中心地区，他得装样子，守纪律，不敢随便祸害老百姓。但一出"卡子门"就暴露出了本性，烧杀抢掠无恶不作，把外边的老百姓害苦了。

李村小学东边是李村监狱，关着很多中国人，我曾经见过在监狱里有个人可能要被提去受审，戴着手铐、脚镣，铁链子捆着身子套着脖子，非常吃力地挪动着身子，几十米的路走了十几分钟，后来听大人们讲那是共产党的要犯。1941年，李村监狱发生过一次惊心动魄的劫狱事件。我的家离监狱很近，只隔着一条马路，就在今天的五星电器那块地上。有天晚上忽听外边枪声大作，那枪声仿佛就在耳边，母亲搂着我躲在墙角，娘俩吓得直打哆嗦。后来才知道那是国民党崂山保安队来救被日本人关在李村监狱的国民党保安队长高芳先。

日本投降后，国民党军队进驻了李村，那时我已经十几岁了，对这些事记得还是十分清楚。国民党8489部队是国民党的青年军，当兵的全是高中生，但军纪作风非常差劲，在李村声名狼藉，所到之处"鸡犬不宁"，老百姓骂他们是"上山砍树、下山打狗"。开始他们驻扎在枯桃村，砍老百姓的桃树、梨树烧火做饭、取暖，抓了老百姓家的鸡、狗烧着吃，老百姓敢怒不敢言。后来驻扎到李村街上，占老百姓家的房子，也不给房租。当时我家是四合院，被迫将东、西两厢及北屋的西间让给当兵的住，白住不给钱。东厢房住的是军需部，虽不给房租，但我和母亲可以去吃他们的饭，算是小小的补偿吧！1947年冬天，李村突遇一场百年不遇的大雪，雪下了一整夜，清晨起来被大雪封门了。我和母亲住北屋的东间，在西间住的有个班长人还不错，使劲推开屋门，闪出只能容一人出去的一道缝出去撒尿。住东、西两厢的士兵就不论乎了，就在屋里拉屎尿尿、点火取暖，把我家过冬的柴火都给烧光了，我和母亲也只有忍气吞声的份。青岛解放前夕，这支青年军开拔到连云港，据说让八路军给包了圆儿，全都死在连云港了。

大家都知道，青岛是1949年6月2号解放的。6月1号晚上，位于李村东南方向的枣山上枪声大作，是密集的机关枪声，像过年放鞭炮一样，打了一整夜，天亮了没有动静了。后来学校组织我们上山植树挖坑，挖出了好几筐的子弹壳。

小男孩儿的好奇心强。听到枪声一停，我就跑到后街上看热闹，结果被邻居婶子一把给拽住了："赶紧回家躲着，听说八路军打进来了，不要命了！"由于之前国民党经常向老百姓宣传，说八路军青面獠牙、杀人如麻、甚是可怕，我一听就赶紧跑回家，从正屋的后窗缝观察。因我家的后窗正对着通往沧口的大马路，就是现在的京口路，以前叫李沧路。不多会儿，就看到八路军的先头部队从北面进来了，他们行进得很迅速。战士们光背着枪弹，没有行李，每人脖子上挂10个烧饼（我数的），没有像国民党宣传的那样"青面獠牙"啊！正在这时，从南面打来了几炮，当官的一声"疏散！"战士们迅速藏在路旁的房根下。后面大部队紧跟进来了，高大的战马驮着大炮浩浩荡荡地进来了，大部队就在李村河滩上休整。大约将近中午吧，忽然又听到几声炮响，后来才知道炮弹是从海上一艘国民党撤退的军舰上打来的，由国民党的特务从大山发的信号。第一炮打在侯家庄，第二炮打在杨哥庄，第三炮正好打在李村河底。在李村河滩上休整的部队一下子中炮了，死了11个战士，这些牺牲的八路军战士就埋在了李村，真是惋惜，没有看到青岛的解放！部队住下以后，向我家借了面板、面盆包饺子，还给我和母亲送来了两盒饺子。还东西的时候，打碎了一个面盆，就赔了钱，赔的是北海银行的钱。当时青岛刚解放，北海银行的钱还不好使，但解放军损坏老百姓的东西要赔偿，这就跟国民党不一样。

关于李村集的历史，据老人们讲，明朝万历年间就有李村集。李村集是逢农历每月的初二、初七、十二、十七、二十二、二十七每隔五天赶一次集，所以遇到小进月就会有四天赶一次集。

李村集市的规模很大，东起东李村，西至杨哥庄，长约三里，散布在宽50～100米的河滩上，每逢农历二、七，五天一个集，乡民在集上张棚设摊，米粮、布匹、木器、农具、家畜、家禽、果瓜、蔬菜，应有尽有，得益方圆百余里百姓，集会人数达二三万，是远近闻名的大集。

日本人占领青岛后，到处修碉堡、挖"惠民壕（封锁沟）"，封锁青岛市区、李村与崂山、即墨当地的道路交通，在果树园艺场和夏庄路口、大崂路口设了卡子门，进出李村都要从卡子门走，老百姓进出李村都要受盘查，翻出违禁品就要没收，轻者挨打，重则抓起来关监狱。日本人对洋火（火柴）管得最严，生怕贩出去让八路军制作弹药用。有的小贩买了洋火不敢走卡子门，就从封锁沟里翻过去，鬼子看见了就用枪打，专打背着的洋火包包，一打就起火，全烧光了。鬼子查得严，进出不方便，赶集的人就越来越少了，做买卖的人生意很难维持了。到了国民党统治时期，整天还是打仗，兵荒马乱、民不聊生，加上国民党贪污腐败、祸害乡里，李村集越发不景气。当时在李村横行乡里的是伪保长和地保，在李村集上祸害作业的也是这些伪保长和地保们。伪保长有工资，地保没有工资。于是，每逢年节，他们就在集上"抓集"（吃拿卡要），到了年底就在集上扒三次集，一批人到集上抓集，挨个摊位抓一些，送到保公所里，晚上吃上一顿，其余的都被地保们分了。老百姓对他们的为非作歹恨之入骨，但只能逆来顺受。国民党统治时期也是这样。所以说，日本和国民党统治时期真正作蹬李村集的就是这些人。

日本投降后，我年龄大一些了，对李村集的记忆就深刻多了。在日伪时期和国民党统治时期，李村集赶集的时间很早，清晨三四点钟，就有住在河南、河北的一些居民根据上一集商贩的约定，拿一些木板或者拎一条破席子到集上占个地界给需要摊位的商家，先抢占下好的摊位，等赶集的商家来了，会付给他们一定的报酬。这也是当地一些人的额外收入。

大集周边方圆百里的农民来赶集，携带的大都是自产的瓜果、蔬菜、粮油、柴草，手工制作的饭帚和扫帚，自蒸的馒头、烤的火烧，自杀的猪牛羊肉，自养的鸡鸭鹅，渔民出海捕捞的鲜虾鱼蟹，腌制的鱼干、虾皮、海蜇、海带、海菜。商贾和小贩带来了锅碗瓢盆、腌咸菜的大小陶缸和瓷缸、布匹和成衣。做熟食买卖的，有打炉包的，有卖烩饼的，有馇锅子的，有卖饺子的，还有专卖粽子的。还有骡马市、破烂市。说书的、唱戏的、拉洋片的、变戏法的、卖跌打药丸的，更有那吆喝声最大的卖耗子药的。总而言之，大集上可以说是应有皆有，在商场里买不到的，在集上几乎全能买到。只有你想不到的，没有买不到的。

对李村集市印象较深的有这么几个市场。

第一个是破烂市（又名旧货市），位于大集的最东端，在当时医院的下面。

你别小看这个破烂市，它既是个藏污纳垢的地方，又是个藏龙卧虎的地方。对于识宝的人来说，可以在这里以最便宜的价格淘得古董字画，或者价格不菲的玉石玛瑙，这要看你的运气和眼力了。

当时，没有废品收购站，所有在搬家或打扫卫生时清出的破烂几乎全部卖给了收破烂的。由于当时人们的文化程度都比较低，很少有识别古董、古书籍和值钱的东西，收破烂的出个价，只要感觉合适就卖了。所以在破烂市里，大部分是收破烂的处理这些东西的地方，其中也有少部分是为了生计，把家里的一些暂时用不着的工具、衣服、家具、古旧书籍、旧报纸、旧杂志、铜钱等，拿到街上换钱用。

因此，这个破烂市也确实为穷苦的老百姓解决了不少的难题，同时也为收藏家提供了一个淘宝的地方。

第一个是柴草市。当时，农村极少有烧煤的。在这里，有烧火用的山草、松毛（松树枝子）、劈柴、松胡笼（松球），有喂牲口用的干草（谷秸），盖房子和打帘子用的胡秸（高粱秸）、麦秸等等。

山草，是山里的农民把山上的草割下，就地晒干，用藤葛蔓子拧成绳子，把草捆成一个长方体的草捆，每个都有一二百斤重，在山上找一个地圻子（陡坡）把草捆立起来，放到背上下山，要一口气背回家，中间不能放下休息，因为放在地上你就起不来了。在赶集的清晨，有大车的，用大车拉到集上来。没有大车的就用小推车，一面一个，只能推两个草捆。要走二三十里路才能赶到集上，是非常辛苦的。

松毛和劈柴也是这样打成捆。松胡笼（松球）一般要在入冬以后才会有，是生炉子用的，用麻袋装得满满的，封口用松枝盖严，用葛蔓子穿过麻袋边沿封住，就撒不出来了。如果你要连麻袋一起买，要另付麻袋钱，否则，你自带麻袋另装。但最好选择另装，因为原麻袋里很可能藏有石头或土坷垃，那你就吃大亏了。就连山草和松毛也要仔细检查，那里面也可能掺假使水，压分量。

在草市里，有专门拿大杆秤的。双方谈好价钱成交后，带秤的人把草捆挂上秤钩子，用一根棍子插在秤系绳里，由两个人将秤抬起来，一个人掌秤，称出重量，买卖双方自己算账。然后，由卖家给拿大杆秤的一点小费。草市里算账很有特点，没有算盘，没有纸笔，只要在沙滩上摆上几块小石头，挪来挪去摆几次就算出来了，我是看不懂的。

第三个是骡马市。李村集骡马市很大，卖的有骡、马、驴、牛、羊、猪和猪仔。在市面上，马是很少见的，主要是骡子和黄牛，它是农田里拉耙犁地的得力助手，但也只能是富农和中上农所能使用得起的，至于贫下中农是用不起的。然而，驴却是推磨拉碾的好苦力，多是做馒头的和做豆腐的家庭小作坊买回去，天天磨面和磨豆浆用的。

骡马市里有名曰"经纪"的人，往往买卖双方不能直接交易，双方都要聘请"经纪"，通过查看牲口的岁口（牙齿的多少）鉴定它的年龄，通过蹄子和膘肉鉴定它的健康程度，然后，"经纪"之间在袖口之内通过捏指头议定价格，再分别和卖主、买主商谈，最后成交。买卖双方都是要付费的，至于羊和猪仔则是直接自由交易的。

第四个是粮食市。粮食市规模不小，卖的粮食大部分是粮食贩子从外地贩来的五谷杂粮，都是用麻袋和口袋装着，用大车和小推车运来的，摊位很大。也有附近农民自产自销的五谷杂粮和地瓜、地瓜干，都是用偏篓和面袋子装着，摊位很小。市上人头攒动，熙熙攘攘特别拥挤。民以食为先，李村附近土地很少，外来的商号和租屋居住的外来人口很多，对粮食的需求还是很大的，所以生意特别兴隆。

除了这几个行业小市场，在我童年的记忆里，李村集上最能吸引我的还是那些好看的新鲜玩意儿。如当时集上就有了 3D 电影，外形跟老式照相机差不多，有两个眼儿，摊位上挂着十几个机器，想看就排队交上钱，摊主给你一个机器自己看，里面的幻灯片就是立体的：有个人在抽烟，那烟像真的一样，袅袅地往上冒，这一幕经常在我的脑海里浮现，挥之不去。还有无声电影，搭个大棚子，里边泓黑，能坐下七八个人，没有光源，就用镜子折射进光来，放映员手摇着片子放电影。有部影片叫《捉猴子》：一个丫丫葫芦里面装着猴子喜欢吃的食物，猴子想吃就伸进手去，可是里面是一个气球，猴子抓住了食物手却拿不出来了，但还不放手，于是这只猴子就被捉了，看得棚子里的人前仰后合，哈哈大笑。还看了一部叫《人猿泰山》。放电影的地方就在老漫水桥头河南边的沙滩上，几乎每个集都有。当时看电影属于"高档消费"，要花钱的。养母平时给我的零花钱，我几乎都花在看电影及拉洋片上了。

李村集上大众娱乐项目也很丰富。每逢集市，在李村河北沿（"水上漂"的尽西头）戏台子就扎好了，说书的、唱戏的、开大会的什么都在这里，是李村集的文化娱乐中心。京剧、柳腔、茂腔都能听到，在这里唱戏的没有外地的剧团，都是当地村里的民间剧团。当时著名的有杨哥庄剧团、水清沟的柳腔剧团，观众看戏不给钱，叫"漂戏"。剧团自己花钱去唱戏，戏服都是自己村里置办，一年四季只要逢集就有戏看。有时来的剧团多了，就轮流唱，你方唱罢我登场，好不热闹。再不就唱对台戏，对台戏不在集上唱，在外边的空地上唱，青岛解放前后都是这样的。

河北村里没有戏班子，有秧歌队，踩高跷、扮猴戏，在十里八乡是很有名的。每年进了腊月门，秧歌剧团就到李村街上的大买卖家演戏、收钱。其中王宝山家买卖最大，财大气粗，将铜钱穿成一串一串的，用箩筐装满铜钱，吩咐家人抬到大门前，说："拿吧，能拿多少拿多少！"这时候扮猴子的演员就双腿劈胯，然后往身上背钱串子，背满了就从地上蹦起来。如果能蹦起来，钱就可以拿走，如果蹦不起来钱就不能拿走。每次有这样的演出，都会吸引里三层、外三层的群众前来看热闹。每当扮猴子的演员表演背钱绝活的时候，人们就都屏住呼吸，为他捏一把汗。当看到他从地上飞身一跃，成功将铜钱背起来的时候，人群顿时沸腾，为他鼓掌叫好，这成了李村人每年必看的一件趣事。

提起李村街主要是指河北村。因为明朝初年姓李的人家最早迁到了李村河北居住，形成了最早的自然村，所以叫李村。后来外地逃荒的迁过来了，住在李村原住户的四周，村子扩大了。再后来姓刘的人家迁到了李村河南边，形成了河南村。河北村的土地好，建的房子也好，做买卖的人多，也是李村集的主要场地。说起来很有意思，在李村做买卖，只要是在河北沿干，买卖必定干得好、干得大。到了河南沿，买卖就干不好，大买卖是这样，小买卖也是这样，就连卖蔬菜的也是河北卖得好，河南卖得不好。大家都说"发河北不发河南。"李村河北地气好，干什么发什么。青岛解放前的主要买卖都在河北，但大的商号都是外地人开的，像文裕堂、高记药房等。新中国成立后的商业也是一样。现在李村商圈的七大商场主要集中在河北。崂山县百货公司（崂百）在李村河北边干得红红火火的，后来邵立芬（崂百的老总）把在河南的体育场仓库租下来了，搞批发，商业就赶不上河北，干不下去了。妇女儿童商场，李村人叫"老婆孩子店，"建在河南，没过几年都垮了。宝龙建在河南，一直半死不活的。还有"水上漂"也是这样，就是不景气。反正在河南干商业就是不行。

政府建的大一些的公共建筑也是河北的多。从德国刚占领青岛时的规划来看，建设重点也是在河北。像基督教堂、李村华人监狱、李村巡捕局、政府机关等都集中在河北村。后来的李村小学、李村师范、李村医院也是在河北。河南只建了农科所、电报局、汽车站，都是很小的规模。

李村集主要也是在河北村地界，集市范围长时间都在李村河滩上，中间迁徙了几次，都离不开河北村的地方。在集市上搞经营的也以河北人为多。农历二、七村民都去赶李村大集，平时在李村街上做买卖的有五六十家固定商铺。因此，李村街上平时也很热闹，赶大集的日子人特别多，河滩上、街道上人挤人。就是不逢集的日子，来街上买东西的人也不少，有赶大集的一半多。一些人做买卖直接就靠李村河生活，像李村最早的一家烧茶炉的店铺在河北街上，水就直接从李村河里取，就是在李村河沙滩上挖个坑，用个筐子放在坑里，稍微澄清一下，直接用瓢把水舀到桶里，装到独轮车上，一次能装六桶，推回去倒在燎水的大炉子里烧开水卖，真正是"靠山吃山、靠水吃水"。合作化以后烧水房成了集体企业，仍然由原店主经营。1964

年"四清运动"，被查着了，罚款200元。因为什么呢？原来经营者家里边用的开水都是直接从炉子上接的，每天用三大壶开水，一壶水值二分钱，这算是利用工作之便贪污集体财产。最后，根据用水量折合退赔了200元。后来河水脏了，人们就不再吃河水了。

青岛解放以后李村大集发展得更大更好，已经成为青岛乃至全国一道独特的风景线，前几年还上过央视四台的专题节目，可谓享誉海内外。

讲述撰稿：陈云鹏
采访整编：张树枫

南庄子与李村集

据说明朝时候最早是姓李的迁来居住，这地方就叫李村了。李村的几个村庄都在李村河两边，河南、河北的名字就是因为李村河而起的，河南沿的村叫河南（村），河北边的庄子就叫河北（村）。李村集就在河北、河南两个村庄之间的河滩上，李村集从明朝算起已有几百年了。

德国人占领青岛后，在李村河北村占了一块地，建了一个监狱，把居民迁到东北庄去了，就在李村监狱的东北方向。

我们南庄子原来叫集南庄，因为在李村集的南边，离集有二里地。

李村周边有几处历史建筑，南庄子有清凉院，河北村有三官庙、关公阁、德国教堂、巡捕房、李村师范。河北村村子大，有很多青瓦砖屋的老建筑。

李村集与清凉院庙会有密切关系。清凉院旧址在南庄子，有 1000 多年历史，庙里有一棵很大的青桐树，是李村最大的庙宇。每年正月二十到二十二，是清凉院庙会。这三天四乡八村的人都来赶庙会，卖什么的都有，人多得很。"文革"的时候，清凉院给拆了，庙会也不办了。庙前的擂鼓石最少也有 500 年了，拆庙以后散失了多年，后来被我发现，叫叉车运走了，放在区文化馆，现在可能在李沧区文管所。村子里有个贞节碑，是一个王氏女，14 岁结婚，20 岁死丈夫，自己拉扯着儿子。后来就给她立了个贞节碑，是宣统三年立的，放在路旁边。村里的老人不让孩子去坐，说小孩坐了烂腚（屁股）。后来建防空洞，石碑被埋在地下了。再后来出土时，报纸报道了。还有一块李氏的贞节碑，现在也在区文管所。当时写过文章，只有前半截，碑文没填，就没有发表。

河南拆迁时没有保留文物。有个百年老屋青瓦石墙，工艺很好。我当时在拆迁办，建议留下来。有人说："留下来？那得多少钱！政府哪来的钱！拆了。"拆的时候，屋梁四直，大门很好。据说房子的主人当年在青岛市里给德国人开汽车，有钱，才盖得起好房子。后来有人出了钱，把拆下来的四间屋的材料集装箱拉走了。

李村集的特点就是东西多、赶集的人多，没有买不到的东西，也没有卖不了的东西。以前人穷，东西再差，只要价钱便宜都能卖掉，人们常说"臭鱼烂虾，李村集是老家，"就是这个道理。以前年纪小，赶集印象较深的是卖吃的和卖粮食的。在李村集有卖豆腐的、馇锅子（脂渣）的、卖炉包的，也有几家杀牛坊，从外地收了牛回来杀了出去卖。青岛解放后重视农业，不准杀大牲口，杀牛坊关了。李村集卖馇锅子的很多，有二三十家的样子，一年到头都有卖的，河南、东李、南庄子的人都有干馇锅子的。炉包分常摊和集摊，常摊天天有卖的，集摊是逢集期才支起摊子来卖。1961年到1962年生产队的时候，南庄子也办过炉包铺。在大集上搭了大棚子，每个生产队建一个大棚，专门卖炉包。炉包个头不大，一盘十个，每盘一元钱，非常好吃。干了两三年就不干了。

我们南庄子地少，土质也不好，粮食产量低，村子穷。所以好多人就靠着在李村集上做点小买卖来维持生活，养活家人。也有很多人出去扛长活、打短工、推脚（推着小独轮车送人或送货），也有不少要饭的。新中国成立前南庄子全村72户，有一半的人靠李村集谋生。在李村集干的主要是馇锅子，当年形容南庄子是"二十根要饭棍、十二把勺子挖锅子"，说的是有点本事的到集上卖馇锅子，没本事的就去要饭，是旧社会南庄子的真实写照。新中国成立后，日子好了，在李村集上做生意的人逐渐少了。20世纪80年代，南庄子在集上主要是贩鱼和卖菜的，有将近10家贩鱼的摊位、四五户卖菜的摊位。

20世纪80年代以前，粮食市是李村集最热闹的市场之一。特别是到了

179

春天青黄不接的时候，周边的村民都背着麻袋去集上买玉米、买地瓜干。有的嫌地瓜干价钱贵，不买，结果等了半天再去买，人家卖完了。回家没有吃的，就只好去邻居家借，下一个集上再去买了还给人家。俗话说，衣服买不起新的可以穿旧的，粮食没有吃的可不行。当年集上买卖粮食和牲口的双方交易都是用一块瓦碴（瓦片）做记号，谈成了，把瓦碴一分为二，各拿一块，约定时间来兑付，等事后拿钱来换粮食或者牲口。如果约定兑付的时间过了，就另卖他人。但具体的交易方式过程详情不明。

当年李村的啤酒花也很有名。早先啤酒产量低，啤酒花是工厂自己种植，后来啤酒产量提高了，啤酒花不够用，在1958年，政府给李村的河北、河南、南庄下计划，种植啤酒花。河南、河北各种了100多亩，南庄地少，种了30亩。市里派人来指导种植养护。啤酒花收下来就送到车间烘干打包，送到啤酒厂做啤酒原料。20世纪70年代初，新疆、甘肃、内蒙古等地到李村来买啤酒花的树苗，3分钱一株，买回去以后形成了产业，产量高、质量佳，比李村产的啤酒花好。慢慢地就顶了李村产的啤酒花了。到了1985年，李村的啤酒花种植就正式下马了。

对于李村集的搬迁，在老百姓里边有各种看法。有些人对搬迁大集不满意，主要是说买东西不方便了，也有的摊贩说销售量减了。大集这种经营方式，缺了也不行，能起一个调剂作用。

讲　　　述：刘昌祥　李村南庄村村民

采　　　访：张树枫　吴　娟

整理编纂：张树枫

李村庙宇与清凉院庙会

在山东和青岛的宗教历史上，李村从来都没有著名的宗教庙宇，不但无法与名扬四海的崂山宗教庙宇相比，即便与周边的浮山所、青岛口、四方、沧口也不能相比较。因为李村所谓的宗教庙宇，不是像太清宫、华严寺那样正宗的道教、佛教庙宇，而是各个村庄自立的村庙、家庙，在建筑规模、土地庙产、住庙人员和社会影响力方面都无法与正宗庙宇相比照，但它在地域文化领域的作用则是不容忽视的。

最早对李村庙宇进行正式调查统计是在德国侵占青岛以后的 1904 年。当时的统计结果是李村有三家庙宇："1. 三官庙，2. 玉皇庙。两处庙宇共占有土地（庙地）21.06 亩，各有一名自己耕种着 8 亩土地的道士，另外，这个道士还能每年从中获取 80 吊钱的收入。庙的其他土地租给村里，每年有 52 吊钱的收入；3. 清凉寺，占有土地 14 亩，有两个和尚经营土地，每年从中有 280 吊钱的收入。其每年的庙务费用为 200 吊钱。"在庙宇的性质上，德国人将其列为"家庙"的范畴。

据 20 世纪 30 年代出版的《青岛市李村乡区建设办事处》所记录的"庙宇调查"记载："本处辖境共有庙宇二十三处。"其中在李村的有"玉皇庙（庙址李村，有房舍九间，庙地五分）、三官阁（庙址李村，有房舍六间，庙地三亩五分）、关帝庙（庙址李村，有房舍三间，庙地四亩半）、清凉院（庙址李村，庙宇主持戒和，同庙道人方贵，有房舍六间，庙地十八亩）。"

这个调查资料要比德国人的全面细致得多。从历史档案资料中可以发现，当时的李村区庙宇虽然不少，但均为村庙，人员、规模甚小，而且多数没有主持人员，甚至没有庙属田地、山场。相比较而言，较有影响力的庙宇基本都集中在李村及周边邻村，如玉皇庙（李村）、三官阁（李村）、关帝庙（李村）、清凉院（南庄）、关帝庙（曲哥庄、东李村）、卧云庵（苏家庄）、娘娘庙（东李村）等。

奇怪的是，在《青岛市李村乡区建设办事处》之"庙宇调查"中，李村本地的众多寺庙中，像玉皇庙（李村）、三官阁（李村）、关帝庙（李村）、关帝庙（曲哥庄、东李村）等庙宇都属于有房舍、有庙地的规模较大的庙宇，但却没有住庙僧道人员的记载，不知是调查遗漏还是原本就没有住庙僧道。

不管是德国人做的调查还是李村乡区建设办事处做的调查，清凉院的庙宇规模、土地庙产和主持人数在李村诸多庙宇中地位最为突出，应该说是李村宗教庙宇的老大。

遗憾的是，这些庙宇历经百年风吹雨打之后，已经完全湮灭在历史尘埃之中，它们的前世生涯只能在李村乡亲们的回忆中才能保留部分内容，成为记忆中的宗教文化。

李村的庙宇大部分建在河北村地界。在李村大集的西北面，也就是李村河的北岸，建有一座"三官庙"，是明朝末年建立的，庙里有三个雕像，分别是天官、地官、水官。传说是李村当地老百姓为了让李村集稳妥发展，别再东搬西挪而集资建设的。可惜到了2004年，"三官庙"被拆除了。

在现在的京口路五星电器商城东面，原来有一座建于明朝中期的"关公阁"（庙）。庙宇不大，庙地倒有好几亩。庙宇房间不多，只有三间房舍，却有上、下两层，上层供奉"关公"塑像。以前农村信奉关公的特别多，李村地区的关公庙数量很多，除了李村街上，在曲哥庄、东李也有关公庙。李村关公阁据说也是为了保佑李村大集安定而建的。因为李村集上经常出现一部分奸商小贩欺行霸市、短秤少两、影响市容。而建起了"关公阁"，有关公在此镇守，他们就不敢轻举妄动，从而使李村集得到稳定繁荣。1953 年因国家修建马路，将"关公阁"拆除了。

玉皇庙位于现在维客（崂百）南边，庙宇占地面积较大，是一个大院子，里边有九间房子，但几乎没有什么土地庙产，全靠村子里的人来施舍供奉。庙宇里供奉着玉皇大帝，但当地人又把玉皇庙叫作城隍庙。青岛解放后在庙里办起了铁匠互助组。后来庙宇也被拆除了。

李村还有一座著名的庙宇——"清凉院"。这是一座佛教寺院，又叫"李村院，"据说始建于南北朝时期，是李村最早的宗教庙宇。清凉院坐落在南庄子村，占地面积很大，庙产也比较多，有土地 18 亩，庙里还有主持和尚。清凉院共有三大殿：正殿供奉地藏王神像、太上老君和千手佛神像，东殿供奉龙王的神像，西殿也叫七神殿，供有牛王神、马王神、虫王神、山神、龙王神、土地神等神像。

清凉院作为李村地区最著名的佛家寺庙，很受信奉佛教居民的拥戴，香火不断。每到佛家节庆日子，李村河周边村镇的居民都会来清凉院上香拜佛，祈求平安，香火比较兴盛，成为知名的地区性宗教庙宇。

清凉院里有很多古树名木，计有青桐子两棵、古槐两棵、刺槐一棵。青桐子树木高大挺拔，每棵古树都有几搂粗细，在李村非常有名，80 年代与古槐树一起被列入青岛市古树名木目录。清凉院的院子里还种着牡丹、木本绣球等名贵花木，开花时候非常好看，整个庙宇就像个花园。记得在 60 年代里，我们村里有个当兵的回来探亲，和村里十几个年轻人一起在清凉院门前照过相。这张照片已经是唯一一张留有清凉院景象的照片了。从照片上看，清凉院大门很高大，门楣上还有三个大字，写的就是清凉院。

解放初期，清凉院仍有僧尼管理香火。"文革"时期，清凉院的僧人都被还俗回原籍安置。20世纪80年代以后，恢复寺庙宗教活动，原有的僧尼被安置在青岛湛山寺，清凉院没有设置主持僧尼。遗憾的是，在90年代中期，清凉院被拆除，庙里的青桐子树是叫一个老板给买走了，剩下的几棵古树和花卉也先后枯死或被砍伐。

清凉院最负盛名的还要归功于每年正月二十到二十二的清凉院庙会。这个庙会不仅是李村唯一的宗教庙会，也是老即墨县和后来的青岛市著名的庙会之一。正月二十二恰逢李村集期，李村本地和来自四面八方的商贩与老百姓自发地把李村集市从李村河滩搬到了清凉院周围的空地进行交易。正月里是农闲季节，又是刚过春节，还没出正月门，人们闲着无事可干，赶庙会、逛大集就是最好的文化娱乐活动。因此，庙会上人山人海，不光是李村本地人，青岛市区、潍县、高密、胶县、即墨的人也慕名前来赶集卖货购物，也有很多人是趁着庙会来李村走亲戚顺便逛庙会的。赶庙会的人里有烧香磕头许愿还愿的信徒，也有专门来庙会做买卖挣钱的商贩，更多的是到庙会上游玩闲逛的老老少少。这三天的庙会上，商品是应有尽有，非常丰富，就是一个大型的物资交流大会，人们在会上可以尽情挑选购买。文化生活更是丰富多彩，有扎台唱大戏的，有在空地上踩高跷的，至于拉洋片、玩魔术、变戏法、说书、打渔鼓的等等到处都有。各种食品特别是小吃更是丰富，糖球、潍县萝卜、大白菜、苹果、干鲜鱼、蛤蜊、海蛎子、馇锅子、炉包、烧饼、猪头肉等等引的人们口水不断，争着品尝解馋。还有最能吸引小孩的皮老虎、双管笛、各色玩具等，应有尽有，非常热闹。我们村里的小孩子们都拿出自己过年长辈给的磕头钱到庙会上挑自己喜欢的东西买，那个心情别提有多高兴了。大人们当然要趁机置买开春的农具、种子和家里的生活必需品。再就是看大戏、看戏法、听说书，享受文化生活。可以说，清凉院庙会对于李村大集的形成与发展曾经起了重要的作用，庙会与集市相互影响，互利共赢，清凉院和李村集就是一个有力的佐证。

　　讲　　述：黄佳良　李村南庄村村民
　　采　　访：张树枫
　　整理编纂：张树枫
　　下图为讲述人等在清凉院门前合影

大集工商管理纪实

李村大集的工商管理工作是集市有序发展的保障条件之一。为了全面系统地了解李村大集工商管理的历史的变化过程，编辑组多次采访李沧区市场服务中心和李村大集工商管理所的同志。下边是采访整理的文章。

张永裕（原李村工商管理所主任）：我刚调到李村管理所的时候，曾专门到崂山档案馆去查了点资料，对大集的历史有了一点了解。

李村大集出现在明末，有 400 年了。真正形成规模是在 1892 年前后，叫胶澳大集。地址在李村河东李。当时已成规模，七里八乡都来赶集，青岛市里也时常有人来，尤其是冬天临近春节时集上人就更多了。

李村集从前一直在河底，受河水涨落影响，迁了好几次。20 世纪 50 年代初迁在现在的崂山百货公司那里，当时是一块空场地，是个刑场和乱葬岗，场地不平，交通也不便。60 年代又迁到京口路以南现在的蓝海一带，也是个坟场。巧合的是，一到赶集天就下雨，老百姓迷信，认为犯了大忌。一传十，十传百，人们就不愿意上那里赶集做买卖了，加上交通不方便等原因，到了 70 年代又迁回河底下了。在河底下经营十几年，规模越来越大。以前在大集上只有粮食、蔬菜、秫秸、柴草等农副产品，到了 80 年代，工业品可以上集上卖了，布匹、服装等等都上集了，规模越来越大，原有的市场容纳不下，场地不够用了，就扩大了集市的场地，集中在两座桥之间，有草市、猪羊市、花卉花盆市、建材市、农产品市、手工业品市等。鞋、帽、成衣等分散在周边几条街道上。一到赶大集的日子，河底、街道的摊贩和购物居民就挤得满满的。

我刚来大集管理所的时候，发现大集把人家周边的几个大商场的路和大门都给堵住了。我担心影响人家的生意，就去拜访了邵立芬等几家大商场的老总，道个歉。没想到人家反而说："没关系！"原来每逢大集，这些大商场都要增加三四倍的营业额。大集对于商场经济贸易起了很大的拉动作用，应该是双赢。

1991年以后，我们管理所的同志商量了一下，尽管人家大商场不反对，但从市政管理角度来看也不行。就争取了有关部门同志的支持，用镐头、铁锨、小车在河底下平整了1万多平方米的场地，给各个摊位划上线，再通过工商局和市容大队造舆论、做工作，动员在街道上的摊贩经营者搬迁。当时的阻力很大，特别是河北、河南的摊主。最后出动了一二百人的政府机关人员动员搬迁，结果还不错，都下去了。摊贩们以前在街道的门前经营，现在下到河底下做买卖，开始不习惯，半年以后习惯了，生意也好了，以前不好的地角也成了好地方。就这样，李村河底下就成了大集最集中的市场。

李村大集有几个特色。一是大集丰富了李村周边居民的生活。李村大集大就大在集市规模大、卖的商品多、买东西的人多。人们离不开李村集，对于日常生活提供了极大的方便。

二是李村大集带动了李村商圈的发展。没有李村大集作为基础，李村这几个大的商场发展速度不会这么快。对此，从崂山（县、区）到李沧（区）的几任领导虽然都知道大集对于环境、管理有影响，但其对经济的发展作用还都是认识到的。所以几次想搬迁，都没有落实。

三是李村大集形成了一种产业，解决了很多人员的就业问题。当时固定的摊贩有八九百个，加上周边的摊位要在一千以上。每个摊位按三个人算，三千人的就业问题就解决了。

四是李村大集有很强大的辐射作用，辐射范围西到胶州，北到平度，还有烟台的莱阳、潍坊的高密，吸引的商户很多，当时有 15% 的商户是外地人，后来干好了，都留下来了。

臧思勇（李村大集工商管理所主任）：以前是本地人干，富了以后不满足在河底下了，到外地去做开饭店的生意去了。现在本地人干的少了，外地人干的多，倒过来了。

张永裕：有些行业不是本地人发起的，是外地人带过来的，形成了一些小产业。还有一点，李村集还向外输出了很多的产业，即墨的服装批发市场就是从李村集迁过去的。原来李村集服装市场在三角楼墙外，80 年代李村集调整经营场地时，把服装市迁到河底下，一批商户不愿意去，就被即墨吸引过去了。

我去过即墨大集、胶州集等集市。据工商内部讲，李村集是山东省内最大的集市。

臧思勇：朱宝山在崂山拖拉机厂跑供销，全国到处跑，就喜欢看大集。他认为中国江北集市的规模、交易额都没有李村的大集大。

张永裕：李村集的贸易额比崂百要多，究竟多多少说不上来，但当时李村集的贸易额已经有几个亿了。

李村集的经营范围很大，"除了军火买不到，什么都能买到""只有想不到，没有买不到的东西。"就是对李村集的形象概括。

商品的来源很多，有本地自产的，也有从外地贩来的。大集上卖得最好的菜刀就是高密人制作后过来卖的。当时一个高密商贩在集上遇到了一点事，我帮他解决了，他专门送给我一把菜刀，说你使吧，保证好用！这把刀我一直在使，刀把换了三个了，菜刀还是很好用。

　　集上卖肉、卖菜、卖水产、卖鸡蛋、卖土杂品、卖鞭炮的主要是本地人。李家庵的党支部书记原来就在集上卖过肉，是夫妻两个一块儿干。张代成卖水产、卖鞭炮，孙长青卖调味品，还有王学礼、王学仁、王义贤等人早先都在李村集上干。"一加一"的老板也是从大集出来的。这些人都干好了、干大了，做出了品牌，都成了名人。

　　袁兵（李沧区市场服务中心主任）："竹蜻蜓"最早也是在大集上卖，后来撤出去，成了大牌子。

　　臧思勇：当时城阳一些韩资企业也到李村来赶大集卖东西，后来就回到城阳自己干了。

　　张永裕：自行车市也是当地人自发形成的，最早在向阳路桥头，经营很正规，车牌、车证都齐全才让卖，证件不全不让卖。有一年，一个叫刘方五的人负责自行车市场管理，有个老头去卖车，刘方五问他是谁的车子，有没有证件。那个老头脾气很犟，以为怀疑他的车子是偷来的，讲着讲着发火了。回家搬来一大摞子奖状，找着我说："你看这些奖状，你认为我是小偷吗？"老头是个退休教师。我做了半天工作，才解决了这个纠纷。

　　集上卖小吃的很多，有炉包，好像是从胶州过来的。腊月里还有烩饼，卖馇锅子的也很多，都是谁在经营记不得了。东李有个大胡子在干。集上吃馇锅子的人很多，崂山县的黄县长每集都去，不买别的，就吃一碗馇锅子再回家。

　　袁兵：李村大集贴地皮，好养活人，没有饿着的人。到了下集时，卖不了的青菜就送人了。有一对老家是贵州的夫妻在大集上打扫卫生，从来不用买菜，都是菜贩子给的剩菜，拿回家去吃不了，就腌咸菜出来卖。后来两口子回贵州老家去专门做咸菜卖，成了当地的首富。他们有两个儿子，没有跟着回贵州，在青岛安家落户了。吕龙聚最早是卖军服的，现在还在干。

189

老贾是原来崂山饮食服务公司美发厅的，退休后在大集上干，在部队营房租了间小门头干理发馆，给人理发、打眼，现在是女儿在干。河北村的徐春明在集上卖五金、土产，现在干画廊。河南王子晨是卖菜的。东兴村王学礼在集上卖肉和干果。都是干得很好的。

张永裕：大集的人多，故事也很多，但都很是团结。记得有一年农历八月十四，一个老头和一个老太太气呼呼地来找我，原来他们都是卖鸡蛋的摊商，因为一件事吵起嘴来了，互相把对方的鸡蛋摊位掀了，大吵一顿过来找我处理。我就劝他们说："你们看，明后天就是八月十五、八月十六了，都要过节，先不处理了，后天过完节再处理吧。"等过完节以后我去市场上找他们处理问题，看到两个人有说有笑的，和好了，那就不用处理了。

"半仙街"在古镇路，是几个盲人在给人算命。这些人大部分是即墨人。有一次公安局搞行动，把他们遣送回去了。即墨公安局招待了一次，完了又回来了。

小偷也成天在大集上活动，混吃混喝。靠大集为生的有个小伊，是集上一个当头的，精神有点不正常，家族遗传的。她经常到坡路上帮人家商家推车，一手推车一手拿东西，拿完了就不再推车了。这人很听我的话，不太闹事。经常跑到我办公室里来，说："我没饭吃了。"我就给她一点钱，让她去买个馅饼吃。我告诉她："不准再去拿人家的东西啊！"后来就一直没有再到人家的摊位上去拿东西了。她也很能凑热闹搞笑。一次海军北海舰队乐队来李村演奏，小伊在前头又扭又跳，洋相百出，整条马路哄哄哈哈，不到一分钟全乱套了。另外还有几个"义务宣传员"，精神都不太好，经常在大集上"表演"，吸引赶集的人围观。最有名的就是"小伊。"

早年的鞭炮生意很旺火，一进腊月门到李村集来卖鞭炮和买鞭炮的是人山人海。李村地区农村有放鞭炮的习惯。记得有一个干部每年都要买好多鞭炮回去，因为他的父亲特别爱放鞭炮，老头一个春节能放三五十条，竖起一根杆子，用个滑轮把鞭炮挂上，放在火盆上点着，拉起来放。不光年三十放，正月初一、初三、十五都要放。

鞭炮市场选在比较偏僻的地块，地势开阔，一旦出事了人们能跑开。来李村集卖鞭的人有莒县的，有阳信的，有胶州的，大部分是土鞭。为了显示自己的鞭炮质量好、响头大，家家都站在装鞭炮的拖拉机拖斗上，一边吆喝，一边燃放，非常危险。买卖做的忙的时候，买家光着膀子卖鞭炮，买的人黑压压地往前拥。当时，整个上午我什么都不管，光盯着鞭炮市场了，手里拿一根竹竿硬挡着不让人靠近，不行就敲他。1989年腊月，李村集鞭炮炸市把装鞭炮的拖拉机拖斗都给炸了，损失很大。后来就专门划定了一条线，里边是卖鞭炮商家燃放鞭炮的试放范围，买鞭炮的人不准进入。同时规定市场上不准卖土鞭，把进口渠道也给堵住了。到了1993、1994年，青岛市禁放鞭炮，李村集取缔了鞭炮市场，我们是举双手赞成。

讲　　述：张永裕　袁　兵　臧思勇　李沧区市场服务中心
采　　访：张树枫　吴　娟
整理编纂：张树枫

李村集的执法管理

　　李村大集的城管执法管理工作始于 1999 年。为什么要在李村集成立城管执法队？主要是因为在此之前每到逢集的日子，整个李村人满为患，游商浮贩到处摆摊，使得本就狭窄的道路拥挤不堪，交通瘫痪，公交车等机动车开不动，开摩托车的趁机提价宰客，行人苦不堪言。新闻媒体不断报道李村集市卫生脏乱差、黄色淫秽物品泛滥、狗市扰民、算命欺骗等阴暗面，呼吁政府整顿李村集市，对区政府压力很大。因此，专门成立李村大集城管队伍，把清理浮商摊贩、疏通交通、打击摩托载客的任务交给城管负责。

　　李村大集的城管执法是李沧区城市管理的重点。当时在李村有两个中队，平时属地化管理，各管各自分工的地区，但到农历二、七赶大集的日期，两个中队的人员全都要集中到李村大集上。对于城管来说，在大集上执勤是最头痛的事。人手少，任务重，摊贩不好管，行人、车辆有意见，宰客欺诈的人更对执法人员仇视，执勤人员经常遭到威胁恐吓，家人也为此担惊受怕。由于大集管理的特殊性，每到集日，商贩都要早早赶到集上占位置，有时半夜 12 点就到了。为了防止发生事故，执法人员比商贩到的还要早。特别是节假日和进了腊月门，集市特别热闹，人多、货多，发生事件的概率也就越高。执法人员每天凌晨四五点钟就得起床赶到大集维持秩序，傍晚大集散了以后才能下班回家。一旦天气预报说要下雨或者下雪时，就立马赶到大集和集市周围，动员商户搬迁、清除隐患、保证道路畅通，年年如此，心力交瘁。有的家属甚至发牢骚说："为什么非要五天一个集，就不能 30 天一个集！"但职责所关，牢骚发完了还要全力以赴地完成执勤任务。

　　李村大集散布在李村河道上，每年都要预防洪水灾害。而李村河受山川地理形势限制，大部分时间处于枯水期，河道狭窄，水流平缓，集市可以安全地在河道上经营。但到了夏秋雨水较大特别是遇到台风暴雨时，周边山区的雨水就会汇聚到李村河主河道，河水会突然暴涨，形成洪流，裹挟着泥沙、草木，一泻而下，直奔胶州湾而去。而李村主河道中段河床较窄，汇水面较大，极易形成洪涝灾害。历史上，处于李村河中段的河北、河南的几个滨河村庄曾多次受害，房屋被洪水冲毁，人畜受损严重。进入 20 世纪 80 年代以后，由于经济和城市建设飞速发展，李村河日渐淤塞填埋，河道更加狭窄，给李村河两岸农田、房屋、桥梁、道路等设施的安全带来极大的隐患。因此，每年雨季到来的时候，李村河的防汛工作就成为政府及当地村镇社区工作的重点任务。

　　新中国成立后，李村河曾发过多次大洪水，其中以 1957 年、1985 年和 2007 年对李村河两岸的破坏最大。1957 年的洪水，冲毁了大批土地和庄稼，并冲毁了河南村的多栋民房。1985 年的大水则是著名的九号台风所赐。尽管气象部门事先发出预警，但没有引起政府部门的重视，致使青岛全域在狂风暴雨的袭击下措手不及，损失惨重。李村河水暴涨溢满了河道，狂风夹着暴雨，刮倒大批树木，淹没了两岸村庄，造成了严重损失。而对大集影响最大的一次洪涝灾害则是 2007 年，这次洪灾对于部分商家造成了灭顶之灾，更对城管执法工作形成了严峻的考验。

　　城管执法局成立后，李村大集的防汛工作始终是急中之急、重中之重。每年汛期，只要预报有大雨，立即实施应急办一号令，传达下去，全体出动，检查危房、排除险情，重点是李村大集。届时，城管队员全到自己分管的业户摊位去认真检查，疏散人员物资，带着自备的木杆、钩子，在桥头查看河里有没有漂下的东西堵住桥眼。因为在汛季，上游河道会漂下杂草、树枝、木头、垃圾，甚至家具、动物等，极易堵塞桥眼，造成河水上涨，淹没房屋和摊位。一旦发现漂浮物，就赶紧用带钩子的木杆或竹竿捞上来，及时疏通桥洞、河道。同时，要派人把守沿河各个路口，不准人员、车辆进入。当年的李村大集一共有 8 个可以通行汽车的路口，以及多个可供人们出入的台阶出入口。执法人员的任务就是把住出入口，只准出不准进。部分人员到大集摊位上动员商户撤离，帮助商户装车、拉沿，把物资转移到河岸上。

大集防汛还有一个重点，就是要对长期摊位挨户检查，不要遗漏下看守摊位的人。因为总有一些业户抱有侥幸心理，认为河水不一定很大，停业转移会影响生意，故意磨蹭不搬。甚至有的商户害怕丢失商品，"舍命不舍财"，把守摊的人关在铺子里，拒绝转移。城管执法最担心的就是铺子里藏有人，一旦水位上涨，人就会被堵在里面出不来，非常危险。

摆临时摊的有很多老人，最难管理。最典型的例子是一个 80 多岁的老太太，在桥洞子底下卖小农具和马扎。大水警报来了，怎么动员也不走，舍不得东西。人命关天，只好让几个年轻队员把她抬到了安全的地方，同时把东西也给搬到安全地方。每年像这样的例子太多了，成了大集管理非常头痛的问题。

解决占路经营是李村大集平常最头疼的工作。不管是常摊还是临时摊位，只要他在集市范围内经营都好管理，最难管的就是那些不讲秩序、不讲道理、不遵守规矩的游商浮贩，整天就在马路上乱摆摊，占道经营。这些人还都有点能耐，有句话说得好："凡是在街头上能占（道经营）的，都是有本事的！"每天很多精力就放在处理这些事上去了。经过艰苦努力，连说服动员带严格执法管理，总算把占道经营的事情解决了。

还有一个云南籍老太太，一到集市日子就在路口摆摊卖菜，年纪很大，还经常上访。可能有什么事情没有得到安抚，一直不断上访。在路口卖菜肯定不行，会影响交通。但就是管不了，一管老太太就又哭又骂，躺在地上不走。报警到了派出所，派出所一看是个老太太，也没办法管。实在没有办法了，最后，执法大队的纪大队长请老太太吃饭，做说服工作，又给她找了一个地方让她摆摊，但她就是不去。

印象最深的是 2013 年防汛救人。那一年刮了台风，上午就下起雨来。开始雨不大，李村河水也不太深，人们都没太上心，因为按照以往的经验，这样的降雨量还不至于让商户们停业搬家。到了下午，河里突然发大水，上涨很急，开始只是没到脚脖子，不久就淹到膝盖，再过一会就淹到胸口和脖子，上涨的速度已经是按秒计算了。当时商户们被打了个措手不及，所有的人都扔下商品，匆匆忙忙向河沿上跑，大水迅速淹没河底下的摊位，商品、摊面全漂浮起来。一时间，李村河里漂满了商品，面包车打着滚往下游漂，电冰箱、洗衣机、青菜、服装等等全都漂走了，一直漂进了胶州湾。没有漂走的商品也全部毁坏了。调味品、粮食、肉类等商品尽数损失，连鸡鸭摊上的 200 多只活鸡也都淹死了，可谓损失惨重。

这次洪灾没有死人，但非常危险。在滨河路最低端的教堂前的入口，有两个卖水缸的商户没有来得及上岸。开始水还不大，城管队小毕等人从小通道口下到河底去，想把人拉上来。结果一眨眼的工夫大水涨上来了，通道口被堵上，找不到上岸的通道了。只好在桥上用铁梯放下去救人。在救人的过程中小毕的手被水里漂流的杂物碰伤，鲜血直流，但始终没有放弃，终于将两个人救上岸。

还有一次是 2007 年发大水，孙青调味品店里的两位老人被困在了屋里，价值几十万元的调味商品全部"泡汤"，损失惨重，但人被救上来了。一家卖香油的商铺也同时遇险，人被困在屋里。一开店铺的大门，所有的装芝麻的袋子全都漂出来了，损失惨重。那次救出了好几个人，没有人员伤亡。事后政府和生产商家对受灾户给予救助，使其顺利渡过难关，重新营业，再度发展起来。

李村大集当年受灾较多的原因很多，除了极端天气之外，更多的是人为因素，如占用河道搞建设、在河床上丢弃和堆积建筑垃圾、集市乱搭乱建摊位铺面、搭建遮阳避雨大棚等等，都对泄洪造成了影响。2007 年的一次洪水就是因为河底下的建材摊位和卖菜摊位被河水冲垮，大批建筑材料随河水漂流，青菜、肉类等杂物把李村河上的桥洞堵得死死的，洪水泄不下去，在桥的上游猛烈上涨，形成了很大的洪水面，将大集摊位全都淹没。洪水太大了，古力盖被冲得高出地面一米多，在水面上像个陀螺一样飞速旋转。大水把桥梁都给冲垮了，大桥解体，桥面上的石头被大水自下而上地"鼓起"，现场观众形容说"桥被河水冲得'站'起来了"。大桥被冲毁，南北交通中断，给社会经济造成重大破坏，给居民生活带来极大不便。大水过后，政府经过调研，决定拆除河底下的大棚。本来在河底下搭建统一规格的大棚是一件方便商户、规范管理的好事，深得商户和赶集人的欢迎，但也确实对防汛带来一定的影响。之前李村河发的洪水不太大，造成的影响也很小。但这一次的大水却给管理者和经营者敲了警钟。政府拆除大棚的决定出来后，城管部门当然同意，商户们却不愿意，认为大棚搭建的规格、质量都很好，拆除了太可惜，也影响生意。后来做了不少工作，说服教育，特别是拿当年发大水的例子做教材，终于得到理解，顺利地完成了拆除大棚的任务。

有一年台风预报，执法局早早就下达了防汛通知，动员商户搬家。采取的是人盯人的方式，商户也都开始搬了。大家看看没有什么遗漏的地方，就下班回家去吃饭。突然又接到局里通知，叫马上下河底大集上去执勤。到了现场才知道，有人报告说河底下向阳路桥东侧门头的一个姓段的老板开的五金店里还有看门的人居住。当时有三个人，不舍得屋里的东西，加上又喝了一点酒，抱着侥幸心理不转移。等到河水越涨越高，屋子里浸满了水，想开门出来已经打不开门，人被困在屋里干着急，只好站在凳子上避水，大水已经淹到脖子了，很危险！当时天色漆黑，只能看到屋里还有灯光，听到屋里的呼救声。这时候河里边根本下不去人了，想下桥救人但桥上有围挡，下不去。赶快叫消防的人，带着工具来了，跟城管的人一起拿着软梯、绳子，砸开窗户，从窗户上下去，撞开门，把三个人救了出来。事后得知，上游的毕家水库因大雨汇集而造成库满，为保全水库大坝，掘开溢洪道泄洪，没有及时通知下游，再加上上中游各支流的洪水，造成严重的洪水灾害。

196

万幸的是，由于平时管理、宣传到位，加上之前多次防汛救灾的经历体验，商户们的安全意识有了很大提高，改变了以往"舍命不舍财"的观念，在遇到台风暴雨的时候，一听政府动员就及时转移，人员和财产损失的事情再也没有发生。

李村大集城管执法队伍的基础打得好。第一批队员好多是刚从部队下来的转业干部和复员军人，这些人在部队上受过严格的教育和锻炼，具有非常好的政治素质和责任感，因此执行起任务来都是丝毫不打折扣，抢险救灾、处置突发事件，冲在前面的都是这些队员。当时大集防汛、抢险救灾、帮助业户抢运货物等事情很多，李村河水大流急，下去非常危险，又是很重的体力活，许多人不敢下河。陈作开等转业干部毫不犹豫地带头下水，其他人一看也就跟着下去了。干部带头，群众紧跟，形成了传统作风和战斗力，队伍就非常好带，很有效率。后来队伍里不断补充新人员，良好的传统与作风继续得到继承和发扬，形成了一支特别能战斗、有素养的执法队伍。

除了整治游商浮贩、疏通交通、防汛救灾之外，李村大集的秩序、安全都在执法范围之内。进入腊月，李村集上的鞭炮市场分外热闹，人山人海，防止鞭炮炸市和人员踩踏就成了重中之重。城管和大集管理所的人紧紧盯住卖鞭炮的商户，不让他们越过划定的经营范围，生怕酿成事故。有一次试放的鞭炮蹦到邻近的摊位上，引燃了鞭炮，瞬间将大集上所有的鞭炮都点燃了，炸了集。公安、消防、城管、工商全体出动，紧急疏散人群，封锁集市，隔离摊位，控制和扑灭火情。万幸的是，由于措施得力，没有造成一人伤亡，也算是创造了奇迹。

除了个人素质和战斗力之外，经过多次的防汛抢险，城管执法大队也形成了一套规章制度和预防措施。在制度和技术上也都有一套行之有效的目标体系，每年工作计划中都有防汛救灾内容，每次防汛救灾工作都要制订预案，其步骤是：①及时通知业户，做好防汛搬家准备；②积极帮助业户转移货物；③对受灾业户进行救助。

其他像"扫黄打非"等工作也是城管执法必须做的。李沧区成立"扫黄打非联合执法小组",城管是四家单位之一。到了集期,城管在管好市场秩序的同时,还要配合文化部门查黄碟、录像带等。总之,李村大集的很多工作都有城管执法队员的身影。

李村大集搬迁是城管执法大队完成的一项重大工作。关于李村大集到底是搬迁新场地还是在原地保留的问题争论了好多年,区委、区政府、区人大、区政协以及新闻媒体、市民、业户等都各有所见,争论不休。2015年,区委、区政府作出大集搬迁的决定,给原有的业户提供了优惠的条件,取得了业户的理解和支持。城管部门立即根据搬迁决定和上级指示精神制订了搬迁方案。搬迁工作于2016年4月启动,于7月1日全部搬迁完毕。这一天正好下着雨,李村新大集正式开业。为了防止不知情的市民还到李村河老集旧址赶集,城管制作了宣传册页到处散发宣传,让更多的市民知道大集搬迁事宜,整整忙了三个月。7月1日早上三点多钟,李沧城管局全体人员出动,派了150多人到很远的交通路口去阻止前来赶老集的市民,告知他们老集已搬迁,现在搬到重庆路等等。因为前来赶集的老人居多,很容易习惯性地到老集来,那样大集搬迁就失败了。因此,在大集搬迁的头几个月,我们天天去做堵路疏导工作,同时加强对新大集的管理工作。直到人们习惯了新大集,才松了一口气。新大集的顺利搬迁和经营,证明搬迁决定是正确的,城管的工作也是成功的。

讲　　述：王风祥　张洪海　毕玉杰　李沧城管执法局
采　　访：张树枫　吴娟
整理编纂：张树枫

李村集上反扒队

王雷（李沧公安分局反扒大队队长）：对于李村大集，我们的客观印象是集市规模大、繁华热闹，但是太乱。大集东西长两千米左右，东边是汽车、摩托车市，然后是破烂市、服装市（经过京口路桥）、五金杂货市、粮食市、海货市、菜市、花卉市、狗市（西南河沿上）。平时人就很多，到了大集日期，人山人海，拥挤不堪。在这种环境下，市场秩序肯定会乱，小偷小摸的也不会少了。我们反扒队的工作就是在集上抓小偷，保一方平安。

我是 1997 年参与大集治安管理工作的。李村大集一直是崂山和李沧地区案件高发地，是治理难点、重点。特别是扒窃案件，多时一天发生一二十起扒窃事件。那时群众防范意识差、觉悟低，不愿报案。作案的形式有这么几种：一种是掏包，一种是割包，还有一种是拎包，有十二三种手法。发案最多的是服装市和菜市。为什么服装、菜市案子多发？是因为吃和穿与人们的生活息息相关，人们对此感兴趣，而且服装市和菜市占了大集将近一半，面积大、人流多，特别是年节周末时人更多。平时反扒力量是以反扒队为主，一到年集时，不但我们全员出动，整个分局、派出所的民警协警都会出动，全力压上去，但还是杯水车薪，100 多警力到了集上去一下子就淹没在人海里了，根本就难看到自己的同事，因为集上的人实在是太多了。人多、案发多，压力大，工作量也大。我们反扒队编制 10 个人，但现在实际人数仅一半，只有五个人，人手确实太紧张。

李村集上的扒手来源有几个方面：一是新疆扒手，一般在大集外围、马

199

路、车站等地活动；二是本地扒手，以夏庄、惜福镇的为多。咱们反扒队人手少，在集上待的时间长了小偷们也认识了，我们一去他们就跑了，我们刚走了他们又回来了，打游击战，这样工作难度就大。那么在集上怎么才能识别谁是扒手呢？识别扒手主要是看眼神：小偷的眼光发飘、发虚，眼睛不盯商品专门盯人的几个部位看；还有就是用动作试验一下别人，打一下别人的包，试试里面有没有东西；再就是用衣服挡着打掩护，特别是在买衣服、试衣服的时候，用衣服挡着人去翻包偷盗。有一个典型案例：新大集建成后，一连发生割包20多起，作案人是个60多岁的老太太，每个集期都去割，连着割了好几个集，专盯男人。老太太是个很正常的农民大妈，拿着空包，拴着个塑料环，把环套在手脖子上，用布缠起来，一般发现不了，人们也不会将一个提着包的老太太当成贼。8月8日上午，我在集上出勤，走得有点累了，就带着小马扎坐在边上看。忽然看到一个老太太总是盯着看人家的包，忽而前忽而后。一个卖桃子的背着个包，她过去捏一下。我们就感到应该有事，就悄悄跟着她，发现她拉了一下人家包，没掏出来，别人一回头，就弯腰假装挑桃子。再就是看哪个摊位人多她就挤过去，捏捏别人的包，感觉里面有东西就掏出刀片来拉开一个包。我就叫一个小伙子（失主）跟着她，想抓个现行。结果失窃的小伙子没理解我的意思，去把包里的东西拿回来，人给放走了。到上午11点多的时候，发现她用刀片划包时把她当场抓住了，包在手里，刀片在地上，都被我们缴获了。抓住了把她送到派出所，但是硬不承认，两个民警和失主证明还是不承认。她的身份一直没查实，后来查到在临清偷包被抓过，没有证据就释放了。她自称是河南驻马店人。后来家里报案说老人走失了，这才知道原来是这个老太太的丈夫瘫痪在床，两个孩子也有残疾，在家实在是不想伺候了，就跑出来到处偷窃。审讯她的时候，她自己说快送我到拘留所吧，那个家真不想回去了。现在这个案子正在审讯，准备判决（2017年8月）。

2005 年的时候还抓过一个扒手，年龄很大了，有 70 多岁。当时《半岛都市报》的记者刘彦民跟我们说："快过年了，到集上看看有没有好的题材。"我们三个民警和两个记者在集上跟着一个目标走。中午人家吃包子、喝酒，我们也没捞着吃饭，从上午 9 点一直跟着他到下午 2 点才抓住他。老人年纪大了，手哆嗦。女记者站在他身边，他把手伸到女记者包里掏出了 300 元，还掉了张 100 元的钱在地上。抓了现行后，他不承认，拔腿就跑。一个老年人往哪跑？抓住了，不服气，说是我们给他做了个套儿。

李存岐（反扒队员）：李村集上有个叫柱子的，他认识我有两年了，不知道我是警察。我在集上反扒，他在集上偷东西，抓他好几次没抓着。有天中午 11 点多，我俩都在集上溜达，碰一块儿了。当时我就很紧张，但没有地方藏了，只好继续往前走。我怕他有所察觉，就赶紧盯着一个路人的包看。他以为我也是小偷，就过来戳了我一下说："哥们儿咱们一块干吧！"后来就一块儿商量怎么偷、上哪偷。那次去偷的时候被人发现了，我跑了，他被抓了，被送去教养了。过了半年他出来了，我们见了一次面。他劝我说："哥们，别干了，集上全是便衣。"他弟弟在李村集桥下面包馄饨，有时候他在那里帮忙，没事儿就到处溜达偷东西。他很笨，偷不出什么东西来，东西没偷成也不好抓。后来犯事被抓住就关起来了。再后来又反反复复抓了他几次，自己觉得没法在李村集上干了，就全家搬走了。至今也不知道我是民警。

李村大集上抓住的小偷，案子金额一般都比较少。只有一次快过年了，一个包工头的老婆去买衣服，一下子丢了 4 万多元，是个大案子，但没有破案。在集上被盗，破案的难度很大。反扒一是靠走访群众，二是靠监控。但集上到处有大棚，监控看不到，群众也不愿多管事，都是多一事不如少一事。看来反扒还应走群众路线，把群众发动起来小偷就难作案了。

李村大集什么都有的卖，搬迁以后，各个市场安排得很规范，井然有序，人虽多（新集人数比以前大为下降），但管理更正规了，就是布局有点乱。以前一遇到集期我们就非常头疼，包括周边的车站、商铺，根本看不过来。扒手有本地的和外地的，一半对一半。小偷也有地界，服装市和菜市的小偷以本地为多，其他市场是东北人较多，周边步行街则是新疆人多。

马滨（反扒队员）：扒手都有个人特点：在菜市场的扒窃用镊子、刀子偷盗；在服装市扒窃是用衣服挡着用刀子割；破烂市则是拎包为主，固定摊主把包放在摊上经常被人拎了。小偷偷东西全凭个人技术和个人习惯，无明确分工分区。

李存岐：沧口有个老痞子姓方，王队抓过他多次。一次他刚放出来，叫我教训了他一顿："现在这个形势你还敢偷啊？绝对不准你再偷！"结果放出来第二天又去中韩偷，对中韩市场情况不熟悉，又被抓进去了。

女扒手一般用刀子割，使刀片的小偷技术都很高，割大了包里的东西都掉出来了，容易被失主发现，割小了钱拿不出来，是个技术活。

新大集还是有小偷，但比起旧集来少多了。有次发生了偷窃案件，一开始不知是哪个人作的案。惜福镇一个姓黄的有过案底，便将其列入跟踪对象。那天我看姓黄的在集上把手放在一个女的包后边，几次做动作未成功，后来放弃了，那次就没偷成。结果后来不到大集上去了，不知道是不是有所察觉。

新疆人从 2000 年开始多起来了。他们的特点是"走掏"，就是跟着行人边走、边拉（刀划）、边掏。集上有个小男孩叫阿里木，家在阿克苏，到处流浪偷东西。他染有艾滋病，身上也没有身份证，2008 年青岛举办奥帆赛，遣返外地流窜人员，他也没回去。据说小时候因为家庭纠纷爸爸杀了妈妈，被判了无期，他被义父义母收养了。6 岁时，邻居家小孩过生日，他们几个一块儿吃蛋糕，不知不觉睡着了，醒来后发现到了大城市，原来被人迷昏拐到上海，专门教他们偷窃。之后，老板又带他们去重庆、四川等地偷窃。老板用海洛因控制他们，都给染上了毒瘾。老板被抓后，就自己单个人偷。

他住在旅馆里，扒铜铁卖钱，没钱了就出来偷。我给过他 100 元钱，就几天不出来偷了。但有时毒瘾犯了，买不起毒品还得出来偷。注射毒品是把自己的血和矿泉水加海洛因注射颈动脉，被民警发现了，就用玻璃片放脖子动脉上威胁。对这些人气得要命，没办法，既不能打，又不能抓。他一出来不偷个 200 元决不回去，钱偷少了不够买毒品钱。

我想这也不是长久之计，就问他想不想回家？他说想，但没有身份证不能买票。2014 年我们研究后决定把他送回新疆。李村派出所叫我一块儿去送他，和火车站商量好了，对外宣称被刑拘押回去。因为他毒瘾很重，走前到八医开了几片药。我们坐动车到了济南，叫公安送上直达乌鲁木齐的特快，整整走了两天两夜，也没戴手铐。他第一天精神还行，第二天就很烦躁，不停地抽烟，而我给他开的几片吗啡也忘带了，给他要来感冒药吃也不行，躲在厕所不出来。我们劝他："快到了，再坚持坚持。"第二天早晨好容易到了家，义父义母去接他，父子抱头痛哭。他在青岛待了十几年，送他回去时已经 23 岁了。

一次跟踪一个新疆小伙子，下午 2 点跟着，在集上跟着走了两个小时，4 点抓了他。他戴着眼镜、口罩，一会儿摘下眼镜一会儿戴上，回头看看，一会儿一躲，弄得我们很紧张。最后他盯上两个人，其中一个女同志，推着自行车，车上放了个包。他第一次没偷成，第二次下手得逞，把包放在肚子腰带里，被当场抓住了。

王雷：一次我带了个特勤，在集上发现了目标，跟了二三十分钟，也是偷了个女人的钱包，被抓住了。一看认识，是李村集上的"老熟人"。就让同事看着他，我拿出手铐来铐他。他急了，不让铐，使劲挣扎。我们俩把他摁倒在地，但铐不上。抽个空档，他挣起来往汽车底下钻，抱着车轮不放手，我们几个抓住他往外拖，拖的都没劲拖了。就让摊上的人帮忙拖出来，三个人趴在地上谁也动弹不了，光喘气。李存岐去了后给他戴上手铐，押走了。

一段时间李村集上偷手机的案子占了大多数，手机一到手马上快递走了，你就是抓住小偷也很难把赃物找回来。有的小偷被人发现了，失主一吆喝，就还给失主了，怕群众发现。有一次，一个小偷偷了一个女人的手机，她就嚷嚷了起来，小偷转移时被同事发现了，送公安局去了。一些山区来的学生丢了手机很心疼，家里穷，花一千来块钱买个手机很不容易。现在大集丢的手机少了。集上小偷也少了，抓小偷好像中彩票奖，好久抓不到。有时候一两个月才能抓着一个。

马滨：我2006年来的反扒队，抓了不少小偷。公安局每月有反扒任务，咱都得完成。印象最深的是2012年5月份公安局集中行动，为期一个月，对大集商圈进行集中打击扒窃。有一个星期天正好是李村集，人特多。我带了两个特勤，一直走到菜市，发现一可疑男青年，凭经验断定是扒手，因为眼神不一样，专门扫周围买菜人的口袋。这个眼神被我捕捉到了，决定跟踪他。菜市有三溜摊位，他转了好几圈，一直不停地转。转了一个多小时后，看见一个中年妇女低头挑水果，把小挎包挂在卖橘子的车把上忘了。男青年穿短袖衬衣，胳膊上有文身。他趁中年妇女不注意，把挎包拿走了。我发现后，一把抓住他手腕子。他回头问我说："你干什么？"我说："你在干什么？"他一听，猛地给了我一拳，我也给了他一拳。当时人群就乱了，他紧握着挎包还不松手。我个高手长，一拳打倒了他，把包抢了回来。他爬起来拔腿就跑，把赶集的人都撞倒了，把青菜也踢倒了，场面一片混乱。我从一个摊追到另一个摊，紧追不放。后边特勤没跟上来，就我一个人在追。他一边跑一边回头看，跑到了猪肉摊上。猪肉摊上有很多刀具，我想抓住他又怕他抢刀伤我，就没动手抓。他边跑边回头看我跟没跟上。我怕被他看见，他一回头我就蹲下，让人挡住他的视线。他在逃跑中掉了一只鞋，回头一看没有发现我，就跑到服装摊去买鞋。我看到旁边有个治安点，就叫了个联防队员，靠过去一下摁住了他，给他戴上手铐。他回头一看说："哟，真没想到你跟上来了。"这时群众报警说有人打架。我赶快说："不是打架，是抓小偷。"丢包的失主很感激，说："谢谢你，你就像个'白衣大侠'，真没想到你能抓了他。"审问时他痛快承认了，说他是从山西来的，刚学会偷盗没多长时间，平时在即墨给人看厂子，最近活儿不好干，觉得偷窃来钱快，就跟人学了几手，没想到第一天来李村集就被抓了。电视台就以"李村集上的白衣大侠"为标题作了报道，报纸也有报道，连着三天报道。

王雷：分局对李村大集的摩托车的治理也很重视，但管起来很难。摩托车交易见不得光，早上3点在集上交易。有的偷了车以后到外地去卖，而在外地偷的车则开到李村本地来卖，很难打击。当然也有个别的偷了本地人的车，失主在集上又找到的案例。崂山分局在80年代曾经和海关一起到李村集上查扣非法摩托车交易，报纸也报道过。后来二手汽车参与交易，市场就更大了。

多年来，李沧公安分局在李村集上的反扒成就一直很突出。反扒队总结创造了一套如何识别、防范和抓捕小偷的办法，上级起名叫"王雷反扒工作法"，在全青岛市公安系统推广。

讲　　述：王　雷　李存岐　马　滨 李沧公安分局反扒大队
采　　访：张树枫　吴　娟
整理编纂：张树枫

李村集上"扫黄打非"

20 年前，黄色淫秽物品和非法出版物在全国各地曾经猖狂一时，泛滥成灾，对中国的文化思想和社会氛围造成了极为严重的损害。痛定思痛之后，中央在全国开始了围剿打击黄色淫秽物品和非法出版物的行动（简称"扫黄打非"），取得了重大的成果。李村大集是青岛市和胶东半岛最重要的集市贸易场所，商业贸易发达，赶集人数众多，为黄色淫秽物品和非法出版物的滋生泛滥提供了丰厚的土壤和空间。因此，"扫黄打非"也成为当地文化执法部门工作的重要内容。

如同猫和老鼠、警察与小偷是天生的对头一样，文化执法部门和从事"黄、非"买卖勾当的群体也是一种猫和老鼠的关系。在李村大集上上演着一场"猫捉老鼠"的游戏活动，并有力地打击了曾经猖狂一时的"涉黄、涉非"行为，取得了重大成果和业绩，最终保证了李村大集的正常经营。

一般人对"扫黄打非"的具体内容不是太清楚。所谓"黄"是指牵扯内容低级下流淫秽不堪的图书、音像制品；"非"是指不是在正规出版部门印刷出版的非法出版物。牵扯李村大集的主要是黄色淫秽类图书、影像制品。

所谓"扫黄打非"最早只是一个概念，没有形成正规的执法机构。后来社会上黄色淫秽东西多了，社会影响和形势较严重了。为了保障社会发展和文化领域清洁，"扫黄打非"工作逐步强化，各地陆续成立了"扫黄打非"的正式机构——扫黄打非办公室，赋予文化执法管理的职能。李沧区扫黄打非办公室最早设在区政府，由分管文化的副区长兼办公室主任，成员单位有政府办、文化、公安、工商、城管、邮政、财政、检察院、法院等单位。

后来，扫黄打非办公室改设在区文化局，由文化局局长兼办公室主任。

李村大集的特点是赶集的人数多，人员流动性大。特别是到了逢集的日子，各种固定的、流动的经营商贩和赶集的人挤满了李村河以及两岸的街道，三教九流，什么人都有，管理起来难度很大。像文化执法这样的行政执法管理跟公安局的执法管理不同，执法权威不够，管起来也不硬实，所以很难管理。再加上开始没有经验，对于"黄贩子"的活动规律和人员结构不了解，分不清正常经营音像制品、图书与违法贩卖黄色淫秽物品的区别，所以管理工作成效不大。2000年前后，李村集上贩卖黄碟、黄书等淫秽物品的很厉害，人多、货多，很是猖狂，特别是古镇路简直成了贩黄一条街。图书市场也是很混乱，盗版书到处都有，公开摆在集上出售。这些乱象引起了社会和媒体的关注，再加上李村大集存在的其他管理、经营问题，在两年的时间里，李村集就成了报纸和电视、电台等媒体曝光的重点对象，造成了很大的负面影响。区委、区政府高度重视，专门开会研究，成立了李村集联合执法小组，由文化、公安、工商、城管四家组成，每家出两个人参与文化执法管理工作。这样一来，工作效率提高了，管理顺畅了，大集的文化市场秩序和形势就变好了。另外一个原因是这些贩卖黄色淫秽物品的人每逢二、七大集都去，我们对他们的面孔也都熟悉了，对他们的活动规律也摸透了：像什么时间去，从哪儿去，坐的什么车，都是些什么样的人，在什么地方活动，哪些摊位是合法正常经营音像图书，哪些摊位夹杂黄色淫秽物品等等，都了解得差不多了，执法管理就不会像没头的苍蝇一样到处查了，而是有目的、有方向、有对象地去执法。

当时在河底下的影音录像带和碟片的摊位主要在李村集东头靠破烂市和服装市的地方，经营者主要是东李村的人员。

贩卖黄碟的人都是暗中偷偷地卖。胆子大的摆个临时的流动摊位，放上光碟、录像带公开卖，一旦发现执法人员，马上收起摊子、装起物品就跑了。更多的贩子是把大宗淫秽物品放在一个人们不容易发现的地方，手里只拿一小部分样品，四处问询兜售："有好看的黄碟……要黄碟吗？"一旦有人询问，就把黄碟拿出了给人看，介绍内容、谈价钱，然后交易。方式简单、手法隐蔽，流动性极强，一般很难发现。另外，这些贩子不光在李村集上卖，而是四处流动，没有固定位置。李村集打得严了，就跑到别的地方去。等到李村集打击力度小了，就又回来了。完全是玩游击战。

另外，贩黄的不法分子也不甘心被抓和被没收物品。他们结成团伙，派专人在河沿上放风观望，一旦发现执法人员就发出信号，同伙看到信号后，立即将违禁品转移，卖东西的人也装作一般的赶集人在集上溜达闲逛，让执法人员查不到、抓不住。等到执法人员离开，再把东西拿出来兜售。或者是打一枪换一个地方，跟执法人员打游击捉迷藏。这样又给文化执法增加了困难和挑战。

俗话说："再狡猾的狐狸也瞒不过好猎手。"执法人员通过多方观察，不断总结经验，掌握活动规律，拟定应对办法。例如：不穿制服穿便衣到集上观察，以免对方发现；在李村河沿和河底下设几个观察点，观察贩子的活动和交易；灵活机动地安排执法地点，从集市周围的不同地方下去检查执法；将原来早出晚归的执法时间错开，一般在散集前黄贩子警惕性差的时候去执法，就能及时发现"黄贩子"的行踪和交易，从而及时出手抓住"黄贩子"，再顺藤摸瓜，找出隐藏的大宗物品。

有一个问题不好解决。即参与集市管理的人员工作了一段时间后，"黄贩子"们就会认识执法人员的面孔，一见到就迅速逃避，从而增加了查获的难度。怎么办呢？一个是穿便衣上集执法，隐蔽性较强。另一个就是让区文化馆的同事先到集上去观察观察，看看贩子把东西放在什么地方，在哪个摊位，然后设立观察点，盯着贩子。在执法时也要仔细察言观色，"黄贩子"一见执法人员就会夹着胳膊把光碟藏起来。再后来就在摊上搁几块皮子，放着黄碟，当场砍价。执法人员到达后把皮子一卷，拿着到处跑，找一个摊位塞进去藏起来。东西多的就把装黄碟的编织袋扔到别人的车子底下藏起来，人跑了，等执法人员走了以后再回来拿出袋子继续卖。针对这种情况，执法人员就分开隐蔽，在高处观察确认，分头包抄执法。最有效的是便衣执法，贩子不易发现，能突然袭击，效率很高，但有危险性。在查抄光碟时，经常遇到反抗，经常被撕扯，有的还遭到报复。同时，一些"黄贩子"还胡搅浑水，贼喊捉贼，投诉说"李村集上来了一群来历不明的土匪抢东西"等等。

执法难的关键问题是文化执法只是行政执法，对于"黄贩子"只能查抄和没收物品，对人无法处理，查到淫秽物品只能依靠公安和文化部门协助处理。之所以要在李村集上搞联合执法，就是因为不好处理。所以，联合执法还是一个很好的机制和办法。黄碟查抄后，将缴获的黄碟等物品上交公安部门销毁，涉案人员交给公安部门依法惩治，重大案件和涉案人员分为刑事处罚和行政拘留处理。在李村集上查抄和抓到的涉案人员根据情节严重情况有的给予判刑，有的给予行政拘留，一般的教育一下就放了。

贩黄碟的什么人都有，大多数是年轻人，也有个别老年人和妇女，有的黄贩子年纪很大。报纸上曾登载过"八旬老头贩黄碟"的报道，结果被抓了。这么大年纪的人到集上贩黄碟，真叫人不知说什么好。

印象最深的一次执法是在河北集上，有一个摊位用四根撑子搭个架子摆在那里，上边是光碟、录像带。执法人员过来执法检查时，别的黄贩子一哄而散，就那个女摊主没跑。仔细一看，原来有一个两三岁的小孩子躺在摊位下边的地上睡觉，身子下边就铺了一层纸壳。碰到这种情况，就让一个参与行动的小伙子做这个妇女的工作，劝说她别惊着孩子，先抱起孩子到河沿上边去。这样做一方面是人性执法，不能粗暴。同时也担心赶集的市民同情弱者，对执法造成围观和阻挠。对于涉黄物品，肯定要予以没收。等到那个妇女上去以后，执法人员依法收起了摊子，没收了光碟，又给妇女做了工作，讲了政策，劝她不要再贩黄碟了。鉴于她是个妇女，又带着个小孩子，同时也是初次到李村集贩卖，没有形成影响，就从宽处理，没有移交公安部门，让她带着孩子回去了。从这以后，这个妇女再也没有来李村赶过集。

李村集上文化执法的主要任务除了"扫黄"以外，就是打击非法出版物。由于李村集是乡村集市，图书杂志等文化类商品少一些，主要是旧书摊位。集上有十四五个图书摊位，集中在黑龙江中路桥以西的旧书市场。旧书的来源以废旧品点收来的旧书为主，基本是每集必来的经常性集摊，经营者多为老人。到了后期，市里默许了旧书市场的存在，就不去管了，但要求出售的必须是旧书，非法出版物和新书不准出售。

有一年，李村集破获了贩卖盗版书的大案。一天，我们在集上巡查时发现新来了一家摊位，是出售图书的，用面包车拉着在集上卖，都是新版书，数量很大。文化执法部门和公安部门都去看了，确认是非法出版物。当场没有惊动他，就顺藤摸瓜跟踪侦查盗版书的源头。查来查去，查到城阳区了。卖书的人是城阳人，他不知道李村集有不准卖新书的规定，就贸然拉着盗版书来李村集卖。结果一破案，查出 3000 多本书，书是从临沂进的盗版书，属于重大违法刑事案件，被公安局抓起来判了几年徒刑。这个案例受到过市里表彰，也登过报纸。

再后来随着影像技术的提高和普及，买卖音像制品的人越来越少，集市上的音像摊位也越来越少，只剩下几家还在卖音像制品的，贩黄的人也很少了。盗版书也很少出现了，大集市场的经营秩序也就正规了。

讲　　述：马东巡　吴　忠　李沧区文化执法局
采　　访：张树枫　吴　娟
整理编纂：张树枫

从李村大集兴衰看生活变迁

20 世纪 50 年代初期，新中国刚刚建立，百废待兴，国家对于传统集市采取了积极的复兴政策，成立了专门的市场管理所，打击投机倒把，稳定物价。在战争和动荡的夹缝中讨生活的民众满怀对新中国的期盼和稳定生活的向往积极参与到新中国的建设中来。同时，人们的思想和生活方式大都延续着晚清和民国时期的惯性，私有财产、交易获利是天经地义的事情。这个历史阶段的李村大集从商品数量和交易人数上都逐年稳步增长，一直持续到 1953 年前后。

从 1953 年到 1958 年，国家开始对商品和市场进行严格的管制，直至实行了全面的统购统销政策。从生产资料到生活资料、从煤炭木材到针头线脑、从加工生产到衣食住行，几乎所有商品、物资都严禁私人交易。在这里，全部交由当时的崂山县供销社专营，李村大集基本上是有集无市。逢集日，天亮之前就有人在这里进行"黑市"交易，主要是找点吃的。黑影绰绰中，有人低声寻前问道："你有什么？"谈妥价钱后，再到另外一个隐蔽处取货，完成交易。人们希望能从李村集上买到一些生活必需品，但没有。偶尔也会出现零零星星拎着几个果子、几把青菜的身影，也是提心吊胆，如同黑市交易一般。

在黑市交易时，还要时刻提防市场管理所的管理人员到集上来查没。那时候，市场管理所的人一旦在集上抓到私自买卖商品者，通常是没收货物。没收的货物被送到供销社统一处理。对于移交过来的查没物品，有时候竟然不知道该怎么处理。尤其是那些无法保存的少量时令鲜活副食品，不能长期存放，自己吃掉是犯了违反政策的大错误，万万不可以的。于是供销社就把这些东西送到人民医院去，给住院的病号做病号饭。

这是一种很有奇特的现象。一方面，国家对商品和市场实行了完全管制之后，并不能消除人性中对于交易和获利的本能追求，尤其是在物质比较匮乏的年代。另一方面，也的确反映出"五十年代人帮人"的社会现实。有一种观点认为："五十年代是我国人民群众的思想觉悟最高，社会风气最好的年代。"细分析，那时候，新中国刚刚成立，人们终于有了"国家"这个坚实的依靠，人民群众有一种翻身做了主人的自豪感和奋发向上的革命精神。尤其在新中国成立初的几个大的政治运动过后，新社会的面貌基本形成，社会秩序井然。虽然李村大集衰落了，但人们相信这是建设社会主义、迈向共产主义康庄大道之前的暂时现象。到 1958 年，在大跃进和人民公社运动中，国家对于市场的管控进一步收紧，李村大集终于被彻底关闭。

随着城市里社会主义改造和农村的人民公社化运动的实施，个人的私有财产逐渐被剥夺，没有了私有财产，就没有了交易。没有了交易，作为交易场所的集市几乎不需要以行政命令来强行关闭，自然而然就消亡了。

严密的市场控制彻底阻止了商品流通，使居民的生活变得越来越困难。1959 年后，在严重的三年经济困难时期，国家逐渐放开集市贸易，肯定了集市贸易是我国商品流通不可缺少的渠道之一，调整了自留地和家庭副业政策。一直到 20 世纪 60 年代初期，李村大集有了短暂的恢复并逐步发展，但是 "文化大革命"很快到来，集市贸易被当作"资本主义尾巴"和"滋生资本主义的土壤，"社员赶集被认为是耽误生产的行为，李村大集再次被取缔。

李村大集的再次繁荣是在改革开放之后。政策禁锢一旦放开，蕴藏在人民群众中的生产力和创造力如同井喷一般爆发出来。改革开放后的李村大集呈现出空前活跃的状态，规模不断扩大，从李村河中段不断地向上游和下游延伸。各种各样的小商品制作者、经营者从全国各地汇集过来，有些人在李村河沿岸安营扎寨，从逢集开市的游走商贩变成了常年经营的固定商户。每逢集日大集上人山人海，货物如潮，李村河滩、河两岸的马路、横穿李村河的两座桥，以及河岸上的街道都围得水泄不通。

李村街上其他地区的商店也因此变得生意兴隆，闲逛凑热闹的人摩肩接踵，大集往往直到下午才散。河滩成了城乡工业品和农副产品的集散地。从粮食、蔬菜、水果之类农产品到海鲜肉类、调味品、土产、花鸟鱼虫应有尽有。手工业产品、建筑材料甚至文物都成为交易品种。商贩有的搭起帐篷，有的就地铺张报纸，放下货物就卖。

在河滩集市的上游，还出现了机动车辆市场，逢集日的前一天汽车就满满地摆了一河底，一眼望不到头。旧货市场也越来越大，这里的商品种类只有你想不到的，没有你买不到的。

沿河北岸还逐渐形成了"朝鲜族"调味品一条街，大量的朝鲜族同胞从东北来到山东创业，李村成了一个重要的聚集地，到李村集摆个小摊成为一些人刚到青岛时一个看起来还过得去的权宜之计。集市里也就出现了鲜族人生活必需的下菜佐料，有小辣椒、桔梗菜，还有许多叫不上名来的东西。李村集就这样成了民间贸易的龙头和连接青岛城乡贸易不可缺少的纽带。

回忆、记录李村大集的历史，不仅仅是因为李村大集近百年来所承载的物质交换、精神交流、社会交往的功能，并且在沟通国家与社会、人与人之间的交流有着不可或缺的作用。更有意义的是，作为商品交换原始业态的集市会给我们今天互联网时代的商业模式产生许多启示和借鉴。

当然，李村大集的意义远非仅仅是一个商品流通交易的场所。这也是搬迁后的李村大集总是让人感觉少了一点什么东西的原因。搬迁后的李村大集所能保留的也仅仅是它的贸易功能，而它的人文内涵、民俗承载等"集味"

慢慢失去后，天天开张的新李村大集也逐渐蜕变为一个普通的农贸市场了。

四百年来，李村大集曾经如此深刻地影响着周边民众的生活，成为李村人民不可缺少的谋生场地和交易平台。但是随着社会的发展和城市化进程，大集给河道泄洪、城市扩张和交通带来的压力和阻力越来越大。如何解决大集与城市空间资源的争夺以及使之如何与城市化进程相适应？如何保持搬迁后的李村大集在人文内涵和民俗承载上的继续传承？这是值得我们深入持续讨论且亟待解决的问题。

讲　　述：崔明君　原崂山供销社贸易公司党委书记、主任
采　　访：崔宪会
整理编纂：崔宪会

水患与温情
——2007 李村大集水灾纪实

　　李村河发大水几乎年年都有，只是每年的规模流量不同而已。这既与李村河上游的地势和汇水面积有关，也与每年的天气和降水量有关。每年到了七八月份，崂山地区就会有大雨降临。届时，李村上游的雨水从两边的山地迅速汇聚到李村河道里，形成一股激流涌向中游的李村镇地界。李村一带地势较平坦，河道狭窄，下游有张村河汇入李村主河道，致使李村河下游的水位抬升，形成缓流，李村河段水泄不畅，对李村镇两侧的农田和村子形成了威胁，经常造成农田、房屋被冲毁的惨况。查阅历史资料，经常会发现河水泛滥冲毁农田、房屋的记载。新中国成立以后，人民政府重视水利建设和农田整修，集体化的力量得到体现，洪水泛滥的情况有所好转。但由于地理原因，还是经常发生水灾。据史料记载：从 1949 年到 1986 年的 38 年里，李村河共发生洪涝灾害 12 次，平均 3 年一遇，其中较重的洪涝灾害有 7 次，平均 5.4 年一遇。如 1962 年汛期一场大水，李村河自王家下河左岸处决口，河道改道 100 米；1975 年 7 月 13 日，三小时内降雨 222.5 毫米，白沙河、李村河水位陡涨，崂山全县河堤决口 158 处，死亡 37 人；1985 年九号台风袭击崂山，李村河堤多处决口，经济损失惨重；1995 年 8 月 22 日晚，李村河流域降雨 173 毫米，虽不到 10 年一遇，但因洪水将河道内集贸市场的木材，苇箔等杂物全部冲走，致使曲哥庄桥孔基本堵塞，严重阻碍洪水下泄，公交车被淹，50 多人被洪水围困，李沧

215

区动员机关干部前往救灾，最后调用消防车才将被困群众救出。

之所以频发洪涝灾害，除了天气原因外，与李村河道的环境破坏有直接关系。20世纪80年代以后，忽视农田整治和水利建设，加上经济发展和城市扩展，李村河道被大量填埋、占用，导致李村河道的淤塞、污染日趋严重，直接影响到河道的蓄水与泄洪功能。所以，1995年8月22日那样仅仅是十年一遇的暴雨就会造成如此严重的灾害。而这种洪涝灾害对于设置于李村河道的大集影响可谓首当其冲。防汛救灾成了李村大集管理的重中之重。

在早年的时候，由于李村河道环境保护较好，河道比较宽阔，集市规模也较小，季节性的洪水对于五日一集的李村集没有太大影响，至多在发洪水的日子大家都不到河床上出摊赶集罢了。另外，当年的李村集市没有天天市场，河道上没有固定摊位和堆积货物，既不影响河水下泄，也不用担心摊位、货物水淹受灾。20世纪80年代以后，因市政建设和经济需求，导致李村河道被蚕食挤占，河道变窄，防汛形势日趋严重。"水上漂"和滨河商业街建成后，河道更加狭窄，稍有大水便会形成汪洋。后来又在河底平整硬化，规划建设了固定摊位，形成了"天天市，"河床几乎全被占据。随着经济发展的需求，李村大集的规模、人数逐年激增，形成了拥有800多个固定摊位，3000多处临时摊位，赶集人数达十万人次的中心大集市。这样一来，防汛工作就成为政府管理部门和市场就业者的头等大事。

李村集遭受水灾最严重的几次大水是1985年9号台风、1995年8月大雨和2007年大雨导致的上游水库泄洪等。其中以2007年8月的大水最为惊险，财产损失也较大。

2007年夏天雨水比较多。气象部门发布了降雨的预报后，大集管理部门下发通知，告知商户要做好防汛准备。但是有些商户认为雨水不会太大，按照经验李村河水淹不到商铺，所以有些麻痹大意，摊位上的商品没有及时清理转移，有的商铺看门的人员也没有撤离。到了晚上，李村河上游突降大雨，毕家上流水库出现危情，被迫放水泄洪。因情况紧急，没有及时通知下游村镇，导致李村大集被河水淹没，人员、财产处于危险之中。大集管理部门得知河水淹没集市的情况后，一面报警求援，一面组织人员到集上救人和转移货物。最终将被困人员全部救出，部分货物也得到转移，避免了更大的财产损失和人员伤亡，受到业户的感谢和赞扬，成为李村大集的一页记忆。

本次调研采访，找到了当年亲历洪水灾害的商摊当事人，听他们讲述了自己的亲身经历。

第一个受访对象是李村大集著名的长青调味品店业主孙兆宏、范彩兰夫妇。以下是现场记录。

"2007年李村河发大水之前，市场管理部门就告诉商贩们说要防汛。那一年三天两头地预报要下雨，也没下下来，大家心里头都麻痹了。发大水那天晚上我们老两口到店里去拾掇东西，把放在低处的货物往高的地方搬。到了晚上10点钟，拾掇得差不多了，就在店里睡下了。睡了一会，听到外边下大雨了，屋子里开始滴水。赶快起来一看，床快淹没了。'进来水了！'俺两个赶快收拾店里的欠条、钱款。刚收拾完，听着货架子'吱吱嘎嘎'地响了，叫水泡得涨起来了。赶快想往屋子外边跑，一试，屋子里的水有一米八深，人一下去连头都露不出来，就不敢往外走了，两个人赶快站到桌子上，河水已经淹到心口窝了。正在想往外给孩子打电话呢，只听'吱嘎'一声，店门叫大水鼓开了，屋子里的水忽地一下流了出去，存放在屋子里分量轻点的货物都随着大水冲了出去，漂进胶州湾里去了。这个时候屋外边的河水还是很急，我们两人根本不敢动弹。给儿子打电话，儿子打给110、119，报警求救。消防队来了以后，在屋顶上扔下绳子来吊，不行。想从马路上吊，怕出危险，不让吊。后来河水下去了一点，城管进来把人给架了出去。那时候，城管、消防、市场的人都到集上救人去了，被困住的人还有不少，最后都救出来了，一个也没淹死。大难不死，心里感激得不得了，本来想做面锦旗送给119，但当时光忙着救灾往外挖东西，没来得及送，真挺过意不去的。

人是救出来了，但是货物全完了。轻的随水漂走了，重一点的全叫水淹了。糖、味精、淀粉全叫水泡了，当时光白糖就有三四吨，还有'户户''含密笑''豆源''奶奶''正道食品'等调味品全都瞎了。调味品经不起水淹水泡，一泡就完了。两处摊位三间屋子的货物全淹了，损失100多万元，真是心疼死了。

大水过后，开始自救，往外挖东西。市场服务中心的领导、职工都来帮着挖，大成（张代成）也带人来帮着挖。我给代理销售的"正道食品"公司的两个小伙子业务员看俺可怜，也来帮着挖，公司的董事长赵明进也来帮忙。连续挖了一个月才清理完毕。由于'长青调味品店'的信誉好，在市场上有口碑，代销的业户也都认可，对长青店也非常好，愿意提供帮助。像'正道食品'公司就把被淹的货物全拉回去了，全给换了新货，真感激死人了。还有'户户''含密笑''豆源''奶奶'等调味品厂家也都把被淹的货物全都给换了，都没收钱。幸亏厂家的帮助，加上清理出来一些瓶装密封的调味品还能用，计算下来实际被淹损失的货物有三四十万元。在厂家和市场服务中心、私营企业协会的帮助下，店铺又开始正常营业。

记得发大水的那天是青岛啤酒节开幕式，许多摊位的人都去了啤酒节看开幕式去了。回来一看，货物都没了，哭都哭不出来。

新大集建成以后，条件好多了，市场上有监控，安全。不用担心防汛了，到了晚上也不怕下雨了。老客户也都找过来了。因为长青调味品在大集上有口碑，进的货好，不能药着人。搬过来以后生意额差不多。

我在李村大集上靠调味品买卖挣了一些钱，供了两个孩子上出学来了。买了一处90多平方米的房子，将（娶）了个好媳妇，80万块钱都挣下了。"

第二个被采访的是张永芳香油店女主人徐美英。

"2007 年的大水来得太突然，没有防备。毕家上流水库放水没有通知李村集上的业户。虽有下雨预报，但许多摊主凭经验认为不会有大水，光想着抓紧时间卖东西，不舍得花时间去搬摊子上的东西。结果都给淹了。所有商铺家的门都给大水冲开了，东西不是给淹了，就是给冲走了。我家里整整40 包芝麻全叫水泡了，每包 100 斤。办公桌抽屉里有几万块钱，也给冲走了。第二天，一个老乡帮我把钱夹子找到了，是从地里挖出来的。好在芝麻没漂走，用水淘洗淘洗，晒干了以后还能用。算算账损失了十七八万块钱。

我摊位旁边第四家有个长青店，卖调料。他家的人住在屋子里，给困住了，差一点就出不来了，消防队员用绳子下去把他们两夫妻（都是 60 多岁的老人）救了出来。

有一个卖茶叶的也给困住了。他年轻，就三十来岁，会凫水，跑出屋子想往外跑，水太大，游不出去，就抓住摊位上的柱子呼救。时间长了抓不住，松了手随着水往下漂。水流太急，靠不了岸，就一直往下漂，漂到了曲哥庄桥。幸亏桥洞子被漂来的木头、货物给堵住了，河水下不去，把他挡住了，叫人救了上来。

在桥底下菜市场有个卖豆腐的也是叫水给困住了，他死抱住大棚的柱子，水再大再急也不松手，一直等到水退了才叫人救上来。"

河水无情人有情，水患之后见温情。李村大集诚有情焉。

采访整理编纂：张树枫

219

李村集的夏津人

我的老家是德州夏津县，1933 年生人，1946 年参军，当年才 13 岁。我家里很穷，从小跟母亲要了七八年的饭。当兵时人家部队上不要，嫌我年龄太小，个子也不高。当时的夏津县地下县委知道我要当兵但被部队拒收后，就向部队上保送我参军。为什么要保送我呢？因为我给党组织立过大功！当时我给村里一个大地主扛活，每天烧水、扫院子。1945 年我偷听到地主家开会商量事，是国民党的一个营的部队被八路军打垮了，人跑了，武器弹药被地主家买了下来，整整一个营的武器，藏起来，准备打共产党。我当时认识县委的一个警卫员，就偷偷地跟他说了这件事，警卫员马上报告了县委，把地主抓起来枪毙了，从他家的坟地里起出枪支弹药，拉了整整三汽车。因为有这个立功表现，县委就保送我到了部队。当时县委还是地下状态，怕举报地主的事情泄露出去对我们家人不利，要求部队上将这件事不要记在档案里。因此我就不算是抗战时期参加革命的了。

我的部队是 67 军，当时驻在崂山枯桃。后来在部队上结了婚，爱人是崂山本地人，生了三女一男，成了真正的崂山人。我从小没有上过学，没文化，当兵以后在部队上学了点文化知识。1969 年转业后，分配到崂山县商业局百货大楼，也就是今天的"崂百"，代理经理。当时，我与商业局的两位同志组成崂山百货大楼的三人领导小组。但我不懂财贸，管理起来很吃力。后来下乡为知青带队。1982 年到了工商局个体科，主要是给个体户办证，什么法定代表人、注册资金等等都不懂，怎么管？县里开会叫我去参加，我对分管财贸的副县长说："我对这些都不懂，叫我来开会名不正言不顺！"县长说："你怎么不能来？你哪点比别人差！"就这么干上了。1983年和1984年间，把我调到了李村集工商管理所，没有安排职务。1993年办理了离休手续。

我到工商管理所后，每逢集市就到集上转转。当时李村集平时没有人，只有在二、七大集时才有人。记得1986年的时候，李村河滩上的集市只有一两个肉摊，每个摊上挂着半爿猪肉。另外还有一个卖海鲜的摊位。到了1989年，李村集上还只有三个卖肉的摊位、四个卖鱼的摊位，其他摊位也不是很多。李村集市是后来才发展成大集的。

夏津人来李村大集确实是我引进来的。当时我在集上转的时候，发现李村集上没有卖杂粮的，调味品也很少，有两家卖香油的也是从外地贩来卖的，而且集上基本就没有外地人来做买卖。1986年，我哥哥徐德祥给我写了一个条子，介绍我姑姑家表兄弟来李村集上做生意。原来我们老家一个叫张永芳的人，他的妻子是我们本村的人，辈分很大，我得叫她姑奶奶。张永芳的老丈人经常跟我哥哥一起喝酒。一天两个人在一块喝酒时，说到张永芳自己做香油卖香油，在邯郸、邢台等地跑买卖，跑了一年也没找着个落脚处。徐德祥就说："你能不能叫他到青岛去干买卖？我弟弟徐德庆在青岛工商局工作，我给你写封信，你去找他！"就在一张纸上写了几个字，注上地址，写上去找谁谁。张永芳就拿着信找到崂山工商局，先是碰到老季，说找徐德庆，老季领着他找到了我。我问了问他能干什么买卖，他说是干我们家乡的传统买卖——做香油。正好李村集上缺这项买卖，我就帮他在河南村租了一处房子，自己买原料、自己做香油。逢集的日子就在集上卖，平时推着香油桶走村串户去推销。当年工资低，生活困难，李村居民消费不了太多的香油，

221

也没有什么知名度，生意一般化。慢慢地大家熟悉了，觉得香油品质很不错，价钱也不高，诚信经营，从不短斤缺两，买的人就多了，生意一天比一天好，弟兄几个都来了。1986年的时候来了弟兄两个，是老二和老四。后来张永岭、张永芳、张永喜、张永刚兄弟四个连同家属都来了。其中老大、老二、老三弟兄三个在李村集上住，自己做、自己卖，一起干了8年。后来生意干大了，孩子们也长大了，就分开各自干了。另有一个在沙子口住，也是自己做香油自己卖香油。在李村集上干的几兄弟都干大了，张家香油成了李村集上的明星商家，挣了不少的钱，自己买的房子，孩子们也都在李村上学、就业。

从张家四兄弟开始，夏津县的老乡都知道青岛有个在工商局工作的乐于助人的老乡，大家都奔着到李村集来了。因为我在李村工商所工作，有威望，办营业执照很容易，没有人刁难。与李村当地的人关系也都很好，夏津来的老乡也都老实本分地做生意，不惹事，也没有本地人敢刁难欺负他们，所以大家相处得很好，共同发财。后边来的人主要是做粮食生意，主要经营本地人不做的杂粮生意。1990年以后，本地人逐渐退出粮食市场，李村集和周围几个集市的粮食市场基本上被夏津人占了。在李村集上经营粮食最早的是徐世河，他是张永喜的娘家侄子，是跟着张永喜出来的。还有做得较好的徐作福（是我的侄子）、徐德阳、刘光禄等。

外地人对李村集的拉动作用很大。在夏津人进入李村集之前，李村集只有二、七逢集日才有人赶集卖东西、买东西，平时河滩上空空的，没有人做买卖。夏津人来了以后，长期开业经营，就把集市带动起来了。当时夏津人闯李村大集的有300多人，李村集上的香油、杂粮、调味品等商业主要是靠夏津人拉动起来的。后来，来青岛的夏津人越来越多，分散在青岛各个城区和集市，他们也很团结，成立了夏津同乡会，互相帮助。会长是张永喜，每年春节同乡会在李沧聚会，都要摆上16桌酒席，一家来一个人参加，基本上都是从事商业经营的。

李村人的心很善良，对于外地人在李村经商的心态很好，从不歧视或刁难外地人。所以，外地人也愿意到李村集上来发展，促进了李村集市的商业贸易，是一个共赢共富的结局。

讲　　述：徐德庆　李沧区工商局李村集工商管理所离休干部
采　　访：张树枫　吴　娟　刘　锦
整理编纂：张树枫

老李村的回忆

我家原籍烟台牟平县，因为一个本家在青岛开了一个鲁东火柴厂，所以我们全家人从牟平搬到青岛，投奔亲戚谋生。后来又辗转至青州，有了我和二哥。1946 年春，又从青州搬回青岛，落户在李村。

我们那条街上最前面的是赵树堂家。他家是大财主，有钱有势，房子也最高大宽敞。他家后面（北面）是林君生的房子，共 10 间。再后面就是我家，一共有 12 间房，就是现在维客广场地铁 A 口东侧，于 1988 年拆掉了。由于地形南窄北宽，所以我家的房子最多。赵树堂家墙角就是李村小学，西邻大街，地理位置好。

在我家后面是一块空地，空地北有两排房，共 20 多间，但不太规整．听老人说是一个叫姚作宾的伪市长的产业。

从我家门口一出来，就是一片空地。空地正北就是有名的齐鲁会馆，会馆从老李村桥方向正冲着北方，地气好。听我父亲和我二哥讲，齐鲁会馆应该是建在 30 ～ 40 年代。据说那时李村大集已形成相当规模，南来北往的客商很多，李村已经形成了一个很大的商业中心，是一个大镇。由于大集的发展，带动了李村河两岸的商铺的发展。尤其是河北，更是特别明显。各种商铺与李村大集相辅相成，构成了一个商贸整体，一个大集市。由于许多客商需要各种信息的交流，自然也就需要建立一个这样交流信息的场所。因此，齐鲁会馆也就自然而然地产生了。

齐鲁会馆大门上方是一大块用石块砌成的方匾。很宏伟，有气势。许多客商来自平度、高密、胶州、莱阳、即墨等地，甚至连海阳、诸城、日照也有，客商在这里集会，互相交谈，信息交流，对促进李村的商业贸易、集市的发展，起了很大作用。

1945年日本投降后，国内战乱，李村是国民党占领的地方，而周围像海阳等县已经是解放区。青岛当时商业不稳，物价飞涨。听我母亲说，我大姐就在青纺六厂上班，开的钱都可用大包盛，但买不到什么东西。上李村集上，从东头起嫌物价贵，走到西头更贵，再回过头来到东头买，物价又超过西头，可见物价上涨速度之快。于是商业交流自然也处于退缩，会馆逐渐失去作用。一些逃亡的难民，就从外地搬来居住。李村涌进一大批外地人，口音杂乱。据我二哥说，当时有个叫崔连生的与他相处很好。还有一家姓王的，一家姓高的，其余的他也记不清了，反正住满了人。

青岛解放后，难民搬走了。我至今还清晰地记得解放时我家大门过道来了不少解放军战士。我母亲搬凳子给他们坐，倒水给他们喝。我家门口还修了一个碉堡，上面是一块大钢板，我和小朋友上去跳着玩。李村监狱住了一些军人，他们包饺子还上我家借过面板。

新中国成立后，齐鲁会馆成了李村派出所。李村监狱改名叫生建机械厂。李村小学在生建西侧，两家之间是公路局，而公路局路南侧成了公安局，紧靠监狱。姚作宾是怎么死的，还是跑到台湾，这个我不知道，反正他的房子被充公了。他的房子虽然多，但房间不整齐，间口小，不适合办公，又不靠大街，门口不如林君生家和我们家门口敞亮。且我家前面林君生的房子既宽大明亮，又有大院，当时在河北属于上等的房子，最适合办公。所以，他的房子就临时被区政府租用，门口挂上了李村区政府的牌子，成了区政府办公室。后面紧接是我们的房子，除了里面四间自己住，其余八间都被区政府租用。前院办公，很方便。再后面就被区政府用于家属居住，还有伙房等其他用途。

我家西边就是李村小学。1952年我上小学时，整个李村周围的孩子都在李村小学上学。包括河北村、东兴村、新村、杨哥庄、曲哥庄、东庄、东北节（现在也叫东北庄），还有河南、南庄的同学。当时李村片的双山小学、河西小学、上王埠小学、下王埠小学等布局完全一样，都是当年沈鸿烈当市长的时候盖的，连大门都一样。

小学出门就是一个大操场。活动课、体育课都在那里。操场周围有一条用石头砌成的矮垛子，石垛下面边是一个斜坡，长满了树，坡下就是李村河。

由于地形原因，李村河在这一段是北边比南边稍稍高一点，所以平时河水少的时候，河水都在南边流。到了夏天，尤其是七八月份，由于季风的原因，常常雨下得特别大。当时上流又没水库拦截，所以洪水泛滥。我站在河岸上，看着从东奔流而来的河水，咆哮着、奔腾着，犹如千军万马，排山倒海、响声如雷！李村河在河南、河北这一段，河床特别窄，主要是两岸有大量民宅。河水不但灌满了河床，还经常溢到两岸。由于河道狭窄，水流特别急，常常冲毁建筑，冲出些大水坑，冲得李村桥的石条东张西歪，龇牙咧嘴，两岸交通处于瘫痪状态。不但交通受阻，逢二排七的大集只好临时搬到两岸上。河南、南庄的学生也不能来上学，只有停课。直到修了新桥，这种停课的现象才改变。

大概是60年代吧，那场最大的暴雨不但把桥南头西面的几户人家连房带屋彻底冲泡，还把医院的南墙全冲塌了，河水漫进病房，吓得医生急忙将病号转移到北面公安局的高台上。我的同事韩玉玲的公公家，就是文裕堂姓单的，大水不但冲进院子，并且还将院子冲出一个大坑来。因为河床是个凹字形，且很深，所以每年发大水，总是出毛病。有一次发大水，两岸上站了许多人看光景。一开始只是滔滔的黄水急流而下。突然，只见东面的河水好像一堵墙，又像大海里的涨潮，排山倒海地直奔而来，真有点钱塘潮的感觉，太可怕了。当时，水只是在漫水桥上没到膝盖左右，有的大胆的男人，扛着自行车走到了桥中间，看着从东面来的滔滔河水急流涌来，还以为可以上了桥南头。谁知，想的没有水流得快。瞬间，如同万马奔腾的河水，将他连车子一起冲走。由于长年冲刷，桥西面河床大大低于东面。

人、车在浪里翻滚的样子，令人心惊胆战。

大水还常常冲走上游的一些村民的物件，以及大集来不及转移的东西。在曲哥庄一带，河面特宽，河水稍微缓慢一点。这一带的村民，就常常冒着险用竹竿绑上钩子，捞水中漂流的东西。而河流中间的物品，只有眼睁睁看着漂走。

不发大水的时候，李村河很平静，河水清澈甘甜。童年时，我们都是到河底挑水吃。那时，没有自来水，人们就在河底挖个坑，放进一个没底的柳条筐。每天早上，人们就到河底挑水吃，水清甜。

50年代，区政府在生建宿舍北面建了一个政府大院（今天的百通商厦位置），后面建的是公安局、看守所。后来公安局扩建、改造，但位置至今未变，有两排房子。

当时河北村不大，人少。你想，庙宇、医院、监狱、学校都建在李村河北村外，原来的河北只有京口路东面几十户，还有路西面三条胡同的房子。20世纪50年代末，才在西边又建了一些民房，也包括为盖老百货大楼而拆的房子，就是现在的古镇路西面一带。古镇路原来是条沟，有很少几户。人们都叫它西沟崖。当初李村有多大就可想而知了。

当初的关帝庙，就在河北村北，新中国成立后荒废了，但没拆。庙北面，靠马路有家姓陈的，男的五十上下，不会说话，我们都叫他陈哑巴。晚上，我们几个小伙伴在路灯下玩，稀稀拉拉没几个人。8点后，街上就一个人也没有了。

新中国成立初期，河北村子小，经常有狼从恶狼齿山上下来。我有个邻居姓盛，我叫他三叔。赶集时，在河底馇锅子，主要是用脂渣炖豆腐、白菜、烩饼等。他亲口告诉我，有一次冬天赶完集，收拾完东西，天已经很晚了。他家住在赵家花园西头，当时那是李村的最西北头，再往北就是荒地，荒地再往北就是乱葬岗。走到我家大门口，看见一匹狼蹲在北边十几米的路边，在路灯下样子很可怕。他躲在大门过道不敢走。情急之中，他想起狼怕声音，正好切肉带的钢刀，他摸到一块石头，狠狠地敲了几下，发出清脆的声音，在鸦雀无声的寒冷冬季夜空，格外震耳。狼听了，嗖的一下就向北窜走了。他急忙敲开我家大门，让我母亲放他进去，我母亲听了后，也吓出一身冷汗。

还有一件事，是我听邻居讲的。现在的大崂路，原来是通往东北庄的一条路，路北边是一片果树，直到下王埠。有天中午，一个农民扛锄头去干活。突然出来一匹狼，扑向青年农民。农民吓坏了，拼命用锄头打，上衣都让狼撕碎了，身上抓的一块一块，全是血痕，但终于把狼打跑了，真可怕。

1960年，我在青岛五中上学，南庄村外养了许多猪。猪圈四周拉上电网，怕人偷猪。结果晚上从枣山上下来一匹狼偷吃猪，让电网电死。同学们都去看，说个头很大，有60多斤。我胆小，没敢去。

80年代末，李村第一次搞拆迁，要开通夏庄路。连同河北旅社、李村小学，河北村北头的一部分及我们家都拆了，通起了夏庄路。李村小学就搬到河南，在五十八中（原叫青岛五中，又改叫崂山一中）对面的啤酒花地里，盖起了新李村小学。

现在的河北商城、利客来商场（向阳路以西，到峰山路一带）直到京口路边，原来是一片乱葬岗。从峰山路向西，则是一片河北村的农田。1958年迁坟，建起来炼铁炉，也包括现在崂山邮电局一带（这里原来是一个大湾）。1961年后，炼钢停了，李村大集就从河底延伸到这里，连我家门口都是集，是卖干草的。我家屋后就是老煤店。一出门，斜对面（西北）就是崂山旅社，它什么时间搬走了，我就记不清了。

最早的百货大楼是个二层楼。楼下食品、水果，楼上布匹，是拆了几户民房盖的。被拆的民户又在河北村西面建房子，也就是现在的古镇路路东。古镇路南端西面就是原来的收购站，西边紧连着就是三官庙，庙外就是现在的向阳路。

后来百货大楼扩建，拆了原来的老大楼和北边的潘家药房，直到北头的窦家理发店，连同西邻的曹连升北炉，盖起了新百货大楼，当时轰动一时。

后来又搬走重盖了一个新的百货大楼，就是现在的维客超市。原来是大院，很大。西边即现在的大楼西部是李村菜店，北部靠大马路，也就是利客来酒店的，是汽车站（从河南搬过来，因为扩建，车多了，地方小，就搬到现在的公园那里）。大楼南是个大饭店，叫崂山饭店，北边叫供销社，全拆了，盖了个新的百货大楼。原来的大楼更名华隆商厦，就是现在的五星电器商店。

当时交通不便，从东镇到李村的汽车站，只是在河南有一个站。位置在现在的向阳路南大桥南头的东端。后来建好了大桥，汽车站才从河南迁到河北，在现在的利客来大酒店这个位置。河南的公社卫生院搬到现在滨河路的崂山医院旧址，崂山医院搬到了现在的八医地方。八医是区划后改的名，以前就叫崂山人民医院。

早年的照相馆在京口路东。听我父亲讲，是姓刘的开照相馆，有一个阶段账目很乱，找了好几个人都弄不好。当时，我父亲在鲁东火柴厂当会计，花了一个星期才给清理出来。照相馆对面，有一个王记火烧铺，火烧很有特色。和好的面很硬，用手揉不动，就用一根圆木棍，一头固定在墙上，另一头用手拿住，反复压面。实在不行，就坐在棍子一头，用身体压面，压出的面真好。做成的火烧，再用刀割上花纹，烘出来特别香。

当年侯家油坊西墙外，是一片空地，平时卖大缸。逢年过节，则扎台子唱大戏，也有踩高跷的，很热闹。河底则扎银幕放电影。像《白毛女》《黑山阻击战》等，至今记忆犹新。正月十五则"抢花"，用一个铁丝网编的驴笼嘴（平时套在驴嘴上），有时也用铁丝编的灯笼框，里面装着烧红的木炭与生铁碎块，点上火，系在一大竹竿上，用一根绳子连着，一个人不停地轮转。另外有两个人把住底端，以防晃倒。由于空气充分接触，含氧量高，生铁氧化，产生大量火花。随着轮转，火星四处飞溅，宛如一条火龙在夜空中游动，非常美丽。人们惊喜若狂，纷纷向后退让并发出惊叫声。现在，每到十五，就会想起那"抢花"的景象，真是太精彩了。

林君生的房子，由老区政府租用，改成了"机关业余中学。"姚作宾的房子被街道征用了，办起了制"染发露"的小化工厂，还成立了缝纫组、食堂等。里面也有一些房间用来租住。前面的空地，改成了煤店。当时的煤是按户供应，是由三官庙东面的侯家油坊西墙中间的空地搬过来的，正好是我家屋后。

新中国成立后，原来的三官庙、关帝庙、玉皇庙都荒废了。玉皇庙成了铸铁厂，后来又拆了，盖成了原先的工商局。三官庙的道士也跑了。50年代末，实行粮食供应，三官庙就改成了粮店。后来粮店扩建，搬到西山，又拆了破庙，建成了新的工商局大楼。现在，那个工商局早已搬走，成了出租商业网点房。当时拆庙，把收购站也拆了，搬到河北，也就是现在的维客超市的北端。三官庙的西墙外，就是现在的向阳路西的北桥头，是原来的派出所，是个二层楼，也搬走了。那时，向阳路与现在万年泉路之间的李村大桥就建成了。李村就不再只有一条漫水桥了。

派出所北端有家很有名的赵家花园也拆了，建成了崂山旅社。逢集就住满了客商，再现了当年齐鲁会馆的繁荣景象。一直到1988年李村河北的第一次大拆迁，修建夏庄路，才与李村小学一起被拆掉。

短短几十年，李村发生了翻天覆地的大变化，现在已经找不到老李村街的痕迹了。只有残存在脑海里的记忆还不时地闪现在眼前，趁着编纂《李村大集》的机会，说出来当作一个参考吧。

撰　稿：孙树仁　李村河北　退休教师
整　理：王晓瑛

市场建设服务中心与李村大集

　　市场建设服务中心是李沧区政府所属部门商务局管理下的一个正处级国有企事业单位，于1996年12月正式成立，内设办公室、市场科、财务科，有主任1名、副主任2名，下设5个市场管理所。成立之初有干部职工86人，主要是来自工商局的干部职工及个体协会的工作人员，其中干部25人、职工61人。

　　市场建设服务中心的主要职责是负责本辖区范围内由原工商局投资建设、管理的市场建设服务工作，承担市场建设的资产经营、规划论证、退路进市任务，组织市场招商，出租（出售）市场摊点，提供市场经营服务；

承担市场内卫生及其他社会服务性工作；依照有关规定，收取市场摊位费、设施费和其他有偿服务费。

李村大集是一个农贸市场，自 20 世纪 70 年代开始，轻工产品如服装、布匹、鞋帽及家用电器陆续上市，逐步形成市口（即专业市场），大集的规模也逐步扩大。同时随着社会经济的发展，大集上的一些市口，如柴草、农用建筑材料砖瓦、石头以及牲畜（牛、马、驴、骡）等也逐步消亡。到 20 世纪 90 年代初，李村大集基本上分为四大块，即以农副产品为主，家用工业品、废旧物资、虫鸟花鱼宠物市场等组成。李村大集东起东李村，西至杨哥庄村东（河底部分），占地 12 万平方米，以及滨河路的大部分、九水路东端，占地约 3 万平方米。平日集市有摊位 3000 个左右，交易额一般在 1000 万元，上集人数 10 万人次。春节前的几个集市摊位可达 5000 个，交易额在 3000 万元，上集人数可达 30 万人，全年大集交易额约计 10 个亿。

李村大集的场址以河底为主，基础设施比较差，尤其是雨季、汛期，集日都集中在滨河路和九水路上，严重影响交通，对经营者和消费者十分不利。市场建设服务中心成立后，为改变这一局面，在不影响防汛泄洪的前提下，对大集的场地主要是河底部分进行硬化，增加上下河底的路口的坡道。其中京口路桥东部分约 8000 平方米，采取水泥拌黄沙的办法进行硬化。京口路以西部分 1 万平方米，采取铺设石条和水泥硬化的办法。对海产品市场（"水上漂"部分）进行彻底整治，对大集范围的河中河进行清淤加固。另外，在京口路桥和向阳路桥之间建售货大棚 3000 平方米。上述各项投资约 300 万元。

通过对大集场地的硬化，市场设施的改造，增加新设施，疏通河中河等措施，极大地改善了大集的经营条件，卫生面貌焕然一新，基本上改变了卫生脏乱差的局面。无论是大集经营户还是广大赶集群众都非常满意，业户数量也不断增加。特别是营业大棚建立以后，摊位供不应求，仅从东北三省来经营蘑菇、木耳等干货的业户就增加了 30 余户。

李村大集存在历史长，有 439 年，又处于城乡结合处，地理位置十分重要，其规模是青岛地区最大的。它极大地促进了城乡物资交流，极大地方便了城乡居民群众的日常生活，带动了周边村庄和社区、企事业单位的经济发展。对李村商圈的形成扩大发挥了不可替代的巨大作用。据周边北方国贸、维客、利客来等各大商场统计，集日的商场营业额是平日营业额的二至三倍。青岛维客（崂百商场）曾在公交车上打出"逢二排七李村集，崂山百货欢迎您！"的广告词。

李村大集的日常管理由市场建设服务中心内设的市场所负责，开始由滨河路市场所管理，第一任所长刘长斋，有干部职工 20 余人。后来建立 3 个市场所进行管理，共有干部职工 20 余人。其中东部市场所（京口路大桥东）距离 600 米，有 6 个人管理；中部市场所（京口路桥至向阳路桥之间）距离 260 米，有 8 个人管理；西部市场所（向阳路桥西至杨哥庄村南河底）距离 400 米，有 6 个人管理。后随着李村大集规模的进一步发展，特别是逢集日，3 个市场所的管理范围相对扩展延长。

李村大集长期以来占用泄洪通道经营，防洪安全、消防安全、食品安全、消费安全等问题突出，每逢节日大量的客流、车流涌入，给李村中心商圈交通带来更大的压力。经营设施简陋破旧，乱搭乱建，卫生脏乱差，成为里村中心商圈视觉污染顽疾和提档升级的难点，与活力宜居幸福的现代化李沧极不协调。

2015 年 3 月，李沧区人民政府下发《关于印发〈李村河中游"安全综合整治年"工作方案〉的通知》，确定以安全综合整治为切入点，对李村河底经营的业户实施整体搬迁，腾出河道实施改造，彻底解决李村河中游存在的一系列重大安全隐患问题。

历经沧桑的四百年大集在新中国成立后曾经有过三次搬迁，均以失败告终。用什么方法搬就成为能否搬迁成功的关键，对此，市场建设服务中心进行了反复论证和调研，多次召开科长和领导班子会议，制订搬迁方案及搬迁措施。初期，在李村大集及主要通道发放、张贴李沧区政府关于《李村河中游"安全综合整治年"工作方案》和《致李村大集经营业户的一封信》2000 余份，广而告之市场经营业户和广大消费者安全生产的重要性、李村大集安全隐患的危害性、大集搬迁的必要性和重要性，提高全社会对李村大集搬迁的认识，形成对大集搬迁的共识。

在此基础上，为了扎实稳妥地完成经营业户搬迁工作，5 月 18 日，发放搬迁意向书 1000 余份，对"天天市"固定经营业户逐一登记造册，深入细致地摸清搬迁业户思想。经分析梳理，其中同意搬迁的业户占总数的95.4%，不同意的占总数的 4.1%，模棱两可的占总数的 0.5%；13.8% 的经营业户同意自找地方或自愿搬到其他市场经营，能够搬入大集新市场经营的业户占总数的 86.2%。

针对业户反映较为集中的七项问题和不同意搬迁的 18 名业户，市场建设服务中心进行甄别分类，在办公室主任纪冰同志的带领下，干部职工不等不靠，将问题业户包干到人，深入到户，逐一登门讲解政策，了解实际困难，然后制定了深得民心的鼓励业户搬迁到大集发展的优惠政策和措施，做到不与民争利，最大限度地解决业户反映的实际问题和诉求。就这样，经过 20 余天的思想动员工作，业户搬迁的自觉性和积极性充分调动起来了，业户由不情愿搬迁变为积极主动搬迁。

对李村大集的搬迁工作，李沧区委、区政府领导十分重视，党政一把手亲自过问，现场督察，及时作出指示，分管副区长和区商务局领导亲临现场督导，多次召开李村大集搬迁专题会、调度会，解决存在的问题，时刻掌握工作进展和经营业户的思想动态。

区市场建设服务中心认真贯彻、及时落实区委、区政府部署，对李村大集做了全面充分的摸底调查，由经营业户自主报名，市场管理所与中心领导班子反复研究，制订搬迁方案和摊位营业间的分配方案，合情、合理进行安置，得到大多数业户的赞同与支持，主动自觉带头搬迁，使整个搬迁工作得以顺利进行。搬迁过程中，区市场建设服务中心领导班子成员以身作则，遵守工作纪律，廉洁自律，清白做人，干净做事，不以权谋私，不私下与业户进行交易，不为自己的亲朋好友谋利益，积极主动带头签订了《搬迁工作廉洁承诺书》并进行了公示，进一步赢得了市场业户的尊重与信任。与此同时，在李沧区商务局纪委监察室设立了公开监督电话，截至2016年12月份，没有发现一起投诉问题。

李村大集从2015年4月启动搬迁工程到2016年6月底完成业户搬迁任务，历时14个月。区市场建设服务中心的工作也得到了李沧区委、区政府的充分肯定。

新李村大集位于重庆中路以东，青山路以南，鼎世华府居住小区以西，青岛二啤物流以北。共占地50余亩，建筑面积2.34万平方米，由李沧区市场建设服务中心投资5000万元建设而成。主体分为农贸市场区、服装百货市场区、文化交易市场区、赶集区和停车区。

农贸区：为封闭式农贸市场，按照青岛市标准化农贸市场的要求设计建设，用于安置"天天市"固定经营业户。建筑面积约1.22万平方米，营业网点168个。农贸市场中间区域约6500平方米，设置岛式柜台、标准摊位约700个。室内农贸市场划分为5个功能区：水产品区、肉食区、蔬菜水果区、调料副食品区、特色小商品区。

服装百货区：建筑面积 3000 平方米，设置标准摊位 160 个。

文化交易区：为两层建筑，总建筑面积 1.13 万平方米，一层为茶文化交易区，二层为花卉交易区。

赶集区：1.5 万余平方米，用于逢二、七赶集用。

停车区：配套建设面积 0.5 万余平方米，停车位约 170 个。扩建停车场、赶集区约 1.7 万平方米，增加车位 200 余个。

新李村大集于 2016 年 7 月 1 日正式开业，市场繁荣稳定，河底"天天市"固定业户的搬迁安置工作，顺利完成。截至 2016 年 12 月底，李村大集各项管理工作步入正轨，已有 800 余户"天天市"业户在新址安心经营，1000 余家赶集业户也已习惯了到新址经营，每逢集日，李村大集上甚是热闹……

现在的李村大集已经成为一处管理规范，经营有序，环境整洁，购物放心的标准化农贸市场。

撰　稿：邵承祥　原城阳区档案局局长
整　理：王晓瑛

个劳自律品牌的由来

　　我最早在李村集上干的营生是贩鱼。1984年开始贩鱼到李村集上卖。当时我干装卸工，每月的工资90块钱，觉得太累，不干了，就上集贩鱼了。从哪里贩呢？不是像其他人到沙子口、沧口去贩鱼，我是到几百里地以外的日照石臼所港去贩鱼。当时没有汽车，一个人骑着辆嘉陵摩托，路不好走，车子也不行，一次只能带一百来斤鱼，路上单程就得花费6个小时，来回路上12个小时，一般三天跑一趟。贩回鱼来也不零卖，批发给别人。为什么要到石臼港去贩鱼呢？因为青岛和日照的地区价差大，鱼货价位差得很大，像牙片鱼在沧口是一块二一斤，在石臼所还不到六毛钱一斤，整整差了一半多。正因为赚钱多，所以才往日照跑。

　　李村集上的规模和经营摊位增加是从"水上漂"建成开始的。在这之前，也就是在李村河底下有很少的一些摊位。记得当时整个李村集上只有5家卖鱼的摊位，都在李村河底下，扎着一个小棚子，里边还有两家卖菜的。到了赶大集的时候来集上买鱼的也不多。"水上漂"建的时候，把河底下挖空了，结果发大水的时候把李村河的桥冲塌了。后来建了新桥，把河底下平整了，商户们就多起来了，李村集的摊位就多了，规模也大了。1986年"水上漂"建成后，就有了一些固定业户。后来在河北面又建了一些商业设施，有了天天市场。1988年开始固定摊位多起来了，最红火的时候有70家卖猪肉的摊位，卖鱼的摊位也很多。当时李村周边没有卖肉、卖鱼的

237

商店和市场，人们买肉、买鱼都是到李村集上来买。有了固定的常摊，成了天天市场，李村集就越来越大了，李村大集的名号也就叫出去了。

李村大集的面积很大，在向阳路桥和京口路桥之间是天天市场，有固定摊位700多个。京口路桥东有服装市场，桥西有建材、花卉、农副产品、蔬菜水果等市场。

1994年区划以后，李村集就真正开放了。以前我家里的老人不同意我在集上干，说是投机倒把。后来，工商管理开始正规了，成立了个体劳动者协会，这个协会不是执法部门，是协调部门，与工商一起办公。当时是崂山县个体劳动者协会李村分会，一个分会有会长一人，配两个秘书，向社会招聘的，都是事业单位编制，发工资。让我当了李村分会的水产组的组长。区划以后，区工商局的黄振江是李沧区个体劳动者协会的第一任秘书长。

这个时间段的李村集很乱，假冒伪劣、欺行霸市、盗窃、销赃、恶性竞争等乱象很多，消费者投诉很多，报社记者不断爆料批评，领导也很头痛，一直采取措施想改变状况。1994年李村河发大水，河道堵了，淤泥把摊位淹了。

我组织业户自己挖淤泥自己清理市场。工商局的领导、职工也来帮着业户挖淤泥。事后，我们做了一面锦旗，上边写了八个字，感谢工商局。专门跑到沧口给工商局送。当时机关部门对群众送锦旗非常重视，也非常高兴。区工商局郭局长接待的我们。我当时头发很长，前边剃着平头，披着披肩长发，很有特点。我对黄秘书长说："黄秘书长，李村集的市场很乱，这样下去不行啊！"他一听就说："你这么长的头发谁敢欺负你啊！"我说："乱就影响我的生意啊！"黄振江就说了："那你就负点责任吧！"后来就让我当了"个协"的理事。从此以后，年年都是先进分子。

1996 年，青岛市工商局搞"管办分离"，工商和个体劳动者协会脱钩。方案报到山东省工商局，省里批了，大家都来青岛学习。而青岛市这边还不知道，就赶快成立了市场服务中心，从工商局分离出来了。我听到这个消息，就向工商局领导建议能不能搞个个体自律，领导一听很支持，于是便搞了个行业自律协会。然后就上潍坊小商品批发城参观考察学习，学了一天。人家潍坊早就有这个事，人家介绍了经验。1997 年 6 月正式成立了李沧区私营个体协会会员自律办公室，挂牌了。下边各个街道办事处都成立了分会。分会要找个人来负责，就让我当了浮山路街道分会的会长，兼区协会的副会长。行业自律协会的宗旨是"自我管理、自我教育、自我服务、自我发展，"内容是中国个体劳动者协会章程确定的。李沧区私营个体协会会员自律章程是青岛市第一个行业自律章程。

自律协会是成立了，但这个事情很不容易做。自律办公室不是执法机构是服务部门，要为会员们服务，处事要公正，会员们有事了要帮助处理，要维护市场秩序，对于假冒伪劣、欺行霸市、恶性竞争、消费者投诉、违法业户的处罚等等都要办。但是我们又不能越权，像对违法经营的处罚只有工商部门有权力处罚，我们只能协助。协会也没有工资，全是义务服务。结果到现在全青岛市只有我们这块牌子了，其余的都没了。我这个协会只有我自己在干，没有工资，只能出力，还要自己花钱，纯粹是尽义务。我也是尽我的能力和心意为大家服务。会员们家里有事了需要帮助，我就带头发动会员一起出力捐钱，不管是大病还是车祸都给予帮助。一次一个卖肉的业户因刹车失灵而受伤，我发动全市场的业户捐了 5 万元来帮助他，我自己捐了 5000 元。一个叫吕占良的业户出了车祸，在医院抢救，没有钱了，医院里不收，不给治了。家里边准备卖房子救人了。他老婆来找我，一见面就跪下了，请求救她丈夫一命。我当时就捐了 5000 元，全市场业户捐了 4 万元，交到医院，又给治病了，这个人至今还活着。类似这样的互助自救在李村集上真不少。

除了在李村集上作奉献外，我还关心社会上的事情。1998 年甘肃省倡议捐款建水窖（母亲水窖），每个水窖需要 1000 元钱。我看到电视后立刻认捐 20 个水窖，共计两万元。可是这捐款不知道该交给谁，最后捐给市妇联了，市妇联不知道该如何处理，报告了市政府。市政府就发了文件号召全市捐款，文件里说我带头捐款。

到了 2000 年，突然通知我参加全国妇联"为西部母亲建水窖大会"。上了人民大会堂，在会上受到彭珮云、陈慕华接见。原来，建水窖活动我是捐款第一人，市里报到省里、又报到全国妇联。陈慕华看到花名册我排在第一个，就问我是谁，旁边的人告诉她说我是个体户。又问为什么要把个个体户排在第一名？回答说他是第一个带头捐款的发起人。陈慕华就点名要我参加表彰大会。会议通知下到青岛市妇联，市妇联刘主席不知道我是谁，一查是我，就通知我让我去参加。在大会上摆牌位，我的排位上写的是"李沧区。"邻座的是个大企业的负责人，捐了几百万元钱。他感到很奇怪，不知道李沧区是哪里，我告诉他是原来的崂山县，也都不知道。后来干脆告诉他说就是李村大集的地方，他反而说知道李村大集。边上的代表都是大单位的人，捐款数量都在百万以上，谁也没想到我是一个个体户，才捐了两万块钱。不过知道我是第一个捐款的人以后大家也就不惊讶了。

"5·12"汶川大地震时，我正随着区政协的考察团在江西学习考察。晚上看电视，知道四川发生了大地震，当场就打电话叫我对象捐 2 万元给地震灾区。我老婆从来不参与市场上的事，对我的工作非常支持。所以第二天一早，我老婆就把钱交到了李沧区个体劳动者协会，这是李沧区第一笔捐款，也是青岛市第一笔捐款。从江西考察回来后，我又发动市场捐款，又捐了钱。儿子上高中，在学校里也捐了 2000 元。要让孩子了解社会，要学着做善事。

李村大集早年的税收管理体制是由李村镇找了一批当地人为税务所代收税款。税款分两部分，一是固定业户税，二是临时业户税。收的税款交给税务所。1994 年区划以后成立了李村办事处，税收归李村办事处，市场的税收管理交给我了。集上登记在册的正式业户要领发票，其他的临时业户是手撕发票。收的税额根据摊位的大小不同而定，摊位面积大的多收，小的少收。有些摊位欺行霸市，不缴税、不交费，税务所一直收不上税，所以才让我帮助收税。我带人去摊上收税，这些人不交，我们就要维持市场秩序，让他缴税。这些人就去告我，说我是李村集上的市霸。公安局、工商局都收到了告状信，青岛市委书记签字批示来查我。区领导对工商局局长说："查，严查！"结果一调查，都说我很好，自己摊位搞诚信经营，在集上也没有欺行霸市行为。事情就不了了之了。从那以后，政府对李村大集的管理也加强了，有了正规的管理机构，后来又成立了个体劳动者协会，加强了市场的协调服务工作。成立私营个体协会会员自律办公室以后，让商户自律，自己管理自己，会员们都珍惜自己的信誉，自觉地杜绝假冒伪劣和欺行霸市行为，积极参加市场组织的社会公益活动和团结互助活动。每年的防汛、修桥、捐款等活动都是我们业户自己参加自己干。1997 年以后，李村大集的秩序就越来越好了，市场经营越来越正规，营业收入也越来越高了，真正做到了互利共赢。所以，李村大集的秩序和经营理念在全国都是有名的。在 2007 年召开的全国个体劳动者先进代表大会上，我代表李村大集自律小组参加会议，并作了重点发言。国务院副总理吴仪接见了我，授予我"诚信经营奖"。

李沧区政府也给了我很高的荣誉和地位。1996 年以后名气大了，不但当了个体劳动者协会的理事、会长，还当了李沧区政协委员、政协常委，2016 年，又被选为李沧区第六届人民代表大会的代表。

李村大集从乱到治，除了政府的作用以外，与我们私营自律协会有密切关系，业户的自律起了很大的作用。多年以来，整个李村大集是零投诉，没有假冒伪劣现象，也没有欺行霸市行为。对于大集的评价不敢说是百分之百的说好，但是百分之九十九满意是可以说。

讲　　述：张代成

采　　访：张树枫　　王晓瑛

整理编纂：张树枫　　王晓瑛（协助）

李村商圈的决策与实施

人们都知道李村商圈的崛起与李村大集的拉动作用密不可分。同时，李村商圈的形成与发展又为李村大集的发展创造了条件，两者相辅相成，互利共赢。那么，李村商圈战略是如何出台和决策实施的呢？

1994年5月，青岛市实施新区划时，李沧域内已有批发零售业、餐饮业、服务业等网点8800余个，其中李村商圈的建设也已粗具规模，基本形成了南起滨河路、北至京口路、西接峰山路、东临308国道即今黑龙江路，总面积20万平方米，以现李村向阳路商业步行街为轴线，以崂山百货、北方国贸、华隆商厦、崂山商贸、第一百货商场等大中型商业企业为主体的现代商圈。

鉴于区域以商贸业为主的第三产业有着良好基础、优越条件和巨大潜力，区委、区政府在通盘统筹发展优势之后，决定在全面发展商业的基础上，建设一个商业发展中心。但把这个商业中心放在什么地方更合适，当时也颇为踌躇。在反复论证中，区委、区政府分析认为，李沧区域的中心就是李村和沧口，两地在青岛开埠之前均是北部地区的商业中心。沧口作为青岛市的老工业基地，人口比较集中，工业色彩较浓，然而功能较为单一，且其中的大型企业或央企、或省企、或市企等，多数企业经营不甚景气；沧口四流中路过去虽是北部商业中心之一，并曾有"第二条中山路"之称，但商业系统现有的一些商店网点既零散又不具规模；况且，区域面积的局限，也将给建设商业发展中心带来难度；所以，以此作为区商业发展中心，购买力、辐射力均不会理想。

李村在区划前虽仍是郊区身份，但却处于崂山魁首之地，而且商业发展有着深厚的历史渊源，同时在撤县划区后已晋升为青岛北部唯一的商业中心，并且适时启动了现代化商业的改造建设；又由于长期是郊区中心的缘故，发展状况比较齐全，既没有出现公用事业和基础设施等有所缺失的畸形情况，也没有过分依赖工业来刺激区域的发展。这些有利条件，都为李村商业蓄势待发、迅猛崛起提供了可能性。同时，李村商圈还有着自身的优势：一是商务基础好。历经百年的李村大集沉淀的民风民俗，积聚起独特的商气与人脉，因而李村商圈开拓发展的基础非常坚实。二是区位辐射力强。李村商圈东、西端分别与黑龙江路和重庆路两条大动脉相邻，可向周边特别是城阳、崂山、四方等区域辐射，因而是青岛市发展现代商务商贸业的黄金地段。三是交通比较便利。李村内部交通呈扇形网状布局，初步形成以李村广场为核心向四周发散的道路网络，未来还将成为青岛市内的交通枢纽。四是人口众多。改革开放以来，李村的常住人口和流动人口不断增加，消费群体急剧膨胀。另外，崂山区、城阳区的居民，至今未改变到李村这个原来县城购物的习惯；市北、四方、沧口等地的居民，到李村购物也是最佳选择，等等。这些都会给李村商圈带来巨大的市场消费需求。

鉴于上述优势，区委、区政府权衡利弊，拍板作出了支持李村商圈发展的决定。当年8月，区委在第一届党代会报告中提出了"三产领先、商贸兴区"的李沧区经济发展方针，决定用5年时间，将李沧区建成青岛市第二个商业中心。同年11月，区委、区政府制定了《关于加快发展第三产业的意见》，并成立由区党政主要领导和相关部门负责人组成的领导小组，调动各个方面的积极性，坚持国家、集体和个人一起上和谁投资谁受益的原则，多渠道筹措、融通发展资金，促进第三产业加快发展。同时，责成各相关单位制定第三产业发展规划并落实责任，确保规划能够按期完成。1995年3月

20 日，区政府第 27 次常务会议确定实施的北方国贸大厦建设工程，吹响了李村商圈跨越发展的进军号。

1996 年，《李沧区国民经济和社会发展第九个五年计划和 2010 年远景目标纲要》指出，紧紧围绕建设现代化国际城市的整体发展布局和建设青岛市第二个商业中心的目标，坚持"三产领先、商贸兴区"发展战略，以建设大市场、发展大贸易、搞活大流通为思路，全面协调发展，强化国营商业主渠道作用，重点抓好大型专业市场的培育和建设。次年，在相继建成、扩建北方国贸大厦、利客来购物中心、北方家具城、滨河路商业街等大型商业设施后，崂山百货大楼进行了大规模扩建。与此同时，域内房地产开发、个体私营经济已相当繁荣。是年，区第三产业增加值完成 8.5 亿元，比 1994 年增长 1.3 倍；商业营业额达到 24.7 亿元，比 1994 年增长 90%。1998 年，域内的青岛市茶叶批发市场、北方汽车交易市场、北方装饰装潢材料市场、河北商城、北方雅石城等相继建成。自身奋力与周边发展，助推李村商圈的建设渐入佳境。

1999 年，区委、区政府又提出要根据消费商场结构的变化，继续加快第三产业发展的步伐，充分发挥区域商业中心的优势，不断挖掘发展潜力，努力拓宽市场。2000 年，区委、区政府进一步要求：第三产业大发展要在加大比重、拓宽领域上做文章，使商业发展逐步成为全区经济的主体产业。

为了把握商业中心发展的方向，营造良好的商业氛围，把李村商圈建成青岛市"四大商圈"之一，真正成为青岛的北部商贸中心，区委、区政府决定在李村打造"核心新地标"。针对如何把李村商圈做大做强，区主管部门从实际出发，先后度身制定了商圈整体改造升级的城市规划和产业规划，明确了引进现代服务业和提升传统商贸业的思路。在完成商圈规划设计基础上，大刀阔斧地实施部分办公场所和原有企事业单位的拆迁，从而让引进的大型城市综合体项目能够成功落户。而这些新项目的先后开工建成及投入使用，既切实提高了商圈内现代服务业发展的整体水平与档次，又扎实地巩固了李沧作为青岛北部商贸核心的地位。

主要因为历史的原因，李村曾长期充当市郊角色，城建规划与实施相对迟缓，以致改革开放前的几十年里城区面貌几乎依旧。李村商圈发展的引领者、建设者意识到，如果城区规划建设滞后，商圈功能分区模糊，不同产业在同一个经营街区内相互混杂，必将影响商圈整体效应的释放。为改变商圈业态相对单一，撬动现代商圈新产业、新业态的合理配置与发展，必须科学布局、周密规划、精心施工，努力改变城区面貌。

1998年，作为改变、美化区域城区面貌和营造氛围的措施之一，区政府在李村街道中心繁华地段，建起了一个标志性的新李村广场，后来冠名为维客广场。

跨入新世纪的2001年，李沧区从"落实三产抓繁荣提高"的发展战略着眼，着力深挖第三产业的潜力，积极引导特色市场和专业市场的建设，增强各类第三产业企业的竞争能力，新兴行业在第三产业中的比重进一步提升。其间，在贯彻落实商贸企业、批发市场、现代物流"三个组团"齐头并进、全面发展思路的同时，抓紧了域内李村、东李、沧口三大商圈的建设，提升完善东李商圈，大力发展专业批发市场和现代物流业；以满足周边居民购物、餐饮、娱乐需求为重点，培育发展沧口商圈建设；着力招商引资，整合资源，打造大型购物中心，注重做大做强李村中心商圈。区委、区政府加快区域东部开发和城市化进程的举措，拉动人流、物流迅速增大，又为商贸业大发展提供了雄厚的基础。

2004年，区政府投资对维客、北方国贸、利客来等大商企集中的向阳路，进行了大规模的规划改造，将这条全长600米的道路建成了一条集购物、娱乐、服务、休闲于一体的多功能商业步行街，向阳路的商圈辐射能力由此进一步增强。

2006 年，在中共李沧区三届七次全委会上，区委又提出区域"四圈四线"的商贸发展新格局。随后的四五年来，青岛市旧城旧村改造政策在区域全面实施，青岛市的首条地铁 3 号线也确定穿越李村。双重利好激励之下，李村的城区面貌改造提升工程呈现出声势浩大的局面。其一是原有的几个规模较大的旧村与生建机械厂、风机厂等制造企业和公检法办公楼、青岛监狱等被陆续拆迁，由此腾出了许多空置黄金地块；其二是东李村区域被整体规划为青岛的中央居住区，再加之 2014 年青岛世园会定址于区域的百果山，由此可以预料许多大型新居民社区将在此地涌现；其三是 2015 年开通的 M3 号线沿线尤其是黑龙江南路一带房地产开发建设骤然如火如荼。随着数条地铁的陆续运营，既可把李村与市里的老市区通过快捷交通更紧密地联系起来，又可把李村商圈的有效影响半径向南拓展到市北夹岭沟、双山一线，并可能持续延伸。这些机遇，无疑又将使李村商圈迎来一波大扩张和大飞跃。

鉴于李村大集带来的环保卫生、交通拥堵与治安管理等问题，区、市政府前些年就决定将其规划搬迁。2016 年 6 月李村大集实施搬迁前后，市、区政府启动了李村河中游整治和大村河全面维新等两大工程。总投资约 3.9 亿元的整治工程 2017 年竣工后，将还原李村河中游的生态调蓄功能，既能让景观河造福于周边居民区，又能为李村商圈的发展提供更优美的环境。

规划是李村商圈可持续发展的核心。只有加强规划指导，合理区分商圈功能，才可能保障商圈沿着科学发展的轨道持续发展，也才能保障城区的美丽繁荣和维护投资者的利益。

2004 年，区政府编制完成《李沧区商贸发展总体规划（2004-2010 年）》，科学地构筑了区域现代商贸体系的蓝图，确立了全区商贸进一步发展的总体目标和整体布局，从而为各商圈的建设注入了新的动力。几年中，经全力落实《李沧区商贸发展总体规划》，"三大商圈"特别是李村商圈的发展进一步提速。至 2005 年，向阳路步行街改建工程全部竣工，李村东郊车站改扩建工程顺利完成，除维客、利客来、北方国贸等骨干商贸企业不断扩张外，又有阳光佳日、广业锦江等一批高端大酒店先后开业。

《李沧区商贸发展总体规划》确定李村商圈要新增营业面积十五六万平方米。当年，维客集团完成百货大楼旧楼改造工程，利客来集团建成大型购物中心，北方国贸集团完成第二次扩建改造，青岛装饰材料科技市场、青岛北方建材批发市场、青岛土特产交易市场、东李商城、东李家具市场、青岛新锦华酒店用品综合市场等也相继建成开业，其中拥有建筑面积2.8万平方米和近4000平方米停车场的东李家具市场，目前仍属岛城最大的专业化市场。年底，全区已有批发零售业单位821个、个体私营业户8818个、住宿和餐饮业单位48个、个体私营业户1709个，基本形成以李村商圈为轴心，以东李、沧口为两翼，以沿振华路、京口路一直到九水路的东西商业带为链条的"三点一线"大商贸格局。此时，李村商圈卖场总面积已达204740平方米，拥有商业网点2780处，其中有大中型商企150余家、大型专业店和各类专卖店约500家。

"十一五"以来尤其是"十二五"期间，李村商圈的招商与建设进入了辉煌期，域内围绕建成商业核心新地标的奋战，恰如闻名于世的钱塘江涌潮，一浪高于一浪地迅猛向前推进。李村商圈建设势头持续强劲，商家不断增多，品牌不断涌入，业态不断丰富，"短板"不断加长，产业不断做大，布局不断科学，颜值不断更新，区域不断扩大。目前的李村商圈地域，早已打破最初时仅限于商圈三强聚集的向阳路步行街周边，后来逐步发展到南起李村河、北至大村河、东临黑龙江中路、西靠重庆中路的界限，如今扩大到几乎是李村的全部区域。事实上，21世纪以来特别是"十一五"以来，李村城区每天仿佛都有在建项目施工，一座座高楼大厦陆续拔地而起，于是将原来尚不足20万平方米的商业面积，扩展为80余万平方米。李村商圈拓展成为超过100万平方米面积体量的大商圈，这不仅在李村商圈发展上史无前例，在青岛各大传统商圈中也是最大的。现在，李村商圈中人均拥有的商业面积已达发达国家水平，商圈的影响范围已真正做到了辐射青岛市的整个北部地区。

2010年，李沧区本着着力优化商贸流通与服务业发展布局的思路，以世界眼光、国际标准高起点地编制出台了《李沧区现代商务商贸产业发展规划》《李沧区"十二五"服务业发展规划》等一系列指导性文件，还制定了《李沧区关于加快服务业发展的意见》，进一步明确商贸流通、服务业工作目标，确定在现代商贸区板块中要构筑以主力商圈——特色街区——地铁商业构成的商贸流通网络、优先发展现代商务服务业等六大业态和要集中建设的七个服务业集聚区，并实施"服务业倍增"战略，推动全区商贸流通业从单一购物功能向购物、旅游、文化、娱乐、休闲、餐饮等全方位体验休闲功能转变，建成半岛门类最全、商业面积最大、购物环境最优的"一站式购物天堂"。其中现代商务商贸产业发展规划细分和包括有李村商圈"购物天堂"商业规划、现代物流业发展规划、商务商贸业发展规划、旅游业发展规划、文化产业发展规划等。两个规划再次为区商贸流通服务业的发展指明方向，提供了强有力的保障。

根据"拥湾枢纽、生态商都"发展定位编制的《李沧区现代商务商贸产业发展规划》，把建设现代商贸区板块确立为落实"一极两轴三区四带"战略布局、完善城市功能的重要载体之一。现代商贸区作为"生态商都"的主战场，设在重庆路以东、金水路以南、青银高速以西、南至李沧区界，总面积约30万平方千米。经过积极努力，李村商圈作为区域现代商贸区板块中"四大商圈"之一和主力商圈，其建设规模已显雏形。2009年，李村商圈和黑龙江中路东李专业消费品走廊，都被列入了青岛市重点培育建设目录。2011年，李村商圈成为市级商业中心李村商务集聚区。

2013年，李村商圈由占地面积约8平方千米的区域再次扩张，商贸业则从以往维客、北方国贸、利客来的三足鼎立，发展到国美、苏宁、五星电器等专卖店抢滩登陆，山东银座、宝莱百货先后入驻，再到宝龙城市广场、万达城市广场、伟东·乐客城相继落成，较完整地搭起了"生态商都"的框架。拥有综合商业街、服饰街、特色餐饮街的李村商圈，至此形成了以大型商业综合体为主导，特色商业街为补充，以经营日用百货、服装鞋帽、家用电子、建材家具、餐饮娱乐等为主，门类齐全、功能完善和青岛知名的商贸集聚区。这进一步为早日实现构建国家级商贸集聚示范区目标创造了更有利的条件。次年，下王埠商业综合体、银座和谐广场和全市首家专业电子商务创业孵化基地——金翅鸟电子商务孵化中心等项目陆续交付使用，天都茶文化城、奥克斯广场建设如期推进，中央公园商业综合体签约香港新世纪百货，商贸流通业蓬勃发展，"一站式购物天堂"逐渐成形。

2014 年，根据李沧区政府工作报告要求和"一极两轴三区四带"战略布局，针对李村商圈的新发展和新情况，围绕李村商圈实施"一区二带两轴"即现代商贸区、京口路银带、李村河蓝带和重庆中路、黑龙江中路两条发展轴，结合实施城区规划，区商务局进一步加强对李村商圈建设的科学审视，启动《青岛李村商圈发展规划》编制工作。主要目的是通过规划引导和提档升级，努力将李村商圈建设成为时尚商圈、休闲商圈、景观商圈、生态商圈、民生商圈、和谐商圈和可持续发展商圈。规划提出用 10 年左右的时间，把李村商圈全力打造以"时尚消费、购物天堂、国际街区、财富基地、休闲乐园、不夜之城"为主题内涵的中国知名、山东半岛最具吸引力的一流商圈，并使其成为"都市活力中心"。

该综合性规划主要包括交通组织和停车场及人流组织规划、商圈业态优化提升规划、地下空间发展规划、李村大集发展规划、商圈休闲空间规划等五个方面内容。规划中的商圈业态优化提升主要内容包括：建设三处商务中心，做大做强六大专业市场，全力打造八条特色商务街等。

　　规划的三处商务中心中，维客广场周边核心商务区，主要以维客、利客来、北方国贸、伟东·乐客城、银座和谐广场、百通大厦、苏宁半岛总部和书院路地下街等，作为现代商贸服务业载体。2015年末地铁3号线北段开通运营，使李沧率先跨入了地铁时代。作为地铁商业综合体，主体封顶的维客广场改造项目，正在建设地上休憩娱乐广场，打造区域的"城市会客厅"；其地下设施则与周边商业及双地铁线相链接，将全力打造成立体交通枢纽；同时还通过正在加紧施工的天桥和地下通道，把维客广场周围五个地块里的大商厦相互连接，实现地面、地下和空中的立体扩容，整合为一个有机的大规模现代商业服务设施群体，建设成一个集购物、文化、娱乐、办公、旅游、休闲于一体的多功能多业态集聚区。

　　君峰路地铁口周边商务区里，拥有链接两条公路交通大动脉的顺河路和具有优美河岸景观的大村河，并紧邻京口路、振华路与重庆中路，M3号线君峰路站也坐落其中。因此，新规划结合M3号线君峰路站、万年泉路站，主要以维客国际商务中心和中能集团硅化工、原华外商务酒店、荣花边公司、海通车桥等地块为载体，侧重发展会展、宾馆、商务等功能，充分抓住地铁经济发展机遇，更好地带动周边现代服务业的新一轮发展。2015年，这一区域中规划的面积为2万平方米的天都茶文化城项目进展顺利。

　　李沧文化公园周边商务区，将主要依靠李沧文化广场、大村河和地铁站，依托原风机厂与待开发的抽纱二厂以及地铁2号线李村文化公园站等地块，规划建设影院、书城、高档餐饮、咖啡厅等娱乐休闲设施，其中包括建设5万平方米的精品步行街、6万平方米的中央公园商务办公和购物中心，使其承载起文化、娱乐、物流、休闲等商务功能。其中，具有重要意义的中央公园的一批重大项目业已开工建设。

　　六大专业市场分别是利客来茶叶市场、达翁轻纺城、鸟语花香家具城、河北商城服饰市场、电子数码市场、苏宁家电市场。对上述专业市场进行统一经营管理，努力提升其产业聚集化、市场规模化、网络信息化水平，进一步做大做强，必将在扩大辐射范围的同时，提高专业市场对李村商圈发展的贡献度。

八条特色商务街，即书院路东端的金融街、西端的餐饮街，京口路南端的电子数码街，东山商城的茶文化街，大崂路的鲁菜美食街，滨河路东端的火锅街、中段的韩国商务街，夏庄路中段的文化休闲街。按照"一街区、一产业、一主题、一特色"的思路，使每条街的培育发展既突出经营主题和鲜明特色，又互为补充、互相呼应，倘若能功能互补、业态互补、人气互补，当可在经营规模和经济效益上产生特色街区聚集发展的规模效应，又能提升李村商圈的知名度，促进商贸集聚区的繁华。

可以预期，落实好李村商圈发展新规划，必将造福未来，着力促进传统商业向现代化商业升级与转换，协调商圈内业态合理布局、产业均衡发展，推动现代商贸区沿着功能分区特色鲜明、产业多元业态丰富、商品齐全物美价廉、交通便利停车方便、环境优美卫生洁净的方向发展，不仅可实现打造国家级商贸集聚示范区的目标，还将增强商贸业的发展后劲。

李村商圈的形成与发展，既有社会经济发展人民生活需求不断提高的原因，也是市场经济商场之间相互竞争而发展的结果。而商圈持续跨越的进程，不但充分展示出坚持党的正确领导的重要性，充分体现出社会主义制度的优越性，还充分证明了改革开放的必要性。

供稿：李沧区商务局

亲历大集搬迁

关于李村大集是否搬迁问题，区里边开过好多次会议，也举行过研讨会，各个单位、业主和市民的代表都参加过，报纸也都报道过，讨论得很热烈，就是通不过，最后都是不了了之。

从我小时候记事起，李村集就不断地搬迁。最早一直在河底。听老人说搬到过侯家庄河底，不行，又搬回来了。后来搬到李村体育场，也就是现在的河北商城。天天市场（常摊）在乐客城东老县委党校那里的向阳支路上。我到大集上做生意以后，李村集就搬了三次，都是行政化。90年代初，服装市场改造，业户不愿意进乐客城，回到了河底，建起了大棚。后来为了防汛，拆除了大棚。当时的方案是针对天天市场，要把市场直接取消，人员不安置，也不设新市场。业户们叫我写一封信分别送给各个单位，信上讲大集的税收与崂山（李沧）的关系密切；讲起火是个刑事案件，与大集没有直接关系；讲取消大集和保存大集的利弊。认为取消大集弊大于利：从业人员有几百户，80%都是本地人，一旦取消市场了这些人怎么办？李村大集是个合法市场，这些从业人员一无文化，二无技术，世世代代就靠市场生活，一人做买卖，三家受益：父母、岳父母、夫妻都受益等等。现在这封信的原件找不到，单位上有没有不知道。后来大集搬迁的事就放下了。但多年以来对于李村大集是取消、搬走还是保留一直有争论，历任区政府领导都会参与到搬还是不搬的讨论纠结中。

为什么一直有搬迁大集的说法呢？原因很多。一个是大集的管理比较难。以前是临时的集市，每月六个集市日，到了农历二、七的日子就来赶集，平日里没有事情，也不需要设置机构来管理。但后来李村集规模越来越大，又有了天天集市，设置了固定摊位，这些固定摊位从几十个发展到几百个、上千个，再加上大集时的几千个临时摊位，规模相当大。赶集的人数平时有几万人，到腊月或者节庆日子有几十万人。人山人海，很难管理，一旦有个事故责任不小。

再一个，李村大集的执法管理也很难。商户摊位多了，交流的商品多了，免不了有黑心商户和假冒伪劣商品，消费者投诉很多，管理起来难度很大。在1997年以前，李村大集的治安很差，小偷很多，在集上偷东西、销赃的很多。特别是自行车市场和二手车市场，很多车辆都是外地和本地偷了以后在李村集上销赃的。还有就是狗市，也有很多是偷了狗来集上卖的。所以人们说，在李村大集上除了军火买不到以外，什么商品也能买到。集市大了，管起来就难了。

第三，环境卫生脏乱差历来是李村大集被人诟病的主要原因。李村河原来水质很好，人们就直接在河底下取水喝。后来环境越来越差，清水变成污水了，垃圾到处都有，人们随地大小便、随地吐痰，把大集的卫生弄得乌烟瘴气的，脏得不得了。

第四，防汛也是李村大集最头痛的事情。每年夏天都会遇到下大雨和李村河涨水的事。一到李村河涨大水，李村集就会被淹，商户们就得忙着搬家。稍一耽搁就会受到损失。像1985年九号台风、2001年的李村河大水都给市场带来重大的损失。

鉴于李村大集的这些问题，历届政府都有搬迁大集的想法和计划。有好几次都下发了搬迁通知书，结果也没能搬成，可以想见搬迁工作是多么的困难了。

前年，李沧区委、区政府决定实施大集搬迁方案。决心很大，计划也很周密，新大集基址也选好了，也给业户承诺了许多优惠条件。但仍然担心业户们不同意或者抵制。这时，有人给区委王希静书记建议让我协助大集搬迁工作。我说："百年大集搬迁这么个大事，我一个个体户哪敢接！"千推万推，坚决不接。实在推不过去了，就答应了。王书记规定了："大集搬迁有三个事：不准上访、不准信访、不准网访。"又加了一句"一家不能落下。"怎么办？就带头做工作，动员市场上的业户们响应政府号召，搬到新大集去。大家开始都不想去，怎么做工作都不行。最后没有办法了，我就对业户们说："你们说我大成做人怎么样？是不是对得起大家？既然你们相信我，就跟我一块搬到新大集上去，我保证帮你们争取最大的优惠条件。再一个，到了新大集上，条件好多了，都是室内营业，风刮不着雨淋不着，下雨天也不怕大水淹了。刚搬过去生意肯定要差，但政府会扶持咱们，过几年就会好起来。"同时，我也跟政府讲条件，摆业户的困难：新大集的基址选择在重庆路上，离李村老集挺远，交通不方便，生意肯定受影响。区政府规定，必须先安排老业户，然后再安排新业户。我跟王书记说："大集搬迁，要搬一程，扶一程，帮一程，送一程。"具体来讲就是要求政府在摊位收费方面减少费用，两年免税。王书记说："好！我答应你们的要求。但你们要把摊位全搬过去，不准上访！"业户们一看政府体察了搬迁户的困难，答应了业户的条件，又经过再三做工作，大家也就都同意搬家了。

新大集基址选定后，开始筹建。到了2015年12月，区里要求在年前把大集搬完。我去一看，新大集市场上光把前排的房子建好了，后排房子还没建。建好的房子墙皮、地面都没干。就说不能搬，怎么说也不能搬。一直拖到2016年5月，反正房子没建好就不能搬。到了6月，房子建好了，再催我的时候，我就说："6月20号吧。20号开大会启动，我可不敢保证百分之百都搬走！"商务局长说："那不行！三个不准，一个不能落下！"我说："那好吧，我来动员！"一气说了两个小时，动之以情地做工作。要

255

求业户们有意见当面提，提了以后看看怎么解决。现在不提以后你不能再说。有人问过去了以后不好怎么办？我说只能赌一把了！搬家的事终于通过了。下边便是划分新市场。一切都办完了以后，要确定搬家时间。我跟业户说给你们10天时间把大集全搬过去。业户们都说10天不行。我说那就12天吧。你们搬家，要人给人，要车给车，千万不要给我丢人。

20号做的动员工作，一直到27号，这几天是天天做工作，一个摊一个摊地去走访，征求意见。27号早上6点对业户们说："各位兄弟姐妹们，我到新市场等着你们！"到了中午，计划搬家的行业都搬过来了，肉、鱼、调味品、蔬菜等等全齐了。30号中午12点半，最后一家土产店进了新大集市场。整个大集搬迁比预计提前了两天，没有动用政府力量，只是动用了工商和大集管理部门来协调，几千户业主没有一个上访的。搬迁完了以后，我逐个摊位向大家表示感谢，谢谢对我的支持，也请大家理解政府，刚搬过来生意肯定要受影响。但会好起来的，过来了也不怕下雨了，是好事。大家说的我挺感动，说是你平时对我们好，所以我们也得支持你。

讲到李村大集搬迁，还要说点迷信的事。当时对于大集能否顺利搬迁心里一点底都没有，我就去找了个高人给算了算。人家对我说，这是件大事，要请人保佑。只要你请了人，就会一切顺利，狗猫都不会动。我一听，就去买了香纸，在25号晚上9点到了李村老大集地场，摆上十个碟子八个碗，点上香纸，跪在地上说道说道，请求神灵保佑大集顺利搬迁什么的，再把上供的东西给他们吃。到了27号晚上，又按照高人指点，到新大集的地场摆了一场大席，还是摆了十个碟子八个碗，烧了香纸。完了以后把大门留了一道缝。为什么要这么做？因为人家说了："等你到了28号就明白了！"第二天一大早，我买了鞭炮在新大集上放了。人家给我来电话，问我："是不是人都挤不动了？"我说："你是怎么知道的？"他就说："怎么知道的你就不用管了。新市场要好得在一年以后。"还都叫他说准了。

新大集搬迁快两年了，状况怎么样呢？新大集占地面积两万多平方米，不到三万平方米。市场固定摊位700多个，比老大集略少（老大集是800个）。二、七赶大集时，临时摊位能达到1500多个，比起老大集的3000多临时摊位要少得多，这主要是新大集比老大集少了旧货、建材、旧车等市场的原因。

新大集刚刚搬过来的时候，不挣钱。因为宣传不到位，加上没有停车位、公交车不方便等原因，许多老客户不来了，新客户不知道地方，对于固定业户来讲生意有点冷清。但是，一到二、七大集的日子，大集的人就都来了，车位、市场都满了，市场里人挤人。对于业户的困难和大集的状况，大集管理所、服务中心和自律协会都很重视做业户的思想工作，每月都开党员生活会，中心支部和会员代表们给大家做工作，进行解释。对于大家有意见的停车位等问题，我就说了，咱们不能用老大集的管理思想来管理新大集，要按照星级市场的标准来办事，要争创星级市场。同时，我们也把困扰、限制新大集的因素、困难积极向政府汇报，希望政府及时解决。大家也就理解了。

不管有无困难和困难大小，新大集的业户们至今还都没有怨言，没有去找政府的。因为我当时就跟他们说新大集要好起来得二三年才行。业户们说跟着会长你走没有错，因为你不会害我们，有事了也会帮我们。这就是互相理解，互相支持。

虽然说新大集目前还是赶不上老大集热闹繁荣，但也是一年比一年好。王希静书记问我新大集的发展情况，我说今年比去年好。希静书记问好多少，我说能达到80%。又问妨碍新大集发展的原因是什么，我说：主要原因是新大集连城不连乡，与乡下没有直达公交车，许多老客户像沙子口、王哥庄、北宅的都不来了；新大集东门的停车场和新大集的门口没有打通，进的车和出的车挤在一条路上，车子是进不来、出不去，也停不下；市区公交车线路也不连通，没有直达车和始发站，市民来赶集购物太不方便。这些都要逐步解决。

讲　　述：张代成

采　　访：张树枫　王晓瑛

整理编纂：张树枫　王晓瑛（协助）

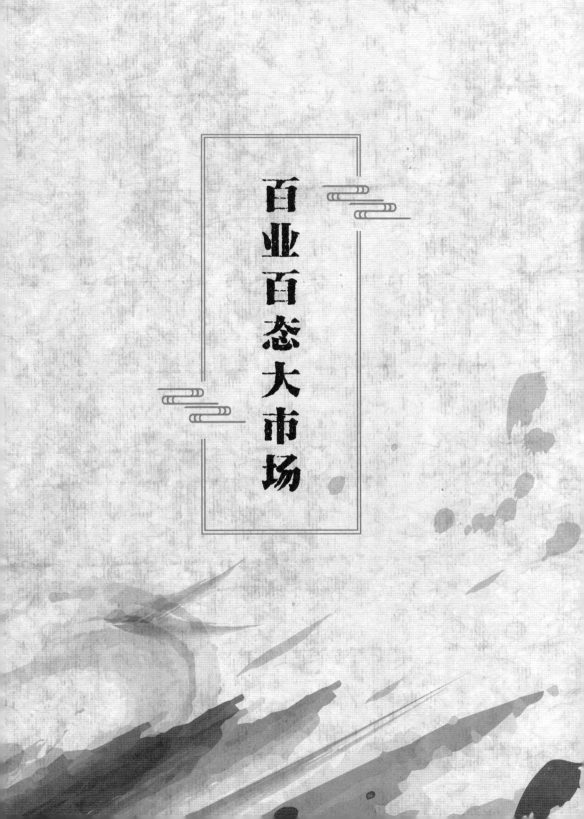

百业百态大市场

李村集的牲口市

牲口市又叫牛驴马斗行，新中国成立前与草菜油饼行、鲜咸鱼虾蟹行同为集市主要行市之一。

牲口市是李村集最古老的行市，也是最具有代表性和影响力的贸易项目。早在明清时期，李村集市就有了牲口市，是即墨西南乡唯一的牲畜交易市场。由于李村自身和周边地区不是牛驴骡马等大牲口的主要产地，集市上的牛驴骡马基本上都是从外地贩来的，其中大都是来自鲁西和河北省张北地区（俗称口外）。由于李村集是青岛中心集市，无论是客流量、贸易额在青岛地区都属首屈一指，因此，大牲畜的销售数量很多。近代以前，李村集市没有牲畜检验检疫程序，也不收取检疫费。德国占领青岛以后，制定了一系列税收项目和政策，规定外地牲畜抵达青岛以后，需要经过当地卫生检疫部门进行卫生检疫，检验合格后发给检疫合格证明才能到集市销售。当然，卫生检验检疫费是少不了的。

明清时期的牲畜交易税的数额不得而知。1908 年，德国当局出台集市杂税征收规定，对于在李村集经营商贸的商贩收取摊商税、公称税和牲畜税。公称税按货值的 3% 征收；摊商税按摊位大小征收，大滩 4 枚铜元、小摊 2 枚铜元；牲畜税按货值的 2% 征收，由卖方缴纳。后来牲畜税调整到 4%，由买卖双方各缴纳一半税额，也就是牲畜税增加了一倍。日占和胶澳商埠时期，李村集市的税项和税额没有大的变化。

在德占、日占和胶澳商埠时期，李村集市的税收一直采取承包制。李村、枣园两个集市捆绑成一个标的，由政府组织招投标，出价高的商人中标后签订承包合同，承包期一年。期满后再次招标，仍以价高者中标经营。中标者须向财政局交纳 1/10 的保证金，由政府财政局发给征税凭照，就可以在集市上合法征税。长时期以来，青岛地区城乡集市只有李村集有牲畜交易的功能。因此，李村集的牲畜税是重要税项之一，历来为政府所关注。1928 年，胶澳商埠局曾取消过集市杂税征收，但在 20 世纪 30 年代又恢复征收。但废除了个人承包制，改由政府税务征收所直接在集市上征税。而牲畜交易也曾经在红石崖、沧口等集市上开设过。但李村集始终是青岛地区最大的牲畜交易场所，几百年来从未间断。

牲畜交易不同于普通商品交易。买卖双方不能直接用口语或肢体语言讨价还价，而是要通过中间人往返说和，然后达成交易。这个中间人就是经纪人，是专门到集上帮人看牲口、协调说和牲口买卖的一种中介人的职业。经纪人要有养殖牛驴骡马等大型牲口的经验，还要懂一点给牲口看病查体的医术。经纪人主要看牲口的四蹄，要不瘸不歪，坚实有力；看牲口的牙口，知道它的年龄大小，以不小不老正当年者为佳；要看牲口的架子和皮毛，要架子结实、皮毛发亮，身体没病。这个经纪人又叫"牙纪"。牙纪须秉承公平原则，"一手托两家"，不能有欺瞒、偏向行为。

买卖牲口的双方都要有经纪人，买方的牙纪将牲口的状况如实向买方介绍，等到买方满意后，就去和卖方牙纪讲价钱。讲价不用口语，而是双方在长袖口里用手指交流，即所谓"手语"。一般只有十几个词语，表示的都是价格数字，不同的指头手势代表不同的价格数字。双方你来我往，轮番讨价还价，最终价格讲定，买卖成交，买卖双方会付给经纪人一定的中介费，一桩买卖就会大功告成。交易成功后，要到市场税务管理部门缴纳一定的交易税，一般规定大牲口的税额是交易价的 4%，即 100 元交易款需缴纳四元税钱，由买卖双方各分担一半。由于大牲口交易量较大，金额数目大，税率又高，因此牲口税一直是李村集的主要税收来源。

由于"牙纪"在牲口交易中起着至关重要的作用，其道德品质和眼光水准都必须有所具备，既不能滥竽充数，也不能营私舞弊。因此，在 20 世纪 30 年代，青岛市李村乡区办事处专门针对集市上的"牙纪"进行过培训和甄审，以保证其经营资格的合法性和交易中的公平性。

1937 年日本发动全面侵华战争以后，华北沦为日本占领区，以前的牲口交易渠道被切断，而本地的牲口多被日伪政权掠夺和屠杀，李村集上的牲口数量锐减，交易量和税收下降。日伪又设立了集市"牙税"，强令有牲畜交易的集市缴纳一定数额的"牙税。"日本投降后，青岛成为蒋介石发动内战进攻山东解放区的主要基地，连年战争，对农业和牲畜业影响极大，李村集上的牲口交易额急剧下降，几成空白。

新中国建立以后，为发展农业生产，政府对大牲畜的交易管制严格，严禁随意宰杀牛驴骡马等大牲畜。为解决崂山农村缺少耕畜的困难，政府组织商业部门和懂得牲畜交易的村民到内蒙古等草原地区批量购买牛驴骡马等大牲畜回李村等集市销售，并加强了牲畜卫生检疫防病工作，李村集的牲口市场再度兴旺。同时，政府也十分重视对经纪人的教育和管理工作，严格考核，发给证件才能上市从事经纪业务。并严禁"牙纪"违犯行业规则，"明吃酒菜，暗扣佣金，"牟取暴利的"黑经纪"行为，保障了牲畜交易的公平性。20 世纪 80 年代以后，随着农村土地承包制度的推行和机械化程度的提高，原本用于农业生产的牲畜使用率下降，李村集的牲口市场逐年衰败，最终退出了历史舞台，成为永久的记忆。而随着牲口市场的消失，"牙纪"这一职业也退出了李村集的交易舞台。今天，懂得牲口交易手语的人寥寥无几，几成绝唱。

撰　　稿：张树枫

李村集的粮食市

李村地区历史上粮食品种比较单一，以小麦、谷子为主。明清以后，玉米、红薯（地瓜）在胶州、即墨普及推广，成为李村地区的主要粮种。但是，李村地区地少人多且土地贫瘠，农业科技落后，粮食产量很低，粮食品质不高，每年需要从周边州县购买补充居民口粮。这样一来，即墨北乡、胶州、平度、莱阳等地的粮食汇聚到李村集上，成为当地居民补充调剂户口粮食的重要来源。

当年李村集上的粮食市场主要销售小麦、小米、黍子、玉米、地瓜（干）、鲜地瓜和豆类，基本上都是胶东本地出产的农产品，这些粮食统称为"杂粮"。1903 年，德国人对李村集市做过一个调查："集市上搭起的货摊有 1788 个，出售 65 种货品，其中：燃料商贩 218 人，渔产品商贩 181 人，甘薯（地瓜）干商贩 141 人，蔬菜果品商贩 122 人，其他 10 种农产品商贩 283 人，共计945 人。这些商贩经营的农产品只有 14 种。"为什么地瓜干被作为一个单独的商业品类呢，那是因为李村本地人经济收入较少，小麦等粮食价高买不起，产量大、价钱便宜的地瓜干和鲜地瓜就成了本地居民的主粮，地瓜干自然也就成为李村集市上杂粮中的主力。德国人在对李村的粮食调查栏目表中，也注明了计量单位和价格数字："谷子 1 升 =15 斤 =550 文制钱，黍子1 升 =17 斤 =600 文制钱，稷子或稗子 1 升 =7-8 斤 =400 文制钱，高粱 1 升=18 斤 =550 文制钱，玉米 1 升 =18 斤 =800 文制钱，小麦 1 升 =20 斤 =1000文制钱，大麦 1 升 =13-14 斤 =950 文制钱，豌豆 1 升 =20 斤 =950 文制钱，大豆 1 升 =21-22 斤 =900 文制钱，荞麦 1 升 =18 斤 =1000 文制钱，晚红薯、鲜薯 1 斤 =5 文制钱。"从调查表来看，荞麦、小麦、大麦、豌豆、大豆、玉米价位较高，地瓜价位最低，但没有注明地瓜干的价钱。

20 世纪以后，青岛和李村的交通逐渐发达，外地粮食进口数量大增，填补了李村集市粮食消费的空间。由于青岛人口的急剧发展，仅靠山东和青岛本地的粮食已经不能满足消费需求，遂将粮食进口的对象转向外省粮食产地。据档案记载，青岛市每年都要从察哈尔、东北、江苏等地进口大批粮食，以满足青岛市民的粮食需求和工业生产的需求，进口的粮食主要是高粱和大米。据日人田原天南《胶州湾》引用德国胶澳总督府 1914 年 5 月《胶澳官报》发布的德国租借地内青岛（主城区）、台东镇、李村三地的物价表，罗列了 86 种商品价格，其中粮食类罗列了大豆、豌豆、大麦、花生、粟（小米）、高粱、玉米、大米（无李村集市价格）、小麦、马铃薯（土豆）等。从三地物价来看，一般商品价位以青岛城区最高，台东镇次之，李村集最低。

德、日占领时期，每年要从南方进口大米等粮食，但主要是市区的富裕人家和南方籍市民消费。李村集市上很少见到大米等粮食品种，唱主角的还是北方杂粮。这与李村居民的经济生活水平和饮食习惯有密切关系。日本占据青岛后，其李村军政署做过一个关于李村社情调查的《李村要览》，对李村居民的食物表述得很详细："李村乡民之食事，冬季朝夕两餐，春夏秋则朝午夕三餐。通年食物以甘薯（俗称地瓜）为主，每人所需一日平均二斤半乃至四斤。甘薯以外杂以粟、豆、高粱、小麦。冬春食甘薯居多，夏秋食粟居多，是为主食品。自制之腌萝卜、白菜、菠菜、韭菜、茄子及豆腐之类，类以肉杂或甘薯之干叶制以为冻，更有以盐混于洋粉皮以佐食者，是为副食品。至于道家者流以麦粉制为馒头杂以鱼肉，此非上流社会不得享食。寻常人家仅嫁娶宴会时用之，不以供常食。其他野草凡叶之柔软者莫不采以供食。彼东三省以高粱为常食，而此地则以高粱、小麦为高等之食品，其食品之粗劣盖可知矣。"1916 年，青岛遭遇大水灾，加上日德战争的影响，李村地区农业欠产，粮食供应严重不足。就从东北三省购买了几百万斤高粱到李村集市售卖，解决了李村居民的粮荒。之后好多年，李村集一直是各类杂粮交易的中心，来自各地的五谷杂粮保证了李村乡区居民的需求。

1938 年日本再次侵占青岛后，实行"以战养战"战略，将粮食与石油、洋火（火柴）、食盐等列为日伪政权严格控制的物资，列为"统制"商品，严禁向青岛境外输出。1942 年 4 月，日本为强化军事占领和防止战略物资出境，修建了南起山东头海岸，中经中韩、李村、西大村，北至板桥坊的防御沟——"惠民壕"。在交通要道山东头、李村、板桥坊等地设置卡子门，严厉盘查过往行人和随身携带物品。壕沟外的居民要到李村赶集，必须经过李村卡子门，进来要检查，赶完集市回去还要严查，发现违禁物品一律没收。这样一来，赶集的人越来越少，李村集市粮食市场更加萎缩。1945 年日本投降以后，国民党政权亦采取同样政策，利用日伪建造的封锁沟和卡子门，严格查禁居民入门，控制粮食等战略物资囤积交易，严禁向解放区输出。因内战扩大，粮食减收，李村集上的本地粮食供应大减，进口美国小麦面粉占了很大比例。由于货币贬值、物价飞涨，李村集的粮食市场也处于衰退萎缩状况。

新中国成立初期，人民政府鼓励乡村集市贸易，农业连年丰收，粮食交易和其他市场一样呈现出一派繁荣景象，李村集市粮食供应日渐繁盛。到了 1954 年，全国实行粮食统购统销政策，禁止大宗私人粮食交易，只允许少量小额杂粮交易，李村集市的粮油市场一度萎缩关闭。在统购统销形成体系后，集市粮食市又再度活跃。1955 年 5 月 3 日，《青岛日报》上刊登《李村集上粮食市场开始活跃》的文章："四月二十二日是李村集。这天李村集上的粮食市场开始活跃。农民们把地瓜干、黍子、苞米、小麦拿到市上来，互通有无。当天上市的地瓜干有两千五百多斤，其他粮食有三百多斤。"这些上市交易的杂粮中，一部分是本地农民在完成国家征购任务、留足种子粮和人口粮以后的余粮，大部分是来自莱西、莱阳、平度等产粮区的外地粮食，其中以小麦、玉米、地瓜（地瓜干）为主，弥补了本地粮食的短缺。

1958年以后，国家对集市采取利用、限制政策，对于有些商品包括粮食物资严格控制，并一度关闭集市贸易，严禁粮食买卖。但私底下的粮食买卖并未停止，形成了"黑市交易。"1962年集市全面开放后，允许公社、大队和个人的余粮上市交易，并从即墨、莱阳等产粮大县引入杂粮，丰富了李村集粮食市场，对于困难时期的李村居民起了很大的帮助作用。

20世纪80年代中期，随着粮食统购统销政策的废止，李村集市粮食交易逐渐兴盛，小麦、玉米、地瓜等本地粮食之外，南方的大米开始涌入李村大集，并成为李村大集的重要粮食品种。之前，在李村集上经营粮食市场的多为外地人。80年代后，李村本地居民也参与了粮食经营贩卖活动。2000年前后，本地人逐渐从粮食市场退出，德州市夏津县等外地人成为李村集市的主要粮食经营商。现在的李村集上，除大米、小麦（面粉）、玉米等主要粮种之外，小米、大黄米、江米、绿豆、黄豆、豌豆、薏米、芝麻等五谷杂粮充斥李村大集的粮食市场，可谓品种齐全，琳琅满目，极大地满足了人们的生活需求。

撰　稿：张树枫

李村街上的老字号

京口路是条古路，它从李村河北岸起始，向北沿村中的农家小院旁前行300余米后，突然拐了个45度角的弯笔直地奔沧口而去。在这个拐弯处，有5个路口交汇，五条路放射线一样通向四面八方。京口路南头延伸到李村河边，连着一座漫水桥，过河后向西南可去青岛，向东通向崂山，向正南能走到中韩。

20世纪30年代初，青岛市政府在李村河南岸的京口路桥头设立公交车停车场，开通了四条长途汽车线路，人们可以很方便地从李村乘车到东镇、沧口、沙子口、柳树台等地，李村成了青岛市郊交通的枢纽，于是处在这个交通枢纽中心的京口路、台柳路和滨河路，便成了李村商圈最初的发源地。据李沧档案馆馆藏资料显示，20世纪40年代末这一带有门头字号的店铺就是89家，仅京口路那段只有300米长的街面上，密密地排着30多家店铺，饭店、客栈、车行、药铺、诊所、茶叶店、酒馆、文具店应有尽有，甚至还有一家大烟馆。

这个小商圈里做酒的生意很兴隆，做酒的烧锅有杨哥庄王瑞昌开的"振昌和"，有东李村安茂松开的"德昌号"；做黄酒的有河北村吴子斌的"人和涌"和李家的"復聚永"。黄酒，也称米酒，在世界三大酿造酒（啤酒、黄酒、葡萄酒）中占一席重要的地位。它源于中国，且唯中国有之，日本人认为，用酒曲和稻米酿造黄酒的方法可以与四大发明相媲美，称其为"五大发明。"即墨的黍米酒（即大黄米酒）是北方黄酒的代表，绍兴的糯米酒是南方黄酒的代表。北方人特别是即墨人喜欢喝黄酒，认为黄酒能舒筋活血、补气养神，有强身健体的功效。"復聚永"黄酒铺是李村街上的老字号，坐落在滨河路北侧，老掌柜的是李氏家族的李义仁，一家人三世同堂，30多口人一个锅里摸勺子。当家的老爷子很有权威，15个孙子还没长起来就早早地给他们"内定"了工作：将来大的种菜园，二的做（青岛方言，"做"念"zou"）黄酒，三的做庄稼……到孩子长到十五六岁，多余的话不用说，就得照老爷子的旨意办。他家的黄酒铺是两个儿子当主力，请着一位60多岁的酿酒师傅，在临河的小院里前店面后作坊干得很是红火。每年"二月二，觅汉上任（青岛方言，'任'字要读儿化音），"家家店铺的东家、田地的地主要摆上盘碗请雇工吃一顿开工的酒，二月初三就干活了。在那些技术性很强的作坊、店铺里，东家格外重视身怀绝技的"腕儿"，平日里都是客气恭敬的，别说年初这顿隆重的开工酒了，更得好好伺候，于是"復聚永"的老爷子亲自把酿酒师傅让在上座，家里的爷们轮流把盏敬酒，一定得让师傅喝高兴了，今年黄酒馆做的酒孬好可全指望他呢。酒馆临街是三间门头房，安着卖酒的柜台、大大的酒海（即直径一米多的酒缸），红漆剥落的方桌旁常有打上4两酒（老秤，16两一斤）就着包花生米能喝一上午的老顾客；还有给家长打酒的小小子，拿着只底子深深凹进去的锡酒壶，打回酒去直接把壶放到炭火上燎——火苗子从凹陷处直舔进去，壶里的酒转眼间就烧开了，所以这种锡酒壶又叫"火烧心壶"。后院里就是李家的黄酒作坊，厢房里摆满了80厘米高60厘米粗的大肚小口陶酒坛子，和盖着棉花垫子盖帘的大酒缸；小北屋里安着两口十印大锅，热气腾腾地煮着满锅浓稠的大黄米，伙计用大木锨翻搅着免得糊了锅底；煮好的大黄米要微微带一点焦色，用绸袋装好放在特制的木盒子里，压上木板再加块大石头挤压；压出的液体装坛装缸。这一切都在技艺高超的酿酒师傅指挥监督下有条不紊地进行着，那加酒曲、看火候、定发酵时间的关键之处，当然更是师傅秘不外传的关节了。李家请的酿酒师傅技术高，酿出来的黄酒晶莹纯正，醇香爽口，新客老客回头客，客人不少；酒馆又正对着李村大集的中段，占着极好的地利，每到集日，京口路、滨河路上赶集的熙来攘往挤挤挨挨的，"復聚永"黄酒馆也座无虚席，生意十分兴隆。

"復聚永"黄酒馆街对面有座侯家油坊，是侯家五兄弟合开的。常言道"上阵亲兄弟，打仗父子兵，"侯家的老大当掌柜的，指挥打点掌管全局，四个弟弟包揽了一切粗细活计，把个油坊经营得不温不火从容不迫的。过去手工榨豆油或花生油使用杠杆法，操作落后，是个出力的行当。以榨豆油为例，榨油前得先拾掇豆子，把沙子碎石、发黑的长霉的都挑出来，干净豆子用碾卡（青岛方言，念"qia"，将粮食、谷物轧碎）成粗豆面，上大锅蒸。豆面不用蒸得透熟，烧开锅不多久摸摸豆面烫手时就可抬下蒸笼，把豆面倒入专门榨油的槽子里，人踩着大杠一下一下砸下去，把油砸出来。老式榨油机出油率低，10斤大豆只能榨出1斤豆油，10斤花生米出不到4斤花生油。出油率还受天气气温的影响，气温宜人的农历四月和九月，每10斤油料可多出2两油，而在农历七月及腊月这两个最热、最冷的月份里，每10斤油料就会少出2两油。干油坊的行当有句顺口溜："榨油、榨油，吃穿不愁年年有。"侯家的日子过得挺富裕，自己家里团结，对邻居也热络，有人求助就全力相帮。侯家在"復聚永"黄酒馆西边空地上安了盘碾，除自己油坊使用以外，全河北村的人家随时都可以来"卡"粮食（卡，青岛方言读qia，用碾把粮食粉碎的意思）。每到腊月二十几，即墨地儿家家户

269

户"卡"地瓜干蒸"粿馏",村里人半夜里送过家把什来挨号。油坊的院子里总是拴着一头驴子,来卡粮食的乡亲进院子伸手就牵了驴套到碾上用,连招呼都不用打一个。村里人都说侯家人为人大方,不但弟兄们在一起做买卖齐心协力,就连对外人也毫不设防。不料这天亲兄弟之间忽然起了内讧,4个弟弟起来造了老大的反,说这么多年老大当甩手掌柜的,和客户应酬天天吃香的喝辣的,穿着是那么样的光鲜,弟弟们当牛做马出苦力,太不公平,江山须得轮流坐。侯家老大仔细倾听了弟弟们气愤愤的控诉,也不生气也不上火,叫弟弟们管事,自己立马拱手让贤,换上旧衣裳去干活。谁知换了掌柜的,油坊的生意却一日不如一日,甚至拿着现钱竟买不进豆子来,油坊眼看着就要停摆,弟弟们才知道大哥天天满面春风迎来送往的差事可不是任什么人都干得来的。于是侯家弟兄又各就各位,干活的依旧去干活,管事的再走马去管事,油坊的买卖也渐渐恢复正常。

在京口路与滨河路交界的十字路口上,有座二层小楼,是河北村唯一的一家文具店,店名叫作"文裕堂"。掌柜的单贤臣是掖县人,弟兄4个一起开铺子,卖文房四宝兼经营书籍字画,他家的毛笔不从外面进货,是自家制作的,为的是要保证笔的质量创自己的品牌。单家常年收购黄鼠狼子皮和羊毛用来做笔,羊毛是选特定部位的毛,而高价收来的黄鼠狼子皮却只取尾巴顶梢上的几根毛用,每支笔头只消在正中间加上一根黄鼠狼尾巴毛,这支笔写起字来就有了弹性,横竖撇捺挥洒自如。"文裕堂"小楼楼底是铺面,二楼做作坊,有时邻家的孩子上二楼找单家的小孩玩,就会看到单家的男男女女在作坊里忙,打磨竹子笔杆的、打理羊毛的、做笔帽的、用脚踩着皮带拉着钻头给笔杆钻眼的,还有两个忙着在笔杆上刻字的,不用问,刻字的准是单家的老二和老三。遇上无风的好天气,单家人也下楼在铺子前的街上干活，边忙着手里的活边和四邻八舍的邻居拉呱。他们用大盆把羊毛漂洗干净，摆在木板上用牛角刮子轻轻地刮，刮得顺顺溜溜整整齐齐后，再把羊毛仔细地卷成小卷，摆在盒子里，准备做笔头使用。偌大的李村地面上，机关店铺密密麻麻，中学小学还有师范学校，那么多的学生，"文裕堂"供着大家笔墨纸张的使用。那时候上个学不易，铅笔本子都是孩子们的宝贝，得仔仔细细省着用，小学生写字算算术多用石板和石笔。现在五六十岁的人恐怕也没见过石板石笔是什么样子的了，石板是用一种浅黑色的石头薄片打磨而成，长24厘米，宽约20厘米，石板厚三四毫米，四周用木条镶起来。孩子们用滑石切割成的细长条石笔在石板上写字，写了擦擦了写，方便又节省纸笔。"文裕堂"也卖石板石笔，但销路最好的还应属他家自制的狼毫毛笔。

从滨河路转到京口路上，买卖家就更多了，照相馆、成衣局、药铺、大车店，两家烧锅对峙在马路两侧。说起药铺，这一带就有好几家：高姓人家开的中药铺叫作"万泰堂"，规模最大，年岁也久，请了一位坐堂的中医先生坐镇，病人来了先生给诊脉开方，柜台上抓药；相隔不远的是济人诊疗所，老板于济人自己包了医生、护士、药剂师，一个人唱全台戏；还有胡佑德开的"复生堂"，是家中药铺子，掌柜的胡佑德微微有些驼背，大家便把药铺叫作"胡锅腰家"；最有意思的是京口路西侧的那家：临街的门头房，房子不大却古香古色的，老是关着门堵着窗，不知情的人决想不到这是家中药铺。他家只有三口人，70多岁的一对老夫妻，带着一个老闺女过日子，全都是清代的衣着打扮，很少出门，也不和邻居来往。大家只知道老先生是个中医大夫，自己给人看病、开方、抓药，一条龙服务到底。于是大家叫这家人家是"老古董家"。路东侧有一家"三兴栈"点心铺，是毕序贵兄弟仨开的，只做蛋糕和桃酥，那香酥脆的桃酥与河南"沿德和成"点心铺的桃酥齐名。过去吃点心的少，逢上年节才买斤桃酥、蛋糕，拿纸包了，上面再放一张印着吉祥话儿及点心铺字号的大红帖子，用纸绳儿捆起来打个扣儿，提着去走亲戚体面得很。"德和成"家还准备着食盒，若顾客要求送货上门，老板王成道就派个小伙计称好点心，放在食盒里送过去。小伙计提着食盒穿街走巷，盒上那"德和成"三个大字一路招摇过市，成了最好的广告牌。三兴栈是孩子们最喜欢光顾的地方，毕家弟兄会把抖擞下来的点心渣子极便宜地卖给小孩吃，买不起蛋糕、桃酥，偶尔吃吃点心渣子也让孩子们快乐好多天。

滨河路北侧，有个只有一间店面的小饭铺，摆着几张桌子，店小名气却不小。掌柜的是从北京过来的，肥胖壮硕，撇一口京片子，炒一手京菜，人称"宋胖子"，倒把他的真名字都忘了。饭铺生意说不上太好，平时顾客不算多，主要也是靠集日里多上几个人维持买卖。宋胖子人开朗和气，没事了就在铺子门口撇着京腔讲他走南闯北的见闻，邻居和顾客都挺喜欢他。看样子他也真见过世面有些真本事，常有些大户人家设家宴时请他去主厨，都是派小轿车来接。那年头汽车都不多见，更不用说小轿车了，在邻居们眼里，宋胖子不亚于像现代人坐了三叉戟专机呢，大人孩子全围着小汽车观摩宋胖子进汽车。宋胖子穿得那叫一个整齐，不像去掌勺倒像是去赴宴般的，笑眯眯地和邻居打过招呼，才把大肥身子努力塞进汽车门去，就那么"呼通"一坐，小轿车车身随着那么一歪，似乎要被宋胖子压翻。于是小轿车在大家的欢笑中突突突地开走了。宋胖子后来把铺子盘给了弹棉花的王景行，离开了李村。

"文裕堂"的西边，是刘贵玉的包子铺。刘家的包子很有名气，不但包子馅调得鲜美，包子皮的口感也与别家有区别，特别好吃。后来顾客渐渐知道了，刘家在合面上是有祖传诀窍的，所有的包子面都是刘贵玉的妻子合，别人不插手；普通人家合面，水与面粉的比例弄对了，软硬合适就行，而刘家合面时，据说还根据天气变化进行调整，如阴天下雨时要在面里加一点碱面，才能蒸出"刘家包子"的特殊味道。

侯家油坊东边，有个卖猪头肉的崔显斋家，他自己做猪头肉卖，捎带着卖黄酒。崔显斋家的猪头肉佐料丰富看相好味道足，每当猪头肉烧好了出锅时，红亮亮油光光的香满街。李村街上车来人往，干活的、赶马车的，出了一天力，走到这里就想买几毛钱的吃吃。有一年冬天傍晚，分外寒冷，有几个赶大车的送货回来，闻到香喷喷的猪头肉味，忍不住在崔家猪头肉摊前住了脚。一个赶车的对伙伴开玩笑说："猪头肉这么香，你能不能吃下半个？"这个伙伴性子不好，不抗"激"，回答："吃了！怎么能吃不了？"立马砍下半个猪头，在崔家的摊上喝着黄酒，就着猪头肉，吃的好不快活。然而半个猪头是勉强吃下去了，这伙计的胃可被大油水伤着了，这一夜他肚子胀得躺不下睡不着，也亏这伙计年轻力壮有的是蛮力气，实在胀得没辙的时候，跑到街角的碾盘那里，推着碾跑了一夜，才消了食。

赵家花园以北，曾有一家制作冻粉的贯华冻粉公司。冻粉，学名"琼胶"，像粉丝一样纤细透亮。它的用途极广，在食品工业中，可作稳定剂；在罐头里，它是凝固剂；在药品里，可作膏药的药基，又是一种安全的轻泻药；在餐桌上，是老百姓喜欢拌食的凉菜。冻粉用琼胶冻干燥而成。琼胶冻是用浅海生长的石花菜熬制的，胶州湾沿海盛产石花菜，几百年前即墨这一带的渔村里就用石花菜熬制"凉粉"，加蒜泥、香菜、醋拌食，凉爽清口。20世纪30年代，青岛人首先用胶州湾产的石花菜制作出琼胶，取名"冻粉"，贯华冻粉公司是青岛本土的民族企业，生产的冻粉销路很好，也成了有名的老字号。 贯华冻粉公司毁于日军第二次侵占青岛初期。沈鸿烈执行"焦土政策"，李村的北大楼、齐鲁会馆、师范学校及贯华冻粉公司亦被炸毁，在冻粉公司生产车间的废墟里，埋着两口直径一米半的大铁锅，还有半截锅炉烟筒杵在那里，景象十分凄惨。

京口路和书院路相交的十字路口西北角，有老李家开的鞭子铺。过去的交通工具是以驴、马车为主，所以鞭子也就需要的多。京口路上这家鞭子铺声誉极好，南来北往的车把式换鞭子时总是把这家的鞭子作为首选，其原因也是他们生产的鞭子端的是物有所值。过去赶马车用的多是竹制三节鞭，腊杆鞭把，三节竹梢相接，是特制的一种加长鞭。据说赶马车的车把式在驾驭马车时很少打马，挥着鞭子只在马耳朵边炸响，却不舍得真打下去，实在急了，车把式就用鞭梢的竹子尖向马身上扎一下。这家的竹鞭特点是极其柔韧，遇到外力只弯不折，特别是第三节那40厘米长的鞭梢，到鞭子用坏了它还"依然故我"，让其他制鞭人大惑不解。个中的诀窍在选料上。每年的秋天，鞭子铺掌柜的要亲自去南方采购原料，在竹林里一根根地精挑细选，竹子的粗细、生长方向、甚至竹节数目要求很严，特别是作鞭梢的那一截，用的是竹节上分蘖出来的小枝子，连小枝子是从第几个竹节上分出来的，向哪个方向分叉的都绝不凑付。所以鞭子铺自制的鞭子受到大家一致的好评，自有它的道理。河北村的老字号各有特色，都有着自己的一套生意经，但正正派派做人，老老实实做生意却是大家的共识，所以才使李村大集越来越红火，李村的名字越来越响亮。

鞭子铺旁边，是一间马车店，专门给马车补车胎的。马车店的掌柜是个老太太，带着4个儿子做买卖。他家还捎带卖马车用的小零碎物件，如马脖子上挂的铃铛，马"嚼子"（条索状，用来勒牲口嘴的，用金属扣连成）；

店里卖的驴拥脖子（布做的圆形套子，里面絮上稻草，套在驴脖子上，保护驴子干活时脖子磨不坏）、牛锁头（牛耕地时，用木头做成三角形套在牛脖子上，也是保护牛脖子的器具），都是老太太率领儿子们自己动手加工的。马车店附近还有一家吕洪顺开的打造马车的大车店，这可是一个对产品质量和外观要求都很高的行业。当年能置上辆马车很不简单，那时拥有马车的人家比今天有小轿车的还少而又少。人们好不容易买辆马车，希望它既美观气派又结实耐用，而吕家打造的马车，就是和别人造的不一样。除了应该做到的精致结实以外，吕家大车还注重加强了一处很重要、但别的制造者没有想到的地方，那就是在大车前面最下方、俗话叫作"后踢脚"的横梁。之所以叫这根横梁为后踢脚，是因为它安在大车的最前面，拉车的马向后蹬蹄子时每每要踢到它，常常大车新新的，后踢脚就被马踢断了，要经常修理更换。吕家的大车就没这毛病，他们反复地研究试验，终于找到一种生长在崂山里的"缠榆"树，木头的纹理像一团麻纠缠盘绕在一起，砸不断劈不开，更抵抗得了马蹄子踢，后踢脚易断的难题解决了，老吕家的马车销路也更广了。

京口路上，有一间老百姓生活须臾离不开的茶炉，是诸城人曹连升开的。建村几百年的李村有个特点，全村找不到一口吃水的井，人们都是推着二把手小车到李村河里取水吃。李村河是条季节河，雨季过后，只有几米宽的一小股水常年流淌，两岸各村的村民，都是到河里取这口感最佳的山泉水饮用。村民们取水最简单的方法就是在沙滩上扒个窝，栽（青岛方言，按，放的意思）上个没有底的笟斗（青岛方言，柳条或棉槐条子编的筐子），一会儿，清亮洁净的河水就渗满笟斗窝了。从河里取水是要带着瓢来舀的，用水瓢从水窝子里向水桶里舀，舀满水挑回家，成了李村河滩里的一道风景。

从初冬开始，李村河的水量逐渐减少，水位慢慢降低，笸斗窝子就渐渐地没有水了，人们把沙窝再向外扒扒，笸斗栽得再深些儿；过几天水位又下降了，来挑水的人把窝子再扒得大一些。就这样边挑水边扒窝，到隆冬时笸斗窝里的水位越来越低，水上面结着冰，得敲开冰凌舀水。最后那窝子竟扒到 2 米深，直径达到 6 米，窝子四周是一溜斜坡，挑水时泼洒出来的水结上一层薄冰，滑滑的十分难走。饶是挑担水这么艰难，村民还是要吃李村河里的水。老曹开茶炉一天用水好多，他特制一个车子，一次装六大桶水，一天下河推好几趟。曹连升的茶炉子呈圆筒状，高一米半多，直径约 80 厘米，下面生着炭火。每到水开了的时候，茶炉上出气的小管子就会发出汽笛般尖厉的叫声，居民们听到就提着铝壶或暖壶来倒水。开水一分钱一暖壶，一铝壶要二分钱。每年五一节以后，家里停了取暖的炉子，没地儿烧开水了，老曹茶炉前倒水的人常常排着长队，大家都眼巴巴地望着伸在半空的那根小管子，盼它快快叫起来，家里老的少的都等着喝水呢。

时光荏苒，李村街上老字号身影渐行渐远，但在人们心里，它们永远鲜活，是当年一份最美好的记忆。

讲　　述：方修春　李振昌　陈云鹏　孙德安　王桂林
整理编纂：刘　锦

对联与李村大集

一、记忆中的李村大集

在我小的时候，也就是七八岁的年龄，有一年的腊月，天气特别的冷，但风力不大，天空晴朗，在这个冬季属于最好的天气啦，我和我的小伙伴们（邻居）步行从毕家上流村（北山）到李村集上看热闹。在我们心中，什么最热闹呢，也就是李村集上的鞭炮市场，去看所谓的放鞭炮（土语称爆仗）。当时我们一行五六个人，都没有去过李村集，只是知道个大方向，沿着那条宽一点的土路，一直走，终于走到了。或者说大集还没看到，就先听见了赶集人的声音。大家伙立刻兴奋起来："到李村集了！"当时我冬天连袜子都没有，就穿着一双破胶鞋，一路上蹦蹦跳跳的也没有感觉冷，还能感觉到脚上有汗。看着李村街上的车水马龙，特别的高兴。所谓的车水马龙，当然不是汽车，而是独轮车（大土车），还有双轮的马拉车（名字叫大车），用马、驴或者牛拉着。那时候整个集上没有一辆汽车。

当时的鞭炮市场位于原李村照相馆旁边那座滚水桥（滚水桥即小水从桥眼或小沟流淌，水大了就从桥面上淌了）东侧。那时候没有大桥，这座桥使用了很多年，一直到 80 年代还存在。

当时鞭炮市场的情景：有几十辆大车分成几排，都在卖爆仗。等我们一行到了的时候，交易早已经开始啦。各个车上都有几根鞭炮杆子，各卖家都拿出最好的爆仗来（行家的话叫领鞭）。点燃后，如果确实响，其中一人会高声吆喝："乡亲们，我的鞭响，我的鞭脆，买了我的鞭，天天日子顺，年年过得好！"让赶集的人都买他家的。用现代的语言说，那就是最实在、最好的广告。各家竞争激烈，不但鞭炮要好，而且话语要压倒对方。还有很多的用词和土语，现在多数都记不清了。

爆仗好的主要特点，也就是三个字：响、脆、大。另外就是不掉头（响的时候中间没有不响的，而且声音一致），一挂鞭个个都爆，称不掉头。有一个不成文的规矩，100 头的鞭炮只有九十几个，甚至八十几个。50 头的也就四十几个。俗话说不满足，给生活留有空间，不说到头了，来年的生活比今年还好。而掉头的，响声不大的，人们很少买。往往是这一个摊位没有响完，临摊的那家又点燃了。你家的点火了，我家的也点上了火，另外几家不服气的也点上了。整个鞭炮市场浓烟滚滚，喊叫声、鞭炮声，响彻天空。有时还响起了一种叫花花令的单个爆竹，很粗的，放在地上先喷花，然后再响的，威力特大，声音闷脆，类似电影中小炮的声音。还有两响的，在地上响了一个，把另一个带到空中再响，叫二起脚，现在称二踢脚。这个时候鞭炮市场也达到了高峰时期，有的人在车上嗓子都喊哑了，还在坚持。那家爆竹最响的车前边，就人山人海的，有的高举着手往前挤："我要三挂！我要三挂！"生怕没有货，自己买不到。卖家有收钱的、发货的，各司其职，那个热闹劲，简直用语言无法表达。特别是对我们这群小伙伴来说，初次见到这个场面，更是记忆犹新。这个热闹，大约从上午八点左右开始一直持续到下午三点左右才陆续地消退，有的摊点都早卖了了。

可惜那个年代科技不发达，没有留下影像资料，对这个鞭炮市场的的确确是个最大的遗憾。在我的记忆中，这个市场年年如此，年年火爆。因为除特殊情况外，有钱的要买，没钱的借钱要买，而借不到钱的家庭，卖点粮食、地瓜、地瓜干，明知不够吃的也要这样办，也确实没有办法。在广大农村，这是一个必需品，是过年的一个重要的标准，放了鞭炮就等于过去了年。

最最深刻的印象是又过了很多年，童年时期早已过去，由于没有摆脱贫穷，生活的压力特别大。我到集上买点旧木板回来自己学着做小饭桌和简易的小茶几，然后到李村集上去卖，时间也就是 80 年代末。也就是这一天（是腊月集，但忘了准确的年月日了），桥东的鞭炮市场突然发生了爆炸。当时我还在现在西边那座桥的位置卖小桌，就看到东桥的桥东面先是响声一片，特别大的声音一个接一个，最后就是几个声音一块地响，几乎是没有间隔，响成了一片。当时的情景是黑烟滚滚，巨大的蘑菇烟云腾空而起，接着就是一声巨响，那是整车鞭炮爆炸产生的威力，火光冲天，震耳欲聋，整个集市上空笼罩在火光和烟雾中。由于事发突然，来不及转移的车辆都在车上被引爆，然后就是多个车辆鞭炮被同时引爆。据说他们做的鞭炮里面有炸药，还有电光的材料。那个场面太惊心动魄了。最后那些车辆的轮胎都烧成了灰，光剩铁架子了。听说后期有人还捡了不少的钱。那是摊主只顾逃命，连钱盒子都没有来得及拿，对于他们来说是一个巨大的损失。因为有的鞭炮是从各户收上来的，到年底或者卖了再付给他们钱。发生这样的事件，以前我们连听说都没有听说过，更不用说亲眼看过。据我们村里当天没有去赶集的人说，他们在家（村中）都听见了爆炸声，看见了烟雾，可见是一个相当大的事故。

当时的李村大集市场最热闹的除了鞭炮市，再就是对联市，还有香、纸、蜡烛、布衣市，这是腊月当中最大的几个市了。当然其他季节也很旺盛。据前辈们讲，李村大集有几百年的历史，而人流最多的年代还是改革开放以后的八九十年代延续至今的时间。

当时有关部门进行了调查，得出了数据是腊月的农历十二、十七、二十二，一天的人流量为 30 万人次。不过之前的人民公社年代最多的是农历的腊月二十七那天。因为大集体那个年代，大部分村子都是在二十七之前才能开支（开钱），有部分村庄搞得比较好的能提前几天，有相当部分的家庭是开不到钱的。没有开到钱的家庭，只好求助于亲朋好友和邻居，日子过得相当的艰难。当年哪怕是只有十元钱也能解决过年的问题。但必须在二十七之前务必把年货买齐，过了这一天有些东西就买不到了。

那个年代的大集上，商品也很丰富，不过现在消失了很多。比如火绳市，火绳是夏天驱蚊子用的，是用山上长的一种野草（土名叫山葫焦，最后这个焦字要圈起舌头说）拧成绳子，有两股的还有三股的。因为需求量很大，只有山上才生长，所以就供不应求了。有时在拧草绳的时候，还要再添加上艾叶草，或者一种土名叫扫皮枝子的野草，混在一起到集上卖，这就算掺假了。因为除了山葫焦和艾叶这两种外，其他的草是光呛人不驱蚊子，而前两种是光呛蚊子不呛人的。如果在集上被发现加了其他的料，人家就不要，或者卖的价格低。加工的时候也是有一定的技术含量的，既要不松不紧用料少还要好看。集上卖的大部分火绳以三股绳的最为常见，因为它好看适用。一般火绳的规格长约 1.5 米，直径约 10 厘米。为了更好看，再用剪子进行 360 度的修剪。火绳的价格在高的时候每根一角钱以上，低的时候二分钱也卖，卖不了再推回家。在这一行当中，毕家上流人也是在集上最多的。

另外印象深刻的还有木头市。市场有圆木、方木，还有板材。再小的还有农业用的镢探（杆），回家和大镢头连为一体，刨地用的工具。还有小的拐杖（土名叫拐棍），再就有家具市场卖的各种橱具，如大衣橱、饭橱、角橱、高低橱、书橱、床头橱、饭桌、面板、茶几、锅樑（木制井字形）等等。

其次是针线市场。卖各种大小针（缝衣服用）、钩针、弯针，钩针主要用于缝补修鞋用的，而弯针主要是缝麻袋、大的口袋用。还有手工做的衣服、鞋帽、鞋垫等各种小物件。

再一个是瓷器市场。主要经营各种水瓮，大小不一的盆类、茶壶、碗、尿罐、尿壶、四鼻壶、蛤罐、水瓢等。其中蛤罐是盛粮食用的。为什么叫蛤罐？听老人讲蛤罐肚子大、两头小，类似癞蛤蟆模样而得名，现在的年轻人根本没有见过。还有各种土产品。

二、上流村对联与李村大集

这里主要记忆的是对联市场。对联在集上兴起的时间为"文革"的后期。在"文革"期间，也就是"割资本主义尾巴"的年代，市场上是不让卖对联的。那个时候我们毕家上流村的前辈们是到村子中去卖，而且还是偏远的山村，提着草篮子，走街串巷加吆喝。一直到自由市场开放时期，才逐渐到集市上销售。开始卖的时候是在地上铺一块布，或者其他东西，然后摆上几副对联，用东西把几个角压一压，就算是开了摊。

过去的对联单一，规格也单一。因为农村的房子基本上都一样，都是老房子，不像现在有大房子、楼房、厢房，以及阁楼之分，千篇一律的都是老大门、老屋门、房门、厢屋门这几种。对联的格式、尺寸适合老房子、老大门的格式。随着社会的发展，住房环境变化了，对联也从单一格式发展到多样化，尺寸也是随之而变。

摆地摊时，在摊位的后面用木棍或铁管撑起一个布的帘子，我们土语叫棚，即把对联挂了起来，这样便于发挥空间作用，顾客很远就能看到，还能增加很多的词句，以及写的水平和观赏效应。后来棚子也从原来的三米增加到五米，从每户的一个摊位增加到两至三个摊位。有的家庭人多能增至四到五个摊位，我们村在顶峰时期都能达到20多个摊位。那个时候没有印刷品，有一部分人想干这一行，苦于不会写字，写对联的人就少。李村集周边写对联的河南村有一家，河西村有两家，城阳的丹山村有一家，夏庄的云头崮村有四至五家，杨家上流村有两家，其余的全都是我们毕家上流村的。进入腊月全家老少齐上阵，半夜时分就出发去赶集，到晚上六七点钟才能回到家。

在沙子口集（崂山地）和北宅集上卖对联的，除了沙子口有一个村两户外，北宅有两户，其余的也全是我们村的人。我有时手边有存货时也到沙子口去卖。那个时候海边人经济收入好，所以开始的时候根本不讲价钱，生意做得也不错。

80年代初，是我们卖对联这一行的起步时间。起步也是一波三折。对一个贫困家庭，"文革"时期毕业的初中生来说，要想拿起毛笔，到这个有着百年历史的大集上占有一席之地谈何容易。一是没有文化基础，特别是毛笔字的基础，因为上学的时候家里穷，买不起毛笔。所以我就等待别人写完后再学习写字，更何况是"文革"那个年代，对学习并不重视。

二是80年代初，农村基本上还是比较穷，要想起步需要资金，连几十元也不敢投资，怕赔上老本。对写对联能否挣到钱心里没底，也并不抱有希望。

70年代末，农村由于冬闲，没有什么活，一个阶段每天只吃两顿饭，第二顿饭的时间大约在下午三点钟以后。吃完饭没有事，就串个门拉个呱。当时到邻居我师傅那里玩，看到了他在家写对联。也就是出于好奇，经常看他写字，时间长了，对写毛笔字产生了一定的兴趣。我师傅说："冬天闲着没有事，你也可以弄几刀纸，写点对联去卖，说不定挣个钱过年不愁。"我说："就我那点学历，连支毛笔都不会拿，怎样写，肯定不行。"师傅说："我可以教你。"就这样我到旧货市场上去买了七斤报纸，用了七角钱。师傅说给你两支毛笔，一支写大字的，一支写小字的。练了一段时间，报纸所剩过半，但字写得可想而知。一次我师傅又来了，看见我的字直摇头，说"这哪里像个字？分明是一垛屎堆子。"最后干脆手把手地教我。报纸用完了，又去买了几斤，坚持着练，眼看着快到腊月门，写字的都开始进纸。师傅说："怎么办？这样吧，我给你代着进五刀纸，你试一下。"我说我没有钱。师傅说："我给你先拿上，等你卖了钱再还给我。"

时间过得很快，转眼到了腊月，人们都开始赶集了。我也和他们一样，做了一个不大不小的棚，三米长，每个集都去。一般的情况都是空手而归，有的时候赔上一顿饭钱和时间，一直到腊月十七集也没有回来成本。我那个愁啊！怎么能还上师傅的钱。师傅也愁，这可怎么办。转眼快到了腊月二十的沙子口集了，还有九天就过年了。师傅说，这样吧，我给你写两幅，你挂着但不要卖，卖就卖自己的。这一招倒是有效果，有很多顾客过来要买，但是一看说，挂的和下面卖的不一样，人家就不要啦。最后也没有起到理想的效果。

农历腊月二十，又是沙子口集了。和往常一样，也不抱多大的希望。这一天十点半左右，我的邻铺写得好的都卖空了，但赶集的顾客有增无减。

因为我前些集就没有多少生意，所以我的货很多，什么规格的都有，很是齐全。字写得虽差，但是市场上写得好的对联基本上没有了，处于缺货的状态，所以我摊位上的人越来越多，都来买对联。我想天助我也，我写这样的字，竟然也有这么多人要。有些刚到的人，看到哪个摊位人多，就直奔过去买，尤其是女同志，对字不是那么有鉴别能力，看到人家买，也就停下来买，心里还认为，看样子就这家写得好，这么多人都在买！我和师傅两人忙得连中午饭都顾不上吃了。到下午散集的时候，我的货卖得差不多了。回来的路上连我师傅都跟着高兴，总算能卖着钱了。

因为那个年代的对联没有批发的，也没有印刷品，所以光靠几个人加班加点地写，而写一天还不够两个小时卖的，真是杯水车薪。这个集上缺货，那个集上也是一样，从根本上解决不了问题。连续熬上几个夜晚，人都累得受不了，效率也自然下降。那一年的年底，我挣出了成本以后，还收入了 70 多元钱。那时候的感觉好比现在挣了 7 万元的感受。过春节大约花了 20 多元钱就够了。

到了下一年干劲就更足了，有时间就在家里练练字，并不断地向前辈们请教。从那个时候起对写字产生了浓厚的兴趣。春节过后，走亲访友都是我欣赏书法和学习的好机会。进入 80 年代我一直从事这一行，一干就是 30 多年。到 90 年代，我又增加了结婚的对联，全年不间断地在周边赶集。李村、城阳、北宅、沙子口、流亭一转一圈，天天如此。

90 年代到了李村集的高峰时期。我们村 10 多户从事写对联的家庭在李村集上，每家至少两个摊，有的三至四个摊，毕家上流的总摊位达到了 30 个左右。到了后期由于印刷品的出现，从即墨、平度、莱阳过来一批人，还有从更远地方来的人，他们都在李村周边住下，也卖起了对联。有了印刷品，一般的人都能在集上干卖对联的营生。所以对我们写对联的来说，是一个沉重的打击。

之前，由于外地人使用了油漆写字，改变了字的亮度和均匀度，看起来很美观，直接淘汰了墨汁的使用。我们村的人也开始了使用油漆写字，自己摸索着用各种品牌的油漆和稀料。没有办法，因为用墨汁写的人家根本就不要，最后百分之百的都用油漆写了。

三、对联的与时俱进

对联的发展紧跟着时代前进的步伐。70 年代以前，是带有一定的政治背景和具有时代意义的口号色彩。不允许写带有福字、财字类的语言。而代替福字的字，千篇一律的是春字，大门屋门也是以大自然、山水季节、岁月以及政治口号为前提和基础。比如：

一元复始，春回大地；中华锦绣，祖国万岁；

欢度春节，喜庆丰年；山清水秀，春到家园；

百花迎春，千祥云集；江山多娇，中华长春；

瑞雪丰年，五谷丰登；红梅迎春，绿竹报喜，等等。

最多的五言类对是：

一夜连双岁，五更分二年；

爆竹迎春节，辞旧接新年。

口号类的是：

毛主席万岁，共产党万岁；

听毛主席的话，跟共产党走；

人民公社好，工农一条心；

与天奋斗，其乐无穷；

愚公移山，改造中国。

最流行的是毛主席的诗词。如：

风雨送春归，飞雪迎春到；

世上无难事，只要肯登攀；

风展红旗如画，江山如此多娇。

七言对是：

　　春风杨柳万千条，六亿神州尽舜尧；

　　虎踞龙盘今胜昔，天翻地覆慨而慷；

　　为有牺牲多壮志，敢教日月换新天，等等。

　　从 80 年代中期到 90 年代以后，随着国家的改革开放，人们思想上发生了深刻的变化，由大集体转为个人单干的变化，使大多数人为改变贫穷的状况，有一种浑身使不完的劲和快速富裕起来的心态，从多个层面进入了脱贫致富的思路，在每年春节这个最大的节日就显现出来，这其中包括了各行各业。为达到预想的目标和实现自己的愿望，达到利益最大化而出现的发财、发家、致富、进财、进宝等对联大批地在各大集市上爆满。

　　例如大门对联：发家致富，财宝齐来；财来贵家，宝进福门；四海来财，八方进宝；门迎百福，家进万财；龙盘富贵，虎踞财源；家业兴旺，财路宽广；福来似海，财发如春；门迎百福，家进万财；生意兴隆，财源茂盛；家业发达，财源广进；金龙盘宝，玉虎踞财；利达三江，财通四海等等，都以发财和致富为主题。

　　大的公司和事业单位的对联则以鸿业腾飞，再创辉煌；龙腾华夏，虎啸盛世；宝地生金，福门发财；一帆风顺，万事胜意等题材为主。

　　而有知识的人家或向往知识的人家又以：诗书继世，忠厚传家；物华天宝，人杰地灵；百顺吉祥，万事如意为题材。

　　针对家里有年龄较大的又希望高寿的对联又以寿似南山，福如东海；福禄寿禧，富贵满堂；合家欢乐，福寿双增；新春祝福，佳节安康；喜气盈门，欢笑满堂等为题材。

　　而车库又以驾车进宝，平安发财；平安驾车，发家致富等题材。

　　到了 90 年代至 2000 以后，随着人们生活水平的提高，在不忘发财、发家的基础上，而又向往着幸福、安康、平安、欢乐、美满的生活。例如：平安多福，吉祥如意；年年有余，岁岁平安；竹报平安，花开富贵；笑迎百福，喜纳千祥；平安是福，天祥人家；欢度春节，喜庆丰年；全家欢乐，幸福生活；家居宝地，人在福中等题材。

一时间各种新词、老词、自编词、愿望词、吉祥词，还有各种五言对、七言对、九言对，甚至十五言对以上的对联在李村集以及各大集市上千姿百态，花样繁多，大小不一，色泽鲜艳，不畏严寒，迎风招展。更有金字和黑字、金边字，纸上带有小鱼和小花、元宝图案以及吉祥孩童图案，琳琅满目，好不热闹。充分展示了一个时代的风土人情、思想文化，是李村大集农历年末最靓丽的一道风景。在高峰时期，青岛电视台、李沧电视台，还有早报、晚报、《青岛日报》、《半岛都市报》的记者前来集上采访报道，同时还吸引了很多的摄影爱好者，把整个李村大集装扮的年味十足，欢声笑语，一直到傍晚时分，还有顾客购买。

在农历腊月期间，外地的商贩都齐聚李村大集，各种节日的商品争相上市：吃的、穿的、用的、观赏的、收藏的、闲置的物等不一而足。而对联文化正是各种商品的领头羊。在广大的农村，不管你有多贫，不管你有多富，家在何处，包括闲置房子和农田里的机电房、仓库房等等，都是要贴对联的，就连个别家庭有老人过世也要贴白色的对联。所以说，没贴对联就是在思想上没有过去年。在我印象最深的是在沙子口集上的大门对联：四海来财，八方进宝；新屋门四格五言对：崂山春来早，东海财源涌，欢度新春节，喜庆富贵年；横批：财来贵家。记忆中，当时一位中年男士买了这套对联，连声说好！好！好！用了三个好，也不讨价，说多少就多少。我觉着这个词在沙子口集上卖得最火爆。

还有印象最深的是沙子口驻岛的部队，说要把部队大门贴个五言的对联，让我帮他们找个合适的词句。因为我70年代也当过兵，对部队的各方面也是非常了解。有空的时候我帮他们思考，经几次修改后，我给他们写的对联是"以岛为家守卫祖国东大门苦也快乐；放眼世界励练精兵洒热血为国站岗"，横批是"官兵同乐"。他们感到很好。以后的每年春节，我都给他们写对联，双方合作的很好。到 90 年代，我的对联算是走上了自己的正规化道路，越干劲头越大。13 厘米方的小福帖，一天我自己写自己放能写 4800 个，也就是一刀纸的量。

有一年搭配不均，缺少配套的货，连续五天五宿没有躺下睡觉，站在市场上卖着卖着就睡着了。往家走的时候骑着摩托车在路上就感觉突然睡着了。在冬天最冷的时候，零下 10 摄氏度，我们都不惧严寒，凌晨时分就从家里出发（那个时候市场还没有卖号，所以必须早去）去占场地。也有些人赶完了北宅集不回家，直接到沙子口集把棚支撑起来。要是缺货的话，马上回家补充，然后再立刻赶回去。赶集时经常会遇到零下 10 摄氏度左右的天气，而最怕的是雨雪天和大风天，吃苦受罪挨冻可想而知。

2000 年以后，我们毕家上流在李村集上的摊位就越来越少了。因为这期间大批的印刷品上市，外地的商贩取代了我们，从即墨小商品市场大量批发来李村等集市出售。但我仍然干着老本行，只是从集市上转移到村庄而已。在村中卖的好处是不受时间的限制，早一点晚一点都可以，收摊也自己决定。还有就是不用买摊位，还省下了摊位费。

随着时代的发展，李沧区旧村改造工程逐渐展开，平房在一年一年地减少，对联的需求量也随之减少，而大集上的摊位费用也在逐年的提高，我们村写对联的人基本上都退出了李村市场或者转移至其他地方去了。

随着旧村改造的大面积展开，一片一片的高楼拔地而起，对联市场失去了往日的辉煌，进入了尾声。这也是时代变迁的必然趋势，城市化的进程步伐加快，也宣告了这一区域对联市场的衰败。

撰　稿：姜保芳　李沧区毕家上流村村民
整　理：王晓瑛

李村市集的戏曲文化

李村集在清代同治年间就已经是即墨县有名的市集了，而如今更是岛城闻名的大集。早年在交通尚不发达的年代，人们或步行或推着独轮手推车或赶着毛驴，每逢农历的二、七日，从四乡八疃，或从临近的沧口、板桥坊、仙家寨、双山、河西，还有从韩哥庄、张村、宅科、姜哥庄、沙子口等地慕名而来。现在仍有人从崂山里骑着摩托车或从台东坐公交车，甚至从城阳乘火车、骑自行车来赶李村集。人们起早趁黑往李村集赶，图的什么？图的是冲着这里的集上东西（类别）全、花样（品种）多、货色（质量）好。另外，人们能在集市上欣赏到平时难得一见的柳腔、胶东大鼓、山东快书、戏法魔术、马戏等文艺演出，而且这些文艺演出大部分都是免费观看，不收费用。这对于物产贫瘠、经济困难的崂山乡民而言可谓是一大福利。

柳腔与茂腔

早年的李村集上，能看上的戏，有京剧、评剧、吕剧，还有柳腔戏和茂腔戏。但也就是逢年过节时，来了戏班子搭起台子，唱个三天二日的那一阵子的事。

"来到即墨地，脚踩两把泥，吃的是地瓜干，听的是柳腔戏。"这首民谣说明柳腔是从即墨传入青岛市区的地方戏曲。上个世纪初，有艺人把柳腔戏带入青岛，在东镇、四方、沧口等地的小戏院里演出。作为老即墨的一部分，李村等郊区村庄都非常喜爱柳腔这一本地戏曲，大一点的村庄都有自己的柳腔剧团，经常在家乡自演自唱，娱乐乡亲。逢到节假日和李村农闲赶大集时，也会到李村集上演出。

与柳腔名声齐平的另外一种地方戏是原本流行于诸城、高密、胶州的茂腔，几乎是和柳腔在同一时期进入青岛，青岛人叫它"肘鼓子"。

"柳树柳，槐树槐，柳树槐树搭戏台，李村集上唱大戏，柳腔茂腔唱起来。"这是20世纪之初流传在李村和沧口一代的歌谣。柳腔和茂腔都是由"本肘鼓"发展演变而形成的。柳腔和茂腔都使用原产地的方言心俚语作为唱词和念白，甚至在念白中还吸引了大量的形象生动的歇后语和顺口溜在里边。通俗易懂，质朴亲切，所以很受平民百姓的喜爱和欢迎。尤其农村中和城镇里的中老年家庭妇女，个顶个的铁杆戏迷，那时的李村没有戏院，沧口也只有一个座席不到300个的明月戏院。那时有戏匣子（收音机）的人家也很少。"今天集上来了唱戏的啦！"只要有人这么一招呼，李村河边上搭的舞台前，霎时工夫，坐满了自带小凳、马扎的女人，后面黑压压一片站着小媳妇、大姑娘年轻人，还有肩上扛着小孩儿的大男人，散戏后走亲戚、串门子，邻里间聊天、拉家常，说戏学戏便成了新的内容。

由于时代和地角的限制，当年来李村集上演出的，并不是什么正规剧团，而是距李村不远的村民自己组成的草台班子。据说当年来李村集上唱戏的，为主的是水清沟村的戏班子，每逢春节后春耕前这段时间，他们一帮子人组织起来自娱自乐，走街串集公开演出，掀起一阵阵戏曲热。

青岛人说具体点是青岛北部李沧、四方这一带的人，在遇到实践新生事物或对某项工作初干乍学时，常会用一句歇后语："水清沟的戏儿——演当着来。"水清沟的戏，登不了大雅之堂。坐派生硬，化妆简单、戏服陈旧（从戏剧社租来或借来的行头），唱腔呆板，也只能在野台子上演当演当。因此，有人取得某件事成功时，也会故作谦虚地说："我这是水清沟的戏——先演当着来。"

柳腔戏的传统剧目有《东京》《西京》《南京》《北京》四大京和《罗衫记》《绣鞋记》《玉环记》《金簪记》《风筝记》《钥匙记》《丝兰记》《火龙记》八大记。常在李村集上演出的是《赵美蓉观灯》。茂腔的传统剧目是《寻工夫》《砸面缸》《韩渊借粮》《香罗带》《孟姜女哭长城》等，常在李村集上演出的是折子戏《卖宝童》。

说书棚与胶东大鼓

百年前的李村集，曾有盲人在集市上演唱过大鼓（盲人调）。每逢李村大集，就在河滩集市上搭起说书棚子，棚子不太大，可以容纳五六十人，棚子中间摆放一桌子，桌上放有鼓架和书鼓，桌旁一条长凳，供伴奏人坐着，桌前的桌撑处挂有一个褡裢，是为收钱的口袋。听书人围站在四周，全神贯注在听。

这种当年流行于蓬莱、黄县、文登、莱城、福山、牟平等地的曲艺形式，在 1949 年 6 月青岛解放后，因其由山东省胶东半岛各地大鼓结合而成，被定名为"胶东大鼓"。

胶东大鼓其曲调有"头版""平板""快板""大悲调"四种，其演唱形式乐器有书鼓、纲板为主击节，用三弦和二胡伴奏，也有仅用三弦伴奏和无伴奏者。

胶东大鼓的传统书目中，段儿书有《金精戏窦》《田秀英圆梦》《诸葛亮打狗》等。中篇有《清官断》《蜜蜂记》等。长篇有《五女兴唐记》等。解放战争时期的创作有《单臂夺枪陆宝祥》等。

在李村集数百年间，一直有民间说唱艺人在靠卖艺维生。笔者看到一幅照片，约拍于德占青岛时期的 1809 年，从照片上看那位弹三弦者似乎是位盲人当说书人。说到精彩之时有人叫好，便会卖个关子戛然而止，抱拳作揖求："求列位看官务必赏光。"听者便纷纷解囊，把随身所带的硬币（清代内有方孔外圆的小制钱、铜元等）扔进桌前的口袋里。

说完一个段子，要清场一次。待听众散尽后，再重新张罗着开场。每逢集日，可说两三场。也有不清场的，每说一段，手持钱笺绕场收钱一次。

高景佐与山东快书

到了 20 世纪的 50 年代末和 60 年代初的这十几年的时候，李村集上出现了一个说"山东快书"的人。此人高高的个子，大大的眼睛，嗓音洪亮，手脚麻利，讨人喜欢。几乎每集必来，只要他一来，就会有人高声喊着"那个说'武老二'的又来了，快来呀，快点！"呼啦一大帮子人就围了过来，大人们站成一圈，小孩子弓着身子往里边挤，吵着闹着瞅着他，等他开场。这个人就是当年青岛市文工团的负责人，后来市曲艺团的团长高景佐。

山东快书是曲艺形式的一种，早期专门说梁山泊武松的故事，故名说"武老二"，原为竹板击节，所以曾叫"竹板快书"，起源于山东临清、济宁一带，流行于华北、东北各地，形成于清道光、咸丰年间（1821～1961 年），1949 年正式定名为"山东快书"。表演仅为 1 人，没有乐器伴奏，演唱时用手指夹着两片半月形的钢板击节，在间歇的时段内，击出"当嘀咯当……"等不同的节奏声。唱词以 7 字句居多，也有 9 字、11 字或更长的，间以说白。曲目分单段、长书、书帽三大类。

对于"山东快书"做出贡献最大的当属高元钧。高元钧（1916～1996）原名金山，河南宁陵人，14 岁从师戚永立学唱"武老二"，后演出于南京、上海、济南等地。1951 年参军从事部队文艺工作。他从 1936 年起即从事"武老二"的改革，于 1949 年将其定名为"山东快书"，代表作有《武松传》、

《一车高粱米》，曾任中国曲艺家协会副主席，著作有《山东快书漫谈》《高元钧山东快书选》。

高景佐原是青岛针织一厂职工，从小喜爱山东快书。20世纪50年代初，曾在居民里院为群众说"快书"，也常去公园、广场等夏日人们聚集的晚上，"自告奋勇"表演"山东快书"，以此来磨炼自己使之表演水平步步长进。

高景佐为人和善，对自己要求很严，渴望能够为更多人演唱山东快书。六十年代初，拜高元钧为师，并于数年后，在青岛工人剧场举办了高元钧携弟子高景佐同台演出晚会，媒体舆论评价极高。

高景佐在李村集上表演的山东快书是《武松赶会》《小女婿》《鲁达除霸》等，他经常说的书帽是："说了个食堂实在好，饭菜花样真不少，早晨吃的辣椒炒茄子，晌午换成茄子炒辣椒，到了晚上大变样，茄子辣椒一块炒。"听了叫人忍俊不禁。他的表演完全秉承了"高派"的风格，感情真挚，口风甜脆，幽默风趣，形体优美，结合个人的特长，挥洒自如，一个眼神，一种动作，一副表情都惟妙惟肖，生动活泼，栩栩如生。真正达到了站如松、坐如钟、行如风的境界，使人百听不厌，百看不烦。传说有人赶李村集，图的就是去听他的快书，买不买东西无所谓。

高景佐，给李村大集的文化，增添了光彩的、不可或缺的一笔，在论起岛城的文艺圈、青岛的曲艺圈、李村大集当年繁荣景象时，高景佐这个人物不可忘记。

撰稿：张贻修

柴禾市

李村大集有个百姓不可或缺却从来很难精确载入史册的部分，柴禾市。

柴禾市也叫柴草市，一般设在集市的边缘地带。据老人说，老李村集以前的柴禾市在河南村西面或者东北庄外靠近监狱的墙边，以后大集扩展了，又转移到杨哥庄村边。这里场地宽阔，便于低值散乱的大型物件运输，交易起来也方便。

柴禾有用驴驮来的，大多为两边对称捆扎的松木枰子劈柴，比较规整；有用小推车推来的，通常为秫秸、豆秸之类。更多是靠肩挑担子步行来的，多是短小的山茅草、松毛针。在河滩上边，沿着街道摆列着，扁担直接插在草垛上，等待顾客前来光顾。顾客看中了，谈妥了价钱，带领卖主将货物搬回家去，交易完成。

你可不要以为这柴草交易是桩不登大雅之堂的小买卖，它可直接关系到国计民生哩！古人云，"兵马未动，粮草先行。"民间俗谚，吃的烧的一般多。仔细想想有非常深刻的道理。

卖柴草得先从柴禾的来源说起。

在农村生活过的人都知道。从前，当家中的小孩稍微能够自食其力的时候，家长想到的第一件事就是"他能够拾草剜菜了"！"拾草剜菜"简单的四个字，却包含着一个巨大的人生哲理。因为吃糠咽菜自古以来就是底层民众最起码的生存条件，但用火做熟后食则是人类文明的最基本特征。

那时候，在李沧周边的山上，一块块小型梯田重重叠叠点缀在山腰间，一条条山间小道弯弯曲曲通到山顶。经常可以在看到，夕阳晚霞映照之中，

293

一个大大的草垛从小路顶端缓缓地移动下来，看不到人，人就埋藏在草垛下面，是这个移动物体的发动机，而上面的草垛就是他一天劳作的收获成果。都是从山上采集来的山茅草。山顶人迹罕至，燃料的资源就丰富一些，拾草者甚至还会爬到山崖峭壁上去采集映山红的根，虽然艰险，也充满了一种难以言传的收获感。

农村家家户户门口都有一个草垛，这就是家庭的燃料储备点。根据它的大小，基本就可以判断出这户人家的勤惰程度了。有一首祖祖辈辈传下来的儿歌是这样唱的——

> 背草，拾草，
> 拾了个破棉袄。
> 穿着吧，虱子咬，
> 横（扔）了吧，可惜了！

也只有这样的农业生态，才支撑起了李村大集上的柴禾市场。

先让我们将柴禾分一下类吧！

比较整齐规矩的柴禾是木柴。在这崂山里，大多取自不成材的松树，它被劈成桦子，30厘米左右的长度，直径三四厘米，每捆十几二十来斤。从前这样的柴禾为机关和有钱人家生炉子用，一般市民很少问津。

松笼，也叫松球、松核笼子，是松树结成的种子果实。冬天，将那些成熟的松笼从树上摘下来，晒干以后，装到麻袋里，用车子推到集市上出售。这种东西便于储存，有油性，易燃，生炉子时抓上一小把，用火柴点着，就可以引燃煤炭了。

最多的是卖引火草的。所谓"引火草"，是杂草的统称。冬天，霜打草枯以后，乡下的农民用竹箭子从地埂山坡上一点点收拢来。像人们梳头一样，你梳一遍，我再梳一遍，主要是山茅草。他们将箭起的短草装入笆篓，再捆成 1 米见方的捆儿，推着车子或者用扁担挑着到集市上来出售。做这种营生的通常是老实巴脚的庄稼人，凭力气挣一点辛苦钱。也有孩子为减轻家长的经济负担，自己拾草挣学杂费的。在经济拮据的年代，无疑是一条狭窄得可怜的财路。

卖这种柴禾的人往往穿着粗糙破旧，一根麻绳系在腰间，将破棉袄束紧了抵御凌厉的寒风。他们不会舍得花钱去买油条、包子之类食物充饥，更不敢觊觎那昂贵的猪头烧肉。来时从家里揣上个冷地瓜或玉米饼子，中午蹲在墙旮旯默默地干啃，连口热水都喝不上。如果这一集的价钱委实太低或者货出不了手，还得再沿着十几里山路把柴草重新挑回去。你想想，这人如果是你，那心里该是个什么滋味？

城市里来买这种草的顾客，一般为缺少拾草劳动力的家庭。他们要用大锅烧煤做饭，一次抓一小把，用它引燃煤炭，否则是只能是望煤兴叹的。

我见过各种各样的生意人，从来没听说有贩卖柴禾的商人。早在 2000 多年前，大文史学家司马迁在《史记·货殖列传》中就曾引用两句当时的谚语说明了这个道理："百里不贩樵，千里不贩籴。"因为这东西价值很低，去掉人力成本和物流费用，利润实在是太微薄了。

改革开放 40 年了，我们的生活发生了翻天覆地的变化。现在人们住上了高楼，家家户户做饭用天然气，取暖改为集体供热的暖气，人们对过去的生活情景状态渐渐淡忘了，柴禾市场不知不觉地退出了历史舞台。

撰　稿：李生德

王和永与"大金钩"

20世纪50年代，李村集上就有一种非常有名的韭菜品种，它的特点是叶子卷曲，呈黄绿色，鲜嫩可爱，味道鲜美，泛称"大金钩"。这个品种在李村集上一出现，立即引起人们的关注，逐渐成为李村集和青岛菜店的佳品，也成为市民购买蔬菜时的首选韭菜品种。这个名牌产品就产自我们李沧区的下王埠村。

下王埠村位于李村大集以北两千米处，与邻村上王埠通称为王家村。有趣的是，这个村名与王姓没有一点关系。因为村南有个山丘，当地土语称山丘为"高埠岗"，从村中南眺，正好能望到南边的高埠岗，故起名叫"望埠庄"。后因为村子里王姓人丁兴旺，人口居多，就演变成"王埠庄"了。

村子北边有一个村庄，因地势较高，被称为"上王埠"，我们村地势较低所以也称为"下王埠"。据老辈传说：明末清初时候，方氏建村，后来王氏、杨氏、刘氏、赵氏、夏氏、姜氏、纪氏、朱氏等陆续迁来，形成多姓氏和睦相处的村落。下王埠人刚正不阿，嫉恶如仇。明末清初，时局混乱，有土匪流寇抢劫，村民迁往村东卧狼齿山避匪，用石块在山顶建有两道围墙，老人、女人、孩子在内墙躲藏，外面一道围墙由男丁把守。有土匪流寇上山就用石块将其击退，有力地保护了村民。至今在卧狼齿山顶还有两道围墙遗址和散落的石块，似乎在诉说下王埠人的英雄故事。这就是王埠村民至今仍在津津乐道的"里围子""外围子。"

在近些年里，让下王埠村再度出名的却是著名的"大金钩"韭菜。

说起来，大金钩韭菜的衍生发展与下王埠村一位普通的农民有关，他就是我的父亲王和永。

1954年秋天一个下午，我父亲从楼山后一个长期种菜的菜园主人那里带回来一斤很名贵的"马莲韭"种子，播撒在村西自家的菜地里。父亲精心照料，韭菜苗破土而出成一片绿色。这种韭菜的优点是产量高，颜色浓绿发黑，味道鲜美好吃。缺点是容易老，不耐旱。

1955年农村实行合作化，我家的几亩地也入了社，同时分得三分自留地，就把"马莲韭"移栽到了自留地里，种了一分地共六畦韭菜。出产的韭菜成为家里重要的收入来源。

1956年，在公私合营和合作化运动大潮中，青岛市政府在崂山县下王埠村西建立一个大型乳牛场，占地400亩，共建有12个牛舍，每个牛舍有成年乳牛近百头。乳牛厂的副产品也就是排泄物牛尿、牛粪，每个牛舍所产的牛尿通过管道输送到乳牛场西南的牛尿池中，经过自然发酵后用来浇灌农作物，日积月累，形成了一个面积有10亩地大小的牛尿湾。周边村庄的农民都到乳牛场的牛尿湾拉牛尿回去浇菜、浇庄稼。用牛尿浇灌的韭菜，外形鲜嫩，呈黄绿色，很少有病虫害。我父亲就经常拉着地排车到牛尿湾拉回牛尿到菜地里浇韭菜。同时，牛尿湾里常年沤泡的土层也成了肥沃的土杂肥。每年春天，生产队都组织村民把牛尿湾的肥土挖出来晾晒，撒在地里，成为优质的有机肥料，可以说，下王埠的粮食、蔬菜能够高产，牛尿湾功不可没。

1959年秋，在刚刚割完的韭菜地里，一家人正在忙着整理畦子、上肥料，我也忙着从靠近菜地的乳牛场牛舍的牛尿沟里往刚刚收割过的韭菜地里灌牛尿。三天后发现长出来的韭菜绿叶卷曲着呈现为黄色。父亲一看急了，说是牛尿浇的多了，烧坏了，让我赶快浇水透过来，就是稀释一下。我忙了三天不间断给韭菜浇水。连续多日的细心照料，韭菜得救了，可韭菜的叶子却成了上半部分卷曲，呈黄绿色，非常鲜嫩可爱，吃起来味道鲜美。后来得知，乳牛场定期给牛舍消毒，用的药物是火碱。火碱排到了牛尿沟里混在牛尿里，我误用了含火碱的牛尿浇韭菜，把韭菜"烧"了。真的是歪打正着，用现在的话说是"转基因"了，便给它起了很形象的名字"大金钩"。"大金钩"不但品相好、味道鲜美，而且产量很高，能长到半米高，筷子那么粗，亩产很惊人。不过一般都是在韭菜不太粗的时候收割，保证它的鲜嫩美味，长得太粗了人家不愿意要。有这么多的优点，必然会引起大家的注意，由此户户相传，轰动一时，邻居们纷纷来要种子回去栽植，生产队里也开始大面积推广种植"大金钩"，最后整个村子上千户人家都在种"大金钩"韭菜，种植面积达到几百亩地。生产的韭菜主要到李村、沧口去卖，因为李村集离我们村子只有两千米地，距离近便，韭菜下来了主要到李村集上去卖。

下王埠韭菜经济发展得好，主要是因为韭菜产量高、卖价高。20世纪60年代，在李村集上一般都是一毛钱四斤。"低标准"时期卖到七毛钱一斤。一次，我父亲带着我和姐姐装了一推车的韭菜到李村集上卖，300多斤的韭菜卖了二三百块钱。大家看到种韭菜这么来钱，就更跟着种起来了，带动了全村的韭菜种植。

韭菜是一种多年生连续收割的蔬菜品种，1955年我家六畦韭菜从栽下后一直收到1988年，创下了连续收割33年的奇迹。每年从清明节到霜降可割六至七次，是一种高产量、高效益的经济作物。下王埠作为"大金钩"的原产地，又得益于"牛尿湾"的水肥滋养，不但产量高，而且品质优良，在韭菜中独树一帜。20世纪60年代和70年代是下王埠大金沟的盛产期，每年有几十万斤的"大金钩"韭菜销往青岛的千家万户。由于当时搞计划经济，青岛城市内的市场不允许个体出售农副产品，而李村集是允许农副产品流通贸易的。加上下王埠紧邻李村集的地理优势，我村及邻村所生产的"大金沟"韭菜除了按照市里统一计划生产供应给市区的各个商店供市民购买外，剩余的韭菜主要运到李村大集来销售。每到集时，下王埠的"大金钩"菜摊周围就挤满了购买的村民。当然价位也随着节令变化而浮动，头道、二道韭菜非常金贵，与香椿、大虾并称"春三鲜"，是民间包三鲜（韭菜、虾仁、鸡蛋）饺子的重要材料。随着天气变暖，价位逐渐便宜。等到夏天特别是农历六月天气炎热的时候，大量的韭菜上市，俗话说"六月韭，臭起狗"，韭菜就成为李村集上最廉价的蔬菜了。这使得生活比较困难、平时很少买菜的家庭能够成捆地购买韭菜回家包菜包。在三年困难时期，粮食短缺，政府号召多种蔬菜代替粮食，像南瓜、白菜、韭菜、菠菜等高产蔬菜就成了居民饭桌上的"瓜菜代"主食和菜蔬。

1965 年，青岛市里边有记者报道了此事，青岛市电台予以播放，这下子"大金钩"韭菜更出名了。"下王埠的韭菜，杨家群的葱"成了品牌产品了。市民口口相传，邻村也仿效，大规模引种推广，既增加了生产队的收入，又充实了市场，活跃了经济。在集体化时期，下王埠无论是集体经济收入还是个人家庭收入都比周边的村子要高得多，其中"大金钩"的功劳不可没。

撰　稿：王建信　李沧区虎山路街道下王埠村村民

牲口经纪黄礼训

在过去几百年里，牛驴骡马等牲口交易一直是李村集上最主要的市场之一。一到二、七大集的时候，从全国各地贩来的牲口就涌到了李村河滩上，形成了场地很大的牲口市。当时李村本地很少饲养大牲口，除了用于耕地、运输大户人家自己养殖的大牲口外，一般庄户人家养不起大牲口，也就没有太多的本地大牲口能拉到李村集上交易。那些成群结队的大牲口基本上都是从周边各县贩来的，有的是山东省里的，还有的则是从内蒙古等外省区贩来的。牲口买卖不同于其他商品交易，需要中间介绍人做中介，叫"经纪"，也叫"牙纪"。我的父亲黄礼训（1908-1981）在中年时期，掌握有一门技能，就是每次逢到李村大集时，就到集上的牲口市做经纪即中介人，主要是牛驴骡马等大牲口的买卖作介绍、说和工作，也就是代表买方和牲口市卖方的经纪人合作，互相介绍牲口情况和牲口的价格，还会从牲口的口中看看有几个牙齿，判断出牲口的年龄，估量牲口的体格是否健康，有没有干活的力气等等。在讲牲口价格时，不能用嘴明说，要打哑语，要把手伸到对方的袖子里，伸出指头来讲价格，讨价还价。为了保密和便于讲价，买卖双方的经纪人所穿外衣的袖子都是又肥又长，双方把手藏在袖子里讲价，价格用手指头表示，如伸一个指头代表 100 元，伸两个指头代表 200 元，伸三个指头代表 300 元等等，依此类推。双方用指头在对方手心轻轻一点对方就会知道，同意的话卖方经纪人就会握一下买方经纪人的手，就知道买卖成交了，不握手就等于不成交。成交后买方向卖方付清钱款，卖方将牲口交给买方，钱货两清，皆大欢喜。买卖成交后买方要付给经纪人一定的中介费。这样的交易方式在新中国成立前的李村集上是一种普遍的交易方式，新中国成立后也流行了很长一段时间。

我父亲在新中国成立前种过地，但家里地少，人口多，生活困难。为了养家糊口，先是贩过奶羊，买回来以后养养看，奶好奶多的自己留下养，产奶不好的就卖掉了。后来又贩卖过牛驴骡马等大牲口，一来二去就学会了看牲口和当牙纪的本事技能。他懂牲口，能看出牲口的牙口，通过牲口的牙齿多少就能知道牲口的年龄。看牲口的架子、皮毛就知道牲口的体格是好还是坏，能不能干活。因此，一到李村大集的日期，就到集上帮人看牲口、买牲口，当经纪人。看牲口主要看牲口的四个蹄子好不好，要不瘸不歪走路端正；看牲口的牙口，要不小不老正当年；看牲口的架子和皮毛，要架子结实、皮毛发亮，体格壮实没病。等到买方选定了想买的牲口后，就去和对方讲价钱，你来我往，不断讲价。等价格讲定了，买卖成交后，买方会付给我父亲一定的中介费。拿到钱，父亲就会买点东西回家，让俺母亲炒个菜，喝上点酒，很高兴的样子。村子里的人看了也想跟着学，我父亲也教了几个徒弟，但都是年纪较大的，年龄比他小不了几岁，不要年轻人当徒弟。但也有小一点的，我们村里有个叫林祥兆的，年龄还没有我大，跟他学过徒，前几年去世了。我和我哥哥都没跟他学，我哥哥在化工厂上班，我在家里种地，愿意搞点农业科技，两人都不学，失传了。

当年李村集的牲口市很大，最早听老人说是在侯家庄，后来在东北庄子的破烂市，又迁到李村河底下。东北庄子是土地，刮风扬尘，尘土刮得人睁不开眼。河底有沙，冬暖夏凉，不起尘土，所以都愿意在李村河底下赶集。我记事的时候，李村集的牲口市在集的东头，后来又迁到西边，靠着鞭炮市、对联市。1980年以后就没有了。

讲　　述：黄佳良　李村河南庄村村民
采　　访：张树枫
整理编纂：张树枫

李村集的卖陶人

  在李村集上卖了 26 年花盆、饭罩子的老张名叫张希庆，50 多岁年纪，人高马大，说话痛快直爽，一看就是个青岛汉子。他是即墨河畔的张家西城村人，村里好多人家祖祖辈辈烧窑做陶器，老张的老爷爷就是烧窑做盆为生，他的爷爷弟兄 5 人，有 4 个做了制陶这一行，老张也与盆盆罐罐结下了半生缘。

  制陶，应该是人类最古老的行业之一，据考证制陶的历史已经有 1 万多年。1912 年在江西仙人洞出土的陶器，经考古学家鉴定认为，其烧制年代应在 13000 多年以前，是目前世界上发现的最古老的陶器。古人用陶土做成各种形状的容器，煅烧后用来盛水、煮饭，千万年以来陶制品在人们的生活中起着极其重要的作用。在我们的记忆中，过去家家户户洗菜淘米的黑泥盆，上坡送饭的瓦罐子，装米装面的大陶缸，还有饭桌上盛馒头饼子的饭罩子，无不是陶土烧成。在青岛地区最受老百姓欢迎的就是城阳西城汇村烧的各种"窑货盆"。早年间有个顺口溜说"西城的萝卜，旺疃的瓜，西城汇的泥瓦碴（即墨方言，泥读 mi）"，夸奖西城汇村烧的盆盆罐罐饭罩子好，但张家西城村的老人们却说，张家西城烧窑的历史比西城汇还要早，只是不知怎么弄的，西城汇的窑货盆比张家西城名声大，货好卖，搞得张家西城人挑着自己烧的盆罐饭罩子走村串乡，却打起了西城汇的旗号。这样一来，张家西城更没了名气，倒是给西城汇村做了免费的广告。西城汇的乡亲们却认为，周围各村烧的所有的家把什都不如西城汇的好用，因为西城汇出产一种黑土，特别细特别黏，烧出来的家什不但纯净细腻黑亮如油，还有一种特殊功能，比如过去稀饭黏粥是用瓦盆盛的，盛在别的地方生产的盆里，时间久一点会潲离变质，而用西城汇的瓦盆盛稀饭，同样的时间内绝不会坏掉。

说到西城汇村这种得天独厚的黑土，与它只有一河之隔张家西城村也有，老天赐给张家西城村民们的宝贝蕴藏在庄稼地底下，村东头和村西头各有 200 多亩。挖去表层近 2 米多深的熟土，再向下挖掉 1 米多厚的黄土，就露出紧致细腻的黑土了。老人们说，张家西城村的土比西城汇村的土"紧"，也就是更黏一些，做陶器时得掺上一定比例的黄泥，否则烧的时候容易裂缝。

老张说，可不能小看了这做陶的工艺，复杂着哪。黑土挖回来，得摊在太阳底下晒干；然后均匀地泼上水，干湿合适时细细粉碎。第二步要和泥：和泥人赤了脚卷起裤腿，在泥堆里踩；踩一遍后用铁锨铲起一坨用力摔下去，直到把和的这堆泥全摔过，再踩、再摔，共三遍。第三步把踩摔过三遍的泥搬进制坯的大屋里，这时被称作"大把头""二把头"的拉坯师傅亲自上阵踩泥，还要踩三遍。第四步揉泥，师傅把泥块分成合适的大小，像揉做馒头的面团一样，用力把泥团揉得不粘手不裂纹，润泽柔软，这团泥才算合格，可以放在脚蹬的转盘上拉坯了。张家西城人把拉坯转盘叫作"抡（青岛方言，念 lin）"，一面用脚蹬着机关操纵"抡"的转速一面双手扶着泥团造型的是大把头，把拉好的坯轻轻捧到阳光下小心地摆放的是二把头，这两个活关系到陶器的质量，需要有一定经验的师傅去做。陶坯晒"干了皮"，就敢移动了，这时得赶快把坯移到阴凉通风处，不可以在太阳地儿里暴晒，那样容易变形也会裂纹。如果要求烧出来的陶器显得很光滑细腻，就在晾到半干不湿的时候，再把陶坯放到"抡"上，脚慢慢踏动转盘，手里拿块光滑的鹅卵石在坯上打磨，这样一捯饬，烧出来的陶器就光光滑滑带着亮光了。接下来就是最后一道工序——烧窑。张家西城村的窑都砌在河崖口一带，圆圆的，直径六七米，远看像一只扣在地上的大碗。烟囱砌在窑后，窑顶留个小盆大小的孔用来冒烟出气。烧花盆、饭罩子这种陶器，需要 5 天时间。点火升温后火不可以急了，第一天慢火去湿气，第二天催起火来烧到 1000 摄氏度左右，第三天停了火，堵起窑孔闷三天出窑。

人民公社时期，张家西城村里分为 4 个生产大队，大队下设小队，队队都有自己的窑，烧出的陶器由小队安排人用小车推着到市里叫卖。那时候的居民想添个盆或碗，都是到土产店里去买，1970 年代中的一段时间里，饭碗和陶盆还曾经凭每户的购物证供应过。大队长看到李村集上蔬菜果木鸡蛋什么都有，唯独没有卖陶器的，便派人常驻李村，为的是推销各大队生产的盆盆罐罐。

改革开放以后，允许个人烧窑卖陶。有一对外地老夫妻，用地排车拉着盆碗罐子到李村集上卖，独此一家的买卖，做的还兴隆的。后来这对老夫妻不做了，把陶器转手给了一个叫海东的青年人。海东在京口路桥洞子里设了个常摊，请自己的姑姑帮着卖货，他真是请对了人，他姑姑李云兰是供销社的退休职工，做了一辈子售货员，深谙销售的诀窍，把侄儿的陶器摊子经营得红红火火，是李村集上人人皆知的"桥眼老妈妈儿。""老妈妈儿"干得好，还吸引了两个人进入到这个行业里：一个是老冯。老冯本来和父亲在李村集上打白铁，看集上卖陶的只有桥眼老妈妈儿一家做，陶瓷器的需求量又大，就转行干起了卖陶瓷。一个是李云祥。今年 63 岁的李云祥是土生土长的河北村人。1970 年代末下学后做临时工，断断续续地干着，不是每天能找到活。他家住在集边上，赶完集不急着回家，东转西逛，发现做陶瓷生意不错。1980 年，李云祥在河北沿路边租了个摊点，用竹竿架着篷布支起棚子摆摊。这样李村集上卖陶瓷器的就有了 3 家。1985 年政府硬化了一段河滩，给卖菜卖肉的摊子砌了预制板摊位，李云祥卖陶瓷器的棚子也迁到了河底下，摊位扩大了，货物的品种也更齐全了，茶壶茶碗、饭碗筷子、盆罐水缸，应有尽有。那时候农村很少有自来水龙头，多数人家到井里挑水吃，3 号水缸是住家户必备的家什，李云祥自己跑博山进货。到陶瓷厂买货还算好，最困难的是运回青岛。他都是住在小旅馆里，见到公路上有去青岛的货车就急忙过去和司机商量给捎趟货，那时候运一趟货大约要 800 元运费。水缸的批发价是 16 元一个，回来可卖到 30 元；批发茶碗一个 2 角钱，卖出价是 4 角；卖饭碗和盘子，每只可挣 1 角钱。在 1980 年代，工人月工资只有四五十元的时候，做个卖陶瓷的小买卖收入还是相当可观的。

1992 年夏天，即墨张家西城村已经有十几个私人烧陶的窑了。政府允许私人烧"窑货盆"，但销路又成了问题。张希庆拉着一拖拉机乡亲们烧的花盆和饭罩子，带着老婆、孩子，来到李村集西桥底下的桥洞子里摆摊，期盼自己能闯出一个新的天地，改善全家人的生活，也帮烧窑的乡亲们解决点问题。初到青岛时过得很艰苦，一摞摞的陶盆码成堆，白天站在河滩卖一天货，晚上往陶盆堆旁边铺一块塑料布，摊开铺盖就是一家三口的床。那时候女儿 6 岁，也跟着大人这么风里来雨里去的。干了三两天，管理鱼市的老纪对老张半认真半开玩笑地说："别在桥洞子这里了，上坡上（指河岸斜坡处）去吧，下边光发河水，被大水冲了西海去喂王八去？"别看老纪的玩笑话不好听，可本意是关心他，老张倒也从善如流，当天就搬上坡去。真是无巧不成书，当天夜里下了一场大雨，李村河水暴涨，河滩上的摊子都有或大或小的损失，老张幸运地逃过了一劫。

从河滩搬到坡上后，住处还是没有解决。老张找根棍子插在李村河桥墩上，上边支着块塑料布就成了他的"家"。刚刚学着卖盆卖罐，打不开销路，挣的钱勉强够吃饭。为了省钱，老婆炒菜不舍得倒油，菜汤上只漂着几个油花，有一个月三口家只吃了一斤花生油。最让老张难过的是，卖陶卖到第三年上，老婆查出了癌症，手术后半年多就去世了，没跟他享一天福，就撇下 10 岁的女儿走了。在这最困难的日子里，父亲从老家过来帮着他料理生意，照顾孩子，把生意支撑下去。经过几年奋斗，老张的生意站住了脚，商品的品种也多了，不但卖自己村里生产的花盆和饭罩子，还到南方进酒缸、水缸、坛子、罐子。他是个闲不住的人，进的货物没有地方放，他扛把铁锨，把李村河九水路桥西堆满垃圾的斜坡清理干净，挡上尼龙网，多年臭烘烘的垃圾场变得干净清爽，成了老张放酒缸陶罐的货场。这个货场足足有300多平方米，老张的生意最好的时候一年要进9卡车货，正是有这个大货场，他才敢见到合适的货源就大大方方吃进——拉到李村集，就有地儿储存！2005年以后，他的生意越做越大，一年挣到十几万元钱。老张笑呵呵地说："李村集养人，只要肯干，就有钱挣！"

讲　　述：李云祥　张希庆

采　　访：刘　锦

整理编纂：刘　锦

李村集的铁匠铺

李村集的铁器制作原本是外地工匠在异地制作后，由商人贩运到李村集市上出售的。后来因农家旧工具需要加钢接长，就有外地铁匠推车载着铁炉、钢材来李村赶集，现场为农民加工锄镰锨镢。因为用户众多，生意兴旺，后来就有外地铁匠从外地来到李村落户，专门从事打铁和出售铁器的生意。

最早到李村落户的铁匠来自著名的铁匠之乡安丘。有一个姓曹的铁匠师傅每年春天来李村集赶集，现场为李村农民加工修复各种农具，主要是给用秃了钢刃的锄镰锨镢等农具淬火加钢。新中国成立前夕，曹师傅举家搬到了李村，住在南王村。每逢李村集就到集上打铁修农具，顺便出售自己打造的各种农具。

农耕时代，农民耕地主要是使用牛拉的犁具，也叫驴具，将铁质的犁铧套在木制的农具上耕作。其他的农具有锄头、铁锨、镢头、镰刀、钉耙、叉子、斧子等等。因为犁铧需要翻砂铸造，工艺要求较高，一般的铁匠铺没法完成，都是由规模较大的机械厂来制作，然后到集上出售。新中国成立前李村没有翻砂厂，所出售的犁铧等较大农具都是城阳、即墨、胶州等地私营翻砂厂制作后贩运到李村集的。至于集市上出售的锄镰锨镢这类小农具则除了工厂制作外，主要是靠乡村的铁匠铺来制作。小农具的主要材料是熟铁，在刃面上用的是硬度较高的钢材。使用一段时间后，农具的钢材损耗过大，硬度和锋利度下降，俗话叫"秃了，"就需要给农具新接上一段钢材，叫淬火加钢。经过铁匠师傅的淬火加钢，农具就会焕然一新，重新锋利坚硬。旧农具加钢所花的价钱要比新农具的价钱便宜很多。因此，一到开春干农活时候，来李村集上请打铁师傅加工农具的人特别多。也有一些人则是来集上添置新农具和种子等物资的。这就是铁匠摊最红火的时候。

铁匠活不但是个技术活，更是个出大力的活。一到集日，头一天晚上就要把各种工具装到独轮车上。当天一大早从家里出发，赶到集上占个场地，支起摊子，生上火炉，开始一天的生意。

铁匠摊一般由一个师傅、两个请来的伙计或者徒弟组成。所有的工具都装在小推车上。到了集上后，先放下一个三叉腿的木头墩子，一般都是用天然生成的大刺槐的树杈做成，墩子上边放上厚十几厘米的铁砧子。铁砧子呈圆形，下大上小，下围20多厘米，上围十几厘米。墩子旁边支放火炉子、风匣（就是风箱，本地人称"风xian"），燃烧煤炭，放进钢铁材料，一人使劲拉风箱鼓风送氧。等铁块烧红后，师傅用长把铁钳将铁块钳出，放在铁砧子上，用手中的小锤在铁块上一敲，站在边上的两个伙计立即抢起长把的大铁锤望师傅敲打的位置击打，三人各打一次，大锤和小锤发出的声音不同，形成了"罡当嘚""罡当嘚"的特有的乐章。在墩子的旁边有一个突出的"小翅膀"，师傅不时用小锤在"小翅膀"上轻轻一敲，伙计们就继续抢锤击打。一旦铁块色彩暗淡，温度变低，师傅便把小锤往旁边一撇，伙计知道铁块该重新加热了，便把大锤放下休息片刻。师傅将铁块重新放进火炉，大家轮流拉起风箱，为铁块加热。等到铁块变得通红，再拿出来捶打。如此反复多次，一直到工序完成，农具产品合格为止。这种站着打铁的方式就叫站墩（锤）。

还有一种规模较小的打铁方式叫地锤，就是坐在地上打铁的方式。南庄子有一家打地锤的铁匠铺，师傅姓崔，原籍是城阳流亭。身体有点残疾，腿脚不太好。因为干不了重活，就学习了打铁的技术，在流亭打地墩（锤），专门打造小件的家用铁制品，如挑水的扁担钩、菜刀、砍刀、斧头、杀猪刀、铁门栓、门鼻子、铁链子、井绳钩等等。

后来，南庄子有一对夫妻，男人在青岛解放前被国民党抓壮丁，抓到台湾去了。妻子因生活所迫，就经人介绍认识了姓崔的铁匠师傅。结婚以后，男的就在南庄子落了户，在家里支架子，坐在地上打铁器。女的就拿到李村集上卖，男的也到集上现场打铁制作，逢到别的集期也推着独轮车去赶集，很辛苦。李村是大集，又住得近便，所以制作和出售大都在李村集上。打的东西多了，也有了名气，外地的贩子也经常来家里收购，因为要的数量多，价钱就比集上卖的便宜。

新中国成立初期，打铁的生意还是很好。实行合作化以后，政府就将这些手艺人组织起来，把集上打铁的人组成了一个铁匠组，集中在河北村玉皇庙里打铁，还是制作锄镰锨镢等农具。后来发展机械化，铁匠组的人就合并到崂山拖拉机厂成为正式工人。

再后来，李村集上也出现过铁匠铺，最有名的是上王埠村的曲柴贵一家。曲柴贵去年刚刚去世，享年82岁，在集上打了好多年的铁器，全家都在集上打铁，主要是打镐头、铁锨、镢头。平时在家里打铁，逢集就到集上打铁和卖铁器。20世纪70年代，曲柴贵把铁匠铺搬到李村滩上，搭了棚子，点上炉子，天天打铁。所用的材料都是收购来的废钢铁。铁匠铺里除了曲柴贵外，还有他的大闺女曲秀琳、女婿纪义尚、侄子曲立罩以及徒弟任兆悦、曲立星等。曲秀琳是村里公认的能人，不到20岁就跟着父亲打铁，身体好，专门抢大锤，技术也好，李村集有名的女铁匠。曲柴贵年纪大了，就由曲秀琳当家干生意。后来铁匠活不太好干了，曲秀琳就不打铁了，在村里开了一家百货铺，曲家铁匠铺也就歇摊了。

李村集铁匠铺的衰落，是机械化和电气化发展的必然结果，反映了社会的发展与进步。但是作为李村大集手工业的一个代表，铁匠铺确实曾经是李村大集上的一道风景和文化遗产，值得人们留恋和记忆。

讲　　述：黄佳良　曲林会　任立俊
整理编纂：张树枫

泊里红席

现如今的年轻人怎么也不会想到，当年，一领普通的炕席对我们的家庭是多么重要。准备婚礼，迎接新年，乔迁之喜，家中必备的第一件实用装饰物就是席。20年前，我曾写过一篇散文发表在文学杂志《岁月》上，名为《炕》，介绍了炕的历史。据宋人在《北盟录》中记载："女真俗环屋为土床，炽火其下，寝食起居其上，谓之炕。"此前，"炕"在我国中原地区一直以动词或形容词的身份出现。有人考证说，泊里红席起源于春秋时期。我想，只有当它成为火炕上的主要装饰品和覆盖物后，才有了山东半岛农业经济社会完整的生活形态，这是一种文明标志的象征性物品。

在我儿时，地方政府关心贫困人家，过年之前派员逐户检查的两条硬性标准是，进门先看看炕上是不是铺了新席，再问问年五更家里能不能吃上顿饺子。此是风俗，也是人生根本的需求，饺子为了饱腹，炕席却是脸面的必需。正所谓，炕上没有席，脸上没有皮。那时候有一首儿歌："人要脸，树要皮，桌子要面炕要席，电线杆子要油漆。"可见炕席确系我等平头百姓尊严之所系。

正因为如此，春节前河滩的李村大集上，在日用土产杂品行中，最鲜明亮眼的摊档就是卖席的摊位。一捆捆席子卷起来竖立，像彩色的画轴并排紧挨着，引你进入一个美丽的画廊。有挂在绳子上展示的，当中巧妙地编出一个大大的红色双"喜"字或者"吉"字，像一张张迷人的画幅，更多的则是铺在地上直接面向观众，如同手绘中国民俗色彩的地毯，红红白白，错落有致，五彩斑斓，在阳光下闪耀着诱人的光彩，使你产生出一种亲近踏实而又非常温馨的感觉。

前来买席的大多是中年以上的顾客，他们美滋滋、喜洋洋地将所购的中意物品卷成个直筒扛在肩上，逢到熟人就会被热情礼貌地询问："揭了领席？"人家若是不问，他也会自我表白同样的语句。回答则是："嗯！"潜台词的意思就是"万事俱备，俺就准备回家过新年了"！

好货不必高声喊，摆在那里任你看，随你选。看好了，相中了，再蹲下来用手掌轻轻摸摸，从兜里掏出早就备好的线绳，左右丈量，总有一款适合自家的炕面。扒着席篾瞅瞅宽窄度，相互之间的密实度，也可以看看它的边角是否光洁整齐。当然在因质论价之前，首先得掂量掂量自己兜里"毛毛"的多寡。

席有多种质地材料编织成的，大致分为北方的芦席和南方的草席两类。芦席是芦苇皮编的，质地粗糙，手感太硬，搭席棚子做辅助建筑比较适宜，人躺在上面硌人，不太舒服。草席价格较贵，绵软柔和，夏天舒适柔滑，缺点是易生虫子，特别是螨虫；天冷以后灶中烧火，炕面烘烤久了极易变脆，寿命太短。高粱秸秆皮编织的席子质地介于两者之中，四时适宜，是农耕时代象征家庭幸福的标志之一，也是"热炕头文化"的代表之作。尤其是著名的胶州南乡的泊里红席，多年来一直在炕席中独立魁首，无人能夺其席。

在计划经济年代里，一个工人的月工资大多为三四十块钱，买一领泊里红席就得花七八块。到了改革开放初期的 20 世纪 90 年代，工资大约提高了十倍，它就值七八十块钱了。青岛周边农民家庭，无论收入多少，临近年根岁尾，为了辞旧迎新，或者娶新媳妇进门或送闺女出嫁，一定要买上领泊里红席铺到炕上，这可是个露脸面的大好时机。

泊里，当地人通常读作"泊莱儿"，是方言儿化音。从小就听人传说，那里的人冬天都是蹲在地窖子里面编席。人都是以自己的生活经验来判断未知事物的，我心里一直纳闷：地窨子那么一点点儿，怎么能容下这么大的一张席啊？

为了搞清泊里红席的制作流程和物流路径，我们《李村大集》一书的编写人员在数九天冒着寒风驱车100多千米去胶南的泊里镇进行采访。

这是个二三百户的传统农业村庄，宽敞的街道，整齐的瓦房。走过一座座草垛，看到在临近村边场院菜地的地方有一个类似蔬菜温室的地窝子，这就是传统的泊里红席生产作坊。在主人的盛情邀请下，我随着大家低头弯腰进去，里面暖烘烘地如同春天。20多平方米的场地，地面是由三合土夯实的，平整坚实，均匀地喷洒了水，潮乎乎的。主人说这是为了增加室内的湿度，能够在席子的编织过程中保持席篾的韧性而不至于折断。减少席篾接头就是保障产品的质量。

头上的天窗伸手可触，室内依靠自然光照明。可以想到，在那没有电灯的年代里，席农们的夜间操作都是靠小煤油灯照明。我问是不是因为当地历史上燃料奇缺，才制造出这样的工作环境。他们则回答说：不，夏天编席，同样也是如此。这里面冬暖夏凉，四时皆宜；贴切地暗合了当今的环保理念。

正在工作的是肖姓兄弟二人，还有一个女性是弟弟的妻子。哥哥67岁，弟弟和弟妹也是相差无几的年龄。这个职业最大的特点是必须蹲着操作，一蹲就是几十年，弯腰低头整天劳作，他们没得颈椎病，也没有腰痛症候，简直让人无法想象。现在，他们正蹲在各自施工的席面上，手持篾刀，熟练地递着篾条，先一条红色的，再一条是白色的，续到脚下的经纬之间，左右匀称，不松不紧，积铢累寸，光阴在手下一分一秒地过去，席子也有条不紊地向前延伸。

我与那位当哥哥的攀谈起来。他从五岁就开始跟着大人编席，开始只是收收边，打打下手。这附近四村八疃都以此为业，父传子，子传孙，谁也记不得开山的祖师是谁。工艺也无密可保，兄弟之间取经，亲戚之间传艺，逐渐成熟完善丰富起来，是一种类似手绣花边、草编工艺、结头发网之类的传统民间手工艺。就像女人做针线活一样，除了熟练认真，还有天分，用当地土话说就是"手里出"。这里历来地少人多，农忙过后，家家户户忙着做这同一种营生，交流信息，和谐相处，欢乐融融。

问起编席的整个流程，还得先从获得原材料说起。

编席用的材料是高粱秆的外皮。请注意，不是所有的高粱都适合作此用途。东北品种高粱的穗头用来制作扫地的笤帚适宜，但秆子太粗，骨节多，其皮厚且脆，不能用。编红席用的秫秸是一种本地产的高粱品种，杆子细长，它的穗头只能用来制作刷锅炊帚。肖家老大说这种高粱今年他种了一亩二分，够自己忙乎一个冬天的了。

高粱秆的皮不必染色加工，是纯正的原生态，红的像玫瑰，白得如象牙。秋天收获后，借着本身的柔软劲儿挽起来，贮藏在容器中过一段时间，到用时取出，用水再浸泡半天，用篾刀从中剖成两半，这就是编席的基础材料了。只见他将那把一尺长的大篾刀支在脚上，手扯着半根高粱秆儿，向后轻轻一拽，白白的芯子像细麻花螺旋形地卷向一边，一条半厘米宽、两三米长的篾条活脱脱地出来了。不必用卡尺量，完全凭经验和感觉，非常匀称标准，再编排到席子上，用另一把小篾刀轻轻拨紧，严丝合缝，平平整整，锦缎般亮丽，丝绸般光滑，用手一摸，圆润如玉，有种清凉舒适的感觉。使我自然想起北京故宫珍宝馆中，那张用象牙编织的席子来了！

弟弟的媳妇告诉我，幅度越宽的席子卖出的价钱越贵。因为长篾子一般是用来作经，做纬浪费太大，找齐整也特别费事。一般家庭用的炕席是1.50米×2.0米左右，现在的市场价是800～1000块一领，如果有人因特殊用途订制，要2000多块钱一领。一个人大概需要工作3天才能完成一领普通席子，平均每天的收入200多块钱，相当于一个熟练工人的收入。我突然想到，无论是50年前，还是30年前，抑或是10年前，还有现在，一领普通红席的价格都是城市中等收入者月工资的 1/3，是社会劳动付出所获报酬与实际购买物品及提供服务的平均值。估计以后这个比例将逐步扩大。因为这是一种纯粹的手工艺品，市场需求不是很大，难以形成大规模的工业化生产，所以越来越稀罕了。

说起它的销售市场，几乎遍布整个山东地儿，销路最好的是山东半岛，销货量最大、价钱卖得最好的地方就是青岛的李村大集。

进了腊月门，家家开始置办年货了，也是销售泊里红席的黄金旺季。改革开放以前，胶州湾上没有海底隧道和跨海大桥，也很少有汽车，老百姓要靠小推车载着席子，绕道海边去青岛销售。从泊里镇到青岛的李村 200 多里路，围绕胶州湾转上多半圈儿，先是向北，再向东，再转向南。一辆小推车一次只能装四卷席，一卷是十领。每次都是吃了午饭从家里动身启程，一路之上数着几个熟悉的标志性站点儿赶路，张家楼—王台—河套……十冬腊月，裹着刺骨的西北风前行，一步步挪动。饿了，吃个冷地瓜填饥。渴了，就近喝点生水，在洪棘滩周边找个地方打个尖，没人舍得花钱住旅店。凌晨来到李村集上，周边铺面还关着门、黑着灯，河滩上空空落落没个人影儿。运来的货物大部分批发给坐地的客商。也有人就地零售，但费工费时，卖不了还要过夜吃饭，成本太高；但批发给商贩价钱又太低，不如自己零卖上算。年年都是这个路径，次次都是这种两难的抉择。

从前，农家是一家一户地编席。小孩子从五六岁开始跟着大人做零活，渐渐长大了，就自己操刀，结婚成家以后，又子承父业，薪火相传。人民公社期间，搞"一大二公"，是生产队集体组织生产。据统计，最多的年份，全泊里镇一年即生产卖出 50 万领席。你想想，在那艰苦的年代里，有多少人家因编织炕席而获得了起码的温饱，又有多少家庭因一领泊里红席铺在炕上挣足了面子！

改革开放以后，随着现代科学技术的发展和生活水平的提高，住房宽敞了，有的住上了楼房，许多农家的火炕被床取代，即使再传统的家庭，炕上铺的席子也逐渐被地板革代替。就连泊里这远离城市的地方，土地也越来越少，受过教育的年轻人不是想进企业当白领就是进城务工挣钱，很少有人肯蹲下两条腿来安心学编织炕席这门手艺了。

孰料这样一来，有编席手艺的老人倒成了香饽饽。物以稀为贵啊！有钟情于传统民俗装饰的人，有因不忘昔日情怀执着念旧的主儿，也有发展乡村旅游业的饭店老板，要重新恢复传统生活方式接待客人，泊里红席又随着这股潮流走俏起来。前来订货的人络绎不绝，我们看到在泊里集市上，几个卖席的老人不慌不忙地与专程前来的顾客讨价还价，很有一种奇货可居得意洋洋的感觉。

陪同我们的泊里镇有关领导告诉我们，现在，全镇已有 500 多家农户重新拾起了多年不干的"手艺"，变"单打独斗"为"联合舰队"，提高了"红席匠"们对红席市场的"话语权"。管家庄、张家庄等 4 个村已成为小有名气的"红席"专业村，全村 60% 以上的农民常年编红席，户均年收入都在 2 万元以上。目前，全镇年生产红席 3 万余领，收入 900 余万元。

肖家兄弟骄傲地对我说，现在他们是根据订单出货，从不盲目生产。面前这领两米宽、两米多长的席子就价值 2000 多块钱，算得上是工艺品的价格了。这几年，地方政府非常重视这项手工技艺，将其申报为省级非物质文化遗产名录进行保护，它的名声更响了。估计我面前这代老人百年之后，很少再会有人愿意涉足这个行当，那时我们的子孙只有到博物馆里去观赏泊里红席，回忆自家老前辈子的生活情景了！

我突然想到，做泥塑的、制铜器的、做茶壶的、炒茶叶的行业中都有各种高级工艺大师，一件小东西动辄就能炒到几万几十万元人民币，为什么不在这里评选此种荣誉称号呢？一来可以让他们享受荣誉感，产生对党和国家的凝聚力；二来可以增加他们的经济收入，使他们乐于生产；三来可以扩大品牌影响，将这种民俗传统技艺得到有效的保护和发展，利国利民，又有文化底蕴，何乐而不为呢？

讲　　述：肖姓兄弟
地　　点：泊里镇张家庄
采　　访：吴　娟　张树枫　李生德　刘　锦
整理编纂：李生德

卖豆腐者自述

我在李村集上卖豆腐已经 20 年了。

我的老家在即墨田横镇。老公是学烹饪的，在李沧区的酒店做厨师。我结婚后，就跟着他到青岛来了。

那时候当厨师一个月也就挣两千来块钱。我没有工作，还要有孩子，不能一辈子老是吃老公吧！得找个事儿干。干什么呢？我就想到了做豆腐。

在俺老家那里有句俗话："晚上想出千万路，早上还要卖豆腐。"因为这是个家庭副业，本钱小，工艺简单，就近拉四乡销售，资金周转快。只要你肯吃苦耐劳，精打细算，虽然发不了大财，也不会赔钱。再说，这活很适合农村的生态环境，烧锅的柴草地里就有，做豆腐剩下的豆腐渣和汤水可以用来喂猪，没有抛洒的东西。俺从小在这种环境里长大，耳濡目染，自然熟悉整个生产销售套路。所以就置办家把什干了起来。

要做豆腐，原料非常重要，你必须懂得豆子的产地和品种质量。记住，一定要用咱们中国出产的黄豆，由它做出的豆腐产量高，质量又好，谁也比不了！美国或者北美的转基因黄豆出油率高，但做豆腐白瞎，千万不敢要。这是个精细力气活儿，要将买来的豆子挑出沙石和霉变的豆粒。然后就是泡豆子，泡得它膨胀到将要发芽的程度，再磨成豆浆。从前用石磨，靠人抱着磨棍推磨，非常使人（劳累）。夏天一开锅，满屋里热气腾腾像蒸笼，进去就是一身汗；冬天活络水，刺骨的冷。每天都要半夜起来烧火煮豆浆点卤，再装到布兜里压成豆腐坨子挤出水，晾过来成了个儿，大清早上还要推着车子上集去卖。如今改成了电动粉碎机，但其他工序一点儿也少不了。

317

　　李村这地方四通八达，在工厂和单位上班的人多，做豆腐的少，又有这么个大市场，买卖好做，能挣钱发财，人干起来也有劲儿。俺对象干脆辞了工作，和我两个人一起干。

　　我这人心实，不会捣人。做的豆腐硬实，鲜嫩，街上许多人家常年吃我的豆腐，所以越卖越好卖。不作美的是，咱是小家小户的生产，用的是单相电的粉碎机，转速慢，效率低，有时豆子堵了机器筛子眼儿，卡了壳儿，要折腾老半天才能投开，下一道工序还急等着，耽误工夫，非常急人！

　　做豆腐的功夫主要是在点卤水上，要掌握住火候，一气呵成，卤水点得大了豆腐就老了，发涩，不受吃；点少了产品又太嫩了，水分大，豆腐坨子拿不成个儿，这样的东西卖出去就把门头名声给踢蹬了。

　　俺点豆腐从来不用石膏。咱这儿靠海，卤水多，既好又便宜，做出的豆腐成色也好。直接用海水点的豆腐也挺好吃的。但咱做豆腐是为了卖，一次下锅的豆浆多，用海水点的话势必量要很大，不合适。再说，豆浆在锅里是滚开的，海水是凉的，你一下子倒的多了不宜于凝结，必须提前将海水加热，太麻烦，所以一般不用。现在的所谓"海水豆腐"，吃起来的口感和质量与卤水豆腐没有太大差别。许多人好奇，想吃个巧名目儿。他愿意做，你喜欢吃，也算个特色吧！

　　卖豆腐得分时节。豆腐是高蛋白食品，夏天天气热，细菌繁殖得快，容易变馊发酸，当天产出的货必须及时卖掉，否则时间长了不受吃。要是过夜，增加了储存费用不说，豆腐中的水分流失得多，也影响到口感和客户的消费情绪。

　　逢集日和非逢集日的销量都差不多，现如今日子过得好了，豆腐已经是属于较低档次的日常食品，人们都是现买现吃。不像过去的农村，只有逢年过节来客人才想到买点来改善生活。

　　不过，卖豆腐每年都有个"黄金周"。在春节之前一周的时间里，你做多少就能卖多少，往往供不应求，碰上运气好时能卖出平时两倍的价钱。

因为咱们这里有个风俗，过完小年收拾完家庭卫生以后，除夕之前必须在洗涮干净的锅碗盆钵中压上一小块豆腐，寓意是"豆腐豆腐，都有福气"。借个吉言谐音，预祝在新的一年里家庭幸福美满，大吉大利。当然，也是祈盼大家"都富足"的美好愿景了。

随着改革开放，这些年人们的生活水平都提高了，大肉大鱼吃多了，吃腻了，又出现了"三高"（血压高、血糖高、血脂高）的"富贵病"危机。人人都注重于自己的健康饮食，以防患于未然，吃货们崇尚清淡的食物，就向豆制品发起了进攻，豆腐的销量自然就更大了，尤其是刚刚做出来的豆腐，有种实在的现场感，很是令人青睐。连那些大酒店里的豆腐菜也时兴起来了。

最著名的豆腐菜是博山特色的豆腐箱子、豆腐盒子之类。说得通俗点就是把豆腐内掏空，填上调好的肉馅，油炸出来再加汁端上大席，好看好吃好价钱。还有传统的麻婆豆腐、香辣豆腐、回锅豆腐，锅贴豆腐、照烧豆腐……并由此又衍生出各个菜系让你眼花缭乱的新花样新鲜菜名儿，如鞭炮豆腐、香蕉豆腐、鱼沫烧豆腐等等。青岛人喜欢吃海鲜，商家就投其所好，推出各种豆腐主打的汤菜，如上汤虾仁豆腐、海参豆腐汤、比管豆腐汤等等。

社会发展了，对食品卫生的要求更严格了，从过去的温饱型向着优质型转变，国家卫生防疫部门对生产加工环节的规范更加严格，生产经营者要身体健康合格证，生产场地要合格证，销售要许可证。家庭作坊的空间小，卫生条件难如人意，燃料、排污都成大问题。更要命的是没有三相电，加工能力低，成本高。你就是再拼命也上不去啊！

你自然会想到雇用工人。干这活起码得用两个工人。现在劳动力贵，用一个人一年最少得5万块，两个人就是10万块，这么丁点儿大的买卖，你算算，咱一共能挣多少钱？再说，市场是在竞争中生存发展的，看到你家的买卖好做，其他人也就跟上来了。只要有一个人成功，马上就有十几个人来效仿的！

青岛不比咱们田横乡下，完全是城市化的生活情态，本来非常突出的优势在这里却变成了大难题，豆腐渣等下脚料没法喂猪和饲养家畜，这里也不需要攒肥料种庄稼，全当成垃圾扔掉，既浪费东西又加大了生产成本。

这时我发现，青岛周边出现了几家规模相当大的豆制品加工厂。人家盖起了专业大厂房，购买了先进的机械设备，"三证"齐全，工人都受过专业训练，操作规范有序，产品质量也能保证稳定。工作分工也很精细，有的专门做豆腐，有的做豆腐皮，有的做豆腐泡儿、豆腐丝儿、豆腐猪，还能深加工各种素肉豆制品，如腐竹、素鸡、素牛肉等等。更重要的，他们能够按照客户的要求实行定制，按时送货上门。价钱也低廉，比我们自己做效益高。

我这个摊位干了二十来年，在李村街上的信誉度也有了，只要保证质量，扩大营业是没有问题的。于是，我就决定从他们那里进货来卖，从过去的自产自销一转身变成豆制品销售专业户了，一天光豆腐就能销售五六百斤，还有其他豆制品。挣的钱多，底气也有了，我雇了两个工人，活也没有那么累了。

来我这里买货的人，除了常年老主顾外，主要是为饭店送货。他们要的货一是要新鲜，二是要及时，如果你一次做得不到位，他们的生意受到损失，没有了食客主顾，我也断绝了财路，总而言之是得罪了自己的衣食父母。

这么多年来，我一路走过来，虽然出了些力气，但是一直都是在向上走，摊子越来越大，日子也越过越好。

要说闹心的事儿，在这大集市场上与商品打交道，三教九流、五花八门什么样的人没见过？那一年，有个穿戴很讲究的人来到我的摊上买豆腐，他要的货很多，品种也不少。对我说，"你把我要的货给我送到前面那个饭店进门处的柜台边吧。我先去集上买点别的东西，回头给你把钱留在那个柜台上，你找收银员要就行了。"

我照着他说的话办了。后来，我去找酒店柜台上的人要货款。人家说："不知道啊，没人委托我这事，只是见一个人进来，提溜着东西就走了，我还以为你们说好了，放在这里让他来取的呢！"

当然这种事是很少的。

讲　　述：刘红霞
采　　访：李生德
整理编纂：李生德

剃头匠与剪发队

剃头匠即今天的理发师。古代称为"篦头师""待诏",是专门为他人梳理修剪头发、胡须的匠人。古人秉承"体之发肤,受之父母,不敢毁也"的信条,极其重视头发和胡须的养护修理,终生蓄发而不剪不毁,每以一头浓黑稠密的头发和胡须而自傲。古书中也常以"光鉴照人""长发垂膝"等词语来称颂美男子和美妇人的美发。如果没有一头浓黑稠密的长发,是绝对入不了帅哥、美女的行列的。同时,头发也是社会身份的象征。古代刑法严酷,设有"五刑"之罪罚。其中"髡刑"就是把犯罪的人的头发剪掉,一旦受此刑罚,基本上就丧失了政治地位和社会地位,必然会困顿一生。

明朝灭亡之后,满族入关建立了清朝政权。为镇压、奴化汉族人民,颁发"剃发令,"强制推行剃头政策,强令汉族男人剃头留辫,以改变汉族数千年的风俗文化。遇有反抗和拒不剃头留辫者便残酷镇压杀害,所谓"留头不留发,留发不留头!"在强制推行"剃发令"时,昔日护发理须的待诏成了清兵滥杀平民的帮凶。往往官兵在前捉拿居民行人,剃头匠在军队后边挑担随行,官兵捉到居民行人,就押到剃头匠面前,让剃头匠将男子的头部前半部分头发刮削干净，另将脑袋后部余留头发编成发辫，否则即砍下头颅，挂在旗杆上示众。剃头匠装扮特殊，肩挑一副担子，上插一面小旗，民间称为"亡命旗"，担子一头装着烧水的炉子、铜脸盆，一头装着剃头的刀具和日常用品，手里还拿着一把能发出特殊声音的"铁制琴弦"，人们一听到"嗡嗡嗡"的琴音，就知道是剃头匠到了。因为剃头匠剃除头发工具主要是剃刀，要想将头发剃除干净需用热水浸泡头发使之变软才能剃头理发，所以热水必须常备，因此称为"剃头担子一头热"。久而久之，"剃头担"与"亡命旗"就成了理发匠（剃头匠）的职业符号。

清朝统治安定以后，剃头匠的工作失去了政治色彩，成了人们日常生活必需的职业之一。除了少数在城镇设有专门的理发店铺外，一般的剃头匠则是挑着担子走街穿村招揽生意。大小集市，人流众多，更是剃头匠坐等生意上门的好机会。占一块空场地，生起炉子，备好热水，一个方凳，一块白布，一条毛巾，一把剃刀，生意就开张了。赶集的乡民排着号，逐一剃头理发。像李村大集这样的热闹集市，正是剃头匠最理想的生意场地。

清朝"留发不留头"的民族压迫政策令保有数千年文明的汉族人蒙受奇耻大辱，深深刺激了汉族革命志士。清朝初年的反清斗争往往都与保护传统头发文化有关，驱逐鞑虏，恢复"汉官威仪"一直是反清复明志士的梦想。近代以后，特别是孙中山等人组织"同盟会"举行反清起义之后，剪除发辫被认为是革命与反清的一大标志，许多革命党人和留学国外的爱国青年像孙中山、黄兴、鲁迅等人纷纷带头剪辫，"头发革命"再次成为中国社会大变革的一个重要标志。

辛亥革命以后，清王朝灭亡，中华民国政府颁布法令，革除妇女裹脚、男人留辫等文化陋习，组织官员、学生上街或到集市上宣传动员男人剪辫、女人放脚。遇有留长辫男子即用剪刀强行剪断发辫，"头发革命运动"风行全国。除了像鲁迅笔下的"赵四太爷"等少数封建余孽和乡愚顽民之外，男人蓄短发已然成为中国发式的主流。从此以后，剃头匠的工作便变得多样起来：短发、长发、光头等头发样式纷纷问世，偏头、分头、背头等新式发型相继产生，推子、剪刀、剃须刀等先进理发工具纷纷出现，剃头匠的称谓也从"待诏""篦发师""剃头匠"变成了"理发匠""理发师""美发师"，理发师逐渐代替剃头匠成为社会特别是城市理发行业的主流职业。但是，在边远的乡下农村，理发的形式仍然比较单一，剃光头成为农民的首选样式，这里既有经济上的原因，也有方便卫生的原因。这时在集市上揽生意的剃头匠仍然是一盆热水、一把剃刀，一幅白布，一张板凳，只见刀花翻飞，三下五除二，一个锃亮的光头就产生了，真是又快又好。当然也有的剃头匠手艺不佳，一不小心，刀子不稳，造成皮破血流的惨剧，少不了道歉和赔钱等解决方式。

李村集也是"剪发革命"的一大见证。由于侵占青岛的德国殖民当局同情清王朝，仇视中国革命党，曾长期严禁革命党在青岛开展革命活动。中华民国建立后，新颁发的法令如剪发、放脚等新政策新法令在德国占领下的青岛根本无法推行。因此，李村集市和周边乡村仍然到处都是拖着长辫的男人和裹着小脚的妇女，其生活习俗与清朝末年相比没有太大变化。

日本占据青岛时期，极力控制青岛社会信息，包括蓄发、裹脚等乡村文化习俗依然没有重大改变。

青岛主权收回以后，面对德、日殖民者占据25年的青岛政局和社会状况，百事待理，做了很多维护国权和民族文化的事情。但对于税收管理等一般法规旧习，则采用"率由旧章"的态度暂时维持不变。对于李村乡区的农民留辫、裹脚的陋习一时也顾不上改变。李村集市的剃头匠仍然在集市和村庄里做着自己的营生。

1925年，奉系军阀张宗昌当上山东督办，后又兼任了省长。这位被称为"狗肉将军"的大帅对于男人留辫、女人裹脚深恶痛绝，下令在全省强行剪发、放脚。胶澳商埠局积极响应，出动剪发队到各个集市强行剪发，并出动军队、警察配合。李村是乡区中心，留发辫的人多。李村集市人多热闹，当然首当其冲要作为剪辫革命的第一站。结果，剪发队和军警在集市上一亮相，立即造成"炸集"：留发辫的商贩、顾客被军警像老鹰抓小鸡一般揪到剪发队跟前，手起剪落，蓄了几十年的长发辫子一下子没了，成了"假洋鬼子。"被剪掉辫子的人哭哭啼啼，觉得没脸见人。没被逮住的留发辫的人丢下东西抱头鼠窜。其他赶集的人不明所以，以为军队强拉壮丁，也跟着四散狂奔，东躲西藏。一时间，李村集因剪辫而"炸集"的消息迅速传遍周边乡镇。老实本分的居民听后根本不敢出门，素来热闹非凡的李村集一下子成为"鬼集"，很长时间无人问津，货物不通，交易中断。害的集市杂税承包商无法征税，叫苦连天。

20 世纪 30 年代，李村一带的留辫风气已有所改变，留长辫的男人已经无多，政府虽然仍在集市上宣传提倡剪发、放脚，但没有再采取大规模的激烈手段。李村乡区办事处则独出心裁，购置 20 把大剪刀分给各个警察治安点，看到留发辫的居民和路人就将发辫剪去，收到不错的效果。随着人们文化知识的普及和社会风俗的转变，留辫风俗只在少数老年人中存在，成为保守、顽固的标志了。

随着头发革命的成功实施，李村理发业也与时俱进，新开张了多家时尚理发店铺。据 1945 年日本投降以后李村警察分局调查统计，李村街上计有"和记理发馆""志成理发馆"等正规店铺，引领理发行业新潮流，也影响了李村集市上的流动理发摊，各种各样的头发样式陆续出现在李村等乡村集市上，理出的发型更加新颖、时尚，吸引了许多爱美的青年前来一试。当然，剃光头的理发方式也继续存在着。

今天，各种各样的美发美容技术相继推出，日新月异。大大小小的美发点充斥大街小巷。但在人流熙攘的集市上仍然可见理发师的身影，成为李村集市的点缀。

撰　稿：张树枫

上臧糖球

上臧始祖开山立基在青山丘陵，自古农耕地瘠瘦粮食难以高产，大部分村民在 20 世纪 60 年代中期以前开春就无隔夜粮。种植点水果树，以钱换粮是常事。灾年歉收，收入不足维持全年的家用开支，不少村民只得利用冬闲时候做点小本生意，赚钱补充全家口用，制作糖球便是其中之一。时间可追溯四代人，再往上大约有两百 200 年的历史。

糖球制作是小手工艺，没有技术含量。从大年除夕夜开始，到农历二月开春农忙结束，千家万户同庆春节的时间，正是卖糖球的大忙时间，也是一年中天寒地冻、北风雪飘的苦寒季。因此，卖糖球是不被多数人看好的劳作，上臧村只有几家世代传承，直到 20 世纪 60 年代中后期结束。

我 13 岁时第一次卖糖球。幼年听祖母讲过，她进臧家门时，家中就从事糖球的制作，也就是说我的太爷爷辈就开始卖糖球了。我所看到的唯一能见证这一历史过程的是一把锋利的小刀，此刀用于削糖球杆和切山楂、去山楂核用，长约 20 厘米，把手可能是锡铝合金，光亮厚重，刀刃部长约 10 厘米，宽 2.5 厘米，无尖锋。经过几代人的使用，刀刃中部已成月牙形，剩余的刃宽仅 1 厘米左右。春秋岁月，过事千万，年迈能记住的有多少？唯困难受苦的片段记忆犹新。

糖球制作可分为物料准备和制作的两大阶段。

一、物料准备

糖球杆：用粗竹竿。竹生南国，北方并不生产，可以用的都是 20 厘米以上的南方建筑用材，粗竹壁厚，好加工，产出的糖球杆也多。材料在全年时间里都可以准备，一般在李村集赶集的时候碰上就买。

山楂果：每年进入十月，山楂果进入落果期。农历霜降节气过后，山楂采摘。本地产的山楂量少，果的品质也差，山楂果都到"北乡"购买。早年所称的"北乡"是指即墨以北的地方，也就是即墨、平度一带的山楂产地。用独轮推车装果，两头摸黑，早出晚归，每次能买回300斤。买回的新鲜山楂果要放到大瓮中储存，使山楂果进一步熟化。大瓮直径有120厘米，高度有100厘米。山楂的进一步熟化过程，讲究气密性，山楂果倒入瓮中，不能用手压实，以保证果与果之间有一定的空隙，中间插入一把高粱秸，用于熟化过程中鲜果透气。山楂倒满瓮后，用黄泥封口，到春节前使用，储存熟化期长达两个半月。储存过程气温不能太低，一般放在室内。经过熟化的山楂果，颜色鲜红，质感软绵，酸度降低，甜度增加。

糖稀：20世纪50年代中期以前，蘸糖球用的是糖稀（即麦芽糖），糖稀是用粮食做的。60年代前后，粮食紧张，糖稀就买不到了，才想办法高价购买城市中凭票供应的红糖蔗糖。糖稀是半流质，只能用铁桶装，我们都是挑一副水桶到高密、蓝村一带购买。路途遥远，为节省路费，只能徒步，当天不能往返，所以买糖稀都是结伴而行，返程负重，轮流挑担。因糖稀质地黏稠，不易抛洒，运输中在水桶上用包袱扎盖防灰尘就行。糖稀不会变质，对储存条件无特殊要求。

二、糖球制作

农作物秋收后，粮食入仓进入农业生产的休闲期，即开始了糖球准备制作工作。首先是破竹制作串糖球用的糖球杆。竹竿按竹节的长短锯成竹筒。每个竹筒保留一个竹节，淘汰长度过短的竹筒。竹筒劈成约两厘米宽的竹条，再将竹条劈去内壁和外皮，分割成近方形的长杆，这一过程叫削糖球杆。按杆的长度不同分成长、中、短三类。

　　腊月二十七年集前后，储存的山楂果，按用多少取多少的原则分批出缸，剔去个头小的和病果，为串糖球做好准备。

　　大年三十，全家忙两件事：除准备过年摆供品贴对联、年夜饭包饺子的事以外，就是卖糖球的各项准备工作，包括串糖球，扎好糖球把子，熬糖稀用的煤炉、小铁锅，存放糖球用的大口黑泥盆。

　　午夜钟声迎来了全家欢乐的年夜团圆饭，也迎来了糖球手工艺人最忙碌的开始。年夜饭后，搬走饭桌，稍做休息，就开始熬糖稀蘸糖球。糖稀需文火慢熬，约需1小时才能熬到火候，再一支支的蘸糖球，在糖稀未冷却前在大糖球上蘸上芝麻粒，装到大口泥盆中放到院子冷却，糖稀冷却变硬，再把糖球插到糖球把子上。此时天已放亮。大年初一早晨是一年的第一个早晨，也迎来了糖球手艺人新一年卖糖球的第一天。以后每天重复劳作，一直到二月中旬农耕开始，大约一个半月时间。

　　糖球一般分为四等：极品，最大的山楂果，每支12个，去核蘸芝麻，每支0.28～0.3元，约占总量的8%；一等品每支10～12个果，一般不去核，不蘸芝麻，每支0.15元左右，约占总量的50%；三等品每支0.1元；四等品几分钱一支。三、四等品约占总量的百分之四十左右。

　　山楂果去核，俗称去骨。一般左手拇指和食指夹住山楂果的头和尾两端。右手握刀，中指和无名指夹一根带尖的短糖球杆，沿山楂切开2/3长的切口，稍用力撕开切口露出果核，右手尖杆挑出核。

　　熬糖稀。水和糖稀按比例倒入小铁锅混合搅匀，文火慢熬，当糖液表面出现小米粒大小均匀的气泡时，手握糖球杆使山楂在气泡上滚动一圈，山楂表面就粘满糖液，在糖稀未冷时蘸上芝麻。如果熬制的糖稀表面气泡不均匀或过大，说明糖稀没有熬到火候，糖稀不易粘满山楂表面，出现漏蘸，粘在山楂上的糖稀冷却后不形成硬壳，会变软流下，这叫糖稀"熬嫩了"。熬制的糖稀如果气泡过小，费糖并且容易糊锅。

卖糖球。上臧糖球色艳，带有喜庆气氛，口味微酸带甜，在副食品匮乏的年代是春节期间比较好的时令食品，大人小孩都喜欢吃。农历正月又是走亲访友的休闲时间，所以买糖球走街串巷叫卖有一定的市场，离村十里八里是最近的。除李村集外，跑的较远的到吴家村、沧口集市，最远能到中山公园一带。正月庙会多，逢庙会进庙烧香拜神是民俗，又有好多的闲场，使赶庙会民众密集，所以赶庙会买糖球是最好的选择。法海寺、华严寺、湛山寺、海庙是路程较远的庙会，汉河庵、邓庄庙是路程较近的庙会。

卖糖球全靠步行，每天最少百里，天不亮就离开家，天黑后才能返回。匆忙吃饭后，又要为第二天的生意做准备，生活节奏极其快，是多数现代人不能想象的。这就是上臧糖球手艺人的生活。

撰　　稿：臧绍珉　籍贯李沧区上臧村　部队退休干部
整　　理：王晓瑛

叮叮当当白铁匠

白铁，是镀锌铁板的"小名儿"，是老百姓叫法，就是在铁板上薄薄地镀了一层锌，闪着银子般的光泽，上面还有锌金属结晶形成的漂亮花纹。据说这种薄板诞生于17世纪的欧洲，传入中国也就是百余年的时间。那时候老百姓叫它"洋铁皮子"，用它制作的用品轻巧坚固，不怕水不长霉没有虫蛀，但因价格昂贵，进不了寻常百姓家，百年前也算是一种时尚的奢侈品吧。随着科技的进步和社会的发展，到20世纪中期，老百姓家里都有了银光闪闪的白铁器具，慢慢地取代了本土的陶制和木制用品，打白铁的工匠应运而生。

退回30多年前，白铁制品在企业生产和老百姓居家过日子中占据着很重要的位置，只说在我们的日常生活里，几乎处处能用到白铁打的家什，如厨房里用的水舀子、水桶，烧开水的大燎壶，生炉子取暖用的烟筒，浇花的喷壶，打扫卫生的簸箕，各种用途的盘子、架子……数不胜数的小物件装点着人们的生活，给人们带来许多方便。那时候，人们若想置办个簸箕、烟筒之类的，在市场上有专门打造这些器具的白铁铺，随时就能买到；若有特殊要求，如想弄个得心应手的小号簸箕、给婴儿打个洗澡盆之类，可以对白铁匠师傅说明尺寸和要求，师傅就要"放样"了。白铁活看起来简单，一尺、一剪、一木槌，就做出了千变万化的器具来，但其技术含量可很不一般。你看师傅取来一段卷着的白铁皮，压平整，一边嘴里念念有词，一边用白粉笔在铁皮上描描画画，什么弧啊角啊半圆啊，什么线段长几厘米啊几分米啊，像极了中学的几何教师在黑板上做示范题；对数学本来就不感兴趣的顾客看着图还在发蒙呢，师傅竟像裁缝裁衣一般，已经依着画好的线把铁板剪成了几块。剪裁铁皮时要比放样的尺寸让出几个毫米到一厘米的样子，是为了把两块铁皮整合到一起，和裁缝裁衣留的"缝头"是一个道理。到了师傅展示精湛技艺的时候了，他操起木槌时轻时重地敲打，用一小段工字钢垫在剪好的铁皮下面，把剪裁时预留的"缝头"敲成卷边，两块需要连在一起的铁皮边得卷成一阴一阳（或者叫作"子母扣"）；阴阳卷边相扣，叮叮当当敲打一阵，不一会儿，几块铁皮神奇地咬合在一起，卷边平直宽窄匀称，不用烧焊不用铆钉，且看不出敲打痕迹，一件精巧规整不漏水不撒气符合顾客要求的物件就做成功了。

白铁匠还有一个服务项目是修修补补。以前的人受经济条件所限，日子过得仔细，脑子里有个"新三年，旧三年，缝缝补补又三年"理念，倘若做饭的锅、烧水的壶破了个小洞，人们首先想到的是找白铁匠去换个底继续用，而不是扔出去再买新的。破了底的锅送到白铁铺，师傅拿一把大铁剪，喀哧喀哧把锅底剪掉，再按需要的长短大小"放样"，剪一块做锅底的铁皮，还是那么叮叮当当地敲打一会儿，破锅旧貌换新颜，又可以再使用几年了。随着生活水平的日益提高，补锅修壶的人渐渐绝了迹，特别是近年来廉价美观的塑料制品大量出现，白铁制品逐渐淡出了人们的生活，白铁匠这个行当也日渐式微。

过去在李村集河滩和河北侧的滨河路上，都有白铁加工铺，大集迁到黑龙江路以后，打白铁的搬过来4家。其中有一对夫妻，丈夫展义庆是即墨温泉镇人，以前在老家学过裁缝，与打白铁的姑娘孙翠玉结婚后，也跟着岳父孙胡宝学习打白铁，做这个行当20年了，已经成了把好手。说起他的老岳父家，那可是即墨金口镇的白铁世家，一家三代有十几个人做这个行当。孙胡宝的父亲辈上就学打白铁，到他这一代弟兄姊妹都做了白铁匠。1980年。孙胡宝挑着担子到处揽活，用当地的话叫作"拉乡"，他看到李村大集这块风水宝地，人气实在是太旺了，像人们说的"李村集上的钱和豆叶似的，就看你去不去'划拉'"。人们对白铁加工的需求也很大，像家用的烟筒、洗衣盆、水桶、铁簸箕，都到集上去买；锅和壶、桶坏了，都到集上修。那时候李村集只有两家姓李的白铁加工摊，打的日用家什常常供不应求，孙胡宝想，凭着孙家人的这份好手艺，只要铺下身子去干，就能过上好日子。他带着三个弟弟孙方旭、孙方辉、孙方臣和二妹妹来到李村集，5个人一起摆了个加工白铁的摊子。刚来时摊子摆在河北沿的路边上，因地方小铺摆不开又搬到了河滩上。孙胡宝打白铁技术精湛，用料好，要价低，很快得到顾客们的认可，订货的源源不断，生意做得风生水起。后来孩子们长大了，自家的两个女儿春玉、翠玉，一个儿子利明；二弟家的两个儿子晓华、晓林，及妹妹家的儿子，都加入打白铁的队伍中来，后来女儿结了婚，连女婿也改行学起了打白铁的技术，孙家的白铁匠队伍更加壮大起来。孙翠玉是22岁跟父亲学徒的，那是20世纪90年代初期，家用的白铁器具渐渐减少，打制取暖烟筒的很多，春玉从卷烟筒、打水桶"滚圆"和"卷缝"的基本功学起，也算是给父亲打下手。表面上看打白铁的活挺轻松，画画线段，剪剪铁皮，拿木槌叮叮当当敲敲，一个活就完成了，但其中的辛苦匠人自知。那时候没有现在这么多机械和凑手的工具，全凭手工操作，把铁皮套在电线杆子上练"滚圆"，抡着木槌叮叮当当地卷边，哪件活也得敲打上千次才行，有时捶得久了，胳膊都累得抬不起来。特别到了数九寒冬，冻得伸不出手来的时候，活要照常干，握着白铁皮的手被冻僵冻肿。被铁皮划破胳膊、手脚，那是家常便饭，任那个白铁匠的手都是指节粗大伤痕累累的。所以一直以来打白铁的女子不多，但孙翠玉坚持了下来。她体会到要当个好白铁匠，只这个敲敲打打的功夫，没个三年二年的实践是练不成的：打不匀，不漂亮；打不实不牢固。要把白铁器具做得严丝合缝、不漏不开，全靠锤子砸时用巧劲，轻重才能恰到好处。裁剪放样时，要有数学、几何知识，能制图会计算，还要结合实践经验；下剪刀时要快、准，留的"缝头"要合适，大了小了都不行，或者浪费材料，或者影响产品的质量。她挺喜欢这个技术工作，1997年结婚后，还把做裁缝的丈夫展义庆"拉下水"，也在父亲的摊上打白铁。展义庆从裁缝改行干白铁匠有一定的优势，两者都要设计、画图、剪裁，有相通之处，所以他入门很快，提高也快，很短时间就能独当一面。

天下大事，分久必合，合久必分。孙家的匠人发展到10多口子，挤在一个摊子里干就有些不适应市场的需要了，于是老弟兄们这一辈分成了4个摊子，老二还在滨河路上开了店铺。待孩子们都成了家学成了手，又来了一场大变革，也各自独立经营，在李村集周围孙家的白铁摊点、店铺有六七处，如孙胡宝的二弟和两个儿子在滨河路上各有一个店面；他自己的儿子初中毕业就开始学打白铁，自己学成后设了个摊子；还有妹妹带着儿子，也租了滨河路的店铺。2004年，展义庆和妻子孙翠玉在李村集上开了自己的加工店，2016年随大集迁进新址，并置办了折床、滚床、起凸机、咬口机、翻板机等机械设备，做活又省力又快捷。眼下老百姓用的取暖烟囱打的也很少了，白铁工艺制品从民间走进了工厂和酒店，定制散热箱、安装大型方的或圆的烟筒、做通风管道的越来越多。接这些活需要到现场测量，根据顾客的要求和场地的条件进行设计，回来加工。厂家往往要得很急，常常是连夜加班下料打造，第二天厂家来车拉过去安装。也亏得机械化程度高了，活儿干得漂亮，成活也及时，展义庆夫妻俩的小店有了不少客户。像每一位坚守在李村大集上，坚守着传统手艺的工匠一样，夫妻俩有信心有决心，把白铁手艺好好传承下去。

讲　　述：孙翠玉　展义庆

整理编纂：刘　锦

老花市巡礼

当时的花卉市场在李村大集最西头的杨哥庄村南河底，东西长约100多米，南北宽七八十米，可以称为青岛市最大的花卉市场。这里地势开阔，商业开发的规模还不太大，对附加值低的农林产品来说，交易费用相对低廉。

站在附近高坎上望去，从北到南共有三条交易路线。最北面的一排是塑料大棚，往南依次两条路侧基本是流动花贩，有汽车拉的、拖拉机载的、地排车装的，也有人用自行车驮来的。再往南，就是零星的乌鱼交易了。按照中国人的商业文化思想，行商坐贾。这里的"坐贾"基本在北面，而"行商"大都在南面，而且越往南销售的规模越小；再以曲哥庄桥为界，桥下和桥西是卖乔木花卉和果树苗木的地方。

如果你从东边的农产品交易区走过来，首先见到的是养花的配套辅助用品。这里有质地不同、形状各异的花盆，有青花瓷白瓷红色陶制的，也有琉璃制品或异型塑料的。好花栽入好盆如同好画镶入一帧精美的画框，会增加不少审美情趣！这里出售各种花药、花肥、硫化铁等微量添加剂，还有特定的养花土壤，特别是养君子兰的松毛土，一块钱一碗，堪比精米白面的价钱。前些年兰花、杜鹃花走俏，形成了边际效应，养育它的土壤也相应提高了身价。

再往里走就是展厅般的花卉市中心了，有乔木，有灌木，有多年生的，也有当年速生的，琳琅满目，五彩缤纷，令人目不暇接，美不胜收。现在简略介绍一下对花市的总体印象。

第一种是塑料大棚。从东到西有十几家，一律坐北朝南，比肩而建，类似农家种菜的大棚。每个面积一两百平方米，宽敞明亮，如同一个微型园艺博览会。一年四季枝叶繁茂，鲜花怒放，令走进来的顾客流连忘返，叹为观止，此时不解囊购买就觉得有点对不起自己。业者非常专业地调理着其中的温度湿度，科学施肥防虫。经营业者都是些资金雄厚经验丰富之人，他们懂得各种花草的生长习性，熟悉进货渠道和养护方法，也可以在短时间内大批量进货储存，为群众性大型节庆活动提供装点花卉，一品红、虞美人、蝴蝶兰之类应有尽有。也能为企业开业装点会场和赠送贵重花卉提供货源，销售旺季及时满足供应，淡季也能候得住，真可谓有恒产者才有恒心。

第二种是用汽车运输来的。车分多种，有专用的保温车，有改装的卡车，里面是一层层放置花盆的铁架子，既合理利用空间又保得货物安全，外面用塑料篷布遮盖防风防冻，车牌上标有鲁、苏、豫、皖等字样，一辆辆整齐排列着。车上一层层，地上一片片，在讨价还价声中，主人不断从车上取下货物来供顾客挑选，笑脸盈盈，不厌其烦。听口音，以河南人或鲁南一带的人居多，但养殖基地却是在江浙、两广一带。

第三种是附近农家自己种植的。近的如李沧东部李村河上游的毕家上流一带，远至惜福镇和即墨东部留村一带的山村。王哥庄就有多年的专业花农，自种自销茶花、耐冬之类。即墨城阳交界的东葛村也有人从广西、江西一带运回桂花，自行嫁接，使之适合当地土壤和气候的生长，销路非常好。

第四种完全是花卉爱好者之间的交流活动。这种人一般生活在城市边缘地区，住平房或者底楼，出于喜好在小院落盖个小温室种自己偏爱的花卉，像照顾自己的小女儿一样精心抚爱它、养育它，繁殖到一定数量就拿到市场上交流，类似于集邮或古钱爱好者，获得的是自己作品被人欣赏的愉悦或自家姑娘出嫁那种喜洋洋的感觉。

还有一种是挑着担子卖水仙花和转运竹的，他们一般是福建漳州人。几个人合伙租辆汽车从家乡运来大批量货物，找个地方卸下储存，再分批分拨上街入市荷担零售，这些都是一次性的鲜花，逐季节而来，长销不衰。

我时常想，如果想在李村大集上找到一个长盛不衰又能反映社会变化的标志性行业，当仁不让的就是花卉买卖了。

春天，迎着料峭的寒风，梅花粘上枝头，摊位上最引人注目的是各种异型花盆中精心打造的艺梅，此多系温室造就的春梅，偶尔也可见蜡梅的身影。尽管都称为"梅"，但前者是蔷薇科杏属，后者才是真正的蜡梅科。大概是受了文学艺术作品的误导，人们人云亦云地将蜡梅的品质嫁接到了春梅身上，使之清受了历代画家诗人的激情笔墨。接着，纯朴高洁的玉兰、艳丽泼辣的海棠、馥郁袭人的丁香、国色天香的牡丹相继登场，烘托出一个姹紫嫣红的春天。

夏天是万木葱笼的时节，也不乏花的烂漫，首先是石榴花，当地有"石榴开花，打鱼的回家"一说，算是进入真正夏天了。接着，茉莉、火炬、栀子、荷花来到了市场上，一转身即进入千家万户，装点着人们美好的生活。

初秋是桂花飘香的季节。我认识一位朋友，是专门做桂花生意的，他告诉我，桂花主要分丹桂、金桂、银桂和四季桂，各个品种中又有名目繁多小的分类。他将从广西引进的桂花与本地的花卉嫁接，使之适应当地的气候，一上集就卖出了好价钱。这个时节你来到集上，顺着浓郁的花香一路往前走就能找到卖桂花摊点了。

万木霜天红烂漫，菊花在肃杀的秋风中绽出它独有的英姿。有黄色的满天星，如遍地碎黄金，有像欧罗巴美女的秀发的金丝菊，一缕缕惹人青睐。有黑牡丹、红玫瑰、紫茶花，以花色喻花名，算是中国人的一种创造发明。还有的造型像凤凰，看那俊俏的花冠，美丽的羽毛，长长的尾巴，确是一件件难得的艺术品。因为菊花是草本花，品种多，繁殖力强，价格便宜，所以购买的人络绎不绝，是花市上最热闹的季节！

世界园艺博览园建成之后，随着世界园艺博览会在李沧东部召开，对于鲜花文化的宣传更起到了推波助澜的作用，人们对花的热爱更浓烈了。这些年来，随着改革开放的深入，国外各种花卉源源不断进入市场。巴西的三角梅，墨西哥的仙人掌、仙人鞭，印度的天竺兰，泰国的鸡蛋花等等相继登陆中国，有些袖珍小花如风信子之类也随机进入高档写字楼，进入小女生的居室，成为一种优雅的小装饰品。这些，你在李村集的花市上都是可以买到的。

当然，重点应该说的是我们青岛市的市花——茶花！几朵粉嘟嘟的大花顶在花枝上，像牡丹，似芍药，雍容华贵，娇艳妩媚，令人惊艳陶醉。青岛的花农多年来培养出许多珍稀的品种，如赤丹、状元红、皇冠、天骄等等，很是惹人注目。在李村集花市上，我有幸见到几个专门种植此花的高手，每逢集日即用自行车带上一盆两盆前来出售，一口落价，绝不叨叨，卖完即走。下一个集日接着又来了，如此循环不已，不知何意？

最热闹的花市是在除夕前的集日。这时，年货备齐了，对联买好了，香蜡纸码一应俱全，剩下的就是锦上添花装点居室。人们就像是商量好了似的，全部涌到花市上来了。此时外地来的商家为了赶回家去过年，不惜血本低价甩卖。在通往花市的三条街道上，一队队买花人或举着或抱着或扛着自己选购的得意之花，以杜鹃为最多。如同英雄少年抱得美人归，喜气洋洋，谈笑风生。因为第二天大清早，拜年的亲朋好友一进门，第一句赞语肯定就是——

"过年好——哇，真漂亮啊！"

想想吧，新春伊始，没有比这句更加吉祥如意的话了！

撰　稿：李生德

337

刘茂的大烟袋

在李村周边的村庄流传着一句俚语："刘茂的大烟袋也不管用了。"这句话往往用来形容某件事情已经陷入绝境，任何措施和方法都不再起作用了。此话的由来和李村大集也有着解不开的渊源。

刘茂，记不清是李村周边那个村子的人了。据说是家业雄厚、为人正直，在街面上威信极高。十乡八里的事情只要是他出面作保调停，几乎没有解决不了的。早年间物资匮乏、商业不发达，李村周围最重要的商品集散地就是李村大集。农历逢二逢七，十乡八疃各色人等、吃穿住用各种商品都汇聚到李村河滩上来赶大集。交易中难免有磕磕绊绊、言差语错的，也有割秤算账吃亏占便宜的。在谈不拢时，只要找到刘茂从中说和，事情就能得到圆满的解决。在李村大集上摆摊做买卖的几乎都是流动商贩，赶集人之间互不熟悉，有些根本就不认识，所以没有做赊账买卖的。但刘茂买东西可以赊账，所以说刘茂赶集是可以不带现钱的。

话说这么一天，又是赶大集的日子，不巧刘茂卧病在家，有一些必需品急等他去赶集置办。刘茂就找来一个人，跟这个人说你去李村集上哪个哪个摊子买什么。说完把自己从不离手的大烟袋给那个人，说："你置办东西的时候就把这个烟袋给他看看，说刘茂让你来的就行了。"那个人就照着刘茂说的来到集上，把大烟袋出示给摊主看。卖货人的一看，忙说："嗯，这是刘茂的大烟袋，货你先拿走吧。"一时间，刘茂的大烟袋就成了李村大集上信誉和诚信的象征。

持续了多少年之后，慢慢的刘茂年事已高，家道也慢慢衰落。欠账的事情就时有发生。终于有一天，当有人再拿着刘茂的烟袋来李村大集上赊账的时候，遭到了摊主的拒绝。信誉的积累需要一个漫长的过程，但信誉的崩溃却只要一袋烟的工夫。用不了多长时间，整个李村大集上的人都知道"刘茂的大烟袋也不管用了"。刘茂这个人就慢慢地被人遗忘了，但这句话却成了一句俚语一直流传到今天。

"日中为市，致天下之民，聚天下之货，交易而退，各得其所。"这是《易经·系辞下》中对集市交易的记载和描述。明谢肇淛《五杂俎·地部一》："岭南之市谓之虚……山东人谓之集。每集则百货俱陈，四远竞凑，大至骡、马、牛、羊、奴婢、妻子，小至斗粟、尺布，必於其日聚焉，谓之'赶集'。"虽然集市的规模、时间、交易的产品数量都有限，赶集的人仍然乐意从四面八方赶来，在车水马龙的集市中讨价还价。而卖家也习惯于低成本经营，在地上铺张纸，或是在货车挂块价牌，就拥有了简易的摊点。作为一种经贸形式，传统集市曾经在中国人的物质生活中占据重要地位，也是感情交流与舆论传播的重要场所、喜怒哀乐的情感寄托地。集市经营买卖，既有经济规律的约束，更有道德规范的制约，尤其是在自发形成的商品交易形式中，良好的信誉是买卖双方交易行为赖以生存的保障。这大概就是"刘茂的大烟袋也不管用了"所带给我们的启示吧。

讲　　述：刘瑞国　东李村村民
采　　访：崔宪会
整理编纂：崔宪会

坚守在大集上的磨刀人

每逢李村大集"二七"集日，集里集外人流如织，熙熙攘攘。从位于重庆路上的李村大集5号门进去，在门右侧卖红枣、核桃等干果的摊子后面有一块小小的空地，每集都会看到一位白须白发、腰板笔挺的老人骑坐在一条木凳上，粗糙裂纹的双手抓着刀剪，双臂快速有力地一推一拉，娴熟而有节奏地在磨石上磨着。他一会儿眯起眼睛目测剪刀的尖部，拿铁锤敲打几下；一会儿将扳手把柄一端的环洞套在剪刀上，悠着劲儿掰一掰，调整调整剪刀咬合的角度。对每一把菜刀，每一把剪子，他都是翻来覆去地端详检查，争取磨到最好。他就是坚守着传统的手艺、坚守在李村大集上20多年的磨刀老人吕宝华。

吕宝华今年70岁，从临沂老家来青岛磨剪子磨刀，已经干了26个年头。李村大集搬到黑龙江路新址后，原来在李村河滩上磨刀的七八个摊子都不见了踪影，只有吕宝华风雪无阻雷打不动地每集在5号门内右侧恭候顾客。赶集磨刀的人心里有个"账"，到集上先把菜刀送给师傅磨着，自己满集逛去，逛够了买好了东西转回来，刀剪早就磨得锋快铮亮，用报纸包得整整齐齐放在那里了，交上钱取了回家，赶集磨刀两不耽误。老吕的磨刀手艺和服务态度在李村集上经受了二十多年的考验，得到赶集人的认可，口口相传，就有新客户打听着找过来，还有老顾客带着邻居朋友来做一番介绍的，生意真不少，那些老主顾，有在他这里磨过十几年刀的，有从老远的浮山所、大港、城阳等地方专程过来找他磨的，每个集日的上午零散客人不断，一把刀一把剪子的仔细打磨着，老吕的脸上安详又快乐。赶集到了下午时分，人潮逐渐褪去，他就到那些卖肉的摊上依次去问，可有要磨的砍刀和剔骨刀？还是有割肉的刀需要磨一磨呢？于是，十几把刀抱回来，平均15分钟磨一把，又够他忙一阵了。在大集上，老吕几乎一天不得闲，但越忙越高兴呀，劳累就是收入，就是生活安定的保障。逢"二、七"赶过李村集，还要赶"五、十"西流庄集和侯家庄集，其他的日子，要到几家银行和机关的食堂上门服务，都是提前约好的。

　　20多年前，吕宝华在老家种着十几亩地，他为人老实，肯下力能吃苦，日子也算过得去。村里上千户人家，有不少乡亲去了淄博和大连打工，来青岛的有十几个。其中有位老乡唐田朝闯青岛好几年了，干得挺顺当，回家探亲时就撺掇他也到大城市见见世面。吕宝华被说动了心，1992年和老伴、儿子来到青岛，在四方区的大山村租房落脚。刚来时他在劳务市场等活干，干一天倒是钱不少，可有一搭没一搭，三天打鱼两天晒网的不长远。只靠出卖劳动力，不能天天找到活干，收入没有保证；做个小买卖吧，得投进本钱，还得懂行情，不一定有把握干好。吕宝华左思右想，想起自己在老家就会戗刀子磨剪子，这个活不用投什么资，也不是多么高深难学的技术，还比较自由自在，那时磨一把刀收费两元，在1990年代，就算挺不错的收入。就这样定了！做一个认真负责的磨刀匠吧！

　　有个谜语说："骑着它不走，走着他不骑"，说的就是磨刀人走街串巷时扛着的专用工具——一个简单轻便的木板凳。过去无论是城里还是乡下，磨刀这个行当是不可或缺的，做饭的菜刀，做针线活的剪刀，经常需要打磨锋利，磨刀人很受主妇们的欢迎。他们肩上扛着的这个木板凳不足一米长，半米多高，一头钉着个用来固定磨石的小架子，另一头绑着块坐垫，板凳边上挂个小桶，盛着小半桶水，是磨刀时淋刀刃降温用的。磨刀人在街上走，时不时喊道："磨剪子唻——戗菜刀——，"变变花样就是："戗刀子磨剪子唻——。"遇到有人要磨刀剪时，把板凳一放，在这头的小木架上按好磨石，人骑坐在另一头的坐垫上，就开工了。改革开放后再次出现的新式磨刀人，也机械化了，"戗菜刀"时不用人工，而是把板凳头上固定一个手动小砂轮，右手转动砂轮把手，左手持刀调整着磨刀的角度，戗去刀口上多余的钢，又快又省力。磨刀人也不是把板凳扛在肩上到处走了，有的把板凳用小车推着，有的骑着自行车，板凳绑在自行车后座上，被人喊住干活时把板凳取下来。吕宝华的工具却很是独出一格，他既不买小推车又不置自行车，而是搞了个新发明：把木板凳的前头装了两个小车轮子，后头钉了两根木棍当车把，水桶、磨石、锤子挂在板凳边上，板凳变成了车身，直接推着板凳走，轻便、顺手、省钱。吕宝华每天推着这个独一无二的磨刀车，一路吆喝着，从大山村经重庆路走到四方，转过小村庄、抚顺路，向前走到大窑沟，弯进中山路，穿过劈柴院，大街小巷走一圈回到大山村住处，每天走几十里路，好天好道的还不觉什么，遇上刮风下雨、烈日大雪天，也很遭罪。这时候，吕宝华真真地感觉到青岛人待人的热情和善良。他记得20年前的一个夏天，气温很高，他正在小村庄的一个小区里磨刀，有位和自己年龄相仿的老头从家里出来，看吕宝华忙得满头大汗，老人主动过来打招呼，问长问短的，说："老头，喝不喝水？"端着吕宝华的茶缸子回家倒了开水送出来，当时把吕宝华感动得一时间竟找不出句感谢的话来了。他感到青岛真是个好地方，风景美，气候好，人更好，决心在这里常住下来。

　　吕宝华不再走街串巷地到处跑了，在李村集、侯家庄集、西流庄集上租了固定摊位，每天到各集上磨刀。他老实话少，态度和气，干活认真，很快就有了不少回头客。还有人见他心地善良，过来拜他为师学习磨刀子磨剪子。曾有一个操着一口东北话的 30 岁左右的年轻人，经常到大集上来看他磨刀，还不时地向他请教磨刀的诀窍。慢慢攀谈起来，才知道这个和集上的青年没啥两样的年轻人，是从韩国来的，姓金，没有职业，在下王埠村住亲戚家。年轻人有个在美国的亲戚，曾经告诉他美国有韩国人、中国人聚居的地方，那里的人都保留着好多本土的生活习惯，譬如用钝了菜刀，想和在国内似的找个磨刀师傅磨磨再用，苦于找不到干这个行当的人。这个韩国青年想跟吕宝华学习磨刀磨剪子的技术，学成后到美国磨刀，磨一把刀能挣 4 美元呢。吕宝华听了，二话没说，很痛快地接纳了这个异国徒弟，毫无保留地把自己从实践中琢磨出来的诀窍都教给他：比如磨刀要先用砂轮打磨再用磨石细磨；比如菜刀分全钢和夹钢的，要用不同的方式磨；钢口好的刀容易"掉牙"，钢口差的刀好"卷刃"。磨刀人所说的"掉牙"，是菜刀在切硬东西时被崩掉的小缺口，这样的刀拿过来先在砂轮把缺口磨平；找平后的菜刀刃变厚，也没有了原来的弧度，平刀口是不好用的，得为它"找型"，用砂轮打磨到菜刀两头微翘，中间带个小弧度；最后要"开刃"，还是用砂轮，把变厚了的刀口打薄。这道工序的要点是掌握好角度，卖肉用的砍刀磨成 70 度角，家常用菜刀磨成 45 度角，这样的角度切东西轻巧得力。用砂轮加工的工序结束了，还得用三块粗细不等的磨石打磨三遍，第一遍用叫作"油石"的人工合成磨石粗磨，换 150 目的中粗油石再磨一遍，最后一遍用细腻的天然石头磨石细磨，这时候的菜刀厚薄合适，刀刃锋利，用来削报纸可以做到"刀到纸飞"。吕宝华还教韩国年轻人磨剪子的诀窍，告诉他"剪子好磨，三锤难学"，一把剪子磨好了，还得用锤敲几下，剪子尖对上了"进"，才能剪东西，否则剪刀刃磨得锋利无比，剪子尖向外劈着，就是张纸也剪不动。韩国年轻人学得很认真，每个集日来向吕宝华讨教，晚上回到上王埠村就给乡亲们磨刀剪，一个多月后就磨得挺好了。年轻人请吕宝华帮他挑选购置了砂轮、油石和磨石等全套的磨刀磨剪子工具，告别师傅飞向大洋彼岸，李村大集的磨刀技艺走进了美国。

后来还有人来集上找吕宝华学手艺，有住国棉六厂宿舍的，有五莲县来青岛打工的，还有住福临万家小区的等等，吕宝华都尽心尽力地教他们，他对每个来学手艺的徒弟都要送一句话："干这活得实在，糊弄人家就是糊弄自己。"

讲　　述：吕宝华
整理编纂：刘　锦

书香李村集

20 世纪 70 年代以前，青岛人有"逛街里"一说。所谓街里，一般指商贾云集、热闹繁华的中山路一带。有一首著名的童谣是这样唱的：

"一、一，一二一，
爸爸领我逛街里。
买书包买铅笔，
到了学校考第一。"

早先的四方、沧口区和崂山县李村一带的"街外"地界 40 岁以上的青岛人逛街里，常被"街里"人讥为"老巴子进城"。现在当然没有人这么讲了。当今的李村商圈已跻身青岛之首。那首逛街里的儿歌已经成为历史之声。但是，有一句熟语在青岛地区，无论街里街外、四稍八乡，无论士农工商、五行八作，代代传说不止。那就是："逛（赶）李村集去！"

"逛"与"赶"字义上稍有区别，前者一般没有具体目的，就是闲逛，一如俗云"有事无事乱赶集"也。后者多是有买卖目的者。李村集的吸引人之处在于商品之全，可以说从螺丝钉到汽车无论新旧一应俱全。李村集还有一个别处鲜见的独特之处，就是旧书摊。笔者曾行走过不少地方。但遇集市，得机必逛。抛开每年一度的庙会不讲，就各处传统集市所见闻，有书摊者可谓凤毛麟角。

我逛李村集极少买东西，大都是奔旧书摊而去。多年来，我在这里淘到的书，已难以数计。它们挤在我的6000多册书中还是难以寻觅。但有几本书的得手故事，时时记在我心头。援笔纪略，以飨同好。

2003年农历二月二，班中偷闲去李村逛了节后的初集。略显冷清中，还是发现几个旧书摊。匆匆一搜，只用八块钱就买到了三本书。一本是《朱拉》（下册），我在"文革"前读过，是本苏联冒险小说，上、下两集。写的是一位苏联少数民族青年猎人朱拉，力大无穷，枪法极准。为了追踪抢去自己恋人的白匪二号头目，一路追到中国境内。他的爱犬叫特克，高大凶猛。辗转中与他失散。后来，在朱拉面临被一群饥饿的野狗撕碎的绝境中，已雄踞这群野狗头领的特克突然认出了朱拉，局面顿时大逆转……最后，面对被他追的两个白匪头目分头逃往边界线时，他用最后一颗子弹击中了一号头目——"苏维埃的敌人"（红军领导教育朱拉时语），放弃了击杀自己的情敌。可惜这本书只是单册。买下它原本是为了重温一下初读的感觉。可是读来发现，那份少年激情却已不复存在。另一本是《江左十年目睹记》（文化艺术出版社，1984年4月版），作者原名姚锡钧，字雄伯，别号鹓雏，南社社员。胡朴安选录的《南社丛选》中说他"文思敏捷，常一日草小说万言。性落拓不拘，得钱即尽"。（很有意思的一个人啊！）此书是他用笔名"龙公"发表的，一部以民初至北伐前约十年间北洋军阀在江南的反革命残暴统治为主要内容的谴责性小说。原名《龙套人语》。有柳亚子、常任侠等名家作序。作者文白相间，颇多用典，笔下人物多以假名影射，地名亦有故意错乱，不乏"皮里阳秋"妙笔。好在有名家注解和"人名证略"附后，可资通读。第三本是启功先生的《诗文声律论稿》（中华书局1977年11月版，启功先生行楷书法手书印本）。其实我已有一本，一位喜欢启功先生的书法的朋友向我力索未果。买下它就是为了送他。后两本都是从工厂图书馆散落出来的。从借书卡上看，竟然没人借阅过。三四十年后到了我手里，总算找到了知音，也是缘分。回家发现书里（记不准是哪一本了）夹着一张20世纪70年代兵团级部队大型会议的入场券。一条薄薄的白纸油印的，比公交车票略大。搁现在，别说刻蜡版誊印术已经绝迹。如此规格的大会入场券，恐怕要用大克数铜版纸印成彩色画报册页了。

李村集淘到的另外三本"高龄"旧书也颇值一提。最年小者也已逾花甲。如陈伯达的《关于十年内战》（人民出版社 1953 年版），见到它封面上那枚赫然印着的"青岛轻工业工会公私合营广益化工厂委员会"大红圆章，一时恻然良久。那可是我曾待过 22 年的工厂啊。只是我"文革"前入厂时，它已归属化工系统。"文革"初期，高调改名为"红旗"。之后，还真有过相当长时间的"红旗飘扬，激情燃烧"的岁月。一度福利高得让人艳羡。曾有不少人走后门往我们厂里调。谁知我离开厂子不久，突然每况愈下，凸显颓势。为挽局面，又改回旧名。依然不治。眼见着垮得了无痕迹，一干人都做了鸟兽散。这是题外话，打住。陈伯达自己称此书是"一九四四年春天，在延安参加学习中国共产党历史的习作"。他在书中痛骂陈独秀是"投降主义""反革命""托洛茨基分子""充当了帝国主义和国民党反动派最卑鄙下贱的走狗。"他还写过不少颇具影响的书，曾被称为"党内理论家"。"文革"中曾担任"文革小组组长"，成为炙手可热的人物。曾彦秀先生《京沪竹枝词》中有一首《咏陈伯达》云："伯达先生事事通，自诩文章学任公。天才应属双保险，何其为何倒栽葱。"其自注云："本人一九四一年曾面聆陈说，写文章要学梁启超，笔尖常带感情。"陈伯达最终却因坚持"天才论"与林彪沆瀣一气，终于"倒栽葱"一蹶不起。买下它倒不是全为了读，多半为的是自己难以化解的工厂情结。只是想不出这本书是怎样流落到地摊上的。

另外两本都是儿童读物。一本是民国版的"高小学生自修读物"《高级模范日记》（胡济涛主编，上海春明书店印行），以书前编者《给读者们》的写作日期为 1946 年初夏推算，出版时间已逾古稀。该书所选日记内容，题材广泛，不仅具有知识性和可读性，亦颇具进步性。如《丹娘》（苏联青年女英雄卓娅的故事，文中旧译卓娅为"若霞"、斯大林为"史太林"）、《黄花岗七十二烈士殉难纪念日》、《光阴就是黄金》诸篇。其中《儿童节》一篇，让知道了彼时的儿童节是 4 月 4 日（学校还发糖果呢）。另一本是新中国最初的高级小学《国语课本》第三册（刘松涛等编，人民教育出版社 1951 年版），第一篇课文是一首诗《我们的新国家》，其中那句"办工厂，开农场，大家致富，人人发家"现在读来也不过时。所选课文除了《工会的儿子》和两篇苏联文章有署名外，其余皆无署名。有趣的是，全书 24 篇课文中，有三篇是关于读书的课文：《读书会》《读书会记录》《读书笔记》。前两篇是记述几位同学自己组织的家庭读书会，主题是讲读《鲁滨逊漂流记》。末一本讲的是一位小学生借了苏联作家伊林写的《十万个为什么》（又名《室内旅行记》）、《几点钟》、《不夜天》三本书，准备查着字典在寒假里读完。这些小学生读的都是与考试无关的课外书。今天看来似仍有借鉴意义。两本老旧的儿童读物，让我这个已届古稀的人读出了童趣。也算功利了。

有一年，我逛海云庵糖球会时，一次从来自李村集的老旧书贩子（好多爱书人认识）的摊上买到了《中国国民党大事记》（解放军出版社版）、《民国人物》第一册（中华书局版）、《丁玲散文集》（人民文学出版社版）三本书。这算是李村集书香的延展吧。

如今，已经搬出李村河道的李村集，依然还有旧书摊。书香不绝如缕。为此，我还会常去逛李村集。

撰　　稿：仇方晓

父母的"馇锅子"生意

我叫辛克敏，是河北村人，今年67岁了。60年代初，在我十几岁的时候，记得父亲开始做"馇锅子"的生意。我父亲叫辛兆柏，是1904年出生的，父亲跟我说他年轻时候在德国李村监狱修过监狱墙，是出苦力来的，后来才开始在李村大集上做"馇锅子"的买卖。

60年代初，当时生活刚有好转，家家户户都开始做生意。我家兄弟姐妹八个，三男五女，家庭负担重，父亲为了挣钱养家糊口到集上卖"馇锅子"。父亲找个汽油桶割下一半，上边放上锅，下边烧上煤炭，把碎肉放到锅里炖，再把豆腐切成块儿一块儿炖，放上葱末、香菜末，一两毛钱一碗。就在以李村桥为轴线，往上到东庄（李村监狱南边）以西的地方卖。

我母亲叫李爱贞，在干"馇锅子"之前是在家贴饼子上集上卖，最早在前街卖，现在的前街叫滨河路，后街就是书院路，路都很窄。后来到了夏天家里就用大锅炒豆角放在桶里上街卖。过了一段时间，就在这个基础上上李村集干起"馇锅子"的买卖来了。

当时卖"馇锅子"是在老桥东面，后来向西延伸到新桥的西面。李村集的前一天是流亭集，当天晚上就得拿着铁锨铲沙子划线占地方。税务所不给发摊位号，得自己去占。摊位是不固定的，税务所根据摊位占地方大小来收费。一个脂渣摊的摊位费大约8块钱，这在当时算是最高的。我们家的"馇锅子"量大好吃，所以生意做得好，大家都去吃。当时光是河北做"馇锅子"的就有十几家，河南做的很少，形成一个以河北村为主的"馇锅子"经营群体。

"馇锅子"每天能卖三四个大黑泥盆的量，客人要什么佐料就往碗里放什么。脂渣是从肉联厂进的，一般是我父亲自己推着车子去进。买脂渣还得按时间，一般早晨四五点就得去挨号，要不就没有了。一次也不能买太多，多了不好放。脂渣买回来得先用水泡，泡的技术很重要，泡的时间长短影响脂渣的软硬，决定了"馇锅子"好不好吃。

火烧是自己在家做的，我母亲会做。用模具刻出来，再拿铜钱割四道口子，让火烧裂开，中间的圈拿茶碗扣出来。当时粮食很缺，得上集上买麦子，再就是看谁家有毛驴就买了麦子去人家磨出面来，磨完面把麸子留下给人家当加工费，把面拿走。再后来自己家就有磨坊了，不用求人了。用石磨磨的面原生态，吃起来好吃。七五年到八六年，个人家的磨就没有了，就去仙家寨用麦子换面。

夏天早上三四点就开始收拾家什出摊，生炉子，烧开水。大家都是头一天晚上去占摊，时间长了就固定了，都知道谁挨着谁了。清早就各忙各的，拿板凳的拿板凳，拿锅碗的拿锅碗。当时家里四个姐姐都结婚了，我跟俺妹妹是家里最小的两个，也帮着去搬板凳，收拾摊子。

"馇锅子"一直做到"四清运动"时期，从1961年到1965年，做了四、五年。后来老母亲就拿虾酱、旧衣裳什么的去莱阳换地瓜干吃。改革开放以后，父母年龄大了，孩子们也都长起来了，有工作了，就不用他们再做了。

做了几年买卖，家里基本能吃饱饭了，但没什么富余。俺家是从山东头搬到东北庄，新中国成立后从东北庄搬到河北村。虽然做"馇锅子"的年头不多，但父母很有生意头脑，知道薄利多销，还知道在传统"馇锅子"基础上加上蛤蜊、鸡胗，这样炖出来的"馇锅子"味道更鲜美，客人都爱吃。

流亭集比李村集早一天。所以一到流亭集那一天，家里就开始备货，准备第二天赶李村集。备货的事一般都是父亲母亲跟俺二哥三人忙活，我们该上学的上学，该上班的上班，李村大集当天我们就去帮着拿东西，下午再去帮着收拾摊子。当时李村河经常发河水，有时候淹到前街上，有时候也能淹后街上去，大家就拿着锨去河滩挑挑沙，平平场地。

"馇锅子"最兴盛的时候就是李村赶大集的时候，十几家摊位在河滩上摆开，大部分都是河北村的。卖"馇锅子"是用一张大长桌，不够再接上个小桌子，再有十几个小板凳和长条板凳。馇锅子买卖好，只要一炖上就有人来吃，来买的人总是不断，特别是冬天，早晨四五点钟就有人过来吃。就算身上没带钱也可以赊着吃，等下个集把钱再送来。我母亲心地很善良，谁去都可以赊，也不怕他们走了。就算走了，母亲也不会计较。

一个月六次集，一月税钱在8块钱左右，当时税务局的人经常拿着包下来转，看谁家生意好就协商让他多拿几块钱，固定的摊位每月一收税。70年代有个笑话，一个老太太家的鸡下了蛋，十个二十个的，税务局的人说得纳税，让拿两毛钱摊位费，大娘就说没卖了，没有钱，就把鸡蛋放在腿上抱着。收税的一看确实没占地方，没法收摊位费，也就不要了。

虽然俺家的"馇锅子"好吃，但当时老人、孩子都不舍得吃，也没有吃的想法。母亲每次卖"馇锅子"几乎都不剩，就算最后剩了也就便宜处理了，贱卖也得卖出去。我母亲是一个很能干的人，当时做"馇锅子"也是她提议并带头干的。后来别人家看俺家做得好，都跟着学起来。

赶集的人一般都去吃"馇锅子"，但很少带着孩子去吃，往家走就捎个火烧回家。有时候俺家也卖些酒给顾客佐餐下饭，一般就是栈桥白干，把酒放在脂渣锅里烫着，用小壶盛着，二两一壶。到了年集那一天，大家都忙着挣钱，养家糊口，没有时间吃饭。所以说，不管在哪个年代，做生意都不容易。

讲　　述：辛克敏　李村河北村村民
采　　访：吴　娟　宋丽华　刘　锦　李生德　王晓瑛
整理编纂：王晓瑛

风生水起弄潮人

"长青"的秘密

　　我的老岭峪村在崂山山里边，因为盛产樱桃，现在很有名气。但在当年村里地少人多，收入很低，村民生活很贫穷。我中学毕业后在崂山建筑机械厂干了一段时间的业务员，认识了李村的一些人。后来借了朋友260块钱，出来做买卖。花了60块钱在李村街上租了一间房子，又花了100元钱买了床和被褥等，剩下的100元钱用来贩酱油，送到饭店、食堂，每年能挣两三千元，是李村街上第一个干调料生意的人。卖酱油的摊位开始选了三个，一个是在李村河滩上，一个是在李村河的北沿上。当时李村集上很乱，天天有打架的。我的胆子小，不敢在那里干了，就搬到峰山路市场干，租了市场里边15平方米的一间小房子，买了一辆脚踩的三轮车，1991年腊月十八开业，起了个店名叫长青调味品店，这是第三个摊位。当时卖调味品的少，市场竞争力小，买卖好干，生意就逐渐干大了。

　　我最早从100元起家，到了峰山路市场时只干了两三个月就挣了1000元。又向朋友借了3000元，一下子交了三年的租金，租了三年，一共花了4800元。我的调料是从辽宁路第一酿造厂、崂山县曲哥庄第三酿造厂进货，到副食品商店去批发，送到饭店、食堂卖零售价，中间赚个差价。

　　1994年，政府把李村河底硬化了，建了一些固定摊位，对外招标。我竞标租了两个摊位，每个摊位是100×2=200平方米，租金5万元，租期一年，是市场上竞价最高的。峰山路上的摊位还继续营业。最早的调料比较简单，只有酱油、醋、盐、豆腐乳等三四十种。后来南方的调料来了，品种就多起来了。1993年又增加了羊肉调料，经营的调料种类越来越多。1994年是李村集市场的一个转折点。以前李村集打仗的多、小偷多，市场很乱。这一年成立了行业自律小组，是按市场各个行业组织的，我在市场北边这一趟，是副组长。组长、副组长是本行业的业户们选举出来的，行业内部有规矩，自管自律。这样一来打仗的少了、小偷少了，市场就规范了。

在这以前，在市场上卖东西的够秤的不多，短斤缺两非常严重。自律小组成立后，统一定购电子秤，按时抽查，谁违反了就提出批评，严重的就清出市场，或者是租期年满一年后不再续租。这样一来，到1995年以后大集风气就变了，短短几年就规范起来了。获得了全国荣誉奖。

随着集市的发展，调味品的生意也越来越好。1994年的时候，我在峰山路的摊位每月营业额4000～5000元，河滩摊位是15万元。李村集规模大、东西全，特别是农村常用的锅碗瓢盆应有尽有，城里边买不到的东西在市场上都能买到。所以赶集的那一天，李村街上的人口要比平时多一倍，生意额能增加两倍。像华龙、崂百这些大商场的营业额要比平时增加50%。我平时一天能卖5000元的东西，赶集那一天能卖七八千元，效益很好。

一开始的时候，李村大集上的调料以鲁菜味的为主。1995年以后，川菜、粤菜、淮扬菜多了，调味品的品种也多了。从青州最大的调味品市场、临沂涮火锅的木炭市场、青岛外贸公司的调味品店等购进的新调味品不断增加。因为青岛新饭店数量越来越多，引进了很多南方厨师，我们就要上新的南方菜的调味品。不同的调味品风味是大有区别的，同样是辣味菜系，川菜和湘菜的辣椒就不能乱用，每个菜系的调味品都有专门的产地。随着生活的提高，客人的口味要求也越来越高，商品的品种也越来越多，质量要求也就越来越严。1995年到2005年是青岛的饭店行业发展最快的十年，也是李村大集调味品市场不断发展的十年。总的来说，调味品市场的经营额比较稳定，过年和旅游季节营业额要多一些。我从1994年到李村河滩摆摊位，一直干到2003年，在李村集上卖了将近十年调味品，挣了100多万元。跟我同时期干调味品的业户有的挣了钱，主要是买房子挣钱了，大部分业户安于现状，干的时间长了都不敢轻易转行，只有少部分人成功转了行。

干调味品是很辛苦的。随着市场的需求增加，进货的渠道和品种也要不断增加，打听着那个地方的产品好、价钱低就到那里去进货。当时进香油是到胶州的西门村进货，每桶香油装340斤，开着辆东风三轮去拉，一次拉三桶。下班以后去，晚上12点钟回来。一次走到了三里河，车链子断了，前不着村后不着店。拉着三个空桶，走了十来里路，晚上12点才走到胶州的西门村。找人修好了车子，才把香油拉回来。

干了几年调味品以后，就心思着扩大经营。90年代，青岛开始时兴吃羊肉，羊肉调料进的多，卖得好。我就琢磨着，既然羊肉受欢迎，我也可以进羊肉，与羊肉调料一块卖。于是便开始经营羊肉批发生意。

卖羊肉是一件很苦的生意，一般都是在冬天卖得最好。最早的羊肉都是到即墨西苑庄去拉。冬天最冷的两个月里天天靠在厂子里，一天24个小时靠着，排队挨号。排到了号就装满一车拉回来。当时还是开着三轮车，一车能拉140箱，一箱装20袋羊肉，重十来斤，一车能拉一千三四百斤。拉回来卸下以后再回去排队挨号。没地方睡觉，就在地上铺上个纸壳休息，饿了买个面包、香肠，就着开水吃。在路上开着三轮车，雨水和雪水把脚都给打湿了，冻得都没有感觉了，麻木了，用脚踩刹车都没有感觉，等到车子慢下来了才知道脚把刹车踩上了。有一次踩刹车没有感觉，差一点撞到电线杆子上。还有一次，晚上走在高架桥上，看见汽车撞死了人，吓坏了，半个多月都不敢开车走路。

后来我的羊肉就从山东菏泽进了，菏泽羊都是大绵羊。进了一年多以后，我就开始自己到内蒙古去进羊肉。在这之前的1996年先到菏泽买了活动冷库和切肉机器。1997年秋天，借了10万块钱，放在裤兜里，先拿着地图去看、去打听，一路打听着到了赤峰，又从赤峰到了草原的林西县，打听哪里有卖羊肉的。一开始人家不相信你，就拿出钱来招待人家，取得了人家的信任。到了10月份，租了一辆汽车，租金是3000元，拉了12吨的羊肉，每吨是

8000 元。我这一趟出去有半个月，没有一点信息，家里的老太太都急坏了。这次进的都是精肉卷，拉回来以后，就在晚上加工切成羊肉片，白天到集上卖，一吨羊肉能挣两千来块钱，每年光贩羊肉能挣 10 万块钱左右。

当时的市场还不透明，讲价钱不能明讲。买羊时双方把手伸在袖子里捏指头，也就是十来个手势，代表十来句话。价钱讲定了买卖也就成交了。这些手语是我在菏泽贩羊肉时向当地人学的。

在李村集上干生意的业户都比较团结，特别是自律小组成立以后更是团结自律。收市的时候，业户把东西一盖，用绳子一捆，就下班走人了，没人偷拿。夏天防汛，各家先忙活自己摊位上的东西，然后就去帮助他人搬东西，邻居们互帮互助，人情味比较重。有时候有事走了，邻居就帮着卖。到了晚上没有事了，就摆个桌子大家一起喝个茶水、聊聊天。

李村大集最大的隐患是洪水。每年夏天发河水的时候都有业户被淹。我的摊位在"水上漂"下楼梯的东边，地势比较高，从来没有进去过水，也就没造成损失。1996 年区政府想取消李村大集。当时有 800 多家固定业户，我们和政府打交道，反映问题，不同意撤集。一是李村大集规范了，二是赶集的人流多，生意好，没有人想走。当时我们反映：李村大集是百年大集，一定程度上是李村的名片，虽然有拥堵影响防汛，但对当地和商户有很大的作用。集上 800 多个摊位，平均一个摊位养活三个人，就是将近 3000 人。我一个摊位雇三个人，两个摊位就养活了六个人，说明大集是有贡献的。打了几年的交道以后与政府达成了协议：李村大集不撤了，但是集里边不准垒墙，以免影响泄洪。

我在 2002 年当上了政协委员。在集上是自律小组组长，与各个部门单位打交道多了，也都熟悉了。2000 年成了李沧个私协会的副会长。李村集上干调味品的业户多了，我就考虑转行扩大经营。这时，快餐在青岛流行起来，青岛市里边的快餐挺多的，但李村还没有快餐。我看到了这一个商机，马上筹集资金，在 1999 年引进了李村第一家快餐店，就在第一商城里开的

357

快餐店。2001 年又开了草原兴发涮院。后来我就与利客来合作，利客来开到哪里，我的"长青快餐店"就开到哪里，像浮山后、中韩、城阳、即墨等等，最多的时候开了 14 家快餐店。"长青快餐店"以面食为主，主要经营包子、饺子、拉面、锅贴、稀饭等食品。

　　随着经营规模的扩大，2003 年，我彻底转行，退出了李村集市的生意。"长青调味品店"的招牌和李村集上的摊位都交给了别人经营，我自己专心经营餐饮业。除了继续经营快餐业务外，还投资建设了"盛世桃源"大酒店。可以这么说，是李村大集给了我起步和发展的平台。现在李村大集搬迁了非常可惜，但是经济发展到了一定阶段，大集这样的形式也不适应了。人们赶集只是一种怀旧、一种体会，特别是赶年集，购买自己需要的东西，是一种怀旧式的享受。

　　讲　　述：孙　青　李村大集调味品经营商　盛世桃源酒店总经理
　　采　　访：张树枫　吴　娟
　　整理编纂：张树枫

李村集的鞭炮缘

我是李村河南村人，出生于 1962 年，在李村小学上的小学，初中是在崂山第四中学，就在李村北山。当年李村河上只有一座漫水桥，每天从家里到学校都要经过漫水桥。当时李村集就在河滩上，每到赶集的日子都很热闹。小时候对李村集印象最深的一是集上现蒸的馒头、包子，再一个就是从平度、莱西拉来的稻草、胡秸（高粱），还有胶南的席子。我小学上了五年，初中上了两年，初中毕业以后就没有再上学，回到村里干起农活了。到了冬天，地里没有农活干了，就到李村集上去赶大集，干起了贩卖鲜鱼的营生。到了腊月，李村河里没有水，在漫水桥的桥底河滩上有很大的空地，一些从莒县来的人就拉着自己制作的鞭炮来卖。因为是外地人到李村赶集，一些本地人就欺负人家，大部分是李村河北、北山的，都是些"吃杂八地"的小青年，也就是些小地痞什么的，到人家赶集卖东西的摊位上强拿强吃，到了莒县人的鞭炮摊上生偷硬抢地拿鞭炮。我当时觉得人家做个买卖挺不容易的，不应该去吃活和抢人家的东西，就约着村里的几个好伙计到集上打抱不平，帮帮人家，不让这些小青年去抢。这些莒县人一看我这个人挺好的，就请我去帮帮他们卖鞭炮，维持一下秩序。这样，我和村里的四五个小伙子就到莒县人的摊位子上去帮帮忙，不给钱，光管饭。我就对那些河北、北山的小青年说："你们不能抢人家的东西，这是我的朋友！"这些人一看我们这边有好几个人，也就不敢胡来了，以后就没有人来强抢、硬拿东西了。时间一长，和莒县人成了朋友，不光在李村集上帮着卖鞭炮，还到李村周边的流亭、沙子口、城阳集上去帮着卖，整个腊月里到处去赶集卖鞭炮。

莒县人做鞭炮都是一家一户自己做，到了腊月就到全国各地去卖。到李村集是用自行车带着来卖的。早先没有汽车拉，都是用自行车带。一辆自行车驮着两个大筐，装着鞭炮，一般是每家带四个大筐的鞭炮。路途远怎么办？就在路上拦汽车，给司机一点钱，捎个脚带过来。莒县人出来卖鞭炮一般都是全家人一起来，几个大家庭一起来，一家两三辆自行车。到了李村住在哪儿呢？就住在村子里，我帮他们租个房子住下，一般三间屋子带一个院子，每天15块钱租费，炕上住不下就打地铺睡。到了赶集的日子就用自行车推着鞭炮出来卖。男人把自行车在河底下一支，上边担（搁）块木板，摆上鞭炮就吆喝着卖了起来。女人就在边上的河滩上摆个地摊卖，也就是全家人都在卖鞭炮。我们几个人就站在摊位边上维持秩序，保证安全。我当时帮了四个大家庭，在集上摆了20个摊位。最早卖的鞭炮都是小鞭，是"土鞭"，自己做的，规格是50个头一挂的多。后来小鞭变成了大鞭（炮），叫"干草鼓轮"，有30个头一挂的、50个头一挂的、100个头一挂的等等，后来发展到了200多个头一挂。当时的价钱是30个头一挂的卖一块五毛钱，50个头一挂的卖两块五毛钱，70～80个头的十块钱卖两挂。

在李村集上卖鞭炮一般是从腊月十七开始卖，在李村赶十七、二十二、二十七，一共三个大集。其他的日子就到流亭、沙子口、城阳去卖，也去过枣园集，但不太好卖，去的次数不多。整个腊月里是天天赶大集，每天轮流赶集。每次赶大集，我们村里的几个伙计们都一块去，帮着维持秩序。在李村集上有我们几个帮忙就够了，但是到了别的集市上光靠我们显然不行，怎么办呢？就去找当地的朋友帮忙，让当地人帮着维持秩序。不管是到流亭、沙子口还是城阳都是这么办的。安全，不会出事。找的人都是当地大家庭，人口多、有实力、能主事的人。对这些帮忙的人也同样是不给钱，等到腊月二十七大集赶完了，鞭炮也都卖完了以后，卖鞭炮的人也要回家过年去了，这时候受到帮助的四户人家就拿出 100 元左右的鞭炮分给这些帮忙的人来答谢。

到了 1986 年，山东滨州阳信县制作的鞭炮来到了李村集。阳信鞭（炮）个大、脆响，筒子纸是白皮的，一下子就把莒县制作的"干草鼓轮"（鞭炮）顶倒了，占领了李村大集的鞭炮市场。阳信县制作的鞭炮与莒县鞭炮不同，莒县鞭炮制作是个人自家制作，不是政府组织的，没有危险品销售许可证，在李村集是偷着卖的。因为早先政府对集市的管理不严，对于像鞭炮这类危险品没有太大的控制，卖也就卖了。但到后来抓的严了，莒县的鞭炮就不好卖了。而阳信县鞭炮制作产业是山东省政府特批许可的，各级政府全力支持的，是发放了危险品制作经营和许可销售证书的，程序合法。阳信鞭炮质量好、产量也大，要扩大对外销路。听说青岛李村集上的鞭炮销售量大，就专门派人到李村集上来考察市场。经过考察认为应当开辟李村集的销售市场。在考察的时候知道我在李村集鞭炮市场上有威信，能压住李村集的场子，就请我出来帮他们卖鞭炮。我就答应了，帮他们雇拖拉机、汽车拉鞭炮，在河南村租房子住，租炸药库存放鞭炮，在李村集上占场子摆摊、维持秩序等等都是我来帮忙。

雇的拖拉机都是李村本地的。到了冬天，没有农活干了，村里的拖拉机为了不交养路费就向交通运输部门报停，都闲在家里不开了。我把这些拖拉机雇下来，把阳信的鞭炮拉到集上卖。再雇几辆解放牌大卡车到阳信去把鞭炮拉到李村。当时交通很不方便，我在李村集上帮助卖鞭炮和制作鞭炮的地方是滨州市下属的阳信县的一个乡，叫柳河乡，全乡的家庭几乎家家户户都做鞭炮，乡长、乡党委书记家里也都做鞭炮。到了腊月，乡长、乡党委书记亲自带队出来卖鞭炮。

阳信这个地方处在黄河下游，靠着渤海湾，地势低洼，盐碱地多，地里不长庄稼，好一点的农田中的庄稼产量也很低。所以，政府就支持农民制作鞭炮。一到了冬天，农民就到盐碱地里去挖硝土，回来熬成硝。硝是制作黑火药的主要原料，阳信之所以能制作鞭炮，很重要一条就是因为自己能产硝，能配置火药。在阳信，除了种地和做鞭炮，就没有别的工业。做鞭炮挣的钱就去买种子、化肥，因为本地产的粮食不能做种子，种在地里也长不好。所以做鞭炮绝对是阳信县的一大产业。

制作鞭炮是全年都在做。做鞭炮要用废旧报纸做筒子，阳信县用的旧报纸是从天津买来的。到了春天，家里的老婆、孩子开始在家里做纸筒子，将旧报纸一层一层地铺上，四边抹上点糨糊固定住，用切刀切成纸条，再用铁钎子卷成筒子。到了秋天开始制作鞭炮，先在筒子里装上药芯子，再装上火药，最后用黄泥巴堵住鞭炮筒子的底下出口，俗称"堵腚眼"。"堵腚眼"用的黄泥是阳信县特有的黏土，用水调得半干不湿，黏合力最强，抹到鞭炮筒子底下，让鞭炮不漏气，爆炸力强。装药的工序完成后，就把鞭炮摆放在墙根下，装芯子的一头靠近墙壁，鞭炮腚跟朝着向阳面，便于鞭炮晾晒干燥。鞭炮晾干以后就要编芯子了，加上麻线固定药芯子，防止断了药线引子。编药芯子的时候就开始分头了，60个头一挂、80个头一挂、100个头一挂、200个头一挂等等，各人都有分工，每个人都编不同头数的鞭炮，防止混淆。

说到头数，在鞭炮制作行业里有个规矩，不能足数。其实不管是60头、80头还是100头，每挂鞭炮的数量都是不够整数的，像60个头一挂的鞭炮，你仔细数一数实际上只有五十六七只，100头一挂的鞭炮实际数量也只有九十六七只，从来不会超过100只。这不是偷工减料，而是老辈子传下来的老规矩，为什么这样规定我们不清楚，但确实不是为了偷工减料。但是这些老规定在集市上就不好解释，当时的钱值钱，有的顾客就很较真，一个一个地数数，一数鞭炮数不对，就来找，少了头数就不行。

到了腊月里，快过年了，阳信县里就开始忙着外销鞭炮了。由乡里边组织大家将各家各户制作的鞭炮收集起来，有的是一万，有的是两万。把鞭炮捆好以后，外边用从天津买来的旧画报包装起来，好看。这样，阳信土鞭（李村人叫阳信大鞭）的全部工序就完成了。

这些阳信大鞭由乡里统一集中起来后是用大卡车运到青岛李村集上的。每个制作鞭炮的家庭都出一到两个人来李村集上卖鞭炮，一般一万头出一个人，两万头出两个人。从阳信往青岛拉鞭炮的大卡车是我给联系租的。到了腊月，李村街上所有的拖拉机、汽车都叫我给租下来了，总共有 40 部。从苏集到杨哥庄的各个村庄，也有二十五六部，都是解放牌、嘎斯、中拖 195，也都租了下来。大卡车主要是到阳信去拉鞭炮，嘎斯和拖拉机主要是用来拉鞭炮到各个集市上去卖。去阳信拉鞭炮一次能去四五辆大卡车，每辆卡车能拉 40 吨鞭炮，由我亲自带队押车。为了保证安全和防止意外，我专门买了几部报话机，当时很贵的，一部报话机要 2000 多块钱。一路上几个车不断联系，一块同行，每次都能顺顺利利地拉到李村，放到南山炸药库里存放起来。鞭炮是易燃易爆物品，属于危险品，容易发生危险，政府管理很严，不能随便存放。炸药库是崂山县公安局指定的存放炸药的地点，建在李村南山的半山腰，就在现在枣山西坡的烈士墓的下方，紧靠着园艺场，建筑面积有 2000 平方米。冬天库房是空置的，没有存放东西，就叫我给租下来了，存放鞭炮正好，也安全。各家各户那些卖鞭炮的阳信人则先从乡下集合赶到阳信县城，坐上汽车到滨州，换乘汽车到淄博，再坐火车到青岛的沧口火车站，最后抵达李村。

阳信人来李村卖鞭炮也是租房子住，都是我在河南村帮着租的。阳信人穷是穷，但特别团结，乡长、乡党委书记亲自带队来李村卖鞭炮。乡长、书记穿着大棉袄，也没有个扣子，就用草绳子捆着腰，脚上穿着双棉靴子，跟老农民一模一样，站在集上卖鞭炮。有一次副县长来了，跟着大家一块叫我"四哥"。当时阳信的人不管是爷爷还是儿子、孙子，都叫我"四哥"

或"青岛四哥",都很尊重我。一是因为我这个人仗义,能帮助人;二是我的销售量大。

当年我到阳信县去办事,一般是正月初四坐晚上的火车到淄博,早上下车,坐车到滨州,再坐车到阳信。头一年去了回来以后,乡长跟县长汇报说"青岛四哥来了"。县长就说"你为什么不早说!以后青岛四哥来了,吃饭不准收钱,四哥签字就行了。以后青岛四哥坐车来阳信也不准收车票钱,我来签字报销。"在阳信人眼里我是阳信的功臣,阳信的柳河乡原来是阳信县最穷的一个乡,就是因为卖鞭炮富起来了,成了阳信最富的乡镇。

当年整个崂山县的鞭炮生意就是我一个人在办。从公安局、派出所、工商所、税务所,四大家的手续都是我来办。当时我不光帮人家维持秩序、租房子、雇车,还要帮助他们办理经营手续。鞭炮是危险品,要到崂山县公安局治安科办手续。危险品买卖的手续很严,要拿着阳信县公安局开的危险品外销许可证到崂山县公安局办理危险品销售许可证。外地人在李村人生地不熟,就交给我去办理,40个摊位的证明都交给我一个人去办,省时省力。记得当时的公安局治安科有两个同志,一个姓王,一个姓马,主管危险品。因为我在李村集上帮着办的证明多了,大家都熟悉,也都信任我,所以办得都很顺利。办完公安局治安科的证明后,还要到李村大集派出所去再办经营许可证。每次赶集的时候要在早上8点到大集派出所办许可证。许可证办完了以后,再去工商、税务办证明。公安局办鞭炮销售许可证很严,要带齐各种证明,特别是阳信县公安局的危险品外销许可证,还要带上各家各户制作的鞭炮样品,每家都要有。公安局、派出所的人要把鞭炮样品掰断,查看是黑火药还是黄火药,也就是看看是土火药还是炸药。自己制作的土火药鞭炮可以卖,炸药制作的就不准卖。光验收检查还不行,派出所的人还要到集上抽查,看看是否与验查的品种一致。这个检查也不难,因为各家各户制作的鞭炮的外皮颜色是不一样的,混淆不了,只要颜色、规格相符就不管了，只要符合黑火药的标准就不会禁止商家销售。工商所的人不验收鞭炮，只是检查许可证和经营证。公安局办的许可证没有规定时间，但工商局办证有时间规定：鞭炮销售是一个月，从腊月十五开始销售，可以卖到正月十五，一到十六就不准卖了。一般来讲，所有的鞭炮都能在腊月底以前卖完，只有很少时候卖不完拖到正月里卖的。

销售许可手续办完了，派出所就说了：你们可以卖了，但是鞭炮属于危险品，要有专人在现场维持秩序，防止出事。但是派出所太忙，抽不出人去管理，你们只能找当地的人来管理，包括安全和维持秩序，防止叫人偷了抢了、爆炸了等等。但有一条，请当地帮忙的人要人品好、负责任，不能找些吃里扒外的，结果把货物卖折了，对不上账。这也是外地人非要找我帮忙的主要原因之一。

办完了危险品销售许可证明，还要到工商、税务去办手续，这就容易多了。到工商所交上摊位营业费，再到税务所交上营业税。工商管理费是按车辆收，收费标准不同，主要是看关系，一卡车交5元也行、交10元也行。税务所收税也是按车辆收税，比工商所的管理费高一些，一般是每车收10元。一切程序都完成了，就可以在集上销售了。

赶腊月集都是一早就得起来忙活，天不亮就得开着车或拖拉机到炸药库里装上鞭炮，早上5点拉到集上停好车位，占住场子。几十部汽车、拖拉机摆了一大溜，每两家租一辆车，每车要配4个人：两个阳信卖鞭炮的，一个司机，还有一个是本地帮忙维持秩序的。

阳信鞭炮从1986年开始在李村集上卖，一直卖到1995年春节，年年销售量都很大。我到阳信拉鞭炮，一次去四辆大卡车，每辆车拉40吨，一共是160吨。这么多的鞭炮主要就是在李村、流亭、沙子口、城阳大集上卖。李村集卖的最多，流亭第二多；沙子口第三多；城阳卖的最差。其他三个大集的销售量加起来能卖100吨，李村大集自己就能卖60吨。阳信鞭之所以能销售这么多，主要是质量好，脆响，销售量比莒县卖的多，价钱还要贵，一般是 50 个头的 10 元钱卖 3 挂，100 个头的是 15 元卖 2 挂，最大的是 150 个头一挂，也要比莒县同类规格的鞭炮贵一二块钱。

1994 年李村和老沧口区划成了李沧区，李村成了市区，不再是崂山县管辖的乡区了。这样一来，按照城市管理规定，市区不准卖鞭炮了。当年是 6 月改的区划，李沧区公安局头腊月的时候告诉我不能卖鞭炮了。我就说了："人家把鞭炮都做好了，这怎么办？"商量来商量去，最后达成一个协议：鞭炮不能公开卖了，炸药库也不能存鞭炮了，让朋友们帮着给各个村子分分，每个村子分一批，就把大部分的鞭炮分完了。还剩下了 1/3，正月十五以后就拉回去了。这样一来，也算是帮着阳信人解决了问题：没有赚着钱，但本钱是挣回来了。这是李村集上最后一次卖鞭炮，时间是 1995 年的春节。

讲　　述：张代成　李村河南村村民
采　　访：张树枫　刘　锦　王晓瑛
整理编纂：张树枫

鞭炮炸市亲历记

　　1987年农历腊月二十二日是李村大集最热闹的集市日子。因为还有八天就要过年了，明天又是小年，所以来李村赶集的人山人海。人们都急着在小年之前置办年货，购买鞭炮是重要的一项内容。就在这一天，李村集上发生了惊天动地的鞭炮炸市的事件。我当时正在李村集上帮商家卖鞭炮，亲身经历了鞭炮炸市这一惊险场景，至今历历在目。

　　1985年我到河南村修理厂上班时，李村集上的鞭炮主要来自莒县、潍县、阳信，胶县也有来卖的。到了腊月集上，卖鞭炮的商家和卖鞭炮的村民多了，忙不过来。1986年我到集上帮着别人去卖鞭炮。别人以为卖鞭炮很简单，就是拿着鞭炮吆喝着卖就是了，其实里边很有门道。一个是嗓门要高，会吆喝，会推销自己的产品。再一个还要不断地拿自己卖的鞭炮燃放，这叫"放响鞭"，放得越响亮、越脆声，证明你的鞭炮火药多、质量好，买的人自然就越多。一般是将最好的鞭炮样品悬挂在长竹竿或木杆上，在摊子外边的空地上鸣放。

　　光放鞭还不行，还得高声吆喝叫卖，彼此之间打擂台。一般来说，是在点火之前开始高声吆喝：

　　"南来的，北往的，要想日子过得长的！"
　　"听你的，听他的，听我的是最响的！"
　　"泰山不是垒的，黄河不是尿的，蛤蟆嘴大不是咧的，咱的鞭是最响的!"

"东风吹,战鼓擂,看看鞭炮谁怕谁!"

"听听我们家的大鞭响不响,不响不要钱!"

"放鞭了,听响了!"

相互对阵:

"看,又点上了!"

各种推销自吹的叫卖声此起彼伏,热闹非凡。然后便是"噼里啪啦"的鞭炮响。赶集的人往往先不急于购买,而是在集上先听听商家放的鞭炮,比比谁家的好、谁家的响,再去摊位上购买。当然是样品鞭炮放得更响亮的商家卖得最好。

其实,单凭着听响去买鞭炮的市民和村民往往上当受骗。那些买到手的鞭炮货色远远赶不上在集上看到和听到的样鞭的质量。在喜庆的日子里,因为怕扫了兴,也就没人再细追究。其实卖家手法也很简单,就是在胳臂上放上几挂鞭炮,都是好的样品,脚底下则都是质量差的鞭炮。放的时候拿好鞭炮鸣放,打出响头来以后,有人就会来买这个品种的鞭炮,接着就把脚底下品质差的鞭炮卖给他了。这些鞭炮外表都一样,所以你经常花了大价钱买不到好的鞭炮。也有聪明人,在掏钱购买之前会注意观察,点名要买你手里的样鞭。在众目睽睽之下,你也不能不卖给他。不过这样的聪明人很少。

当时李村集上卖得最好的是阳新鞭和莒县鞭。阳信鞭是白书纸包裹着火药,名叫"溜鞭",每个长约七、八厘米,个头粗,包的白书纸,装的火药量大,一爆炸纸就成了碎片,很响亮。一般为一百个头一挂,也有二十七八个头的,放起来声音响脆。莒县鞭个头小,一般不到五厘米长,用厚草纸包裹火药,放起来不太响。即墨、高密等地的鞭炮个头细长,响声一般。

1993 年到 1994 年期间，李村集上卖的一种莒县鞭叫拖鞭，用绳子拖着在马路上放，三步一响。一般三厘米粗细，有 100 个头两挂的，也有 30 个头一挂的，放起来很响。

还有一种小型鞭炮叫"小钢炮"，很受欢迎，价钱便宜，又响又脆，在集上很好卖。

本地出产的也有好鞭炮。1986 年城阳上马鞭炮厂生产过一种"马牌"鞭炮，1987 年生产过"大地红"鞭炮。上马产的鞭炮后腔跟（鞭炮底部）厚，燃放起来不伤人，当年很有名，也很受村民欢迎。所以到了 1990 年代，青岛市政府就指定上马的鞭炮为专卖品，不让再卖外地鞭了。

腊月里的鞭炮市上也有"二踢脚""钻天猴"等。过了春节，快到正月十五元宵节的正月十二日集上，主要卖"滴嗒金""二踢脚""钻天猴"等。一过了正月十五，鞭炮就卖不动了，只能等到下一年的腊月集上再见了。

现在市场上卖的主要是莒县鞭炮和湖南浏阳的鞭炮，阳信、胶州、即墨等地的鞭炮不见了。

以前制作鞭炮的基本上都是各家各户自己做，很少是大工厂生产。一般是秋天开始制作，冬天结束。制作时全家老少齐上阵，买纸、裁纸、卷纸、运输等重活是男人干，装填火药的活叫女人来干，因为女人心细，不容易出事。

在李村集上卖的鞭炮商品是阳新人或者莒县人自己制作好拉到李村集上自己卖的。由于他们是外地人，在李村集上经常有小痞子"混混"来明偷明抢，就只好请本地人给他们做经纪人，也就是"领桩"。后来这些小混混被张代成管住了，按照张代成的安排帮着人家卖鞭炮，包括吆喝、推销、做广告，也可以放鞭炮拉客户。卖货是一手交钱一手出货，但收到的钱是直接交给货主自己保存的，卖鞭的人不能装钱。但是因为鞭炮数量太多，摊位（拖斗车）前边围满了人，货主实在看不过来，我们这些帮着卖的人有时也耍点小聪明，碰见来买鞭炮的是自己认识的人，钱款照收（因为货主是紧盯着的），但在发货时可以偷偷地多给他几挂鞭炮，或者是将好鞭偷偷地卖给他，留下差一点的鞭炮。

回到鞭炮炸市这件事上。

1987年鞭炮炸市那一天是腊月二十二日，李村集最热闹的日子，那一天特别冷。早上七点半我去了李村集，八点钟开始上人了。我上了河南村张学成家的车，帮着卖阳信鞭。

当时，来李村集上卖阳信鞭的商家都是大成帮他们联系摊位、仓库、帮手和车辆。河南村的村民像张提增、张代红、张书剑、刘昌华、高瑞毓等十五六家都有拖斗车，平时跑运输，一到腊月门就都叫大成包给阳新卖鞭炮的人使用。头一天，阳新人把鞭炮用大卡车拉到李村，大成在河南村给找的房子，是大仓库，货物和人都在仓库里。卸下鞭炮后，装在当地带挂斗的汽车上，第二天一大早拉到李村河底下的鞭炮市上，卸下拖斗后，再把车头开到河沿上，鞭炮就直接在挂斗上出售，大成找的本地人专门跟着阳信人一块儿卖鞭炮。每天鞭炮卖完了以后，再把挂斗车拉回村里。一直到腊月二十七大集结束，阳信等外地鞭炮商才离开李村回家过年。

结果这一次出了大乱子了。从大清早开始卖鞭炮，李村集上红火得很，鞭炮市上人挤人，沿着河北沿摆着一溜汽车挂斗，几十家鞭炮摊位上堆满了各式鞭炮，周边围满了人。为了招揽客人，各家纷纷各出奇招，你放我也放，摽着放鞭炮，集上鞭炮声此起彼伏，震耳欲聋。到了上午九点半左右，我离开李村河底的鞭炮摊，回到李村河沿的鞭炮车上想抽支烟暖和暖和。刚抽了一半，猛地听得一声巨响，那声音就像是突然有几万个老婆娘同时"哈哈"大笑一样。原来是一家鞭炮摊的人在放鞭炮时，一个鞭炮飞到邻近的鞭炮摊上了，引起了邻摊鞭炮的爆炸。一呼百应，鞭炮乱飞，几乎所有的鞭炮摊位全都引爆了。我一听到鞭炮响声，立马启动汽车发动机，紧急倒车后退，没想到撞到了一辆三轮车和一片卡其树林子（刺槐树），河边的半截砖墙也给撞到了。最后终于驾车逃出了鞭炮市场，救出了一车的鞭炮。那些没来得及救出来的鞭炮全部着火成了炸药。

大爆炸是上午九点半发生的，一直炸到十一点半左右，大火着了有两三个小时。事发突然，又是腊月大集，道路堵得蹬蹬的，整个集上一直在爆炸，在发大火。大火停了以后，我到现场去看，整个鞭炮市场上除了槐树林里边的两个车没有被烧外，河边一溜车斗和车上的鞭炮全都烧完了，邻近的魔术弹摊位也都烧光了。

那一次卖鞭炮的损失没法计算，烧掉的钱真是无数。当时每个卖鞭的摊位都有一个装钱的铁盒子，鞭炮一炸大火一烧，铁盒子里装着的赶了几个集的鞭炮钱全都没了，几个家庭辛苦一年的成果一下子化为乌有，那些商户真的是欲哭无泪。最万幸的是这么大的爆炸事故没有炸伤和烧死人，也没有踩死人。

事情发生后，公安局封锁了现场，不让再卖鞭炮了，存在河南村里没卖完的鞭炮和我救出来的鞭炮就用汽车拉回去了。

我救出的那车鞭炮是阳信人的，对我千恩万谢，说真是救了他们一家，要不然就赔光了，没法过年了。为了答谢我，给了我两箱子鞭炮，装了满满一自行车。载到家以后累的下不来车子了。全家人都等着我回来，一天没吃饭。

讲　　述：李存平　李沧区李家上流村村民
采　　访：张树枫　吴　娟　刘　锦
整理编纂：张树枫

对联情缘

我之前没有写过对联。在70年代时，只写过毛主席语录，像"提高警惕　保卫祖国"等。后来就应邻居们要求，写点过年的对联。一般是邻居找来纸张，我给写，不是卖钱的。

1981年和1982年间，我在崂山机关招待所干临时工，主要是干基建、木工。这时，有个在70年代在崂山文化馆工作的姓曲叫曲玉贵的调到我们招待所干科长。曲老师是崂山石沟村人，浙江美术学院毕业的，一直在文化馆工作，这次是下放到我们招待所。这人不喜好别的，就是喜欢美术，每天下班后就自己写字画画。俗话说"跟什么人学什么事"。看到曲科长写字画画，我也感兴趣，就跟着他学写书法。当时曲玉贵在崂山县到处画毛主席像、写毛主席语录，我就给他打下手，边干边学习，慢慢地就有了一定基础。后来我闺女王文竹从师范毕业后到杨家上流小学教书，看到很多人在李村集上卖对联。我闺女的同事叫杨世福，是杨家上流村的人，已经在李村集上写字卖对联好几年了。他知道我也学写字，就跟她说："你不能让你爸爸也去写字？"闺女回来跟我说了以后，我也动了心：家里人多，收入又少，生活吃累，别人能写对联挣钱，我为什么不能写对联挣钱呢！从此就开始写对联卖对联了。

写对联需要自己备纸墨。写对联的纸都是到即墨郭庄去买，他们把白纸刷成大红纸，撒上金粉，我去批发回来。毛笔和墨汁也是从郭庄进。刚开始是个人自己去买，贵一点。后来几个人一块去批发，价钱就便宜一些。最后要的货多了，厂家自己送货上门。每次进货都在七八刀纸，当年写不完，留在下一年用。后来用量比较稳定了，每年能进六刀纸左右。

人工宣纸自己不太好做，都是买的青岛产的纸张。开始是用墨汁写字，后来时兴用油漆写字，发光，漂亮，好看。大家就都写油漆字对联，涂料是一半油漆一半稀料勾兑而成。

写对联一般都是从农历七月开始写字，一直写到冬子月（农历十一月）。开始时找了一个帮手，我写字，他给抻（拉）着纸。我自己会做木工活，就自己做了一个小滑板，一边推一边写，就不需要帮手了。我是站着写字，有的人是蹲着写，那需要很好的技术才行。写了近半年时间，积攒下一厚摞的对联。进了冬子月就开始上李村集和其他集上卖了，腊月集更是卖对联的好时候，大部分对联都是在腊月集上卖出去的。

对联分各种尺寸，大小不一，价钱也不一样。有长164厘米，宽67厘米的，也有三尺、四尺、六尺的标准。有大门的，也有门垛子的。大门对子一般是每边五个字或者四个字，屋门对子是七个字。一般来说长对联写得少，一年也就是能卖七八十副。

大门的对子一般是三尺的对子用的是56克的纸张，卖3元一副（对），四尺和五尺的卖5元；屋门的方对用的是54克的纸张，大的卖6毛，小的卖5毛，一副卖一元；70厘米的大"福"字卖5毛或6毛，50厘米的中"福"字卖3毛，30厘米的小"福"字卖2毛。买了大门的对联后，小"福"字一般都是赠送，不要钱。一般来看，四间屋所需要的对联、方对、"福"字等加起来要花十来块钱。

那么对联的成本是多少呢？去掉纸张、笔墨成本，平均利润是2/3，主要是工夫钱成本多。

在李村集上卖对联有一个规律，进了腊月门，李村集上是买对联的人挑对联，看看谁家写得好、字大气、词语吉庆祥和，比较以后再买，腊月十二、十七的大集最明显。到了下旬集市，就是见了对联就买了，没时间挑对联，因为买的人太多了，排着队买对联。一过了小年，更是卖得好，天天去卖，天天有人买。

李村集的对联很有名，除了本地人购买外，周边的居民也来购买，青岛市区的人也来买。有时在李村集上卖不完的对联、"福"字，大都是存下来的小"福"字，都是边角裁下来的小纸块写的小字，农村人不要，我儿子就在腊月二十九带到市里去卖，几毛钱一幅，全卖光了。

崂山各地的风俗不一样，对对联的需求也不一样。北宅的人喜欢在门上贴"福"字，沙子口的人出海喜欢满船贴"福"字，每个"福"字一元钱，两边各贴十五六个大"福"字。所以赶这些集市的时候，对联带的少，"福"字带得多，也卖得好。

一般赶集卖对联都是我自己去卖，到了年底忙了，儿女也到各集去卖。有的地方看字认人，认可你的字了，就去得多。像北九水虽然不是集市，但周边的几个村庄就喜欢我的字，又是中心村庄，每年我都到北九水去卖对联，我卖的对联数量要占北九水等村庄购买的全部对联的1/3。我有个同事是北九水人，每次我都扑着他去，卖完了对联就打点酒到他家里去馇棵白菜吃上一顿饭。

在集市上卖对联是很辛苦的事。当时我在招待所干的是维修工，只要你把活干好了，就比较自由，有时间去赶集卖对联。头一天晚上将对联放自行车上装好，早上三四点钟从家里出发，赶到李村集已经是早上七点钟了。在地上铺块泡沫纸，把对联摆在地上卖。按规定对联摊位四米见方，把对联挂上，按照词条分类包装，供人们挑选，"福"字放在边上，让人自己去拿。早上走得早，没有吃饭，到了集上随便吃点东西。在北宅吃一碗馇锅子，但在李村集上就不舍得吃馇锅子。

李村集上的对联摊有三处，红火得很，青岛电视台也去采访过我的摊位。因为耽误做买卖，不愿意接受采访。

当年卖对联是一笔不小的收入。80年代每人每月才几十块钱，我每年光卖对联就能挣三四千元，既解决了孩子们的学费，也改善了家庭生活质量。

后来，对联市场发生了大变化：即墨有个书法协会的会长叫王同方，他在1987和1988年的时候研究出了刻板、套版印刷油漆对联技术，制式印刷，产量提高了若干倍，价钱也降下来了，人们也喜欢。我们也不再自己写对联了，去王同方那里批发，每张对联加两毛钱，卖得还很好。而且对我们条件很优惠：卖不掉的对联还可以退回去。这样的好事大家都抢着干，都不自己写了，成了二道贩子，帮别人卖对联了。从此，人工书写的对联被彻底挤走了。现在李村集上卖的对联还是即墨版的对联。

在李村集上卖的对联有很强的时代感。早期卖的都是"招财进宝""富贵吉祥""宝进富门""接福迎祥"等传统词语。"文革"不贴老对联了，时兴贴毛主席语录和毛主席诗词，像"四海翻腾云水怒，五洲震荡风雷激""风雨送春归，飞雪迎春到"等等就是最时髦的对联。再后来就是"欢度春节""喜迎新年""吉庆有余"等吉祥语词。我当时写对联一是看人家怎么写，觉得好，就跟着写。还有就是买书看。当时出版的《千家联》《对联集锦》等，里边的好对子我都写。同时，在集上卖对联的时候也经常与邻摊的书法家聊天交流，看到你写的好对子，或者卖的好的对子，回家就学着写。这样不断学习，不断提高，在书法上和内容上都有了很大的进步。

这样一直干到1994年，崂山区改成李沧区，我们这些农民工就解除合同回家去了。当时对联已不好卖了，领导上还想让我继续干。当时没有眼光，觉得卖对联挣了一些钱，解除临时工的劳务合同后给了四五千块钱的安置费，又补发了一年的工资，觉得这些钱可以干点事业，就开了一个家具加工厂。现在我每月退休金3000多元，但是那些没有解约回家在单位继续干的人都成了正式退休人员，一个做饭的都拿到7000多元的退休金。还是眼光短了啊。

讲　　述：于建乡　李沧区于家下河村村民
采　　访：张树枫　吴　娟　刘　锦
整理编纂：张树枫

李村集上卖对联

我小时候家里很穷，9岁才上小学，只上了两年私塾就不上了，在家里干活，到坡里拾草，12岁时出去给日本人打工，跟父亲学烧锅（焗）子。家里穷得你现在都想象不到，一冬只能吃地瓜干。

新中国成立后才分了房子，生活好一些了。十四五岁时，村里有个叫毕愿来的，劝我说："你学习写对子吧。有用！"记得小时候我父亲写过对子，我在边上帮他扯对子（扯纸）。毕愿来一说，我也动了心，开始学习写对子。买不起纸就在报纸上练习，觉得差不多了就开始在好纸上写，写了就出去卖，一冬下来卖了四十来块钱。后来就年年写对子出去卖，到各个村去串乡卖对子。慢慢地字也写得好了，也就出了名了，村里人结婚的时候给人家写写对子什么的。当年村里边的青年人结婚好多都是我给写的对子。

到了30岁以后，为了多挣钱，就到外边远一点的地方去卖。李村集是大集，人多，热闹，买对子的人也多。村里有几个人赶李村集去卖对子，卖得挺好。我看他们卖得好，也去了李村集。

刚到李村赶集时，看见大集上什么都有，集也大，人多得要命，挤得蹭蹬的。大集就在李村河上，从东李村顺着河往下走一直到杨哥庄。

每年一到秋天，就在家里准备好纸、毛笔、墨汁，开始写对子。写好的对子挂起来晾干了后，按规格大小摆起来放好。一进腊月门，每集都要去赶李村集卖对子。

在集上卖对子的很多，集上有好多外村的人也写对子卖对子。早先在李村集上卖对子的都是胶州和即墨的人，对子卖得贵。我们当地人去了以后，对子的价钱就贱了下来。

本地人之间也有竞争。大家都写对子、卖对子，都想卖的多、卖个好价钱。要想对子卖得好、卖得快，就要在集上占个好地方（摊位）。开始为了占个好一点的地方，半夜就得去赶集。但是俺村到河南有 20 里地，紧赶慢赶赶到集上一看，人家河西卖对子的早早就到了，根本抢不过人家，只能找个偏远的地方卖，买卖受影响。后来看有的人向管市场的人去买号，不用去抢场子。一打听才知道，这些管市场的人不光管理市场秩序，还帮人划分摊位，给他们钱的人可以占个好位置，叫"卖号"，每年在 12 月之前就开始卖号了。我也就向管事的人交钱买号，定下位置，就不用去抢场子了，从家里走的时间也就晚一点了。由于村子离集上远，东西也沉，没有车子带，就靠人来背着对子去。我就把大嫚带上，帮我拿对子、看着摊，帮我卖对子。孩子小走得慢，出门还是得早点走。最早的时间是凌晨两点半出门，赶到集上一收拾也就开始上人卖东西了。

在大集上买对子的人大都不识字，不讲究内容，也不知道谁的对子好谁的对子不好，就是看别人买。只要有人说谁谁的对子好，大家就都涌过去买，一下子就卖光了。我开始赶集时也没有多少人来买我的对子，大家都在集上转悠端详。后来有人说"这家的对子挺好！"挑了我几副对子，这下大家就一起来买了。

不过有的时候真不好卖，特别是早先不出名的时候，整个集都没人买，背着去卖不出去再背回来，真是恨人，很着急。卖不出怎么办？中午就在

377

集上吃点饭垫垫饥，下午再去拉乡，去乡下卖。没有水喝，连个杯子都没有，干渴着。纸上刷的金粉掉了一地，曝（呛）死人了，真的很苦。后来有点名气了，对子好卖了，就不太去拉乡卖了。

一般写对子的格式是把一张纸裁成二幅、三幅和竖条子，一刀纸可以写200张。对子的内容有对联、有福字，因人各异。崂山的村子爱好不同，对于对子格式和上边的字各有喜好。李村的人买对联、福字的都很多。北宅的人思想不解放，买对联的多，买福字的人少。沙子口的人喜欢买"福"字，大、中、小"福"字都要。价钱上"福"字卖价最高，好卖，大对子价钱卖三块的少，一般能卖四五块钱一副。

说到成本，对子的成本还是比较低的，一张纸才五毛钱，加上墨汁和毛笔的钱也没有多少，只要能卖出去挣钱还是挺容易。我开始的时候对子卖的少，写的就少，一年也就是写四五刀纸。到了后来，集上的人都认识了，都说我的对子好，都抢着买，对子卖得快，经常供不应求。后来我就叫大嫂先到集上卖，我在家里边赶着写好再赶到集上卖。后来一年比一年写的多卖的多。有一年从秋天开始写对子，写了四个月，共写了600刀纸，有6000多张对子，到了年底一算账，一年下来挣了7000元钱。

早先的对子都是用黑墨汁写的，比较简单。后来为了让字发亮好看，开始用油漆写字，用的墨是用黑油漆兑稀料，写出来的字有亮光，好看。油漆勾兑稀料要很小心，不好勾兑。油漆很熏人，兑好稀料后要在院子里写，然后挂好晾干。这样的字集上的人喜欢，卖得快，大家也就都学着写油漆字。

本地写字的人多了，外地的像胶州、即墨卖对子的就少了，集上的场子大都被本地人占了，外地人的影响力就少了。记得在集上有一个卖对子的是胶州人，跟高小岩学过三年徒，有点名气，但我觉得字写得不怎么样。

我们村子里写对子的人很多，早先有毕纪明，活着的话有100多岁了，他写的很早。写对子的还有毕平德、毕生德，还有王贤文、王贤昌、王贤铎、姜朴方，算起来总得有个十家八家的。

八九十年代，李村集上经常有报社记者去采访，过年的时候记者都去采访卖对联的，还要照相。照到别人时候大家不好意思，怕人家照，都捂着脸。我不怕照相，记者就拍了照片。到年底的时候报社把照片发在报纸上，还配了文字"老有益报"。1997年香港回归的时候，青岛日报社的记者叫我写对联，写好贴在村里老人的门上。当时议论对联上写什么，我就说"香港回归，普天吉祥，"就写了这副对联。1999年，记者王克亮来到我家里报道我写对联，我写了有几十副对联，又是照相又是录像的。当年，青岛书法协会在俺村里举办了一场书法活动，把我找去了，写字。碰见书协的一个朋友，当年在沙子口卖对子，他也在那卖对子。他动员我，叫我参加老年书法协会，在徐州路75号出版社里。我当时有事没马上去，过了年以后才去的。一问，单位搬走了，也就没有参加书协活动。

再后来，胶州人来李村集上卖印刷的对联、福字，价钱便宜又好看，大家都去买印刷的对联去了。本地还是用墨汁书写的，成本高，又不好看，慢慢地就卖不动了。我60多岁以后也就不到集上去卖了，在家里边学习，自己写写字，成了一种爱好。平时也参加街道和村里组织的对联书写活动。

你们今天来了，我很高兴，给你们写几个字吧！就写个"福"字和"中国梦"吧！

讲　　述：毕柏明　李沧区毕家上流村村民
采 访 人：张树枫　吴　娟
整理编纂：张树枫

大集生涯

我们侯家庄离李村大集有三里路。早先，我在村里干农活，后来做泥瓦匠，1989 年开始在李村大集经营海货。

当年李村集的海货市场摊位有十来家，海货市场不大，都在李村河底下，由政府打了个铁架棚子，里边能容五六家海货摊位，摊位是用水泥空心预制板搭起来的，里边的摊主都是在李村集上最早经营海货的业户。张代成几个贩海货的人来得晚一些，没有进棚子，就在旁边自己拉了一个小棚子，摊位也是用空心水泥预制板搭的。

原来我在村里的工程队上干瓦工，给人家盖房子。那次正好给张代成盖房子，两人就熟悉了。他就问我，你干瓦工一天能挣多少钱？我当时是大工，比一般瓦工挣得多一些，一天能挣 15 元。张代成说："你出这么大的力，一天才挣这么点钱？你会不会做买卖？"我说："会啊，会做买卖！""既然你会做买卖，那你就跟着我到集上做买卖吧，肯定比你现在挣得多。"当时我有一辆嘉陵摩托车，我就买上两个塑料桶，再买上一个筐，把筐子、水桶固定在摩托车上，上女姑山去进养殖虾。第一天做买卖，一大早出了门，到女姑山进了 30 斤养殖虾，一斤十几个头大小，每斤进价 10 元钱，拉回李村集上卖。当我去李村集上干买卖的时候，已经没有固定摊位了。怎么办？有笨办法，就用塑料布直接铺在地上，摆上大虾直接卖。养殖虾每斤进价 10 元，卖价 11 元，每斤能挣一元钱差价。有的固定摊位看着虾的质量好，也来批发，还是买 11 元钱一斤。结果不到 9 点钟就卖完了，半天就挣了 30 多元钱，顶得上过去两天的工资收入。卖完了海货，还有的是时间。就从河底水果批发店进了一批水果运到市里西镇滋阳路市场去卖，一次带 100 多斤，又能挣二三十元钱。计算一下，一天的收入比得上当大工四天的工资收入。

到了冬天，本地海货少了，进不来鲜鱼卖了。我们村里的几个人上浙江舟山去拉刀鱼、偏口鱼，雇汽车拉回来放到冷库里批发，我们这些小贩就到他们那里进货到集上零售。干到1990年，开始跟着（张）代成跑日照，上石臼港进货，回来分给业户卖。一开始进货时，先在港口码头上买上海货，再叫当地人开三轮车运到公路上，看到空车就拦车，给司机一点钱，让他给捎回来。到了1991年，代成买上了"一三零"汽车，自己开车去进货。"一三零"的定载量是三吨，当时公路上也不查超载，所以实际载货量远远不止三吨。我和代成一块去上货，把鱼拉回来就在河底上批发，赚个差价。利润还可以，像杂鱼进货价是每斤两元五毛钱，回来卖十元钱三斤。

等干到1993年时候，就不去日照石臼港进货了，改从城阳海货批发市场进货。因为交通运输业发达了，日照的价钱与城阳没有多大的差价了，再从日照进货就赚不到多少中间差价。但从城阳进货，油料省了，人工钱也省了，要比从日照进货合算。

1991年以前，我出去进货，大集上的摊位就叫我老婆来照看，进货、卖货两不误。到了1991年，我老婆生二胎，不能到集上卖货了。我就叫我小舅子来集上看摊位卖货，发工资、管吃饭。工资多少是参照村子里干别的工作收入来确定的，如泥瓦匠每月工资是三五百元，给我舅子的工资也是这个数。不过工资不是给我舅子本人，而是每年过年的时候一总交给老丈人，因为小舅子年轻还没有成家，交给老丈人更合适。几年以后，小孩子上幼儿园了，老婆又回到大集上继续卖海货。到了1997年，李村大集成立会员自律办公室，我也参加筹备工作，协助工商、市场服务中心的工作。自律小组成立后，代成担任大组长，统一领导和安排李村大集会员自律工作，下边按行业分成几个小组，我是水产组的组长。这样一来，老婆在摊位上卖海货，我们有四五个人就专门在自律办公室和三个值班室值班，桌子上摆个咨询牌，给消费者服务，解决纠纷、困难。自律小组成立以后，我也没有时间自己去城阳进货了，就让别人的汽车帮我把货捎回来，让老婆卖货。2008年，老婆吃劳保了，不在集上干了，我就把摊位退掉了，专职搞"自律"，顶着（是）大成水产公司的职工，平时帮着公司卖货，主要精力是从事会员自律工作。在大成水产公司有一定收入，但会员自律办公室的工作是尽义务，没有补贴。

这里应该说明一下，在老李村大集的时候，我们自律小组所管辖的区域并不是全部的李村大集范围。当时，按照区工商局的职责范围，李村大集分为上所、中所、下所三个管理区段，上所在李村河的上游，主要是服装市和破烂市。下所在河的下游，主要是粮食市、花卉市。中所在两座桥之间。我们自律小组是在中所范围。

搬迁以后的李村大集水产市场格局与河底下的大集格局不同，水产与调味品、肉食品、蔬菜、水果等同处一个大棚，水产品市场分为岛、摊格式，一共有 17 个岛，每岛有 14 个摊位，一共有 220 多个摊位。要说买卖肯定要比在河底下差一些。不过又说回来了，如果不搬迁的话，现在的生意也不会赶得上以前的时候红火，因为开的市场多了，竞争厉害了，谁的买卖都不好干。搬过来以后最大的好处是安全了，不用担心大水淹货物了，也好管理了。

说到大集搬迁，自律小组的功劳不可埋没。之前李村大集几次要搬迁，政府反复开会做工作，也叫我们签字保证不出事，但好多业户就是不同意搬迁，所以十几年来几次搬迁方案都搁置了。2016 年的大集搬迁之所以能成功，自律小组出了大力。开始业户们也都不同意搬迁，认为地角太偏、太远，没有发展前途。张代成带着我们下去挨个摊位做工作，协助政府的搬迁工程。原本有很多业户想搬到侯家庄市场。通过做工作，结果绝大部分都跟过来了，只有不到 10% 的人去了侯家庄。李村大集终于顺利地搬迁了。

自律小组在集上有威望，不是没有原因的。在此，我要特别说几句关于自律办公室的事情，让大家都知道这些事情。

1985 年张代成开始在李村集做水产品生意，当时他为了进到新鲜的海货，骑着摩托车跑遍了山东所有的海鲜渔港码头，进行货物对比，将近三年时间根本没有挣到什么钱。但是他很高兴，因为他交了很多朋友，认识了很多消费者（回头客），为以后的生意打下了基础。因为他为人实在，经营守法，文明诚信，还愿意打抱不平，业户遇到困难就去帮助解决，所以业户们都很信任他。只要是他贩来的海鲜，到了市场很快就能卖完，慢慢也有了一定的收入。

自己的日子好了，他也不忘了回报国家和社会，曾经帮助了很多贫困家庭的学生、下岗职工，对市场上有病的、出车祸的、遭了火灾的业户都给予了很大的资助。1994年李村河发大水，把市场淹了，小桥也冲垮了。他组织市场上的全体业户连夜清除淤泥，疏通河道，自己出资把冲垮的小桥修好，没有影响业户第二天的生意。在现在的向阳路桥南头西面有条5米宽的下坡路，是通往小市场的必经之路，当年也被大水冲垮了，代成知道以后，自己花钱买来材料，雇来了机械，请来了工人，不到几天时间，就把路修好了。直到李村大集市场搬迁，这条小路还完整地保存着。

1997年李村大集会员自律办公室成立后，张代成当上了大集自律办公室的大组长，下边分别推选了若干的小组长。张代成以身作则，给我们业户起到了良好的带头作用。他自己出资建起了自律办公室，购买了办公用品和统一的服装、鞋帽等物品，还在大集上制作了三座6平方米的移动板房，每座板房每天安排一名组长值班，为消费者和市场业户咨询解答问题，解决困难，值班室里挂着会员自律规章，要求业户按照规章文明经营。这样一来，既得到了业户的满意与拥护，也得到了消费者的好评与赞扬。

以前李村集上使用的都是传统的杆秤，部分业户耍心眼，短斤缺两，坑害消费者，经常引起纠纷，也影响了大集的声誉。为给消费者一个公平、透明、满意的消费质量，政府要求全市每个商场、农贸市场必须统一使用电子秤。各大商场还都好办，但是对于当时的农贸市场来说，在长期的旧传统、旧观念的影响下，想要把业户手中的杆秤清除掉很困难。特别是来赶大集的临时商贩，要是不准他们使用杆秤，说实话真的是很难很难。过了挺长的一段时间，更换电子秤的问题一直没有得到解决，业户都说不会用。当时张代成想了个办法，他首先带头买了两台红字电子秤，并不是自己用，是为了给每家每户讲解使用方法，讲解电子秤如何方便省力。在他的讲解辅导下，在很短时间内市场固定业户换秤率达到 100%。在市场固定业户的影响下，大集的其他商贩也逐步去掉杆秤，换上了公平合格的电子秤。

2001 年李村河再次发大水，因为水势过猛，很多商户没有来得及撤出货物，损失很大。张代成带领我们会员自律小组的成员，协助工商、服务中心，下到齐腰深的河水中，帮助业户抢救物品，使业户财物损失降到最低。同时，发动业户开展自救活动，帮助受灾严重的业户尽快恢复经营，弥补损失。

李村大集是一个四通八达的集市，中段 200 余米，平时有固定摊位 500 余个，有六个进出口，并且两座大桥底下是畅通无阻的，所以业户的货物在夜间经常丢失，因为市场服务中心在夜间不安排值班人员。业户的货物丢失了，不光业户心疼，张代成和自律小组的人也都心痛不安。这可怎么办？思来想去，想了个办法，从本地村庄找了几位责任心强、老实勤快的村民夜间到河滩值班，给值班人员购置了服装鞋帽、手电筒，帮助业户验货、看守货物。值班人员要有工资报酬，但是没有资金来源，怎么办？代成说："好办！工资我来出。"有了工资来源，没有值班室，怎么办？因为李村河堤不准建房，代成想了一个办法，自费到二手车市场花了 2 万余元，购买了一辆无牌面包车，停在河底下当值班室。为了让市场更加安全，他又自费把靠近九水路的两个出入口安装上了推拉门，到了晚上 9 点关门，早晨 3 点开门。这样一来，夜间值班人员只要把其他几个出入口看好就行了。在值班人员的努力下，彻底解决了夜间丢失货物的现象，得到了上级有关部门领导的表扬，受到了业户的感激，有很多业户到会员自律办公室表示感谢，高兴地说："这下我们总算可以睡个安稳觉了！"

会员自律办公室逐渐赢得了商户们的信任，业户与业户之间有个小矛盾都愿意找我们办公室帮助解决。也有很多业户家庭有矛盾的，都愿意找我们办公室进行调解。很多消费者和业户讲出了一句顺口溜："有问题找自律，有矛盾找大成！"2011 年，一个金光闪闪的"李沧区集贸市场矛盾纠纷调解中心"的牌子挂到了会员自律办公室的门前。至今会员自律办公室仍然继续默默地协助工商、服务中心为市场业户矛盾纠纷做调解人，为市场繁荣、家庭团结做贡献。

李村大集会员自律办公室的工作得到了政府部门的高度重视和充分肯定。2003 年，在工商、市场服务中心、会员自律办公室的共同努力下，李村大集会员自律办公室被山东省精神文明建设办公室、山东省工商业管理局、青岛市精神文明建设办公室、中共青岛市委财贸工作委员会、青岛市工商行政管理局等部门授予"文明经营区"的称号。张大成也被评为私营个体先进分子，光荣出席了全国个体私营先进分子代表大会，受到党和国家领导人的接见。同时，张代成作为青岛市唯一现存的个体私营会员自律小组的代表，受邀到山东省内巡回演讲，起了很好的宣传推动作用。

讲　　述：王立国　李村侯家庄村村民
采　　访：张树枫
整理编纂：张树枫

粮食市的李家上流人

李家上流与李村大集关系密切，村里很多人靠大集为生，其中主要是经营大米和猪肉。

在 20 世纪 80 年代之前，粮食属于统购统销物资，农村人民公社和生产大队生产的粮食主要是交公粮和分给个人的人口粮，剩余粮食要交余粮，卖给国家，国家给予较高价钱收购。如果家庭粮食吃不了，可以到集市上出售。但崂山地区特别是李村地少人多，山区土地贫瘠，不长庄稼，粮食产量很低。每年分配的口粮不够吃，需要到集市上购买一部分粮食补贴家用。但本地粮食产量低，没有余粮可以出售，李村集上的粮食主要是从外地运过来销售的。其中即墨、莱西、胶州、平度等地的小米、玉米、地瓜干等都是李村集上的主要粮食品种。而产自外地的大米在当时是稀罕物，数量少、价格高，在李村集上并不多见。但这种情况到了 20 世纪 80 年代初开始有所改变，李村集上开始有了来自山东郯城、江苏宿迁等地生产的大米，很快受到本地居民的欢迎，成为李村集粮食市的主要品种。李家上流村的村民也就是在这个时候开始在李村大集经营大米等粮食的商业行为。

当年李家上流全村有五六家贩卖大米，我是从 80 年代初开始贩米到李村集上卖的。最早贩的大米是从郯城军队农场买的。郯城军队农场产大米，成色不太好看，但很好吃，李村、崂山的人都很喜欢。运大米必须是汽车，但地方汽车不好找，就用部队上的军车。军车是当地的米贩子帮助联系的，中间赚个差价。因为当时不准个人贩卖粮食，要把大米从外地拉到崂山必须有证明。从郯城把大米拉到崂山要开两个证明，一个是济南军区的证明，一个是青岛警备区的证明。证明信也是由部队给开具的。证明开好后，就装车往崂山拉，一次装一汽车，带一个拖斗，能装 10～13 吨，有粳米、也有糯米，两个集（10 天）进一次货。汽车在路上会遇到交通管理部门检查，但是一看是部队上的军车，又有证明信，就不查了。大米送到以后，找个地方存起来，再分散运到李村集和其他几个集市上去出售。当时运输工具少，全靠自行车驮运，自己运不了那么多，就请邻居或朋友帮忙，每辆自行车驮上 100 斤或 200 斤带到集上去卖。腊月集赶完了，过年的时候要请帮忙的人吃饭喝酒，以表示感谢。

当时赶集主要是李村集（二、七），其他还有枣园集（四、九）、沙子口集（五、十）等。平时卖大米挣得差价少一点，每斤大米能挣四到六分钱。挣钱主要是在李村集。开始的时候，赶集买米的人买的数量少，一次只买五斤或者十斤，我每个集市能卖 1000 多斤大米。后来人们买的数量多了，每集能卖 2000 多斤。当时整个腊月里能卖 30 吨大米，我自己能卖出 15 吨的大米，每斤大米能挣六分到一角钱，计算下来挣钱还是不少的。

1987 年以后，政府对粮食管理放开了，也不查检了，从南方来的好米开始多了起来，市场更加活跃了。郯城的大米好吃不好看，宿迁的大米开始进入李村市场。宿迁米是杂交米，产量高，好看，但不好吃，卖的价钱也便宜。当时杂交米卖三角六分钱一斤，每斤能挣四到六分钱。这时，人们的生活消费水平也高了，买的大米数量多了。有一年腊月，从郯城拉来了一车大米，一共 15000 多斤，有粳米、有糯米。汽车到的时候已经是晚上七八点钟了，第二天就是李村集，就没有往村里拉，直接卸到了李村集上，找了几个人看着。第二天赶大集，一集就卖了7500多斤。累是很累，但也挣了钱了。

记得1994年赶腊月集，是腊月二十二的李村集，买米的人特别多，排着长队买米，用秤称根本忙不过来，干脆用盘子直接挖了卖，不用称了，卖得特别快。收的钱没法用钱夹子装了，黑皮钱夹子都满了，就直接往麻袋里装钱。那次可真是挣钱发财了。

除了在李村等集市上摆摊卖以外，批发也是主要业务。平时开着三轮车到各个村庄代销点去送货。人手不够，就叫村里的人帮忙。外出送货也有时候作点业。一次到辛家庄送完货，回来的路上，突然发现后车斗里多了一头小猪。一问，是同伙的人从人家街上抓来偷偷拉回来的。

当时李家上流卖大米从不捇（骗）人，讲究公平交易，绝不短斤缺两。经营口号是"缺一补十，"但从来就没发生过缺秤和补秤的事。有一次，一个人在摊上买了50斤大米走了，过了一会又回来了，把米袋子"啪"的一声往摊子上一甩，说短了好几斤秤。我说不可能短你的秤啊！拿起秤来一复秤，一点也不少。再用别人的秤称称，还是不少。一连用了好几杆秤来称，都不少。最后买的人自己说他使用磅秤称量的，发现少了一斤多，所以才来找的。发现误差出在哪里了，大家也就放下了，哈哈一笑也就过去了。

当年在李村集上的米市是叫李家上流的人控制着的，外地人根本挤不进来。只要外地人来卖米，本地人马上就降价，把外地人挤走，再也不敢来卖了。1993年我们几个不卖米了以后，外地人才开始过来填补市场，开始不敢在李村集上卖，是串村走庄去卖，后来到集上卖，慢慢地做大了。现在李村集上卖粮食的都是外地人，本地人都不做这个生意了。

李四川一直卖到1995年才不干的，他是在李村集上卖米生意停的最晚的一个。他主要是搞批发，用三轮车拉上两吨大米，送到各村代销点去销售，一年能挣 9 万多块钱。

我在李村集上干了十几年的大米生意，挣了不少钱，每集都能来钱，手里头方便得多，在村里边算是生活富裕的好人家。1990 年翻新老屋，花了两万四五千块钱，这在当时应该算是一笔巨款了。

讲　　述：李存高　李沧区李家上流村村民
采　　访：张树枫　吴　娟　刘　锦
整理编纂：张树枫

389

李村集的肉市场

李村有句老话，叫"李村集养穷人。"一点不假！祖辈就不用多说了，到我们这一辈人，都是靠李村集养活着的。我的经历就是证明。

1980年以前，李村集上不准个人卖肉食品，李村居民需用的肉食品都是从供销社购买的。记得当时在崂山百货公司门头店里有两家代卖猪肉的店摊。后来肉食品开放，就开始有个体户到河滩大集上卖猪肉了。

李村集肉食品市场一开放，我们杨哥庄的人开始到集上摆摊卖猪肉，是李村集最早的卖肉个体户。过了几年，我姐姐也到集上卖起了猪肉。我当时在村里开拖拉机，没有参与李村集的生意。

到了90年代，李村大集的生意越来越红火。河北、河南在集上做买卖的人很多，生意都做大了。其他的业户是杨哥庄、南庄子、东李、东兴村等村民。后来外地人也都来李村集上摆摊，但大部分都是小本生意，大的生意基本上是本地人在做。这个时候，李村集的肉食品生意非常红火，一个大集能卖出七八十头的猪肉，利润很大，卖猪肉的都发了。

我当时开拖拉机，一年才能挣一千来块钱，觉得没意思，就动了到集上做买卖的念头。拖拉机也不开了，到集上卖青菜。卖了几年，攒下了一点钱，就学着姐姐卖猪肉，在"八医"（青岛市第八人民医院）西边蹲了两年，后来移到了李村河底。当时卖猪肉一天能挣20多块钱，自己觉得很要命了，不得了了。当时一个工人每月工资才26元钱，我一天挣的就赶上他们一个月的收入了。年终计算了一下，挣了1万多块钱。卖肉食品挣钱多，大家都抢着干。90年代，是李村大集最热闹最兴旺的时期，光李村河底下就有五六十家卖牛羊猪等肉类食品的摊位，其中以猪肉摊最多，牛羊肉摊位少一些。除了肉食品外，调味品也是李村集的一大市场，有证业户达到三四百家，光卖朝鲜咸菜的摊位就有40多家，火得很。后来，随着李村周边的市场不断开辟发展，李村集的业户也不断分流转型，肉食品摊位减少到三四十家。现在新大集的猪肉摊位有十六七家，牛羊肉摊位有七八家。

以前李村集上生猪肉都是业户自己从周边个体屠宰场收来的。以前肉食品市场管理松散，农村的村民只要申请一个屠宰许可证就可以收购和屠宰猪羊。李村集的商贩就从个体屠宰户里买白条肉或下货，运到集上零售，或者是挑好了生猪让屠宰户当场宰杀。一般来讲，我们都是先到屠宰户去挑生猪，头一天晚上就去转，挨个屠宰户的猪圈转，看看哪家的猪好。看好了，就在猪身上做个记号，等着挨号，头号先挑，按顺序来。每天早上两三点钟就来排号。挑个猪可真不容易，夏天蚊子多，叮咬的受不了。冬天天寒地冻的冻死人。没办法，为了挑个好猪，有多大罪也得受。挨号轮到你了，你就得亲自动手，帮着杀猪师傅一块杀猪。猪有劲，不好抓，更不好杀，就得帮着师傅摁着猪身子，用铁钩子钩着猪嘴，抓住猪的腿，让猪不能动弹，便于杀猪师傅顺利宰杀。杀好了猪，把猪肉用钩子挂在架子上凉着，用水清洗，等猪肉凉透了以后再拉回来。我们卖肉的人光要猪的白条肉，不要猪下货，下货有专人收购零售。当时猪肉的进货价和零售价之间有几毛钱的差价。

挑猪是个技术活，全凭眼和手的经验。生猪有大有小、有瘦有肥，有的出肉多，有的出肉少，有的瘦肉多，有的肥肉多，全凭你的经验和水平。记得有一次河西杀猪厂收购了一批生猪，个头大，看起来很肥。零售商都说这批猪太肥了，不敢订也不敢杀，怕卖不出去。因为这时候的人们都不愿吃肥肉，猪肉太肥没人要，要赔本钱。厂家很发愁，心思着"这回要赔了！"怎么办？就打电话叫我过去看看猪的状况。我去猪圈里一看，猪的个头都很大，看起来也很肥。就进了猪圈里摁住猪的脊梁压一压，又在猪肚皮和腔上抓一抓。这一试，心里有数了：是好猪，与本地猪的品种不一样，双脊猪，瘦肉多。就直接逮了4头猪，当场杀了，一头猪就出了120多斤白条肉。杀猪场老板高兴坏了：这下放心了，赔不了了！马上就涨价。好猪嘛，当然要涨价。所以说，做买卖，挣钱赔钱，全凭经验。

过了几年，外地的屠宰户知道李村集猪肉销量大，猪肉价位高，就纷纷往李村集上送处理好的白条肉。供应商有来自即墨、莱西、平度、胶州、诸城、高密等地的，专门送白条肉。这些供货商不在李村集上做买卖，只是供货，把货供给李村的批发商，再由批发商批发给零售商。最早的时候李村只有一个批发商，代理各地送货商的批发业务，我们这些零售商到他那里批发，每批发一斤代理商能挣五分钱。零售商挣得多一些，每斤能挣两毛钱。后来，李村的批发商多了，像我们村开始有两三家，后来发展到四五家。批发、零售形成了一条龙。

当年李村集的猪肉生意非常好，基本都能卖出去。当然，商户也不是随意进货卖货，猪肉销量是有规律的。平时一个大集能卖出七八十头猪肉，平时不逢集时就卖的少一些。逢到年、节和大集的日子就多进货，卖的多。到了腊月集上，买肉的更多，猪肉供不应求。特别是腊月的二十二、二十七两个大集，沙子口、惜福镇、王哥庄、即墨和市区来李村集买猪肉的多得要了命了，排成长队，不讲价，一家买上一片、两片的猪肉，非常好卖。所以一到腊月，卖肉食品的商户就加紧订货、储货，用地排车往集上拉猪肉，有多少就能卖多少，根本剩不下货。

有一年是个小进年，到了腊月二十八，我帮我姐姐在沧口永平路卖猪肉。拉了一地排车的肉，结果上午9点钟就把肉卖完了。我拉着空地排车回李村集，在"八医"碰到胶州来的一个送猪肉的老板。这个老板在李村没有熟人，拉的肉卖不出去。碰到了我以后，问了问价，就把猪肉倒给我了。

我用地排车把肉拉到集上，顾客排着队来买，一会工夫就卖完了，真好卖啊。挣了不少钱，过了一个肥年。

不过，当时的李村集生意虽然红火，但市场很混乱，出售的伪劣商品很多，短斤缺两的也多，市场秩序也不好。河北、河南、东山、西山有些"小哥"经常到集上来乱抓乱拿商摊业户的东西，打一声招呼"弄点吃"，就明目张胆地挨家摊位上抓一把。逢集就来，见什么拿什么，业户也不敢吭声，怨气很大。所以大集生意虽好，但顾客投诉的、新闻媒体报道的负面消息也很多。政府虽然加大打击力度，但始终没有杜绝。到了1997年，政府组织大集的几个积极分子到外地考察业户自律的经验，回来以后就筹备李村大集的业户自律工作。1997年7月20日，正式成立了李村大集私营业户自律办公室，成员有张代成、王立周和我，张代成当大组长，下边按行业推选了一批小组长，把业户直接组织管理起来了，业户自律，不准卖假冒伪劣商品，不准卖腐烂变质食品，不准短秤缺两，不准勒索强拿商品等。很快，大集的风气发生了很大变化，大家自觉遵守自律规定，守法经营，规范经营，大集市场秩序也好转了。政府对自律小组也给予重大支持，委托自律小组自己管理李村大集的市场治安工作，维持市场秩序，给自律小组发了警务牌戴着在市场上维持治安，市场上发生纠纷事件和骚扰事件，自律小组就去处理。这样一来，市场上的商业纠纷和打架吵架事件能够迅速得到处理，大集的治安和秩序得到有效保证。首先，周边村里的那些"小哥"不敢轻易到河底来拿东西了。只要他们在集上一拿东西，业户就会反抗，报告该自律小组，我们就会赶到现场阻止，跟他讲道理："这些业户拉家带口的在集上做个生意，都不容易，你们不能这么干！"我们商户人多势众，团结起来有力量，讲的又有道理，一般情况下"小哥"都不敢再强拿东西了。也有的"小哥"还不服，要来硬的，约了人来要打架，我们也不怕。我们自律小组办公室的人在集上和李村一带有威望，打架不落下风。几次较量以后，"小哥"

393

们就慢慢地不敢到集上来闹腾了，大集的经营秩序一天比一天好了起来。业户们守法营业，顾客也心情舒畅，来赶集的人更多了，卖的东西销量也更大了，市场就更加兴旺了。这样一来，就吸引了很多外地人来李村集做买卖。这些外地人说，在青岛转了一大顿，看了那么多的市场，没有一个市场能像李村集这么安全、安宁的，就都过来了。我们自律小组定了一条规定，不能歧视外地人，外地人到李村集做买卖，也是对我们本地人好，买卖越扎堆越好做，外地人来集上对我们李村大集是一个拉动，水涨船高，共同富裕。李村集的外地人特别多，就是因为我们不歧视外地人。

自律小组协助政府干了很多事情。整顿市场，维持秩序是一个方面。协助政府"菜篮子工程"，率先实施"放心肉"也是一项很得民心的工作。之前李村集上买的猪肉都是业户自己批发进来的，货物来源不一，猪肉质量不能保证，病死猪肉、注水肉等也不能完全杜绝，顾客有意见，政府有压力。为此，市政府和区政府大力推行"放心肉"和"菜篮子"工程。但是，这些工程的实施还需要得到商业经营者的支持才能真正实现。于是，自律小组组长张代成就联系了青岛肉联厂，从肉联厂直接进白条肉到集上卖，杜绝私宰乱杀的猪肉上市。这一点张代成组长付出了很大的精力和时间。他自己是经营水产的，有自己的公司和摊位，猪肉生意与他毫无关系，他完全可以不管。但是，为了完成"放心肉"工程，他放下自己的生意，亲自跑肉联厂联系进货。在大集上联系商户，征集所需的猪肉数量，晚上到肉联厂去挑选生猪，宰杀完成后再用汽车拉回李村，按照业户预订的数量批发给业户，不赚一分钱，完全是尽义务。我陪着组长跑肉联厂，挑选生猪，拉回来再分发给业户。开始是一头一头的挑选，选得比较细，好猪多，出肉多。后来要的多了，肉联厂就不让一头一头的挑选了，而是分成几个大圈，一个圈放一群猪，按圈挑选。我们就到圈里查看，挑选整体好猪多的圈订下来，让肉联厂屠宰后拉回去，也能保证猪肉的质量。再到后来，"放心肉"工程在全市推开了，光靠肉联厂一家根本忙不过来，政府就在青岛划分了几个定点屠宰场，即墨的七级、李沧的西流庄都是定点屠宰场。这时，政府对猪肉的管理很严了，杜绝了私宰乱杀的现象，零售商的肉食品都是由定点厂家供货，李村大集的业户就自己到屠宰场里进货了，自律小组也就结束了到厂家集体采购白条肉再回来分发、零售的工程。

自律小组另外一项工作是协助政府收取市场管理费和营业税。之前，政府在大集上设有专门的工商管理和税务部门，但一到收取税费的时候就收不起来，业户们就像一盘散沙，没有组织，没有缴税费的意识，在工商、税务催收税费时软磨硬扛，你不交我也不交，大家都不交，税费收不起来。后来就跟自律小组商量，让自律小组帮帮忙，把税费收起来。我们几个人一商量，说：政府让我们帮助代收，那就干吧，我们代收税费比较容易！于是，政府正式委托我们自律小组代收取工商管理费和营业税，发给我们四五个胸牌，平时代收常摊的税费，赶大集的时候就去集上收取临时摊位的税费。收税费的主要对象是常摊和赶集的贩子，农民家里自产的商品不收费。税费是按摊位面积收取的，经营面积大，收费就多。

收费一般都是三个人一起去收，一个人管收钱，一个人管记账，另一个人要记下收取的摊位，别拉下或者重复了。为什么要三个人一起收？"一人为私，三人为公"嘛！以示公平无私，不出差错。同时，重视宣传和总结，自律小组每周开一次小会，一个月开一次大会，不断总结成绩，发现问题，及时纠正，发现业户有困难，就想法解决。自律办公室发起在大集的业户中评选先进个体工商户，以资鼓励。也有的业户提出自己经营有困难，要求减免税费，我们也按照实际情况给予办理减免税费。业户们看我们这么正规收费，也都支持，该交的税费很快就收上来了，一年收下来，基本是零投诉。到了年底一结算，我们代收的税费总额要比政府工商、税务部门直接收取的税费额度多了好几倍，真是喜出望外，高兴得很。

　　每年夏天的防汛也是自律小组的重点工作。每到汛期，我们自律小组的人到集上执勤，大家都很自觉，主动到位，协助工商和服务中心防汛救灾，按照平时分工，帮助业户从河底下搬运货物到河沿上来。本来干了一天买卖就累得要命，还要再站一晚上防汛，就更累了。等到河里没事了，还得去上货，晚上两三点钟去上货，早上到市场上营业卖东西，再累也不能说。每次李村河一发河水就会把河底下的商业设施冲坏了。河水一退，自律小组就发动大集的商户自己动手清除淤泥、修复摊位，连夜工作，到了第二天就可以开业经营。这些工作都是自律小组自愿的，尽义务的工作。

　　自律小组对于国家和业户的困难都是很关心的。汶川大地震，张代成带头捐款，发动李村大集全体业户捐了一笔款子，在全市影响很大。对于业户的困难也是非常关心，每年到了年底都要从收取的会员费和捐款中取出一部分上困难业户的家里看望一下，送一点关爱。遇到个别的困难户就发动业户捐款。有一次一个叫刘吉雪的卖肉业户出事了，是骑摩托车出的事。平时进肉都是用摩托车带，但摩托车后座小，带不了太多的东西，就在后座上焊接了一个铁架子，里边能带四五头的猪肉，周边用铁叉子围着。夜里两三点钟时候，刘吉雪骑着摩托车走在李村河的京口路桥上（原来的滚水桥），突然起了一阵旋风，车子把握不稳，又轧上一块砖头，一下子车子翻了，身子往后一仰，叫摩托车后座的铁叉子插伤了，戳了好几个窟窿，幸好没有伤到心肝肺。这一下躺了好长时间，不能营业了。自律小组发动业户为他捐款，解决生活困难。还有一次，一个卖肉的女业主在绞肉时叫绞肉机把一只手的手指头给切断了，李村大集服务中心和自律办公室发动业户捐款，捐了好几万给她治病。集上还有好几个业户得了癌症，大家也都捐了款。新大集搬迁过来后，又捐了一次款，是一个卖粮食业户的两个孩子都得了重病，病情很罕见，医生说是全世界都很少见，大家再次捐款帮助。

　　应该说，李村大集的业户都是很不错的。自律小组做的事，业户们看在眼里，记在心里，当然就支持自律小组的工作。所以，在李村集上，只要自律小组和张代成一发话，就没有办不成的事。这次大集搬迁，许多业户本来不想搬迁，业户也是因为自律小组的带头响应与动员之后才顺利搬迁的。

讲　　述：尹义祥　李村杨哥庄村民
采　　访：张树枫
整理编纂：张树枫

李村蔬菜市场

　　我是 1936 年生人，原籍是诸城。因家里太穷，父母亲带着我和哥哥、嫂子 1945 年前后搬到李村旁边的侯家庄，租村里人家的房子住。外来户，在村子里没有土地，也没有什么手艺，一大家子怎么过日子？经过一番观察，我的父亲就带着我哥哥干起了在李村集上贩卖青菜的小本生意。每天从李村周边村子里个人菜园子里种的青菜收购过来，再走上三华里的路，运到李村集上摆摊卖出去。没有集的时候，就在李村河北沿的河底下摆个小摊卖青菜。青菜摊紧挨着李村河的滚水桥，一年到头忙活着。到了初二、初七赶集的日子，我母亲和我嫂子也到集上卖开水，就是在集上找个空地方垒砌一个土灶台，用燎壶（烧水壶）到李村河里灌满水，放在灶台上烧。水开以后就提着水壶挨个摊位问有没有要水冲茶喝的，谁要水就给倒上一碗开水冲茶叶，收点小钱。当时李村河的水很清澈，水质好，甘甜，好喝。人们都是直接在河里灌满水桶挑回家去喝水做饭，所以在集上卖水成本很低，就费点柴火钱。我当时只有十来岁，有时候也跟着来集上帮帮忙，打打下手。就这样全家靠着李村集的小本生意勉强度日。

　　以前李村集规模不大，集市面积小，赶集的人也少，平时主要是周边村庄的人来赶集。李村是一个中心村庄，由河北、河南、南庄子、东北庄和东兴村五个自然村组成一个大行政村。人民公社化以后，成了李村公社下属的生产大队。因为崂山县政府驻在李村河北，李村就成了崂山县的行政中心。新中国成立以前，人们普遍都穷，生活困难，买不起东西，因此在集上卖东西和买东西的人都不多。除了腊月集人多集大以外，平时集市规模也就是 200 米长，以滚水桥为中心，桥西边是鱼市、菜市，连到侯家油坊、三官庙为止，长度有 100 米左右。桥东的集市也有 100 来米长，主要有几个包子铺和馇锅子的摊位，在河南有卖布的店铺，摊位和赶集的人都不多，新中国成立前后一直是这个规模。记得在日本投降以后国民党统治时期，可能是因为管理上的需要和防止八路军等原因，把李村集从河北、河南的李村河滩搬到了侯家庄前边的李村河滩上，人们对新地方不习惯，不愿意去，过了半年又搬回老地方。从此以后李村集就再也没有离开过李村。

青岛解放以后，实行土地改革，穷人都分到了土地、房子。我们家是外地迁来的，"土改"没有我们的事。一家人还是靠李村集生活，全家都在集上卖青菜和开水。我帮父亲倒卖青菜，我哥哥就给人家搞运输当搬运工，到了秋天也收些水果到市区台东镇去出售。这些水果都是本地人从园艺场里偷出来的，价钱很便宜，贩到台东镇能卖高价。我哥哥就跟他们约定：先收下水果，欠着钱，等到台东镇集上卖了钱回来以后再给。记得在 1951 或 1952 年的时候，我哥哥收了很多水果到台东镇集上卖，卖了不少钱，结果在集上被小偷偷了。哥哥一下就傻眼了：还欠着人家的收购钱没有给呢？这可怎么办！一气之下，想不通，就吃了药到广东公墓那里去了，整整转了一晚上。家里人看到天黑了哥哥还没回来，也急了，到处寻找。第二天，哥哥回来了，自己也不知道是怎么回来的。从那以后整整两年时间，哥哥都像丢了魂一样傻乎乎的。后来才慢慢好过来了。

1956 年实行公私合营，政府把李村和李村集上的各个行业的私营业主都组织起来，成立了很多个合作社，像李村集上屠宰和卖肉的业户组织了李村肉联厂，卖小百货的业户组织了李村百货合作社，做食品和卖食品的组织了食品合作社等等。在集上卖青菜的小商小贩则组织了李村蔬菜合作店。我和我哥哥参加了蔬菜合作社，我父母因年龄较大没有参加。县商业局在 1958 年成立公私合营蔬菜店，从合作店抽了一批人到合营蔬菜店工作，我就被抽调去了。当时我哥哥所在的蔬菜合作店是集体性质的合营单位，我在的公私合营蔬菜店是国营性质的，待遇不同。

我刚到蔬菜合作社不久，国家开始修建崂山水库。这在当年是国家投资的大工程，施工人员有三个大队，其中两个大队是外地的劳改犯人组成，青岛本地的"右派大队"也来参加修建。国家为支援水库工程，专门成立了"崂山水库物资供应部"，组织上就调我去崂山水库工地工作，为工地提供蔬菜副食品等生活用品，货物来源有从市场上采购的，也有从当地采购的。当时李村的蔬菜主要从流亭、城阳、夏庄采购，粮食、鱼、肉是国家供应，生活还不错，工地人员都能吃饱。1958年兴起大炼钢铁后，就把崂山水库工地的供应业务交给了夏庄供销社，我被县里调回来参加大炼钢铁。炼钢地点在李村汽车站边，现在的崂百的北边，是青岛钢厂的厂址，原来是个公墓，后来平了，建了钢厂。记得在当年10月16日，钢炉的吹风机起火，我在救火时摔在鼓风机上，叫鼓风机风扇打了块手指头（中指）。大炼钢铁主要是从工厂抽调的青年劳力，商业去的人少，只炼了三个月就回原来单位上班了。

随着城乡经济的发展，我们李村蔬菜店的经营面积也扩大了，改成副食品商店。后来又分成蔬菜、水产两个店。再后来水产店改成水产公司。蔬菜店又分家，把烟酒分出去成立烟酒公司，把肉食店分出去成立了崂山县食品公司，每个公司下属崂山县的13个公社的商店。

李村原来种菜的很少，一是土地少，再一个是没有种菜的习惯。后来随着青岛城市的发展，需要的蔬菜也就越来越多了，李村和沧口的许多村庄就成立了专门种植蔬菜的专业生产队。李村的蔬菜生产也随着社会的需求和国家经营方针的改变而不断改变。

合作化时，河马石、双山、保儿生产的韭菜很好，人家靠城市近，粪便多，韭菜的质量就好。另外还有流亭赵村的芹菜，夏庄古镇、郝家营的黄瓜和西红柿（杠六九），毕家上流的小葱与草莓都很有名。那些村子天气暖和，青菜、水果下市早，很受居民欢迎。

　　下王埠有一段时间种韭菜很有名。过去村里没有种过青菜，村民很穷，后来市里在下王埠村西建了个养牛场，产生了很多牛的粪便。村民就开始种韭菜，家家都种，用牛尿来浇韭菜地，产的韭菜好吃，出了名了，人们都愿意买。不过当时下王埠不是市里指定的蔬菜生产基地，没有上交任务和生产计划，是私人种的，上边不管。生产的韭菜主要是供应当地村民和到各个集市上出售，集上的人争着买。后来牛场一改造，停产了。没有了牛尿，韭菜也不行了。

　　当时，李村西流庄和吴家村、楼山是市里划定的蔬菜基地。市里根据村子里交售的蔬菜数量来发给村民粮食。青岛市区的蔬菜供应是从沧口当地调拨。农民拉着地排车送到蔬菜收购点，收购点再根据供应计划分给各个菜店。李村是除了市区以外唯一的蔬菜副食品供应店，县委、县政府等机关人员多，供应量大，蔬菜都是从西流庄等公社调拨过来的。

　　1958年人民公社时，李村各村都按上级安排的计划生产粮食或蔬菜以及啤酒花等农产品，上级再根据完成的任务来拨发粮食和副食品给居民。生猪也是计划生产，村民不能私宰，私留私宰属于投机倒把，是违法的。我与市里的食品公司比较熟，当时猪肉供应就是一竿子捅到底，从省里到市里都是政府计划，县一级是最底层的供应单位。

　　1960年开始对集市管理严了，农副商品基本上管死了，县里成立市场管理所来管商业，从各单位抽了一批积极分子来管，凡是私自屠宰的猪肉、鸡蛋、水产品、粮食、糕点、地瓜干、锅碗瓢盆等都管起来了，不让在集上卖，所有的货物都由商业局和供销社的商店来供应，原来大街上和李村集上的包子铺、馇锅子也都没有了。只有蔬菜市场还继续存在。当时我被抽调到李村集上管蔬菜市场，每人发一个市场管理证，有管理执法权。后来回到食品公司，市场管理证一直也没收回去，前几年搬家时弄丢了。

　　管的最严格时崂山县只有几个大集，小集都没有了，取消了。现在的小集都是以后才开放的。当时的市场管理从中央到地方都是有文件规定的，

各地政府严格按照文件规定来执行，李村集是青岛最大的集市，执行文件也严格。

李村集历史最悠久、规模最大的就是蔬菜市场。不管什么年代，从来就没有关闭过。在过去，集市上卖的蔬菜是按季节生产的本地菜，很少有大棚菜和南方菜。春夏季就是韭菜、菠菜、小葱、香椿、水萝卜、苔菜、黄瓜、西红柿等，秋天是芹菜、南瓜、丝瓜等。一入冬，萝卜、白菜、大葱、胡萝卜等冬储菜就上市了，这是蔬菜公司最忙的季节，要给居民供应一冬天的蔬菜，工作量很大，很忙，也很累。忙过了市民的冬储菜供应，集市上的蔬菜买卖就多起来了，不管是来赶集采购蔬菜的还是从各地来销售蔬菜的，都集中在这个时间段上，李村集就迎来了一年中最忙的季节了。

冬天来李村集上卖白菜的商贩最多。李村在历史上自身不产大白菜、萝卜、韭菜等这些大路菜。有大白菜的历史是从人民公社化后才多起来了，但大部分是城阳、流亭、夏庄产的。市里划分蔬菜生产区，城阳、夏庄种植的量多，流亭种的少。一到冬天，李村集上热闹非凡，冬储菜都是北边运过来的，白菜主要是城阳、流亭、夏庄产的，芹菜、香菜、菠菜以城阳、灶户为中心。

在过去，人们在冬天以及春天有几个月的时间靠吃大白菜、萝卜，所以每年初冬都要储存大量的蔬菜。但是冬天气候寒冷，蔬菜不易保存，人们靠什么办法来储？除了一部分蔬菜是放在屋子里保温储存外，主要是在土里储存过冬的。李村本地人不会储存白菜，主要是在家里生炉子取暖，保持屋子里的温度，有的还盖上旧棉被、草垫子，来保持蔬菜的新鲜。城阳等地的大白菜储存有两种方法，一种方法是大棚窖子储存：在地上挖一个大坑，坑口上加上木头架子，上边铺上柴草，再用土压住盖严实，窖子里边放上白菜。这种储存方式储存量大，保存时间长久。还有一个方法是土窖：在地上挖个坑，将白菜、萝卜摆放在坑底，上边放上秸草，再盖上土埋起来，等到第二年春天再挖出来出售。

芹菜储存也是两种：土窖存是从地下挖坑，放进芹菜，上边盖上秸草用土埋好，过年的时候挖出来卖个好价钱；另一种是大棚窖存，但时间长了叶子容易发黄。

香菜也是土窖储存，直接埋土里，撒上一层土冻起来保存。香菜不怕冻，冻了也不要紧，只要天一暖和就能化开，卖时一化冻跟新菜一样。

土豆也是过冬菜，本地出产最多的是胶州东北乡、平度西南乡。一到秋天，大车小车拉到李村来卖。大蒜是临沂的，姜是诸城的，藕是章丘的。大葱分长葱和短葱两种，长葱是章丘产的，短葱是寿光产的。再后来平度、莱西也种大葱。质量也很好。

胡萝卜过去不值钱，种的也少。现在受重视，生产的多，出口也多。

过去李村集也有小油菜卖，是从南方进的，数量少，容易烂，是蔬菜公司统一组织进货，价钱不贵，因为对蔬菜生产和销售国家有补贴。

在李村集上还有许多有代表性的行业，算不上像蔬菜、粮食、水产这样的大行业，但也是挺有代表性的，有的已经不存在了。

讲　　述：朱凤周　原崂山县商业局蔬菜食品店退休职工
采　　访：张树枫　王晓瑛
整理编纂：张树枫　王晓瑛（协助）

"大六八" 卖糖球

我是李村郑庄人，今年 77 岁了。1953 年我 13 岁时开始卖糖球，直到 80 年代改行卖棉纱为止。

我们郑庄是有名的糖球之乡。新中国成立前生活贫苦，粮食不够吃，到了冬天就开始做糖球和编耙篓卖。旧社会除了几个地主外，差不多十家有九家都做糖球卖糖球。有的从农历十月一就开始卖糖球，一直能卖到清明节，这样的户数能占到 1/3。大部分的人家是从腊月开始卖，一直卖到正月。新中国成立后，这个习惯一直传下来了。

俺爹叫吕辉显，上过几年私塾，上学上到二十一，在旧社会算是有文化的人了。他过日子不如俺大爷有办法。年轻时候到日本人办的纱厂去上班。他有文化，也聪明，干活好。日本纱厂选了一批中国工人到日本培训，俺爹也去了。培训回来以后，那些人都当官了，俺爹不愿意当，还是当工人。虽然他干活好，但脾气不好，光跟日本人顶嘴，后来就不在纱厂干了，上市里干。但不是全年都有活干。干苦力又不会下力，推着个车子光直着腰，不会用力，一车也就能推二百来斤，还累得要命。后来就在家里下地干活，冬天出去卖糖球，赶李村集。家里边有七八口人，养不过来。我是家里的老大，没有办法，不能上学，早早就退学在家干活养家，拉把弟弟妹妹。弟弟和妹妹都上了学。

以前村里都是自己买山楂、买糖稀、做竹杆，自己穿山楂葫芦，做成糖球，然后自己扛着把子出去卖。每年霜降以后，山楂下来时候就和俺爹推着小推车到李村集上去进山楂，买回山楂来就放到大缸里边，等进了腊月门了就开始做糖球出去卖。

1953年我13岁，收成不好，地里没有水和肥，种子也没选好，苞米长得又短又小，还招了虫子，产量很低。粮食根本不够吃的，生活很艰苦。所以，那一年冬天坡里（地里）没有活干了，俺爹就让我自己独立出去卖糖球。

头一次出门卖糖球，扛着个把子插上糖球葫芦到了集上卖。卖完以后，自己买了一个馒头，一毛钱一个，不舍得吃，拿回家了。后来学会吃了，一天能挣三个馒头了。

当时做糖球成本低，山楂一毛五一斤，白糖六毛钱一斤，红糖四毛五一斤，糖稀两毛五一斤。买不到糖的时候就用地瓜干和麦芽熬糖稀，后来也用糖块化开熬糖稀。当时粘山楂用的糖很少，刚刚挂一点点糖渣。一般来说一斤糖可以粘50斤山楂，用得少的能粘一冬天。现在一斤糖只能粘三斤山楂，差别太大了。买竹子花不了多少钱，有时到海边船上买渔民用废了的竹篙，一元一根，买回来截断了劈开做竹签子。有的是到辛家庄或者晓望村竹器加工厂去买下脚料回来用。糖是上市场买来的。实行凭票供应后，就托人到商店或者外贸仓库去买。

糖球是按照山楂大小、个数多少来串的，一般每支15个山楂，也有个数少一点的。山楂大的、个数多的卖得贵一些，个头小的和个数少的卖得便宜些，平均一支山楂能挣一分钱，一个糖球把子能插几百支，开始的时候卖得贵一些，后来就贱价处理了。一个集市下来，算算账，一天能挣几元钱。当时上功夫市干一天才挣五六毛钱，还是卖糖球合算，所以大家都去卖糖球。当时到李村集上一转，差不多都是郑庄的糖球。李村集是大集，离家又近便，所以每集必赶，也没有卖不了的糖球。除了赶李村集以外，周边的大集市和四方海庙（海云庵）、沧口、营子、板桥坊等大一点的地方都是卖糖球的对象。

卖糖球是个吃苦的活，就是扛把子走着卖。后来是用自行车驮，再后来是三轮车、摩托车。20世纪五六十年代全是一天到晚走村串乡跑路吆喝，吃不上饭也喝不上水。都说卖糖球的人是"姐溜（知了）肚子兔子腿"。"姐溜肚子"是说肚子里没东西，忍着饿，吃的少，抗饿。"兔子腿"是说卖糖球的到处出溜，那儿都能去跑，腿就像兔子一样快。

我当时能跑路，经常是天不明就出门，拉黑天才回家。我的小名叫六八，可能是俺爷爷68岁时生的我，俺爹就说我是

> "大六八卖糖球，
> 起早连晚上沧口。
> 一流营子板桥坊，
> 电灯亮了才回家。"

现在村里的老人还都知道这段顺口溜。

俺郑庄村在新中国成立前就很有名，村里人多，地好，庄稼好。当时有句顺口溜："要想吃好饭，必定上郑疃。门东门西大黄涧，村前一个莲花湾。"郑庄地好，"山根子地瞎了也打三块"，是说山前有块山根子地，土质好，不缺水，旱涝保收，天旱或涝了也能收成三袋子（块）粮食。地好庄稼品质就好，俺村的豆子价钱卖得就比中韩的豆贵。在大集体的时候，我们郑庄就比周边的村子富。有糖球生意、有编耙篓的副业，还有砖厂。

卖糖球的时候也会因为郑村的名气惹上莫名其妙的事。有一次我到水清沟去卖糖球，遇到一个七十来岁的老头。一看我扛着个糖球把子，就问我是哪儿的人。那年我才十三四岁，很单纯，就说我是郑庄人。没想到那个老头一听就翻脸了，粗声大气地说道："我心思着嘛！"就气哼哼地走了。我感到很怪，回家一问俺爹，才知道原来在清朝的时候，俺村的人和他们村的人打过官司，是因为俺村的闺女嫁到水清沟受到男人虐待，被折磨死

了，郑庄人到即墨县衙告状打官司，赢了。从此两个村庄就结下了仇，水清沟的人发誓说"宁可天火烧，也不和郑疃交"。两下互不来往，也不婚配。我是莫名其妙地受了气。

1958 年以后，搞人民公社化了，我就不再卖糖球了，在村子里种地、搞副业，冬天编耙篓。后来又出去卖了几年糖球，"四清"的时候不让卖，就偷偷地去卖。半夜里出村子到外边卖，走得晚了叫民兵碰上了就要没收了。不过走得早了也是个苦差事，去远的地方还好说，人走到天亮到了地场就可以做买卖了。但要是像李村集或者是近便的集市村庄的话，去得早了天不亮，集上也没有人。怎么办？只好找个地方避避风、眯眯眼。那个时候的人抗冻，咬咬牙抗一抗就过来了。天亮集上上人了，就开始走动着卖，运气好的早一点卖完回家去，运气不好的话卖不完还得到乡下去卖，卖完了才回家。

20 世纪 70 年代末，可以公开卖糖球了，村里的人们又开始大批做糖球出去卖。80 年代，山楂多了，糖也好买了，这个时候卖糖球可挣钱了，卖一天的糖球就能挣两袋子面粉。这样一来，做糖球的人家就更多了。郑庄村有 500 多户人家，有 70% 的家庭在做糖球。海云庵庙会、李村大集、湛山寺庙会等都是郑庄的糖球。

再后来，糖球生意不好做了。一是外地人做的人多了，竞争多。二是人们算了个账：打一天工能挣 30 元钱，而全家人做糖球卖才挣 50 元，不合算。当时我看到倒卖棉纱挣钱多，就不卖糖球改行去捣鼓棉纱了。

讲　　述：吕可元　李沧区郑庄村村民
采　　访：张树枫　吴　娟　刘　锦
整理编纂：张树枫

庄子蜡与黑大成

　　李村大集上的特色商品很多，其中有一种早年居民过年和节庆活动时必备的特色商品是蜡烛。而李村大集最出名的蜡烛产地是庄子村。

　　蜡烛，又名蜡炬，是我国特有的一种照明工具，一般是官宦人家和有钱人所用。另外，蜡烛还有一种功能，那就是在祭祖、拜神等节庆活动中必备的贡品，与香、纸同名共用。在春节过年这样每年最隆重的大吉时刻，每户人家都要在供桌上摆满供祖宗享用的祭品，摆上几支烛台，点上蜡烛，插上三炷信香，年味就出来了。蜡烛有大有小、有粗有细，但最根本的要点是必须保证蜡烛光辉明亮，终夜不熄。

我们庄子村生产蜡烛有 120 多年的历史，是李村地区做蜡烛最集中的村子，当年在胶东地区都很有名，一提"庄子蜡"大家都知道。每到冬天，庄子村的人就把生产的蜡烛用小车或担子运到李村集或者周边的麦坡、侯家庄集市上去出售。赶李村集的人一听是庄子出的蜡烛，就都来买，庄子蜡就成了李村集上的著名品牌。因为蜡烛的需求量很大，挣的钱也较可观，庄子村里做蜡烛的家庭很多，最多的时候有 33 家专门制作蜡烛的家庭作坊，成为村里重要的产业。后来，随着生活水平的提高，特别是电灯的普及，照明蜡烛的需求量越来越少，生产规模逐渐减少。蜡烛的品种也从日常照明功能向着节庆和祭祀的功能倾斜。随着前几年庄子村旧村改造，老住户搬迁，加上市场萎缩等原因，现在庄子村基本上很少有人制作蜡烛了。

庄子蜡最有代表性的是我们黑家蜡烛。经过四代人的坚守，黑家蜡烛已成为庄子蜡的代表和品牌。我们黑家蜡烛第一代创始人是我父亲的爷爷，也就是我的老爷爷，名叫黑连资，二代传人是黑孟雪、黑明月兄弟。三代传人是我父亲黑明仁，到我这已经是第四代传人了。

我出生于 1978 年。由于家庭影响，从小对制作蜡烛耳闻目染，爷爷在世时，就跟着爷爷学习简单的蜡烛制作。1997 年参军，三年后回到家乡，从此开始正式向父亲学习制作蜡烛工艺，不久又自立门户，成为新一代黑家蜡烛的接班人。

制作蜡烛的工具比较简单，关键是制作工艺和技术。蜡烛制作的工具要看家庭作坊的规模。一般的家庭作坊需要有一个大火炉、三口大铁锅（六印、八印、十印的铁锅各一个）、六个小铁锅、苇子秆、棉花、白石蜡、羊脂、大木板、棉芯、大桶、模具等器件。这些工具里边火炉是用来给大锅加热的，十印的大锅是用来熬油蜡用的，八印锅是用来调色的，六印锅是用来调剂颜色用的；大桶是用来装烧开的油脂的；木板是用来支胎子的；模具是用来给蜡烛固形的，但一般都用于制作大的蜡烛，小蜡烛是手工制作，用不着模具；石蜡、羊（牛）脂、棉花、苇秆、棉芯则是制作蜡烛的基本原料。

石蜡是化工原料，以前是到四方和沧口的化工店去买。后来到即墨南龙湾进货。即墨南龙湾有个叫黄克先的人，每年都到大连去进石蜡等原料，他那里东西齐全，价钱也便宜，庄子村制作蜡烛的人就都到即墨南龙湾进货了，一直到现在。羊脂是绵羊身上的油脂，也是从即墨进货，进货的地点是即墨西山前村。

在制作蜡烛的工艺中，苇秆是不可缺少的原材料。但并不是随便一种苇秆都可以用来制作蜡烛杆。一般的苇子秆太脆、不硬实，只有长在半咸水或盐碱地里的苇子秆才能用来制作蜡烛。我最喜欢用的芦苇是棘洪滩和沙子口栲栳岛海滩上的芦苇，因为这些地方的芦苇秆粗壮结实。收芦苇秆也有讲究，要到霜降后才能到海滩去收割，收回来再储存一年后才能使用；熬石蜡的火炉子用的燃料也很讲究，不能用煤炭当燃料，煤火太旺容易影响蜡的质量，只能用木柴来烧火熬蜡。

蜡烛的规格有很多种，庄子蜡制作时小蜡都是手工制作，不用模具。大的蜡烛要用模具。手工蜡分为四蜡、六蜡、二（老）五蜡、斤蜡等。四蜡是点亮用的，斤两小，身子细，光线较暗；六蜡比四蜡粗一些，斤两也重一点，稍亮一点；二五蜡小于斤蜡，大于四蜡；斤蜡是有钱人用的，斤两重，身子粗，光线亮；也有一种是特大一号的，一次蘸三支，是专门供大单位用来开张、宗族祠堂祭祀用的。在这些规格中，小蜡烛数量最多，每年一个腊月里能卖出两吨多的蜡烛。另外，五六斤重的中等蜡烛能卖数百斤，八斤重的蜡烛能卖1000多斤，这些蜡烛一般都是预订。大蜡烛一般都是成对卖，当时黑氏三家一次就能制作出七八十对蜡烛。

每年的蜡烛是在阳历12月份开始制作，一共制作一个月时间。工艺是，先将芦苇秆去掉外皮，按所需尺寸截成整齐的短杆，将棉花一圈一圈的缠在芦苇秆上。然后将羊脂或牛脂放在大锅里用火烧开以后，将缠上棉花的芦苇秆放到油脂里稍微一炸，再用手慢慢揉搓，使得棉花在苇秆上更加紧密结实。然后将白石蜡倒进锅里，与羊脂或牛脂等材料搅拌熬煮。一般是早上七点开工，八点半就化开了，把烧开的油脂倒进大桶里，用勺子来回搅拌。等到温度不冷不热的时候，拿起芦苇秆插到桶里蘸蜡。蘸好以后，放在大木板上晾蜡烛胎心。晾干后再放进桶里蘸，然后再放木板上晾干，如此反复七八次才算完成，时间也就到了晚上八点钟了。

为什么要有这么多的工序呢？是制作者为了保证蜡烛表面光滑平整才如此严格操作的。大的蜡烛要用模具制作，模具是用铅、锡制作的，成本较低，容易损坏，一般两年就要更换。趁着油脂还热时，将油脂倒进模具里，晾干后再刷色，有的还要根据客户要求印上文字和图案。一般来说，一个家庭作坊每天用的石蜡、油脂等原料在 100 斤左右，比例是 100 斤原料中，有 70 斤的白石蜡、30 斤的羊脂。做蜡烛用的调色材料是氧红粉，但也不固定。100 斤的原材料能够制作出 40 斤的成品。

庄子蜡之所以信誉好、质量优、卖价高，除了严谨的蘸蜡工序外，还有独特的上色工艺。像胶南等地制作的蜡烛都是用绳子吊起蜡烛来刷颜色，而庄子蜡则是用手扶着，一次性转着刷，这样刷出来的蜡烛颜色均匀好看，卖相好，价位当然也高些。在集市上小蜡烛的价位比较固定。大蜡烛特别是特大号的蜡烛都是客户预订的，至于价格就要看客户能出多少了。

蜡烛主要在李村集卖，也到浮山所、侯家庄等集市去卖。一进腊月门就赶集摆摊卖蜡烛。以前是第三代传人也就是我的父亲黑明仁和我妈两口自己制作出去卖。2001 年我从部队复员回家，学会蜡烛制作技术和工艺，接过父母的生意自己制作，自己到李村集等集市卖蜡烛。以前卖蜡烛的时候，老黑家的知名度不太高，为了占一个好地场，早上两点钟就要从家里出发赶到集上。腊月天气冷，去得早了没有开市，又没有熟食热水，身体冻得发抖，很苦。腊月集上卖蜡烛的摊位也很多，赶集的人都知道庄子出的蜡烛好，但并不知道哪个摊位是庄子的蜡烛。卖的时候为了竞争和信誉，还要拿出身份证来证明自己是庄子的居民、老黑家的蜡烛。后来赶的集多了，老黑家的蜡烛名气大了，大家也都认识了老黑（黑明仁）和小黑（黑大成），

411

卖得就很顺利了。后来，《半岛都市报》《杭州快报》等媒体闻知后专门来采访庄子黑蜡烛，在媒体上介绍。2008年奥运会期间，《杭州快报》专门来黑家取样，说奥运会要用"五颜六彩的蜡烛"，但不知道后来怎么样了。随着媒体宣传和客户口碑相传，庄子黑蜡烛的知名度也大了，生意也就好做多了，一些南方的客户也远道而来，专门定制购买老黑家的蜡烛。一个南方的老板一次就订了13对大号蜡烛。

　　我对于庄子蜡的前景也有犹豫，前些年挣上几块钱就觉得很不错，大家都挣钱少，钱好使嘛！现如今挣的也是那么多钱，但钱不值钱了，所以庄子村的人都不干蜡烛活了，我也不想再干了。但我父亲劝我说："再怎么说也能挣碗饭吃，还是干吧！"也就这么干下去了，也没想着做大。1994年的时候，《半岛都市报》的记者劝我申报个注册商标，要交95元钱申报费，我没有去办理。前几年各地申报非物质文化遗产，庄子蜡也没有申请，主要是不懂怎么申报，也没有人来告诉咱。另外，现在集市管理费也提高了，给蜡烛制作和出售带来了一定的困难。

　　讲　　　述：黑大成　李沧区庄子村村民
　　采　　　访：张树枫　吴　娟
　　整理编纂：张树枫

我在集上卖字画

我的卖字画经历是从"投机倒把"开始的。

1969年农历腊月十二日是李村大集日，我带上前一段时间画好的10幅四季花鸟画卷，也带着一家人满满的期望来到了向阳路南头桥边的大集一侧，拿出一幅画揣在怀里，藏好另外的九幅画。尽管是寒冷的清晨，但来赶集的人已是不少。我穿梭在人群里，怀里的画卷露出一端，轻轻摇动着向走过的行人悄声问道："《四季花鸟》，要吗？"

那是一个不能搞"资本主义"经营的年代，只能偷着在"地下"销售。遇到感兴趣的人询问，我就把人领到一个僻静的地角，拿出藏在怀中的画卷给人观看。来人看了感到满意，就讲讲价钱，双方成交。如果没有看好画卷或者对价钱不满意，就摇摇头离开。但在那个缺少文化氛围的时代，集上的人们还真有不少感兴趣的，不时有人前来询问，不断地谈判成交。当太阳升起的时候，10幅《四季花鸟》已换成一笔"巨款"——39元钱！过年、明年春天一家人的生活费有着落了。在那个特殊的历史时期，有多少人用不同方式来到李村大集，大集也用它博大的胸怀为周边多少人、多个家庭解决了燃眉之急和生活困难。

我们这一代人都记得，20世纪60年代中期，"中国年"的重要标志被迫淡出社会。但人们对传统年文化的情愫是割舍不断的。当时写对联用的大红纸在文化用品店里是必须用单位证明才能买到。1968年秋季，我托关系从人民造纸厂买了1件"古版纸"（1件是5令纸，每令是500张纸），自己加工大红纸。先用白矾加糨糊加入适量"碱性桃红"刷一遍，晾干后，再用大红广告粉调上胶水刷一遍，晾干后就是写对联用的大红纸了。一张成品纸写成对联能卖三元钱，扣去成本（纸、材料、墨汁等费用），净利润二元五角。每年立秋后我就筹备纸张和各种材料，写对联，也画画儿，一进腊月门就到各个集市以及李村大集周边街巷和村子里销售。你知道吗，在 1976 年之前，李村大集是不能公开销售对联的。我在这种禁令中销售对联竟然长达 10 多年！

随着时代的发展，人们对文化产品的要求越来越高，作画用纸从开始的 90 克的晒图纸到 110 克的大版纸，再到后来 140 克的绘图纸。作品题材从开始的青绿山水，到"洪福齐天""金玉满堂"。人们住宅的改善提升了对美好生活的向往。当时所画的山水画是由山水中堂（宽 1.25 米，高 2.2 米）、对联（宽 45 厘米、高 200 厘米的东莲花和西牡丹各一张）共三张组成的专用年画，售价从四元起始，涨至 6 元、10 元，后来涨到 12 元。从 1969 年开始有年画销售到 1993 年，山水年画作品不断更新，价格也快速上涨。我的年画是纯手工绘制。

从 1969 年我的山水画在集市周边和村子里偷着卖，到 20 世纪 70 年代中期可在集市半公开销售，众多民间画师自画自售，优胜劣汰，最后胜出的只有台东王氏三兄弟，亢家庄的老杨、老亢，下王埠的老王（建信），三家占有李村大集山水画的绝大部分市场。除传统的宗谱外，每年腊月的七个集市日，李村大集年画的销售量在 4000 幅左右，给我们传统的年文化增添了浓重的一笔。

撰　　稿：王建信　李沧区下王埠村村民

下王埠的编筐人

李村集市贸易的一个重要部分是土杂品市场，而在众多土杂货商品中，竹木编制品占有重要的位置。其中下王埠的竹木编织是李村大集杂货市的一个代表。

张守松：我是在 20 岁的时候开始学着编筐篓的。当时家里人口多，劳动力少，生活困难，挣不上吃的，就想着学点手艺补贴家用。当时就琢磨着农村里用的筐篓、篮子多，要是学着编点筐子、篮子什么的，还能卖点钱补贴点家用。可是村子里没有人会编筐，也没人教我，怎么办？就想到李村集上有卖筐篓的摊子，除了卖编好运来的现成筐篓，也当场现编现卖，还不如去集上看看，学点门道。就去了李村集，在人家编筐篓的摊位边上偷偷地看、偷偷地学。都学些什么呢？就是看人家怎么插把子，怎么劈条子，怎么编花样。回到家里就自己照葫芦画瓢地学着编，编起来看看，编不对就再拆了重新编。一时还编不好就在下一个集上再去偷着学，回家来再学着编。记得第一次编的是个牛笼嘴。怎么想起编牛笼嘴来呢？那天我跟着俺爹上坡（下地）的时候，牵的牛老是张嘴去吃人家的庄稼。那个庄稼人就说："你就不能给牛编个笼嘴戴上啊！戴上它不就不吃庄稼了！"回家以后我就试着编笼嘴。上山砍了一捆青柳条子，回家编了两个小时，编的越来越大，收不起来了，编成个大筐了。俺爹一看就笑了，说："你这是编个笼嘴还是编个粮食囤？"我也不好意思，琢磨了一下，拆开再编，这次编成了。这下有了信心，就出去推回来一车的苹果树枝子，是秋天修剪果树剪下来的，修理修理树枝子，用它编篓子，一天编了两个。一看还行，就开始正

415

式编，一个集的空档能编十来个篓子。编出来以后，先在自己家里试试效果，觉得差不多了就出去试着卖。不好意思到李村集上去卖，先到了晓翁村三官庙前去卖，五毛钱一个，卖了十个篓子，挣了五块钱，可真是高兴坏了。从此以后就放开手脚搞起了编制，胆子也大了。等到了二、七李村集，就用小推车装着篓子到集上卖。平时也到沧口52号"难民院"去卖，那儿的人多，东西好卖。

当时李村集上不让卖这些东西。河南村有个开茶炉的，是我一个亲戚。我就跟他说好了，天不亮就从家里出门，推着个小推车装着筐篓到了集上，把东西放在他家里，只拿了一个篓子上集上偷偷地卖，每个篓子卖一块两毛钱。卖完了以后再回来拿另一个出去卖。一次，李村管理所有个女的看见了，把篓子拿走了，要没收。我跟她说是大队里让我卖的，因为我家里没劳动力，人口多，拉了一腔的饥荒，才自己编了一个篓子来集上卖。说到最后不没收了，但要贱买我的，一块二毛钱的东西 要两毛钱买走，否则没收，两个人讲了半天，最后给了五毛钱。

当年李村集上卖筐篓、篮子的都是即墨人，筐篓质量好，人们都去买。我初学编织，编的东西肯定不如人家，也就卖不出好价钱，便宜一点，也都能卖了。不管怎么说，我也是李村集上第一个在集上编筐卖篓的本地人。后来编的时间长了，质量也好了，人们认可了，东西卖的价钱也好了。本地人跟着学习编筐编篓的也就多了，我们村子里就有侯文福、张守高、方守发等人在集上编筐卖篓，生意也都很不错。

当时是集体化，筐篓用的很多，本村和市场需求量很大，不管是大车、地排车都需要木头挡板和树条子编制的挡板。下王埠编筐的人虽然不多，但编的筐篓数量大、质量好，有名气，大家都愿意买，在李村集上占有一席之地。

当时李村集上竹编也卖得好，像竹篓（篮）子、竹篦子买的人很多。特别是进腊月门以后，人们都买篦子回去蒸馒头、包子，销量很大。这些竹编差不多都是南方来的。我也捉摸着编竹器，主要是编蒸馒头的软篦子。

一开始也是编不成，自己就慢慢琢磨，边学边编，学成了就编了出去卖。编竹篓子的原材料是从沧口的竹器厂买的下脚料，还有织布厂织的布里边做轴子的竹批子，反正是哪儿有卖的就到哪儿去买。竹子下脚料是二分钱一斤，一斤材料可以编一个篓子。一个篓子卖多少呢？青皮（外皮）的篓子卖三毛钱一个，瓢子（里子）的篓子两毛钱一个，一般每天能编 15 个。秋末开始编，冬天地里没有活了，编的更多，腊月里都就卖完了，很赚钱的。

编制农业上用的筐篓数量最多，买的人也多。用的原材料有棉槐条子、柳树条子、山椒条子和果树条子，最多的是棉槐条子。材料开始是从李村集上买。秋天处暑以后，树条子成熟了，就可以用了。一到秋天收条子的时候，从山里拉到李村集卖棉槐条子的就挤满了李村河底下。那时候我和村里的人就推着小独轮车到集上进材料。有时候到了腊月里树条子用完了，李村集上没有卖的，就得到即墨的集上去买。有一次我和村里侯文福到即墨去买条子，骑了一个自行车，推着一辆小推车。到了集上后，一共就剩下了三车条子，900 多斤，我们全要了，装上车子往回走。那一天风刮得挺厉害，去的时候刮北风，是顶头风，好在是空载，感觉不出累来。回来的时候变成南风了，还是顶头风。一个小车载着 900 斤树条子，上边还放着一辆自行车，两个人轮换着，一个推的，一个拉的，一路顶风往回走。走到流亭的时候，累得实在走不动了，就把车子放下，侯文福骑着自行车先回去找他弟弟，又推了一个小推车来迎。我们在流亭吃了两碗面条，把树条子分开装在两个车子上，赶紧往回赶。上午离开的即墨集，到了晚上 10 点多才回家，赶紧把树条子卸下来放在井水里泡着。不是不累，实在是因为编筐篓没有条子用了，早点泡好了好早点用来编制，尽量在过年前多编点筐篓多挣点钱。

泡树条子和劈树条子都有讲究，不能乱来。秋天收的新鲜树条子，晾到半干最好使唤，最好编。冬天和春天的树条子都是干透了的，不能用，要放在井水里泡。为什么要放井水里泡呢？因为天气冷，外边水凉，条子泡不好。冬天井水的温度比较高，条子放在井里边泡得快，不硬不软，好用。

树条子泡好后，还要加工，把每根条子劈成三片，才能编织。劈条子有专用工具，开始是用木头制造的，刻三个棱，把条子破成三片子。后来即墨人用牛角做劈子。再后来就有了翻砂做的生铁工具，用它劈条子不裂不断，效率高，好用。

编筐的工序是搁条子16根，扶正后顺时针扭一扭，插上条子，每三层一个花，编到搁条子头就到半中间了，就用差一点的条子编。编到了筐沿了再插上好条子来编，直到收口就编成了。编的筐篓种类很多，有偏篓、粪篓、草篓、果篓、菜篓、海篓子等。其中偏篓是用在独轮车两侧或者三面的，用来装苞米、地瓜等农产品；粪篓是专门用来运载粪土到地里做肥料的；果篓是用来装水果的；草篓是用来装荒草的；除筐篓外，还编草箅、笪子等农具，竹笪子是用来蒸馒头包子用的，属于炊具类，家家做饭都离不了。菜篓一般也是竹子编的，用来盛蔬菜、瓜果的；海篓子是渔民专门用来捞海鲜的，海边上的人才用。我本来不会编，就去买人家使剩下的废篓子，回来参照着样式编，先编成个小篓子，再按个把，就成了。专门卖给靠海的人赶海用。

除了日常的筐篓之外，我还编过一种特殊的编织品——树条子棺材，是用来盛敛死人用的。记得是在三年困难时期，当时木材缺乏，不让做木头棺材卖，村民生活又困难，也买不起棺材。有一年，村里一个人死了，没有棺材，也舍不得让老人光着身子裸埋，就求我给编一个棺材装死去的老人。我说我从来没编过棺材，编不了。但怎么说也推脱不过，就去买了50斤树条子，编了一个棺材，不要钱，送给人家把老人给埋了。后来村里死了人，都是我给人家编棺材。本来我不收编织棺材的钱，可是人家非要给钱，每个棺材给个十块八块的，我不要。因为都是本村的人，再说编一个棺材的成本很低，树条子才两块五毛钱的成本，就是一个工夫钱，不要。有一次，有家人家的一个的闺女死了，得要一个棺材，那会正是个冬天，天气很冷，院子里不能编，南屋里边又放不下，只好分开编，一页一页地编成了六页，再连起来，就成了一个完整的棺材了。编了树条子棺材有两三年的时间。后来国家允许做棺材了，村里再死了人就用木头棺材了，也就不再编了。

张守廷：我是在1976年以后才开始编筐篓的，跟着我大哥学的。开始时编个小笼子、小篓子，学了十天八日的，学会了，就编了几个上集上卖。在这之前也经常看，学得有点数，但手艺不行，编得不好，只能卖得便宜点。既编竹子的，也编棉槐的。我编的竹器主要是篦子，原料是从青岛的竹器厂买的，原料分好几个等级，价钱不一样，编精篦子的竹子有一毛钱、八分钱、五分钱等。编筐篓的原料主要是棉槐，棉槐条子便宜，产量也多，编出来的筐子、篓子也便宜好卖。

当时李村集卖筐篓的市场在老桥西边，就是现在的向阳路桥西边，三官庙前边，靠着粮食市。逢集的时候，都要去赶集。冬天早上五点钟推着手推车到集上占场子，每次带二三十个筐篓，每集都能卖完。筐篓主要是开春、秋天和腊月里好卖，山里边的人到了腊月和春天买的特别多，用篓子装粪挑到地里当肥料。

到了1983年，集体化不搞了，村里分田了，自己单干，就不再编筐篓了，改成种韭菜，比编筐篓更挣钱。1983年以前家里也种韭菜，但种的少，才几厘菜地，产量低，一个月只能卖一车。后来扩种了，种了三分地的韭菜，一年割六道，几乎天天卖韭菜，一次一百来斤，挣得钱不少。

不编筐篓的另一个原因是集体化结束后，筐篓这些东西用的少了，没有了市场需求，就不挣钱了，村里的人也就不去干了。现在已经没有人会干这些手工活了。

讲　　述：张守松　张守廷 李沧区上王埠村村民
采　　访：张树枫　吴　娟　刘　锦
整理编纂：张树枫

张氏兄弟香油坊

在李村新大集的调味品市场上，依次排列着三家香油作坊兼店铺："张永岭香油铺""张永芳香油坊""张永喜香油工作部"。人们常说："打虎亲兄弟，上阵父子兵。"这三家香油店铺就是李村大集上我们张家真正的亲兄弟。

我的老家是德州市夏津县。我们村一直有制作香油的传统，村子里的人家几乎家家都做香油生意。我家爷爷就会做香油，是一个亲戚教的。我爷爷把做香油的技术传给了我父亲，又传到了我们这一辈，我们家弟兄四个都是从小跟爷爷、父亲学着做香油。到了20岁的时候我就自己干了。当时本钱小，也就是一个家庭作坊的规模。秋天收购制作香油的原料——芝麻，回来加工制作成香油再出去卖。产量小，交通工具不行，就是骑着个自行车带着油桶到四乡八疃去卖，手里拿着个拨浪鼓，一边"卟愣、卟愣"地敲，一边吆喝着卖香油。就这样穿村过庄地卖了两年，生意不好也不坏，竞争挺厉害，香油不好卖。到了1986年，我二哥的媳妇也就是我二嫂子娘家的一个远方侄子跟我二哥的岳父说："你们这样干是干不大的，我有一个弟弟叫徐德庆，当兵转业在青岛市崂山县工商局工作。青岛那个地方大，经济发展快，你不如叫他们兄弟到那边发展，我给写个信带着直接去找他。"我们弟兄们一听，觉着这是一个好去处，有老乡照应着，不会在外受欺负。商量了一下，我就和我二哥一起来青岛，找到崂山县工商局，见到了在这里工作的徐德庆。徐德庆人很热情，对我们介绍说："李村是个大地方，经济发达，居民收入挺高。李村集是青岛最大的集市，人流量很大，交易额很高。但是据我观察集上的调味品不多，卖香油的就两家，还是外地人来卖的，你们看看情况吧。"我们到集上一看，李村集的摊贩多，客流量大，肯定会有市场，就决定在李村发展。徐德庆帮我们在李村河南庄租了一处房子，我和二哥就把家属和工具也带来了，在河南庄住下了。两家住在一起，合伙干，一起加工芝麻卖香油。开始的时候生活很苦，我们哥俩租了四间房子，居住条件很差，又是住家，又是开作坊，拥挤得很。加上又是外乡人，在李村人生地不熟的，肯定有困难。但好处是李村人好，不欺负外地人，加上有徐德庆的照顾，在村里和集上也就没有人来找事欺负我们。

一开始的时候，大家对我们张家的香油不了解，吃香油的也少。当时钱值钱，芝麻每斤六毛钱，两斤半芝麻能出一斤油，每斤香油卖三元六毛钱，但是买的人不多。李村集五天一个集，每天能卖五斤香油就很不错了。不逢集的日子就推着车子到各个村里去卖。卖了三年香油，既不赔也不挣。三年以后，打开销路了。主要是因为长期在村里和集上卖香油，大家都熟悉了，都知道张家的香油质量好，价钱便宜，斤两足，够秤，来买的人就多起来了。顾客大多数是当地的农民，一般都是三两二两的买，最多买半斤。但是买的人多了，数量也就上去了，生意就好了。过了一段时间，我和二哥分开单干，我就注册了"永喜香油"。有了品牌，知道的人就更多了，生意就更好了。过了几年，我在老家的大哥张永岭、四弟张永刚两家也都来了，真正是四个兄弟闯青岛。四弟自己在沙子口干，我和老大、老二弟兄三个在李村集上干，弟兄们一起创业，干了8年。后来生意干大了，各家的孩子也都大了，就分开各立门头，都是打着张家香油的招牌，分别注册以自己名字为商标的香油店铺，像"张永岭香油""张永芳香油""张永喜香油"等。张家香油在李村集上成了名牌商家。

1990年，是李村集香油销售的一个重大转折点。随着中国与韩国的建交，来青岛的韩国人日益增加。韩国人在逛李村集时，发现李村大集上的香油质量好，价钱又便宜，就来购买，一买就是好多桶，大批量的买，通过货船走私带回韩国出售，可以赚上十倍的差价。这样一来，香油的销售量大增，李村集的张家香油成了著名品牌。我们几兄弟也都挣了很多钱。为了扩大生产，我就从韩国进口了两台先进的榨油机器，加工芝麻，又改进包装，把成品香油装在油桶里，便于运输出口。韩国人专门坐船来青岛购买，找人带过海关，走私回国赚大钱。用机器制作的香油优点很多，机器压制香油要比小磨制作的香油产量高得多，可以在市场现打现磨，压制出来的香油味道很香很浓。但缺点是香油的颜色发浑，沉淀以后香味会差一些，保质期也不如小磨香油长。

张家香油出名后，电视台、报纸经常来报道。但首先是韩国的电视台来李村集采访报道，是青岛市和崂山区外贸局的人陪着来的。记得当时小苗还是工商所所长，也一起陪着到大集上来现场拍摄。另外还有区卫生局局长、工商局局长和公安派出所所长等陪同，一共陪同韩国电视台的摄制组拍了三天，专门拍摄纯小磨香油的制作过程，看看这小磨香油到底是怎么来的。韩国电视台的这个栏目有点类似中央电视台的《正大综艺》，来过好几次现场拍摄我的加工过程，从原材料加工到出售的全部工序都给摄像了。回到韩国以后就在电视上播放，大家就都知道李村集上的张家香油了，韩国人争着购买中国李村的香油，我们家香油出口的数量也就急速增加了。你说这么公开让韩国人现场拍摄香油制作过程会不会泄露制作工艺的秘密？不会！外国人都想来中国偷学工艺技术，韩国人一心想知道小磨香油的制作技术，来拍摄的目的就是这个，我都知道。但是不怕！他们可以全程拍摄我的制作工序，这些都可以拍，可以学，但是核心的技术他怎么拍也不会知道，学不去。那就是加多少水、加多少料不能告诉他，这才是张家香油制作工艺的核心技术，只要不专门告诉他，外国人是偷不去的。所以他们要拍就让他拍好了，不怕他偷学，他们怎么也学不去。

韩国电视台回去一宣传，知道李村张家香油的就更多了，购买量大增，有些韩国人通过走私香油挣了大钱。在李村集上香油才卖五块钱一斤，到了韩国就能买到七八十元一斤，赚得很多。当时卖给韩国的香油占了我们兄弟几家生产的香油的一多半。另外，在中韩、城阳的韩国企业很多，这些企业里的韩国人也都来李村集上买张家香油，那几年挣钱主要是挣韩国人的钱。

不过，韩国安装"萨德"的事出来以后，来李村集的韩国人就少了，买香油的也少了，海关也不准带了，限制了。现在买香油的主要是本地人。

我们家制作香油是有严格的供需要求的。第一是原料质量要好。做香油的芝麻主要用的是河南、湖北和江西的，这些地方生产的芝麻质量高、产量大，出油率也高，香油味道纯正香浓。也使用过从埃塞俄比亚进口的芝麻，非洲来的，那里天气热，芝麻的生长期短，出油率也可以，但香味不行，储藏时间短，在市场上卖的价钱要比国产芝麻生产的香油便宜一块钱，每千克卖十块钱左右。所以正宗的醇香磨香油用的都是国内产的芝麻。第二是炒坯技术。炒芝麻时的火候和时间要把握到位，要把芝麻炒到呈咖啡色才行；第三是撇香油时，芝麻酱和开水比例要一丝不差，比例多或少都会影响出油率和香油的口感。

有了这三点保障，再加上诚信经营，热情服务，回头客越来越多，买卖越做越大，日子也越来越好。我买了四套房子，把孩子都培养上了学，有了工作，大儿子结了婚。现在我的老伴、儿子、儿媳都在店里一块忙活，日子是越来越好了，都是靠李村大集才发起来的。生意好了，也不用吃那么多的苦了，以前全靠人力操作，起早拉黑，体力劳动很累。通常全家人没进腊月门就开始忙活，有时候为了准备第二天上集的东西，都是一宿不睡。生意好的时候，一天能卖三四百斤香油。除了扎根李村集以外，青岛地区的大集也都要去赶场子卖香油，像沙子口大集、浮山所大集、郑庄大集都要去，天天不闲，但主要的基地还是李村大集。说实话，在李村集上做生意真的是很红火。李村河滩上地场大，人流大，商品销量也大。像我家的香油店铺有两个磨，生意好，一个集市就能卖50斤香油。除了产香油以外，还产芝麻酱。前几年我家的芝麻酱有两种，一种是12元一瓶，一种是14元一瓶，供不应求。

一些老太太拿着个马扎在集上排着队挨号，等着买芝麻酱，都要14元一瓶的。他们都是老顾客，认货，就认这一种，好吃，放心。

除了香油、芝麻酱以外，炒芝麻也是我的业务之一。炒芝麻也是个技术活，我家炒的芝麻香脆可口、入口即化，很受顾客欢迎。每年糖球会上的品牌商家——高家糖球所用蘸糖球的芝麻都是从我家进的，用我家炒的芝麻蘸的糖球入口就化了，香糯可口。用别人家的芝麻蘸出来的糖球就感到生熟不清，不好吃。对比了以后，高家糖球就专用我家的炒芝麻，两家合作十几年了。李村集上的烤肉摊也都用的是我家的芝麻。

作为外乡人，能在李村大集上创出品牌，做大生意，这不光要本人能吃苦，还得看大环境。李村人心眼好，不排外，愿意接纳外地人，共同赚钱。我们四兄弟在青岛干买卖，三个在李村，一个在沙子口，都干得挺好。沙子口的兄弟孩子多，加上受市场限制，生活稍微差一点。其他三兄弟都干得很好，都在青岛落了户口，买了房子，培养了孩子，也都注册了自己的品牌。大哥注册的是"张永岭香油铺"，二哥注册的是"张永芳香油坊"，我自己注册的是"张永喜香油工作部"。一提起张家香油，李村集上和周边的人没有不知道的，也算是名牌商铺了。

在李村大集除了吃苦耐劳外，还要有抗击打的能力和心态。在老李村集上不怕别的，最担心的是下雨防汛。一到下雨天，心就揪起来了，生怕发河水淹了大集，冲了货物。2007年发大水，我屋里40包芝麻全叫水泡了，每包100斤，总计4000斤芝麻全叫水泡了。办公桌抽屉里有几万块钱，也给冲走了。好在芝麻没漂走，用水淘洗淘洗，晒干了以后还能用。算算账损失了十七八万块钱。回过头来一想这些事都是天灾，意外灾难，就得认了，坚强一些就扛过去了。

我现在是德州夏津商会的会长，尽自己的力量为在青岛谋生的老乡们出力服务。我们夏津人在青岛发展的都很好，现在已经有300多家经商的企业。

新大集搬过来以后，有了安定的经营场所，下雨天不用担心水淹水泡，也不用操心市场安全。不过刚刚搬过来，市场还没培养好，生意不如以前。主要是交通不方便，客流量小了，老顾客也不来了。看起来搬到了新集市，必须要创品牌，要改进包装，优化服务，要走礼品销售路线，把张家香油品牌打出去。相信随着市场成熟发展，张家香油一定会再度辉煌的。

讲　　述：张永喜　德州夏津人
采　　访：张树枫　吴　娟　刘　锦
整理编纂：张树枫

李村集的服装市

我算是李村集上的老人了。从小在李村长大，经常赶李村集。从 20 世纪 80 年就开始在李村集上经营服装生意，至今已经 38 年了。对于李村集的历史变迁和发展还是很了解的。

李村集所在的地场搬过好多次。新中国成立初期搬到中韩去了一阵子，很快又搬了回来。1956 年工商业改造时，不准单干。当时河北村有个李村公墓，面积很大，以前枪毙犯人都在这里。后来就把坟地搬迁了，用推土机推平，把李村集搬过来了（编者按：讲述人记忆有误，此次搬迁准确时间应是 1954 年 12 月），在这里办了崂山物资交流会，规模很大，赶集的人很多。再后来在这里建了崂山体育场，还是做集市，崂山县开大会也在这里开。1974 年建设第八医院门诊楼时，把市场搬到李村河河底上了（编者按：应为 1978 年）。开始只有一部分摊位在河底下，大部分市场摊位是在河沿上，周边马路也都有摊位。一到赶集的日子，摊位就摆满了街道，街上人挤人，公交汽车没法走，只好绕路。这样过了半年，就把在街道上和河沿上的摊位都迁到河底下了。

早先的时候李村集的各个市场不集中在一起。在 1980 到 1984 年间，服装市场在李村汽车东站和省监（李村监狱）墙外的树林子里，只有五六家摊位。我最早在李村集上卖的是烟酒，时间是 1980 年。后来加上了服装经营，卖工作服。就在树林子里拉上绳子，把衣服挂上经营。平时买卖很一般，勉强维持生活。到了年底，人民公社分红了，人们就都来买衣服，生意特别火爆。当时服装的来源是青岛市区的即墨路，即墨路市场很大，由李村路、沧口路、即墨路三条街道组成，服装等商品很多很全。当时有"南方温州市，北方即墨路"的说法。即墨路市场取消后，我就到即墨市批

发市场去进货。即墨的市场在80年代就有，原来也在河底下，后来市场发达了，就搬到室内，搞大了，成了批发市场了。

　　1984年至1990年，李村集的服装市搬到了古镇路，建了大棚子，下边摆摊位。其中有服装摊位三十来家，加上鞋、帽等摊位共有六七十家摊位，买卖很火。当时《青岛日报》记者还来照过相。古镇路是一条弯弯的道路，很窄，每到赶集的日子就堵住了，崂山供销社和崂山第一百货公司有意见，就又把古镇路服装市场取消了，大棚子也拆了。到了1990年，原来在少山路摆摊的菜市场的大棚子被大雪给压塌了，菜市场迁到了峰山路，就把少山路的地方让给了服装市场，又重新建了大棚子，成了常年摊位。这个时候，李村集得到大发展，延伸到了西山、青峰路，"八医"（青岛市第八人民医院）东、西两边都是农贸市场，都归工商局市场管理所管理。后来青岛市学习大连，搞"拆（退）路进室"，把服装市场大棚拆了，动员商户进河北商城。河北商城的政策挺好的，先让原有的摊位进商场，然后才让李村人进来承租和经营摊位。还有一部分人不愿进河北商城经营，就到了河底下经营，时间应该是1998年。

　　当时进河北商城和下李村河底都是自愿选择。一些人进了商城，一些下

427

了河底。我和达翁村、东李村的一些人不愿意进河北商场，去了李村河底，在京口路桥以东经营。京口路以西则是农副产品市场。开始在河底下的服装摊位数量占了古镇路原有摊位的一半，但条件不好，没有搭棚子，是露天的。后来有些人受不了罪就搬走了。平时没有太多买卖，就指望着五天一个集来挣钱，一天的收入能顶平时四五天的收入。刚下河底时，商户们自己搭了棚子，由市场管理所制定统一规格。政府也给改善环境，把地面硬化了。2005年又搭了大棚子，质量非常好，可惜不到两年就拆除了。因为2007年下大雨，堵塞了李村河道，影响了泄洪排水，就拆掉了。不管是管理者还是经营者都很心疼，但是没办法。因为李村河的洪灾太多了。2001年李村河也发了大水，灌了蛤蟆，损失不小。2007年最厉害，大暴雨加上海里涨潮，李村河发大水，把河底上的摊位都淹了，东西都泡水里了，河底下商铺的门都冲开了，屋里的东西都冲出来漂到河里，连大冰箱都冲到海里去了，但是没有淹死人。市场管理的人提前通知商户，让把东西都拉上岸去。听话的商户把东西拉上去了，损失少，不听话的就损失大了。当时人们都有侥幸心理，不愿意搬腾。平时一下雨，有的人就紧盯着河北的警戒线，一看到水到警戒线了就赶紧往车上搬东西拉到河岸上。麻痹一点的和动作慢一点的就要受淹，损失就大了。下雨发大水时，受损失最大是海货市场，他们的摊位都在李村河的最低的河底下，最容易受淹，只要不听话的都淹没了。

当年在李村集上拍过两部电视片。日本富士电视台来李村集拍过副产品。当时重点拍了做香油的张永喜制作香油的工序和过程。电视播出后，韩国人看到了，知道了李村大集和张永喜的香油，就到李村集上来买张永喜的香油回去贩卖，张永喜的香油出了名，生意也就发起来了。

李村集的小吃是一大特色。馇锅子、炉包都是名吃。高密炉包很有名，实际即墨炉包比高密炉包更好吃。1972年崂山县举办全县饮食服务大赛，夏庄供销社饭店（心诚饭店）的炉包获得第一名。另一个名小吃就是馇锅子，这是李村大集的一个主要特色小吃。李村人特别爱吃馇锅子，每逢二、七大集，馇锅子的摊位就围满了人。一般的人是要一碗馇锅子，碗里除了肉和汤外，加上香菜、葱末，香味扑鼻，就着火烧，就是一顿美餐。年纪大一点的老人就围到馇锅子的摊点上，要一碗馇锅子、一碗白酒，边吃边喝，很舒服。最早在李村集上做馇锅子的是东李的人，姓刘。现在新大集上做馇锅子的是即墨人。馇锅子的原料是猪身上片下来的废弃不要的碎肉、肠子和肥肉，放在锅里熬成脂渣，加上炖的老汤，撒上葱末、香菜就是了，一般配上火烧一起吃，条件好的还可以喝点白酒。愿意吃的人就是喜好它特有的猪肠子没有洗干净的味道。一般人不愿意闻，但有的人就是愿意闻愿意吃。北村小学有个姓王的校长，中午下课放学后就自己离开学校，下山走半个小时到集上吃一碗馇锅子再回去。后来被老师们发现了，问他下去干什么，他说是吃馇锅子。老师们问他好不好吃，他说好吃，真是美味啊！老师们就一起跟着他下来吃，结果别人闻到那个味道就跑了。振山脂渣也不把猪肠子洗干净，保留特有的味道，人们才喜欢。现在是他的女儿在卖。

大集搬迁了是个好事，不用担惊受怕了，下雨天不用担心水淹，冬天不怕下雪刮风受冻了。但是新大集的交通是个制约，交通太不方便，像以前沙子口、北宅等地的老客户都不来了，太远太别扭，得倒换几次车才能来。人流量不如河底下多，卖出去的东西销量少了。要是能增加公交线路，在新大集设个总站，让市民不需要换乘汽车就能到新大集就好了。现在大集搬迁了，商户也得改变思路，创造品牌。就像花盆，以前在河底上五元两个，搬到新集上就卖不动了，高档的花盆反而好卖了。城里人和乡下人的需求不一样，要有新品牌才行。

讲　　　述：吕龙聚　李村河北村村民
采　　　访：张树枫　吴　娟
整理编纂：张树枫

郑庄草笆

　　在以前的李村集上，有一种小农具很受欢迎，它就是农村用来搂草的必备工具——草笆，或简称"笆"。

　　草笆是用竹片制作的。北方不产毛竹，较粗的竹子都是从南方运过来的。民间编制艺人将竹子劈成竹条，用火熏烤弯曲成型后，编成梳子形状的草笆，安装上木棍，就成了一把称手的小农具。秋收以后，寒霜降临，山上、地里的野草变成枯黄，大人、小孩就拿上草笆和筐子到秋收后的庄稼地里和山坡上收集野草，拿回家来喂牲口和做烧饭的燃料。

由于草笆制作简单、轻巧耐用、使用方便，成为家家必备的农具之一。每到秋季，李村集上的草笆生意分外红火，成了最受欢迎的商品之一。

　　20世纪20年代以前，李村集上卖的草笆都是外地人制作和买卖的，李村本地人不会制作。郑庄人看到制作草笆是个很不错的生意，就想学习这门技术。当时草笆制作技术掌握在惜福镇人的手里，技术保密。郑庄村的人一直从他们手里购买草笆，一来二去熟悉了，就成了朋友。赶完集以后，就把惜福镇编草笆的人请到家里，摆上酒饭，边吃边请教草笆编织技术。对方喝了酒也不好不教，但也不能一次性的全教，喝一次酒教一个步骤，第一次教怎么劈竹子，第二次教怎么钻眼，第三次教怎么弯竹子勾，后边就是怎么编、怎么安装等等，一连喝了好几个月的酒，才把技术传授完了。村子里的人学会了以后，就开始自己买竹子，自己加工编制草箅，编好了以后就拿到李村集上去卖。开始因为技术工艺不行，卖得很差，但郑庄人有个办法，就是便宜卖。别人卖五毛一个，郑庄草箅就卖四毛一个，别人卖四毛一个，郑庄人就卖三毛一个，弄的惜福镇的草箅卖不上价钱，亏了本钱，就再也不来赶李村集了。这样一来，李村集上就只剩下郑庄编的草箅了，郑庄产品从此垄断了李村集市场。

新中国成立前后，郑庄已有七八个家庭在制作草箅，占领了整个李村集的市场。1958年成立人民公社后，郑庄草箅编制业也实行集体化，成立了专门编制草箅的"箅屋"，有十几个人专门编制草箅。每到秋后，开始集中编制，将竹子分类加工，把整个的竹子按草箅的大小规格劈成大小长短不同尺寸的竹条，打上眼，再用谷糠燃烧的慢火将竹子蒸烤，把变软的竹子弯曲成不同的弧度，用藤条把竹条穿成扇状，按上木杆或竹竿做把，就变成了大小不等的草箅。编出来的草箅由崂山县供销社统一收购，作为农业生产资料在崂山县和李村供销社出售。在完成生产定额计划后，有时也在集市上出售富余产品。后来，随着人们经济状况和生活习惯的改变，李村居民已经很少用柴草当燃料做饭，草箅日渐消失，李村集上已经看不到它的踪影。草箅已成为一种历史的记忆。

讲　　述：张守松　张守廷
整理编纂：张树枫

卖蛤蜊者言

下海

我的老家在红岛，从前叫阴岛，与李沧区隔海相望，乘船直线过来也就是 20 里路，但一直没有运客的班船。走旱路过来得绕道棘洪滩，沿着胶州湾北岸转一个大半圈儿，将近 100 里路。

我是 1977 年高中毕业后在生产队跟船出海挖蛤蜊的。先说说挖蛤蜊的工具吧！就是俗称的"大抓"。一根三四米长的蜡木杆，头上捆绑着个篮球筐大小的铁环。不同的是，这个"篮筐"的一面有钢齿，在拖拉过程中抓取滩涂中的猎获物。杆后尾部系一根细长的绳子，便于将"大抓"抛出去后再拖回来。船是小舢板，趁着落潮水浅时驶到滩涂上生长蛤蜊的海面，停下来，年轻力壮的汉子将"大抓"用力抛向远方水中，然后将杆子依托在肩膀上用力向后拖。凭着耳朵贴在竿子上听到传来的"沙沙"声，就可以判断出水下面的蛤蜊多少了。随着杆子的拉动，蛤蜊就和泥土一起进入"大抓"后面的网兜里。到了船跟前，由两个人提到船上，借着海水将泥沙冲洗净，倒入船舱中，挑选后靠岸就可以卖给贩卖蛤蜊的贩子，由产品转变为商品了。

胶州湾的蛤蜊学名叫杂色蛤，也称为菲律宾蛤，当地人俗称为花蛤蜊。贝壳表面的花纹交叉错落，色彩丰富，非常漂亮，煮熟后就变成赭石色的了。

那时候这些小海货不值钱，蛤蜊也就是二三分钱一斤，小指甲盖大小的蛤蜊、青蛤蜊、小海螺，还有海星等东西根本没人要，整车整车运到地里当肥料喂庄稼。

挖蛤蜊的船都是小船，顶多两支桅，船身只是薄薄的一层木板，上面没有任何遮挡物，下海人夏天站在大毒日头底下，头上就像扣着个大火盆，光着膀子，满脸都是汗，浑身晒得糊黑。冬天穿着个撅腚小棉袄，没有内衣，海风刺骨的冷。有时操作起来，一不小心掉到海里去了，遭老罪了。两只手掌磨起了泡，泡破了变成茧子，重重叠叠，一层压着一层，厚厚的，像戴了副胶皮手套，十个指头早晨扎挈着都攒不成团。太累了，收入又少，真是苦不堪言。

从下海到"下海"

说起我做生意，还得从我姐姐说起。

我的姐姐出嫁到李村后，一直没有正式工作。李村靠近沧口，工业人口多，市场的购买力强。她看到家乡的蛤蜊卖不了，贩到这里来有利可图，就回到娘家，乘着涨潮时到码头趸上些蛤蜊，坐车带到李村，挑选后到集上出售，挣些钱糊口养家。

大家都知道，贩卖蛤蜊，是个短平快的小本生意。大海一昼夜涨跌两次潮，反复轮转。如果这一潮上的货卖不了，下面潮水的货上岸后就压流了，嘴刁的人一尝就知道不是当潮的。要是变了质，当地叫"差潮了"。所以这种时鲜商品不宜久存，在零售环节不能大量贩运，最好是当天贩来就卖，如果压流后瘦了你硬要出手，眼前看似乎是避免了一点损失，可是人家吃亏后就不再要你的货了。你糊弄消费者一阵子，消费者就会记恨你一辈子，所以说，蛤蜊的生存状态决定了我们的市场规模和交易方式。

就在这时候，我来姐姐家走亲戚，姐姐让我顺便给她捎带些蛤蜊来。就是举手之劳嘛！到后来，渔闲的时候，我干脆就负责给姐姐运蛤蜊供她卖。因为本小利微，开始她只管我吃饭，提供来回的路费，后来每月结算下来就给我点劳务补贴。有时500块，有时600块，最多的时候给过1000块。你想想，1989年，当个瓦匠干一天才挣15块钱啊！

李村集越赶越大，越来越繁荣，整个河南沿儿形成了一溜儿海货市，原先的沙滩被改造成了水泥地面，两边又建起了一排排整齐的水泥摊位。姐姐的生意越做越大了。她对我说，你对这个行当熟悉，也在这里占个摊位自己做生意吧！

就这样，我干起了这个买卖，从下海的渔民变成"下海"的商人了。

卖蛤蜊的要跟着挖蛤蜊的走。挖蛤蜊是靠天吃饭，有时刮大风下大雨，有时天气太冷，也有时运气不济，找不到好滩涂，除去死潮底子，一个月能出20个海就算很不错的了。

我熟悉胶州湾的潮水路数，知道蛤蜊的旺季和淡季规律，（一般来说，贝类都是在农历四月产卵，这时候又多又肥），知道什么地方的蛤蜊多、质量优、品相好，能卖上好价钱，知道怎么样储存保鲜。逐渐地，靠信誉有了长年主顾，建立起了畅通的销售渠道：这就是财路。

我也是去红岛上货。刚开始时连个正经巴理的盛货家什都没有，一个篓子、一个小桶，用根一庹长的小扁担挑着，每个盛上三十来斤。从海边挑到汽车站，花七毛钱坐18路车（现在改成118路了）到板桥坊，再挑着它跑上百来米挤上10路车，花一毛钱到李村。下车后两三里路挑回家来。全家人忙着挑拣出破碎的、泥蛤蜊，分成大小类别，放在海水里让它吐出腹中的泥沙，就可以上市出售了。后来我用塑料打包带编织的大篓子，盛得多，非常结实，一次100多斤，载在用四个轴承做轮子的小平车上。用绳子拖着，这样就省却手提肩负之累，变成机械化了！

我刚干时，从码头上蛤蜊是七毛钱左右一斤，分门别类后，一般可以卖两块钱一斤。那时候交通不方便，坐公交车来回得耗费四个多小时，每天都要这样，挣的就是个搬倒力气钱。

后来我买了辆嘉陵摩托自己骑车去红岛，每次可以载300多斤货，路上时间也减少了一半。再后来我买了辆三轮摩托车，可以带回四五百斤，鸟枪换炮了！

当然，不是你带来的货越多，出手的就会越多。市场上单是卖贝类的就有十七八家，大家都是在竞争中生存嘛。再说，蛤蜊的货源和市场上的销售量也不固定，每年封海禁渔期里，下货的量就大；大海货上市的旺季就卖不动。改革开放以来物资流通顺畅，顾客可供选择的余地大，你的信誉再好，人家也不可能天天吃一种海鲜吧！就是再喜欢这口的人，也不能单纯来买你的货！在我卖蛤蜊的生涯中，最多的一天卖过四百来斤，这就算是撑顶着天了。

做个商海弄潮儿

卖蛤蜊和挖蛤蜊一样，要知道蛤蜊与市场之间的规律，这就是懂得商海的"潮水"吧！

还是说蛤蜊。

一个三厘米的蛤蜊在24小时中能够过滤7千克的水。在这个过程中，它吞食下海水中的各种微生物，从中获得营养，滋养自己生长。离开大海到了商贩家里后，这些营养物质没有了，它肯定要瘦下来，这时吃起来口感就不太好了。如果你一下子进的货多了，冬天还好说，到了夏天，天特别热，不出两天，蛤蜊就因缺氧张口，死了，马上就臭了，横（扔）都没地方横（扔）啊。

这些年，吃蛤蜊的人多了。李沧区40多万人，外地人占了将近1/3。过去许多外地来的人吃不惯，觉得这东西腥，就像我们去南方人家里吃辣椒经不住辣一样。入乡随俗，现在慢慢习惯了，吃得人越来越多了。饭店里也瞅准机会专做这方面的生意，有煎的，有煮的，有炖的，有烧烤的，还有剥出肉来制作槐花蛤蜊饼的，在这个吃货盛行的年代里，各种各样乖巧的做法井喷似的创造出来。酒席宴上，最上档次的可就算是海鲜了，蛤蜊往往是必不可少的一道菜。市场上，三四厘米大小的蛤蜊都能卖到五六块钱一斤，做熟后上了大席，不得像孙猴子一样翻上几个番啊！

有钱可赚，参与买卖的人也就多了；有市场，外地的货品也就乘势涌进来了。

有苏北连云港、启东来的，有东北大连、营口来的，有浙江舟山群岛来的，也有渤海湾那边莱州、寿光来的，还有日照的。他们用各种专用车辆运来，带着海水，充着氧气，大多集中在城阳海鲜批发市场出货，也有在沧口西流庄蔬菜批发市场上批发的。我们这里的商贩大多去城阳市场进货，那里的选择性更大些。

不管是哪里的货，有些卖家会信誓旦旦地说自家卖的是"红岛蛤蜊"。在外行看来，它们的样子几乎一模一样，但差距却非常大，口感味道绝对不在一个量级上。胶州湾出产的蛤蜊煮熟后，汤又白又清，肉非常细嫩，吃起来口感柔软，味道鲜美无比。东北来的货皮较厚，肉硬，可能是那地场水凉，蛤蜊生长慢的原因；南方发来的货吃起来发柴，黏糊糊的没有咬节儿，可能是水温高的缘故。所以，真正的红岛货每斤起码要多卖一块钱。有时你花了冤枉钱也不一定能买到真货。大饭店里的采买和老主顾宁肯多花点钱也要来我们这里上货，就是借咱的眼使。当然，没有经验的人是分辨不出来的。

有时我也进一些其他贝类捎带着卖。慢慢地，就摸索出一些商品经验来了。

这几年卖得最多的就是海蛎子，它也叫牡蛎、生蚝。还有海虹，这两种东西又便宜又实惠，是工薪阶层最常吃的海鲜，销货量最大，所以要多进快出，薄利多销。

扇贝，大多是沙子口出产的，即墨东边的海上也出，肉白且软，一方水土养一方人，其他地方的货就没有这种味儿。扇贝柱儿是高档宴席上做汤的珍品，听说北京的国宴就经常用我们青岛地儿产的。

海螺，胶州湾出产的有个特点，煮熟以后黄长白短，外地出产的货品正好相反。有人会错误地认为，白长就是肉多，那不是更好吗？你一尝就知道，口感绝对不一样。这充分印证了"宁吃好货一口，不吃孬货一篓"的道理。

去年，李村大集搬到新地点后，盖起了现代化的市场大棚子，宽敞明亮，干净卫生，管理规范，光卖海产品的摊位就有200个，有的一个户主占有两三个摊位，如果买卖不好做，也能这样吗？

我家也现代化了，这几年靠贩卖海鲜买了汽车，置上了新房子，还供孩子上了大学。

社会在发展，如今挖蛤蜊的也不再使用老办法了。寿光人带来一种新方法，船到达生长蛤蜊的滩涂后，将压力泵沉下海去，靠机械动力将水和泥打到网里，再用卷扬机将网拖到船上，冲出泥沙就是蛤蜊，代替了原来笨重的体力劳动，效率也提高了若干倍，真是清水捞银子！可是，这样也带来了负面灾难，滩涂逐渐硬化，蛤蜊没法育苗生长，胶州湾的蛤蜊越来越少，也就物以稀为贵了。

　　还记得我开始说的当作肥料的那些小海产品么？这些年它们都有了自己的归宿，小海螺上了高级大餐的桌子，类似于海瓜子的身份，海星成了高蛋白食物，做成了精美昂贵的菜肴，连俗称为"海腚根"的低级海洋生物也摇身一变，"从奴隶到将军"，跃身登上了高档宴席哩！

　　讲　　述：盛祥友　红岛高家人
　　采　　访：李生德　张树枫
　　整理编纂：李生德

话说李村集的蔬菜果木市

李村大集上的货色之全有口皆碑，最朴实的一句话就是："只有想不到的，没有买不到的。"人们喜欢到集上寻觅在商店里找不着的小百货，喜欢到旧货市上淘心仪的宝贝，喜欢买菜农们自种自销的新鲜蔬菜。但是你知道吗？20世纪上半叶，李村大集的蔬菜果木市一直是青岛美食界时尚的领头羊呢。

过去的公路不像现在这么四通八达，行业分工也没有今天这样精细，在李村集上卖菜的多是周边各村的农民，自家种的青菜吃不了，勤勤腿脚上集卖了挣个油盐钱。也有头脑灵活专门种菜的村民，如离集最近的河北村，曾经有三四十户以种菜为生；李村河南边的河东村。据史料记载，20世纪30年代就有菜园100多亩。人们称这些菜园的主人为"开菜园的"，是李村集上卖菜的主力军。李村河两岸的土地舒展平坦，一大部分是河水冲积形成的、比较适宜耕种的潮棕壤性土地；李村河的水丰沛甘甜，村子靠近市区收集粪肥方便。用大肥大水浇灌才能长出鲜嫩的青菜，在这些村子的菜园里真是得其所哉，可着劲儿地长。李村集周边"开菜园的"自己就近上集摆摊卖菜，更有一些菜贩子瞅上大集周边菜园里那些鲜嫩肥美的蔬菜，上赶着菜农们，把还在生长的青菜早早预订下，每天清晨到菜园里摘了、割了，立马送到集上，棵棵菜上还顶着露水珠呢。这么新鲜的蔬菜最受顾客欢迎，摆出摊来卖得风快。

20世纪20年代以后，李村集上的蔬菜水果不单只因新鲜肥美吸引顾客了，集上出现了好多人们闻所未闻、见所未见的奇蔬异果，都是从欧洲或日本、美国漂洋过海引进培育的，赶李村集的老百姓猝不及防地与世界接了轨，知道地球的另一面生长着抱子甘蓝、西红柿、芦笋、牛蒡和花椰菜，尝到了雨露水蜜桃、甘露西瓜、洋樱桃的滋味，享过中国的名门贵族没有享到的口福，引领了青岛乃至全国美食时尚之先。青岛的居民如此得天独厚，要感谢坐落于河南村地界内的农林事务所。

农林事务所最早是大学生的试验地。1898年德国人强行租借青岛后，1908年设立青岛特别高等学堂，又名德华大学。大学里设农林科，在李村河南建了实习地，设置温室、试验田和苗圃，还有着在中国遥遥领先的气候观测设备。据档案记载，德国人从其本土引进200多个苹果、梨、樱桃等优良品种，还引进多种蔬菜和树木在青岛试种。但德国人的引种试验似乎没见到什么成果，唯一成功的是他们把德国的"卡齐"树（中国人叫它"洋槐树"）种满了青岛，使青岛得了一个"洋槐半岛"之名，并把这种每到五月便开满香气四溢白花串的"洋槐"种植推广到全中国去。1914年11月，日本人趁"一战"期间德国人无暇东顾之机，强占了青岛，德华大学迁到上海并入同济大学。日本人占据德华大学的实习地，于1917年更名为"日本守备军民政部农事试验场"，并两次用低价强购河南村的土地共270余亩，搞果树和农作物的研究及家禽家畜的试养繁殖，引进美国棉花、甜菜、烟草及日本蔬菜并向民间推广，还在1917年和1918年办过两次农产品展览会。

1922年青岛回归祖国怀抱，1929年，国民政府将农事试验场更名为"农林事务所"，与林务局合并。20世纪20年代中期，许多优秀的知识分子如黄炎培、晏阳初、梁漱溟等人有一个"救济农村即拯救国家"的共识，认为农村对国家的经济、政治、文化具有决定性的重要意义，农村复兴即民族复兴。这些学者投身农村，在全国各地搞起"乡村建设运动"，燕京大学、金陵大学的学生也深入农村搞调研。青岛农林事务所积极参与乡村建设运动，据档案记载，事务所在乌衣巷和毕家村开辟了桃、梨、苹果、樱桃、葡萄栽培区；签约登瀛村农户为樱桃栽培户；选了河东村为"养鸡推广中心区"，培育纯种白色古来杭鸡；选午山村为"桃树种植中心区"、枯桃村为"花卉种植中心区"、吴家村为"蔬菜种植中心区"，挑选侯家庄、郑庄、河南村等的农户培植优良小麦种子，建"小麦特约采种区"。各村签约的农田共有 59 处。对那些没有签约的农户，农林事务所每年免费发放优良蔬菜种苗，如引进的茄子、甘蓝、大椒、花椰菜、生菜等菜苗，周边各村的农民都可以去领，使蔬菜新品种得到大范围的试种推广。从档案上可以查到，仅 1932 年和 1933 年两年农林事务所就发放菜苗 18 万余株，发放优质西瓜、南瓜、菜豆、甜菜、水萝卜、丝瓜等种子 190 多斤，农户们在农林事务所技术人员的指导下种植这些自国外引进的珍奇蔬菜。那时候，在比较封闭的中国，西红柿、花椰菜、甘蓝、生菜等许多蔬菜都是初次引进试种，李村大集上就有了这些新奇品种出卖，青岛的老百姓开了眼界尝了鲜。常言道"物以稀为贵"，引进试种的蔬菜瓜果能卖上好价钱，各村农户试种的劲头更高了，每到发放菜种菜苗时都踊跃去领。然而，这一切的期盼和美好愿景，都被 1937 年 7 月 7 日日本侵略者在卢沟桥头的枪声击碎。1938 年 1 月 10 日，日军开进青岛，中国老百姓被欺凌被奴役，生活在水深火热之中。日本人把农林事务所划归建设局，李村的试验场由伪华北农事试验场统管，并强征了河南村 38 户村民的土地共 37 亩，扩展试验田。日本人在试验场搞的项目之一就是把"冲绳百号"地瓜引进中国，"冲绳百号"地瓜是个优良品种，产量高口感好，但深怀亡国之恨受尽欺凌的中国老百姓对帮日本人搞试验持抵制态度，日本人要各村农户去试验场领地瓜苗回去试种时，几乎没有人去领取。于是日本人采取强制分配的办法，把秧苗分配给李村周边各村的农户，登记造册后由保甲长领回分到各户，逼着种植。"冲绳百号"

地瓜的大田种植在日本投降的 1945 年基本成功。中国政府接管农事试验场后，恢复"农林事务所"原名，把冲绳百号地瓜更名为"胜利百号"，在全市农村推广种植。胜利百号地瓜还有一个优点是结的瓜拥簇在根部，不像过去即墨、崂山地区传统种植的地瓜，有时候会在离根一两米外蔓上结个"跑瓜"，刨地瓜时得沿着蔓找，所以老百姓喜爱地把胜利百号大地瓜昵称为"一窝猴"。

新中国成立后，李村集的规模随着国家经济的前进步伐而发展变化。在计划经济时期，集市管理政策有过几次大的调整，李村集有过蓬勃兴盛，也有过衰败萎缩，但集市的贸易交换是百姓生活须臾离不开的，所以在任何时候，每逢农历的"二七"集日，李村河的河滩上总是聚集着或多或少的赶集的人群。改革开放以后，中国的经济发展一日千里，老百姓的生活越来越好，反过来又促进了集市贸易的兴旺。40 年来，农贸市场遍布青岛市的城区市郊，原有的一些集市得到了成长的机遇，而李村集的发展更为壮观，20 世纪末，李村集交易场所长度达到 3000 米，交易品种上万个，每逢节假日赶集人数一天竟有 10 万人以上。

时代的车轮走到 21 世纪，人们的生活方式、工作方式都发生了巨大的变化。李村大集的发展变化更是令人惊叹，它离开了扎根 600 年的李村河滩，迁到了黑龙江路的新址，还有了几处营业的建筑物。李村集上一部分常设摊位迁进楼房或平房里做买卖，业主们从此不再受日晒雨淋之苦。新大集的蔬菜市分两部分，逢"二、七"集日从四村八疃汇集过来的菜农，在大集院落东边的空地上摆临时摊，卖自家所种或收购的邻居们种的青菜；常年摊位，在营业的大屋里租个摊子，像个小菜店一样天天营业。大屋里的固定蔬菜摊有 20 多个，多数是外的来青岛闯世界的，其中山东沂水县的老乡就占了1/3。沂水老乡中在青岛干得最早的是张在峰、李华娟夫妇俩，他们从 1994 年来青岛，已经干了 25 个年头，经历了多少艰难，现在干得熟门熟路，还买了商品房,孩子们也在青岛长大成人,结了婚安了家。

20世纪80年代后期,张在峰在沙子口当兵,喜欢上这个美丽宜居的城市。后来他复员回家结婚生子,心里对青岛总是念念不忘。那时候生活很困难,夫妻俩在地里干一年活,只能勉强够吃饭,手头一个钱都没有。穷则思变,1994年春天香椿树抽芽的季节,张在峰带了一麻袋香椿芽,坐上沂水到青岛的长途汽车,一路摇摇晃晃6个多小时,来到了青岛,想把香椿芽卖了挣点钱。谁知新鲜的香椿芽压在麻袋里自然发热,待张在峰找到地方摆出来卖的时候,发现香椿芽鲜嫩的叶子都打了蔫掉下来,叶是叶、秆是秆的全都分了家。这样的货色自然卖不出去,张在峰这趟买卖赔得精光,连回沂水的路费都没有。在走投无路的情况下,张在峰不得已去向一位转业留在青岛的战友求助,战友给他买了回沂水的车票,还给了几元钱让他买点东西给孩子吃。战友在工商管理部门工作,熟知李村大集的情况,便一个劲鼓励他来李村集创业,不用从沂水往这儿贩菜,只消摆个蔬菜摊,批发青菜来卖就行。张在峰听了战友的建议,和家人商量着,由当过会计的老岳父陪着再次来到青岛,先花200多元月租钱在河南村租了间小房,骑自行车到抚顺路批发市场批发青菜。后来又买上辆脚蹬三轮车,每天凌晨二三点钟上西流庄或城阳的批发市场进菜,再回到李村集上摆摊卖。初次做买卖,不懂行情,不会上货,也不会算账,一天只敢进百十斤青菜,还怕卖不动坏了。那时候不知交了多少学费才摸着卖菜的门道,其间还多亏了老岳父的帮助和支持。半年后,张在峰熟悉了情况,生意好了些,这时又感觉到人手不够,回家把老婆、孩子接了过来。虽然做小本生意很苦,挣得也不算多,但全家人团聚了,幸福感骤然而生。夫妻俩在李村集河滩上租了长期摊位,搭了棚子认认真真做起了生意。打拼了几年,收入增加了,还买上了住房,回趟沂水老家,也备受伙伴们的羡慕。

2001年,张在峰的大舅哥李华臣扑着妹夫、妹妹来到李村大集,跟妹夫学卖菜。61岁的李华臣出生在沂水县杏峪的官庄村，在沂蒙山区的大山深处，村民们想出趟山得走七八十里地，靠种几亩山地为生，日子很苦。也是为了改善艰难的生活环境，年近半百了改行学做生意。李华臣来青岛卖菜比张在峰当年可顺当多了，一切事有妹妹、妹夫帮忙，省了不少心。比如，他来青岛之前，张在峰就给他租好了房子，处处给他安排好；上货时妹夫指点着，帮他把关挑菜、核算价格合不合适，让他少走不少弯路。李华臣待人和气，说话柔和，特别是做买卖正派，不贪财不坑人，为他赢得不少顾客。还是在2008年，一个买菜的把手提包落在李华臣的摊上，李华臣发现提包后打开一看，惊得他心头乱跳：一个不起眼的旧提包竟然装满了人民币！他赶快把提包藏好，等失主过来寻找。失主感激得语无伦次，抓出一叠钱来答谢李华臣，却被他婉言谢绝。前些年有不少韩国人在青岛办企业、开饭店，他们到李村集上买菜时，个别摊主常常抬高价格多赚点钱，可李华臣和妻子从来对韩国人实实在在报价，老老实实称重。久而久之，韩国人圈子里互相传道：李华臣是卖货的中国人里最好的。有八九家韩国饭店和李华臣建立了合作关系，在他的摊上预订所需蔬菜，每天送货上门。2018年6月的一天，有位顾客买了一大袋猪肉，又到李华臣的摊上买了不少青菜，走时却只提走了青菜，把猪肉扔下了。天气渐渐热了，李华臣担心猪肉放在摊上会变质，跑到水产摊借人家的冰箱给冰起来，等顾客来找时就不会坏掉了。李华臣来青岛卖菜也是第18个年头了，已经成了卖菜的行家里手，诚信待客，价格公道，货好货全，有了不少的回头客和常年在他这里订货的客户。李村集的蔬菜市，需要的就是这样的好摊主！

讲　　述：张在峰　李华臣　李华娟　陈云鹏
整理编纂：刘　锦

从李村大集到商圈崛起

数百年来，李村大集都是辐射周边方圆百里的主要商业源泉。李村大集的繁荣，带动了李村的城镇发展。因而，李村大集作为李村地区的商业历史源头，为促成当今李村商圈的破茧化蝶确立基调，提供了一个得天独厚的条件，并由此奠定下李村商圈崛起的坚实基础。

一

李村，在城市建设的历史中，也是和时代的脉搏一起跳动，几经跌宕起伏，几经分分合合，才有今天的城市结构，才有今天商圈的崛起。

早在德国租借时期，青岛的城市规划就开始了。1899年，德国胶澳总督府推出修改后的规划，青岛最初的城市建设大致依照这个规划实施，这个规划把青岛城市性质定为德国在远东的军事根据地和商贸中心，根据这个规划方案，德国青岛租借地区域分为内外两界，外界为李村，内界为青岛。

到了1935年1月，国民政府颁发了《大青岛市发展计划图（分区计划图）》，把规划区域向北扩大到沧口、李村，并明确图示出李村为商业区，对这片区域的远景做了构想，城区的功能性质也有了定位，为李村成为将来重要的商圈确立了发展目标。

日本侵略者再次占领青岛后，1940年，在青岛的日本兴亚院都市计划事务所编订了《青岛特别市地方计划设定纲要》和《青岛母市计划图》，把"母市"规划的市区范围扩大到枣园村、李村、午山一带，其中把李村区域定义为"商业地域"。抗战胜利后，南京国民政府抢先接管青岛市，李村属于青岛市所辖农业区之一。

1949年6月，青岛解放，青岛市人民政府成立，李村成为李村区（农村区），1951年成为崂山行政办事处李村区。1958年，李村区改为李村人民公社，隶属于崂山郊区。1961年，成为崂山县李村人民公社。1984年，李村人民公社改为李村镇。1994年，经国务院批准，成立新的李沧区，成为青岛市内四区之一。不管这些建置和规划有多大的改变和调整，李村区域商业、居住、行政、交通等城市的功能和地位几乎没有改变。尽管这期间，受到国内政治经济政策的影响，商业的发展受到了制约，时好时坏，例如，新中国成立后对私营商业进行社会主义改造，国营商业逐步取得主导地位，供销合作社制度的兴起，对商业结构产生了很大的影响。1950～1957年，有效地平抑了几次物价的大波动，市场趋于活跃。但是，1958～1962年，由于大跃进运动和三年严重困难，商业网点、人员和小商贩群体锐减，市场供应短缺。1963～1966年，国民经济调整后，商业有所好转。"文革"十年，商业又遭破坏，流通阻滞，市场萧条，供应紧张，商业萎缩。

1978年改革开放后，商业最先进入发展时期。20世纪80年代，进行商业体制改革，多种成分、多种形式共存的商品流通新格局形成，商业有了大发展，市民再也不用凭票购买了，短缺经济时代结束。进入90年代和新千年后，各类商业星罗棋布，各种市场广泛分布，李村大集和周边的销售额上亿元商场大厦，互相映衬，繁华的商业街、连锁店、便利店和大型超市涌现。1994年5月，青岛市实施新区划时，李沧域内已有批发零售业、餐饮业、服务业等网点8800余个，其中李村商圈的建设也已粗具规模，基本形成了南起滨河路、北至京口路、西接峰山路、东临308国道即今黑龙江路，总面积20万平方米，以现李村向阳路商业步行街为轴线，以崂山百货、北方国贸、华隆商厦、崂山商贸、第一百货商场等大中型商业企业为主体的现代商圈。李村商圈的发展深深打上了时代的烙印，但是不能否认的一点，那就是和城市的发展规划战略分不开的。

2008年，中共青岛市委、青岛市人民政府提出了"环湾保护、拥湾发展"战略，确立了现代化城市发展新框架。借此契机，李沧区提出了"拥湾枢纽、生态商都"的区域发展定位。其中，"生态商都"是产业定位，明确了李沧未来的整体发展目标，这对李村商圈的崛起，产生了积极的作用。近10多年来，历任政府都积极抓好李村中心商圈的建设，认真编制了商圈产业规划，立足青岛本土优势和李村地域特点，结合地铁3号线、2号线的建设与开通，有序推进"地下李沧"的规划与建设，加快研究了地上和地下空间的开发与利用，形成了整体均衡发展，局部相对集中，点（商业综合体）、线（商业街和市场带）、面（商圈）层次清晰的商业产业布局，把李村商圈打造成"一站式购物天堂。"同时，全面推进商圈大项目建设。没有大项目的建设，商圈也不会崛起，品质也不会提升。围绕做大规模、提升品质，落实了商贸项目升级计划，推进了商圈大项目的落地，如苏宁胶东半岛总部、百通大厦、宝龙城市广场、伟东·乐客城商业区、万达广场、银座广场、书院路商业街人防工程、维客广场地下工程、奥克斯广场等。2015年末，地铁3号线北段开通运营，使李沧率先跨入了地铁时代。作为地铁商业综合体，已主体封顶的维客广场改造项目，正在建设地上休憩娱乐广场，打造区域的"城市会客厅"，其地下设施则与周边商业及双地铁线相连接，则将全力打造成立体交通枢纽，同时通过正在加紧施工的天桥和地下通道，把维客广场周围5个地块里的大商厦相互连接，实现地面、地下和空中的立体扩容，整合为一个有机的大规模现代商业服务设施群体，建设成一个集购物、文化、娱乐、办公、旅游、休闲于一体的多功能多业态集聚区。这些大项目的完成，标志着李村商圈的崛起。

李村商圈已经崛起，作为推动李村商圈形成的李村大集，作用已经不是很大了，并且对周边交通、社会治安、河道防汛、城市品质造成一定的负面影响，于是，2016 年 6 月 27 日，李沧区委、区政府决定把这一天定为最终李村大集搬迁日，在李村大集搬迁的同时，河道整治工程也在进行，经过考察、论证，李村大集搬迁到重庆中路与青山路交叉口新址，原青岛钢瓶厂的地块，新址占地 50 余亩，从面积上不亚于当时的李村河道区域，实现了浴火重生。李村商圈的形成与发展，既有社会经济发展人民生活需求不断提高的原因，也是市场经济商场之间相互竞争而发展的结果，而城市规划决策和李村商圈崛起的进程，不但充分展示出坚持党的正确领导的重要性，充分体现出社会主义制度的优越性，还充分证明改革开放的必要性。

二

商业帝国间一直是狼烟四起、烽火连天的战场。我置身商圈生活工作，时常到各个商场购物，一直对各个商业巨头的此消彼长感到迷惑，为什么有的长盛不衰，有的却红极一时，销声匿迹？这些商业巨头对李村商圈的崛起起到什么作用？

2018 年 3 月 22 日和 23 日，我跟随李沧区政协的领导和专家，分别采访了利客来集团的董事长李云敬和维客集团的张丽丽、王春艳等领导以及于质华、王春生等退休老职工。从他们那里获得了重要的第一手的资料和信息。他们都是李村商圈崛起的亲历者。他们的话语中，资料的字里行间都在透漏出一种理念，没有不懈改革创新和艰苦努力，就没有商圈的今日。

王春生老先生已经 86 岁了，他是维客集团的老员工。新中国成立前，他住在台东的南山市场，和一个买瓷器的邻居作伴，16 岁时每逢李村大集的凌晨三四点钟就起床，步行到李村来赶集卖香烟。他卖香烟有窍门，到鱼摊、肉摊等每个摊位上给摊主两盒烟，到中午时，就去把钱收回来，因为这个时候，摊主们也就卖货有钱了，久而久之这些摊主就成了他的主顾。王春生于 1962 年到维客集团的前身李村消费合作社工作，由于他结婚晚，所以每年除夕值班都是他。他的工作能力是惊人的，曾经一天收 3 马车苹果，又把它卖掉。在第二门市部卖煤期间，一天卖掉 36 吨煤，并且都是帮顾客装卸。因此，他先后两次被评为市先进工作者，出席全市的表彰大会。从他身上，也能看出老一辈商业人的精明能干，吃苦耐劳，敬业奉献的精神，这也是支撑商业发展的重要因素。

于质华女士曾经干过维客集团的领导。她是 1969 年进入单位，1999 年退休，经历了计划经济的商业运行机制。那时的"三大件"是自行车、缝纫机、手表，而且都属于紧缺商品。"听诊器"（医生）、"方向盘"（司机）和售货员都是人人向往的职业。她在食品组工作，产妇凭医院的证明才能从她那里买到红糖，爱喝茶的同事总是不停地询问她茉莉花茶到货了没有，一旦拒绝同事"走后门"买茶叶的要求，就会得罪人。逢年过节，啤酒、前门香烟凭票供应，顾客里三层外三层抢购，自己也十分辛苦。后来，顶着炎炎夏日卖西瓜、卖冰棍，为了完成销售计划，赶集卖草编制品等，还不断地进行销售业务训练，练就了"一口清""一称平"的零售绝活。商业的兴盛发达，和勤勉踏实、公平正派的一代代商业人的商道文化精神的沉淀积累是分不开的。

1978 年，开始对商业管理体制进行简政放权、政企分开、转变职能的改革。商业企业通过实行多种经营模式，增强活力。在大中型商业企业中全面推行经营承包制，在小型企业中，则通过"改、转、租"等多种灵活的方式放开搞活。1994 年，青岛商业局以及各县区的商业系统，都发生了根本性的改革，行政隶属关系转变为资产纽带关系，加大了国有资产优质配置力度。通过改革、改组、改造，加强企业管理，推进公司制改革，发展商业企业集团，进行企业兼并，现代商业管理体制进一步形成，到2002 年，国有资本退出商业的比重达到了 70% 以上，管理体制改革富有成效，有力地推动了商业的发展，才使商圈崛起有了可能。这一点，利客来集团的董事长李云敬先生的亲历亲为最有说服力。

在采访中，李云敬先生详细地给我们讲述了利客来集团在李村商圈的发展变化，并赠送给我们一本 2015 年版的《利客来文化与管理》，让我们得以更深刻"破译"李村商圈崛起的"密码"。

李云敬先生是 1971 年进入崂山县供销社系统工作的。1992 年，他任利客来商贸股份有限公司董事长、党委书记，是利客来发展的亲历者。

李云敬先生说，1950 年成立的崂山县李村供销社是利客来商贸大厦的前身，当时营业面积仅有几百平方米，职工不足百人。在计划经济年代，作为当时农村商品流通的主渠道，李村供销社曾辉煌一时。但是随着市场经济的不断发展，竞争形势也日趋激烈，种种新型业态开始出现，外资商业陆续入驻，供销社单一的供销模式渐渐失宠。20 世纪 80 年代，随着农村承包经营责任制的实行，导致其他经济成分的活跃发展，影响了供销社的经营状况。随着市场经济开放步伐的加快和消费结构不断发生变化，严峻的挑战摆在面前。时任崂山县供销社党委书记、主任苏兆江同志，果断转变思想，改变发展战略，作出了"暂时放弃农村市场，全力抢占城市市场"的决定，毅然把企业发展的主战场拉到了城市。城市里人口密集，商业比较成熟，居民购买力强，拥有发展大投入、大收益、大市场、大流通、大商贸商业模式的必备条件。因此，在刚改造完崂山第一商场后，未等喘口气，又果断地作出了改造李村供销社的决定，1990 年在李村供销社旧址上扩建改造成建筑面积为 5500 平方米的崂山商贸大厦，即今天的利客来商贸大厦，从此拉开李村商圈建设的序幕。

李云敬先生说，利客来集团的发展过程就是一个不断创新、不断跨越的过程。数十年来，利客来集团、北方国贸集团和维客集团都是李村商圈兴起、形成、发展的基石和龙头与中坚力量，都创出了可歌可泣的不朽业绩。

1990 年，利客来集团开始跨越性发展，借助李村商圈正在形成的契机，建成了目前的利客来商贸大厦，一举打破了基层供销小门店、小卖部的规模劣势和以农资商品为重点的经营结构劣势。营业面积 4500 平方米的四层楼，经营食品、家电、五金、服装、鞋帽、针纺、家具等商品。李云敬自豪地说，开业第一天，销售额超过 100 万元，中华全国供销总社都对这一数字感到震惊。1992 年 6 月 15 日，崂山区计划委员会批准成立崂山商贸大厦，同时撤销青岛崂山区李村供销社，商贸大厦从此迈开了向现代化商业企业进军的步伐。

崂山商贸大厦成立后，李云敬担任崂山商贸大厦总经理，这个时期，李村城乡结合部的特征还比较突出，许多农民经常到李村购买农用物资，但没有一个专门商场，李云敬就考虑在李村改造一个具有一定规模的专门商场。这时，青岛市进行了行政区划调整，李沧区委在第一次党代会上就提出了"三产领先、商贸兴区"的战略，他们及时抓住了这个机遇，立即筹措资金，昼夜施工。1995 年 5 月，位于李沧区京口路 7 号的崂山商贸物资商场开业。商场共有四层，营业面积 4000 多平方米，以经营农用物资、土产杂货为主，填补了李村无大型农用物资商场的空白，受到郊区农民的欢迎，也为李村商圈聚集了人气。

1997 年 7 月 18 日，经青岛市经济体制改革委员会批准同意，设立青岛崂山商贸大厦股份有限公司，崂山商贸大厦正式成为股份制企业。崂山商贸大厦由传统的国有企业变成了职工参股的股份制企业，企业的改制为企业注入了新的活力，当年的销售额就达到了 1 亿多元，跻身青岛市十大零售商场之列。

1998 年，外资商业零售业开始抢占青岛市场。与此同时，李村商圈几大商场也争相改造扩建，崂山商贸大厦开始了第二次跨越性发展。经过研讨论证，他们购买了相邻的一处营业面积 1.5 万平方米的卖场，建成商贸中心。1999 年 3 月 18 日，崂山商贸中心开业，将超市和百货业态有效地结合到一起，成功地构筑起青岛北部商业区域的稳固地位，为李村商圈的发展奠定了坚实的基础。

2002 年 10 月，借李村汽车站迁出之机，取得李村汽车站改造项目，该工程被列入青岛市30件大事之一。2004年8月，李村汽车站的改造项目完成，建设了4万平方米的新商场，与原利客来商贸大厦和利客来商贸中心连接，改造建设了全新的利客来购物中心，形成了营业面积7万平方米的购物中心，成为青岛市单体面积最大的商场。李云敬骄傲地说："在利客来商场不出门，顾客就能跨越李村好几条街道。"

2005年，在李沧文化公园建设的同时，利客来投资1.2亿元，在文化公园广场下面建设了2.98万平方米的大型地下停车场和超市。2006年6月30日，利客来李沧文化公园地下超市开业，超市与公交车站、公园优势资源结合起来，互为利用，使企业利益与公共资源达到最佳融合。这也是利客来在李村商圈除利客来购物中心之外的另一家连锁超市，进一步稳固了利客来集团在李村商圈的龙头地位。

李云敬在采访中说，做商业要有三条规矩：一是"青皮眼换鲅鱼"的商业智慧，二是"小葱拌豆腐一清二白"的管理机制，三是"酒香不怕巷子深"的质量意识。这正是利客来企业文化丰厚的精神财富。

迈入新时代，李村商圈正在向更高目标快速跨越，随着物流、人流、资金流、信息流以及新地铁运营等优越条件的持续拉动。这里，极有希望成为山东半岛的第一商圈。不久的将来，一座工笔描绘、淡妆浓抹、极具魅力的现代化商业城区就会矗立于青岛北部。届时，李村商圈必将作为服务于青岛、辐射山东半岛的"一站式购物天堂"而名扬四海。

撰　稿：杨剑英

图书在版编目（CIP）数据

李村大集 / 青岛市李沧区政协编 . — 青岛 : 中国
海洋大学出版社 , 2018.8
　　ISBN 978-7-5670-1324-7

　　Ⅰ . ①李… Ⅱ . ①青… Ⅲ . ①乡村 – 集市 – 青岛
Ⅳ . ① F724.3

中国版本图书馆 CIP 数据核字 (2018) 第 261671 号

出版发行	中国海洋大学出版社
社　　址	青岛市香港东路 23 号
出 版 人	杨立敏
网　　址	http://www.ouc-press.com
电子信箱	coupljz@126.com
订购电话	0532-82032573（传真）
责任编辑	于德荣　　　　　　　　　　　**电　　话**　0532-85902505
印　　制	青岛印之彩包装有限公司
统筹设计	双福文化
版　　次	2018 年 12 月第 1 版
印　　次	2018 年 12 月第 1 次印刷
成品尺寸	165mm × 230mm
印　　张	60.5
字　　数	776 千
定　　价	168.00 元

李村大集

（下卷）

青岛市李沧区政协编

中国海洋大学出版社

"李沧记忆丛书"之《李村大集》卷
编委会

目 录 Contents

□ 风生水起弄潮人

下卷

□ 八方见闻说江湖

八方见闻说江湖

姥姥的李村集

从小就听姥姥讲李村集的故事，热闹，红火，满集的人，满集的好东西。姥姥说起李村集如数家珍，于是想起姥姥就会想起姥姥的李村集。

"常扫院子少赶集"，这是流传在即墨地儿里的一句老古话，是说咱老百姓过日子得手脚勤快点，庭院要经常打扫，讲好卫生；没事少到集上转悠，拒绝各种商品的诱惑，就能省下钱。20 世纪四五十年代的时候，绝大多数的家庭生活都比较拮据，少赶集就少花钱，可我姥姥家却是得天天赶集——家里养的小猪崽、种的水果，要到集上去卖；种庄稼、打理果园用的生产资料得到集上去买；一家人生活所需物品也得从集上买回来。全家的生活依靠集市，李村集成了姥姥一家经常光顾的场所。

我姥爷是大枣园村人，大枣园王氏家族在即墨地儿曾经是颇有名望的家族之一。三百多年前，王柱今的三个儿子和一个孙子都通过科举考试取得了功名，康熙皇帝为表彰王柱今教子有方，赐"龙章三锡"和"义方式训"匾额，并御准王家建立两座功德牌坊。今天大枣园村中心大街上的两座牌坊就是康熙二十四年（公元 1685 年）修建的。石牌坊之间距离 58 米，规格都是三间四柱三楼，高 7.8 米，宽 6.9 米，东牌坊正额上刻"龙章三锡"四个大字；西牌坊正额上枋刻的是"义方式训"，下枋竖刻王柱今的三个儿子一个孙子历年功名的取得情况。石牌坊历经三百多年风雨剥蚀，有些字迹已经看不清楚，惟"义方式训"四个正楷大字庄重依然。

王氏家族注重子女教育，当年王柱今的父亲王子信重修了崂山茶涧的寺庙，并在庙里设了个书院"卧云轩"，让族里的子弟在崂山里静心读书。"十年树木，百年树人"，到王子信的孙辈，尊重知识的效果开始显现，他的子孙们有考取功名在外地做官的，有到各地经商谋事的，在村里留守务农的也出了不少的文化人。他们把村庄环境打理得分外优美，村子周围的山坡都开垦成了果园，村南的"南园"约60亩大小，种着杏、桃、梨、山楂；"北园"近百亩，其中一片高大粗壮的大柿子树年龄不止百岁；"西园"的果园较小，最壮观的是"东园"，100多亩的桃、杏、苹果等各种果树，一路连绵到东山顶上。春暖花开时节，各种花儿按节令次第开放，村子荡漾在花海中，氤氲在花香里，到处是成群的蜜蜂嗡嗡地采着花蜜，沧口、市里的赏花人来了一拨又一拨。半个多世纪前，青岛人都到丹山赏花，十里花海名曰"丹丘春赏"，是青岛十景之一，有些不愿远行的人图近便到大枣园的东山上看花，却发现大枣园、十梅庵一带山水美景绝不亚于丹山。过去的大枣园，从外面看不出这里是个村子，一片郁郁葱葱直绿到山上去，只有熟悉路径的人穿花拂柳转进几百米，才会发现花丛深处的人家。

我姥爷家的果园就在东园里头。姥爷的家，是四世同堂的大家庭，有50多口人，务庄稼、种果园，还开着油坊。后来不开油坊了，改为经营"东盛馆"小酒馆。我姥爷小时候念过私塾，知书达理，为人机智善良，10多岁就在酒馆里采购物品跑跑腿，学习做黄酒，成了酿酒的一把好手。东盛馆坐落在牌坊东边，店北是进出十梅庵村的大路，店西北有口甜水井，酒馆里颇受顾客欢迎的黄酒就是用这口井的水酿造，醇厚甜香。每到李村集日，姥爷的堂哥赶着马车和姥爷一起去抓（即墨方言，抓，买的意思）做黄酒用的黍子，回来赶紧上碾碾出大黄米，开始做新酒。

姥爷有个出了嫁的堂姐，每次回娘家总要夸她的小姑子：年纪轻轻管理着几十口人的大家庭，安排生活、指挥生产井井有条，几十口家的饭她自己忙，做饭炒菜，能干得不得了。堂姐看到娘家的弟弟也出息成能干英俊的大小伙子了，就出面把两个小能人撮合成了一对儿。那年，我的姥爷16岁，姥姥20岁。20世纪初，人们对婚姻中女大男小的看法和现在不一样。那时候，结婚要凭父母之命、媒妁之言，自由恋爱被认为"有伤风化"而坚决打击制止。很多家长为儿子娶个大一点的媳妇，觉着姑娘年龄大会更好地照顾丈夫，有些人家特意娶个大媳妇，是要她来干活的。所以我姥姥比姥爷大几岁，丝毫没有什么可奇怪的。

　　姥姥还没进门，聪明能干的名声就传遍了全村，就引发了妯娌们对她的第一次"考验"。姥姥刚做新媳妇不多久，就是秋收秋种的大忙季节，这时候全家人都要出动抢农时，男人下地割谷，女人挎着筐篓到地头上掐谷穗，还得雇几个短工帮着割谷子。开镰的第一天，妯娌们像商量好了似的，都拐着筐篓带着掐谷穗的刀子往外走，没有一句交代的话就把做饭的事扔给了新媳妇。刚进门的新媳妇对婆家的事还不甚了解呀，姥姥赶快追着家里管事的三婶问："三婶子，今天有多少人吃饭？"三婶说："不知道。去问你嫂子。"姥姥去问堂嫂子，堂嫂子回答："不知道，问四叔去。"聪明的姥姥立即感觉此事有些蹊跷，她一溜小跑到东园里去找当家的四叔，四叔见到新媳妇儿眼里含着泪跑来问做饭的事，却笑起来："怎么做饭的事来问我？问你三婶子。"看到大家推起磨来，姥姥更着急了，只听四叔说："你平常做面条做多少，今天还做多少；平常做干饭做多少，今天还做那么些。"姥姥一听，知道这事要难办，割谷子是庄稼活里的重头戏，特别劳累，得让大家吃好吃饱；请来帮忙的短工，更是能吃能喝的壮年劳力，要准备足饭食。关键问题是不知吃饭的具体人数，饭菜要保证够吃，还不能做多糟蹋了，这是当家的四叔和妯娌们在考我呢。20岁的姥姥急忙跑到饭铺预定了一箥斗馒头，回家立即打点炒菜做饭的事。这天姥爷的爸爸看到女人们把几十口人吃饭的事都推给了尚不熟悉家里情况的新媳妇，心里也着了急，从地里回来挑了两捆柴禾送到灶前，帮儿媳妇往灶里添火。午饭时，饭铺的馒头送到了，姥姥把馒头包好放在炕头暖着，割谷的男劳力回来吃饭，做的饭不够就从炕头上取馒头补充。没有给掐谷穗的女人们准备饭。女人们进了门，急急忙忙把昨天剩的玉米饼子切切烩着吃了，赶快再回地里掐谷穗。

吃过中饭，姥姥弄准了吃饭的劳动力人数。晚饭时她合面擀面条，还是只够给割谷的男人们吃的，女人们掐完谷穗回来，要想吃面条，就各人自家擀。这一场"智斗"，妯娌们领教了姥姥的厉害，在娘家当家锻炼的应变能力不是普通人能学得来的。两顿没有现成饭吃，妯娌们当然不高兴，可是知道事情前因后果的四叔却很欣赏姥姥的做法，这件事也就一笑了之。

姥姥30岁的时候，大家庭以抓阄的形式分了家，姥姥抓到了几块山坡地和位于村东园里的18亩果园。那时她已经有了4个女儿，分家单过缺的是劳动力，就有人背后议论说，王宝孔（我姥爷的名字）净养了些闺女，不中用，这下子掉了泥窝里去了。书生般的姥爷在这之前没干过农活，只会酿酒、算账，现在不种地一家人就没得吃，只能铺下身子拼命学习干农活。幸亏姥爷有位住在邻村十梅庵的表哥是种庄稼的行家里手，种田、养猪，料理打算样样通，再加上姥姥出自大家，会办事、会做人，对亲戚们尊重热情，所以这位表哥愿意帮忙。十梅庵村里，住着姥爷的表哥和姥姥的表姐两家亲戚。一次，姥姥带着礼物要去表姐家。那是个夏天，一帮人在村口乘凉，其中就有姥爷的表哥。有人说了："看！你亲戚来看你了。"表哥嘟囔道："人家是看她表姐的吧！"姥姥老远就听到了，赶紧道："哎哟，哥哥（即墨方言，读作 guo guo），我就是来看你的。"表哥一听很高兴，满脸是笑紧走几步上前迎接。姥姥的随机应变，化解了双方的尴尬，和表哥家走动的多了，感情也更深厚。分家后，表哥经常过来看看，养猪、种果树，手把手地教，在技术上作指导，在资金上给予支持。

表哥送了一头老母猪，一年能下两窝小猪崽。姥爷勤劳，姥姥头脑灵活会打理，母猪喂得好，长得肥壮，下的小猪崽肉滚滚的又好看又壮实。小猪崽吃的是麻扇（花生饼、豆饼），饲料好，长得风快。长到20多斤的时候，逢李村集日就要去卖了。现在回想起来，姥爷对顾客、对商品、对集市交易，都怀有深深的敬畏之心，朴实而真诚。他卖猪崽的时候，可不是随便从猪圈抓上就去卖，得给它美美容，有个好卖相。每到这时，表哥一定会到场帮忙的。他先把猪圈清理干净，撒上一层黄土，让小崽子们在上面打几个滚，吃奶的时候互相蹭来蹭去，蹭得身上干干净净。只见他熟练地把小猪的眼睫毛梳理梳理，脸上用小刀采采干净，猪毛梳梳顺溜。经过这一番捯饬，小猪崽们面貌一新，稀疏柔软的白毛下面是粉嫩的皮肉，看着特别可爱。经过装扮的小猪崽要到李村大集上另寻人家了，姥爷和他的表哥抓出小猪崽装车。小猪崽经人一抓便吱吱叫个不停，听到叫声，隔壁邻居也跑过来帮忙，其实有姥爷和表哥两个人就足够了，别人根本插不上手，于是邻居就在旁热情地吆喝着给两人鼓劲加油。十几个小猪崽，一会儿工夫就安置到推车里，姥爷把车襻套到脖子上，一手抓一个车把推起车来，三个人相跟着上了路。

从大枣园村到李村集十五六里路，出村是上沟下崖的山路，及至走上20世纪20年代时"水道部"（政府的一个行政部门）修的路，当年就算是极好走的路了，个把小时就到了李村河滩上的大集。集上有好多家卖猪崽的，相比之下，姥爷这一车小猪崽就像那被宠爱着养大的孩子，白白胖胖，精神抖擞，更让人喜欢。买猪崽的一眼就相中了，呼啦啦围上一堆人，往往是各自拽住一个小猪先占下，再有一个会讲价钱的人与姥爷讨价还价后成交。十几个小猪崽很快就卖光了，虽然现在已经不记得当时的价钱，但这一趟的收获肯定是可观的。姥爷直接在集市上花掉一部分，购买日常生活用品、猪饲料、老母猪，还为下一波小猪崽储备下足够的食物，自然还要请表哥和邻居吃一顿好饭。这时主动跟着来"帮忙"的邻居就会趁机张嘴借钱，说也要买头老母猪回家养着，抱窝猪崽挣点钱。姥爷碍于情面，不好意思拒绝，掏钱为他买上老母猪，往家走时姥爷用车给他推着。真划算啊！连运费也省了。即便这样，这人从来不及时还钱。甚至有一次，直到他家的母猪都下第三拨猪崽了还没还钱。在这期间，姥姥登门索要几次，这人拖到不能再拖，最后还钱的时候还指桑骂槐，指着猪骂借给他钱的人拿着钱这么小气，跟在腚上要债。看来这借钱不还由来已久。唉！姥姥说了："他好意思不还，咱不好意思不借。"

隔壁这个邻居是村里有名的懒汉。粮食种下去就不再过问，什么浇水、追肥、除草、松土全免了，他种的粮食产量低、品质差，常常连人都喂不饱，更不用说喂猪。饲料不足，母猪瘦成大长条。有句俗话说"穷人孩子多，破门寨子（即墨方言，楔子的意思）多"，看来母猪是瘦了下崽多，老母猪饿得很瘦，就是不耽误下小崽儿，而且一下就是一大窝，有二十几个。母猪整天吃不饱，哪有奶水喂养小猪崽，小猪饿了就使劲儿吸，甚至把猪妈妈的乳头咬掉了。眼看母猪喂养不了这么多孩子，懒汉就求姥爷抱走几个回家养着，他还教着姥爷说：趁你家老母猪不注意的时候，给它塞到肚子底下，小猪崽就有奶吃了。姥姥家的母猪长得又壮又胖，但小猪崽却下得少，每窝下七八个、十几个，这下好了，两家均衡均衡，懒汉家的小猪崽有了生路，卖小猪崽也改善了家里的生活。养母猪下崽卖收益还是很好的，姥爷卖了小猪崽回来都特别高兴，有一次他把卖猪崽的小半袋大头钱（即银元，上面铸有袁世凯的大头像，老百姓就叫它"大头钱"）往炕上

7

一扔，对几个孩子说："你们看看，哪块是真的，哪块是假的？"姥爷教着大家辨别大头钱的方法：真的银元在立面一吹会发出"铮……"清脆的声音，假的没有。呀！原来那时候就有假币哈！

分家以后，姥爷赶李村集卖得最多的是水果。他分到的18亩果园里，北方的水果除樱桃外，其他水果都有，单是苹果就有红星、金帅、国光好几个品种，酸酸甜甜各有各的风味；柿子有高桩的金瓶柿子，圆圆的托柿子，软绵香甜的镜柿子，哪一种都甘甜如蜜。每年从红杏成熟开始，桃子、李子、梨、花红果、苹果、柿子、葡萄、大枣、山楂等一茬接着一茬，一年到头有吃不完的果木（即墨方言，果木，水果的意思）。果树底下的地也不能让它荒着，种上地瓜、豇豆和芋头，收的地瓜垛满了阁棚，收的芋头、豇豆全家人吃不完。每年从杏子熟了开始赶集，以后整整一年就闲不下来了，春、夏、秋三个季节卖的是时令水果，冬天，卖晒干的大枣、储存在大缸里的山楂。那时的水果不像现在集市上卖的，用化肥催熟、用农药杀虫，既没有好滋味又让人害怕农药留存太多而不敢吃。挑水果也是有窍门的，姥姥手把手地教我认什么样的水果好吃，什么样的造过假。比方说，秋天的梨，梨把不能太粗，把太粗的梨口感不好。还要看它皮上的金星，如果又小又密，说明还不成熟，如果是大而且散开，那这梨就熟了。还有，如果梨身太短，前面的褐色部分太大，说明当初掐梨花的时候掐大了。秋天的新鲜大枣，别买通体紫红的，那可能是用热水焯过，为了有个好卖相，有些不诚实的商贩把不熟的大枣用热水那么一焯就变红了。民间有句谚语：七月十五红到腰，八月十五红到稍。自然熟透甜脆可口的大红枣得过了八月十五才上市呢。那些绿色天然的，用豆饼、花生饼喂起来的水果，又好吃又养人，想想就垂涎欲滴。我的母亲和姨妈们小时候可是享尽了这些美味，二姨说，花红果熟了，满园子清香，累累的果子遮得看不见几片树叶。

看园看到无聊时，就爬上树躺在树枝子上，嘴边就是花红果，她专找歪把的果子咬着吃，歪把子果皮薄水分大，分外香甜。树下的地瓜或芋头地里，都要种上一棵特别用心料理的西瓜，多抓一把麻扇喂它，及时上水抓虫，打杈修整枝蔓，受宠的西瓜长得蓬蓬勃勃，结的瓜又多又大又甜，在集市上是买不到的。

家里一年到头有吃不尽的水果，却也要付出别人家几倍的劳动。两个最大的女儿，我的母亲和我二姨，六七岁就跟着大人到园里抓虫子，十一二岁就是果园的好劳动力，一年中有200多天跟着姥爷在园里忙，从来没有像别的农家女孩那样，在家里帮着理家做饭，学习剪裁编织。虽然家里经济上不困难，姐妹们却都忙得捞不着去学堂念书。每天天还黑蒙蒙的，姥爷就把两个女儿叫起来上东园，二姨妈那时才十岁出头，边走边闭着眼睛，一下子睡沉了，"扑通"就磕一跤，爬起来还是闭着眼走。这么早进园为的是抓虫子，我母亲和二姨用小竹竿撑着一块篷布站在树下，姥爷在树上用棍子敲打树枝子，蛰伏了一夜的虫子不知是没睡醒还是因为夜里温度低的原因，没反应过来就扑簌簌地掉到篷布上，好半天还是僵着不会动的呢。

姥爷带着两个女儿打理果园，给果树剪枝、松土、上水、喂麻扇，比任何人家都认真；水果成熟了就得没日没夜地守在园子里，角角落落都要巡逻到，还带着玻璃瓶子，随时抓了虫子装到瓶里再消灭它们。摘果的时候，用捞鱼食的大杆子绑上钩子采果子，二姨最愁的是收大枣，老枣树长得十米多高，姥爷用大竹竿打枣子，二姨和我母亲在树下张着篷布接，脑袋常常被大枣砸得生疼，这个活儿却是推不出、躲不了的，只好任凭枣子如冰雹般砸下来。摘柿子的那段时间最累最忙，那六七十棵又高又粗的老柿子树，胸径都有70多厘米粗，黄澄澄的大柿子压弯了枝。有几棵最"下力"

的树一年结的柿子能摘 70 圆斗，每圆斗装 50 斤出头，是树中的"柿子王"。姥爷踩着凳子拉着枝子采，够不到的树顶上，就让十多岁的二姨爬上去摘。每天月明（即墨方言，月明，月亮的"别名"）高高的了，别人家都吃过饭在街上乘凉了，姥爷才带着两个女儿满身疲惫的回家。有时候，姥爷推着吱吱呀呀作响的木轮车，车上是装满水果的圆斗，是为明天一早赶李村集准备的货物。

赶李村集要走十几里路，还上沟下崖的，就得用这辆独轮木轱辘小车推着去。这种小推车特别实用，收割时往家里运粮食，春秋往地里送粪，过年过节走丈人家时推着老婆和孩子，那二寸多宽的轮子走大路、穿小道皆宜，山东地儿里的农户几乎家家必备这么一辆。过去到处跑着赶集做买卖的人，最顺手实用的也是这种小推车。姥爷每次推个 200 多斤，这种木轮小推车的缺点就是太沉重，推起来很吃力。20 世纪 30 年代日本人在青岛建了橡胶厂后，有了胶皮轱辘，车子轻快轮子也更溜道（即墨方言，溜道，顺畅的意思），一车就能装 6 个园斗，300 多斤哪。姥爷的水果和他卖的小猪崽一样，干净漂亮水灵，从来都不愁卖，有时街里（过去人们称青岛的老城区为"街里"）和沧口来的顾客还和姥爷约好，给他们带几园斗八九分熟的过来，他们要批发回去卖。

赶李村集都是二姨帮着姥爷照应摊子。集上有唱小戏的、变戏法的、打莲花落的，百般的热闹，那时二姨才十几岁，正是喜欢看热闹的年龄，可懂事的二姨从来不表现出自己对这些光景的艳羡，老老实实地守着水果摊。姥爷心疼女儿，这种歉疚只能在吃中午饭的时候弥补一下，让女儿去买一碗她最爱吃的炸绿豆丸子。这是大枣园村的一位乡邻摆的小吃摊，他家的绿豆丸子炸得金黄酥脆，卖时从来不用秤称，来了买丸子的，他抓一把扔到碗里，加一勺滚烫的高汤，赶集的连吃带喝，鲜美无比。这人天天不闲着，李村、枣园、流亭等五个集轮流赶，在哪个集上也受欢迎。当年还是小姑娘的二姨喜欢跟姥爷去卖水果，中午这碗美味的绿豆丸子起了很大作用呢！

二姨在李村集上虽然不能到处走走看看，有时候身边也会出点热闹事。20世纪40年代，日本第二次侵占青岛时，老百姓生活极度困难，大集上偷抢东西的事情也是经常有的。这不，小伙子抢了个火烧在前面跑，卖火烧的大男人在后面追，眼看就要追上了，小伙子呸呸把唾沫吐在火烧上，完了，这火烧追回来也不能吃了，算了吧，不要了。那边卖菜的，眼看一半大小子拿了一捆菠菜撒腿就跑，赶紧追过去，谁知那小子见人家追来，"啪"把东西甩给了自己村在集市上摆摊的大汉。卖菠菜的刚要拿回，大汉闷声闷气地说：你哪里难受？买菜的起初没听清楚，还以为问他是哪个村的，回答说：刘家台的。大汉又说了一遍：你哪里难受？卖菠菜的这会儿听明白了，赶紧说道：不要了，不要了。

姥爷因两个女儿小小年纪就跟着大人起早贪黑地出力劳动，很是心疼。特别是对能干得如同假小子般的二姨，更偏心一点，他在外边买回一只新鲜的熟螃蟹，特意绕路到果园里送给看园的二姨吃。20世纪40年代初的一年夏天，李村集上曾办过一次物资交流会，在当时应该是件挺热闹的大事，姥爷给两个女儿三块钱，让她们去交流会上尽情地玩一天。姐妹俩兴高采烈地跑到李村河滩上，那天参会的人熙熙攘攘、摩肩接踵的，有更多的人来集上做买卖，最吸引眼球的是跑马戏的也来了。姐俩是省钱的主，手里攥着那三块钱不舍得花，用几毛钱买了一斤花生，还不舍得吃完，留了一些带回家给父母和弟妹们香香嘴；买了一支当时特别时髦的自来水笔（自来水笔，即钢笔，打进的墨水写字时能自然流出，被称作"自来水"笔）花了七毛钱，还剩一块多钱没花出去。回来后姥爷心疼地埋怨道："傻乎

11

乎的，给钱就是让你们花的，怎么还剩回来。"整天在坡里、园里干活的两姐妹能到交流会上看看光景，已经是非常高兴了，唯有一点美中不足的是，物资交流会还没结束，天就下起了瓢泼大雨，满集上的人急忙收摊的、找地方躲雨的、赶紧往家跑的，大人喊孩子，孩子哭着找娘，李村河滩一片混乱。

姥姥讲的李村集，我们这些孩子听也听不够。姥姥的李村集，永远是我们最美好的回忆之一。

根据王爱德口述整理

撰稿：石丰华 刘 锦

史说李村大集

　　李村大集是一个农贸市场，自 20 世纪 70 年代开始，轻工产品如服装、布匹、鞋帽及家用电器陆续上市，逐步形成市口（即专业市场），大集的规模也逐步扩大。同时随着社会经济的发展，大集上柴草、农用建筑材料砖瓦、石头以及牲畜等一些市口逐步消亡。到 20 世纪 90 年代初，李村大集基本上分为四大块，即以农副产品为主，家用工业品、废旧物资、虫鸟花鱼宠物市场等。大集东起东李村，西至杨哥庄村东（河底部分），以及滨河路的大部、九水路东端，占地约 3 万平方米。平日集市有各种摊位 3000 个左右，交易额一般在 1000 万元，上集人数约 10 万人次。春节前的几个集摊位可达 5000 个，交易额在 3000 万元，上集人数可达 20 万人。全年大集交易额约计 10 个亿。

　　李村大集的场址以河底为主，基础设施比较差，尤其是雨季、汛期，集日都集中在滨河路和九水路上，严重影响交通，对经营者和消费者十分不利。李沧区市场建设服务中心成立后，为改变这一局面，在不影响防汛泄洪的前提下，对大集的场地，主要是河底部分进行硬化，增加上下河底的路口的坡道。其中，京口路桥东部分约 8000 平方米，采取水泥拌沙的办法进行硬化。京口路以西部分 10000 余平方米采取铺设石条和水泥硬化的办法，对海产品市场（"水上漂"部分）进行清淤加围。另外，在京口路桥和向阳路桥之间建售货大棚 3000 平方米。上述各项投资约 300 万元。

　　通过对大集场地的硬化、市场设施的改造、增加新设施、疏通河中河等措施，极大地改善了大集的经营条件，卫生面貌焕然一新，基本上改变了卫生脏乱差的局面。无论是大集经营户还是赶集群众都非常满意，业户数量也不断增加。特别是营业大棚建立以后，摊位供不应求，仅从东北三省来经营蘑菇、木耳等干货的业户就增加了 30 余户。

李村大集处于城乡接合部，地理位置十分重要，其规模是青岛地区最大的。它极大地促进了城乡物资交流，极大地方便了城乡居民群众的日常生活，带动了周边村庄的经济发展。对李村商业圈的形成扩大发挥了不可替代的作用。据李村集周边北方国贸、维客、利客来各大商场统计，逢集日的商场营业额是平日营业额的二至三倍。青岛维客商场（崂山百货）曾在公交车上打出"逢二排七李村集，崂山百货欢迎您"的广告。

一、大集设置

李村大集最早有文字记载见于明万历七年（1579 年）版《即墨县志》。民国十七年（1928 年）出版的《胶澳志》对李村大集有过较详细的记载：李村大集以农历逢二逢七为集日，利用李村河的沙滩集会，每年共 72 场市集，周边四村八疃或十里八乡赶集的人皆汇集于此，其买卖之繁盛，可谓规模宏大。每个集日临时卖店约 1200 家，鱼类、杂货、种子、古衣、钱摊、食物摊不计在内，其陈列物品的总值每次不下 9000 元（银元）。当农事闲散时，又逢天气晴朗，卖店可至 1400 家以上，物价总值可达 1 万元（银元）以上。德国人曾十数次对莅会人数做过调查，平均每次计有 22000 人。

1897 年，德国人以"巨野教案"为借口侵占青岛。在实行殖民统治过程中，为了维护社会秩序，稳定人心，继续顺延逢二、七的李村集市日，进行物资交易，维持了当地经济正常发展。

1914 ~ 1922 年，日本人打败德国，第一次侵占青岛，实行殖民统治，沿用德国人的做法，并多次派人到集上调查，对上市主要陈列物品进行统计，搞清楚物品来源地，明白当地老百姓的需求，然后从日本国内运来纺织品、日用品和胶州湾西岸马哥庄盐场的粗盐进行销售，逐步渗透，便于今后在青岛开办工厂，进行经济侵略。

1938 年 1 月至 1945 年 8 月，日本第二次侵占青岛时期，由于日军侵扰，抗战军兴，兵匪出没，战乱不断，李村大集一度萧条冷落。1945 年 9 月抗战胜利后，在南京国民政府的统治下，青岛市李村区货源短缺，物价不断上涨。1948 年 8 月统计：盐每市斤 10 万元（法币，下同），玉米每市斤 44 万元，猪肉每市斤 360 万元，后又相继几倍、几十倍地增长，造成大集萧条。

1949 年青岛解放后，由于市政府采取措施稳定社会秩序，整个社会安定，物价稳定低廉，李村大集恢复发展，年成交额在 100 万元左右。1953 年 11 月起，国家对粮油实行统购统销，自由交易被限制，李村大集贸易额逐年下降。1958 年，人民公社成立，受极"左"思潮影响，农村自留地被取消，家庭副业被禁止，李村大集交易品种明显减少。三年严重灾害期间，自由市场重新恢复，农副产品及家庭加工产品上市，李村大集又活跃起来，但交易品种有限。1963 年国民经济开始好转，大集交易额逐年上升。1966 ～ 1976 年"文化大革命"期间，集贸市场被列为批判对象，一度被取消，李村大集的商贸活动进入低潮期。1978 年改革开放后，农村体制改革，实行家庭联产承包责任制，农民收入增加，县城驻地李村及周边城乡购买力提高，工商部门加强了市集建设和治安管理，李村大集进入了繁盛时期。80 ～ 90 年代，政府对集市的基础设施进行了改造，河南岸硬化了地面，设立了台式摊点，辟为海产品市，为固定摊点，并改为全日市场。河北岸全线建设了二层楼房，部分摊点退河进室。其中吸纳批准青岛东方联合企业有限公司建立了"水上漂"项目，参与了集市经营，建起了一批二层交易楼，建筑面积 2 万余平方米，设固定摊位，开设河沿边店铺，主要经营家居、桌椅条凳、床铺。

新千年以来，政府又投入百万元对大集进行改造，用花岗岩大理石铺设地面 1 万多平方米，集市环境得到更大改善。

由于李村河底"天天市"占用泄洪通道，防洪安全、消防安全、食品安全、消费安全问题突出。2015 年 3 月，李沧区委、区政府下发《关于印发

〈李村河中游"安全综合整治年"工作方案〉的通知》，确定以安全综合整治为切入点，对李村大集实施整体搬迁，从根本上解决李村河中游长期存在的一系列安全隐患，缓解李村商圈交通压力，提升中心城区形象。

李村大集搬迁工程于 2015 年 4 月正式启动，2016 年 6 月底完成搬迁，7 月 1 日正式营业。做到了 800 余家固定经营业户、1000 余家临时赶集业户整体搬迁，没有出现一次上访，实现了区委、区政府提出的和谐、平稳、顺利、按时搬迁工作任务的完成。

2016 年 6 月，李村大集正式搬入新址。新李村大集位于重庆中路与青山路交叉路口原青岛钢瓶厂地块，由李沧区市场建设服务中心投资建设，总投资约 5000 万元，占地 50 余亩，建筑面积 2.34 万平方米。主要分为农贸市场区、文化交易市场区、赶集区和停车区。封闭式农贸市场，按照青岛市标准化农贸市场的要求设计建设，用于安置"天天市"固定经营业户。建筑面积约 1.22 万平方米，营业网点 168 个；农贸市场中间区域约 6500 平方米，设置岛式柜台，标准摊位约 700 个。市内农贸市场划分为 5 个功能区：水产品区、肉食区、蔬菜水果区、调料副食品区、特色小商品区。文化交易市场区为两层建筑，总建筑面积 1.13 万平方米。一层为茶文化交易区，二层为花卉交易区。赶集区 1.2 万余平方米，用于逢二、逢七赶集。李村大集设有停车场 3 处，停车位约 370 个。其中市场内停车场车位约 170 个，周边新建两处停车场，车位约 200 个。有着 439 年历史的农历逢二、七的李村大集就这样被完整地保留下来，继续为李沧区域繁荣一方经济、方便居民生活、增加税收渠道，发挥着不可替代的作用。

二、集市交易

集市是聚集天下的人和货物进行交易的场所，其行为是自由交易，人们在集市各有所得。做交易时，如果是卖食物，顾客会先尝一尝。交易方式是当场算清物价，互不相欠。

　　李村集市在明清时期,交易的商品有粮食（小麦、大麦、谷子、黍子、大豆、高粱）、海产品（黄花鱼、带鱼、杂鱼、海蜇皮、蛤蜊、蛏子、海螺等等）、木料（方木、圆木、檩条）、家禽家畜（鸡、鸭、鹅、羊、兔）、蛋（鸡蛋、鸭蛋、鹅蛋）、青菜（青萝卜、芹菜、菠菜、白菜、胡萝卜）、果品（苹果、梨、杏、桃、柿子、樱桃）、手工制品（木梳、头发卡、扫帚、圆斗、竹篓、葫芦瓢）、陶制品（盆、碗、水缸、饭罩）、铁制品（铁锅、锄、镰、锨、镢、抓钩）、鞋帽（布鞋、帽子、袜子、棉鞋）、纸类（草纸、封窗纸、大红纸）、笔墨（毛笔、砚台、墨块）、食品类（饽饽、烧饼、火烧、花生米、猪头肉、猪蹄、猪下货、炸鱼、炸油丸）等等。还有照明或食用的豆油、油灯、灯笼、花生油等。

　　清末和民国时期,交易的商品仍保持传统种类,粮食增加了地瓜、地瓜干、大米、小米。手工制品增加了面袋、麻袋、粗帆布包。木材类增加了家具如三抽桌、方桌、方凳、木橱。海产品增添了鲳鱼、巴鱼、牙塔鱼、大虾等。蔬菜、水果品种也增加了不少。交易品有本地自产的，也有来自外地的，还有煤油、火柴等舶来品。还有杂货、柳条筐、笆篓、手提篮、棉花、棉布、棉纱等等。

　　1929 年,青岛成立特别市,地处李村区的李村集市按要求对货物进行类别分市,有粮食市、布匹市、杂货市、鱼肉市、猪市、家禽市、牲畜市、柴草市等。时因洋货充斥市场,出现各类"经纪"人,经纪人常与商霸勾结,时有欺行霸市情形发生。

　　中华人民共和国成立初期,李村集市设有粮食市、牲畜市、海产品市、木料市、竹席杂货市、禽蛋市、蔬菜市等,自由议价进行交易。集日上午繁荣,下午即散。农业合作化后,工商行政管理部门对细粮、粗粮、花生米、豆油、花生油、棉花、棉布等各种物资加强管理控制，粮油市场和棉纱、棉布市场缩小。1960 ～ 1962 年,农副产品歉收,一些日用工业品供不应求,集日物价昂贵。"文化大革命"期间,集市交易受到限制,加上工矿企业"停产闹革命"，物资匮乏，各种日用品短缺，集市交易冷清。

1978 年实行改革开放，自 1980 年后，集市交易日趋繁盛，集集有交易，天天有买卖。每个集日上市人数达到 1 万人以上，成交额达到 130 万元，逢年过节集日达到 200 余万元。90 年代，李村集日进行环境改变，河两岸盖起了"水上漂"、滨河商业街等项目，盖起了二层楼数万平方米进行交易，硬化了河床地面，盖上了钢架大棚，设立了固定摊点，改为全日市场，吸引了服装、食品、肉食、海产品、建材等更多行业参与经营。李村集市与旧时相比，发生了前所未有的变化。如粮食市，1950 ～ 1977 年，粮食交易以地瓜干、玉米等粗粮为主，1993 年国家开放粮油市场后，逐年发生变化。2000 ～ 2015 年，整个集市的粮食品种有 30 多个，主要来自东北地区和本省平度、莱西、胶州、高密、诸城、潍坊等县市，有大米、小米、黑香米、糙米、玉米、大豆、豌豆、红小豆、豇豆、黑豆、大麦、高粱、花生、葵花籽等品种。由于居民副食品需求增加，粮食需求减少，粮食市的交易与其他品种相比，所占比例稍小。由于周边村庄居民和城镇居民对海产品的需求大大增加，尤其是李沧城区和集市周围很多饭店酒楼的兴起，加大了海产品的消费量，一年四季都有活海鲜，日照的螃蟹，胶南（黄岛）的牙鲆，沙子口、中韩的对虾，红岛的蛤蜊、牡蛎，以及烟台莱州、蓬莱、海阳和威海、荣成、文登等地的扇贝等。另有新鲜的大虾、刀鱼、鲅鱼、鱿鱼、鲳鱼、海参、鲍鱼等，海产品的品种有 100 多个。干海货有海参、鱼翅、海米、鱿鱼、扇贝、虾皮、蛤蜊肉、银鱼、乌鱼、鲅鱼皮等，品种有 30 余个。

水果品种有福建的芒果，海南的香蕉、菠萝，新疆的哈密瓜、阿克苏大枣，还有浙江、广西、江西的橘子，广东的荔枝，湖南、湖北的柚子、猕猴桃等等。除了这些果品外，多数水果产自本地，有桃子、樱桃、草莓、苹果、梨、杏、葡萄等等，有时令的，也有反季节的，一般来自城阳、崂山等地的村庄，胶南、胶州、莱西、平度、即墨、海阳、栖霞、乳山、荣成等地水果均占一席之地，上市水果品种 100 多个。蔬菜品种十分丰富，四季都有鲜菜，品种有芹菜、菠菜、蘑菇、青萝卜、白萝卜、胡萝卜、山药、茄子、西红柿、黄瓜、大葱、蒜、生姜、蒜薹、黄瓜、土豆、芸豆、竹笋、茭白、藕等。

李村大集上的名吃、小吃十分丰富，有王哥庄大馒头、炉房火烧、流亭猪蹄、天津包子、脂渣火烧等。改革开放后，很多外地人把他们当地的风味小吃搬到了李村大集上，有大西北甘肃、宁夏的清真羊肉泡馍，有天津狗不理包子，陕西的大刀凉皮，朝鲜的打糕，韩国的狗肉冷面，天津、大连的大麻花。这里面有行商，也有坐贾。南腔北调，好不热闹。一位莒县的薛姓男子，常年卖大锅饼，这是日照和临沂地区有名的面食，厚厚的大锅饼每集能卖出一二百斤。他在李村、流亭、夏庄、西流庄、浮山所5个集市上轮流摆摊，集集不落，每年收入在几万元以上。像这样在几个集上轮流摆摊的情况，具有一定的代表性，很多流商多属这种情况。

随着社会主义新农村的建设发展，旧村改造，平房变楼房，居民小区美化、亮化，人居环境优美雅致，人们的精神面貌和追求也相应发生了变化，装修房屋和养花、买花成为新时髦。在建材市场上，赶集订货的人络绎不绝，上市的瓷瓦、地面砖、厕所坐盆、大芯板、五合板、木门、门把手、洗菜盆、玻璃镜子、水龙头等等琳琅满目，无所不有。只是因为达翁建材市场落成后，这种交易在李村集市上被转移。

近20年来，由于城市建设的不断发展，人们的居住条件发生了翻天覆地的变化，因此李村大集上的每个集日在花卉市里卖花买花的人川流不息。上市花卉有本地李沧区东部上臧、毕家上流、城阳夏庄、崂山枯桃等地运来的，也有从广东、安徽、云南等南方省市贩运过来的。花卉的品种有茶花、杜鹃花、海棠、君子兰、瓜叶菊、月季、牡丹、茉莉、梅花、玫瑰、仙客来、一品红、凤仙花、兰花、蝴蝶兰及各类仙人掌等等。文雅的、鲜艳的、有名的、叫不上名的，应季的、不应季的，都被花农催着赶着，盛开着到了李村大集上，好一派花团锦簇、姹紫嫣红的美丽景象。

鸟市里，画眉、八哥、翠鸟、鹦鹉、黄鹂，鸟声啾啾，婉转清脆。来这里的一般以男性居多，年龄在六七十岁。金鱼市里，乌黑的墨龙，大红的溜金，还有鹤顶红、红鼓眼、水球，清一色用蓝塑料盆盛着，水清鱼红盆底蓝，还有用砌的水池里养着，一会儿游过来一群红鲤鱼，一会儿游过来一群大小不一的红白斑点的鲤鱼，看得人烦恼全无，别有一番情趣。

李村大集如今已没有春夏秋冬季节之分，淡季不淡，四季有鲜，除了天气影响外，集集爆满。特别是每年腊月的几个年集，方圆三里地人山人海，十条街道赶集的人群摩肩接踵，几近耳鬓相摩擦。对联市如书法长廊，鲜花市如春山花海，糕点市鲜亮的光彩，李村大集烘染着过大年的"年味"，一个集日的人流量可达 20 万人，上市固定摊位 3000 个，逢集临时大、小摊位 5000 个，集日交易额上亿元。

撰　稿：邵承祥
整　理：王晓瑛

我记忆中的李村大集

1995 年大学毕业后我到李村师范从教，成为李村居民，在李村一共住了 11 年，如今距举家搬离又过去了 12 年。

工作生活在李村，必然少不了去逛李村集。昔日从青师出校门（北门）沿九水路（原台柳路）东行，路过墙壁斑驳的李村镇政府旧址和某部一处貌似废弃的老营房，不出 5 分钟就走到了向阳路桥头，大集坐落在桥下河滩上。

20 世纪 90 年代的李村集，东起 308 国道，西到杨哥庄村南河沿，沿着一两百米水泥夯实的河滩绵延数里，赶年集时它会膨胀蔓延得更远。

京口路桥跟向阳路桥一样南、北都有入市坡道。沿着向阳路南桥头坡道下到河底，河南岸廊柱支撑起来的一溜百十间俗称为"水上漂"的联排三四层小楼，下面的空间就是水泥铺就的海货市。海腥味扑鼻而来，水泥柜台永远是湿淋淋的，鱼鳖虾蟹各种水产种类齐全，我曾经是这里的常客。

海货市西北是蔬菜瓜果市，再向北靠近李村河北岸是土产杂货；正北隔着小河沟与食品干果市相对的是食品市；往东过了京口路桥，就是布匹市和服装市。还有小五金、小家电等杂货。

早晨，太阳刚刚升起，集市上早已是人头攒动。夏庄、惜福镇一带的菜农就挑着刚采摘下来的新鲜瓜果和蔬菜一路走来寻找摊位了。师范南墙外小山坡都是附近河南庄、杨哥庄一带村民的菜地，菜农将小苔菜运来，一扎扎摆开，绿油油的苔菜上还沾着露珠就上市了。

向阳桥下是食品摊，朝天的大锅里炖了许久的肉食，和刚刚出炉的水煎包一起散发着诱人的香气。卖油条的摊主忙得不可开交，两溜马扎、一溜小桌子前坐满了赶集来吃早餐的食客，咸菜、甜沫、老油条，简单又实惠。一只懒洋洋的黄狗貌似漫不经心地靠近猪肉摊，趁着老板张罗顾客的当口突然冲上前去，叼起一块肉，箭一般飞蹿而去，肉摊老板挥舞着刀子咒骂黄狗的主人。年轻的老板娘敞着怀，裸露着乳房喂着怀中的幼子，对这一切无动于衷。

王哥庄、沙子口一带来赶集的渔家大嫂分别下了110路、113路公交车，提着夹篮摇摇晃晃地赶奔河滩。经过五六十里路的颠簸，装满海鲜的夹篮还渗着海水，这些货物多是她们的老公赶海捕获的，也有从船上收购来的，主要是加吉、黑头、鲈鱼、鲅鱼（马鲛）之类，有时还捎带一些海捕虾、鲍鱼、小海螺。也有难得一见的海鲜在这里出现。分割售卖硕大的新鲜鲨鱼就是在李村河底第一次看到的。

最热闹的是年集。从腊月二十七一直要赶到除夕之前，城里人、乡下人从四面八方汇聚而来，有的纯属来凑热闹。百多米宽、数里长的李村河道顿时人山人海，京口路下的对联红彤彤遮天蔽日，远远看上去蔚为壮观。大集上不时响起鞭炮声，空气中散发着过年的气息。大集要一直赶到除夕才停歇。市民和乡民攒足了年货，无论远方、当地的摊贩统统都要回家过年，河滩上只剩下没有打扫彻底的杂物随着腊月的寒风舞动。正月初六、七，商贩又从四面八方赶潮一样回到这里重拾一年的营生。

古代，距离沧口十余里的李村作为鱼盐之乡的农副产品集散地，不仅交易即墨老酒、流亭猪肉、沧口豆饼、崂山松柴、平度鸡蛋等日用物质，还交易煤油、桐油、棉花、食盐、小麦、布匹、木器、竹器等大宗物资（《李村要览》）。四面八方的无数客商在这里互通有无，一个大集的交易金额动辄上万，客商揣着银两和洋钱而来，又通过沧口、青岛口、流亭、即墨城、崂山古道等地载运货物而去。到20世纪后期，大宗物资交易都进入了期货交易市场和贸易公司，李村集已失去大宗物资交易中心的地位，蜕变为青岛市区最大的百姓超市。

　　大集的另一大特色为其包容性。市场虽大秩序尚好，鲜见有打架斗殴一类事情，平时"小小不言"的事依靠工商所和派出所等公家力量就管了。也有一种江湖自律的方式。20多年前我居住在李村的时候，一个被呼作"大成"的人带领大集自律组织发挥了民间协调的作用。只要他们一出现，占路经营的游商浮贩立马规矩起来。

　　这里不仅有"阳春白雪"，也容纳得下"下里巴人"。李村集北侧一条南北走向百八十米长的小巷子，沟通着滨河路和书院路，这就是著名的"半仙街"，即善男信女求签算命的地方。不明来历的算命先生席地而坐，为来客指点迷津，顾客中有耄耋老者也有时髦男女。这里也是理发铺、小吃部等服务场所相对集中的地方。

　　李村新华书店就在大集不远处的书院路上，论斤售书的大集书摊则散在大集边角，大都出售金庸的《神雕侠侣》等武侠书、琼瑶的言情书和杂七杂八的教辅书。有时摊主会神神秘秘向顾客兜售盗版光碟和读物。

　　俗谚云，青岛有"三大怪"："骑车不如走路快，夏天泳衣穿在外，啤酒装进塑料袋。"如果一定要说"第四怪"的话，应该是"李村大集啥都卖。"说"啥都卖"显然不可能，但货物品种花样确实多到能满足市民百姓的各种消费需求，近些年集东头自发形成了很大的机动车交易市场，十万、八万的车辆都能在此交易。

　　李村因集而兴，无数人因李村集在此生根繁衍改变了命运。我经常回想起20多年前靠李村集谋生的邻居老耿、老乡姜大哥一家和小酒馆店主小陈、小孙夫妇。

　　老耿是我在杨哥庄居住期间的同院邻居。年轻时曾在驻即墨店集镇（母校老二中所在地）的陆军二十六军高炮旅某营服役。一个憨厚的鲁西人，竟有办法俘获了店集邻村姑娘的芳心。老耿退役后两口子到李村集贩菜为生，整日早出晚归忙忙碌碌，生育了一双可爱的儿女。到我搬走时，夫妇俩有了一些积蓄也有买房的打算。

　　姜大哥是我住东北庄小区时的对门邻居。故乡即墨留村，李村监狱的老狱警。他身材高瘦，耿直倔犟，话语不多，但见面总是笑嘻嘻的。二两白酒下肚打开话匣子就倾吐衷肠。他一个人养活一个四口之家确实勉为其难。嫂子没多少文化，就在京口路桥下盘下了一个摊位，售卖服装布匹之类。他每天上班前用小推车帮嫂子将货物运送到集市，然后再回家将警服穿戴整齐去监狱上班。黄昏时分，下班就去集市帮着嫂子一起收摊回家。一双上学的儿女周末也会帮助妈妈摆摊收摊。嫂子由于风吹日晒脸膛红红的，看上去年龄比大哥大一些。他的同事悄悄告诉我，1979年的南疆战事中，他是"带着一个连冲上去的人。"

　　我住的小区楼下有一小酒馆，店主是陈孙夫妇。丈夫小陈是崂山北宅东陈村人，妻子小孙跟我是老乡。小陈是一名党员，从部队复员回乡无以为生，就携妻在李村大集之旁开了这个小酒馆。馆址是租赁小区的车库，面积二十来平方米，能摆七八张小桌，售卖菜品有崂山菇、崂山竹笋、崂山云峰菜之类，物美价廉，主要服务小区居民和赶集客。两口子都很勤劳，为人开朗和善，我也没有少光顾他们的小店吃吃辣炒土豆丝和辣炒蛤蜊。在我2006年离开前夕，小陈曾经找我辅导公务课程，他正在考虑到东陈村"两委"谋个差事，大约社工之类也要考试。

　　年华易逝，岁月沧桑，李村一别经年，李村集、师范、东北庄，好多人事只存梦中。前些天因故路过李村发现李村大集已经搬迁，空留老梧桐伫立河岸。

　　老耿夫妇，你们应该买上房子安居乐业了吧？

　　姜大哥，你的一双儿女都长大成家了吧，嫂子还在李村集市上忙碌吗？

　　小陈和小孙，你们过得还好吗？

　　真想你们啊！

　　撰　稿：李厚恩

一条河、一个集市，世代的乡愁

青岛人不知道李村集的人不多，犹之不知道"街里"的不多。史料表明，明朝时始有李氏立村，村前那条河何时得名为李村河不得而知。周边百姓常在河滩上进行商贸活动，渐成气候，后来约定俗成，每逢农历二、七开集，亦称李村集。后来，民间把李村河两岸的"河北""河南"村统称李村。李村成为原崂山县社（镇）党政机关驻地，也是"河北""河南""东北庄"三个村的驻地。现在隶属李沧区，改称李村街道。集以李村而名，李村更以集而名。"逛（赶）李村集"早已成为青岛人民间的习俗活动。

李村集之所以名气大，除了历史悠久，主要还是因其商品丰富繁杂。什么四乡特产、五谷杂粮、时令果蔬、食俗小吃、肉食海鲜、粗细工具、婚丧用品、服装鞋帽、花鸟鱼虫包罗万象。鼎盛时期，更是从针头线脑到汽车摩托，无所不有。另外，时不时还常见算卦先生、卖艺把式、江湖郎中招摇过市。逛李村集犹如转着看万花筒，花色变化不绝、永远看不尽。

小时候，曾在这里见到一位用小鸟算卦的先生，一块方巾铺地，上面矗一鸟笼，一摞比书签略大的签牌排成Ⅰ字形。求卦问事者报出生日属相，算卦先生便把签牌整理一番，一边念叨着小鸟的灵气，一边把小鸟"请"出来。只见那小鸟蹦蹦跶跶左盼右顾有顷，从那排签牌里叼出一张签牌。算卦先生赶紧取过，读起上面的文字（多是些五言句的顺口溜，无非预测穷达、善恶果报之类），然后一番巧舌如簧的讲解，到底让求签者"口服心服"地掏钱（此时，小鸟早已自己回到笼子里了）。教育让我知道算卦先生多是诳言。但那只小鸟的灵巧还是让我惊奇不已。有位老年朋友，十年前在李村集的走方牙医那里"很便宜"地镶了一颗假牙，前不久一次聚会上，他向我显摆了那颗依然坚固如初的义齿，感慨地说，李村集真有好东西啊！50 年前，曾在集边处见到一个耍猴的，不知那猴子犯了哪根筋，跳出圈外窜到路边的树上，腾跃蹿跳不肯下来，耍猴人敲锣扬鞭、恩威并施、皆不灵。急的又蹦又跳。惹的围观者笑弯了腰。

同事老 J 曾在李村集买过野兔子招待我们，萝卜块炖之，奇香无比。几位不免就多喝了几杯。40 多年前李村集常见有被猎捕（杀）的野兔、野鸡、斑鸠等"野味"。如今，青岛地区打猎的人几乎绝迹，野兔子似也少见。特别是野鸡、斑鸠还有曾险遭我们杀绝的麻雀朋友，都已成为国家保护的"三有"（有益的或者有重要经济、科学研究价值）陆生野生动物。别说猎杀，吃也违法了。

有一位国家级篮球裁判朋友，工作与居家都在市里。长年爱逛李村集。纯粹地闲逛，极少买东西。退休后多年，兴趣依然不减。还常常去吃一碗大锅猪肉脂渣炖白菜。好几次听他讲起，馋得我流口水。忍不住去吃了几次，味道还算可以。虽然没有早年吃起来那么香，情感却是饱满的（是谓乡愁吧）。李村集的吃，颇多出自四梢的乡间食俗、世代传味。如崂山一带农民自制的鲜豆豉（俗称酱豆），回家拌以白菜、青萝卜和胡萝卜粗丁，多佐姜丝，加盐拌匀，稍腌可食，气味绝佳，很下饭。它和"猪肉脂渣炖白菜"都是周边农村代传之品。殊可一提的是，如今一品"郑庄脂渣"已成名吃，远播海内。再如每当春、秋两季鲜鲅鱼上市，排满青蓝白三色相间、水清明亮的鲅鱼摊，连成一大片，蔚为大观。处处围满了"抢购"的女婿与准女婿。给丈人送鲅鱼，是青岛地区流传不衰的民间习俗啊！

小时候，我住在国棉六厂宿舍，离李村有五六站路。可以到振华路乘坐一种大鼻子单门（靠手动开关）公共汽车（据说是日本产）去。那时候的孩子们腿健，去李村大多不坐车，走着来回权当玩（再说，也不是回回要得出车票钱）。当时，李村河那座桥（今京口路桥）还是漫水桥，李村河虽是条季节河，水比现在旺得多。尤其在夏季，几乎是长流水。每逢雨过，清冽的河水常会漫过桥面。我和伙伴们都会提溜着鞋，赤足来回蹚水过河玩，甭提多爽了。逢集逛集，没集时，我们除了在河滩上的"小人书"摊上看几本连环画，还常常去桥西头河滩上的铁匠铺看打铁。铁匠师傅老是笑着用老俗话"看拉屎的不看打铁的"驱赶我们。我们只是暂退几步不肯离去，一看老半天。铁匠师傅们在一个状若木桩的铁砧上，锤打着烧红了的铁。铁砧表面呈球面，他们却能打出平面器物，很让我们惊叹。后来听老人讲那种铁砧叫"波罗盖"（方言，即膝盖），还说是来自太上老君呐！便觉得在老君的波罗盖上敲敲打打真是有点太那个了。20世纪60年代严重灾害期间，每逢秋收时节，我到李村去得更勤，目的是去东北边农村地界"倒地瓜"（在农民刨完的地瓜地里挖残存的地瓜）、挖野菜、捡菜叶，回家"佐餐"，以助果腹。是谓"低标准、瓜菜代"年代的珍贵记忆。

最具特色的是李村集的旧书摊，青岛地区乃至外地的爱书人常到这里淘书。20世纪60年代，懵懂少年的我还不知道旧书的价值。只是常去逛李村河桥西头不远处的崂山新华书店。虽然看的多买的少，却和一位卖书的大叔混得很熟。"文革""破四旧""大批判"暴起之时，有一天中午，我和师弟小曹与小S去逛书店，发现书架上好多书都没了。一问才知道，都已下架堆在里屋"等待处理"。大叔叹道，以后想看那些书难了。我们缠着大叔苦苦哀求去里屋看看，见店里没别的人，他终于答应我们进去翻看。最后竟然还让我们抢（强）购了一些。可惜我们囊中羞涩，所谓"一些"不过数本而已。手头"阔绰"一点的师弟小曹和小S买了《苦斗》《三家巷》《野火春风斗古城》等几部长篇小说，我只买了茹志鹃、峻青和王愿坚几位的短篇小说集。付钱的时候还是他们帮我凑足了钱。我再一次"抢购书籍"，已是十年后大量重印名著时候的事了。和许多人一样，一买一大摞。那份抢购的劲头，是"文革"书荒闹出来的逆反心理。后来，我逛李村集多是奔旧书摊去（有那么几年，供职的单位离此不远，我又有点自由主义，所以很"方便")。

　　"文革"期间，一次特殊的机缘，我在山西清徐县离县城老远的一个村子里，见到一位李村附近一个村子里的老乡。他是 20 世纪 50 年代肃反时被遣返到那里去的。得知我来自青岛沧口，问了许多家乡的事。之前我只为了一个传说故事去过他家那个村，其余所知很少。我只能回答他：李村监狱还在那儿（他为什么会问起李村监狱呢？），李村集还是二、七开集，李村河滩上还有个铁匠铺。他话痨般的叨叨，差点让我忘了正题……临别时，他把我送到村头，夕阳之下，他一句话也没说，只是在胸前摆了摆手，转身拖着细柔的身影走了……转眼半个世纪过去了。其间，他回过家乡、重逛过李村集吗？我想，只要活着，他一定会。粗算起来，他该有 90 多岁了吧。

　　撰　稿：仇方晓

集迁梦犹在

我对李村大集印象最深的是卖狗和"圈"鸽子的经历。

其时，刚搬到八大关疗养区居住，那儿邻居不多但院落不小，在院里种点杂粮、蔬菜和瓜果，或是养狗、喂鸡和侍弄鸽子等，是居民们应对计划经济年代副食短缺、粮食不够吃的集体性选择。

因自小喜好养狗，加之居住地与湛山大队距离较近，自然会引得远近不同的各色犬类前来，产生不停繁衍、狗崽成群的必然后果。到了缺粮少食喂养之时，只能将自家多余的狗崽拿到集上卖掉，再从集上买点杂粮回来，维持人与狗的生计。

侍弄鸽子的作用亦然，优秀的鸽子可将同类追随者吸引回自己的窝巢，或将不及自己的弱者"圈"回自家的鸽笼。一旦进了鸽笼，要么成为主人的盘中餐，要么会在被主人相中后剪短翅膀，用来繁育和优化自家的种群。如不马上剪翅或宰杀吃掉，"圈"回的鸽子在过把瘾后又飞回原主人的鸽巢。因为饥肠辘辘的体味总能实时地战胜道德力量的约束。

在李村大集最难忘的卖狗经历源自一次意外收获。某日黄昏，一条双耳直立正值壮年的纯种狼狗懵懂地闯进我家院里。我看出它饥饿难耐，遂以食物引诱并将之关进铁笼。本想拴在家中饲养几天，日后也好让这只"纯种"在此安家生儿育女，又担心被附近邻居认出后"出卖"我。刚好翌日就是李村集，于是一不做二不休，第二天天不亮就爬起来，用绳将狗拴在自行车货架上，一路沿小道向李村奔去。

29

那时大集上的狗市长约百米，记得是沿着河底及南岸设置。河沿上犬声鼎沸，群狗云集，其中土狗居多。我的"纯种"一到立刻引来围观，或评头品足，或热议砍价。意外的是，经一帮常年厮混于此又彼此熟络的"内行"打压式的评估，这只外观蛮威风的狼狗竟没我想得那么值钱，价格很快从心理价位的 15 块下跌至 5 块钱。令他们没想到的是，我毕竟是在此倒腾过几次狗崽，大致了解点行市，坚信不管他们怎么群起而忽悠也不至贱卖到这个地步，结果证明我的坚持终于部分奏效了。

然而，我当时的第一要务是尽快出手，害怕狗的主人也来集上找寻，那种不谙世故的焦虑和急于离场的心情，很快被有经验的买家看明白了。一位好事者的疑问道："这么好的狗你为什么要卖？"我一时语塞，心理防线几近崩溃，原本坚守的价位很快放弃了，毕竟手里牵着的是来路不明的"家伙"，只得以 10 元的低价"销赃"了事。回家的路上我静心思想，那个能说会道的买家可能不出当日，就会以 20 多元的价格将这"赃物"升值卖掉的。不管怎样，10 元钱对于少无大志的我来说已是一笔不菲的收入，以致有种如释重负的感觉。

去李村集倒腾鸽子不单是为了买卖，也常有"斗"的意气和"赌"的意味。养鸽人大都自信自家的品种优秀，会有相互之间不服气一决高下的心态，往往会在集市临近散场时将鸽子抛飞，比比谁的鸽子有能耐将别人的鸽子"圈"回自家。由于养鸽人大多互不认识，而且被"圈"到谁家也无从查证，故此一旦鸽子被"圈"走，受损的一方只得认赌服输。

我一向精于饲养且善于观察，所以每每参与基本都有所斩获，几无失手。其秘诀是不能在众人起哄声中放飞自己的鸽子，而是待绝大多数鸽子已不再空中盘旋时，再放飞自己的。因为优秀的鸽子通常升空后无须费劲，很快就定好位径直朝自家方向飞去，而相对弱智的鸽子会则在空中绕飞多圈才能找到方向感，所以此时出手的胜算显然更大。

上述鸡鸣狗盗的事已过去 40 余年。如今李村大集的搬迁和退路进室的实现，或许是时代进步的必然。只希望匆忙间抹去的不仅是曾经的脏乱差，也不仅为赢得城市形象的改观，还应将这处拥有 400 余年积淀的传统商贸宝地，凝塑成一处繁华中鲜见的人文景观，或博物馆、或大牌坊、或石碑林、或浮雕群。总之，李村大集是青岛由乡村到城乡接合部，再到现代化新城区全过程的缩影和见证，它不只是一处商业交易之地，更是青岛市井生活的风俗画卷。我辈有责任珍存那一帧帧难忘的历史画面，也可为后人提供一段段鲜活的记忆映像。

何以难忘？为何珍存？因为在供需矛盾紧张的计划经济年代，这里是许多关乎民生的"地下"物资的流通渠道，那些割不尽的"资本主义"尾巴，正是由此延伸到百姓并不丰盛的餐桌上。对个人而言，不仅缅怀曾在这里索取到的青葱欢快，也很感念大集最初的商业启蒙，为日后的下海经商积攒了些许宝贵的阅历。

撰　　稿：林醒愚

我身边的赶集人

20世纪60年代末，我就业来到青岛化工厂。

当时，我们组管工姓曲，是李村河南人。人老实肯干，每天骑个旧金鹿自行车上下班。因家居李村集附近，每逢农历二、七总要早早起床先去集上逛一圈，看到合适的就买点，赶完集再来上班，掐着点儿进厂。我们维修组组长姓丁，当时正筹备盖屋给儿子结婚。那年月盖四间房得准备好几年材料，特别木料是紧缺物资，必须托关系、走后门，是犯愁的事儿。在闲谈中，老曲说："李村集大桥底下，经常有便宜木料。可能是来历不明的货，出手快，卖了就跑人，所以卖的价钱便宜。"

说者无心，听者有意。丁师傅下班回家和大儿子商议，就赶李村集去买便宜货。逢集那天，鸡还未叫，丁师傅就和大儿子骑上自行车，从东部丁家庄顶风冒雪，在零下六七摄氏度的寒风中赶到李村集大桥底，天还不亮，集上根本没有人，后来听说来李村集做买卖的人5点多才陆续到集上来摆摊。爷儿俩等啊等啊，一直等到太阳出来了，也未见有卖便宜木料的人出现。那年月日子过得穷，只穿件空心棉袄，也没有棉鞋，冻得脚和猫咬了似的。丁师傅一边等一边心里骂老曲不是东西，忽悠自己白跑来这一趟。

第二天一上班，丁师傅把老曲好一个埋怨。老曲说："小偷货不一定每集都有，你没碰上该我什么事！"后来此事我们全组都知道了，没有事大家就讲一顿，笑一顿，成了个笑料典故。

我们组还有一位管工师傅姓阎，是阎家山村人。他赶李村集有瘾。每集必赶，有事无事就去溜一圈儿，得了个外号叫"李村集"。李村集上的各类商品价格也门儿清，逢李村集他就骑上自行车，经过洛阳路、巷里，一溜烟就到书院路。车子一支，两分钱的看车费，下到河底来回逛，估摸时间差不多了，再骑车进厂去上班。有一次是腊月二十二的集，我们车间有人碰上赶完集的老阎。他后背上背一领红席，前怀里背一个盖顶，手里还提着鞭炮和一只活鸡，非常吃力且自得的样子，看来是办了年货回家。多年来，我们叫他"李村集"他也默认了。

20世纪50年代，我们家住在北仲家洼。小院里几个邻居是靠做小买卖养家糊口的。我家对门姓李，叫李少保，两个孩子，全凭李少保推一辆独轮小车，从李村集贩回点青菜在市场上卖。每到李村集那天，他们找几个伙伴轧伙儿，半夜起身推着小车经过吴家村、双山、保儿去赶集。那年月人烟稀少，从我们家到李村集中间要经过荒郊野地，经常会遇到狼。他们三四个人，每人推一辆独轮车，远远看到一只野狼蹲在前面庄稼地里，瞪着一双蓝蓝的大眼睛。心里真是害怕！他一手扶住车把，车襻绳压在脖子颈和双肩上，另一只手紧握停车时顶小车的木棍。这根棍子直径有四厘米，长有一米半，头上有个丫杈，平时横放在车上，紧急时也用来壮胆自卫。狼看到他们人多，也畏惧了，不敢轻易上前，瞪视一会儿调头跑了，吓得他们出了一身冷汗。

五点来钟他们就来到李村集上，批发一车大白菜，一棵棵硬邦邦的，周边都捆绑着一根地瓜蔓。当时上货价是七分钱一斤，推回来卖一毛二三，这一车菜要卖好几天才能出手，起早贪黑也就挣个十块八块的，这就不错了。别忘了当时人均生活费一个月也就是这个数儿。我们家七口人全凭家父每月40多元的工资度日，我在学校每月还享有5元钱的助学金呢。

撰　　稿：高华瞳

走马观花赶年集

农历每月的"逢二排七"都是李村大集的集市日。而一年之中，大集最红火热闹的时候莫过于除夕之前的那几个年集日——从腊月初二拉开序幕的年集，一般是一集比一集人流多、交易量大。据说，最高峰时人流曾达 30 万人呢。

笔者曾先后数次赶过李村年集，其中有 3 次处于计划经济年代。与当时的商店比较而言，那时的人流、物品虽也很多，但比现在可差大发了——比如，那时候没见到有卖古玩、花鸟的，也绝没有一辆摩托车、汽车之类。

退休以后闲暇时间多了，2015 年 1 月 21 日笔者又去赶过一次年集。那天的年集虽远未达人流顶峰，但对联区、杂货区、海鲜区、水果区等摊点间的每一条狭窄通道，都挤满了前来选购年货的市民——其实离除夕还有近一个月，看来许多人都习惯于赶早集了。

年集上，难以计数的摊位把河道摆得满当当的。李村河道这些年来早已有"天天市"，平日也有卖面食木磕子及箅子、盖垫、布老虎、拨浪鼓、年糕以及南北山珍海味等物品的，或许是临近春节增加了年味，还是吸引着不少人在围观挑选。年集上的麦子面食也很有特色，鲤鱼形、寿桃形、元宝形、玉兔形以及枣饽饽、大馒头，真是大大小小，各式各样，样样逼真，真让人看着眼巴巴地馋。仅腊月里才有的对联市更是年集的第一景，是年集上最火的交易区了。那数不胜数的中国红长条纸上，全都书写着寓意吉祥的词语，叫人看着就觉得喜庆且年味十足；还有那大大小小的红灯笼，中国结，塑料红辣椒、红鲤鱼、"金"石榴，一排排、一层层地或摆在地上或沿着东西河道连成一大溜张挂着，红红火火，看上去十分壮观，充满太平盛世忙年的热闹民俗气息。不一会工夫儿，大多数赶集市民手里都拎上了大包小裹。被来往人流拥来挤去、眼花缭乱的笔者，便也趁势买上两个杂木磕子、一个足有两斤重的大馒头和一副对联、一挂30元钱的中国结等物品赶紧撤退——新买的那副对联，上写"梅因雪放，鸟为春鸣"，横批却是"欢度春节"。

前几年，笔者也曾在这里买过几个手工刻制的木磕子，那时候中型木磕子大都是10元一个，现在水涨船高一般大的都至低要15元一个了。头两年，笔者还曾在济青高速路的潍坊休息服务区，问过这同类型相当于民间工艺品的木磕子价格，因木质不同，那里新的木磕子当时就要二三十元一个，老旧的半大枣木磕子竟高达小百十块钱。至于那新麦子面的大馒头，回家立马一尝，甜丝丝，香香的，"味道的确好极了"。

在集市间一路迂回拥挤着，不时可看到几位警察、特勤队员巡逻在大集上，想来一定还有许多反扒便衣活动在周围。后来得知，当天大集竟仍有1700多个摊位、3000多位业户开张营业；据说，平常这个时间段来赶早集的可达十几万人，因受降雨影响这天来赶李村集的市民虽不算多可仍有3万多人。而果不其然，为保障大集秩序、交通顺畅和市民安全，当天确有四五十位警察和特勤、反扒队员在此值勤。这些可敬的人民群众生命与财产安全的守护神，一大早就不辞辛劳地服务在大集上。正是因为有他们忠于职守、尽心竭力，才在不动声色间最大限度保护了赶集人的平安。

2016年1月26日腊月十七，又恰逢第4个年集日，因闲暇无事便想起再到年集上逛逛，其实并无购物任务，只是出去走走消遣消遣——听说李村大集今年上半年就要搬迁，这也算是最后一次目睹百年大集在河道的风采吧。

这次为避人多再早点走，于是7点多钟便从永清路公交站坐上313路车，一会儿就到了青峰路站。走到向阳路河桥上放眼望去，看到五六十年一遇的零下十六七摄氏度寒流过后，干冷的河道上除依旧满眼是人和摊，自然仍杂有不少各色车辆停靠其间。

或许是因为李村集是最后一年在李村河道、又是倒数第三个年集的缘故，各类摊点不少，人流更多，而且还在一拨一拨地持续涌进来，难怪来回坐公交都是人挤人。

信步闲逛，从远处望去，对联市里红红火火，自成一景。及至挤过去，只见满是吉祥话的大红对联一排连一排，沿着东西河道一溜挂起，形成一家家摊位，地摊上摆满了五颜六色的过门帖，还有那些印制的方方正正大"福"字，四角都衬着"富贵吉祥""年年有余"等烫金字，显得格外雍容华贵。再挤进花草市，这里另有一番锦绣花簇景象。那姹紫嫣红的茶花、杜鹃、君子兰、一品冠和许多叫不上名称的绿树鲜花，琳琅满目，鲜翠欲滴，选购的人群问询声、砍价声此起彼伏。众多天南地北应季、不应季的鲜花开到了大集上，绚丽鲜花的摊点好似反映太平盛世的一个缩影。让人顿感心旷神怡。喧闹的鞭炮灯笼市里，男男女女好似以老少居多——无论是几十年一贯制的喜庆爆竹，还是花样层出不穷的烟花，都极受人们追捧。而那"年年有余"的双鱼灯、"万事胜意"的宫灯和各式大小花灯，或许是安全性要比烟花鞭炮高得多，价格也还适中，吸引着各色大人、孩子的目光，样样卖得都挺火。在以男性赶集人居多的鸟虫鱼市里，人工精心豢养的画眉、八哥、翠鸟、鹦鹉、黄鹂等，种类挺多，价格却不菲，然喜好者购买时却很少顾及贵贱，出售观赏鱼的摊点，都将鱼儿按大小分别用塑料盆、桶存放着，以方便顾客选购。观赏鱼类里，金鱼名品墨龙、溜金、珍珠、鹤顶红、帽子、莹球，大大小小的观赏鲤和红红绿绿的"彩群""熊猫""燕子"以及多种不知什么名的鱼儿，数不胜数，分外好看，尽管水面结起了一层薄冰，烂漫的鱼儿还是顾自游来游去。观赏鱼类大多价格还算便宜，选购上几条放进晶莹的玻璃鱼缸儿，当不失为新年家庭的好装点，随着乙未年除夕临近，年集上热闹的气氛让人感受到浓浓的年味儿。出售食品类等物品的摊点大概也是大集上最多的，糕点食物、瓜果蔬菜、牛羊肉食、干鲜海货以及日用杂货等，锅里咕嘟煮着的，台上一摞摞摆着的，车上成捆成箱放着的，地上分门别类摊着的，比比皆是，无论类别、容量大概绝不是三五家大商场的柜台所能比拟的。年集上摊点，家家有人围拢。您看，连买红烛、添碗筷的人都摩肩接踵。

年集热闹红火，只是人流确实太多，每次都似乎挤得透不过气来，于是想这赶年集真绝非休闲——但在这里，却能一次次让人感受到中华民俗的无穷魅力，换来了难以忘怀的精神和愉悦好心情，值！

撰　稿：黄树祥

一届以李村大集为主题的节会

在青岛历史上，这是由政府举办的唯一一届以李村大集为主题的节会。我是自始至终的参与者，也是具体项目的策划者之一。

李沧区区划以来，曾经以区域内的"三花"（桃花、梅花、映山红）资源为平台举办过几届青岛赏花会，为宣传李沧、增加李沧区的社会美誉度起到了很好的作用。2006 年，李沧区委、区政府在总结前几届成功举办赏花会经验的基础上，从做大民俗品牌入手，推出了青岛民俗文化节，节会的名称定为"2006 年中国青岛赏花会暨首届青岛民俗文化节"，意在从青岛赏花会到青岛民俗文化节的过渡。

这个想法的初衷是好的。但办节会如同做文章，宜"小题大做"，忌"大题小做"。因为此题目太大，必然使得主题分散，重点不突出，难以凝聚众人的注意力，引起集体互动的共鸣效应。于是，作为补偿，又研究确定了三个子主题，准备推介出李村文化大集、"够级"扑克擂台赛、明真观民俗文化周三项民俗活动。第一项的目的在于从传统百年的大集中找到一个办节会的载体为主会场，以现代文化理念包装传统的商业集市；第二项的目的在于推介地方特色有思想文化内涵的文化品牌；第三项的目的在于为恢复历史上明真观庙会做准备。共同的主题词是"弘扬民俗文化，构建和谐社会"。

计划在"民俗文化节"的题目下，每年以其中一项作为主题，其他项目为副题，依次逐年推出，为群众制造一个节日气氛。李村大集就是这样被推到了文化活动的中心。

　　李村大集最初见载于明朝万历版《即墨县志》，时为即墨县偏远西南部的一个乡间集市。从清同治版《即墨县志》上的地图看，当时大集所在的位置属仁化乡郑疃社管辖。1897年德国借巨野教案出兵强占胶澳，将青岛划为两个区——青岛新市区和李村区，李村遂成为城乡接合部（西边是沧口工业区）、租界与非租界交接处（北面的华阴归中国当局行政管理）、华洋文化交流汇合处，李村大集作为物资交流的枢纽地位被突出了出来。叠经日本两次占领、北京民国政府及南京国民政府统治，数百年间积淀了丰厚的民俗文化底蕴。作为交易方式，李沧区将其申请为市级非物质文化遗产。举办节会就是以这个传统集市为载体，在民俗文化上做文章，实行文化搭台，经济唱戏，服务旅游。

一、做足文化文章

　　首先是确立节会的中心地点、时间、标识。

　　总体环境上的构思是，以传统李村大集最繁华的中心区域——河南村、河北村之间的河道为重点，整合周边的商业文化环境，制造一个公众所认知的文化街市。具体设想和实现的效果是，在两个村的通道大桥路口设置两个标志性高大彩门，门额书"李村大集"四字，两边书巨幅楹联，造成一种大集的文化区域感和地域标志性的认同感。使赶集者进门后就有一种登堂入室的感觉。

　　楹联是——

　　　逛李村赶大集十里河滩百货陈列万众川流不息
　　　打够级看大戏一个故事千人注目亿人争说传奇

　　李沧区文管所的蓝滨同志特地为李村大集设计了一个集徽，形象为一个变形篆体"李"字似一个人推小车赶集状。并请人制作一面大旗，将此标识镶于其中，竖在大集醒目处，这既是一种象征性的文化符号，又表明为大集的中心位置所在。

确定在春天交易淡季中的某个集日为年始开集日，或建议取名为"开集节"，使人们对李村大集的节会有一种期待感，引起参与者的急切欲望和购物冲动。但此项没有最后确立，加上以李村大集为主题的活动只搞了一届，所以没有延续下来，甚是遗憾。

在大集显著位置进行传统地方戏曲演出，启发人们对古老大集遥远美好的怀旧记忆。于是，组委会在大集的商业摊位东侧旧货市场附近，搭建起一处露天舞台，舞台由李沧区文化工作者设计，高大雄伟，古朴典雅，台口两边的楹联是——

生旦净末丑再现世上忠奸贤佞
喜怒哀乐忧演绎人间悲欢离合

值得一提的是，笔者最初撰写这副楹联时只想到"喜怒哀乐"四字，故将上联与之对仗的词句限定为"生旦净末"。时任李沧区文化局副局长的征建刚先生读后，思索再三，建议在"喜怒哀乐"后加一"忧"字。如此一来，上联中的"生旦净末丑"五个戏曲行当就全部凑齐了，上下对仗也工整严谨，成为一件完整精美的艺术品。老征确是我的"一字师"，斯人已逝，以此为志。

此楹联一经发表，即被各媒体在报道中广泛引用，影响很好。

借着这个舞台，李沧区政府邀请青岛市和所属各县区的专业剧团进行地方戏曲天天演，剧种剧目有茂腔《罗衫记》、柳腔《赵美荣观灯》、吕剧《墙头记》。附近居民为久违的传统戏曲所吸引，每天在开演前一个多小时就在台前空场地摆满凳子，每次观众达上千人。许多老人都感慨地说，这次真是重现了李村大集的早年风光！

节日期间李沧东、西两地互动，同样的剧目下午在沧口广场演出，观者踊跃，蔚为壮观。同时，每天晚上，永乐影城在市区放映电影，请群众在露天自由观看，增强了节日的文化气氛。

4月8日，文化节开幕式在李村文化广场隆重开幕，李沧区文化馆精心组织了一场以李村大集为中心内容的群众性文艺演出，其中有各社区的锣鼓大赛，有吴娟创作的群口快板《说李沧》，还有一出主题性的表演唱《欢欢喜喜赶大集》，几个人装扮男女老少，边走边舞边唱，再现了赶大集时的奇妙见闻和买卖情趣，惟妙惟肖，逗人发笑。

重头戏是中央电视台《梨园擂台》栏目应邀参与的戏曲名家群星荟萃，200多人的演员阵营，五彩纷呈，高潮迭起，录制后，分上、下两集向全国播出，引起非常大的轰动效应，扩大了李沧区的知名度。

在文艺节目演出中，观众自觉遵守纪律，会场内秩序井然，长达4个小时的演出过程中没人中途退场，无人抽烟喧哗，受到新闻媒体的广泛称赞。他们说，我们走遍全国，没有见过这么文明的观众。

此次节会引起轰动最大的项目是全国首届"够级"扑克擂台赛。"够级"扑克游戏发源于20世纪60年代的沧口广场。因其特有的团队精神及民主形式，在半个世纪中很快传遍全国，并远播海外，这是李沧区的一笔文化财富。组委会推出此项目，近期目标是让"够级""认祖归宗"，澄清一段时间以来人们对于其发源地的模糊认识，长期目标是打造出一个李沧民俗文化品牌。

消息传出后，全国数十家报刊、电视、广播电台进行了转载，互联网上一时议论风起，支持者众。联众网站因此进行了征文活动。山东卫视首先进行了采访报道，有13个城市的热心观众打来电话表示支持。青岛电视台《新闻60分》观众互动栏目中，当场支持率就高达85%。《中国文化报》发表了专门的文章。4月16日中午，中央电视台播发了长达4分钟的重要新闻，香港《大公报》也进行了报道。此活动激发了市民保护非物质文化遗产的热情，消除了对"够级"发源地的认识歧义，取得了重大成功。

二、经济唱出大戏

办节会的经济唱戏分三个层次，一是以节会作由头，展示当地的人文地理特点和经济优势，让各行各业借机扩大自己产品的影响，请贸易伙伴前来洽谈合作事宜。二是造成一个热烈的商业气场，带动周边商业网点的人气，拉动消费的增长。三是节会本身的商品及服务交易，从而实践旅游经济的"住、食、行、游、乐、购"六字箴言。

区政府划出 308 国道大桥以西 12000 平方米的面积对外招商。节会组委会只负责联系协调工商、税务、卫生、城管部门，不参与其中的具体商业运作，而是由专业公司负责，吸引了来自全国各地的 100 多个商业摊点参会。集会共 7 天，入市的有花鸟奇石根雕、文物图书、小手工艺品、家庭闲置用品交易、各种地方特色小吃，并有多种民间才艺展示。人气旺盛，气氛热闹，取得了经济效益和社会效益的双丰收。

由于节会的造势，将历来春天集日的淡季推出了一个高潮，赶集的人每天达到五万多人，沧口、城阳、崂山，以及四方、市南等区的居民慕名而来，为整个李村商圈带来的人流、物流、信息流，拉动了当地旅游业的发展。与之相匹配的商业系统优惠购物周也是受益匪浅，有统计数字表明，开幕式当天就进账 300 多万元。

虽然此后举办节会的主题转移，但从领导到群众对李村大集的关注热度始终很高。在以后的节会中还进行了《我与青岛民俗》征文，2009 年民俗文化节还有偿进行《李沧大集发展之我见》金点子征集活动，并举办了首届《胶州湾论坛》，邀请岛内著名经济社会专家学者进行研讨，提出了许多有针对性的建议和很有价值的独特性创意。

撰　稿：李生德

百年情怀李村集

第一次听说李村大集的趣事是在 40 年前的春节。在那个物质贫乏的年代，过春节对于年轻人来说，是一年中最期盼的大事和最幸福快乐的时刻。经历了一年的劳作和工作，回老家过年团聚也是老人、孩子最期盼的事情。哪怕是仅仅一顿不丰盛的年夜饭，也幸福满满喜气洋洋。特别是初一早上吃过年夜的拜年，更加增加了亲情和年味。人们交流着年夜饭的味道和孩子媳妇们的新衣服、新鞋子的样式和颜色；姑娘媳妇交流着毛衣的织法和式样；更不能忘记交流谁家的鞭炮买的多，院子里的鞭炮皮厚和数量；孩子们会交流自己的压岁钱，尽管少得可怜；更不能忘记交流在哪里买的年货；如果有人说他们的年货或者鞭炮是在李村大集买的，就会自豪感十足，别人也会对他投去羡慕的眼光。

我第一次投去羡慕的眼光看别人，也是因为在很多年前，朋友经常提到李村大集买的年货时的自豪。朋友给我介绍大集的好货和物美价廉的品种，如红红的福字、年年有鱼的挂件和大红灯笼，大集上的糖果、干果种类也很丰富，鲜艳的花卉、火红的春联、镶着金边的福字等传统年货都有，集市上的米、豆类、海货、水果、蔬菜、衣服等都会比市里便宜等等。

我要去赶李村大集的冲动就此深深地留下了烙印。一年三百六十五日的忙碌，几十年的愿望，直到 2015 年春的一天终于实现了。3 月的一天早早起来去赶李村大集——楼下的院子有一块空闲地，我很想种一棵石榴树，圆我儿时的梦想。

小时候住姥姥家，她院子里有两棵大石榴树，每年的春节，姥姥都会把她藏在壁橱里的石榴分给我们这些第三代的孩子，意喻她满满福气，多子多孙。我们十几个孩子每人两个，一个红色，一个黄色，很大、很大，红色是酸的，黄色是甜的。我们也不会立即把它吃掉，而是带回家，等上学的时候与同学交流春节的压岁钱或者礼物，那个甜的会分给大家吃，也有我老师的一份（就是几粒子）。从那时我就下决心：将来我一定在院子里也种棵石榴树。有了第三代以后，我种棵石榴的欲望越来越强烈。

于是在 2015 年 3 月的一个李村大集日，我和家人一早来到了李村大集。眼花缭乱的大集比我想象的还要大数倍。的确是大集，从桥的东边远远看去是卖汽车、衣服、家电等市场，人山人海，热闹非凡。因为我急着要买石榴树就直接去了苗木、花卉市场区里，好看的花卉五颜六色，各种各样的果树苗和小树多得很。有一捆好看挺直的石榴树苗吸引了我，于是走到摊主面前询问价钱和品种的情况。摊主是个中年男子，把石榴树苗夸得不得了：石榴是甜的，又大又好吃营养成分丰富，容易坐果、保存、好活等等，禁不住诱惑的我，花 30 元钱买了一株树苗，喜滋滋地回家栽在家中的小院子里。

2015 年树苗成活了，2016 年长得很茂盛，今年（2017）小石榴树结果了，满树红彤彤的果子好看极了，吸引着人们不时地停下来欣赏一番。无论大家怎么诱惑，我始终不舍得把它摘下，一心要等它长成姥姥家那么大的石榴。可是等到树叶都黄了，它依然是小巧和红红的模样。立冬以后，我把几个石榴果摘了下来放好，等待春节给我家大宝品尝美味。可惜的是，石榴果实又小又酸，不能食用，只能观赏。

自从在李村集上买过树苗后，我就对李村大集产生了浓厚的兴趣，形成了独自赶李村大集的习惯，几乎三天两头要跑一次李村大集，或购物，或闲逛，成了一种休闲与锻炼。遗憾的是仅仅赶了一年多，李村大集就迁到新址了。

李村大集的迁址是政府对商贩和人民的关心，避免了风吹日晒和雨淋的辛苦，销售时间的延长不仅对商贩带来利益，也会给上班族带来了方便。可那种伴随这个城市400多年的朴实的物品交换的气氛少了，想起来还是有点遗憾和惋惜。

带着这种复杂的心境，2017年11月25日（周六），我和家人一起叩响了青岛市城阳区夏庄镇南屋石村宫大哥的家门。宫大哥是一位退休教师，1934年生。对周围的民俗、民风历史记忆犹新，听到我们要和他唠嗑李村大集的记忆，打开了他对李村大集的幸福回忆。

宫大哥在很小的时候，就跟家人一起赶李村大集。对李村大集的记忆最早主要是农民自己种的一些水果、蔬菜、地瓜、芋头等，自己吃不了就去集上卖。最早的记忆是大人们去赶集，记忆最深的是大人赶集孩子在家里等待，目的是大人们答应赶集回来一定给买香油果子和火烧吃。香油果子是一种用香油炸的，很酥、很香、很好吃，像挺长的油条一样的食品。要问什么是小时候的幸福，回答是：跟着大人去赶集或者等待着了买回来的礼物是最幸福的时候。我问："记忆中赶集有没有不愉快的事情？"宫大哥说："只要赶集，从来都是愉快的，没有不高兴的记忆。"

我听了后，笑了。是啊！孩子对美好的记忆总是大于痛苦，我们都有经历。然而，妹夫接过了话头："痛苦的事情就是赶集回来的路太难走，崎岖的小山路，尤其是下雨时，是很辛苦的。"

改革开放初期，妹夫和妹妹在冬天会去石门山采摘松果到李村大集去卖，还会送给我们一些生炉子用（蜂窝煤炉子是那时候我们的取暖设备）。妹妹、妹夫是很勤劳的，自强自立，在村里人品、人缘都好。妹夫秦初基当过村长，现在还在村委负责。记得10多年前为了村民的利益被坏人打伤，全村的人都为此鸣不平。他激动地说："现在的日子是他记忆中最好的日子，丢掉了贫穷，迎来了富足。就是缺少了小时候的感觉和味道。"

　　说起李村大集，宫大哥还说到了一个让人难忘的历史故事：日本占领青岛时期，用的汽车是烧火发动机，他们有时候也去赶李村集买木头。在李村公园附近有一个关卡，检查很严，中国人不能随便进市里。记忆中他四岁（1938 年）的时候，村里人没有吃的，一伙村民就集合在一起，去抢日本人的食物和粮食，并打死了两个日本人。日本人知道了是南屋石村人干的，于是从李村和市里出动大队人马，要血洗南屋石村。当天夜里，日本人急行军赶到附近的小水村，暂停下来吃饭，然后就要"血洗南屋石"。跟随日本人的一个翻译知道了后，有意让村里给日本人做的饭菜酒肉非常丰富，且加工程序复杂，拖延了时间。同时告知本村的南屋石村的亲戚，报信让全村人赶紧跑，说日本人要血洗南屋石，抓杀死日本人的村民。宫大哥那年四岁，模糊地记着自己被家人背着，随村民往山里跑，跑到山里面躲起来。当时的山上树林密布，无路可找，日本人没敢进山，村人躲过了一大劫难。人们跑到后山后，看到村子一片火海，村里 7 个老弱病残和为了带东西没来得及跑掉的村民，被鬼子活活用刺刀捅死和烧死，村庄和家什么都没有了。国仇家恨，终生难忘。

　　撰　　稿：刘桂珍

赶集的回忆

有专家考证，李村大集最早见于文字记载，是明万历版的《即墨县志》，其建置篇载："市集在乡十二。李村，在县南六十里"。据此可知，在明朝，李村大集已属乡间十二大集之一，距今已有几百年历史，至清朝末期，已形成繁荣一方、辐射百里的规模了。交易的商品有粮食、海产品、手工制品、木材、禽蛋、蔬菜等，这里是青岛地区保持比较完整的民俗大集，充满了浓浓的年味。

李村河的桥

李村大集设在李村河床上，后来在河道上建了李村桥。李村桥初为漫水桥，石制，发大水，只能望河兴叹。1901年在漫水桥以东建李村桥，加宽加高，便于通行骡马车和行人，漫水桥保留。这座漫水桥直到文革前，还有些许痕迹，周围居民常在桥下洗衣服。1956年重修架高李村桥，1959年根据交通的发展重新进行了扩建，这就是夏庄路李村河桥的前身。随着李村的发展，1972年10月在李村桥西90米又开始建好向阳路的李村桥。那时的李村集也就是在这2个桥之间，1986年11月又建成308国道李村桥，而李村集流流拉拉绵延近2公里，桥在集上走，人在桥下过。

早前赶集为买吃

改革开放以前，温饱没有解决好，赶李村集住要是买吃的，买地瓜干、买土豆等食品。那时这些吃的还不随便买卖，要私下交易，如果被抓住了，就按"投机倒把"处理。每年下来新土豆，我都要用麻袋买一大包用自行车带回家。相比较起来，土豆还属蔬菜类，不算粮食类，在集上买卖还算方便。这东西充饥，可当菜可当粮，很受老百姓喜欢。另外，从解放初就在李村桥下的脂渣火烧大锅汤也深受老百姓喜爱，可卫生条件差得很，常有牲口走在桥上撒起尿来，喝汤的人们笑呵呵地说："又加作料了"。当时有句口号"少赶集，多扫地！"什么意思，就是赶集要花钱，收入都很少，要节省着花钱。而扫地既锻炼身体，赶上谁丢个小银子什么的，拣着还发个小财。

90 年代赶集为买用

90 年代生活提高了，吃的不犯愁了，赶集向买日用品转换。李村集真是应有尽有，想买什么都能买到，地摊上的货又便宜，吸引周围的市民去赶集。铺的盖的，穿的用的，就怕你没想到，很多市面上买不到东西在集上都能买到。卖老鼠药的，卖狗皮膏的，手里卖着嘴里唱着，一句套着一句，比郭德纲还能说。人们不买东西也舍不得离开，就在那里听"说书"。李村集太大，东西真齐全，大到几吨重的废旧机械，小到一段铁丝，一根电线，几块铁皮，都可以在李村集买到。像鞭炮、香灶这类东西，在别的地方受控制，在李村集上却可以公开卖，只要你想买就可以很容易地买到。婚葬用品一条龙服务，在这里可全部购齐。特别是汽车市场买卖兴隆，各种汽车在这里都能找到，当然大部分都是二手车。

现在赶集为休闲

近几年，收入提高了，生活变好了，赶集成了休闲的代名词。很多人赶集是"搂草打兔子——带捎的。"买东西是名头，看热闹才是正理。而有的老人去赶集，完全是去买"沉勾"滑溜眼珠子，看热闹而已。

看什么热闹？好看的地方多了去了。宠物市人头攒动，人们不光是来买狗、毛、小鸟等宠物，更是来观赏这些小动物，享受儿时养宠物的乐趣。鲜花市场人流如潮，各种花卉多的叫不上名字，真是姹紫嫣红，美不胜收，吸引着人们的眼球。杀狗的宰羊的更是热闹得很。图书市和古董市挤满了男男女女老老少少，各种旧书、旧报纸、旧物件等"破烂""古董"摆的遍地都是，吸引了无数喜欢"淘宝"的人们。还别说，有些有经验的还真在李村集淘到了宝贝。

李村集变大了，变富了，平时不是二、七的集市，在河底下也摆满了各种小摊。一到二、七集日，各种摊位摆满了河道和两旁的街道，赶集的人那可是人山人海，场面真大。这个时候不买东西光闲逛，就连高鼻子蓝眼睛的老外也经常光顾。赶集真的成了一种"休闲之旅。"

撰稿：宋立嘉

花絮故事众人说

李村集的故事

80年代编写《崂山县志》，我是参编人之一。《崂山县志》里边牵涉李村集的东西不多，当时也没有多少东西好写。但我认为李村集的历史真的应该好好写一写，因为对于李村来讲李村集确实很重要。

我1950年参加工作，是在青岛市公安局。因为李村有个监狱，当年镇压反革命，抓了人就送到李村监狱关押。我的工作需要经常往李村监狱跑。当时从市里到李村唯一的公交线路是3路公交车，台东通李村。当时连个自行车都配不上，只能先坐车到台东，再转3路车到李村，很不方便。1953年才配了一辆捷克自行车，当时很高兴，有了自行车到李村就方便一些了。也就是通过这些才对李村集有了一些了解。

1954年我离开市公安局，调到市政府办公厅政法处，给崔介副市长干助理秘书。后来被推荐上大学，当时一共推荐了七八个人，都考上了。我报的是山东农业大学。毕业后回了市农业局。农业局撤销后去了市农科所，就来到李村工作。农科所历史很久，原来是日本人办的农林事务所。我爱人涂爱珍也在农科所工作。1968年农科所撤销，去了河套公社上班。

1949年青岛刚解放的时候，李村集才几千人。交通太不便利，王哥庄会场（村）过来卖螃蟹，骑自行车过来就快中午了，下午再卖就快到晚上了。限制李村集发展的主要原因是交通。当时李村集就只有一个过水桥，太拥挤。后来又修了一个桥，还是不行。

50年代的时候，李村集上有卖"王麻子膏药"的，是即墨人在卖。在家里把膏药熬好了以后放在盒子里，黑乎乎的，到了集上把盒子放在火炉子上，用木粉慢慢烘着，现场治（病），在病人身上糊上半小时揭下来放在盒子里再烘热。为了招揽客人，还养了一只小熊带在身边。当年青岛就中山公园里有一个小动物园，农村人很少见过狗熊、老虎，有这么头小熊非常稀罕，吸引了很多小孩和赶集的人，每天药摊子旁围着的人都是满满的，人气很旺性。除了在李村集卖膏药以外，他还经常在台东和第三公园摆摊卖膏药。

维客（商场）边上以前有个饭店，里边有个服务员是崂山沙沟村人，在青保（国民党青岛保安队）当兵的，1949年去了台湾。后来转道日本回来的，被政府安排在饭店工作，是崂山县政协委员。

水果是李村集的大宗货物，品种很多，不少是崂山的特产，像"少山关公脸（杏）""崂山水库黄水蜜桃""崂山寒露蜜桃""崂山樱桃"等。寒露蜜桃是崂山当地的老百姓培育的，很有名。青岛农业局有个高工是李村南庄人，是果树技术员中资格最老的，为青岛果树培育作了很大贡献。

讲　　述：李安山
采　　访：张树枫　吴　娟
整理编纂：张树枫

李村集上的汤羹美食

我与李村集馇锅子的关系始于 80 年前。我的家在现在城阳的惜福镇松树庄村。在我上小学三年级的时候，青岛市教育局在李村师范召开全市中小学运动会。我当时跑步特别快，当上了短跑运动员，在市运动会上获得了预赛和决赛的第一名，奖励了一支红蓝铅笔、一本道林纸的本子和一个厚玻璃杯。运动会结束以后，正好是李村大集，校长薛舜卿带着我和另一个同学来李村集上吃馇锅子。馇锅子是用土坯垒的锅灶，上边放口大锅，灶台下烧着劈柴，锅里边炖着肉坨子小碎肉，有汤有饭，非常好吃。价钱也很便宜，三个人也花不了一块钱。这是我第一次赶李村集，也是第一次吃馇锅子，印象很深刻。

小学毕业以后，我继续上学读书，上到了高中。青岛解放后，我参加了工作，先在区公所，后来干教育，在朱家洼小学当过教导主任，再后来分到青岛市教师进修学院。退休前在青岛市第五中学教高中语文、初中历史。退休以后，被崂山县聘任，在崂山县志办公室参与编写《崂山志》。

我 1980 年来李村后就经常赶集。当时李村集的规模很大，西边到杨哥庄，东边到向阳路桥底下，形成了六大市场。最多时候的摊位有 3000～5000 家，做熟食的占了很大一部分。

我当时在集上喜欢吃的有即墨水煎包、麻片、卤火烧等。苏记火烧不清楚，即墨卤火烧有名，要比苏记火烧早得多，好吃。好吃的原因，一是用的面好，二是他是放在炭火炉子上烤的，等火烧烤到半熟以后，就在底下旋一刀，上边鼓起，下边洼下，也叫轧半火烧，火烧不大，好吃。

还有一种有名的小吃是水煎包，不是高密炉包，是即墨水煎包，也叫县里包，是两面煎，煎的时候先放水，等包子煎得半熟底下变成黄嘎炸了，就用一个长条铲子一个一个地把包子翻过来，这样上边的煎成了黄嘎炸。底下是生的，再加水，等水开了再打芡，用面粉勾成的面糊糊放在水里，咕嘟着开锅煎，然后在锅底上淋上油，等到底下的部分也变成黄嘎炸了，中间的肉馅也就熟了，这样煎出来的包子两面都是黄嘎炸，很有特色，就是好吃。除了煎法不同以外，即墨炉包的包子馅也有讲究，要用刀把肉切成肉丁，先腌好肉，再腌菜，搅拌的时候先放菜，再放肉。我在县政府的时候，门前有两家做即墨炉包的，一家姓孙，一家姓马，他们家里多少辈都是做县里包的。一到星期天，就做给我们吃。县里包要用松树柴禾烧烤才有味道。麻片是用面粉加上芝麻用水调匀后，在炉子上烘干，也非常好吃。李村集上也有卖包子的，但都减了工序，不是水煎，也不是两面煎，弄熟了就行了，没法比。

李村集上的名吃还有馇锅子，我在 80 年前首次吃过。我老家惜福镇的集期和李村集是同一天，小时候我经常赶集，对于馇锅子的做法也很了解。1980 年来李村时，集上有好几家做馇锅子的，锅里煮的都是猪身上的小碎肉熬出油来以后的脂渣，在老汤里边煮。再弄两个火烧放里边，吃起来很舒服。锅里边一直煮着脂渣，吃的时候把脂渣、火烧盛到碗里，放点葱花、香菜末，不放豆腐、蔬菜类的东西，就是纯脂渣。

对于李村集的猪脂渣"馇锅子"，我有一些了解和研究。简单说：就是用火锅煮成的猪脂渣汤，汤是猪脂渣的溶取物，剩下的便是渣，两种物质混合就叫汤羹了。汤羹有汤有面，渐次形成饮食汤羹文化。

汤羹文化涉及猪。崂山人喜欢养猪，特别是本地猪，大家认为这种猪温顺老实，食物杂，好饲养，什么野菜、瓜皮、豆渣、粉渣、麸皮、豆饼、涮锅水等，猪都爱吃。但喂养时，一定要按不同季节调理，如冬春天寒喂熟食，夏秋季节喂冷食，一日三次，不饮水。为了让壳郎猪吃好，必要时可加少量贝类粉末，增加钙质。勤赶猪栏铺干土，严防传染病。这样养猪，出栏快，质量好。

"馇锅子"的主要原料是"肉坨子"。坨子本是用崂山本地猪屠宰后剩下的小块肉屑经过熟加工，榨出油脂凝成的，这东西圆圆的，焦黄的，美观好看，引人入胜，但它必须是就地取材的地道货，别地的"肉坨子"再好看也不能用，始终要保持李村"馇锅子"的乡土风味。

集日，饭铺摊主及早赶集，先用土垒起锅灶，顶部加窝，装上河水，加盐少许，下上撕开的猪脂渣，经大火烹煮，沸腾后再用慢火熬。待熬出"子果"时闷上火烧，闷热三四分钟将火烧翻过来再闷，闷透为止。这样闷出的火烧，不陷不塌，美观好看，促进食欲着人流涎。这种工艺概括说来叫"清水煮馇锅。"

"馇锅子"味：凭直觉，感到它不咸不淡，经细嚼，又认为它不油不腻，不艮不脆，不辣不酸。慢慢细品，才觉得它具有肝的香气、肠的臭香，五味杂陈，美在其中。

火烧味：外观鼓鼓的，不黏的，油卤卤的。单吃一口，仅有点咸馍馍的感觉。和"馇锅子"一块混吃，那感觉就大不一样了，越嚼越香。细品有些浸入肺腑的舒坦感，祛风祛寒的温暖，心旷神怡的快乐。

说真的，李村集的"馇锅子"，异香流韵，回味无穷。

　　李村汤羹美食，是劳动人民在生产生活中创造的；是饮食中屡结实践而发展起来的文化。它土生土长，生生不息。因而愿为之点赞补白。

讲　　述：张泽善

采　　访：张树枫　吴　娟　刘　锦

整理编纂：张树枫

赶集者说

说起李村大集，与其说它存在于李村河中游的河滩上，不如说扎根青岛周边居民的心里，它和老百姓的日常生活、喜怒哀乐紧紧联系在一起，成为人们生活不可缺少的一部分。听老一代人讲有关它的故事，充满了许多沧桑佳话。

爷爷说
——讲述地：青岛前国棉九厂宿舍（已拆迁）

这位老人是我家小妹夫的爷爷，所以我也得尊称他为爷爷。30 年前与我谈下面这番话的时候，老人已经接近 90 岁，时与老伴都健在。他不嗜烟酒，身板硬朗，记忆力特强，双目炯炯有神，说话声若洪钟——

我出生在李村集旁边的东北庄。从小是在李村河边光着腚长大的。那时候，这周围四野都是庄稼地，河的上游没有修建水库，河道里四季清水流淌，还游动着小鱼儿。为了吃水方便，沿河村里的人家在河滩上挖个坑，不到一平方米的见方，安上个柳条筐，不断渗出清清的"河泉水"，用瓢舀了，再用水桶挑回家去做饭。不远处河里经常有洗衣裳、洗菜的人，时常能听到女人嘻嘻哈哈的说笑声和小孩子的嬉笑打闹声。

遇到秋天下大雨，河上游山洪暴发，大水汹涌直冲下来，淹过了河中的漫水桥，漫上了河岸，也吞没了岸边临时种植的晚秋庄稼和几畦蔬菜，同时也把村民们吃水的"井"给淹了。等大水退后，人们又恢复了往常的生活，这样年复一年。

我是光绪十四年（1888 年）生人。在我记事的时候，德国人发兵舰来强占了青岛，李村成了德国人治下的一个区，河北村那边修了洋教堂，有洋人和华人来做礼拜，时时响起诵读《圣经》和唱圣歌的声音。还修了座很大的华人监狱，俺家这个村在监狱的东北边，曾叫"东北节"，许多人家就是修建监狱时搬家过来的。时常见到穿得破破烂烂的中国人从远方来探监，习惯了那些亲人相见时撕心裂肺的哭喊声。每逢集日，四乡的农民就牵着牲口，用偏篓驮着地瓜、花生、芋头、苹果、梨、海货、柴禾等到集上来卖。民国三年（1914 年）那年小日本打跑了老德国，买卖鬼儿（做生意的日本人）在沧口、四方开了几家大纺纱厂，那些高级职员和有钱人家里烤火用的是像水瓮那么大的陶瓷火盆，深蓝色，像个大鱼缸，非常光滑好看，把木炭放在其中烤火。咱中国老百姓家里冬天不生炉子，做饭时往锅头（炉灶）里添上几把草，烟火顺着炕洞子穿过，炕面就热乎了。

我十八九岁的时候，李村街上开了几家小油坊，靠人工下苦力气夯榨豆油，榨完后剩下的下脚料叫"蔴苦"，现在叫豆饼。其实真正的"蔴苦"是包裹蒸豆子的那层蔴片儿，可以起到隔离渗油的作用。不知为什么竟然取代了豆饼的名称。大家都习惯这样称呼，一直叫到现在。

当时，沧口已经发展起来了，几家大棉纺厂招了许多工人，咱这附近村里也有许多人去那里做工。没有车，路上也没有个灯。十好几里山路小道，完全靠两条腿来回跑。当时的女人都是小脚，结婚又早，能出去做工挣钱就很不容易了。一天还要在车档里走七八十里路，活人真是太难了！那儿港口码头繁荣，车站也兴盛，许多运货马车来往于城乡之间。马驴骡子等大牲口吃的是干谷草，蔴苫（豆饼）是精饲料，不吃没劲儿干活。当时我寻思，如果用小拥（推）车或者买头牲口把蔴苫贩到那边去卖就好了。可是不行，一来咱没那么大的本钱，这头趸了那头卖，积压的货多了资金周转不过来。二来太慢了，逢到集日往往赶不上好行市。当时我的脑子还是比较超前的，咬咬牙将俺爹要给我将（娶）媳妇盖房子的钱买了辆德国旧脚踏车回来。那时候李村地里就我自己有辆脚踏车，比现如今的小汽车都新鲜稀罕，四邻都说我是个烧洋包的"大耍孩子"。我不听那一套，自己做主张从这个集上籴来五六个蔴苫，驮到沧口街上去卖，卖完赶紧折回来，这样一天可以来回跑两三趟，其他人根本比不了我。车子出了毛病就自己鼓捣着修。你想想，那个时候，谁家的父母舍得把自己辛辛苦苦积攒了一辈子准备给儿子将媳妇盖房子的钱用来买辆脚踏车耍啊！这不是败家子吗？起初我也和老人发生过争执，但最终还是依从了我。半年以后，我买了一辆马车往这儿运货，还租赁了房子住下，雇了个伙计。也就是在那第二年的秋天，我从李村搬到沧口，靠挣来的钱将（娶）了媳妇，和你妈妈（奶奶）一块儿过日子了。

你看，她过来了！

爸爸说
——讲述地：振华路 164 号福音村（已拆迁）

爸爸在沧口居住和工作了一辈子，离开这个世界已经 26 年了，生前在讲他赶李村集时，说过这样一件事——

我是"七七事变"以后，日本人第二次统治青岛时从老家即墨东边的一个叫于家庄的小山村（现在改成即墨火车北站）来闯青岛的。1946 年来到沧口，做点贩卖杂粮的小生意赖以养家糊口。日本投降，青岛光复以后，青岛港上很乱。乡下"红白拉锯"，许多"难民"一股脑儿涌进青岛来，买枪备粮，组织"还乡团"返回昌潍、莱西一带革命老区去反攻倒算。青岛市内，吃的烧的用的样样都缺，市民们只有到李村集上去买点零星生活用品维持生活。那时候，美国舰队驻扎在青岛港，沧口飞机场里也有许多美国大兵。这些当兵的什么人都有，黑人、白人、黄色、棕色人种，有富裕点的，也有当兵只为吃粮的穷光蛋。经常有美国兵从兵营里偷了军用或者联合国救济总署的"美援"物资到李村集上来卖，皮靴、军装、镍铬餐具、扑克牌，什么东西都有。因为是见不得人的勾当，所以只要能够找到买家换成现钞就匆忙成交出手，价格往往特别便宜。

有一天，我骑着自行车去赶李村集，刚到李村岭，见路边树丛中闪出一个胖胖的美国兵，他戴着船形帽，"哈罗哈罗"地真叫唤。我停下车子，那兵怀里抱着一条草绿色军用毛毯，示意要卖给我。记得我花了只有市价一半的钱就把它给买下来了。他很高兴，继续用手打着半哑巴语，指指地下说："明天，这里。"

第二天，我如约来到，那美国兵早就在那里等急了，见我来了，打了个手势说声"来司够"！转身引我往旁边走。我以为他是骂我"来，死狗"！刚要生气回应他，再看那样子，面容和善没有任何恶意，就跟他来到崖子旁边一片庄稼地的空闲处，那里还有他的另一个伙伴。两人瞅瞅四周没人，从庄稼地里搬出两只木箱，伸着手比划了个价钱，成交后，将到手的钱连数都没数就往口袋里一塞，转身匆忙走了。

木箱没开封，上面上写的是英文字母，我不认识，寻思大概就是种美国罐头吧。我是按罐头1/3的价钱买的。回家打开一看傻眼了，铁皮筒里装的都是淡黄色的粉末状东西，像奶粉，用舌头一尝，非常酸，谁也叫不上名儿来，亲戚朋友中没有识货的，只好将它们放在吊铺上，觉得自己是买赃上当了，只好自认倒霉。

那时候青岛的市民都是这样买美国货的。

熬过三年"瓜菜代低标准"的困难时期，又经过十年"文革"动乱，家里孩子多，生活极端贫穷，靠单位和工商联定期救济补助维持温饱，从没想到这东西会有什么用处。后来，发现罐头筒铁皮经过年久氧化出现了绣斑点，里面的粉末因受潮凝结成了石蜡肥皂状，只好当垃圾扔掉。这时，才有识货的明白人告诉我说，这是天然柠檬酸，是做饮料的珍贵添加剂。

改革开放后，我到化工商店让去打听柠檬酸的价钱，一个营业员惊诧地对我说："要是天然的那可就值老鼻子钱了，4万多块钱一斤呐！"当时我一个月的工资才几十块钱，万元户这名词还没出现。顿时惊吓得我目瞪口呆，满满两大木箱，足足四五十斤哩！一点也没有了，真是宿命啊！

那条绿色军毯，前后包裹了襁褓时期的你们兄妹6人。1965年，又伴随你去了河西走廊的生产建设兵团，现在成了咱家的珍贵文物。

邻居说
——讲述地：东小庄村（现为俪都社区）

1981年，我从大西北返城回到家乡来，没房子住，暂住在东小庄一户庞姓大哥家里。以下故事是他对我说的——

1949年，当解放大军逼近青岛的时候，守城的蒋军负隅顽抗，在青岛周边修筑了三道防线，最后一道是从胶州湾海边挖了很深的壕沟，绕过楼山，转过老虎山几个山头到李村，一直抵达沙子口海边。实行严密的军事封锁：封锁人员，封锁物资，封锁消息。

当时，有"美援"物资从外洋运来，从青岛港卸货上岸。解放区的"八路"（解放军）就派人潜入市内来，采购火油（煤油）、洋火（火柴）、纱布、药品等禁运物资。有的通过地下工作人员找商家联络，最好的办法是靠民间的力量到李村集上购买，采取蚂蚁搬家的形式，分散开来，乘着夜幕经内线疏通悄悄运出去。

李村集的隐蔽处就有个这样的交易场所，当时国民党军政内部腐败不堪，有点权势者纷纷盗卖公家物资，中饱私囊，一个个吃得是脑满肠肥。穷苦的老百姓乐得做这种生意，你发大财，我挣小钱，帮助解放军用来打天下，何乐而不为呢？

在东小庄东面不远处就有这样一个地堡。旁边的封锁壕沟穿越一个山垭口，下面有一道小路，为两边提供了一条窄小的通道，驻守这里的蒋军小头目与当地老百姓混得很熟，每到下半夜，几个神秘人物就从庄稼地里趴到近前来，发出暗号，给他点钱和烟酒，他就让手下人将绳子放到沟底，让人顺着出溜下去，再把搞到的物资一点点放下去。与此同时，另一个人再从对面沟沿上面拉上去，用扁担挑着或者小车推着运到"红白交界"的流亭一带，一直送到解放军手里。

附近几个村的农民都参与了这种走私交易，也方便了解放军的急需之用。当然，通过这个渠道，也有我军的"地工"人员将守城蒋军的情报源源不断地送出去，一般群众是不知道的。

有一个人所共知的秘密就是，这些东西的交易大多是在李村大集上。具体在什么地方，现在就不好说了。

同事说
——讲述地：邢台路社区

陈师傅是我在沧口粮食分局工作时的同事。他向我讲了自己的一个真实故事——

1989年冬天的一个下午，我开车随业务员老李去鲁西北的平原县送货回来。车到章丘附近，公路路边一个年轻人隔老远就向我招手邀车。走近了才看清，他高举着一块硬纸壳做成的牌子，上面歪歪扭扭写着两个字"捎货"。

司机顺路捎货用我们的行话叫"打兔子"。这话出自"文革"后期的一部名为《创业》的电影，片中主人公有句台词"搂草打兔子——带捎的"。说得具体点，就是为公家单位开车运货的司机在放空车时顺便为私人捎带货物。捎点儿公家的油儿。货主也能节省下差不多2/3的运费。虽说不是光明正大，一般的单位领导也是睁一只眼闭一只眼，不出意外就是没事。

毋庸讳言，我也有这种私心。

我问同车的业务员老李："拉不拉？"

老李知道咱跑外差的人花销大，补贴少，很不容易，同意了。

我停住车，摇下玻璃车窗，探出头去问道："去哪里？"

"青岛。"

"青岛大着呢，说明白，具体什么地方？"

"沧口。"他说。

正好是我们单位所在地的位置，不偏路。我又问他："什么货？"

"大葱。"那人回答。

"多少？"

"一吨来活儿吧！"

64

就是说，是一吨多的数量，撑破天不可能达到两吨，这是一般常识。我看看天色，太阳将要下山，天阴上来了，谨慎地问他：

"路远么？"

"不太远。"他指指不远处的一个小村庄，"就在那里。喏，在这儿就看到了。"

我估摸了一下，三四里路，东西又不多，就同意了，

请他上了车。

十几分钟后，我们就赶到了那个村庄。那年轻人又朝前指着说："在前面，再往前开。"

我以为是这个村子后面的那个村子，心里就有点不太得劲儿，没说什么，又向前开了一段路，他还是指着前面说："再往前开，一会儿就到了。"

再一再二又再三，老李看出其中的猫腻，不耐烦了："我们今天还要赶回青岛去，再远我们就不去了。"

年轻人为难地说："看看，很快就要到了。这地方前不巴村后不着店的！你们拉不拉货回家不都是一样的嘛，俺又不是不给您钱！"

老李沉下脸来，严肃地问他："你说实话，货到底放在哪儿？"

"绣惠乡，"他说，"现在咱们已经进入这个乡的地界了，你看那路牌。"

"别说废话，到底还有多远的路？"

"不远，不远，马上就到了。"他简直是要对天发誓，"撒谎我是王八蛋！"

黄昏降临，又飘起了雪花，旷野里没有人，看看前后，连个打听路的人都没有，只好再信他一次了。

车子在坎坎坷坷的乡间土路上又走了半个多小时，来到一个小村庄旁，收获后的菜地里孤零零地立着一个看园子的小屋。早有人在等待了，地上堆了一大片葱，一捆捆紧紧挤到一起，每捆都有十几斤重。

过去就曾听人说，咱山东最著名的特产之一就是大葱，而顶有名的就是章丘大葱，如果到了章丘人们就会告诉你，只有绣惠乡的大葱才算是真正

的佼佼者。

一方水土养一方人。这里的大葱产量高，粗壮鲜嫩白儿长，爆炒凉拌均适宜，一般每棵有六七十厘米长，最长的达到一米，驰名全国，远销海外。

凭我当了十几年拉货司机的眼力，打眼一瞅就估摸出摆在面前的货物有七八吨重，忙说："这么多货，我这车拉不了，你还是另请别人吧！"

老李也是这个意思。

年轻人忙说："看把你吓的，只装这很小一部分，我哪有这么大的本钱！"

暮霭沉沉，雪花飘得更大了，年轻人又诚恳热情地说："你们二位也辛苦了，请先进屋里去喝水吧，茶都沏好了；我来安排人装车。"

那种热情，简直是令人浑身发烫。

在喝茶的当儿，我与看守货物的当地老人谈了些关于章丘大葱的典故，学了点辨别真假章丘大葱的知识。

天已经黑下来了，雪还在下，外面闪烁起马灯的光亮。过了半个多小时，外面有人喊装完了，我出来一看，好家伙，那一大片大葱全都装到了车上，轮胎都压瘪了。

我坚决拒绝说："不行，太多了！你不是说只有一吨来活儿吗？"

年轻人说："我也不知道，他们怎么都给装上了啊？你看看，装车的人都走了，现在连找个卸车的人都没有啊。这样吧，我给您加钱就是了！"

原先说好的是 100 块钱，他主动加到了 200 块。

那时候的钱好使，我一个月的工资才 100 块呢！

悲苦焦酸，也怪我贪财，苍蝇不抱没缝的蛋，只好自食其果了！

车子一路向东。我们三个人挤在这辆解放牌卡车的驾驶室里，那人真累了，不一会儿就睡着了。细想想，如果今天他邀不上我的车，明天的集日肯定就耽误了行市。他是李村集上贩卖大葱的专业户。了解各地大葱的行情，也算计着怎样才能降低物流成本，更熟悉"打兔子"司机的各种弱点和惯常心态。他守候在公路上，一看是公家单位的车，只要招手你停下来，就是上钩了，他按照既定的套路，知道用什么样的语言和方法在什么时候把司机骗到他指定的偏远地点装货，狠狠地装上自己虚报数目的货物，真是囫囵个儿的奸商一个！

老李是个老业务员，一眼就看透了他这套把戏，对我说："他还没给钱吧？"

我告诉他："按照行内的规矩，一般都是货到后才付款，现在货没上路，你要他也不能给你。"

老李想了个避免再次上当受骗的法子："看样子这小子不是个实诚人，到了青岛，我们在李村大集附近找个地方停下车，先让他交上车费，如果不给咱就不卸货。"

一路无话。

车到李村时，已经是凌晨两点多钟，整个城市都进入了梦乡。我将车停靠在滨河路上，郑重其事地对那货主说："到家了，你付给车费吧！"

一听说要钱，他先前的谦卑和热情一扫而光，反过来责备道："您这些人真小气，还能不给您钱，让谁给骗怕了？你到李村街上打听打听，咱可不是那种人！"

老李调侃说："你不是我是。西门庆大官人有句名言'说到钱，便无缘'，咱们还是先小人后君子吧。"

我也不客气地以史为证："先前装车时，你就糊弄了我们好几次了。"

"不不不，你们误会了，冤枉好人了。"他连忙撇清表白说，"这不该我的事，我也是给人家老板打工。他对我说的就是'一吨来活儿'。再说，现在你们卸不下车来，老板不和我结账，我也没有钱给你啊！"

我又征询老李的意见，老李毫不妥协地说："我们这是第一次合作，彼此缺少信任，你还是先把钱付了再说吧，少说些没用的废话。"

边说边给我递眼色。

我干脆就来上个抱着葫芦不开瓢，趴在方向盘上不再理睬他，看看谁能熬得过谁。

默默较劲儿对峙了十几分钟，他借口方便下车去了。不一会儿又回来了，貌似委屈地说："真叫你们给草鸡了！没找到老板。这样吧，我把自己的饭钱当运费先给垫上。你们这些人啊，太不实在了！"

说完，从口袋里掏出一沓子老头票子，认真点出 20 张，非常不情愿地放到我手里，好像是对我们施舍了什么似的。

钱到手，我把车子开到李村大集的蔬菜市上，也就是下游河道的中心，立刻围上来几个棒小伙子，"老板老板"地喊叫着卸货，他们早已经等得着急了。

后来的事情顺理成章，我开车回到单位，老李回家休息睡觉。第二天下午我到单位的车场一看，傻眼了，车厢底下配制的灭火器不见了，拆卸的痕迹犹在。买个灭火器需要 200 多块钱，等于白折腾了一夜，无偿地为他拉了一车货。

我要是回去找他，他肯定会放赖不认账。唉，算了，自认倒霉吧！谁叫咱贪图小便宜呢？

我说
——写在我家书斋中

在青岛，每个人说起第一次逛李村集，就像头一次逛街里的感觉一样，都会有一些别人不能言及的情趣故事。我想说说我自己的亲身体会——

68

那年我 12 岁,接近年关的时候,邻居家哥哥的表哥从外地来青岛探亲,说要和我们几个小伙伴轧伙儿到李村集上去赶集玩。当时,从沧口振华路到李村只有一路公共汽车,绿色,凸头,车屁股后面背个大铁炉子,烧煤块,用水蒸气来发动机械驱动车轮。平坦路还好说,从大村庄那地方上李村岭时,一路上坡,速度非常慢,碰到雨雪天路滑,车子趴了窝,不得不让乘客统统下来,司机和售票员发动大伙儿一起推车。帝国主义和苏修搞经济封锁,不卖给咱石油,国内又不出产,没有办法,只能咬紧牙强渡难关。

我们没有坐车,因为一个人的车票 5 分钱,这是一家人一顿的菜钱。我们决定步行远足而去。

邻居家哥哥的表哥看了看路边一家商店里墙上的钟表,说:"记住时间,看看我们能用多长时间走到李村。"

话音刚落,我们几个人就迫不及待地疾行起来。我年龄小,但不服气,人家大步走,我简直就是跟着跑。说起来真就是个不善,尽管累得呼哧呼哧喘粗气,仍和大家同时到达了目的地,看看表,刚好半个小时。这是我从沧口步行到李村集的最早也是最佳纪录,至今将近 60 年没有打破过。

路上发生了一段小插曲。上李村岭的时候,一辆公共汽车从后面隆轰轰地响着追赶上来,和我们并行了几秒钟,一会儿就跑到前面去了。举目望着车子后窗玻璃上晃动的人影儿,我羡慕地说:"如果咱们能坐上该多好啊!"

突然"咣啷啷"一阵金属撞击声响,从汽车后面火炉旁掉下一个长约两米的铁家伙,是捅炉子用的大火钩子!

我跑过去捡起来,和小伙伴们追赶着那辆汽车,朝着车屁股连声高喊,可惜车子已经上到坡顶,顺着下坡,一路冲下去了。车上的人肯定没有听见。

没有了火钩子,火炉里的垃圾排泄不下来,这车还怎么开?得赶快给人家送回去。当时的人都是这样的朴实想法。我们几个人马不停蹄直奔李村汽车站（现在利客来商场的位置），将失物交给了门卫上的管理人员，这才轻轻松松地赶集去了。

那时候"大跃进"的高烧刚退，留下了一个烂摊子，许多企业停工下马。李村大集附近，沿街扎着许多席棚子、搭着帐篷，鸣响着高音喇叭，在开物资交流大会。青岛市区的各个工厂单位纷纷把几年来积压的物资拿出来向市民出售，为国家回笼货币，也是为厂里增加点收入，给职工发放工资好过年。交流的东西有铁锨、洋镐、扳手、钳子、锯子、刨子、凿子、小车轮子、铁皮水桶、胶皮轱辘、工业电器，还有一些先是盲目上马后又仓促下马的半拉子工业产品，许多我连名字都叫不上来。最受人们欢迎的则是介于工厂和家庭民用之间的物品，如纺织印染厂的包装花包布、印花底子布，钢铁厂和化工厂的劳保服装、鞋子、帽子、手套、墨镜、计算尺之类，市民日常生活和农民下地都能够用得上的。

最缺乏的东西就是吃的，只是在路边的水龙头喝了点自来水算是填了下肚子。我们几个兜了一大圈儿，什么都没买，也没有钱买，更没有再回那个送去火钩子的公共汽车站坐公交车。因为囊中羞涩，只好沿着来时的路线，用步子一步步量着走回家来。所不同的是，这次我们谁都没有看表，走路的速度也非常慢，因为肚里确实是太饿了！

撰　稿：李生德

李村集市卖花人

  李村集在新中国成立以前是没有花卉市场的。当时生活艰难，人们买不起花卉，也就没有人来卖。新中国成立以后生活慢慢好起来了，集市上开始有花卉出售，但数量、品种也不太多。20世纪八九十年代以后，李村集的花卉市场规模变大了，本地花卉和南方花卉都在集上出售，购买的人也多了，成为李村大集的又一重头行业。

  我认识一个在李村集上专门经营花卉的人，叫曹一顺。他的父亲就是在李村集上打铁的铁匠，很有名的匠人。曹一顺是靠经营花卉发的家。当时崂山区政府在现在的维客商城基址上盖了一座大花房，专门用来养花。曹一顺承租了这座房子培养花木，对外出售，到了集日就到集上去卖，挣了不少钱。后来花房拆迁，曹一顺又到养牛场承租了一块地养花，另外还在李村师范租地养花，同时搞批发零售。我经常去曹一顺那里买花。熟悉了以后，就跟他拉起呱来，就说道：你养这么多花卉，为什么不到李村集上去买个房子，把户口落到河南庄来，住的离集近便，你的花卉可以就近到集上卖，肯定生意好。他为难地说我没有人（帮忙）。我说等我帮你问问。正好村子里有个叔伯兄弟叫黄嘉贤的有五间房子要卖，曹一顺就买下来了，既住人，又养花。平时正常过日子，逢集就去卖花。开始用手推车推着花到集上卖，后来有钱了就买了摩托车拉着花去卖，再后来买了汽车去卖花。随着生意越来越好，生活质量也步步提高，买了新房子家人去住，旧房子对外出租。自己在集上的摊位也大了，有三间屋大，十米长，是个固定摊位，雇着人看摊。卖的花品种很多，有草花，也有君子兰、杜鹃等。这些花有自己培养栽培的，

71

也有嫁接培育的。像山茶花就是用南方山茶嫁接美国山茶培育的，花朵开得很大，很好卖。后来从南方进花，先放到大棚里养护一下，再拿到集上卖。他在世园会边上租了几亩地，专门摆放养护从南方运来的花卉，过些日子再拿到李村集上卖。他的摊位是李村集上最大的，也是最早的。后来从南方运来的花卉多起来了，本地人一看钱好赚，就有不少人干起贩卖花卉的生意，有的自己养花卖，也有的自己不养花，专门从南方贩卖成品（型）花到李村集上卖。这样一来，李村集上的花卉市场就发展起来了。

　　讲　　述：黄佳良

　　采　　访：张树枫

　　整理编纂：张树枫

逛旧书摊淘宝记

缘分这种东西是可遇不可求的，对人是，对物亦是，对书更是。什么人找什么人，什么书也找什么人，许多经历过的事说起来都似乎带有某种传奇的色彩。

少年时代记忆力强。读小学时，印象最深的是四年级背过的一篇课文。那是一首儿童诗，写得质朴清新，情景交融，直到现在，许多句子仍能顺口诵颂出来：

夏天过去了，

可是还叫我十分想念。

那些个可爱的早晨和黄昏，

像一幅幅图画出现在眼前……

在经历过艰难坎坷的生活旅途，叹息人生倏忽短促的恍惚中，它能使人产生无限丰富的联想。是啊，繁花似锦的春天和如火如荼的夏天，已经在忙忙碌碌和苦苦求索中不知不觉离我们远去了。直到年逾花甲之后，才静下心来尝试着以当年的心境与目前的情景相比较，越发觉得这首诗的含义是多么的深刻隽永。可惜记载那首诗歌的课本再也找不到了。

一天，我在李村大集逛旧货市场，见到一个乡下来的中年人，推着一

73

辆小推车，从中卸下一些从传世老屋中翻腾出来的陈年旧货处理。我敢说，这些东西肯定是从三抽屉桌夹底里倒出来的。因为我家也有这样一张桌子，是我母亲当年结婚时的嫁妆。在一堆脏兮兮乱糟糟的旧票证账簿书本当中，我发现了一个熟悉的影子。

——一本旧课本！

似是见到了失联多年的发小伙伴，我激动地扑上去，两眼紧盯着那个封面。没错，这就是1962年由山东教育出版社出版，我小学时读过的语文课本！因灰尘堆积浸润太久，脏乎乎的灰色已经拭擦不掉了。它右上方的书角卷曲起来，还沾了几点墨水污渍，下方正中童稚气歪歪扭扭写着曾经拥有者的姓名。我一把将它抓起来，迫不及待地问道："多少钱——这本？"

那人不经意地说："给五毛钱吧。"

我忙从口袋里掏出一块钱，递给他说："没有零钱，不用找了。"说完，将猎获物紧紧攥在手里，生怕被别人抢了去似的！

我找了个稍微僻静点的角落，在喧嚣的闹市中贪婪地阅读起来：

清晨起来打开窗户一看，

田野一片绿，天空一片蓝。

多谢夜里一场大雨，

把世界洗得这么新鲜……

仿佛又回到了半个世纪之前，重新沐浴在那美好无忧的童年阳光中，多么惬意，多么愉悦啊！这种感觉，无论花多少代价也是换不来了啊！

我的父母生于1924年，那是北洋政府统治时期，乡村的基础教育是传统私塾与新式洋学相混合的。父亲启蒙读过的书除《三字经》《百家姓》外，津津乐道的却是《日用杂字》，连不识字的母亲也能背诵几句：

> 人生天地间，
>
> 庄农最为先，
>
> 要记日用账，
>
> 先把《杂字》观。

这本小册子的作者是山东临朐县七贤镇胡梅村人马益，他出身于农民家庭，生活在清雍正、乾隆年间，自小聪慧出众，却怀才不遇，屡试不第，饱受乡绅们的歧视讽刺。在经受亲人的打击之后，愤然执笔，写成了这本别具一格的农民普及读物《庄户日用杂字》。此书通俗易懂，朗朗上口，讲的是农事耕作、季节轮换、家长里短等，是非常好的启蒙读物，从内容到形式都非常贴近农家日常生活，对于教育资源贫乏的农村乡民来说非常适宜。后世各个时代多有模仿版本。我向往之至，总想一睹为快。

在一次逛李村集的旧书摊中，我偶然发现一个薄薄的小册子，封面用牛皮纸包裹着，并用正楷端端正正地写着书名《杂字》。心想出它的主人肯定是个与我父母共命运的同龄人，今天它能够几经辗转来到我手中，真是隔世的情缘，太珍贵了。

可惜家父已经离开这个世界好多年了，无缘重读旧日华章，我只好在灯下为耄耋之年的母亲阅读。她老人家默默听着，频频点头，不知不觉流下两行热泪，可能是回忆起父亲当年教她在煤油灯下识字的情景了吧？

后来查对版本我才知道，我手中这本《杂字》应该是民国十八年（1929年）出版的，全名为《改良日用杂字》，非最初的《日用杂字》，却与父亲读书启蒙的时间相吻合。我读着，仿佛又回到了20世纪那个积贫积弱，屈辱重重，国事稠溏的年代，特别是后面附加的《文明言语》一章，给我的印象颇深，"外交失败，交涉调停""挽回利权，爱国心诚""同胞操戈，兄弟相争""燕巢幕上，大厦将倾。病入膏肓，鱼游釜中"。抚今思昔，感慨良多。真是天翻地覆，物是人非啊！

因为参加了尼山书院的工作，参与国学的讲学活动，我有幸参加了山东大学高等儒学院的培训。受训期间，了解到一些新儒家的信息，对其充满了好奇心，觉得值得一读，可是一般书店里没有这种书籍出售，附近图书馆也难借阅到，很是失落。一次去赶李村集，在下公交车的拐角处，见一个人独守着几本破旧书籍、杂志出售，大多是言情武侠小说和小资心灵鸡汤之类的杂志，其中鹤立鸡群的则是一本名为《大海与众沤》精装书，著作人竟然就是我所仰慕的新儒家代表人物熊十力先生。书的品相非常新，估计它的主人根本就没有翻阅过。我难以想象，这种书怎么会阴差阳错地落入那种主人手中，又怎么会神使鬼差地流落到这路边的旧书摊上？我在众里寻它千百度，它却躲藏在这冷僻阴暗处！不谦虚地说，单凭书中这艰涩含典的文言，悬妙深刻的新唯识论思想，异于众人的思辨方法，根本就不是喧嚣浮躁的快餐社会中一般时尚青少年能够安下心来卒读的。我将它带回家来，置于床头，研读把玩，细细品味，真是受益匪浅。

有意思的是，李村集的旧书摊夹杂在旧文物市场中，而旧文物市场又被包裹在破烂市中，经常光顾者对这些五花八门的所谓"文物"往往不屑一顾，一瞥而过，没人在意它们的实际价值，因为同质同形者太多，且做工粗糙，甚至可以漫天要价，就地还钱，确实不值得大方之家深究。

那天，我与一位爱好书画的同事去逛闲集，意外发现了几件字画。它们的卷轴已损坏，纸张泛黄破旧，且有污渍，甚至有些小残缺，像一张张不敢轻易翻动的干煎饼。按照一般常识，这是行家老手故意做旧所致，也是旧文物市场上沿用了上千年的小把戏。我从中挑选了两副对联，请摊主伸展开来，一副署名为张大千的"宝剑锋从磨砺出，梅花香从苦寒来"，另一副则是署名为于右任的行书："眼中沧海小，衣上白云多。"

前者出自《警世贤文》之勤奋篇，后者是明嘉靖年间福州才子林世壁游福州鼓山五律诗中一个联句。因其描写尽致，造意新奇，后人曾将其镌于绝顶峰临沧亭的亭柱上，游人阅识者颇众，所以描摹引用者也不乏其人。

同伴随意扫视了一下，不屑地说："一看就是赝品。张大千、于右任的书法作品怎么能来得这种地方？明珠暗投啊！"

可能卖者对我同伴的评价也很认同，心里发虚，表情尴尬，没作任何辩解。我走上前问道："多少钱一副？"

他见有人问价，遂答道："您看着给个价吧。"

我说："你的东西，就得你来出价。如果是真品，那就值老鼻子钱了，我可就捡了个大漏啊。"

我的话可能说到他心里去了，他也认定自己手持的不是真货，略一思索，说："给50块钱吧。"

这可能是真品十万分之一的价钱！

我观赏了一会儿，心里想，即使它确是仿制的赝品，也是下了很大的一番功夫，从摹写到做旧，绝非出自平庸之辈。于是象征性地还了个价："40。卖不卖，你卖我就要了。"

没有任何争议，成交。

同事悄悄埋怨我："你真愿意花这冤枉钱啊！"

我说："走吧，以后我告诉你。"

回到办公室，我对他说，这字写得确实不错，比现在那些号称书法大家的人写得好。要是现在你去求他们给写这么幅字，区区40块钱人家能干

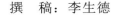

么？再说，现在文物市场上鱼龙混杂，你花大价钱拍卖所得的所谓名家名品也不一定就不是赝品啊！咱们这不就是要附庸风雅，装点起来充门面显得好看么？

他听罢陡然拍案叫绝道："后悔了，早知道这样，我当时也就抢着买了！"

哈哈，你怎么早就没想到呢？书有自己的命运，字画同样也是的，看你是站在什么角度看事情想问题了，这就是缘分之所在。

我花钱请人将这两副对联重新装裱了一下，悬挂在厅堂中，很有一番文雅气派。别说，还真能唬住一批人哩！

这真是，书画有命，富贵在天。珍宝无价，贫贱委地。

撰　稿：李生德

年集上的小孩耍物儿

　　小孩子的年是从大人们辞灶忙年的时候开始的。这时候，小小子们最喜欢的东西是鞭炮。它一点就着，响声若雷，震动大，够刺激。即使把一挂小鞭炮拆零散一个个点着放也很过瘾，含有一种拥有感。所以李村集老破烂市那里曾经设有专门的爆竹市。小嫚嫚儿天生胆小，出于安全考虑，大人一般不允许她们冒险燃放鞭炮，退而求其次，也就只好选择放滴滴金了。

　　滴滴金，是即墨一带农家土法制作的传统烟花，约一拃长，宽似韭菜叶，木炭粉里掺入少量铁末子，用废旧古装书纸卷起来，扁扁的，粘起封口即成。点着后，火花闪烁，噼里啪啦向下滴答火星子，煞是好看，所以也叫滴嗒金。小女孩用两个纤细的手指捏着，胳臂伸得长长的，远离自己的新衣裳，一边走，一边高兴唱着：

> 滴嗒金，放爆仗（读 baozheng），
> 姥娘领着个小外甥儿……

　　当地有一种习惯，在姥爷姥娘那里，外甥和外孙可以混称。外孙是姥娘的心头肉。将鞭炮与滴滴金作比拟，一个老，一个幼，一个温柔可亲，一个好动调皮，可见其亲密和谐程度了。在除夕之夜或正月十五晚上，绝对是一道美丽的风景线。

　　在节日的集市或者庙会上，最繁忙的地方就是卖小孩耍物儿的地方。为什么称其为耍物儿而不叫作玩具呢？可能前者的内涵比后者更为丰富吧。最忙碌的就是经营此类小商品的生意人，因为小孩子只要喜欢就会不停地纠缠着向大人要，逼迫长辈出银子放血，亲孩子惯晚辈又是长者的天性，这时几乎就没有讨价还价的余地了。

　　竹节蛇。将拇指粗的竹子寸寸截断，加工造型涂色，再一节节衔接起来，尾巴攥在手里，向前一伸一展，吐着血红的信子，似活蛇在蜿蜒游动，既好玩又吓人。可越这样他们就越高兴，想看又怕看，看了又害怕，玩的就是个心跳嘛！

　　小风车。几根竹篾扎起一个菜盘子大的轮子，镶几根彩色纸条。小生意人将它插在草把上，扛在肩膀上，风一吹，滴溜溜地转，像在远远向你招手！还有一种完全是纸做的，又小又艳丽。这玩意儿，从上千年前的汉唐一直延续至今，简单又精巧，价格便宜且长盛不衰，可谓是真正的中华民族非物质文化遗产，可惜它的制作工艺至今没人向联合国教科文组织递交申请书。读了这篇小文，你不妨可以试试。

　　小节柳（知了）。正宗农家泥塑制品，腹中为空，外面蒙一小块牛皮纸，当中由橡皮筋别一根火柴杆长的小棍儿，只要用手轻轻一摇，它的身子就会借势转动，同时小齿轮带动小棍儿击打腹部那块牛皮纸，发出哒哒哒哒的声响，有形象有色彩有动作，既满足了观感又愉悦了耳朵。

　　蹦跶猴。一只硬纸壳剪成的小人儿，用线串起来，两边各有一根秫秸杆，当中一个支点，手掌攥着两杆一握一松，靠线的拉动使那小纸人儿上下蹦跳，类似单杠运动员做各种翻腾动作，乡间形象地称之为蹦跶猴。

　　在热闹的人群中行走，还会不时听到玻璃器皿发出的"卜咚卜咚"声响。

有时，一个大人肩上扛个小孩，拿着个新买来的卜卜咚吹给他听或弄给他看。似是在哄孩子，实际是在寻找自己遥远童年的感觉，回味那早已逝去的旧时年味儿。还有人会将那玩意儿的小喇叭口捂在两只手掌中，鼓动空气使喇叭底部的薄琉璃片儿发出同样的声响，这种小技巧不经练习是玩不转的。当然也有的小孩坚持要自己动手操作，往往吹不了几口就吹破了底儿，或失手落地，真应了童谣里所说的："卜卜咚，卜卜咚，掉到地下没有影儿。"

还有一首童谣不知你听过没有——

<blockquote>
小孩小孩你别哭，

我给你买个皮老虎，

咕嘎咕嘎两毛五。
</blockquote>

这里说的"皮老虎"是一种泥塑玩具，大者四五斤，小者也有几两重，做法很简单，泥坯做好后，身上涂满白粉子，然后再染上大红大绿的颜色，完全是中国传统文化色彩的表现形式。它由头、尾两部分联结构成，头部内腔装一竹哨，尾部是空的，便于充气，二者的腰间结合处粘一圈牛皮纸，类似鼓气的气囊。玩家两手各持虎头、虎尾，一拉一合，形成气流鼓动腹中的竹哨，发出"咕嘎咕嘎"的声响。从前一般小孩玩耍的小皮老虎单价两三毛钱，所以就称之为"咕嘎咕嘎两毛五"了。再说，此物虽名为"皮老虎"，实际和皮革没有一点的关系，唯一有牵连的就是那圈牛皮纸，可能这其中有个"皮"字，就被卖家给偷换概念借用了。

这种泥塑玩具大多出自即墨城西的龙湾头村，那里祖祖辈辈有制作泥塑耍物儿的传统，世称作"姜木人儿"，是一项独具特色的家庭副业。农闲时，整个村子家家户户铆足劲儿大干一冬天，有装模倒磕子的，有负责晾干的，有分工上油彩的，完全是一条龙生产。产品不但有皮老虎，还有猪八戒背媳妇、小泥猴子、小泥娃娃等等，都是为了节日期间卖给小孩子当耍物儿。销路一直很好，甚至运销远方。

为什么将这个行当称为做"姜木人儿"呢？我想，这其中最简单的产品就是那种可以当哨吹的小泥人，初入此行者就是从做这个小物件入手。它是从模子里倒出来的。"木"即是"模"（当地读 mu），同时也是"泥"字的音转（"泥"在当地读 mi 不读 ni），所以应读为"姜泥人儿"或者"姜模人儿"。为什么又和"姜"牵连到一起呢？人都喜欢以自己熟悉的形象来喻物。这种泥人在出模后没涂白粉子着色彩之前，是原生态的土黄色，形象如同当地盛产的大姜，所以人们就称其为"姜木（模、泥）人儿"了。当地坊间有这样一句俗话："贵也是个人儿，贱也是个人儿，勒（二）分钱买个姜木人儿！"可见，这种小耍物儿最早的出货价也就是二分钱左右。至于在市场上卖多少钱，你只好去问那些卖货的小商人了。你为人家设身处地地想想吧，大过年的冒着寒风和雪花，牺牲了骨肉团聚的欢乐时光来做这种小本生意，如果没有那点丰厚的利润，谁肯跑到大集上去叫卖小孩耍物儿啊？

撰　稿：李生德

小偷与"吃痞子"的故事

集市有小偷,即如鸟中有贼鸥、兽中有鼺狗。集市不仅养活周边依靠集市买卖的生意人,同时也养活着一些依靠集市不劳而获的社会寄生物。其中有专门窃取人们财产的小偷流氓以及那些为小偷痞子提供保护的人。李村大集的人们将这些小偷称为"痞子",为痞子提供保护的这一行当被称为"吃痞子"。

李村是大集,商品品种齐全、集市规模大,不但吸引了四方客商和赶集的市民,也吸引来了众多的小偷。特别是一进腊月门,李村大集进入最热闹、最繁华的集期,八方客商云集、物资堆积如山,人流穿梭如织,正是小偷们一展身手,"恭喜发财"的最佳时期。四面八方的小偷汇聚李村集上,形成一股强大的暗流,这种状况已经存在有几百年了。

新中国成立前夕,物资缺乏、物价飞涨,人民生活非常艰辛。居民为了节省一点钱财,就跑到李村集来购买粮食、日用品,希望省一点钱。但是,人们发现:李村集市有几大特点,一是物价太疯狂,价位一时一变,顾客经常从东边询着价位逛到西边进行比较后,想回到刚逛过的摊位购买却发现物价竟然又涨高了,一番犹豫,物价再度拉升。等到下决心要购买时,手里的钱钞往往已经贬值到买不起的价位了。所以当年的报纸经常用"市场疯狂""物价飞涨"来形容市场形势。

另外一个特点是小偷太疯狂。据历史档案记载:李村集的小偷既有本地居民,又有青岛市里来的"惯偷"。本地人所偷窃的多为粉条、粮食等食物,可能与李村粮食短缺有关。从警察出警记录档案来看,这类偷盗案件往往不是在集市上抓的现行，而是被告发后到家里搜查"起赃"。这类案件一般都是将赃物返还原主，村中保长等人出具保单，要求减轻处理，罚点款了事。而来自城里和外地的小偷则以偷窃金钱为目的。一次，一位李村本地人扭送一个小偷到李村派出所报案，诉称在集市上被对方盗窃 10 块银元和 8 万金圆券。而小偷则只承认投了 8 万金圆券，拒不承认偷过银元。后经警察审讯，该小偷实为惯偷，专门从市里跑到李村大集偷窃的必须移送市（警察）局处罚。但此时青岛已经面临解放，警察们早已人心慌乱，哪有精力过问此类小事，该案件最后没有移送上级，草草释放结案。

新中国成立以后，社会安定、生活改善，治安秩序良好，集市小偷也随之锐减。尽管偷窃之事未能杜绝，案件发生已属少见。1980 ～ 1990 年期间，社会风气、是非观念、治安状况令人堪忧，小偷充斥各个地方，成为公害。李村大集地处城乡接合部，物阜民丰，当然是小偷向往的地方。当时有一种说法，李村集上的小偷最多时有几千人。虽说有点夸张，但公安和大集的知情人都承认李村集小偷真的不少。这些小偷是从哪里来的呢？知情人和公安的人说，早年的小偷多数为崂山本地人。后来，东北人、新疆人也来到李村集行窃。但新疆人不到李村集市上偷窃，只是在周边街道马路商场等地活动。

小偷最集中也最猖獗的时间是每年腊月。春节将至，从四面八方来李村大集上买东西、卖东西的人山人海，集市拥挤不堪，给小偷偷窃提供了有利条件。许多来赶集的人都是忙活了一年好不容易积攒了点钱，来集上想给全家置办点年货，给儿女买点新衣服、新玩具，结果一不小心就被偷了，而且钱数不少。钱被偷了，年货办不了，没法过年了，好多人当场嚎啕大哭，景象非常悲惨。每次大集都有很多失窃的案件，给公安部门带来很大的压力。所以一到腊月集市，李沧公安分局反扒大队人员就全体出动，打击扒窃行为。分局和李村派出所也全体出动，配合反扒大队抓捕小偷窃贼。经过严密部署和斗智斗勇，每场集市都能抓到不少的小偷，有力地打击了偷盗行为，维护了大集的秩序，为失窃市民挽回了损失。

但是，"道高一尺，魔高一丈！"小偷也有自己的道行。除了成群结伙，互相掩护行窃和反抗公安抓捕外，还有一个办法就是在当地寻找地痞流氓做靠山，掩护和保护其偷盗行为。当时，李村大集上有一个有名的反扒能手，外号"刘鼓手"，真正是火眼金睛，只要小偷一动手就会被逮住。小偷们为此专门请当地痞子盯着"刘鼓手"，痞子手里拿一根竹竿，专门跟随着"刘鼓手"。"刘鼓手"走到哪里，痞子就擎着竹竿跟到哪里，以这种形式给小偷发信号。茫茫人海中，小偷看到痞子举着的竹竿，就远远躲开"刘鼓手"，以保证自身的安全。开始人们不知道是怎么一回事，时间长了才知道这就是李村集上的"吃痞子"。

还有的"吃痞子"专门帮小偷出头，公然进行保护。如小偷失手被抓了，"吃痞子"的就出来说和，为小偷解脱。也有的是公然为小偷张目，"挽回损失"。有一次腊月集，一个小偷在粮食市场偷盗一个卖大米的老头时失手，被老头当场抓住。小偷为了脱身，撇下外衣逃跑了，衣服里装着小偷在李村集上的全部"战利品"——3000多块的老头，想为小偷挽回"损失"。不料老头经验丰富，一摸小偷口袋里的钱数量不少，米也不卖了，马上推车回家去了，这一笔意外之财，让老头赚了个大肥年。"吃痞子"的人找遍李村集也没有找到老头，只好失望而归。小偷一个大集的战果损失殆尽，"吃痞子"的好处费（保护费）当然也就捞的少了，对于他们来说也是一个损失。

随着李村大集集市贸易管理部门的管理越来越严，在公安反扒和城管执法的严厉打击下，李村集的集市秩序越来越规范，人们的防范意识也越来越强，偷盗活动日渐减弱，依靠"吃痞子"赚取不义之财的行为也日渐消失，最终退出了历史舞台，成为李村大集一页奇特的记忆。

根据档案与李家上流村采访整理编纂：张树枫

李村集的乞丐

　　旧社会，天灾人祸、战争动乱、社会不公造成的贫富不均等经常会造成众多的难民和乞丐。这些乞丐分成很多类型，有的串乡走村挨户乞讨，也有的专门到人群聚集热闹的场所像山会、集市等场合伸手乞讨，还有的专门跑到城市中乞讨生存。而到集市乞讨则是比较常见的一种乞讨方式。李村集作为青岛地区最大的集市，当然也就成为乞丐讨要生活的最佳选择。

　　与挨家挨户讨要的乞丐不同，在集市上讨要的乞丐不光讨要吃食，几乎所有可以讨要的东西都要，主要还是金钱，当然是数额微小的"小钱"。讨要的方式也有多种，有的是传统的方式到摊位上伸手讨要，这种方式最简单、最原始，不需要技术水准；有的则是用艺术的手法如唱莲花落、打瓜哒板到摊位上讨要，一边说唱一边乞讨，摊主不给就不停下，这种比较温馨奇特的讨要方式既文明又有效率，需要一定的文艺修养才行；还有的则是采用非常规的甚至是极端的方式，如站在猪肉或牛肉台前，一手拿把刀，一手拿块石头，不断地用刀磨擦石头，发出嗤嗤啦啦的声响，摊主不给钱就这么一直磨下去，甚至做出要用刀子割划身体的行为。一般的摊主生怕乞丐划破身体把血涂抹到商品上沾了晦气，生意没法进行，只好把钱拿出来，打发乞丐走人。因为他们不但是职业乞丐，更有点强行乞讨的黑社会色彩，摊贩们都是唯恐躲之不及的。

　　这些在李村集上活动的乞丐平时也到周边其他集市和村庄乞讨。李村大集就像一个核心基地，周边的集市也就成为乞丐们乞讨生活的大平台。

自古以来，只要没有特殊的情况，集市商摊和农村的居民都对乞丐采取容忍和同情的态度，只要走到自己跟前都会给予一定的东西，或熟食、或铜钱。近代以后，李村逐渐迈入城市化道路，市容、街容和集市秩序等成为管理者关心重视的问题。于是，如何治理乞丐就成为政府工作的一项内容。鉴于李村集市上的乞丐较多，政府认为乞讨活动影响了青岛市和李村街的声誉和秩序，也影响了当地居民的正常生活。为此，历届政府都以"有碍观瞻"的理由严肃对待李村的乞丐问题。20世纪30年代，青岛市政府就以"有碍观瞻"为由在全市抓捕乞丐，送到教养院关押，遣送回籍。同时下令李村乡区建设办事处、各村地保以及警察分局严加"取缔"，将在李村集市乞讨的乞丐予以拘留、驱逐遣送。

于是，李村办事处便制订了"取缔李村集期乞丐"的行动计划，并向市政府报告实施经过和结果："人民因穷迫沦为乞丐，沿街乞讨，若不设法收容，不但于观瞻不雅，亦于人道有碍。本市设有乞丐及游民收容所，将所有市内一般乞丐游民一律收容于所内，使衣食有所寄托。其未经入所者亦须谋一劳力职业，不许在市街行乞。于是分赴各乡区赶集。所以，李集期各处乞丐群集李村乞讨。并有一种乞丐硬要恶讨，曾经公安第六分局屡次取缔。轻则递解出境，重则即送入乞丐收容所。现在集期乞丐大见减少矣。"然而，"取缔"行动一过，乞丐们又回到李村集上继续乞丐生活。所以，从根本上说，只要社会公平得不到根本解决，战争和天灾人祸继续发生，天下的乞丐就难以杜绝。

日本侵华战争期间，对胶东抗日根据地实行大扫荡，致使大批农民逃离家园，来到青岛寻求生路。其中有些"难民"生活无着，也沦为流浪汉和乞丐。日伪政权再三"取缔"未果，伪警察局竟出动汽车四处搜捕街头乞丐。1939年9月22日，伪青岛新民报以"警察局备汽车搜捕街头乞丐昨日捕送共八十余名"为标题记叙说："本市警察局，鉴于本市虎疫猖獗，仍有扩大蔓延之势，而病患者又多以贫苦市民较多，故对于本市游民乞丐一律抓捕，送感化院收容隔离，已迭志本报，现警察局为期早日将全市乞丐搜捕完毕，减少传染特于昨日由警察局备公共汽车分赴本市各区境，装载乞丐送赴感化院收容，昨日捕送乞丐达八十余名，今日仍继续捕送云。"不管是"取缔"还是抓捕，乞丐问题始终没有根除。日本投降后，国民党政权腐败透顶，战争、动荡、物价飞涨和物资缺乏等更造成社会上乞丐增多，成为社会无法消灭的现象。

新中国成立以后，经过土地改革和合作化运动，消灭了剥削制度，人们的基本生活有了保障，社会平稳安定，人民安居乐业，社会上的乞丐大为减少。当然也有极少数的乞丐在某些极端时期出现，如20世纪60年代初三年困难时期就有受灾严重地区的村民结队外出乞讨，当地政府并为其提供了证明和交通便利，目的只有一个："不能饿死人。"这些乞丐在生活较丰裕的地区得到了尊重和馈赠，没有造成大的社会影响。随着经济状况的好转和社会保障机制的完善，乞丐作为一种职业已经绝迹。但是，从 20 世纪 80 年代以后，随着社会大变革的推进，原有的社会保障机制崩溃，新的保障机制尚未建立健全，加之社会意识的变化，又有乞丐出现在李村集上，其中不乏一些职业乞丐。

新兴乞丐的主要乞讨与以前有了重大变化。虽然仍有一些年老和残疾的乞丐是为填饱肚子而乞讨，但已经不是简单的乞求残羹剩饭和御寒旧衣，更多的是以获取金钱为目标。李村集大多数的乞丐属于职业乞讨，乞讨行为亦比较文明，不同于大城市有些乞丐死缠式的乞讨，李村集上鲜有死乞白赖的讨要者。但也少数本地人或因智力有点问题，经常在集市摊位上东抓一把、西拿一撮。这种行为已经超出乞讨的范围。然而，在李村大集上经营的商户对于智力偏弱者和一般乞丐比较容忍，大都能予以资助施舍，或施舍钱或施舍物，甚至一小块猪肉、一把蔬菜，很少有因此发生冲突吵闹的。最重要的一点是李村大集管理部门对于偷窃、乞讨、诈骗等行为一直采取有效的管理措施，防止和减少类似过激行为的发生。随着大集管理的规范化和商户自律行为的加强，大集上的乞讨行为也得到有效遏制。新大集启用之后，已经很难见到乞讨者的身影。

撰　稿：张树枫

编写按：2017 年，为编写《李村大集》一书，李沧区政协与李沧区教体局联合发起"听爷爷奶奶讲大集故事"的征文比赛，得到各学校领导和师生的广泛支持，收到了来自 31 个学校的 693 篇文章，经过甄选，收录了一批优秀文章，分别编为"中学生看大集""小学生看大集"。

中|学|生|看|大|集

集缘

奶奶和爷爷是在李村集相识的。当时奶奶去给三姨姥姥买结婚用的东西，而爷爷的摊子在婚庆用品摊的旁边。当时爷爷摆摊是为了挣去参军的路费钱，奶奶买完后就在爷爷摊上吃了一碗小豆腐。爷爷和奶奶年龄差别不大，一时间相谈甚欢。爷爷高中学历，言谈举止很有风度但又不失风趣，两人到了下午依依惜别。后来，奶奶来大集买东西时都会在爷爷摊位上"落下"一点东西。过了段时间，爷爷路费攒够了，要走了。但他对奶奶情深义重，就在那天他向奶奶坦露了心事。奶奶当时就去对面酒摊买了一瓶即墨老酒，倒上一碗，自己轻抿一口，其余的都叫爷爷喝了，告诉他第二天去她家。

第二天爷爷大清早便到了，在那儿等到晌午没等到人。太姥姥觉得爷爷就是一个穷酸书生，配不上奶奶。爷爷当时也急啊，就在门外喊奶奶的名字："淑美，淑美！"大概叫了有一个时辰，太姥姥才开开门。爷爷一眼就看见奶奶躲在门框后，低着头，脸红红的，眼泪都快要流出来了。太姥姥嘟囔了一句："女大不中留。"就把爷爷放进去了。

奶奶赶紧给爷爷递上了一碗水，爷爷向奶奶傻笑一下，奶奶羞得跺了跺脚，嗔怪地看了爷爷一眼，转身进入了自己房中。过了几天，爷爷奶奶就成亲了。再过了几天，爷爷就去参军了，奶奶一直哭着送他到了村口。战争结束后，爷爷双目失明，奶奶一直照顾着爷爷到现在。

青岛市第二十七中学　八年级三班学生　胡基瑜

奶奶说小年集

记得小的时候，一到过小年，家家户户都会在自家的铜香炉里焚上一炉香，说是送灶王爷上天去言好事，我总是和弟弟安静地坐在小马扎上，看着那一缕缕白烟袅袅上升，仔细地听奶奶给我们讲李村大集的故事。

"奶奶像你们这么大的时候啊，过了小年，最大的期盼，就是腊月二十七的赶年集了。"每次奶奶以这句话开头，然后话匣子就打开了。原来奶奶小时候的李村大集，也就是大约 60 年前的情景，除了是一个做小买卖的自由贸易市场以外，更是一个跟电视机里演的古代庙会一样的大集会。奶奶说她的妈娘在这一天，一定要一个胳膊上挎个大竹篓子，另一只手紧紧抓住奶奶的小手，穿梭在大集的人山人海里面。先是在南面的大河摊子里买齐了各种鸡鸭鱼肉青菜水果吃的喝的，几乎装满了一大竹篓子。然后跟着人群一路往北走，慢慢地经过杂货市和花鸟鱼市，最后来到最北面的杂耍市。说到这里的时候，奶奶几乎是满脸喜色，仿佛自己又回到了那个时候。这个杂耍市，简直就是小孩子的天堂！这里不但有耍猴斗鸡斗蟋蟀的，更有穿着五颜六色戏服在扎得高高的台子上唱大戏的，尤其是唱黄梅戏的女角，奶奶到现在都感觉那才是真正的七仙女下凡呢，人家不但唱腔婉转，就连模样也跟画中人一样。还有让奶奶念念不忘的，就是耍把式卖艺的了。

奶奶说他们都是些五大三粗的汉子，扎着长长的大辫子，盘在脖子上或咬在嘴里。手里呢，或者使一把闪闪发亮的大刀，或者舞一支挂着红缨的长枪，无不得了神助一样，耍得虎虎生威，让人眼花缭乱！甚至还有江湖艺人，表演上刀山下火海满嘴喷火的，里三层外三层的人把他们团团地围在中间，大家都把他们当成神一样的存在，叫好声一片连着一片……

　　每每奶奶讲到这些精彩的地方，我和弟弟都听得入了神，恨妈妈没有把我们早生几十年。奶奶听我俩这样说，往往就更加神采奕奕了，她会自豪地说："那时候，连你妈都还没出生呢！"

青岛市第二十七中学　初二四班　王若丹

暖心的芋头

　　说起芋头总让我想起爷爷说的话："芋头是温暖人心的！"我家不是青岛人，但跟李村大集却有一段渊缘。

　　芋头灰灰白白的在篮筐里静静地躺着，它们似乎天生就是如此安静又平凡，淡淡的甜味总给人们带去温暖。每年秋季，爷爷总是从家里连夜赶来，将自己用汗水和辛苦换来的芋头分享给大家。渐渐地，爷爷的芋头得到了城里人的喜爱，每次爷爷一去集上，人们就团团围住他，争着抢着购买芋头。

　　小时候爷爷总是跟我说"芋头是有灵性的"，能给人们带去温暖。我不明白："爷爷，它都不会动，怎么能给人家温暖呢？"爷爷只是笑笑，过了一会，他给我讲了个故事：

　　"有一次啊，我一大早便去李村集上摆摊，那天早上天气有些冷，空气却是无比清新。不一会，菜市场上便响起了菜贩子们的叫卖声，此起彼伏，真热闹啊。"我静静地坐在那里，耐心倾听这个故事。"那天集上的人出奇得多，东西卖得很不错，中午还没到呢，筐子里的芋头就剩得不多了。那些芋头个头那么大，色泽那么鲜润，谁见了能不喜欢？我把筐子收拾好，正准备要走，这时来了一个小伙子，他气喘吁吁地说'大爷，还好您没走，把剩下的芋头给我称称吧，谢谢。'他出了一头的汗，脸红彤彤的。'好嘞！'我一边应和着一边给他称芋头，这时，不知哪里冒出来一个孩子，她嘟嘟囔囔着，用依恋的眼神望着那袋芋头。我笑笑问她：'孩子，咋了？'她忸怩着，却迟迟不肯开口。待了一会，'爷爷，还……还有芋头吗？妈妈病了，她喜欢吃芋头，我……我想买给她吃。'孩子紧抓着自己的衣角，咬着牙才好不容易挤出一句话。

"我望着那孩子，心里泛起一丝酸涩。那个小伙子犹豫了，望望孩子，又望望芋头：'给孩子吧，也难得她有一份孝心。'我对他点点头把芋头递给了孩子，那孩子笑着给我钱，我把钱重新塞到她的兜里，'拿好，给妈妈买药吃。'说完我推起车子就走了。'谢谢——'她大声喊着，可是她眼里明明噙了泪……"爷爷眯着眼，似乎又看到了当时的场景。

我懂了，芋头果真是温暖人心的。许多人都像芋头，或许是那成千上万中的一分子，但是总能在平凡中温暖人心，在默默无闻中创造出伟大！

青岛市六十一中学　七年级七班　徐玥涵

姥姥姥爷赶大集

说起李村大集青岛人都知道，尤其是老一辈的人对李村大集都有着深厚的感情。姥爷和姥姥也是一样，一说起李村大集就有很多故事讲。姥姥说李村集最有意思的要数年集，那个热闹劲无法用语言表达，满眼的大红福字、大个的开花馒头、各种小吃瓜果蔬菜等等，只要你想买的，这里都能买到。尤其是海鲜区，那里一片吆喝声："卖鱼喽！新鲜的鲅鱼、刀鱼，买了回家过年喽！"旁边卖鲍鱼的也不甘示弱喊道："新鲜鲍鱼，质量好有营养快来买吧！"一片嚷嚷声和讨价还价声，热闹极了。姥姥说上集上买香油最愿意去买你张大叔家的香油了，他的香油味正好吃，我们都买他的香油好多年了，他从来都不掺假。平时集市闲下来时我们闲聊两句也知道点他的情况，他在这个集市上干了好几十年了，现在他的孩子也从他这儿学到了这门手艺和他在这儿一起干。他常对他儿子说："做生意一定要讲良心，只有实实在在地做好才能把生意做长远了，才能有更多的人来买，我们的日子才能更富足。"也正因为这样，这位卖香油的张大叔生意特别好，很多人也都是慕名而来买他的香油。尤其进了腊月门以后，比平时的月销量翻了几番，乐得张大叔一家合不拢嘴，觉得生活特别有奔头。

姥姥还认识一个卖盖垫的鲁大叔，他被称为集市上的"盖垫王"，整个集市上数他盖垫品种最全，有带沿的、光沿的、粗杆的、细杆的，仅盖垫品种就有大大小小七八种，不会挑不要紧，这位鲁大叔会和你讲，有不懂的就问他："我这个小的为什么比那个大的贵啊！"鲁大叔说："这个可不一定大的就贵，你要看这个高粱秆精不精细，不是越大越贵，你要各方面都看，不管秆子和手工都要看仔细喽，看我现在手里拿着的这个小的30多块钱一个，比大的贵一倍，就是因为它的做工精细，秆子质量又好，所以价格就贵。"姥姥说这位鲁大叔也是这个大集上的常摊位，在这个大集上干了好几十年了，他的盖垫因为品种多质量好，人也热情实在，所以生意特别好。因为我们是常客，有时也聊两句。他告诉姥姥每年腊月二十二都是他一年中最开心的一天，30年前就两个规格，一天也赚不了几个钱，现在品种多了，价格也高了，赚的钱也多了，心里特别美，觉得日子一天比一天好。

姥姥一说起李村大集来嘴巴就停不下，高兴的事、有意思的事一说一大堆，还说等到年集的时候带我去体验一下赶集的乐趣呢。

青岛市三十一中　九年级八班　刘然欣

爷爷与大集

李村大集农历每逢二、逢七为赶集日，原来位于李村河河滩上，现在已搬迁至重庆中路。现在的李村河河滩上，已经成为美丽的生态公园。

爷爷告诉我，在他小的时候，家里的大人经常去李村赶集。一去就是一整天，去的时候是头顶着星星，回来的时候还是头顶着星星。去的时候大包小包，带着各种要卖的东西，回来的时候就带回地瓜干和各种生活用品。

后来，爷爷像我这么大时，除了上学，不逢集时，就编蓑衣补贴家用，到了赶集日，就背着蓑衣到李村集上卖，那时交通没有现在这么便利，完全是用双脚走到李村集。一路上又渴又累，不过，那时的李村河还很干净，在河底上挖个小坑窝儿，渗出水来沉淀一下，就可以捧着喝。中午卖完了，就拿出带的干粮来吃，吃完饭就要立即往家赶。

爷爷在青岛五中（现青岛五十八中）上的中学，恰好就在李村大集旁边，每个星期都要回家背地瓜干，骑着自行车在老鸦岭的土路上，左边一大包，右边一大包，这就是他每天的三餐。地瓜干用开水泡软后，难以下咽，爷爷就到李村集买几分钱一壶的甜面酱就着吃。

我刚出生时，爷爷家搬到了李村，就在集旁边。爷爷是最大的受益者，这里啥都能买到，爷爷从清晨开始，到散集，至少要赶五趟集。

进了腊月门，李村大集上就开始有卖对子（春联）的，最北边的一列全都是卖对子的，红彤彤的，绵延数百米。爷爷每年都要从这里请一副对子，贴到老家的屋门上。这，是文化的传承。

但是由于李村大集的"脏乱差，"前几年把大集搬到了重庆路，李村河中游也开始了整治工作，现在李村河成了生态公园。爷爷虽然买菜不方便了，但是他每天都要到这里来锻炼身体。

现在的李村大集，已经成为青岛这个城市的一张名片，百年李村大集将有更好的发展。

青岛市智荣中学北校　2016级八班　朱　浩

李村集的美食

周末到爷爷家吃饭，奶奶端出一盘自己做的脂渣，我和妈妈吃了之后都拍手叫好，没承想爷爷咬了一口脂渣，叹了一口气，说："这脂渣真不如当年李村大集的'河底脂渣'好吃。""李村大集？""河底脂渣？"对于很少走出沧口地界的我来说，这些词根本就没听说过。我于是在饭后缠着爷爷讲个明白，爷爷略带几分神秘地说："你真想知道？"我拼命点头，爷爷这才娓娓道来：

"李村大集在明朝的时候就存在了，到清朝末期李村大集已形成辐射百里的规模，到现代李村大集更是家喻户晓。夏天的时候，李村大集到处都是花花绿绿的篷子，两侧的房屋把李村大集紧紧包围在里面，叫卖声此起彼伏，人们纷纷把自己的货品摆出来，任由买家挑选……蔬菜瓜果、海鲜干货、花鸟鱼虫，可以说是应有尽有。"

"那李村大集上有什么好吃的吗？"我忍不住问。

"当然有啦，在逛李村大集的时候，常常会看到一群人围在一口大铁锅旁，大铁锅里面漂着一些白色像馒头一样的东西，这就是'河底脂渣'。在李村大集爷爷最喜欢的就是'河底脂渣'了。一块块五花肉放入油锅，撒上葱花椒盐，香味立刻扑鼻而来。5元钱一碗，又脆又香，口感嫩滑，酥而不腻，再加上一块烙饼和一瓶啤酒，赶集的疲惫立刻就烟消云散了。李村大集的另一个著名小吃就是'张家兄弟油条'，一块块和好的面团被拉伸再贴合，丢入锅中，炸成金黄色。张家油条与其他油条不同的是，它的油条很软，水分较多，吃起来润滑可口……"

"那爷爷你在李村大集上卖过东西吗？"没等爷爷说完我又发问了。

"卖过，我们卖的是花馍。每年临近腊月的时候，爷爷奶奶都会拉着自己做的花馍到李村大集上去卖，我负责和面蒸馍，你奶奶负责装饰。由于爷爷奶奶做的花馍口感好、模样好看，所以生意一直都很好。每当别人争先恐后来买我们的花馍时，我和你奶奶都会有一种说不出的喜悦与成就感。而且在李村大集中不仅只有买家和卖家的交易，还有卖家与卖家的交易。爷爷就很多次用花馍跟邻店张叔的海鱼交换，互通有无，不但丰富了年货，还加深了两人的友谊，充分展现了集市的价值和作用。"

李村集的美食，真的好向往啊！

青岛市沧口学校　七年级五班　董贝琪

花盆

家里有一个老物件，是个陶制的花盆，花盆的外延打磨得有像瓷一般的质感，棕色的盆体上画了一朵朴素的白花。我不知道它从什么时候就在我家窗台上了，总之它一直摆在那里，直到奶奶讲起那花盆的故事。

"这花盆是在李村大集的集市上买的，有很多年了。"奶奶回忆过去集市上的景象，怀念地说。

李村大集位于李村河滩，从古至今声名远扬。它像一位老人，400多年的历史散发着浓浓的古董味儿；它像一名年轻人，火一样的青春永无停止，总是一派热闹繁华。逢农历二、七赶集时，我去过几次。大集人山人海，摩肩接踵，场面是十分壮观而又火热的。

奶奶回忆着，继续说："这个花盆虽然陈旧了，也不是家里最漂亮的花盆，但对我来说，还是很有意义的。"

窗台上的花盆如同一位年事已高的老人，安静地享受着阳光的沐浴。我看了看花盆，便好奇地问道："能讲给我听听吗？"奶奶点点头。

"当时是农历逢二，是赶集的时候了，家里那时也拮据，你爷爷就去集市买菜、家什之类的。你记得吗，你爷爷一去集市就会给你带来些煎饼。"我点点头。

"但是你爷爷那次一去，可不仅仅是买些菜或家什回来，他还带来了这个陶花盆，是送给我的。家里拮据，你爷爷可是自己偷偷攒了一个月的钱，才给我带回来这个礼物。你爷爷说呀，我一个月前说想要个花盆，谁知道你爷爷就记住我这不经意间的一句话了，我当时只是心血来潮。你爷爷没有挑便宜的买，在大集转了很久，才相中这个花盆，在当时是很不便宜的。你爷爷很宝贝这花盆，怀里抱着回来的，就是想给我个惊喜。"讲到这里，奶奶抬头望向窗外明净的天空，陷入了沉思。这时的奶奶，看起来似乎年轻了许多。我再次看向那个安详的老花盆，花盆壁上的小白花散发着隐隐约约的清香，我似乎能够闻到。

不知何时，爷爷站到了窗边。柔和阳光下爷爷的背影，看起来不再那么挺直了。

我把花盆抱到窗边，爷爷看到了，只是慈祥地笑着。

忽然，奶奶说："李村大集是很好的。"

爷爷也说："是啊，很好的。"

青岛市智荣中学北校　2017级七班　南泰杰

李村集的糖人儿

李村大集搬迁后，赶惯了老李村集的爷爷一时不太适应。见到这个情况，我就哄着爷爷让他带我来赶新大集，一是为了散散心，二是看看新大集的风貌。

在车上，爷爷向我娓娓道来："李村大集呀，早在明代后期就有了。在我小的时候呀，就常常来这里耍。可以说，李村大集有我一半的童年记忆。"看着爷爷满脸怀恋的神色，我的好奇心被勾起，追着爷爷问："爷爷，在李村大集有没有发生过的最让您难忘的的事情？""有啊，当然有！"爷爷清了清嗓子，兴致勃勃地向我讲起了他的故事——

"那时候我还小，也就六七岁。我的爸爸妈妈要来集市上置办年货，我也跟着去了。这李村大集本就热闹，一入了腊月门，更是热闹非凡，人声鼎沸，整个集市人头攒动。一溜红色的'对子墙'延绵数百米，红彤彤好不喜庆，空气中就能闻到那幸福的'年味'；鸟市里，画眉、八哥、翠鸟、鹦鹉、黄鹂……鸟声啾啾，婉转清脆；扛着拨浪鼓、拉花的老大爷在集市上穿来穿去，所到之地，吸引了不少小孩子的目光；再往里走走，大铁锅里的脂渣冒着热气，花生酥、瓜子等小零食应有尽有，浓浓的香气不知勾出来了多少人的馋虫……

"我当时呀，被吹糖人的大爷吸引了目光，目不转睛地盯着那小贩用小铲取一点热糖稀，放在沾满滑石粉的手上揉搓，然后用嘴衔一端，吹起泡后，迅速放在涂有滑石粉的木模内，用力一吹，稍过一会儿，打开木模，吹出来一个'孙猴子'。我就那么认真地看啊，看啊，等回过神来，哪还有爸爸妈妈的影子啊！我也没慌，站在那里一动也没动。那个吹糖人的大爷，在生意空闲的时候，看到了我，还以为我是来买糖人的呢。我脆亮亮地告诉他：'我没带钱。'那买糖人的大爷被我逗乐了，看我眼馋的样儿，跟我说：'你唱首歌儿，唱得好我就给你一个糖人儿，不要钱的。'我就开始摇头晃脑地唱：'九九那个艳阳天来哟，十八岁的哥哥想把军来参……'来来往往的人都被我给逗乐了，都过来围观，引起了我父母的注意。就这样，爸爸妈妈找到了我，我也如愿以偿地得到了'孙猴子'糖人儿……"

真有意思。好心的买糖人大爷、拉花、嘀嗒金……听起来陌生又令我向往。不知不觉，在爷爷的讲述中，我们已经到了全新的李村大集。它的变化令我和爷爷连连惊叹。从原先露天的、热闹的、人头攒动的李村大集，变成了现在室内的、整洁的、井然有序的李村大集。集市里的商品依旧让人目不暇接，人群依旧拥挤，叫卖声小了，干净的不锈钢做成的摊位上摆满了小玩意儿。可是，总感觉少了些什么。虽然我舍不得李村大集室外的情结，但我也对李村大集华丽变身而赞叹。

青岛市沧口学校　七年级九班　王怡帆

"大蒲扇"与"鲁班锁"

冬日的房屋里，感觉不到外面的呼啸寒风。闲暇之余，听着爷爷奶奶讲那旧时李村大集的故事，怎能不说是人生一大乐趣呢？

"都说啊，这李村大集可是历史悠久，自明朝一直延续到了现在。记得那时候在集上啊……"关于李村大集的故事，滔滔不绝地讲了近一个小时。其中最令我感到新鲜的，便是那时他们在集市上摆摊买卖的故事了。

那是很久之前的事了。李村河滩大桥下，帐篷一个连着一个，人山人海，好不热闹！夏天天热，在这集市上，坐在藤椅上、帐篷下，边摇蒲扇边吆喝叫卖，岂不美哉？人们大多是来买蒲扇、水果的，熙熙攘攘的人群，像是一座座会移动的小山，是那么的壮观。在现在一些大超市里，哪里会有这样的场景啊？爷爷说："之前在集市上摆摊，总会碰到一些有趣的人和事，讲价是在所难免的，还记得有一次在集市上，一个年轻人匆匆地跑过来，问了问这把大扇子，19块，看见桌子上有着30块，他就说：'这里是50，我再给你一块，你找我30就可以了，我赶时间！'直接丢下钱，带上扇子和桌子上现成的30元，头也不回走了。"说到这里，他情不自禁地笑起来，在躺椅上摇着，摇着……

听姥姥说，那时候在大集上想着买些小米，可是人群熙熙攘攘的，转了好多个铺子愣是没找到。可是在路上，却被各式各样的小东西吸引住了。印象最深的是一个老婆婆的手工铺子上的一个鲁班锁，或许是想改变这枯燥的集市，便声称说："这个鲁班锁，要是谁能够在10分钟里解开它，便可以把这个送给他！"都说高手在民间，这个活动一直做了几个小时，终于有个老爷爷琢磨着解开了它。当时一片欢呼雀跃，那位老爷爷的脸上也洋溢出孩子般的笑容。姥姥想，这老人不仅仅是得到了这个鲁班锁，更重要的是，他完成了许多人没有完成的挑战，得到了大家的赞许。本来我认为那个老婆婆会因为白送出去东西而满脸郁闷呢，谁知道她非但没有郁闷，反而还要再送一个自己刻的粗糙的木质小猪呢。看来，老婆婆也是很承认那位老爷爷的能力呢！

青岛市沧口学校　七年级八班　张智冬

李村集的"小李飞刀"

当爷爷奶奶回忆完这个有趣的故事后，我像一只蜘蛛一样黏着他们问这问那："'小李飞刀'叔叔刻的小胖娃长什么样啊？""对了，'煲汤妹'的胡辣汤是什么味道啊？"你可能有所不知，"小李飞刀""煲汤妹"，他们都是当年李村大集里有名的手艺人呢！

李村大集，坐落在中国的沿海城市——青岛。在我还在上一年级的时候，我就经常缠着爷爷奶奶带我去逛李村大集。不为什么，因为那是我最喜欢去的地方。

奶奶说，在"高手如云"的李村大集里，有一位我最喜欢的手艺人叫"糕点张。""糕点张，"顾名思义，就是一位姓张的做糕点的高人。这位张师傅最令人过目不忘的，除了做糕点时行云流水的那套动作，就是她像汤圆似的圆脸上引人瞩目的一颗大痣了。在一旁眯着眼听我们说话的爷爷也忍不住插话："对，对，你啊，小时候嘴可挑了，什么都不喜欢吃，唯独爱吃她家的小点心。""是吗，我都不记得了。"我摸了摸头发不好意思地说。"你呀，真的是！"奶奶也摸了摸我的头发说道。

"对了，还有那个'煲汤妹'煲的胡辣汤，你奶奶最爱喝了，每次我买回来，她先问你喝不喝，你每次都不喝，你奶奶就装作不高兴，然后偷着乐儿地把一整袋胡辣汤喝完，喝成一只小花猫了。"爷爷宠溺地对奶奶说。

我听着爷爷的话，口水泛滥。

"还有你爷爷喜欢的"小李飞刀"，手多巧啊，不管是萝卜还是白菜心，都能刻，刻得可好看了。那不有一次，他用萝卜头给你刻的一个小胖娃，你一直搁在桌子上，不舍得扔，萝卜都成萝卜干了！"奶奶乐呵呵地说。

白驹过隙，时光悄悄地溜走，我也长成一个小大人了。在我内心最柔软的地方，住着一对白发苍苍的老人，和一个天真得有点傻的小女孩。

青岛市升平路小学 六年级三班 彭梦雪

鞭炮的故事

小时候爷爷经常给我讲李村大集的故事。说那时候的李村大集非常繁华，买东西的与卖东西的聚积在一起，熙熙攘攘热闹非凡。那时候没有超市，家中所需物品都要到大集上采购，爷爷经常笑着说它是人们那时候的购物天堂。

小时候爷爷经常去赶大集，尤其是春节前的腊月集更是逢集必赶，不买东西也要去逛逛，其中碰到许多趣闻乐事。最好笑的就是爷爷买鞭炮的故事。那年腊月十七，爷爷和邻居的小伙伴一起去赶集买鞭炮。去之前长辈嘱咐他们买完鞭炮后不要在鞭炮市场逗留，赶紧离开，以免飘上小火星引燃所买的鞭炮，之前有过这样的教训。他们爽快地答应着，飞一样地离开家赶集去了。到了大集，看到琳琅满目的商品、热闹非凡的景象，早已把大人的嘱托抛在脑后。买完鞭炮后又在市场看烟花，看轰天雷，玩得不亦乐乎。当他们提着篮子刚刚走出集市不久，买来的鞭炮突然在篮子里响了，噼里啪啦真热闹，吓得他们连忙把篮子扔得远远的，眼睁睁地看着心爱的鞭炮慢慢化为灰烬，心里甭提多难受了，只好灰溜溜地往家走。路上他们分析肯定是看烟花的时候溅上小火星了，慢慢地把纸包装燃透又引燃了鞭炮，真不该不听大人的话，唉！ 他们回到家如实和家人汇报，大人们看着他们的表情强忍笑容责怪地问："没有伤到你们吧？"爷爷和小伙伴沮丧地说："没有，就是鞭炮没有了。"大人们笑着说："好歹你们都听着响了，我们可什么都没听到啊。这就叫'不听老人言，吃亏在眼前。'算了吧，下集再买吧。"

每当爷爷给我们讲这个故事的时候，他都会和我们一起笑地前仰后合。现在的李村大集，经过改造已经退路进室了，而且有许多商品被现代化大型商场所替代，赶集的人也没有以前多了，可是每到大集，家里的长辈们还是愿意去大集逛逛，去看看它的新面貌。我也经常跟着大人们去逛逛，它已经成了人们生活中不可缺少的一部分。

李村大集承载了多少代人的欢乐和记忆啊！

青岛市永安路小学　六年级一班　褚　琛

奶奶买芋头的故事

饭桌上，我提起了要写李村集的作文。奶奶一听就笑了，说："好吧，我来给你讲一个我小时候去李村大集买东西的故事。"

有一年临近年关，太姥姥在忙年，便让奶奶带着姨姥姥去李村大集帮忙置办点过年需要的物品。奶奶说，那时候她们还小，看到李村大集上那些个好玩的、好看的，就觉得两只眼睛不够用了。腿就不知不觉地随着人流，这走走那看看，把要买的东西完全忘记了。逛着逛着时间就不早了，自己只顾着玩要买的东西也没买成，回家估计要挨骂了。这时候看见一个卖芋头的，心里就想买点芋头回去也算买东西了嘛。那时候的奶奶才十几岁，哪里会买芋头呢，只是觉得芋头上的小豆豆（就是非常小的芋头）非常可爱，还蛮好玩的，就把大芋头上的小豆豆掰下来，全都装进自己的袋子里，依稀记得当时老板还很热心地帮忙给掰下来。结果大的芋头一个没买，付了钱就回家了。一进门，还很骄傲地说："看，我买小芋头回来啦！"太姥姥看了奶奶买的芋头，笑着说："傻孩子，这就是你买的芋头？以后可别买这个了，这个小豆豆不好吃，而且它的价格比普通的芋头便宜好多呢。"奶奶这才知道上当了，

104

以后再买芋头的时候就不买小豆豆了。奶奶的故事讲完了，我恍然大悟地说道："原来是这样啊！要是老妈让我去买芋头的话，我可能也会去买小豆豆，不买大芋头呢。" 老妈说："长知识了吧？"我说："原来奶奶还有这么有意思的一个故事呀。"奶奶说："在我们那一代人的年代，基本上人人都有一个很有意思的故事。"李村大集，真有意思啊！

青岛市沧口学校　五年级二班　黑静怡

百年流传，李村大集

四百三十多年岁月的流淌，
汇聚成新时代的熙熙攘攘。
河畔的老树啊，
历经风雨，
从稚嫩走到了沧桑。

从大明通宝到微信支付，
从吃穿住行到年礼桃符。
记忆在传承中更新，
梦想在创新中芬芳。

繁荣一方，
辐射百里。
来到这里的人们，
不受拘束，

自由交易。

这里有李村的自述，
这里有人民的习俗，
这里有生活的喧嚣，
这里有孩子的欢笑。

车载斗量，
应有尽有。
琳琅满目的商品，
满足生活的需求，
寄托未来的期望。

愿市集的习俗，
永远不要融消。
愿百年大集，
流传永远！

青岛市铜川路小学　五年级一班　刘佳淇

永远的李村大集

2月7号，农历腊月二十二，是李村大集的日子，赶集去了！

在我小的时候，每次爷爷奶奶来青岛住，就喜欢逢农历的二或七去逛李村大集。虽然我们老家在千里之外的陕西，可这大集呢，全中国都差不多，都让人喜爱，特别是老年人。每次爷爷奶奶赶集回来都说集上卖啥的都有，这可能是大集最主要的魅力，当然比商场那些地方便宜也是一个重要因素。

有一年夏天，闷热潮湿，爷爷一人去大集闲逛。李村河蜿蜒向前，干涸的河床上摆满了摊子。河道边是密密麻麻的商户和行人，如果不在空中看，可能没人会想到那是一条河。日常生活中用到的，所有能想到的和想不到的都能在大集上找到，这是爷爷常说的，能买到便宜合适的东西还能锻炼身体呢。临近午饭时候，风云突变，闷热感稍弱了一些，刚有一丝凉风吹过，大雨就倾盆而下。众人顿时慌了手脚，手忙脚乱收拾起来，这时有人喊："那是谁家的孩子？"顺声音望去，一个不到5岁的小女孩怯怯的在雨中看着周围的这番忙乱，不知所措。周边商户稍一收拾，几个人就不约而同地跑过去将小女孩拽到伞下，后边又帮着小女孩找到家长，确认无疑后才将孩子交给家人。雨中的这一幕事情很细小，如同一只蜻蜓飞过而不留下一丝痕迹，但这体现出了人性中的善良并没有被商业铜臭所淹没污染。

集上有好人，也就有坏人。一次爷爷奶奶去李村大集闲逛，有人大声吆喝某种奇珍异果可以治病，也许是心里烦躁导致迷糊，一些人就被骗了，更可恨的是那些骗子竟然得寸进尺，吓唬得受害人茫然无措。周围人正焦灼时，警察赶到迅速依法处理了这件事。是什么人报警呢？是一个好人，或是一群好人，是这大集上的所有人都想将这害群之马清除掉。

李村河依旧，岁月无声，城市发展的脚步不停留，新的大集搬迁至青山路附近，依旧人潮汹涌，依旧是老百姓心中的好去处。我们怀念过去，但更期望未来，新的时代赋予李村大集新的使命和内涵，使它永葆青春。

青岛市永宁路小学　六年级三班　郭冠榕

姥爷的小秘密

新年已经过去了，可我还在想着春节前一天姥爷给我讲的大集的故事，也是姥爷的一个小秘密。

平时妈妈爸爸都上班，很少有时间带我去赶集。春节前，姥爷正巧来我家，我特别高兴，便缠着他带我去赶集，姥爷欣然答应了。我牵着姥爷的手蹦蹦跳跳地奔向大集。

"啊！姥爷您看。火红的对联一片一片的，真好看。还有堆成小山似的甘蔗，我们快走。"姥爷被我拽着一溜儿小跑。大集热闹非凡，熙熙攘攘，各种商品琳琅满目，姥爷尽量满足我的小胃口，还买了我喜欢的棉花糖。

走着逛着，不知何时姥爷停在了一个卖枣人的跟前。一个跟姥爷年纪相似的爷爷，袋子里装满了小枣。他没有摊位，挤在一个卖菜的旁边的地上，手里还卷着一支旱烟，很享受地吸着，时不时地叫几声"家里的金丝小枣喽""金丝小枣！"姥爷伸手捧了一把，跟那卖枣的爷爷攀谈起来，就像老朋友。我在一边等着，一边品尝手里的美食，就只顾自己享受了。不知说了多久，我看姥爷好像买了人家足足一半的枣子。我实在等得不耐烦了，就嚷嚷着"姥爷回家了，回家了。"姥爷起身提起枣子，明显有些吃力，我过去扶了一把，姥爷与那位卖枣的爷爷挥手示别。我非常疑惑地问姥爷："明明您从老家带来那么多枣了，为什么还要买他这么多？"

姥爷牵着我的手，一边往家走，一边讲起了他的一个小秘密："孩子，你看今天你来赶大集是不是想着买什么吃的玩的？"我说："是的，姥爷。"姥爷说：就是这枣让我想起了童年赶年集的往事。那时条件没有现在好，每到过年赶大集总要把家里能变钱的东西拿到集市上卖，换些钱。春节前，每天都要赶集，跟着大人到集市上卖东西。那时候姥爷家的枣就是其中之一，还有鸡蛋、米面，都是选出好的拿到大集上卖，自己从舍不得吃的。

听姥爷说到这里，我抬头看看他，姥爷脸上竟是很欣慰的笑容。我问："那你不难过吗？"姥爷说："为什么难过呀？看到自己辛苦努力挣回来的钱给家里人带来快乐，很开心的！"看着姥爷的笑容，我似乎有点懂了，也明白姥爷为什么买了那么多枣，这枣是他的童年记忆，那位卖枣的老爷爷就像当年姥爷一样，每年的年集就是姥爷卖枣的童年印记呢！

青岛市遵义路小学　刘沛烜

暖暖的年味

李村大集，名声响，规模大，历史长，商品齐，还承载着老青岛人的回忆。

妈妈跟我讲，有一年她高中放寒假时，心血来潮，批发了几箱水果罐头，每逢李村大集都会拉着水果罐头去卖，也当起了赶集的小生意人。

第一次赶集卖水果罐头时，妈妈把东西摆在卖春联、福字、灯笼的大叔摊位旁边。上午8点以后，这里的人气迅速旺了起来，赶集人拥挤在摊位前挪不动脚，一个领着孩子的爸爸不得不让孩子坐在自己肩膀上。在你拥我挤的情况下，这个爸爸没有控制好平衡，差点在卖春联大叔的摊位前摔倒，大叔赶紧上前扶住了他的孩子。虽然孩子没有伤到，但是受到惊吓哭闹起来，人们都停住脚步看热闹，原本闹哄哄的大集顿时更沸腾起来。那位爸爸瞪起铜铃一样的眼睛，凶得像只要吃人的老虎，手指着大叔就开骂吆喝，说是老板摊位摆得太靠前才让他摔倒。大叔和善的脸上露出歉意的微笑说："对不起！先看看孩子怎么样，如伤着了我就带他去医院。"边说着边拿出一张红彤彤的"福"字给孩子的爸爸说："这送给您，祝您来年好福气。"

孩子的爸爸一听这话，脸红的像那红彤彤的"福"字，抱起孩子拿过那张"福"字，掏出钱给了卖家说："对不起！刚才我一着急乱发脾气。"这时孩子也不哭闹了，瞪着水汪汪的大眼睛也学着爸爸的话奶声奶气地说："对不起！刚才我一着急乱发脾气。"大叔和爸爸听到孩子的话都哈哈大笑起来，笑声温暖了整个大集。一场不愉快就这样在笑声中解决了。这件事给妈妈留下了很深的印象。只要一句暖心的话，会让人快乐，一个笑脸会把那一幅幅的春联、"福"字映得更红。

妈妈那年的寒假，每逢大集日总是会早早地把摊位摆在那大叔摊位旁。她说那个位置最喜庆、热闹，有红火暖暖的浓厚的年味。

每年到腊月李村大集日子，妈妈总会拉着我来到卖春联的地方跟我说："李村大集最能感觉到暖暖年味。"

青岛市浮山路小学　四年级五班　郑　好

爷爷的李村集情结

对于李村大集的了解，我多半是听爷爷讲的，他与李村大集的那些事，渐渐地，让我也爱上了这个流传四百年依然留在我们生活中的"李村大集"！爷爷小时候，经常跟他的爸爸去李村大集卖白菜。那时候爷爷的家离李村大集有 15 千米，来一趟要走三个多小时。以往的交易时间早，天蒙蒙亮就赶大集了。为争个好摊位，每天凌晨三时就要出发。那时的天气十分寒冷，爷爷怕冻着白菜，就把厚厚的大棉被盖在上面，沙土路不好走，去一趟实在是不容易啊！

在买卖交易的过程中，经常讨价还价，也就会出现这样的一幕——"喂，小伙子，白菜怎么卖？""五分一斤！""便宜点呗！""不行了，就这个钱！""那好，来一棵！"整个大集就在叫卖声中，在你、我、他的讨价还价中，热闹着……

爷爷说，那时候，一车白菜挣不到 10 元钱。卖完了白菜，爷爷就兴高采烈地去逛大集了，看着琳琅满目、五花八门的物品，有时受不住诱惑，还买点冰糖葫芦的小零食解解馋呢！

对爷爷来说，记忆最深的莫过于小时候总是吵着去李村赶年集了，年集上充满了喜气洋洋的年味，人们从四面八方赶来，车水马龙，人山人海，购买着过年所需的物品食物。爷爷每次都是被人群簇拥着，兴奋地挑选着自己心仪的小东西，每次都满载而归，幸福与满足满满的！

年龄大了，爷爷还会去赶李村大集，不过不是卖白菜，却是去买白菜，变成了爷爷讨价还价，"嗯，这白菜多少钱一斤？""一元一斤！""便宜点。""不行，大哥！就这个价。""行，给我来棵！"

有次赶完新大集，爷爷像个孩子似的手舞足蹈起来："哈哈，以前的大集松散，现在方便多了，都分了类了，井然有序哩！孩子们，哪天有空，我带你们都去逛逛昂！"

青岛市李沧路小学　五年级三班　刘晓涵

李村大集

每次提到李村集，奶奶都会说起太爷爷的故事。在太爷爷还年轻的时候，家住的地方离着李村集很远，在遥远的深山里。太爷爷家的生活比较艰苦，平常，他每天都要去山里砍柴，回来之后把这些柴烧制成木炭。逢集时，太爷爷半夜就要从家里出发，推着装满木炭的小车，车上挂着灯，他要走三个多小时的路才能到李村大集。卖完木炭，也就差不多到了中午的时候了，又累又饿。还好，在李村大集的大桥底下，有一家"馇锅子"。在大大的朝天锅里总是不停地翻滚着香喷喷诱人的肉脂渣。每当这时，太爷爷就会要上一碗肉脂渣烩火烧。这时的他，坐在桌旁，吃着香香的肉脂渣烩火烧，看着李村大集上来来往往、忙忙碌碌的行人，心里感觉踏踏实实的，幸福极了。

关于太爷爷的故事，在爸爸小的时候，奶奶也给他讲过呢！并且奶奶也带爸爸去过李村大集。爸爸小时候的过年新衣服也是在李村大集买的。奶奶说李村大集的年集是非常热闹的，比平时多了很多喜庆的味道。年集上有很多卖过年贴的对联、福字、窗花、剪纸的，红红火火的气氛总会让人们心里充满喜悦。人们会在年集上置办年货。也有很多人就是来看看热闹，沾一沾过年的喜气。那个时候的李村大集简直就是人山人海，人们汇聚成了一片欢乐的海洋。

拥有几百年历史的李村大集，装满了青岛人的回忆。现在的李村大集已经搬到了室内，相信李村大集一定会越来越好。

青岛市永平路小学　四年级一班　王海沣

难舍的情结

姥爷说："青岛的集市，名气最响，规模最大，历史最长，商品最齐全的非李村大集莫属了。你妈妈和舅舅小时候，跟着大人赶年集，给他们买一挂鞭炮，一把糖块，一身新衣服，他们就会高兴一整年。以前的李村大集位在李村河滩上，每逢农历二和七集日，四面八方的买家和卖家聚集在这自由交易，热闹非凡。特别是腊月的几个大集日，不去凑凑热闹就像缺少了点儿什么似的，所有人都拎着大包小包满载而归。我在李村大集还卖过自己的编制品呢！"

原来，姥爷15岁就跟着老姥爷学编匠，他们会用荆条编各种器具，家里的筐、囤都是姥爷一手编制的。在当地有名的"大编匠""小编匠"就是指的他们。刚改革开放时候，已经不惑之年的姥爷迎来了好的政策，可以自主经营了。姥爷编的筐子、篓子，因为质量好，外观好看又结实，成为众多摊位中的抢手货，经常是供不应求，很多客户都提前预约。我妈妈16岁时，就能骑着大金鹿自行车，载着6个大筐帮姥爷送货呢。想象一下，6个大筐得有多重、多高？因为都是刚编的，还很湿，摞起来有一米多高吧？我老妈当年是不是个女汉子？哈哈哈哈！姥爷的摊位火了十几年。我仿佛看到了姥爷当年的辉煌。姥爷，大家是不是欠你一个艺术家的称号？

进入新世纪，随着时代的变迁，农业机械化及塑料制品的普及，这些荆条制品已经从市场上消失了。说到这里，姥爷的眼里流露出失落的眼神。

李村集位于李村河底的河滩上，夏季也常常为山洪的突然爆发而发生事故。2016年，为了解决业户的生命和财产安全，治理环境污染、交通拥堵和城市规划等多方面问题，李村大集整体搬到了青山路和重庆中路交汇处的新址。历经几百年的大集，告别了河滩，变成了功能更齐全、管理更规范的新李村大集。

现在，古稀之年的姥爷还会经常去逛逛李村大集，或许这是姥爷对李村大集难以割舍的情结吧！

青岛市徐水路小学　六年级二班　王尤好

爷爷买猪崽的故事

进了腊月门，妈妈又开始赶李村大集准备年货了。这个时候我想起了爷爷给我讲的赶李村大集的故事。

爷爷小的时候，去李村大集买过小猪崽。那时候爷爷住在城阳西四社，因为交通不便利，太奶奶前一天晚上就给爷爷收拾好干粮，把钱给爷爷缝在褂子里面。爷爷天不亮就开始赶路，60多里的路，等走到大集上的时候已经快晌午了，小猪仔都快卖没了，剩下几个蔫了吧唧的，像是生病似的。

爷爷正在着急的时候，看一个老头儿用篓子带着一头小猪火急火燎地来了。爷爷迎上去一看，小猪的前腿搭在篓子边上，摇晃着大脑袋看上去很机灵。爷爷一眼就看中了，就要求老头儿把小猪放出来看看。老头儿擦擦汗，摆摆手说："不行呀，这猪仔撒欢，我好不容易才把它抓进去，要不然也不能来这么晚，你要是看中了，连篓子带走，免得出来麻烦！"爷爷心想这小猪仔这么皮实，还带送一个篓子，真的挺划算，就爽快地从褂子里掏出钱给了那老头。

爷爷背着篓子里的小猪仔兴高采烈地就往家赶。回家后就把猪从篓子里倒出来，好嘛！这猪走起来一瘸一拐，原来后腿一只长一只短，是个残疾。这事儿可把爷爷气得不轻！还好，小猪仔除了有条后腿残疾外能吃能睡，真的很皮实。

现在爷爷把这件事当笑话讲给我听，从爷爷的眼神中我能看出，李村大集承载着爷爷很多的美好记忆。

青岛市王埠小学　四年级一班　杨子涵

卖篮子

爷爷奶奶这一辈人小时候没有现在这么多市场和超市，他们买东西就是去赶大集，我奶奶至今还保持着经常赶李村大集的习惯。奶奶去赶集也不一定是去买东西，有时候还会带着自己编的篮子等编织品去卖。2015年暑假的一天我跟奶奶去李村大集上卖篮子，这是一次特别有趣的经历，至今我都记忆犹新。

记得那天特别热，但是我的精气神却很足，因为我要和奶奶一起去赶李村大集。集市上人山人海，我和奶奶找了一个空位置摆放好自己的货品，有篮子、笔筒，都是奶奶亲手编的。可是等了好久都没有人光顾，这时候我就坐不住了，开始抱怨。奶奶说这才多长时间啊，不要着急，得有耐心。不一会，果然有一个老奶奶来光顾了，这个老奶奶看了好久，挑了各种各样的毛病，最后拿起一个篮子开始讨价还价，我奶奶给她便宜了一块钱，可是那个老奶奶还嫌贵，撇撇嘴走了。她一走我就又跟奶奶发牢骚，我说这个奶奶真是的，不买东西还挑这么长时间，挑这么多毛病。我奶奶说卖东西什么人都会遇到，不管顾客说什么，都要有一个好态度，和气生财！没想到过了一会儿，那个老奶奶又回来了，买了一个篮子喜滋滋地走了。原来那个奶奶并不是真的嫌我奶奶的东西不好，而是想讨个好价钱。看来卖东西还真得沉住气。迈出了第一步，我也学着奶奶的样子小声叫卖了起来。不一会来了一个年轻的小伙子，竟然要买六个笔筒，根本都不讲价，可是这个叔叔却说要微信支付，我奶奶说："我不懂什么微信支付，别骗老人了，我不卖给你了！"我说："奶奶，人家没有骗你，真的可以微信支付的，我有办法。我们可以让这个叔叔微信支付给我爸爸啊，爸爸收到以后打电话告诉我们！"最后在我的帮助下，那个叔叔把钱转给了我爸爸，我们一下子卖了六个笔筒。

奶奶夸我聪明能干，一下子帮她卖了这么多货。被奶奶一夸我的信心更足了，叫卖的声音也大了起来。听到小孩子的叫卖声，前来光顾的人更多了。最后我和奶奶卖了将近2/3的货品。奶奶奖励我，给我买了好吃的，吃着奶奶买的美味食品，心里甭提多高兴了。

经过这次和奶奶卖篮子的经历，我懂得了：做任何事情都要有耐心，不能急于求成，而且关键时候还要开动脑筋、勇于打破常规。在李村大集上学到的这些是我课堂上学不到的，所以对我来说，这是一次特别值得珍视的经历。

青岛市永和路小学　六年级二班　张子萱

奶奶心中的那一抹"红"

奶奶告诉我，没有哪个青岛人没有赶过李村大集。现如今，李村大集实现了李村河道的华丽变身，人们既为这美丽景色而赞叹，当然也会常常忆起李村大集的热闹景象。

我的奶奶在年轻时也赶过李村大集。那是一个炎热的夏天，奶奶骑着自行车，来到了李村河滩。大清早，大多数人还沉浸在梦中时，大集上摆摊的人已经很多了，而且各种商品花样繁多应有尽有。我奶奶是来卖萝卜的，没位置，只好把摊摆在桥上。过了一会人比较多了，她把准备好的喇叭打开了，一声声地喊："卖萝卜了！卖萝卜了！又甜又脆的萝卜，新鲜好吃的萝卜！"多么有力的叫卖声呀，奶奶的叫卖声引起了其他摊主的兴趣，于是乎，集市上此起彼伏的吆喝声如"说唱"音乐般都起来了，各有各的调调，各有各的味道。奶奶的吆喝声虽然很大，可是生意不是很好，过了好一阵子也没人来买。慢慢地，太阳公公变得越发大起来、毒起来。人们都喜欢去桥下阴凉的地方买东西，我可怜的奶奶呀，被晒得都要中暑了。因为早上赶得急，没有带水，只戴了一个帽子，奶奶原以为很快就可以卖完回家。但事与愿违，脸上的汗水哗哗地往下流，不一会就开始发晕了。这时一个10多岁的小姑娘和她的妈妈来了，这个有着红扑扑脸颊的小朋友说："妈妈，我想吃红萝卜丝了。"奶奶一听，便强打精神说："我卖的红萝卜可好吃了，两块钱四斤。"小姑娘看我奶奶的脸热得通红，一下子就买了两块钱的。奶奶很感激小女孩和她的妈妈，目送着俩人远去，还咧着干渴的嘴唇笑着喊道："吃好再来！"

因为很渴，奶奶实在熬不住，就让隔壁摊位的小伙帮忙看着萝卜，自己去附近的小店里买了一瓶冰水喝了，这才轻松了下来。

一转眼，奶奶已经70岁了。当奶奶咂着嘴吧跟我说她早年故事的时候，仿佛在回味那一毛钱如神仙甘露水般好喝的冰水的味道。直至今天，她仍然记得那个双颊红扑扑的可爱的小姑娘。

青岛市汾阳路小学　五年级一班　高瑞雪

奶奶喜欢李村大集

青岛人一般都会赶李村大集，尤其是上年纪的老人，对李村大集似乎有一种约见老友的亲切。每逢二、七大集，很多人从市南、市北、四方、崂山、城阳赶来，让人产生错觉：难道李村成了青岛的中心？其实，大家都明白着呢，心里向往的是那个风土乡俗味！

奶奶也喜欢李村大集。我5岁时，奶奶从平度农村老家来青岛，帮妈妈

117

照顾我和刚出生的弟弟。刚开始过不惯城市生活，奶奶总怀念农村的种种方便与实惠，唯独妈妈带她赶过一次李村大集后，却是脸上乐开了花，回来的路上一个劲地说："真是大集！真是大集！卖什么稀巧东西的都有。"

就这样，奶奶赶了一次李村大集就喜欢上了它，后来不用妈妈带路，就自己或约上邻居家奶奶经常去赶李村大集了。每次回来都拉满购物车，一边说累一边一脸满足地把买的东西一样一样从购物小拉车袋里往外拿。一边拿，一边还介绍着："×× 很新鲜""×× 就剩最后一份了"" ××，别的地方没有卖的"" ××，真便宜"……好像得了什么宝贝，又好像她是披荆斩棘得胜归来的大将军在夸耀自己的战利品。这些"战利品"有蔬菜、水果、海鲜、点心、花盆、花架、生活日用品、衣服鞋袜，有时也会有夜光灯、挖耳勺、百变围巾、手工饺子叉等稀奇的小玩意儿。记得一次奶奶还给弟弟买回一个黏土做的玩具小老虎，小老虎的腰部是用牛皮纸接起来的，里面是空的。两手抓住小老虎的头和屁股往里一按，就会发出"欧欧欧"的叫声，弟弟开心极了。奶奶说爸爸小时候也给他买过这种玩具，玩儿了不到一天就摔去一只耳朵，还好一顿哭，爷爷和奶奶好容易才把他哄好。

虽然奶奶每次赶李村大集回来都会说累，妈妈也劝她说河底不好走，去超市买就好，可是奶奶却总说："去集上买舒服，还便宜新鲜，超市里怪闷的。"所以每逢李村大集的前一天奶奶就会看着日历，开始念叨"明天李村集了，去买点……"

现在李村大集搬了，奶奶也回到老家，很少来了，可奶奶还是会经常提起李村大集，提起李村大集上买的某个好东西。慢慢地，我明白了奶奶来青岛好多年为什么唯独喜欢李村大集，因为那里有触动她的回忆，有她熟悉的乡村的味道，也有她养育儿孙的快乐与满足。

青岛市王埠小学　三年级二班　刘心田

118

"听爷爷奶奶讲李村大集的故事"

中小学生征文名单

序号	学 校	学 生 姓 名				
1	青岛永安路小学	许瑞睿	刘靖怡	刘思源	王雅慧	宫涵林
		李芯蕊	刘馨语	王筱昭	李石明智	魏瑜慧
		臧佳慧	李心茹	苏钰倩	褚琛	薛向琳
		刘畅	尚义凯	孙嘉忆	李雨聪	王睿丹
2	青岛枣山小学	吕依芮	张艺馨	王怡晨	王绍安	孙海涛
		韩艺菲	张晓璇	高翔	刘朵儿	于栩沣
		陈修宇	刘湘江	魏嘉	张鑫淼	姜凯丰
3	青岛李沧路小学	解倬源	刘佳璐	张志璇	阎嘉禾	毕钰欣
		关熙同	刘吉森	卢奕帆	刘晓涵	胡思凯
		史浩然	焦方睿智	徐怡梦	王何淼	王天乐
		李天畅	郭天阔	刘文博	齐妙	于夕悦
4	青岛北山小学	李沿辰	王紫茹	闫峻宇	刘泽翔	臧梓含
		王雅萌	王顺顺	董家豪	杜文善	傅饶
		王宇涵	张爽	常语瞳	潘嘉琪	程子壬
		张睿颖	李宝仪	王赫然	王艺涵	朱镜璇
		高硕	马为一	吕欣蓓	侯洁希	王昕怡
		姜俊哲	邴睿龙	陈康宁	李佳怡	孙瑞
		张一鸣	王子赫	吴美仑	徐雅菲	阎昕宇
		张宇晨				
5	青岛汾阳路小学	康博	吕昶郴	孟钰婷	胡昕	李宇良
		李晶晶	高瑞雪	毛卓凡	刘刚	于家蓉
		孙万喆	唐习云	于鑫磊	李钊堃	王兰青
		朱雨辰	范文迪	管家于	许娜	董友慧
		刘克林				

6	青岛浮山路小学	邢宇轩	孙依喆	李颂捷	安一凡	辛子涵
		李方馨	杜泉颖	陈奕达	康浩然	匡露含
		王楚晨	肖 瑶	陈文宇	孙若涵	王雅芮
		郭旺泉	王奕霏	郑 好	乔 木	尹雨轩
		马瑜澄	王羽祺	英 佳	李笑寒	刘恩彤
		刘 洋	张传琪	张传瑞	刘丰瑞	赵晗妤
		曹雅琪	刘耀嘉	高文泽		
7	青岛大枣园小学	邱 童	张怡帆	王剑钊	董贝琪	孙嘉仪
		王怡帆	高道明	张智冬	荆一帆	高德芳
		郭臻业	胡 铨	李 璇	厉 晓	赵 阳
		白佳慧	季 萱	刘昭馨	杨雯萱	陈卓强
		刘明皓	隋伟豪	巩田宇	梁倩莹	钟 绮
		张昕冉	刘俊德	王嘉皓	方晓玥	王 轩
		翟维安	孙申怡	王文静	吕怡冰	赵 冉
8	青岛虎山路小学	杨馨羽	朱利轩	董若涵	王卓群	胡 晨
		张欣扬	张君悠	郑佩豪	王嘉玮	孙一鸣
		徐潇舰	钟欣然	田润泽	王浩钰	张城旭
		庄维然	张云婷	王若涵		
9	青岛金水路小学	曹婉钰	王一言	宋宇航	孙晓涵	张书涵
		姜志彤	徐宏笛	李 毅	王 硕	何 鑫
		刘子芊	刘欣然	李思齐	宋雨霏	黄资然
		张语桐	孙成悦	姜之涵	赵雅杰	纪俊然
10	青岛市第二实验小学	韩子轩	蓝心悦	张 润	张 杉	张 朔
		宋奕君	郑子年	李明翰	张一博	樊祥翔
		候辰熹	李云欣	张翼远	郎伊琳	杨熙淼
		陶贞妮	闫瑞轩	张若帆	郭清仪	郝佳融

11	青岛唐山路小学	张馨泽	矫 钰	田美玉	董 政	何丽敏
		林姝然	刘 璇	王 到	王亚楠	谢正宇
		赵畅月	孙艺馨	徐茹贻	杨海莹	楚若梵
12	青岛铜川路小学	刘佳淇	王蕴姗	王晗方楚	张嘉珂	王子涵
		石卿卿	孙若兮	徐嘉康	周语卓	程璐璐
		吕龙翔	苟若轩	王子心	董卓妍	贾冰冰
13	青岛王埠小学	陈煜柔	戴泽旭	董元嘉	范子钰	封舒蕾
		付创辉	郭欣芮	韩昕妍	何佳琦	纪坤孝
		纪 睿	贾丝兰	江 楠	李 琛	李沛绪
		李先珩	李晓艳	林思宇	刘安东	刘嘉硕
		刘美麟	刘心田	刘子娴	吕晨凯	潘 阳
		曲成嘉	曲程程	曲雯辉	曲雨禾	曲志浩
		孙咏欣	王 宁	鄢甜甜	杨佳颖	杨子涵
		姚佳钰	岳珍宇	张恒硕	张雅涵	朱奕衡
		纪佳颖				
14	青岛文正小学	黄铭原	徐祥瑞	张凤辛	陈炳旭	李明珊
		马浩然	闫雨宸	于子宸	李双鹭	龙思语
		邱喜庆	王迦南	张祥硕	耿琪昀	侯昶杉
		逯芯语	唐元晨	叶炳林		
15	青岛永宁路小学	林志宸	王悦睿	侯顺扬	胡家硕	崔婧宸
		曹家铭	任光学	杨承霖	梁嘉耀	王乐凡
		张宁轩	张雨晨	李明昊	杨家奕	闫羽淇
		葛家琪	冯聿恒	郭冠榕	黄嘉琪	王明宇
		周雅其				
16	青岛振华路小学	孙高玥	付雨静	顾启旸	郭巧凤	吕良涵
		马凯圆	牛丙涛	宋程诺	苏圣涵	孙启阳
		王鑫怡	王鑫宇	武梦帆	张志恒	张梓钰

17	李沧区实验小学	赵婧媛	姜同乐	寇知远	臧 珊	刘馨蕊
		孙雅菲	李文宇	马相洁	宋欣儒	牛慕田
		杜佳乐	王梓贤	冯剑真	王瑄韵	姜云馨
		李时敏	王小冉	吕海西	王展昊	马浩宸
18	青岛升平路小学	陈昊南	鞠明笑	彭梦雪	关 婕	刘泽群
		王 涵	杨 洋	闫清睿	董益君	胡思萌
		王子娇	俞翔毅	张慎捷	张 真	崔王怡然
		马国瑞	张曦炜	翟壮壮	褚延基	潘 浩
		管婕莹	徐 淼	米一诺	李馨恬	李家辉
		董浩然	吴昕宇			
19	青岛书院路小学	张秀钰	杜晓悦	闫作昱	史鸿飞	于 宙
		王茵蕾	王宇琪	李佳蕊	高梓堃	邱嘉文
		周子茗	杨骏凯	何小宇	张逸鸥	田佳瑞
		韩 雪	于文婧	孙多多	孙欣乐	王昭旭
20	青岛文昌小学	李梦冉	王 翔	周锦昌	周莹莹	谷雪健
		郭子涵	刘铭欣	王子涵	相 宇	单铨嘉瑞
		韩怡欣	齐琳琳	张宝珑	周紫妍	张舒鹏
		刘伽琪	钟睿涵	李 菲	刘欣怡	张天浩
		李铭韵琪	杨 帆	李晓鹏		
21	青岛徐水路小学	陈 茜	陈诗雨	刘 奥	王鹤潼	刁佳媛
		高子溢	王正宇	杨世娇	戴煜慧	李奕娴
		吕广存	李声贤	刁 翔	曲 杰	王尤好
		杨文燕	吕辰璐	李萌丹	王心怡	王若涵
		宫楚涵	杨鑫瑜	臧赫卿	赵兴远	
22	青岛永和路小学	陈鸿博	王韵涵	董安青	马良一	郑宇珊
		袁法盛	黎红志	李欣然	冯宇帆	金 惠
		孙晓婷	王麒雯	张子萱	王福玺	陈 瑾
		王 睿				

23	青岛永平路小学	毕永麒 刘佳鑫 左家旭 王海沣 张哲铭 吕欣宜 庄家怡 马诗雅 王国妍 王　洋 张丞恺 刘皓东 刘李雨腾 高晨晞 石博远 徐铭梓轩 丁若曦 孙一丁 李千寻 郝方瑞 葛　一 范鹏媛 吴怡然 孙雅婷 孙瑜彤 纪孝冬
24	青岛遵义路小学	曹煜蕾 高秋宇 胡宝怡 李荣荣 刘沛烜 马子涵 南翔宇 孙庆辉 王鉴彬 王　祺 王　涛 吴　翔 张语萱 张子宸 郑啸宽
25	沧口学校 （小学部）	苏昱恺 韩震霖 郜　峻 陈佳奕 刘　帆 于浩轩 梅敬阳 桑子岳 杨子锐 于欣卉 黑静怡 赵　越 徐文睿 郑晓桦 吴运驰 王誉蓉 于雅萱 王文彤 张传磊 徐子晨
	沧口学校 （中学部）	邱　童 张怡帆 王剑钊 董贝琪 孙嘉仪 王怡帆 高道明 张智冬 荆一帆 高德芳 郭臻业 胡　铨 李　璇 厉　晓 赵　阳 白佳慧 季　萱 刘昭馨 杨雯萱 陈卓强 刘明皓 隋伟豪 巩田宇 梁倩莹 钟　绮 张昕冉 刘俊德 王嘉皓 方晓玥 王　轩 翟维安 孙申怡 王文静 吕怡冰 赵　冉
26	青岛 27 中	刘　华 杨玉婕 胡基瑜 张　航 付小冉 王若丹 刘　爽 刘　群 赵雅琪 褚润如 秦紫雨 郭美琳 于　婷 公静蕾 王龙雨 王佳玥 王笑笑 王玉玉
27	青岛 31 中	李　帅 付凯元 韩雅萱 李　璇 刘然欣 齐燕锌 张晶莹 王艺潮 李　超 张　悦 慕欣蕊 王瑞嘉 王晓婧 徐　畅 薛　源 杨　然 于紫萱 展馨雨 张　赫 赵　颖

28	青岛 49 中	许长宇	臧文硕	李佳奕	毛汉瑶	张　锦
		朱　军	孙馨悦	徐雨萌	陈彤彤	于佳乐
		任昊晖				
29	青岛 61 中	张　骞	王菲洋	吕艳萍	赵思青	崔　雪
		栾圣森	曲佳昕	邴雅雯	于　航	王佳慧
		王怡婷	全钰琳	周　方	梁可心	马　骏
		徐子璇	姜　萍	徐玥涵	吴　涵	李世超
		隋汶真				
30	李沧区实验初中	李翠萍	于　谦	王　哲	苏浩冉	李　乐
		朱怡冉	钱俊羽	郑慧敏	薄若涵	李　扬
		陈欣然	卜家辉	王　倩	王　笑	王嘉驿
		张昕悦	臧　雪	纪铭尚	王佳怡	
31	青岛智荣中学	王艺晓	王　聪	孙　辰	李　震	王子骞
		南泰杰	魏琳嘉	张义明	李　璟	朱　浩
		姜喜聚	孙慧茹			

文章集萃　谈名声

警察局备汽车搜捕街头乞丐
昨日捕送共八十余名

本市警察局，鉴于本市虎疫猖獗，仍有扩大蔓延之势，而病患者又多以贫苦市民较多，故对于本市游民乞丐一律抓捕，送感化院收容隔离，已选志本报，现警察局为期早日将全市乞丐搜捕完毕，减少传染特于昨日由警察局备公共汽车分赴本市各区境，装载乞丐送赴感化院收容，昨日捕送乞丐达八十余名，今日仍继续捕送云。

《青岛新民报》第七页　中华民国二十八年九月二十二日

李村分局派警弹压集市

本市警察局、李村分局以该分局所在管界内李村集市，在旧历年前为本市乡区各商云集之处，各乡镇村民多赴李村集购买年货，往来客商众多，为整理秩序起见，除对于集市各商摊按指定处所摆设外，车辆禁止穿行。

《青岛新民报》第七页　中华民国二十九年二月三日

本市统税局收入打破最高纪录
一月份收入达三百余万元

青岛市统税局张局长，整顿税政，不遗余力，以致该局税收突飞猛进，大有一日千里之概，本年一月份各项税收，竟达三百余万元之巨，其税收之畅旺，为历来所未有，实打破本市统税以往之最高纪录，兹将一月份各项统税数额分列如次。公卖费、一、三六六、五一、烟酒税、一二、一八四、三五、印花税、一七、二一三、五四、卷烟税、二、一六二、六五〇、〇〇、棉纱税、一七六、二五一、七五、面粉税、二六、一五一、五〇、火柴税、三九六、一九七、五二、水泥税、〇、熏烟税、一六六、五九二、九三、火酒税、一三、七一七、二九、啤酒税、二九、〇六二、〇〇、汽车税、

二五三、〇〇、矿产税、七七〇、九一、薪给报酬所得税、二、五二三、四〇、证券存款所得税、一一、〇四五、四七、销毁费、三七四、四六、执照费、七、五五〇、〇〇、连照费、一〇四、四五、罚金、三、九七二、六一、没收物变价、八、八三三、一四、其他收入、二、四二六、八一、总计、三、〇三九、二四一、六四。

《青岛新民报》第七页　中华民国二十九年二月三日

市区所属各乡镇土产调查统计
李村区界内产量最丰富

本市警察局前奉市公署训令，对于本市辖区内各乡镇土产物之种类及产量，应详细调查，以便向北京实业部汇报，以兹调查华北物产状况。本市乡区、台东镇、海西、李村等各分局界内各种产物以李村为最多，且极丰富，兹将各分局最近调查所得分录如下：

李村区界内每年产地瓜一四六六、五〇〇〇斤、约值六五、九九二五元，梨四四九、三〇〇〇斤、值二三四六五〇元，葡萄二〇〇〇斤、约值五五六八元，樱桃五、二〇〇〇斤、约值一四〇元，杏一〇〇〇斤，桃子三、七七〇〇斤、约值一八八五元，劈柴二〇七、〇〇〇〇斤、约值二、四八四〇元，松炭三、〇〇〇〇斤、约值二一〇〇元，柞炭二、〇〇〇〇元，青草六、五〇〇〇斤，孔竹一五〇〇斤，松菌四〇〇斤，粉条二一、六〇〇〇斤，小麦八九、六〇〇〇元，谷子二八、三〇〇〇元、〇、二〇〇〇元，花生三三、二八〇〇斤，鱼一二六、〇〇〇〇斤、约值一二六〇〇〇元，大米五〇〇斤、石三料、〇〇〇〇斤，包米一二〇〇斤，松本三〇〇、〇〇〇〇斤，马铃薯三、〇〇〇〇斤，芋头一、〇〇〇〇斤，高粱一、七〇〇〇〇斤，黄豆五〇〇〇〇斤，虾一六〇〇〇〇斤，土粉子五〇、〇〇〇〇斤，冻粉二〇〇〇斤；海西分局界内产地瓜二四〇〇〇〇斤，花生一〇〇九〇〇〇斤、值十五万余元，红砖二〇二〇〇〇个，杉之草一〇〇〇〇〇斤，黄豆四万四千八百斤；台东区境内产火柴三八七一六大箱、约值三八七一六〇〇元，胶皮鞋三万双、约值十八万元，生铁铸物三百四十件、约值一一〇五〇〇元，豆油一〇八〇〇〇斤、约值四一〇四〇元，面粉三六〇〇〇石、约值二五〇二〇〇元，卷烟一五〇〇〇大箱、约值四四四〇〇〇〇元，地瓜乾一二二八五五〇斤、约值一二二八五五元云。

《青岛新民报》第七页　中华民国二十九年三月六日

物价高涨原因

社会局正在切实调查 传将予以有效措施

（本报讯）与昨日照端提发政付发行十万元大面钞额后，本市物价顿形猛涨不已，记者以此走访李市长，据告称：市府早已注目及此，刻已派社会局张局长切实调查高涨原因，市府将以对症下药之方式，予以有效措施，最近将就实际情形，拟定各种日用品物价价格，勒令商人参照实行。

《青报》第二版　中华民国三十六年十二月十一日

荒谬的春联

宜春帖子（春联）由来已久，民国以来，各大都市中渐少张贴，尤其是洋式的房子，总觉着不大是个味，本市除台东台西两镇外，市内亦少张贴。

昨读十六日本报日刊，市党部拟编撰春联鼓词宣传戡乱，忽然想起敌伪时期亦曾编撰过春联。

敌伪注意文化宣传，当时凡由伪组织之官应所拟一切文告，须送兴亚院核定，删改，以致文词欠通，荒谬绝伦，报稿有不及删改者，则临时开天窗。

当时有社会局编撰之春联发给市民，而张贴者绝少。开有贴者，三五日亦多撕去。其中荒谬而可笑之联如："龙方耀彩，虎莫负隅"，"群妖敛迹，庶政当心"，"人妖去罄，我后来苏"，"爆竹惊逃妖孽种，梅花接到和平种"，"转眼吾洲皆乐土，痛心彼党尽邪魔"，"莫攘邪言来惑世，才锄共匪便逢春"，"天增岁月人之福，国扫妖魔世以宁"，"妖氛残雪同扫尽，淑气香风却扫来"。

可谓非驴非马，荒谬绝伦。

当时曾有一位老太太得到春联后，向他儿子说："赶快把他撕了，新年新岁的，哪能弄些妖魔鬼怪贴在门上。"妙妙。

《民言报》第二版　中华民国三十七年一月二十日

青岛市场一周 先疲后涨盘桓起伏 游资充斥为害无穷

（本报讯）本周来，市场交易瞻前顾后，较上周波动迟缓而上涨为烈，造成畸形发展，曲线市况，周初承上周末下疲之余波，普遍成萎靡不振状态，纱布因出口限制，节节下垂，未见起色，各货受头寸之一聚再聚步步回游，货主喊价有心，吸主入手无力，僵局坚持，延至周四中午，各货思动，振奋无力，下跌之惨，使一蹶不起，未料酿成周五之狂涨，周四下午，外埠各市，仍然报高，人初未之介意，咸以为将近月秒，靠近周末，大都看好，绝无巨浪大风，总可安达月首，讵忆二十四下午纱布初市，沪上突电华股下垂，股票大抛，游资充斥，龙头布已平二千，复以本市场内隔夜支票，国行本票，滥流市面，银根呈明紧暗松情形，客帮因出口受限制，乃改攻为守，大量吸进，货主步步喊高，涨跌频繁，民灰复燃，纱布首作飞人狂跳，价一时千里，瞬息万变，黄金美钞一马当先，新峰叠秀，高潮飞溅，势不可退，如火燎原，粮食纸烟，并驾齐驱，始造成今日之恶劣局面九十万市民闻之咋舌，当局闻之震怒，而无理性之物价，置若罔闻，通货一再膨胀，法币一再贬值，物价看穿政府把戏，藐视当局法令，肆无忌惮，称雄市场，一日之间上涨百万之面粉，上升一亿之棉纱，计本周主要物品上涨比例如下：

	月钞	大龙棉布	一等面粉	寿光大米	美钞	黄金	银元
周一	60000	1680	580	1400	278	15300	153
周二	60000	1550	610	1550	273	14100	141
周三	56000	1500	570	1400	266	14300	143
周四	71000	1820	580	1400	305	15300	158
周五	88000	2400	680	1665	350	22000	230
周六	88000	2400	800	2000	370	20600	210

　　总览上表，周间棉纱上涨，三分之一弱，棉布恰为三分之一，面粉为四分之一强，大米同面粉美钞黑市上跳一百万元，黄金暗盘上跳四分之一，上周亦上涨三分之一，半月来，本市物价上涨之速，无法计矣，上周直线上腾，本周曲线上涨，两周来上涨之方式不同，而速度数字实则一也。军事为戡乱救国急务，经济亦关系民生至，政府当局动机以检查国存，平抑对策，为安定物价之口头禅，虽收效于一时，实非根治良药，今日经济混乱，徒以隔靴搔痒，纸上谈兵，不能稍煞涨风，即以本市论，物价之操纵，非本市商人垄断，分析内幕，咸以为客帮货，游资充斥，豪门争相贪货，银行大量透支，货主滥发隔夜空头支票，当局如能每日查清商店客人买卖动态，密查豪门存款，改善银行支票交换时间，取缔地下商店、地下钱庄，限制滥发本票，如此下去，或能收效于万一也，年来五十四周，不知伊于胡底，置国家于何地，视法币为废纸，国计民生，鲜克有终，关心经济者，想均有同感。

　　　　　　　　　　《青报》第四版　中华民国三十七年六月二十八日

钞鬼游街——李村亦捕获大批奸商

　　（本报讯）连日因抬高物价，贩卖或使用美钞银元而被经检队拘获之商人，已近二百余人，特刑庭既无房舍收容，警局又人满为患，而且因粮也大成问题，故经检队负责人方面对此极为头痛，昨特别示市长，可否将情节极轻及使用美钞在一元以下者，予以游街处分后释放，龚市长以此并"无伤大雅"，乃原则准许如此办，昨晨于二百余金融犯中，择出情节轻微者共五十余人，先集合警局操场，由刘副局长晓以新经济措施兴国家民族之利害关系，并详示各项有关法令，于下午一时许，即由警局押解游街，由警局经中山路、馆陶路至中央银行门口，勒令将所持美钞、银币兑换后，着具结释放，沿街观众云集，睹之莫不称快。

（本报讯）警察局李村分局，为使区内商民彻底明瞭改革币制各项有关法令起见，特于李村集期（八月二十六日）前一日，召集各商号谈话，由臧分局长首先说明新经济政策对国计民生之重要，凡吾国民应绝对支持金圆信用，以稳定中国整个经济，只许成功不许失败，并详细解释各项法令，盼各商号坚定信念，一起拥护力行，于八月二十六日李村集期后出动大批员警，监视市场交易，并派便衣严密防查集场情形，大致尚好，一般物价均未超过"八一九"限价，但仍有少数商人趁机抬高物价，或使用美钞及银币，计查获七八起之多，现均解送总局法办。兹将所查奸商条名如下：杨维元行使美金卖梨接收美金一元，李言令行使美金一元买鞋，张作道行使银元卖麦接收银元一元，臧作臻行使银元卖梨接收银元三元，蓝兆才行使银元卖粮接收银元三元，宋仁良行使三元银元交易，赫益山行使三元银元交易，刘梅五行使三元银元交易，苏有洲、李悦本、王明堂抬高物价以双龙布一匹售价二十九元，王瑞诺抬高物价以猪肉一斤售价一元五角，王吉智抬高物价以猪肉一斤售价一元五角。

《民报》第一版　中华民国三十七年八月二十八日

情节轻微之金融犯
——五十余人游街具结释放 李村集捕抬物价商多人

（本报讯）连日因抬高物价，贩卖或使用美钞银元而被经检队拘获之商人，已近二百余人，特刑庭既无房舍收容，警局又人满为患，而且囚粮也大成问题，故经检队负责人方面对此极为头痛，昨特别示市长，可否将情节极轻及使用美钞在一元以下者，予以游街处分后释放，龚市长以此并"无伤大雅"，乃原则准许如此办，昨晨于二百余金融犯中，择出情节轻微者共五十余人，先集合警局操场，由刘副局长晓以新经济措施兴国家民族之利害关系，并详示各项有关法令，于下午一时许，即由警局押解游街，由警局经中山路、馆陶路至中央银行门口，勒令将所持美钞、银币兑换后，着具结释放，沿街观众云集，睹之莫不称快。

（本报讯）李村分局为使区内商民彻底明瞭改革币制各项有关法令起见，特于李村集期（八月二十六日）前一日，召集各商号谈话，由臧分局长首先说明新经济政策对国计民生之重要，凡吾国民应绝对支持金圆信用，以稳定中国整个经济，只许成功不许失败，并详细解释各项法令，盼各商号坚定信念，一起拥护力行，于八月二十六日李村集期后出动大批员警，监视市场交易，并派便衣严密防查集场情形，大致尚好，一般物价均未超过"八一九"限价，但仍有少数商人趁机抬高物价，或使用美钞及银币，计查获七八起之多，现均解送总局法办，各犯姓名如下，抬高物价商三人：王明堂，双龙布二匹每匹售价二十九元，超出售价七角；王瑞诺，猪肉十八斤四两，每斤售价一元五角，高出二角；王吉智，猪肉六十二斤，每斤售价一元五角，高出二角，使用银元犯十一名：宋仁良三元，赫益山二元，刘梅志（买方）与苏有训（卖方）五元，李言会一元买草鞋，张作道一元卖麦，臧作臻一元卖梨，蓝兆林三元买粮，李悦本（商、给方）与刘梅志（受方）一元，美金犯杨维元一元卖梨。

《青岛时报》第三版　中华民国三十七年八月二十八日

一表定市场

（本报讯）关于零售用品价目，警察局刘副局长，会向龚市长请示处理办法，据闻已饬令社会局克日调查，编制各种物品价格细表，以为纠察除纠察之标准，市民切盼是项调查范围越广越好，并望早日公布。

《民报》第一版　中华民国三十七年八月二十八日

严防市场涨风，恢复物价评议

上年度市政府为平抑物价，曾于三月三日依法组织物价评议委员会，后因议价失效，于五月二十日暂停，近因奉总统颁布之财政经济紧急处分令规定办法之中整理财政及加强全国各地物品价格，应照三十七年八月十九日各地物品价格，依兑换率折成金圆出售，由各省市主管官署，严格监督执行，兹为防止物价再行波动，以求严格执行，市政府已执行恢复议价会之组织。

《军民晚报》第一版　中华民国三十七年九月二日

非法商人查获续志

（本报讯）李村分局今晨发表李村经纠工作称"现经纠工作在积极进行之中，于上次李村集期（八月二十六日）"，扒获抬高物价及使用美钞、银元犯八起，已解总分局法办、臧分局长并亲赴集场演讲，希使商民彻底明瞭新币制之要旨，并恪遵各项有关法令，勿稍违反惟感乡民文化水准较低，仅凭一纸布告命令难收宏效，故发动李村各界作扩大宣传，对商民务加指导，而使周知，既分别晓谕申诫、开释。

《军民晚报》第一版　中华民国三十七年九月二日

李村集市的素描

严冬的早晨，把人们都冻得缩了脖子，一阵阵的寒风把道旁的电线杆刮得吱吱发响。太阳还没有升起的时候，那条青岛至李村的公路上，已三三两两的布满了汽车、大车、小车和一些挑着挑子的人们，他们都是在去赶个早集了。

天还在昏暗着的时候集上已经布满了人们，在占地方摆摊子，有的一早就把货运到了地点，在考虑着放某一种货物的位置，能吸收到赶集者的视线。到太阳光从东方斜射着大地的时候，街上的人已拥挤不堪了。

集的地点原来是个沙滩，在沙子里的水分受到了人们的踏践之后，常常的冒了出来，浸透了你的鞋和袜子这一点，特别是使那些赶集的人最感到心烦的。

集的西头是鱼市，那里有着各种的鱼，只要你一走近，就能听到：谁要鲜黄花鱼，谁要……一阵鱼贩的叫卖声，加上一股子腥膻的气味，马上就会冲入你的耳朵和鼻子里，虽然如此，但摊前的道上，也是被人塞得满满的。

中间是些卖糖果、化妆品、布匹，这些差不多都是从市里运来的，一群群穿红袄的女人，都聚在这些摊子的前面，把东西挑了又挑、看了又看，末后都是争长道短的争论着价钱，有时候只把主人弄得手忙脚乱、口焦舌干，一直伺候到这些雇主们满意为止，他能够稍微喘息一下，但马上第二批顾客又来了。

有些老顾客，把货卖掉之后，笑容满面的，到里头一五一堆、一到四两白干下肚之后，就会指手划脚地高声谈笑起来，看来其乐也洋洋。

在东头是菜市和草市，现在那里的人们大都是些农人，他们在开着的时候，往山上去割些草，和把那些用自己辛力换来的农产品堆到他们的面前，时时发出天真的笑容，期待着别人用金钱来偿付他辛苦的代价。

最东边的尽头处，那里有着成群的骡马，一些专门跑经纪的人在呼着行话，有的在扒开了牲口的嘴，借此判断它的寿命，有的弯下了身子摸着它的外皮，他们的主人大都是在一旁默默的看着，仔细地听着别的来批评着他的牲口的优和劣，有时也会偶然的凑了上去讲述一下他的牲口过去的优点，心情里似乎又有点舍不得的样子，但他同时也希望着别人能把他的牲口牵去，因为那总算逢到了他赶集的日子。

天一过了正午，集上的人们渐渐的疏少了，叫卖者的声音，也变得疲劳了。这时四外的路上又满了行人，每个人的手里多多少少的都提了些东西，尤其是些妇女们，三五成群在谈笑着，引的那些行路的人们不时地回过头来，凝视着她们，她们仍然相互的研究着、讲述着她们所买的东西的好和不好，后面一辆辆的马车，上头满载了她们买的东西，叱呼叱呼地向前跑着，他们把自己不需要的东西售出，再提回自己所正需要的物品来。集是他们最方便的地方，也确实给了他们不少的利益。它是中国乡村的唯一交易市场，不同的地区带来了不同的物品，都汇集起来，然后再各按自己的需要买了回去，因为今天中国广大乡区里没有都市般的商店林立，商区的力量不能深入了整个人的乡过，只好还在保持着几百年前的交易，这形式就是人们所常称道的集。

《青岛时报》第三版　中华民国三十七年十二月三十一日

金钞银贩入狱
警察局连日扫荡黑市查获元宝钞银甚颐

（本报讯）绥区刘司令官昨日手谕警察局黄局长，务须严如取缔金钞黑市，黄局长即命市南分局暨该分局所属该管地区各分派所，派员警至天津路与河北路实行检查，结果抓获人贩及嫌疑犯五六十名，将由市南分局转解总局，转送特刑庭依法严办，其人贩名单如下：丁士林、郭秀霞、周鑽亨、王孝先、王玉信、彭江、孙鼎彝、李延年、李忠義、张振东、黄会祥、李华兆、郭盛德、徐立功、谢尚田、刘会诚、孙贤赉、姜福章、谷堂、孙浩然、张茂江、阎文義、王诚祥、李先亭、吊宝彝、王方成、曹冠三、魏德成、臧俊臣、王朱氏、韩延烈、王正玉、杨尧亭、杨英才、郭明安、刘士瑶、任全彬、杜烈华。

《青岛健报》第三版　中华民国三十七年十二月三十一日

半年来的青岛市场

张玉基　王　春

随着全国金融物价的历史转换，青岛市场半年来的物价和全国总的物价趋势一样，是由上涨转为下落，复由下落转为平稳。由二十五种主要商品指数来看，一月份为一二九点三七，二月份升为一八八点〇六，三月份升至二二六点六四，四月份回落至一八〇点一五，五月份落至一三五点五二，六月份更下降到一月份上涨水平以下为一一八点四〇。

一、物价变化的三个阶段

第一阶段：一月份至三月上旬——物价是节节上升。以去年十二月份平均价与三月上旬相较，物价上升指数为：小麦二三〇，玉米二〇九点九，大豆二六四，食油三四二，食盐六二一，二十支纱一九四，棉布一九九，原煤一七三，煤油一五四，火柴二四六，硬化青一三七。

这期间物价上涨的原因，是由于去年十一月份物价波动之后商人心情向□，及财政开支浩大、市场通货的增加，与春节结□商人购货囤卖，和敌机轰炸上海的影响。

在当时物价日涨的情势下，本市根据杂货交易所的具体情况，确定以纱布为主，控制牌价（因纱布是商人囤积主要对象，是带头上涨的商品），指导市场各货平衡发展。第一步采取稳健缓慢上提，以争取主动。每次平均提百分之三至百分之五。第二步为克服物价的盆地状态，界价调整□度较远。自一月二十一日至月底十天中，二十五种主要商品平均上提百分之二十。除国营经济的价格领导外，行政上严格管理市场的措施，严格对买买物资预先登记单的审批，限制投机商人在交易所内的活动。

第二阶段：三月中旬至五月中旬——物价由直线下降，转为降幅逐渐缩小。这一转折，主要是中央统一国家财政经济工作的结果。在全国统一行动下，三月份物价起了一个根本变化，停止了十二年来的通货膨胀，物价趋向平稳。但由于虚假购买力的退出市场，又造成了存货普遍滞销，以致有货找不到买主，促使物价线下滑。

在货物长期滞销，贩商卖意甚切，而公司牌价又坚持不提的情况下，转入小市牌价开吐。因之，会造成牌价高于市价，市价高于零售价的倒挂现象。

第三阶段：五月末旬至六月底——物价是走着稳健步伐。国营公司通过摊售，调整物资间合理比价，与批发零售之间利润差额，使物价走上合理发展。从价格上看，走势颇不一致，但市场交易走入活跃，滞销局面开始好转，部分工业品特别是禁入物资，且步步登高。

二、场内外相互关系

一至三月的上半月，青岛物价还处在一个上涨时期，为了防止涨□，加强行政管理，因而出现了场内、外价格上的□法差额，在二月十五日的振荡时期，大龙布每匹场内二十二万元，场外三十三万元，相差百分之三十三。此种情势，会使许多投机商人，退身于场外，化整为零再兴哄抬，因而给整个市场造成严重混乱状态。国营经济针对以上情况，各公司除了组织本身力量到小市出售缓和物价涨风外，还通过正当的商人，先后的组织了广大的零售商——代销店，直接的供给市民所需，从此小市价格也逐步走向稳固发展。

三、对今后市场管理上的意见

半年国营贸易部门虽在市场上起到了应有的领导作用；曾前后有力的稳定了物价上涨风潮，打击了投机奸商，诱导了大批游资转入生产。但在肃清投机游资的活动上，尚忽视了对某些商品的掌握与管理。

在一、二、三月份物价的上涨时期，经常是以纱布、粮食为先导，带领各货界进，所以其大批投机游资也往往是放于纱布、粮食市市场上。因此国营经济的主要力量也是在于稳定纱布、粮食的价格，刹住整个上涨风潮，当时是非常正确的。自财经统一后，各地物价在中贸的统一掌握，与行政上的价格管理下，制止了投机资本在纱布、粮食市场上的□。整个纱布、粮食市场由此走向稳定，但杂货市场因为整顿较晚及缺乏□牌价标准，因而就成为游资投机的另一对象。如从六月份第一旬的指数来看，最高的是杂货类与副食类，最低的是粮食、纱布。这无疑的是投机游资的转移所致。那么我们对今后市场的掌握上，就□针对这一情况的演变，计划新的对策去掌握它。

1950 年 7 月 26 日《青岛日报》

本市人民政府接受广大人民要求
昨枪决一批反革命罪犯

【本报讯】青岛市军管会、市人民政府接受全市广大人民要求，将一批审理完结、经山东省人民政府主席批准判处死刑的反革命罪犯，于昨（十二）日责成市公安局、市人民法院分别于浮山、四沧、李村区刑场执行枪决。该批反革命罪犯均系罪大恶极、怙恶不悛、背叛祖国的美、蒋忠实爪牙。

美、蒋遣回大陆组织武装叛乱的匪特

其中一部分是美、蒋匪帮派遣潜伏本市充当美帝国主义侵略内应，组织武装叛乱的匪特。其中有：由台湾残匪特务机关遣回大陆的"东南人民反共救国军茅山区游击纵队驻鲁指挥部主任"张荆云（又名张连学、张子川，化名李英），又为美帝麦克阿瑟所操纵指挥的匪特组织"中国自由协进军胶东军区司令"，在青主谋组织、指挥该两个匪特组织，曾阴谋在崂山建立据点，实现其所谓"敌后游击"，图谋策应美蒋"反攻"。曾指挥其部下匪徒在本市抢劫商民达三十一次之多，阳谷路劫夺我军战士短枪一支。同案匪"副主任""副司令"王瑞和亦系蒋匪兵痞出身，为张匪匪特组织中的首脑分子，与张匪同谋策划指挥各种阴谋活动，并亲自参加抢劫廿五次。再如"青岛市公教人员反共救国复兴会"案犯匪首姚盛之（化名施范），接受香港匪内调局（中统现名）特务机关派遣来青，先后发展匪徒三十一人，搜集我军政情报，盗骗我机关内部机密供给美蒋，并进行破坏，阴谋长期潜伏，策应美蒋反攻。

这部分匪特，有的且系"还乡"杀人犯。如匪"东南人民反共救国军茅山区游击纵队胶东支队长""中国自由协进军胶东纵队长兼别动队队长"江敦珠（化名江千里、张君一），一九四七年"还乡"即墨九区槐树村，将我村干部江存厚、江存基、王作芳绑打后，交伪保长残害。解放后参加二匪特组织，为其中首要主谋、组织者，发展匪徒多人，就捕前与张匪荆云并在本市纠集匪徒抢劫三十一次。

原为蒋匪帮特务解放后又组织武装企图作美、蒋内应的匪特

一部分是过去长期就是蒋匪特务，有的更是日寇、汉奸，残害人民早已身有血债，解放后受匪指使潜伏本市，组织武装，阴谋颠覆人民政权。如蒋匪军统特务范步青，一九四〇年充栖霞县国民党书记长时，曾指挥下属向解放区散发反动宣传品，设立情报网刺探解放区情报。一九四一年充蒋匪山东第九区保安司令部政治部主任，曾派下属至蓬莱大崔家、下门家、下张家等村捕捉我村干部崔定海、门玉才、赵其清等十二名，除其中一名外，均被其送至蔡匪晋康之"军法处"枪杀。一九四六年任匪诸城第七区区长时，被恶霸王子春在高密南关捕捉去的该县杜戈庄我村干邱光兴，及由恶霸"还乡团"在丘家大村捕捉的丘三黄、方市庄捕捉的王某，均于一九四七年三月被该犯杀害。青市匪帮撤逃时，该犯接受潜伏本市任务，纠合游散匪特范九纲、丘宣文等秘密活动发动武装，曾派范九纲回原籍高密拉拢村干策动叛变，掌握枪支待机行动。并企图去崂山拉拢散匪，组织武装。同时不断为敌张目妖言惑众，以图实施其阴谋。武装匪特程罗雁宾，化名高雁宾，一九三八年充匪山东保安旅第四旅特务营长时，曾在沂水、南弥沟强捉壮丁三百七十四名，抢劫粮食五百斤。在博山时又强征群众衣服百套、大衣二百身供给匪部。一九四八年被我军俘虏，后潜逃来青组织匪特武装，妄想接应蒋匪复辟。经该犯发展的匪徒有徐学武、邱抢墉等匪特、"还乡"杀人犯六名。并派遣匪特张培云去胶县联系大珠山登陆匪特，企图互相接应。武装匪特徐学武，一九四九年五月参加匪特组织蒋匪十一绥区"陆上突击第二组"。过去历充蒋匪连长、"登莱青剿匪义勇纵队"特务二中队副组长、匪青岛警备司令部经检队副组长。解放前，曾在高密第九区路劫行人。任匪经检队组长时，又曾勒索客商、抢劫货物。一九四四年在原籍曾强奸同族幼女贤嫚、相嫚、徐嫚等。青岛解放之际，参加"陆上突击第二组"潜留青岛。解放后该匪组织被破获后，该犯仍不投案领罪，反于一九五〇年五月与匪特程雁宾共谋组织匪特武装，积极发展匪徒，大肆造谣惑众。武装匪特李希周，原为军统特务，系军统特务匪青岛警察局副局长王志超之心腹爪牙，一九四六年一月经王匪亲荐至"敌产清理委员会"充清查第四组组长，在两月余，即敲诈勒索得黄金七十余两。充匪刑事所巡官时惯于仗势敲诈勒索，放高利贷，并奸污一"违警"女犯张君清。解放后经常与军统特务李献鲁、杨志诚、日特朱秉深等在同仁医院秘密集会，散布谣言。主使匪杨志诚潜至即墨一带，秘密纠集兵痞、流氓扩展武装，妄图接应郭匪立茂登陆。

再如"青岛保安旅特务大队"匪特案主犯"大队长"陈鸣九（又名子皋、占升，化名陈政、张永存），一九四九年八月与张效彦等同谋拉拢蒋匪流散匪徒组成该武装匪特组织，与张效彦主使匪徒去崂山等处联络匪徒。并曾发给派令与匪徒吴泽坤等搜集枪支。一九四九年八月其匪徒吴泽坤曾持枪在流亭附近路劫客商，并企图敲诈商号，购买枪支。该犯主使吴泽坤、杨克山携枪刺杀我住四方开化路十三号工作人员李永丰未遂。

怙恶不悛，继续作恶的匪特

另一部分是经过宽大处理，仍然怙恶不悛，或经三令五申不知悔改，拒绝登记，继续作恶的罪犯。如"山东清乡总司令部"案主犯"司令"张鹏，在被管制期间，主谋发起成立该项匪特组织大肆造谣破坏，并企图诱骗我机关干部参加其匪特组织。如蒋匪国防部"东海地区人民剿匪义勇纵队"匪特孙丕臣（化名孙杰、孙维栋、孙伟、孙立民、孙国栋），一九四五年在大连参加军统，积极拉拢匪徒，搜集当地军政情报。一九四四年十一月潜回青岛时经烟台被我逮捕转回大连扣押教育月余，着其立功赎罪。该犯返青后不但不知悔改，又在青参加匪保密局匪特组织，企图带二部电台回大连活动，并购买手枪一支，企图进行敲诈。青岛解放前夕又参加前项匪特组织任大队副官。曾勾结匪徒持枪抢劫小港附近商店。解放后受命潜伏本市，秘密发展组织，相机潜往胶东沿海一带，幻想等待三次世界大战迎接美蒋复辟。一九四九年七月，因敲诈被我法院处刑四个月，出狱后又勾结反动分子贩卖金银、鸦片，再度被法院判刑三月，又在狱中发展匪徒八名，并策划出狱后包围李沧派出所夺取枪支，在市内抢劫，再拉向崂山扩大叛乱。同年六月二十七日出狱后，当日即潜赴即（墨）东县泊子村其岳父张宣秀处，拉拢其参加匪特组织，同时通过张阴谋瓦解该村妇女会、民兵，并先后发展匪徒五名。如匪"青保"总队便衣匪特陈学德，一九四六年曾在匪国术馆为高匪芳先训练八十三个爪牙，分派各机关、工厂、学校，扩充高匪势力，监视、调查进步人士。一九四七年高匪为在工厂大量扩充反动势力，派该犯至中纺六厂藉国术教员控制工人。四九年高匪令其在中纺六厂、八厂扩充一个团的兵额，该犯威胁联络了四百多人，预备随高匪南逃，因我军进军迅速未遂。一九四八年末，该犯曾与匪沧口警察分局长孙寿亭勾结，组织十一名同伙调查我地下人员及进步工人。青市解放后仍不思悔改，不但拒不登记，又经常散布反动言论，威胁工人，继续进行反革命活动。潜藏电业局电厂的中统特务马辕，原系蒋匪兵痞，一九四八年参加中统任通讯员，解放后被我宽大录用，经一年多教育，该犯竟仍隐瞒特务身份，拒不登记，阴谋伺机活动，并勾结"东南人民反共救国军茅山区游击纵队驻鲁指挥部"匪首张匪荆云，并资助其活动经费。

恶霸地主、还乡杀人犯

另一部分是恶霸地主、"还乡团"杀人犯。其中有在一九四七年组织"还乡团"还乡倒算农民土改果实，两次主谋杀害我村干部及农民共达一百余名的"还乡"杀人犯李文德等。另有浮山区恶霸、流氓辛成礼，汉奸恶霸地主董品三，李村恶霸地主曲训铭等。

反动道会门反动道首

再一部分是反动道会门道首。有甘珠尔瓦呼图克图青岛通讯处道首姜炳业，曾任军阀孙传芳部军官及日伪警察局长，在该道会门中曾与匪特陈雷勾结一起成立"青岛自卫司令部救护大队"，该犯充大队副。一九四九年二月又与中统特务设宴请秦匪德纯，请求组织一个旅的反动武装，自任旅长，图谋阻止我军解放青岛。解放后非但不知悔改，反而大肆造谣，煽惑会众。并于赵匪□砚秘密拉拢部分会员成立"青岛保安旅"阴谋待机叛乱，颠覆人民政权。另有甘珠尔瓦呼图克图青岛通讯处坛主、会计主任谭震才，曾充日寇汉奸连长，一九四九年又参加匪特组织"新社会革命党"。本市解放前夕与其道首□华轩以五十四军名义组织反动武装，潜伏崂山，企图长期与人民为敌。至三月份市人民政府取缔反动道会门时，仍拒不登记，并将所有文件、罪证焚毁，以图与人民政府对抗。

1951 年 4 月 13 日《青岛日报》

记李村区审判大会

苗 达

李村区宣判反革命罪犯大会上，市人民法院李院长刚讲话完毕，两千多农民震天价响地喊起口号："拥护政府，严厉惩办反革命罪犯！""血债要用血来还，枪毙杀人凶犯！"在雷动的喊声里，我忽然听出一个很熟悉的声音。不久前在郑庄村进行土改时，在一次农民和地主面对面的讲理大会上，他的声音是那样悲痛、激愤；今天，他又是这样兴奋、雄壮、痛快、响亮。我找到了这个人。这个翻身雇农吕可义，瞅空挪近我的身边，握住我的手紧紧地不放："政府可给我可义出了气！昨天在体育场开大会，满指望当场杀了那些坏种的。"

他又眉飞色舞的谈起土改分地后下手忙春耕的光景："二分麦子锄了两遍，长得绿油油的一片，种了一分春地豆，这就下手忙地瓜地啦！不用几年，保准就能在分到的二分多房基地上盖起新房来！"他使劲攥了下我的手："把这些罪大恶极的汉奸、特务、恶霸地主收拾了，我干活就格外添上三分劲！"他立刻又想起什么，马上严肃起来："别想办了这一些再没有反革命分子了，以后更得多上心，多留意！"他加重了语气又接着说："想起叫地主伪保长吕口尧逼得跑上崂山住了五十四天山洞，在青岛拉了八年大车的苦楚，一辈子也忘不了！"

我也想起了在郑庄乡第一次乡农代会上，吕可义激动地含着泪要求全体代表："大伙给我说好话，请上级答应我参军到朝鲜杀美国鬼子！我可义好容易分了地翻了身，我要种好地，吃饱饭，美国鬼子要来侵略，我非去揍它们不可！"

这些动人肺腑的话，我再三被感动过。受千苦、遭万难，一旦翻了身的为了在自己的土地上努力生产，保卫翻身果实，是如何深恶痛绝反革命敌人啊！

他静静地倾听法院宣判罪犯名单，他一阵阵热烈鼓掌喊："好！"当我们走近刑场，一批反革命罪犯最后受到了人民的惩处时，枪响处他们应声倒地，两千多监刑的农民群众，响起如雷的掌声！吕可义拍着手，痛快地笑："咱政府可给咱申了冤报了仇！解了恨了！"

苏家一个叫苏明甫的农会干部急忙跑来问我："怎么没有俺村那个大恶霸苏有信？俺全村群众要求政府快办他啊，还要求政府把这个罪犯交给苏家群众诉诉苦后再杀他！"东李村一个老大爷额手称庆："政府办得好！他们死了是罪有应得，也教训另外一些反革命，要赶快回头！要不，也是死路一条！"

1951 年 4 月 13 日《青岛日报》

山东土产情况

此项情况报告中所列举的数字材料，仅系约略统计，与实际情况还可能有些出入。同时，我省土产种类是多种多样的，这里仅能列举主要的几种。另外，关于滞销物资，当前情况是如此，将来还可能有变化。我们发表这一材料的目的，在于提供各地参考，有待各地研究充实，作为我们推销土产工作的一个重要依据。

【大众日报讯】全省土产会议第二日，三月十五日上午，大会秘书长刘方同志，代表大会筹委会向到会公私代表，提出山东土产情况的报告，除第四部门从略外，前三部分发表如下：

第一部分：山东土产的历史情况

回顾过去山东的土产是有其悠久的历史，生产者并有一定的经验；如山东的花生在百年以前即有名，龙口粉丝驰名南北也已二十年之久，料器在明朝末年即有料条炉创立，专制料条以供给小炉原料，到光绪年间炉业继续发展，为博山广泛的家庭手工业，清末烟台、威海等地创设专营花边业的庄号。不过由于中国过去的半封建半殖民地经济，外受帝国主义的侵略，内受封建主义官僚资本主义的压榨，因而生产力不能发展，生产品亦不得改良和提高；如以渔业生产为例，据海关统计一九三二年度全国水产品出口总仅为四○三万元，一九三三年度即减为三○六万元，在这一年当中即下降百分之二十一，同时水产品的入超额却数倍于出口总值（一九三一、一九三二、一九三三年度水产品入超额平均每年达一千三百九十五万元），加以外轮侵入，水产品倾销日甚，中国渔产品出于鱼价惨跌，销路停滞的严重情况，而国民党政府对渔民的苛捐杂税，以及种种封建性的剥削，也是渔业衰落的一个原因，其他生产事业，也与渔业生产遭到同样的命运。

再以出口情况来看，山东土产的输出贸易，以一九三六年为最繁盛，自一九三八年到一九四四年，由于日寇的掠夺与封锁，特别在太平洋战争爆发以后，山东土产的对外贸易，如草帽辫、绣花、中药材等出口，受到极大的影响，致使当时的手工业者不是关门停业，就是转业。山干果类也因缺乏出口销路，农村伐园改种者亦颇多。自一九四六年至一九四九年六月，山东的大部对外土产贸易，是控制在蒋匪帮的官僚资本和洋商手里，私人经营的不多，在官僚资本垄断排挤之下，加上蒋帮当时的膨乱，所谓"外汇转移证"指定银行拒绝收购，致使当时的出口商持债票无法兑现，因而出口商便饱尝了空前的蚀本痛苦，这就是山东土产的简单历史情况。

第二部分：山东土产产销情况介绍

一、几种主要特产：

在农产品方面主要的有黄烟、土烟、线麻、蓖麻、洋麻、花生等。

黄烟为卷烟工业之原料，以胶济沿线两侧的临朐、益都、潍县、安丘、临淄等县为最多，此外滕县等地亦有出产。临朐县在最盛时期，种烟面积几达总耕地面积的半数以上。据调查统计一九三九年全省种烟面积为四十一万亩，产烟六千二百三十万斤，当时所产黄烟，大部或全部为英、美、日本等帝国主义所操纵垄断,同年出口量,据统计为两千三百八十二万余斤。战后因受敌伪的破坏,产量一度降低至千万斤左右。至一九四八年我解放潍县后,山东工商总局于二十里堡等地,设立大华烟草公司,进行收购加工,以恢复与发展烟叶生产,同时提出贷肥、贷粮,保证烟农适当的利润,调整等级差价和进行技术指导等措施,并在这些措施中获得了一定的成绩(同时也发生了某些缺点甚至错误),至此我山东烟草事业,始脱离曲折的畸形发展,开始步入正常发展的途径,如五〇年仅胶济沿线,烟田面积即达二十一万余亩,产烟三千八百余万斤,加滕县等地,全省烟田面积共为二十二万五千亩,产烟四千万斤。五〇年黄烟产量虽大有增加(四九年仅产一千六百余万斤),但距卷烟原料之需要,尚差太远,因山东为全国两大产烟区之一(另一为河南之许昌),不仅供本省卷烟之需(五〇年用一千八百九十六万斤,五一年计划用二千二百九十八万斤),外地亦需由我省供给一部分,以致形成暂时的产不敷需的现象,因此五一年生产计划,要求种烟面积增为五十万亩,计划产烟七千万斤。

土烟产地几遍全境,多为一般农民吸用,历来无论在产量与质量上,均以沂水产品为最好,并由于沂水烟多以坦埠镇为集散地,故已久享坦埠烟及沂水柳子之佳称。战前一九三六年全省种烟面积为三十万亩,产烟五千三百九十三万斤,中间又受到战争的影响,至一九五〇年复又大部恢复,全省植烟面积为二十三万四千余亩,产烟三千六百六十二万斤,历来以供应省内需要为主,很少外流。由于省内需量浩大,每年尚需东北烟调剂一部。

麻类:本省麻类有:线麻(大麻)、蕢麻、洋麻三种,历来出产以线麻为最多,蕢麻次之,洋麻最少。

线麻产地较为普遍,尤以泰安、莱芜、泰宁、肥城、莱阳等地产量较多,为一般农民的必需品(如纳鞋底、制绳、纺经等),在工业原料上的地位也很重要,以制造卷烟纸用量较多,战争后由于地区分割,交通不便,兼之战争的摧残破坏，使麻的产销量减低，自解放以来为保护国内工商业之发展，禁止外来卷烟纸的进口，因而线麻产量较前大增，一九五〇年全省种植面积为十七万八千亩，产线麻一千四百八十三万斤（可折换粗粮八千万斤以上），在销售方面亦很好，目前已剩余不多，就本年的销售情况与今后工业生产的需要来看，线麻的前途是极其乐观的，如不适当的扩大生产，恐也将有产不敷需的现象。

蕨麻之用途，以制绳纺经为主，亦为工农业生产的必要资料，产地虽不及线麻普遍，但亦为不少。尤以滕县、济宁、济北、汶口等地产品较好，产量仅次于线麻。战前一九三六年全省约产一千五百万斤，一九五〇年全省种植面积为十三万七千亩，产蕨麻一千一百三十万斤。内销以黄河沿岸胶济沿线产烟区与渤海产棉区为主，可占总产量的60%-70%。省外销售以天津为主，集散重点为济宁、汶上、济南、潍县等地。为了满足工农业生产的需要，五一年计划全省种植十四万亩，产量二千一百万斤。

洋麻类似蕨麻，但其质细而柔软，为织麻袋最好原料，历来产量不多，而且历史很短，战争前夕，始于胶东之莱阳等地进行推广，一九三九年产量为八万斤。解放后我人民政府对工业原料生产的号召下，至一九五〇年全省以莱阳为中心，发展为三万六千亩，产麻四百九十七万斤，但尚不敷工业之需，因而五一年的生产计划，要求增至十五万亩，产麻三千万斤。

花生：为农产品之重要特产之一，产于黄河沿域，和鲁中南胶东山岳地带，即现在的德州、惠民、文登、莱阳、泰安、胶州、临沂、沂水、昌潍等专区，其中以莱阳、文登、沂水、泰安、胶州、德州等六个专区产量最多，战前一九三六年全省种植面积为四百四十万亩，产量为十三亿二千三百二十万斤，可出生米九亿二千六百二十四万斤（以七十斤折算），按面积与产量和全国各省比较，皆居首位，同时亦居山东出口物资之冠。同年出口量为八千五百二十万斤。一九五〇年种植面积增至五百六十万亩，

147

约产生米八亿斤以上，出口达一亿二千六百四十五万斤，打破了历史的空前纪录，超过一九三六年出口数量的半倍以上。

二、副产品：

山东副业产品颇多，仅据现在所了解的，有山干果、药材、蔬菜、瓜子、蚕丝、猪鬃、皮毛、羊毛、蛋品、肠衣、芒硝、火硝、灵苦土（土粉子）等多种。其中山干果则又分为大小枣、核桃、栗子、苹果、梨、桃、柿、柿饼、山楂、楂片、葡萄等，药材中大致的有金银花、沙参、山蝎、半夏、瓜蒌、蒌仁、蟾酥、黄岑、柴胡、地骨皮、五加皮、远志、蝉脱、桔梗、香附、花粉、葛根、百部子、停力子、苍子、白芷、连翘、草决明等多种。蔬菜中主要的为白菜、萝卜、大葱、大蒜、大椒等，这些产品在过去产量即不少，据一九三六年材料统计：核桃产四百二十六万斤，大枣产一亿五千万斤，小枣产八千万斤，楂片产五千万斤，苹果产一亿〇七百六十万斤，葡萄产一千万斤，栗子产六千四百万斤，柿饼产四千八百万斤，黄梨产四亿七千万斤，杏仁产一千万斤，桃子产一亿八千九百万斤，金银花产二百万斤，山蝎产八万斤，沙参产六十八万斤，半夏产十六万斤，蒌皮十三万斤，其他土药产千万斤，桑蚕丝产六十万斤，柞蚕丝产八十万斤，猪鬃产七十万斤，羊毛产三百六十六万斤，各种蛋产二十亿个。这些产品有的不仅畅销国内，且可出口外洋，如烟台水果在战前出口常占出口物资第二位，据不完全统计，一九三六年全省出口干鲜果品一千三百万斤，药材一万五千斤，干鲜蔬菜近三千万斤，鲜蛋一亿五千万个，猪肠衣四百余万把，猪鬃一百二十万斤，皮毛近二万张，当时由于一时的销路较好，因为产量亦有些盲目增产。战争中因摧残严重，交通堵塞，旧的商业网为之破坏，致产销均陷低落。解放后经几年的扶持恢复，特别五〇年经济情况的初步好转，好多产品销量均在逐步恢复，并有些产品如芒硝、金银花、沙参、半夏、山蝎、楂片等，几成产不敷需的现象，有的便形成抢购而急待增产。但亦有些产品仍旧销路不大和无销路，如猪鬃、皮毛、蛋品、灵苦土、药材类（除金银花、山蝎、沙参、半夏、瓜蒌外），部分的山干果类菜蔬类等等。

三、手工业产品：

我省手工业产品种类繁多，主要的有以下几种，如生油、豆油、豆饼、粉丝、草帽辫、花边、网扣、绣花、发网、丝绸、土布、料器、陶器、土纸、草席、凉席、蓑衣、斗笠等多种，其中除席子、蓑衣、苇笠外，一般在战前不仅行销全国各地，且可大量出口，尤其龙口粉丝、草帽辫、花边、网扣、绣花、发网、土绸等，历来大部或全部出口，如一九三九年粉丝出口一千七百八十四万斤，输出地方为香港、星州、安南、菲律宾、印度。草帽辫出口四万一千包，输出国分别为日本、德国、法国、英国、朝鲜、美国、瑞士。绣花出口一万七千套，销向香港、印度、中美洲各共和国、美国、新加坡等地。发网出口七十二万罗，输往国为英国、美国、法国、荷兰、德国、丹麦、加拿大、捷克斯洛伐克、日本、澳洲、奥地利、比利时等。土绸出口十六万六千匹，多销往香港、英国、法国、苏联、美国、英属东非洲等地。

自四九年以来经我大力的恢复，不少产品已逐步由解放前的滞销，而能销或畅销，同时在出口量方面，亦大为增加，如一九五〇年龙口粉丝出口六百万斤（较一九四二年增加十三倍以上）。草帽辫出口一千三百包（一九四二年无出口）。绣花出口十五万余套（一九四二年无出口）。发网出口近六十万罗（较一九四二年增加三十倍）。土绸出口二万匹（一九四二年无出口）。从以上数字来看，虽然较解放前是有所恢复，但尚不能解决省内产品的销路，更重要的是：自美帝发动侵朝战争，对我实行封锁后，或多或少的增加了部分产品的出口困难，有某些种类是已经恢复销路的，又重现滞销，甚至无销路。

四、水产类：

山东沿海一带产品颇丰，尤以鱼、盐最多，内地河流、湖沼之鱼产亦为

149

不少，因此湖畔、河边及沿海一带，历年赖以捕鱼、制盐为生的群众很多。但因历来销路极不正常，鱼、盐常因滞销价低而影响生产，尤自七七事变后，遭受敌伪严重之摧残，渔、盐民之生活更感困难。解放后在人民政府大力扶持下，鱼、盐的产量已恢复并超过战前。如一九三五年产鱼一六、四三九万斤，产盐七〇、四〇〇万斤，一九五〇年即产鱼十五万四千二百三十五吨（包括公私营），产盐六百七十五万五千三百四十八担，销盐九百九十五万担（内有一九四九年存盐三百多担），生产量的扩大，是个好现象，但如销路不畅，大的产量是虽保持的。就一九五〇年鱼、盐的销路来看是不能解决产品的销路，特别鱼的销路问题最大，为了维护渔、盐民的利益，增加国家的财富，今后应大力组织运销，恢复原有销路，打开新市场，已达渔、盐民有利可图，生产正常。

据初步统计，一九五〇年山东土副产品、手工业产品、水产品，由于人民政府的正确领导，加以山东的地质肥沃，气候较好，雨量亦较匀，因此所出产的土产种类亦颇多，并且面也很广，按去年较为丰收的年景来说，根据不完全的调查了解，生产烟、麻、山果、药材、龙口粉丝、手工业产品等三十六种土产品，总值约有五万二千四百三十八亿元，水产总值约有二千七百六十亿元，蚕丝总值约有三百亿元，猪羊皮毛总值约有三千九百九十三亿元，其他副产品总值至少亦有五千亿元以上，合计总值即达六万四千四百九十二亿元，能折合粗粮约在五十二亿斤，能占棉、粮两种主要产品总值的 29.5%，占农民总收入的 26.4%。再以去年一年的销路情况来看，烟、麻、山果、药材、手工业等三十六种产品中，畅销的约占生产总值的 17%，尚可推销的，或者说在推销上略有困难的，再加上完全滞销的品类，即约占生产总值的 83%，虽然后者是有部分尚可以推销，但是滞销的土产品类所占比重并不算少数，更其就某些地区某些物资来说，滞销现象则很严重，现仅根据现有材料的不完整统计，当前全省所存的滞销土产品类，即约值人民币一万亿元以上，这不过是仅就现有材料的不完整统计，当然未统计在内的品类和数量还会很多。因此说，打开滞销土产的销路，是个极其重要的问题。

第三部分：山东土产品的销路现状

根据本省各项土产品的销路情况，目前大体上可以分为以下三种不同的类型：

一、畅销的土产：

大体计有黄烟、土烟、花生、生油、线麻、蓝麻、洋麻、豆饼、龙口粉丝、芒硝、金银花、沙参、半夏、山蝎、菱皮、杏仁等，这些产品之所以能得到畅销，是由于工业再逐渐发展，原料需要量增大，而产量不足应用，为了适应生产需要，故计划今年黄烟增产到五十万亩，蓝麻计划要增产到十四万亩。豆饼是由于去年秋后农民购买力提高，再加土改后农村生产力的解放和去年政府积极扶持下大力克服了农业生产困难，因为农民生产情绪提高，农民肯于向农业生产方面投资所致。其次如龙口粉丝、金银花等均系出口广销所致。

二、推销尚无多大问题者：

大体有核桃、楂片、大枣、小枣、乌枣、芝麻油、豆油、苹果、栗子、柿饼、黄梨及一少部分土药材等，所有这些大部都是农民的副产品，也可说是关系到一部分农民的切身利益问题，因此我们就需要解决再推销这类物资方面所存在的问题，过去是出口的还要争取出口，过去是行销全国的还要在国内打开销路，并且应做到销得远销得快，否则就会在目前出口暂时不利的情况下堵塞销路，这样便会把小困难变成大困难，就谈不到解决农民的切身利益问题，和城乡互助内外交流的问题了。

三、滞销者：

主要的计划有绣花、花边、网扣、发网、草帽辫、土绸、山楂、鸡蛋、芦苇、芦席、苇笠、蓑衣、摺子、蒲包、剪刀、鲤鱼、火硝、石棉、云母石、黑磐、陶器、毛头纸、蟾酥、黄芩、五加皮、香附、葛根、百部子、停力子等大部土药材，及一部分山干果等，还有很多不了解情况的滞销物资很难一一叙述。这些产品多为农民的家庭手工业生产，及一部分土药材，这些产品在目前来讲，推销最困难，因此研究如何推销这部分产品的问题，应成为我们这次会议所要讨论解决的重点之一。例如绣花草帽辫、陶器、芦苇等等，都是农村在一个地区比较普遍的家庭副业，我们为了活跃农村经济，因此就必须解决这些土产品的销路问题，因为商业是生产与消费两者之间的纽带，因而我们也有责任把这一工作做好，应该把滞销变为畅销，因此说，我们当前解决土产销路的关键问题就在这里。

另外，还有一些外省出产之土产品为本省所需要者，目前仅知道的只有竹苗、竹竿、明器、松香、桐油、石膏等数种，在这方面也应多想办法，以达到一方面满足了本省的需要，另方面也是为他省推销了土产。

1951 年 4 月 2 日《青岛日报》

李村集上的"中苏友好月"

肖　坚

十一月二十三日，风和日暖，李村集上的人，比往常更多了。因为这个集被"中苏友好月"带来了许多新鲜的事情。人们除了来买卖东西以外，还想看看"光景"。

一大早，各条道路上便出现了成群结队的农民，向这里聚集。

李村区人民文化馆在集上为赶集的人布置了一个"中苏友好图片展览会"，新华书店在集上把印成单页的"中苏友好歌"分送给赶集的人，青岛人民广播电台中苏友好协会的"友好宣传车"也赶来给大家演唱各种节目。集上到处热闹非凡。

看中苏友好图片展览的人川流不息，赶集的人谁走到"友好宣传车"面前，也要住下脚听听。一位鬓发半白的农民老大爷出神地看完一张图片之后，突然出来拉住他的一个街坊，一边走，一边说："你快到那边看看去！我六十多岁了，这还是第一次开眼——人家庄稼耕地、种地、锄草、割庄稼全用机器，就连摘棉花这个活，也能用机器干。还有，地豆子和洋柿子一接，上面开花结洋柿子，下面还结地豆，一当两……你快去看去！"他的街坊钻进人丛里，在一幅快速犁地机耕作土地的图片前站住了，他不住地看过去，又看回来，他听了图片讲解员的解释高兴极了，他说："用这活宝（指快速犁地机）耕地，每点钟能耕三十多亩，这三十多亩地，差不多够俺和一头牛耕二十天的……"说得大家都点头笑了。他又向着大家说："苏联老大哥真是太能干了，庄稼地里的营生，什么都用机器干，一干一大片，当这样的庄稼人，真不错啊……"旁边一个姓方的老大爷就插嘴问："咱们什么时候才能和苏联老大哥这样？"一个青年人回答他说："老大爷，苏联的今天，就是我们的明天，在毛主席的领导下，只要咱们走苏联的道路，到这样的日子也快呀。"这位老大爷一听高了兴，就滔滔不绝地谈起来了："五十多年了，我一个人起五更，带半夜，每年忙个筋疲腿酸，一年到头没闲过，腰就是干这吃力的庄稼活给罗锅了……咱真要好好跟着苏联老大哥走。"

"友好宣传车"前围的人也是越来越紧了，扩音器不断放送出中苏友好的歌曲、河南坠子、胶东大鼓说唱"无痛分娩法"……人们一边听，一边以尊敬的眼光在不时地注视着宣传车上悬挂的斯大林和毛泽东的画像，一个个淳朴的面孔都流露出从心底爱戴这两位伟大领袖的心情。

天快要黑下来了，人们还是没有散去，一位老大爷跑到宣传车旁来问道："同志，今晚放电影么？我们庄稼人现在顶愿看苏联老大哥的电影啦。"宣传车上的人员解释说：我们不是放电影的，他又嘱咐说："请你们捎个信给上级（指电影放映队）快到我们那里去，……我住在下王埠村！"

1952 年 11 月 29 日《青岛日报》

"中苏友好月"后农民纷纷要求参加中苏友好协会
李村区友协组织开始健全和扩大

李村区各乡农民通过"中苏友好月"活动，普遍提高了爱国主义和国际主义思想，深切地领会了中苏友好的伟大意义，纷纷要求参加中苏友好协会的组织，各友协支会经过整理也已开始健全。过去不愿参加友协组织的郑庄村妇女孙秀花，在"中苏友好月"中听了梁辉同志的访苏报告和看了"火花集体农庄"的幻灯片后，高兴地说："苏联对咱们这么好，真是咱们的好朋友。今后我们得好好向苏联老大哥学习，把新中国建设得像今天的苏联那么幸福和美满。"她再三向乡友协支会申请入会。据河西、小水清沟、西韩、车家、下河、郑庄六个乡初步统计，已有一千七百余农民要求参加中苏友好协会的组织。不少老会员也都检讨了不重视中苏友好工作的错误认识。郑庄农民吕仪贤检查了他为了能戴一枚红色的徽章而入会的不正确思想，现在他已认识到"参加中苏友好协会不是为了戴个小牌子好看，而是为了发展和巩固中苏两国的友好关系，推动我们学习苏联老大哥的先进经验，使我们国家早日走向集体化和机械化，走上更美好的社会主义社会。"

现在全区已有十四个乡进行了中苏友好组织的建设工作。原有机构较为健全的，如上流、上臧等乡正在进行巩固组织，发展会员的工作。郑庄乡友协支会过去没有划分小组，现在该乡庄子村已划好了小组，并选出正副小组长。苏家、郑庄两村也正在划分小组。河西乡在中苏友好月中正式成立了中苏友好协会支会，并准备在最近划分小组，订立了各种制度，巩固"中苏友好月"的成果。（王升平）

1952 年 12 月 11 日《青岛日报》

李村正在开展新市场

李村集是崂山郊区的一个初级市场，附近四个区的市民及市内的部分市民及小贩，每月要在这里进行六次交易。可是，这个集市的地址是在河滩上，很不卫生，还妨碍本市水源地的清洁。有时，河面忽然下来大水，还能冲走市民和小贩的东西。崂山郊区人民政府为了改善这一状况，经呈请上级批准，决定在李村东北面开展一个新市场。这个新市场的面积占七十多亩地，全市场共分百货、文具、小玩具、副食品等三十多个小市，能容纳两三千人在一起赶集。

昨（二十一）日，市人民政府建设局的雨部推土楼，在这里已基本完成了平地的工作，估计在春节前后，人们就能在这一新的市场上进行交易。

1954 年 12 月 22 日《青岛日报》第二版

李村市集

蜿蜒曲折的李村河，把李村镇劈成两半。河南崖和河北崖平日虽也很繁华，不过，最热闹的要算逢二逢七的李村市集的时候了。

市集设在河滩上。一条小水像条线似的在沙滩当央缓缓地流着，几十只鸭子在水里有嬉，一会儿把头钻进水里，一会儿又扑撒着翅膀，"嘎嘎嘎嘎"叫着、嚷着。就在这空旷的沙滩上，张着上千的布棚，各类的小商贩，从远近各乡来的农民，便在这市集上交易着，从天蒙蒙亮就开始，一直吵吵嚷嚷一天。

鸡叫头遍，天刚蒙蒙亮，满天星星还闪烁发亮的时候，早在前一天晚上赶来露宿的饭食棚的炊烟，便升起来了。十几岁的小伙计，揉着睡意朦胧的眼，"呼搭呼搭"的拉着大风匣，那通红的炉火一明一灭，嗅着远远的便烧焦的木柴味。有人开始大声咳嗽起来。

"赶的真早哇！"

在饭食棚背后，一个黑影招呼着头一个挑着一担东西的人："卖的什么？"

"花生！"

"多少钱？"

"你给多少？"这黑影四下看了看说："一千四怎么样？"

155

“合作社还一千一哩！”那人放下挑子，抹了把汗，倔强地说道：“少一千六不卖！”

“合作社如今不收哇！”那黑影嘿嘿一笑。

那人也回敬道：“上集就说不叫商贩买卖花生！”

“那你挑来往那送？”

“往那送？咱出力，人家出钱，管卖给谁都行！”

那黑影这才算放了心似的，走过来说：“我先看看！”他抓了一把：“还湿着哩！”

“上那找干的去？”

那黑影抓起一把花生搓着，说：“行，一千六就一千六，我豁上赔他奶奶的。要叫合作社查着就麻烦啦！”一杆大秤称了称，整整八十六斤。他一面数着钱，一面咕哝着：“上一集买了四十来斤，好歹的算是走过去，如今做买卖的可真不容易，全看八字啦！”

那人接过钱，点了又点，一气点了四遍，才算放心，挑着空扁担扬长而去。

市集开始热闹了。市里的小商贩，一帮一帮的骑着自行车赶来，汽车，牲口拉的车，也从各路向李村市集拥来。

买下了八十六斤花生的商人，已经把一整筐篓花生伪装好，上面盖上厚厚一层烂贱的老韭菜，用块包袱一盖，趁饭食棚掌柜的没注意，朝饭食棚边上一堆，便先出去探道去了。

在大道上，上臧乡的戴会领老汉，推着一胶轮车洋梨，得意洋洋地向同行的一位赶牲口的老头打招呼道：

“那里来？老大哥！”

“崂西区山里的，王明增。你是那里的？”

“上这赶集的，三里五里没有远的，上臧乡，出梨的地方。你这二三十里路可赶的早哇！”

“给合作社运输，不早还行？怎么样，咱这边今年庄稼长得还行吧？”

156

"年头行啊！谷子一亩打二百五！"戴会领老汉说起话来，满身欢喜劲，手下的胶皮轱辘的小推车，也仿佛变得轻松的多了。在这空当，一个穿灰褂蓝裤，四方大脸的人，把他拦住了：

"老乡，卖的什么东西？"

戴会领老汉一眼就看准他是个商贩，也就不大耐烦的道：

"洋梨！"

那商贩笑着说："真凑巧，多少钱一斤？"

"你给多少？"

"咱讲究公平交易，合作社五百元一斤，我给你五百二，多妥当。"那商贩手摸着油滑的大洋梨，两眼翻上翻下的，单等这老汉一句话了。

那老汉爽快的说："给的不少，合作社有牌价，要买到市场去！"说完推着车就走。商贩跟了几步，连说：

"你卖是不卖？"

戴会领老汉回答的干脆："我卖给合作社，早就有合同了！"说罢那管这商贩，便急急的去撵王明增去了。他听见那商贩说了句："还碰上个和钱出'五服'的咧！"他也没搭理，等撵上王明增时，市集已在眼前了。

这一天，天上没有一朵云彩，晚秋的阳光，虽然还烤人，但已失去了炎热的威力。在市集上，铁器市是最热闹的一角了。南庄合作社订打的大镰，北疃互助组来的修理的锄头和犁，几十铺铁匠炉，应接不暇。在这里大锤抡的叮当响，炉火烧的通红。这些铁匠炉是铁器生产组，是手工业者组织起来的初级形式，目前有的生产组正酝酿着转为生产合作社了。在铁器市的北面，是牲口市，这里倒腾牲口，是在交易员的帮助下进行的。布市、百货市已经不像以前那样热闹。农民购买日用品，已经不完全要逢集来买了；各乡的合作社已经大量的供应着农民的需要。饭食棚每集的生意还是照旧的兴隆，赶集的人饿了，便在这里用饭。锅贴、包子、面条，什么都有。在西头，鱼市、水果市和收购站，人格外的拥挤。收购站收购的洋梨、苹果、地瓜、茄子堆成小山一样。远近的人们在这里挤来挤去。人群中有刚刚复员来家的军人，在这里重温一下故乡的风情；青年男女，相中了对象，也常在这里约会见面。在这里，从普通的农民的脸上，从匆匆来去的行人的神采上，你便会感觉到，人们已走上紧张的新生活的道路，这市集也在暗中发生了变化。

在河北岸，一座简陋的临时借用的小房外，排着两行准备登记的小商贩。市场交易管理所的同志正用喇叭筒："……政府规定的市场管理办法，好些人照着办了，也还有些人暗中捣鬼，抬高物价。那样是不行的。李村市集只准许正当的商贩，只准许服从领导的商贩买卖，有困难，政府还能帮助你，要是捣鬼，那就不允许……"商贩们老老实实地听着，也有的眨巴眨巴眼，望着那喇叭筒出神。登完记以后，商人们便分头进行交易去了。

李村市集交易管理所刘德周同志，看样子是个二十八九岁的人，他做这工作不久，然而他现在已经开始熟悉一些和奸商斗争、进行市场管理的方法了。他想着财委会的指示，一定不许花生私卖。是啊，去年就是个教训，去年私商捣鬼，弄的市场很混乱，今年可得提早注意点。他便和谢兆福一块到集上去检查去了。

在一个饭食棚外面，他们发现了地上有几颗鲜花生。这就引起他俩的猜疑，也许有人天不亮就在这里做了花生卖。于是他们注意搜寻，果然在这饭食棚里查出了一筐篓韭菜，韭菜下面却是花生。那买了八十六斤花生的商人出去探了探道，看看各路口看的很严，心想等晚上再走，那想到这时就被发现了。他懊丧的找了个人，写了张保单。上写着：

> 具保人陈兴元　住址邬县路五号内二十八号
> 被保人李顺玉　保证下集到李村来
> 　　此致
> 崂山区工商科
> 　　一九五四·十·十八
> 　　保证人二十三号来

花生被合作社收购了去，他却要等下集来听候处理。刘德周同志从登记本上查出，这商人原来狡猾得很，登记时从不登记真实住址，一次登记住临清路，一次是李村路，第三次又成了邹县路。这是为了什么呢？这样的斗争是在暗中进行的，交易管理所既要管理市场进行正常的交易，又要保证国家计划收购任务的胜利，和钻空子、破坏国家收购任务的私商斗争。随着国家在各个经济部门实行全面的社会主义改造，这斗争是越来越复杂和尖锐化了。

在合作社收购站，十多个营业员在忙忙碌碌的喊牌价，过磅，算账。虽然人乱哄哄的，但一切工作都在很有组织、有秩序的进行着。

"来，同志，过秤吧！上臧乡的丰收梨又来了。"戴会领老汉到了收购站，他歇也不歇的从小车上把梨卸下来，就往磅上搁。

"哎，老大爷，还得验验级、评评价呢，不能马虎啊！"一个营业员笑着解释道："这个没什么，合作社是咱自己的，没有错！"

营业员验了验梨，说道："社里收这东西，是依质量论价，这梨每斤五百元怎样？"

"行啊！公道价。快过秤吧。"

旁边有人开玩笑的说了句："老大爷，你可认准了合作社了！"

他一边用白布巾抹着汗，一边说："我认准了合作社啦！俺是翻身人家，合作社待俺的好处，给俺的甜头，俺可尝过。还扶持咱庄户人家组织起来，走富裕的道，你说有多好！咱要再和奸商打交道，你说能对得起良心吗？咱不能用着国家时就靠前点，不用时就和私商打交道哇！"他喘了口气说："别瞧我老汉五十多啦，咱把东西卖给国家，也是支援社会主义建设。到了社会主义，俺上臧乡也就能'山上绿油油，牛羊满山头，耕地不用牛，点灯不用油，走路不留心，苹果碰破头'哇！嘿！嘿！……"他高兴的、爽朗的大笑着，一面数着钱，一面笑着说："扩大生产又有本钱了！"说完，大踏步的朝供销社零售店走去。戴会领老汉爽朗的笑声，仿佛还荡漾在李村市集的上空，

长久不散。这是一个普通农民幸福的笑声。人们可以相信，农民兄弟是会坚定地跟着工人阶级走的。（姜树茂　白帆）

1954 年 12 月 16 日《青岛日报》

李村集上粮食市场开始活跃

四月二十四日是李村集。这天李村集上的粮食市场开始活跃。农民们把地瓜干、黍子、苞米、小麦拿到市上来互通有无。当天上市的地瓜干有两千五百多斤；成交的地瓜干有一千六百多斤，成交的粮食有五十多斤。这天，有很多农民想买大豆，可是市上没有卖大豆的，供销合作社就拿出大豆来和农民调换地瓜干、苞米、黍子，供销社并在市场上收购了农民卖剩下来的地瓜干、黍子三百九十三斤。（白易）

1955 年 5 月 3 日《青岛日报》

捷克斯洛伐克送来的啤酒花苗到了李村

徐玉民

下午，青岛啤酒厂把捷克斯洛伐克送来的一千七百七十五棵啤酒花苗转交给啤酒花生产合作社。这些花苗都是我们国家捷克斯洛伐克培育出来的优良品"捷三一号"和"捷七二号"，这些花苗产量高、质量好。当这些壮实的花苗送到啤酒花生产合作社时，社员们看见了都说了不得。社员尹秀珍说："捷克斯洛伐克农民兄弟对我们有多么关心啊！看看这些啤酒花来的多远，它们是用飞机、火车运来的，我们一定得好好的栽，保证苗全苗旺，才不负他们对我们的关系。"社主任宋福德也说："捷克斯洛伐克送给咱们产量好、质量高的花苗，咱们真有说不出来的感激！咱们一定好好栽培，保证使这些优良品种更快地传播，以实际行动来答谢捷克斯洛伐克人民对我们的关怀和援助。"

1955 年 5 月 10 日《青岛日报》

摊贩登记换证工作委员会成立
今天开始进行摊贩登记和换发新证的工作

市人民政府商业局确定从今天（五月十日）起到八月三十一日重新办理摊贩的登记工作，同时换发新证。这一工作是由商业局、公安局、手工业管理局、市工商联和各区人民政府工商科共同组成的摊贩登记换证工作委员会来领导进行的，这一个委员会已于七日成立。

解放以来，本市曾进行了两次摊贩的登记换证工作，从而初步整顿了摊贩市场的秩序，建立和健全了摊贩市场的管理组织。但是摊贩不时有转业或歇业的，营业的变化也比较大，所以直到现在摊贩市场仍然存在着业别不清、户数与从业人员不确、资金不实、证明不符等混乱现象，因此就影响到国家对他们的社会主义改造，同时对摊贩本身的经营也很不利。所以这次才按行业（先商业，次服务业，后手工业）顺序地来重新进行登记和换发新证工作，以便国家对他们进行改造和统一安排市场。（严己）

1955 年 5 月 10 日《青岛日报》

李村区供销社帮助商贩组织合作商店

李村区供销合作社除在四月中旬组织了三户煤炭商贩给合作社代销和经销煤炭，组织了一户油贩代合作社下乡送油，组织了两户商贩代合作社收购废品外，并又在李村镇上帮助商贩组织了一个"百杂货业合作商店"是由原卖百杂货店的七户摊贩组成的，"合作饭店"是由九户原卖面食的摊贩组成的。这两个合作店都在"五一"开业。因为组织起来，人力和资金都集中了，所以经营情况较单干时几乎增加了一倍。"百杂货业合作商店"现在经营的商品品种比单干时要多的多，七个劳动力也分工合作：两个人在镇上摆摊，两个人出去赶集，三个人串乡，营业范围较单干时大大扩大，收入也多了。"合作饭店"自开业以来，由于注意了成本核算和饭食的卫生，所以赶集的小商小贩都愿到这儿来吃饭。

又：李村区供销合作社上月十八日设立了一个批发部，专门供应小商小贩的货源。现在这个批发部已备有二百四十多种商品，并正在根据小商小贩的要求，继续增加品种。批发部自开业一月来，已批发了三万多元的商品。

1955 年 5 月 25 日《青岛日报》

在沧口李村建立新剧院

市人民政府为了逐步满足劳动人民对文化生活的要求，已决定从今年市政府建设的费用当中抽出一部分资金，在沧口、李村各新建一座能容纳一千二百人的剧院。李村这一座剧院是根据郊区的具体条件设计的，它既能演剧又能放映电影，同时也兼作礼堂。这两处工程已于十月中旬正式开工，今年年底将全部完工。（董润生）

1955 年 10 月 25 日《青岛日报》

李村集上向四害宣战——一万多赶集的人受到教育

昨天（5 日）有一万多人赶集的李村集上，形成了向"四害"宣战的动员会。这天一早，由李村镇胜利、建国、砲援三个农业社，加上崂山郊区机关和驻军部分人员一千二百多人组成的除四害宣传大队，在集上向一万多赶集的人进行了宣传。宣传队中除了有宣传牌、秧歌等宣传形式外，还有笤帚、铁锹等剿灭四害的武器。更引人注目的是显示了他们最近几天的战果。据统计，他们带来的战利品就有两千多只老鼠和麻雀。其中胜利农业社就有四百多只。该社在进行这次宣传以前，曾向全社一百三十多名党、团员和小队长以上的干部，提出了除四害的任务，要求从 2 月 1 日到 4 日，每人捕捉麻雀或老鼠三只。结果共捕捉了麻雀一百五十只、老鼠三百二十只。超额完成了社里原定的任务。

昨天，市爱国卫生委员会，也派去了两部装有播音器的卡车，配合进行宣传。通过这两部宣传车上的有线广播，利用说快板、作报告等形式，向赶集的人系统的介绍了除四害、讲卫生的好处和具体办法。听了这些宣传的人纷纷表示回去要很好的做这一工作。王埠乡上王埠农业社七十多岁的老社员尹长河刚买了一点东西，就急忙坐下来细听除四害的宣传，他说：这太好了！我回去以后一定按照这个办法去做。他还说要买一部分"安妥"药回家灭鼠。

1958 年 2 月 6 日《青岛日报》

中共中央、国务院
关于组织农村集市贸易的指示
一九五九年九月二十三日

随着工农业生产的不断跃进和社会购买力的提高，城乡人民对日用生活品的需求日益增长。为适应生产发展和生活提高的要求，商业部门除了大力组织收购、供应，召开各级物资交流会以外，还必须积极组织和指导农村集市贸易，便利人民公社社员交换和调剂商品，沟通城乡物资交流，促进人民公社多种经济的发展，活跃农村经济。

领导和组织农村集市贸易的原则，应当是活而不乱、管而不死。为了正确贯彻执行这一原则，必须在干部和群众中进行经济政策的宣传工作，让基层干部懂得农村集市贸易是社会主义统一市场的一个组成部分。开展农村集市贸易，有利于促进农、副业、手工业生产的发展，便于组织短途运输，便于管理市场价格；便于人民公社、生产队、社员之间进行商品的交换和调剂；同时也便于为商业部门开辟货源。人民公社、生产队对农村集市贸易要给以必要的支持，并向社员进行有关经济政策的教育，使他们在参加集市贸易当中，做到买卖公平、不抬价、不抢购、不贩运、不弃农经商。

在开展农村集市贸易之初，为了积累经验，避免发生混乱，应该对集市贸易的商品范围、价格等方面作出规定，以利于稳步前进，健全发展。

现将有关组织农村集市贸易的几个主要问题，作如下规定：

163

一、参加集市贸易的商品范围

第一类物资（国家计划收购和计划供应的物资）和第二类物资（国家统一收购的物资），人民公社、生产队应该首先保证完成国家规定的交售任务；在完成国家规定的交售任务以后，剩余的部分，可以到农村集市进行交易，如果国家需要，应该尽先卖给国营商业部门。至于哪些品种、在什么时间、在哪些集市交易等，可以由省、自治区、直辖市人民委员会自行规定。第三类物资（一、二两类以外的其他物资），凡是国家规定有交售任务，或者人民公社、生产队、社员同国家签订有合同的，人民公社、生产队、社员一定要保证完成规定的交售任务；在完成规定的交售任务以后，剩余的部分，可以到农村集市进行交易；凡是没有同国家签订合同的零星品种，人民公社、生产队可以在集市出售。

人民公社社员家庭和个人生产的副业产品、手工业品，不论属于第一类、第二类或者第三类物资，都可以在集市出售。但是，第一、第二类物资中的某些品种如生猪等，各省、自治区、直辖市人民委员会可以根据市场情况和国家的需要，规定人民公社社员一定的交售任务，人民公社社员应该保证完成国家规定的交售任务。

二、集市市场内的价格问题

集市的交易价格，应该本着有利于多种经济的发展和稳定市场物价的精神，根据集中领导、分级管理的原则，加强管理。对于不同商品的价格，应该按照以下的规定管理和掌握：

（一）人民公社、生产队、社员出售第一、第二类物资的时候，必须一律执行国家的收购牌价。

（二）人民公社、生产队、社员在市场上出售第三类物资的时候，必须服从市场物价的管理。国家对于第三类物资市场价格的管理，应该分别品种采取不同的方针。第三类物资中的主要商品，一般地应该按照国家规定的牌价进行交易；有些品种也可以根据物价管理权限，由主管部门规定最高和最低的限价。对于那些零星细小的商品，可以在市场管理委员会的指导下，由交易双方公平议价。

市场价格是集体所有制经济与全民所有制经济之间分配关系的具体表现之一，关系着国家建设和人民生活。因此，市场物价必须保持稳定。在全国农村实现人民公社化以前，第三类物资的价格一般是合理的，如果没有充分的根据，不宜轻易变动。如果第三类物资中有的品种由于一时求过于供，市价超过了合理程度的时候，必须加以管理，制止抢购，实行议价，分配货源。对于在短期内供过于求的商品，如果价格过低，以致影响生产的时候，可以由主管商业部门以适当的价格收购起来。

三、农村集市贸易市场的形式

农村集市贸易市场的形式，应该以有利于生产、满足社员购销要求、节省社员时间为原则；并且应该根据公社化以后农村经济生活的变化情况，因地制宜地采取多种多样的形式。定期集市，应该结合社员的公休、节日和历史习惯来规定。不定期的小型物资交流会和庙会，以及经常性的交易所、货栈、农民服务部等形式，也都可以继续采取。

四、参加集市贸易的对象

参加集市贸易的，主要是公社、生产队和社员，以及当地的国营商业部门。公社、生产队和社员，都不得进行商品贩运和开设店铺。

公社所属的生产企业和手工业生产合作社（组）所需要的原料、材料和生产的产品，属于第一、第二类商品的，由国家指定的商业部门统一供应和收购，不得在市场上自行采购或销售。经过市场管理部门同意，允许他们在市场上直接进行收购某些原料、材料和销售某些产品的时候，必须按照国家规定的牌价收购和销售。

外地的厂矿、企业、机关、团体、部队等采购人员，须持有原地县以上工商行政主管部门的介绍信件，并经当地市场管理机构的批准，才能进入市场交易。本地和邻近地区的上述采购人员，可以持本单位的介绍信经过市场管理机构的同意参加集市贸易。以上各种采购人员，都必须服从当地的市场管理。

经过国营商业组织起来的小商贩，按照批准的经营范围，可以赶集串乡，进行贩运，通过地区差价取得合理的收入。但是不准远途贩运，也不准在同一集市作转手买卖，投机取利，并且要严格遵守市场管理。

五、加强农村集市贸易市场的领导与管理

为了加强集市市场的领导和管理，在交易上，应该把人民公社的物资交流会，同市场贸易结合起来进行。在组织上，应该在县委镇委公社党委领导下，设立县、集镇市场管理委员会。已经设有市场管理委员会的地区，应该加强领导。没有建立市场管理委员会的地区，应该建立。市场管理委员会由商业、粮食、银行、税务、工业、农业等有关部门组成。市场管理委员会应该有专人负责日常工作，以便更好地组织集市贸易。

市场管理委员会的任务是：贯彻执行国家政策和市场管理办法；监督价格政策的执行；保障合法贸易，指导市场交易；组织各种形式的物资交流会；领导交易所和服务部；取缔市场上一切违法活动；处理和解决市场上发生的一些问题。

（新华社北京 9 月 24 日电）

1959 年 9 月 25 日《青岛日报》

开展集市贸易　活跃农村经济

王玉成　王春开

目前随着农村人民公社的不断巩固、发展，农村集市贸易也活跃了起来。它对便利公社、生产队、生产小队和社员调剂余缺，互通有无，扩大商品流通，促进公社多种经济的发展，活跃农村经济，满足社员生活和生产上的需要，起到了一定的作用。

为什么要有农村集市贸易

在我国基本上完成对私营工商业的社会主义改造以后，已经形成了一个统一的社会主义市场。在统一的社会主义市场中，国营商业是主要部分，是商品流通渠道中的主渠。城乡的商品交换，绝大部分是通过国营商业这条渠道进行的。但是随着人民公社副业生产的发展，商品的品种愈来愈多，有大宗的、重要的商品，也有种类繁多的零星小商品；有公社和生产队集体经营的商品，也有社员家庭经营的商品。组织这许许多多的商品进行交换和调剂，是项繁重而又复杂的工作，因此，在一个相当长的时期内，不可能也不必要统统由国营商业包下来。这就必须采取"两条腿走路"的方针，除了应组织和加强国营商业的直接收购和供应工作以外，还要有计划有指导地开展农村集市贸易，来辅助国营商业进一步扩大市场货源，更好地满足各方面生产和生活的合理需要。可见，农村集市贸易的存在，是由我国一定的客观经济条件所决定的。它是作为国家计划市场的补充和助手、作为商品流通渠道的支渠而存在的。因此，它根本不同于资本主义的无政府无计划状态的自由贸易，而是社会主义统一市场的一个组成部分。虽然它具有自由交换的形式，但是它是社会主义制度下的部分小产品自由交换，这种交换必须是也只能是在国家政策允许范围内的。当然，我们也应该看到，现阶段资产阶级经营方式的习惯势力仍有影响，无产阶级和资产阶级两条道路的斗争并没有结束，因此在集市贸易中资本主义自发势力滋长的可能性是有的。但只要进一步加强政策宣传，切实做好政治思想工作，使广大群众自觉地遵守国家的政策、维护市场的正常秩序，就能使集市贸易正常健康地发展。

加强管理，有领导地开展集市贸易

商品价格直接关系到生产者和消费者双方的利益，是国家实现再分配的一个重要工具。国营商业部门应当从有利于生产、有利于国家和社员的原则出发，对集市贸易的价格，分别不同情况加以具体管理。集市上买卖的价格，应和国营商店的价格大体相同，可以略高一点，也可以略低一点；对于那些国营商店没有牌价的零星小商品，可由交易双方公平讲价。由于集市贸易的商品受价值规律和供求关系的调节和影响，因而有时高、有时低。这是一种正常现象。当然价格也不能悬殊过大，过高了，就损害了消费者的利益；过低了，也不利于生产，因此国营商业部门要更好地发挥自己的职能作用，正确处理集市贸易的价格，使它基本上趋于稳定状态。这是集市管理的中心环节，它不仅关系到集市贸易的发展问题，而且关系到农副业生产的发展问题。

为了把集市贸易开展得更好，还应当由公社一级的商业、银行、税务等有关部门和集市所在地的社队负责干部，在公社党委的领导下，组成市场管理委员会，加强对集市贸易的领导和管理，保障合法交易，取缔投机活动，同时教育大家遵守国家规定，做到公平交易。除了粮食、棉花、油料等有关国民生计的主要农产品只许卖给国家收购机关以外，其他农产品和副产品，在完成国家规定的交售任务以后，都可以拿到集市上进行交易。但是不论公社、生产队、生产小队和社员个人，都只许出卖自己生产的东西，买回自己需要的东西，不许倒手买卖，从中赚钱。

总之，只有把集市贸易管理好，使它活而不乱，管而不死，才能充分发挥它的作用，更好地活跃市场、发展生产。

1961 年 3 月 12 日《青岛日报》

了解生产需要　多方增加品种
李村供销社生产资料站　春耕生产资料准备齐全

【本报讯】崂山县李村供销社生产资料供应站，多方了解生产队的需要，及时准备春耕生产资料。现在从锨、镢、犁、耙、三齿勾到推车零件和各种铁丝、圆钉等，都已备齐，正开始进行供应。

这个供应站对社队春耕生产的各种需要，总是千方百计地想法满足。过去有的生产队反映：供应站卖的山地犁使起来方便，就是零件坏了买不到。

当时这个站也曾组织生产，可是因技术上的问题，生产不出来。去年底，他们又到各个铁业社帮助研究改进生产，先后增产了犁托、犁镜、犁铧、方土套等配件。山区社员反映：小车没捻脚，上山下山不安全。可是要搞这个品种，就需要闸盘等五个零件，这些零件费工夫，值钱少，生产部门不愿搞。后来，这个站还是努力安排了生产。过去卖担杖没有担杖勾，社员购买很不方便。最近他们不仅安排生产了担杖勾，并找加工厂把担杖勾钉到担杖上，使社员买回去马上就可以用。

他们还根据社员的不同要求，积极增添了不少品种相同、质量和价格不同的商品，很受社员欢迎。如小车襻不光准备了用毛制的，还有用麻制的，最近又从市里进了一批布带代替车襻，很受社员欢迎。以前这里供应社员的偏篓，大都是棉槐条编的，有的社员说，这种偏篓价格便宜，但不如腊条编的耐用。最近，这个站根据社员意见，从平度采购了一批用腊条编制的偏篓和抬筐。（赵明浩）

1963 年 2 月 12 日《青岛日报》

必须正确对待农村集市贸易

（青岛市工商局市革委财贸办公室 理论组）

英明领袖华主席在五届人大政府工作报告中指出："在保证集体经济占绝对优势的条件下，允许社员经营少量自留地和家庭副业"，"允许正当的集市贸易"。这是党在农村的重要经济政策，它有利于发展农业生产，改善农民生活，巩固和壮大人民公社集体经济，我们必须坚决贯彻执行。

农村集市贸易是现阶段社员之间互通有无、调剂余缺的场所，是社会主义统一市场的必要补充。允许正当的集市贸易，是党在农村的一项重要经济政策。"四人帮"及其余党为了实现乱中夺权、复辟资本主义的狼子野心，疯狂反对党在农村的各项经济政策，把正当的集市贸易诬蔑为"资本主义自由市场"，大造反革命舆论，妄图砍掉。结果严重破坏了多种经营，助长了资本主义势力，破坏了农业学大寨运动。对"四人帮"在集市贸易问题上的倒行逆施，必须彻底批判，拨乱反正，正本清源，肃清流毒。

集市贸易存在的必要性

马克思主义告诉我们，生产决定流通、生产资料所有制的形式决定商品的流通形式。随着农业生产资料社会主义改造的基本完成，我国形成了以国营商业为主体的社会主义统一市场。商品流通主要是通过国营商业和合作社商业有计划地进行。这两条渠道所交换的商品占我国全部社会商品流通量的绝对优势。集市贸易是国营商业和合作社商业的必要补充，这是与我国现阶段生产关系和生产力发展水平相适应的。其一，现阶段人民公社社员可以经营少量的自留地和家庭副业，这是社会主义集体经济的一种补充。自留地的土地为国家所有，产品归社员个人支配，自留地和家庭副业的产品，社员除自己留用和按政策规定交售给国家以外，有的就要作为商品出售。这些商品大部分又是分散的、零星的，有些是时间性很强的鲜活产品，现时还不可能纳入国家计划，由国营商业和合作社商业统一经营，这就需要集市贸易这种形式来补充。其二，现阶段，我国农村的所有制形式，主要还是以生产队为基础的三级集体所有制。队与队之间的生产力发展水平不尽相同，还存在着差别。生产大队、生产队在完成国家规定征购任务的前提下，对国家暂时还不能统一经营或少量经营的商品，队与队之间也需要调剂余缺。其三，现阶段实行"各尽所能，按劳分配"的原则，社员从集体分到的生活资料，在数量和品种上不一样，有的自用有余，有的所需不足，国营商业和合作社商业又不能完全解决这种供求矛盾，这就需要按照国家规定，通过集市贸易互通有无。这些客观上的需要，就是党在现阶段允许集市贸易存在的政策依据。

"四人帮"出于其篡党夺权的需要，以极"左"的面目出现，形左实右，肆意破坏党在农村的经济政策，否定集市贸易存在的必要性，把社会主义政策当作资本主义批，把正当的集市贸易作为资本主义自由市场取缔。他们在辽宁的那个死党炮制的所谓"哈尔套经验"，就是用弄虚作假、强迫命令、颠倒敌我的卑劣手段搞起来的。他们硬把它说成是"社会主义新生事物"，鼓噪什么"有了哈尔套经验，农业方向、路线问题就解决了"，并且又是拍电影，又在报纸上宣传，喧嚣一时，妄图以所谓"社会主义大集"，代替正当的集市贸易，结果，使明市变黑市，以致资本主义泛滥，集体经济受到严重破坏。尤其令人忿慨的是，他们公开叫嚷"有人说集市贸易是政府允许的，所谓政策允许论的实质，就是反对革命，反对前进，搞复辟倒退"，把矛头直接指向英明领袖华主席和中央其他领导同志，真是反动透顶，荒谬至极。

集市贸易的两重性

集市贸易是私有经济的产物。在封建社会和资本主义社会它依附于封建主义和资本主义商品流通，成为它们的附庸。我国现阶段的集市贸易是社会主义统一市场的必要补充，具有区别于资本主义自由市场的明显特点：（1）它是以社员自留地和家庭副业这种依附于社会主义生产的从属性经济为基础的商品交换。（2）它是在国家管理和国营经济领导下的集市，参加交易的商品范围受到应有的限制，不是包罗万象。参加交易的对象是以社员为主体，自产自销，产销直接见面，国家不允许居间剥削。（3）这种交换实际是使用价值的交换，社员为买而卖，目的是为了消费。实践证明，在社会主义现阶段，正确利用集市贸易这种商品流通形式，对于活跃农村物资交流，安排好社员活动，促进农副业生产，发展多种经营，巩固集体经济，加速农业现代化建设，有一定的积极作用。这是农村集市贸易的主导方面。

但是，必须看到集市贸易还保留着旧社会的痕迹，价值规律在很大程度上对生产和交换起着调节作用，因此，它有诱发资本主义倾向，冲击社会主义计划市场的消极作用。由于社员还经营少量自留地和家庭副业，有的农民还不能完全摆脱原来小生产者的某些固有特点，可能利用集市贸易搞资本主义活动；个别生产队在资本主义经营思想影响下，也可能不按国家计划，搞自由种植，多生产一些价格高的产品，拿到集市上高价出售；投机倒卖，牟取暴利。所以，对集市贸易必须正确地认识它，对待它。我们的政策，就是要利用它的积极作用，限制它的消极作用。只有限制它，才能正确地利用它。

加强管理，严格限制

农村集市贸易如同商品、货币一样，也是一个历史范畴，在一定的历史条件下产生，也要在一定的历史条件下消亡。在社会主义现阶段，必须加强管理，严格限制，并且做好工作，逐步代替。

国家要掌握对集市贸易的领导权，紧紧依靠广大贫下中农，把政治教育、经济领导和行政管理结合起来，把集市贸易严格限制在国家政策允许的范围之内。要严格限制参加集市交易的对象，只准社员之间互通有无，调剂余缺，自产自销，制止弃农经商，取缔无证商贩，坚决打击投机倒把活动。不允许机关、团体、部队、企事业单位在集市和农村自行采购农副产品；要严格限制上市商品范围，只准未纳入国家计划的零星、次要的农副产品以及完成国家定购任务后的某些产品的多余部分。国家规定不准上市的商品一律不准入市交易；要加强价格管理，国营商业和合作社商业要参与对集市贸易的经济领导，通过业务活动，吞吐商品，便利购销，平抑物价。最近山东省革命委员会发布的《关于加强市场管理的布告》，是我省加强市场管理的法令规定，应当认真贯彻执行。

毛主席教导我们："严重的问题是教育农民。""只要我们在合作化运动中，乃至以后一个很长的时期内，稍微放松了对于农民的政治工作，资本主义倾向就会泛滥起来。"农村资本主义自发倾向是社会主义阶段阶级斗争的反映。要战胜资本主义思想，就必须坚持不懈地对广大社员进行党的基本路线教育，不断地向农民灌输社会主义思想，克服资本主义倾向。当前，要在深入揭批"四人帮"的斗争中，结合开展"双打"运动，联系农村阶级斗争的实际，批判资本主义，批判修正主义，进一步提高广大社员的社会主义觉悟，自觉抵制资本主义倾向，坚决同资本主义思想作斗争。

我们要积极创造条件，开展社会主义经济的代替。毛主席说："我们主张为着争取最后胜利所必要的一切条件而努力，条件多具备一分，早具备一日，胜利的把握就多一分，胜利的时间就早一日。"大寨、昔阳的经验证明，只有做好工作，才能逐步代替，关键是要积极创造代替的条件。农村社队要大力发展集体副业生产，不断满足社员的需要；国营商业和合作社商业要不断扩大购销业务，便利社员购买和交售。要做到成熟一项，代替一项，逐步减少社员与集市贸易的经济联系，不断缩小集市范围，从多方面做好工作，创造条件，逐步代替。

1978 年 5 月 9 日《青岛日报》

市郊农村掀起春季生产高潮
——已种各种作物十六万多亩　播种质量普遍好于去年

本报讯　我市郊区农村广大干部、群众，抓住雨后有利时机，积极进行春季播种，力争一播全苗，为夺取秋季丰收打好基础。

入春以来，郊区干部、群众通过学习五中全会精神，深入贯彻中央两个农业文件，继续落实党在农村的各项政策，进一步增强了夺取今年农业全面丰收的信心和决心，在抓好麦田管理的同时，大力开展春耕备播工作，全市一百九十一万亩春田全部进行了深耕深刨，耙耱保墒，并准备了充足的肥料。当前，各地不失时机地掌握生产环节，抓紧展开春播工作。至目前，全市已栽培窝地瓜三万三千多亩，播种春玉米六万多亩，套种玉米六万多亩，播种高粱、谷子等小杂粮近一万亩，共播种十六万多亩。今年春播质量大大好于往年，普遍选换了良种，注意了科学种田，规格标准也比较好。在春播中，各地都注意了加强经营管理，建立健全生产责任制，较好地改变了上下一窝蜂，计酬大拨工，搞大呼隆、吃"大锅饭"的现象，有力地调动了社员群众的积极性。各地党委也转变作风，改进工作方法，抓点带面，发现问题，及时解决，推动了春播工作的开展。

1980 年 4 月 29 日《青岛日报》

加强集市管理　活跃集市贸易
——我市工商管理部门根据农村市场新情况

本报讯　今年以来我市各级工商行政管理部门根据农村集市贸易出现的新情况，积极采取措施，加强集市管理，使集市贸易在去年的基础上稳定发展。

随着党在农村各项经济政策的落实，去冬以来，农村集市贸易比往年发生很大变化，上市商品数量大增，而且品种多、范围广。但随着集市贸易的日趋活跃，少数人利用集市合法场所进行转手倒卖、长途贩运、掺假使杂等投机违法活动也不断出现。针对这一新的情况，各级工商管理部门按照"管而不死，活而不乱"的原则，在集市贸易中首先管好上市物资和交易对象。允许上市的，予以保护，不允许上市的，进行制止，打击投机倒把，取缔长途贩运，制止违反市场管理的行为。对集体单位到集市采购物资的，要经过批准，对罚后扣留物资要严格把关。据第一季度统计，全市各农村市场共查获各种投机违法案件二千五百九十四起，较去年同期增加了百分之二十九点五五，保护了群众的合法交易，打击了投机违法行为。

各级工商管理部门在加强农村市场管理的同时，注意开展了集市服务工作。全市共聘请农村集市交易服务人员六百余人，设立服务磅秤三百余台、公平秤八十余台，茶水站一百五十处，饮食摊点六百五十余处。不少集市还搭建了售货台、棚，准备了猪肉架钩，以及供群众使用的针、线、簸箕等。各级工商部门还根据实际需要，批准了一些从事修理、服务等行业的手工业户，逢集服务。

通过加强管理，我市集市贸易日趋活跃，价格稳中有降，秩序良好。今年第一季度，全市一百五十六处农村集市成交额比去年同期增长百分之二十四点一四，占社会商品零售总额的百分之九点零六。

1983 年 1 月 14 日《青岛日报》

我市城乡集市贸易有发展
去年成交总额达一亿六千多万元

（本报讯）1982 年我市城乡集市贸易又有新的发展，成交额继续增加。据统计，去年全市城乡集市成交总额为 16000 多万元，比 1981 年增加 14.68%。其中农村集市贸易成交额为 12000 多万元，比 1981 年增加 9.48%。城市农贸市场成交额为 4 千多万元，比 1981 年增加 33.05%，相当于社会商品零售额（按市价计算）的 10%。全市城乡市场呈现商品丰富多样，交易兴旺活跃，价格稳定的繁荣景象。去年，仅市区农副产品市场向居民群众提供各种肉、禽、蛋、蔬菜、水产品等副食品就有 1 亿多万斤，比 1981 年增加 35.6%。市区小商品市场成交额达 1500 多万元，比 1981 年猛增 5.76 倍。（张建）

1983 年 1 月 14 日《青岛日报》

国务院发布《城乡集市贸易管理办法》

第一章　总则

第一条　城乡集市贸易，是我国社会主义统一市场的组成部分。它有促进农副业生产发展，活跃城乡经济，便利群众生活，补充国营商业不足的积极作用。

第二条　城乡集市贸易的管理，应当在国家计划指导下，充分发挥市场调节的辅助作用，坚持"活而不乱、管而不死"的原则，国家通过行政管理和国营经济的主导作用，把城乡集市贸易管好搞活，维护市场经济秩序。

第三条　城乡集市贸易行政管理的主管部门是工商行政管理机关应当互相配合，共同搞好城乡集市。

为了协调组织有关部门管好集市，当地人民政府可根据具体情况，在需要设立基层市场管理委员会的城乡集市，由集市所在地的县（市）、市辖区、乡人民政府有关负责人主持，组织工商行政管理、商业、供销、粮食、公安、税务、物价、卫生、计量、农业、城建等有关部门建立基层市场管理委员会，监督、检查有关政策执行情况，规划市场建设，共同管好市场。

第四条　国营商业要采取经济手段，调节商品供需，平抑物价，对集市贸易发挥经济主导作用。

国营商业和供销合作社商业可在集市上开展议购议销和代购、代销、代储、代运以及其他正常的业务活动。

第五条　凡参加城乡集市贸易活动的单位和个人，均须遵守本办法的规定，任何单位和个人不得破坏市场秩序。

第二章　上市物资和参加集市人员活动的范围

第六条　社队集体、农民个人和国营农场、林场、牧场、渔场、农（牧、渔、林）工商联合企业的农副产品，在完成交售任务和履行合同义务后，除中央或省、市、自治区规定不许上市的以外，都允许上市。

第七条　国营工业企业的产品，凡国家允许上市自销的部分，可以在农村集市和城市指定的市场出售。

第八条　国营农场、农（牧、渔、林）工商联合企业和集体企业的工业产品，国家不收购或完成国家计划后的多余部分，可以在农村集市和城市指定的市场出售。

第九条　农民个人所得的奖售工业品，需要出售的，持基层行政单位的证明，可以在农村集市出售。

第十条　社队集体、农民个人和城市居民的旧自行车、旧物料以及农村的小型旧农机具等，可以到农村集市和城市指定的市场出售。出售旧农机、旧自行车和大型、贵重的旧物料都要持有有关执照和证明。

第十一条　国营商业、供销合作社和其他合作商业以及个体有证商贩可以按照批准的范围，在农村集市和城市指定的市场经营购销业务。

第十二条　国营商业在集市上议购议销农副产品，要按商业分工进行经营，议购议销价格可以有升有降，要照顾群众的正常调剂，不要与民争购。

第十三条　农民家庭副业产品和有证个体手工业者的产品，可以在集市上出售，生产所需原料，允许在集市购买。

第十四条　国营、集体和有证个体饮食业、社队企业和各种经济联合体在国家政策、法令许可的范围内，可以在集市购买原料加工成品出售。

第十五条　机关、团体、部队、学校、企业、事业等单位，在国家政策、法律许可范围内，可到集市采购农副产品；但严禁抬价抢购和转手贩卖。

第十六条　农村生产基层单位和农民个人在为生产服务的前提下，持基层行政单位证明，可以从外地购买大牲畜在本地出售。到集中产区采购，须经产地工商行政管理机关批准。贩卖大牲畜必须遵守国家关于牲畜检疫等有关规定。

农民个人出售大牲畜，需持基层行政单位证明。个人从事大牲畜肉类经营的，须持有工商行政管理机关发给的营业执照和卫生检疫部门的证明。在经营活动中，不准收购、宰杀无出售证明的或有使役能力的大牲畜。

第十七条　农民在完成国家统购、超购、派购任务的前提下，可以从事允许上市的农副产品的贩卖活动。

社队集体、农民个人或合伙可以进行长途贩运，从事常年和季节性贩运的要经过工商行政管理机关的登记，并依法纳税。

第十八条　农村手艺匠人在集市做工，应持基层行政单位证明，出省的，应到当地工商行政管理机关登记，领取临时许可证。

第十九条　上市商品要划行规市，参加集市活动的单位和个人，要到指定地点交易，不得在场外交易。

第二十条　下列物品不准上市出售：

（一）废旧有色金属、珠宝、玉器、金银及其制品、文物和国家规定不准上市的外货；

（二）粮票、布票等各种证券；

（三）迷信品、违禁品；

（四）反动、荒诞、诲淫诲盗的书刊、画片、照片、歌片和录音带、录像带；

（五）有毒、有害、污秽不洁、腐烂变质食物，及病死、毒死或死因不明的禽、畜、兽、水产及其制品；

（六）麻醉药品、毒限剧药、伪劣药品以及化学农药；

（七）国务院和省、市、自治区规定不准上市出售的其他物品。

第二十一条 不准以各种证券换取商品，严禁倒卖各种票证。

第二十二条 没有县或县级以上医药、卫生行政机关和工商行政管理机关发给的证明，不准在集市行医、出卖药品。

第二十三条 禁止以次顶好，以假充真，掺杂使假，短尺少秤。禁止使用和出售国家明令禁止的和不合格的计量器具。凡出售计量器具的应持有计量管理部门的证明。

第二十四条 严禁在集市上赌博、测字、算命。

第二十五条 严禁伤风败俗、腐朽野蛮、恐怖、摧残演员身心健康、败坏社会主义精神文明的卖艺活动。

第二十六条 严禁欺行霸市、囤积居奇、哄抬物价。

第三章 集市设置与管理

第二十七条 城乡集市场地，由各地人民政府纳入城镇建设规划，本着方便人民群众购销和不影响交通的原则，合理设置，任何单位和个人不得占用。

要有计划地建设一些永久性的室内商场和有棚顶的商场。

要逐步建立和健全各种服务设施。城乡集市要普遍设立公平秤。

市场管理人员必须佩带统一标志，遵守管理人员守则，做到文明管理，礼貌服务。

第二十八条 搞好城乡集市场地的卫生，认真执行《中华人民共和国食品卫生法（试行）》和卫生部、工商行政管理总局发布的《农村集市贸易食品卫生管理试行办法》。

第二十九条 城乡集市农副产品的价格，在国家政策、法律允许范围内，由买卖双方议定。工业品按国家有关价格的规定出售。

第三十条 除国营商业、供销合作商业在集市上进行议购议销业务外，对进入集市交易的商品由当地工商行政管理机关收取少量的市场管理费。工业品、大牲畜费率按成交额计算不得超过百分之一，其他商品不得超过百分之二，并应规定合理的收费起点。

经省、市、自治区人民政府批准设立交易所的部门和检疫部门可按国家规定收取手续费，其他任何单位不准在集市上巧立名目，乱收费用。由交易所收取成交手续费的，就不再收市场管理费。

市场管理费和交易所手续费的使用原则是，"取之于市场，用之于市场"。主要用于开展宣传活动、建设市场、提供服务设施、搞好场地卫生、开支服务人员工资福利费用及临时雇请的维持市场秩序人员的误工补贴，不得挪作他用。

第三十一条 一切应纳税的单位和个人，都必须接受税务机关的监督和检查，并照章纳税。

第四章 对违章行为的处理

第三十二条 对违反本办法的违章行为，由工商行政管理机关处理，其中违反税法的由税务机关处理。需要给予治安管理处罚和刑事处罚的，由司法机关依法处理。

（一）违反政策规定，不完成农副产品交售任务自行出售的，按国营收购牌价收购产品；已售出的，没收高出收购牌价部分的全部所得。

（二）抬价抢购农副产品的，按国营收购牌价收购商品，或按规定处以罚款；情节严重的可以并处。

（三）机关、团体、部队、学校、企业、事业等单位，违反本办法第十五条规定的，按国营收购牌价收购商品，或按规定处以罚款。

（四）倒卖或以实物倒换各种票证以及出卖本办法第二十条（三）、（五）、（六）项规定的物品的，没收其票证或物品，情节严重的可并处罚款。非法出售麻醉药品、毒限剧药、伪劣药品、有毒食物的，责令赔偿受害者的损失或给予治安管理处罚；造成严重后果，致人重伤或死亡的，依法追究刑事责任。

（五）出售第二十条第（四）项物品的，没收其物品和非法收入。

（六）出售第二十条第（一）项物品的，劝其到国家指定的收购单位出售；已售出的，没收其高于国家收购牌价的部分；倒卖的，按投机倒把行为处理。

（七）使用国家明令禁止的和不合格的计量器具的，没收计量器具；有意作弊的，可并处罚款。

（八）以次顶好，以假充真，短尺少秤的，应进行批评教育，并没收以假充真的物品；屡教不改的，酌情处以罚款；情节严重的，按投机倒把行为处理。

（九）测字、算命的，教育制止；屡教不改的，处以罚款。

（十）违反第二十五条规定，屡教不改的，处以罚款或给予治安管理处罚。

（十一）违反第二十六规定的，按投机倒把行为处理。

（十二）违反第三十一条规定的，根据情节轻重，给予批评教育，或者处以应补税款五倍以下的罚款；抗拒补交的，送到当地人民法院处理。

（十三）违反本办法其他规定的，可酌情予以教育或处以罚款。

第三十三条　冲击市场管理机关和围攻、殴打市场管理人员、税务人员，或冒充市场管理人员、税务人员勒索、诈骗群众财务的，或其他严重扰乱市场秩序的，由司法机关依法处理。

第三十四条　对工商行政管理机关的处理不服的，可以向上一级工商行政管理机关提出申诉。

第三十五条　市场管理人员违反本办法规定的从严处理。

第五章　附则

第三十六条　本办法自批准公布之日起实施。过去的有关规定，凡与本法有抵触的，均按本办法执行。

第三十七条　各省、市、自治区可根据本办法结合本地区的情况制定具体管理细则。

（新华社北京 2 月 24 日电）

1983 年 2 月 24 日《青岛日报》

英姿勃发　蒸蒸日上

编者按　平度县、莱西县划归青岛市后，本报在十月份分别对两县作了简介，曾引起读者的兴趣。最近读者致信本报，要求对原四县一区也作一简介，现分期在《青岛农民》专栏发表。

崂山县位于黄海之滨、胶州湾畔，北与即墨接壤，西北与胶县相邻，是青岛市的一个郊区县。总面积八百五十八点二万亩，耕地四十点二万亩，林地二十七点五万亩，人口六十五万三千，辖十三处公社，四百一十个大队。李村为县驻地。

崂山三面环海，一面与陆地相连，海岸线长达一百四十五千米，沿海有大小岛屿二十个，大小港湾四十五个，整个县境是东高西低。东部是山区，以巨峰（又名崂顶，海拔一千一百三十二点七米）为中心，向西北、正西、西南方向延伸，形成标山、石门山、午山一浮山三大支脉；中部是浅山、丘陵区，西部为平原。全县境内有大小河流二十四条，多属季节性河流，较大的有白沙河、李村河、张村河。为了供城市用水，分别在这三条河床

181

上挖深机井一百五十多眼，并建起了阎家山、黄埠、仙家寨、流亭、中韩等五个水厂。从一九五八年至今，全县建成水库六十四座，其中有闻名的崂山水库（蓄水五千八百九十万立方米），还有一批塘坝、电机井、扬水站，水利设施星罗棋布，有效灌溉面积二十九万三千亩，占总耕地面积的百分之七十。

崂山的工农业生产迅速发展。一九八二年工农业总产值达四亿一千万元，其中工业总产值一亿八千五百万元，占工农业总产值的百分之四十四。全县的工业有拖拉机、造船、汽轮机配件、农机修造、花边等二千一百九十六个厂（组），其中县办工厂三十二个、社办厂七十三个。崂山花边厂生产的"镶边大套""百代丽"，驰名中外，畅销欧、美、亚等五十多个国家和地区。崂山县不仅工业基础好，而且农林牧副渔业也得到全面发展。农作物以小麦、玉米、地瓜为主，一九八二年粮食总产值达到二亿一千多万斤，比一九八一年增长百分之三十八点五。为贯彻郊区生产为城市服务的方针，果品、蔬菜、水产品、畜牧业等也有较大的发展。果品生产，主要有苹果、大梨、桃子、杏子、葡萄等，年产量二千二百万斤。去年蔬菜上市量达三亿三千三百九十七万斤，超过历史最高水平。去年还生产一万七千九百四十五吨水产品、七百万斤鲜奶。崂山茶叶也闻名全国，年产量在六千斤以上。去年全县多种经营总收入三亿多元，人均占有五百多元。

崂山县交通发达。胶济铁路贯穿县境三处公社；青（岛）济（南）、青（岛）烟（台）、青（岛）石（岛）、青（岛）临（沂）、青（岛）港（连云港）等公路穿通县内六处公社；青（岛）胶（县）公路连接县境西部五处公社，市郊十八路班车每日十余次，通往五处公社。县内公路全长五百多千米，以李村县城为枢纽，连接市内各区和县内各社队，日乘客达二万七千多人次。去年以来，又沿海岸线兴修了五十二华里的环山旅游公路，使全县公路干线纵横，交通四通八达。

崂山县的文教卫生事业也有了较大的发展。全县有影剧院四座，吕剧团一个，社社都建起了文化站、电影队。现有县医院一处，县分院四处，公社医院九处，实现了社社有医院、队队有卫生室，人民的健康水平得到了提高。教育事业经过整顿也有了新的发展，全县共有高中十一处，初中三十三处，小学二百二十九处，在校学生十一万名，小学入学率达到百分之九十八以上，普及了小学教育。

崂山历史悠久，是举世闻名的旅游胜地，正如《齐记》上记载的"泰山虽云高，不如东海劳"。远在四千年前就有人定居崂山，创造了灿烂的文化，留下了很多遗迹。属省级保护的大汶口、龙山文化遗址一处—城子原始社会遗址，市级保护的龙山文化遗址二处—半阡子、赵村原始社会遗址。崂山被古人称为"神窟仙宅"，庙宇很多，素有"九宫八观七十二座名庵"之说。有始建于汉的"太清宫""通真宫"，北魏始建的"法海寺"，唐朝始建的"明道观""白云洞"，北宋始建的"上清宫""太平宫""百福庵"，金代始建的"明霞洞"，元代始建的"华楼宫""黄石宫""凝真观"，明代始建的"蔚竹庵""华严寺""太和观"等。崂山石刻颇多，从晋、隋、唐、宋、金、元、明、清至今，均有名人题诗、词、字，镌有各种书体。太清宫的"海波参天"、华严寺的"山海奇观"，以及康有为的五言诗等，均清晰可见。

崂山自然资源极其丰富。"崂山矿泉水"含多种营养矿物质，加工制成的高级饮料，畅销国内外，誉满全球；"崂山绿石"（又称海底玉），是用作石雕之佳品；"崂山水晶石"尤为特产珍品，多属黑色、茶色、紫色，古称"墨晶""茶晶"，可制作墨镜、首饰；"崂山花岗岩"是很好的建筑材料，首都英雄纪念碑、人民大会堂、毛主席纪念堂等建筑，都多用此石。"群峰削蜡几千仞，乱石穿空一万株。"多少年来，凡是游过崂山的人，无不为崂山的危峰削壁、奇岩怪石所倾服。

崂山县有着光荣的革命斗争史，近百年来先后曾与德、日帝国主义和国民党反动派进行过长期的英勇斗争。特别自一九二五年中共青岛支部建立后，广大人民在党的领导下，开展了反帝、反封建、反官僚买办资产阶级的斗争；一九三七年抗日战争爆发，党领导抗日游击队，深入崂山地区，发动、宣传、组织群众进行抗日；一九四五年春，中共崂山工委成立后，建立了崂山武工队，活动于崂山广大山区，开展对敌斗争，为解放青岛做出了贡献。解放后，特别是党的十一届三中全会以来，山区人民在党的领导下，加快了山区建设步伐，把崂山建设得更加美丽富饶，使林木峥嵘，群山添色。（宋启宏　王耀业）

1983 年 12 月 15 日《青岛日报》

我国城乡集市贸易更加繁荣
全国约有集市四万六千个

据新华社北京一月五日电　一九八三年我国城乡集市贸易比往年更加繁荣。上市的商品日益丰富，成交额扩大，集市的条件改善，成为城乡之间、地区之间商品流通的一条重要补充渠道。

据国家工商行政管理局提供的情况，目前全国城乡约有集市四万六千多个，农村集期有了很大变化。许多地方以前的定期赶集变成了每天都有集，过去的早市、午市也变成全日集，集市上的饮食业、服务业、修理业和加工业有了较大的发展。有的农村集市已经形成新城镇的雏形。万人以上的大集市，湖南、辽宁等省，去年每个月都增加五六个，旺季到来时，几万人、十几万人从四面八方云集而来，熙熙攘攘，热闹非凡。各地集市贸易成交额普遍大幅度增长。据全国二百零六个典型集市统计，去年一到十月成交额比一九八二年同期增长百分之二十点八。仅四川一个省的集市成交额全年可达四十亿元，比上年增加百分之五十，其他各省、区也都增长二成以上。

1984 年 1 月 10 日《青岛日报》

海关、工商部门联合出击　取缔李村集摩托车交易点

本报讯　十九日上午，青岛海关与崂山县工商局联合采取行动，突击取缔李村集上的摩托车交易点，共扣留外国制摩托车三十余辆。

一年多来，李村集上逐渐形成了一个摩托车交易市，最多时日上市达一百多辆，一些车贩子从海员手里买下摩托车，在集上加价倒卖，牟取暴利；也有个别人经过二道、三道手买下车，挂牌后在集上非法加价抛售，使一些外国摩托车价格猛涨，最多的数千元一辆。在买卖的摩托车中，不少是已经报废淘汰的外国货，也有来路不明的走私车辆，一些群众买到后无法骑用，遭受经济损失。为了维护海关和工商管理等有关法规，青岛海关和崂山县工商局联合采取了这一行动，对符合手续的车辆予以放行，对其余的车辆，海关等部门将进行认真审查。（王孔云）

1984 年 3 月 21 日《青岛日报》

崂山县百货大楼三楼营业厅正式对外营业

崂山县百货大楼三楼营业厅，已于二十日正式对外营业。这个营业厅增加了出口转内销的结婚用品、侨汇、优汇和家具等四个专柜，有一千五百多个品种。

1984 年 3 月 24 日《青岛日报》

抓好信息　扩大经营
崂山县第二百货商店利润大增
一至五月份比去年同期增长十倍

本报讯　崂山县第二百货商店积极改革，抓好商品信息，扩大经营范围，经济效益显著提高。今年，一至五月销货额达一百四十四万元，纯利润一万六千元，比去年同期增长十倍。

　　近几年，崂山第二百货商店虽然实行了责任到班组的责任制，但仍然存在着品种单调、货物积压、服务态度差等问题。去年全店货物积压达二十五万元，由于经营不佳，职工只能发百分之六十的工资。这个商店对这种状况进行了分析和研究，决定从抓好商品信息入手，增加商品花色，扩大经营范围，提高服务质量。首先，他们成立市场信息调查组，深入基层群众中了解需求。然后及时反馈到采购组，做到内外互通，购销密切结合。为了及时把顾客需要的商品采购回来，这个店选了一些能吃苦又有采购经验的中青年当采购员，在短时间内便跟十几个大城市挂上了钩。一个月前，信息调查组了解到今年市场上电风扇和南方新式夏服是紧俏货，十几天之后一批名牌电风扇和各种新式夏服就运了回来，几天内夏服被采购一空。以前，他们进货靠批发，没有货就等着，现在他们不等不靠，自己联系采购，今年一至五月，他们共从外地购进五十万元的商品，使全店商品品种由原来的三千五百个增加到五千一百个，由经营日用百货，扩大到经营电视机、收录机和饮食业。

　　目前，崂山县第二百货商店已由商品积压转为随进随销，由开不出工资到开始发放奖金。干部职工情绪高涨，决心以改革的精神使买卖做得更活。（魏清文）

1984 年 6 月 25 日《青岛日报》

本市对农村集市食品卫生进行大检查

　　市食品卫生领导小组办公室与市工商局、农业局，从八月十八日起对农村六县区的集市及县城的农贸市场卫生进行了大检查，共检查了三千多个经营饮食、熟食、肉类、糕点和海产品的国营、集体、个体摊点，历时半个月，昨天结束。检查结果较为满意，对不足之处提出了改进意见。（及升）

1984 年 9 月 2 日《青岛日报》

方便群众交换　繁荣农村经济
崂山县集市贸易又有新发展

本报讯　崂山县大力发展农村集市贸易，促进了农村经济的繁荣。目前，全县集市贸易和平日市场已发展到四百二十多处，比去年同期增加三百多处，几乎村村都有平日交换市场。上半年，全县集市贸易成交额达三千四百八十五万元，比去年同期增加百分之四十。

党的十一届三中全会以来，崂山县随着农村商品经济的繁荣，集市贸易有了较大的发展，全县集市贸易场地仍显得不足，影响了农村商品经济的进一步繁荣。为此，县有关部门相继采取了以下几条措施：一是大力恢复和开拓农村贸易市场。自去年以来，全县已恢复和增加万人以上的农村集市四处，达到二十一处。二是大力发展就近交易的平日小市场。全县新发展三百多处，几乎每个行政村都有平日交换小市场，农民再不为交换小量商品发愁了。三是扩大原有集市贸易的范围，从人力、物力、场地上提供方便，因交换而设市场，不以市场限制交换。四是放宽税收政策，对于平日小市场只管理不收费，农民可以就近随意买卖。五是对于远道来卖货的农民，实行特殊照顾，销不完的货可以交存货处。

这个县采取以上措施后，大大方便了群众交换，过去农民不敢发展小宗商品生产，现在可以放心发展，促进了农村商品生产发展。今年一至八月份，全县农民集市成交额比去年增加一千四百六十多万，创历史最高水平。（永河　秋生　耀业）

1984 年 9 月 28 日《青岛日报》

要爱护李村新大桥

崂山县李村新大桥，是用白色花岗岩石块砌成的，设计和外观都很美，为李村镇增添了光彩。可是，近几年来，有二十余户个体商户在桥洞里开起饭店，烟熏火燎，使桥下方出现厚厚的一层黑灰，有的桥栏杆也熏黑了。我建议有关部门管一管这件事，爱护好这座石桥。

青岛市劳改支队　吴金海

1984 年 11 月 13 日《青岛日报》

品种多　数量大　质量好
本市春节上市商品胜过往年
商业局要求深入开展优质服务搞好节日供应

本报讯　今年本市春节上市的商品，品种多于往年，数量大于去年，质量好于往年。这是商业系统广大职工积极安排的结果。

据统计，春节期间投放市场的副食品有六十多种，二千七百六十五万元；日用工业品有四十三种，七百五十二万元；投放总值比去年同期增长百分之十七点六。群众喜爱的彩色电视机、洗衣机、电冰箱、摩托车、缝纫机、手表、木钟和儿童玩具等的投放数量各比去年增长百分之五十。

为了搞好春节市场供应，商业系统各单位早在去年十一月份就着手根据群众需要组织货源。百货站在收购当地产品的同时，派员到上海、南京等地组织货源。烟酒站派出七路人员分赴各地采购和催调商品，购进优质白酒的数量比去年增长百分之二十。对春节消费量大的猪肉，由于既抓了收购又抓了储存，已备足货源。糕点和肉食品的货源也很充足，并增加了一些高、中档品种。

为了活跃节日市场，百货和交电零售商店将举办自行车、缝纫机、电视机、手表、服装、靴鞋和儿童玩具等展销活动。对摩托车等耐用消费品实行预售。对结婚用品采取组合配套销售，即按五百元、一千元和二千元三个档次，分别配以电视机、缝纫机、自行车、家具等畅销商品出售。在大型零售商店发售十至三十元礼品券，一月后给予折扣优待，并可优先购买紧俏商品。增加了礼品性、吉庆性、方便性具有节日特色的包装食品，以便顾客携带和赠送亲友。

最近，市商业局召开会议，动员各店深入开展优质服务活动，搞好节日市场供应，让人民群众欢欢喜喜过春节。（于振波　范光瑞　肖瑞荣）

1985年2月1日《青岛日报》

为城市服务　为外贸服务
——崂山县李村镇东李村剪影

崂山县李村镇东李村，发挥靠近市区的优势，按出口贸易的需要，发展商品生产，取得显著成绩。现在，全村有棉麻加工、肠衣加工、生化试验及肉食鸡饲养、苹果和啤酒花种植等三十多个生产项目。去年全村工农业总收入三百四十万元，外贸产值二百一十多万元，占全村总收入的百分之六十以上。今年以来，各项经营项目不断发展扩大，生产经营蒸蒸日上。

• 这个村采用补偿贸易方式，投资三十六万美元，引进油压棉花打包设备。照片是工人正在安装引进的油压棉花打包机。

• 猪肠肠衣的加工出口，每年给该村带来十八万元纯收入。图为工人正在加工肠衣。

• 这个村生化试验厂生产的甘素钠，销往联邦德国、美国。照片是工人正在认真生产甘素钠。

• 这个村的贝雕厂工人正在生产贝雕画，迎接旅游旺季市场。

• 这个村的食品厂生产的海带丝，在市场上久销不衰。这是工人正在包装海带丝。

何其锐　魏善章　摄影报道

1985年6月12日《青岛日报》

我市城乡集市贸易兴旺

城乡集市贸易成交额平均每年递增百分之十一

其中城市集市递增百分之四十五以上

本报讯 "六五"期间，我市城乡集市贸易发展迅速，截至今年九月底，全市城乡集市已发展到四百二十五处，比一九七九年增加一百零四处。城乡集市贸易成交额平均每年递增百分之十一，其中城市集市递增百分之四十五以上。今年一至九月份，城市集市主要副食品商品成交额比一九七九年增加近七倍。

"六五"期间，随着各项经济政策的落实，经济体制和流通体制的改革，商品生产迅速发展，全市城乡集市贸易已发展成为一条重要的商品流通渠道。目前，全市每天有八十余处城乡集市逢集，形成一个城乡结合、大中小结合、专业和综合性结合的集市交易网。据统计，今年一至九月份城乡集市贸易成交额达二亿九千三百多万元，比去年同期增长百分之四十五点九，市区居民人均从集市购买商品量为一百六十斤，比去年同期增加七十一斤，购买商品的货币支出为六十四元，比去年同期增加二十七元多。（市场科）

1985 年 10 月 21 日《青岛日报》

照片报道

由崂山县东方联合企业公司筹建的我市第一座地方集资的崂山宾馆，正在李村河南凤凰岭脚下兴建。照片是工地一角。

刘曙光 摄

1985 年 12 月 12 日《青岛日报》

春联市场好兴旺——写在李村集

在农历腊月十二的李村大集上，春联市场热闹非常。

春联市场设在李村桥北端，桥的东、西两侧各有一条一百余米的春联长廊，走进去时，时有一阵扑鼻的墨香。卖春联的多，买春联的也多。在崂山县丹山乡杨为官兄弟俩的摊头，几分钟的光景，竟有十余人前来光顾，其中有农民、工人、干部和学生，每人至少买两副，多则十余副。崂山县中韩镇农民王民中和未婚妻高高兴兴地赶来，指着一副用粉红纸写的"德配佳偶，喜结良缘"的春联说："这一副适合贴在大门上，我要了！"接着，他又挑选了三副喜庆的春联，原来他俩定在腊月十八结婚。

题材广泛，撰句新颖，是今年春联市场的一个特点。上市春联，除了人们喜爱的一些旧句如"江山千古秀，祖国万年春"等之外，还有许多春联反映了工厂、商店、部队、机关、学校、农村的新变化、新成就。崂山县夏庄乡彭家台村农民郭崇温，自己撰写了一百多副新春联，如"含苞花朵有喜望，欲飞雏燕达明天""光华永照鸳鸯鸟，绚丽长开富贵花"，这些春联饶有新意，颇受人们欢迎。

按农历明年是虎年，"虎"字入联是今年春联的又一特点，例如"虎唱丰收年，龙吟幸福歌""虎踞财源，龙盘富贵"等。在一个摊头，记者遇到国棉四厂退休老工人王泽霄，他用手指着一副"虎唱丰收年，龙吟幸福歌"的春联说："这副春联写得好，笔墨饱满，虎虎生威。"说罢，买了八副，要带回家赠给已经结了婚的儿女和邻居。

本报记者　李凤海

1986 年 1 月 26 日《青岛日报》

崂山县城三条道路拓宽通车

本报讯　沟通李村和市区小白干路及崂山旅游北线的书院路、九水路、夏庄路最近通车。

崂山县县城李村是近郊最大的交通枢纽。多年来，市县在公路建设方面做了许多工作，对开发崂山旅游资源、搞活流通、活跃商品经济起了很好的作用。但是地处李村中心的书院路、九水路、夏庄路却都是多年前修筑的土路，路面窄，行车困难，影响着崂山乃至青岛旅游和经济的进一步发展。于是，县里决定将这三条路拓宽改建。这三条路总长三点一一千米，全部拓宽成三十米宽的沥青铺筑的二级公路，需迁走一百一十余户、拆掉房屋五千五百平方米，共需资金四百三十八万元。在资金短缺、拆迁任务繁杂的情况下，崂山县委、县政府发动广大干部群众努力克服困难，想方设法调剂资金，多次在施工现场召开办公会，解决施工过程中出现的问题。这三条公路仅用三个月就交付使用，并在夏庄路中新修桥梁一座。

拓宽后的这三条路，机动车和非机动车分道行驶，有的还建有街心花坛，路灯全部采用新式双叉汞灯，令人赏心悦目。

1986 年 8 月 21 日《青岛日报》

梳理流通渠道　促进物资交流
全市四百余集市为城乡贸易搭彩桥

本报讯　我市城乡集市贸易日益繁荣兴旺，一个城乡结合、大中小结合、专业与综合性结合的城乡集市网络已基本形成，在疏通商品流通渠道，促进城乡物资交流等方面，发挥着重要作用。

——集市增加，规模扩大，流通渠道更加畅通。截至目前，全市已有城乡集市四百二十二处，其中农村三百八十五处、市区三十七处。这些集市星罗棋布，形成网络，成为农副产品集散的一条重要渠道。今年一至七月，全市城乡综合集市贸易成交额达二亿九千多万元，比去年同期增长百分之四十九点八，相当于社会商品零售总额的百分之十五点八，所占比重比去年同期上升百分之三点八。

——信息牵头，货畅其流。近年来，各农贸市场十分重视信息服务，通过信息反馈，搞好引缺泄余，发挥集市贸易的集散作用，方便群众生活。目前，全市集市已初步形成以城市为中心，以市郊各县（区）为依托，以省内外各农贸市场和个体户、专业户为服务半径的多层次的信息网络，利用电报、信函、简报等多种形式，开展信息服务活动。一至七月，市区各农贸市场通过发布信息，先后从省内外各地引进蔬菜五万二千多吨，比去年同期增长百分之八十九，相当于市区国营蔬菜商店零售量的百分之一百三十一；成交各类瓜果一万二千一百六十多吨，比去年同期增加二点六倍，相当于市区国营商业零售量的百分之一百三十一。平度县生产的生姜，质量较好，但前几年流通渠道不畅，造成积压。近年来，通过农副产品批发市场开展信息服务，开拓了销售渠道，使生姜陆续销往北京、黑龙江、湖北、上海、新疆等十几个省、市的一百多个县，成为名声在外的畅销货。

——交易对象扩大，多种经济成分之间的联系进一步加强。目前，参与城乡集市贸易的不仅有农民、城镇居民，而且包括有国营、集体企事业单位、个体业户、专业户以及各种经济联合体的多层次、多种经济成分，成为规模宏大的、多渠道的商品集散地，从而带来了市场的繁荣、兴旺。（周宏光）

1986 年 8 月 31 日《青岛日报》

爆竹声声报春来——李村集鞭炮市见闻

"小年"这天上午，当我走出车站，就听见二里外的李村鞭炮市上空，爆竹声响成一片。再往前走，隐约可见闪闪的火光，像日出日落时的红霞，使融融春日黯然失色，瓦蓝的天空顿时变得灰白和浅蓝。

为了安全，鞭炮市位于李村集最西边的偏僻处，可这里却热闹非凡。来自我省阳信县的十几辆大拖拉机，装满鞭炮。每台车上各站着十几个人，有的甚至跳到拖拉机的上头。他们撑着足有三层楼高的、飘着红缨子的竹竿，把一串又一串的鞭炮挑在竿子顶上，尽情燃放，让人们欣赏、比较。鞭炮声一停，人们就拥上前去买。

与大鞭炮市场成拐角的地方，是花样鞭炮市。这里则是另一番景象，大大小小的地摊，你挨着我，我靠着你，数不清的烟火、鞭炮，洋造的、土产的，无所不有。正在挑选爆竹的湛山村会计孙中润说：这几年俺收入一年比一年多，去年我和对象俩收入近六千块。前几天她已买了五十元的电光鞭，今天我跑出四十里地，是专门来买"花样"的。"他富了，俺也富了。"在一旁卖烟花的崂山县上马镇新屯村花炮厂的老王接过话来说。他俩进腊月门就出来贩烟花，共挣纯利六百多块钱，哪一天也掉不下二三十元。我称赞他们烟花做得巧，生意做得活，他俩却晃动着一个装一斤药、可喷射烟花二分钟、高达六七米的大爆竹连连否认：不中，不中，这么大的爆竹，群众还嫌小，嫌档次低、嫌花样少哩！

本报记者　何其锐

1987 年 1 月 29 日《青岛日报》

年画市场一瞥

春节前夕，置身于几家新华书店争购年画的人群里，记者目睹了人们争购柜台上的《梅兰竹菊》《郑板桥书法四屏》，以及世界著名风光、名画、艺术摄影等年画的情景。

从顾客争购年画的品种和数量上不难看出，人们买年画单纯图吉祥、保平安观念已经淡化，人们普遍选择有欣赏价值和美化价值的年画。来到新华书店买《连年有余》《十二生肖》《丰年人长寿》《松鹤寿禧》年画的多为中、老年妇女，还有一些顾客争购轴画、绒画、诗词书法作品、镜框画等。一位退休老人说，今年我们住上了新宿舍，买了几张梅兰竹菊年画挂在家里既有装饰性，又能得到精神享受。据中山路新华书店的同志介绍，今年推出的六千多张仙鹤、群马、红梅报春等横幅绒画，备受喜爱，现已供不应求。

市郊农民对选择年画有什么新的需求呢？一位农民年画销售个体户在新华书店一次买了六百张山水、花卉、丛竹年画。有的农民自己进城购买具有欣赏价值、艺术性较强的年画。在中山路新华书店年画柜台旁，一位青年农民对记者说，我们年轻人多数喜欢世界风光、诗词书法之类的年画。

（齐文华）

1987 年 1 月 29 日《青岛日报》

漫画集市

杨本良

我国的集市历史，可追溯到几千年前，由最初的物物交换，发展为货币购销，经历了漫长的岁月。到了西周，集市的规模已相当可观，《周易》载："日中为市，致天下之民，聚天下之货，交易而退，各得其所。"其繁荣情况可见一斑。

由于我国地域辽阔，各地习俗不同，所以集市的名称和期日，也因地而异。《五杂俎》说，"岭南之市谓之墟，言满时少，虚时多也。西蜀谓之亥……山东谓之集。"由此遂有"趁墟""赶集"等不同叫法。唐代柳宗元曾以"绿荷包饭趁墟人"的诗句，描绘了人们携带午饭，匆匆奔往集市的忙碌景象。至于集市的期日，或三日一集，或五日一集，或逢五为集，或逢十为集，其地点则多选交通方便之大乡镇的宽阔地段。青岛地区的李村、流亭、法海寺（源头）等地的河滩就是历来的集市场所。而市区早年的"礼拜集"则纵横数条马路，绵延数千米，算得上特大集市。

有些地区在定期集市之外，还有一种称之曰"庙会""香市"的特殊集市，其规模和期日都超过通常集市。宋代都城汴梁（今开封市）的大相国寺庙会颇有声誉。据《东京梦华录》和《金瓯缺》介绍："相国寺每月五次开

195

放万姓交易会"，从大三门至殿两廊乃至后廊，各类物品琳琅满目，从珍禽奇兽到食品果脯，从刀剑弓弩到笔墨纸砚，从珠宝玉翠到名人字画无所不有，令人目不暇接。至于"香市"盛况，则首推杭州西湖。它每年起于二月十五，终于五月端午，市期长达八十天。据《陶庵梦忆》载，每日"数百十万男男女女，老老小小"往来于香市之中，其繁荣盛况有"大江南北，断无此二地"之说。

1987 年 2 月 1 日《青岛日报》

李村镇又添一大型宾馆

在李村集市旁新近建成一座龙海宾馆已在最近开业。这是由崂山县李村镇河北村农民为方便技术贸易、搞活商品流通筹资一百五十多万元兴建的。其楼高八层，建筑面积五千多平方米，四百多床位中除少量为中档外，大多数床位均为低档的。（袁辉 其锐）

1987 年 4 月 18 日《青岛日报》

崂山百货大楼新添便民项目

李村崂山百货大楼新近增添便民项目：一、建立了咨询服务台，为顾客解答疑难问题，出谋划策；二、开办租赁业务，出租自行车、脸盆、暖水袋等各种用具；三、为顾客定购特殊型号的服装、鞋帽；四、代办函购商品业务，对搬运大件商品有困难的顾客送货上门；五、顾客在外地购买的商品，如穿用不适，完整无缺的，可凭发票办理代销。（于质华 李华）

1987 年 4 月 18 日《青岛日报》

照片新闻

近日，李沧国税局在李村大集组织了一次别开生面的税法"入集市"活动。税法宣传文艺小分队演出有关税法文艺节目 20 多个，现场咨询 200 余人次，发放宣传品3000余份，真正做到了税法宣传让老百姓看得明白容易懂。

傅学军　摄

1995年4月14日《青岛日报》

算命、贩狗者众　环境脏乱不堪
李村大集应整顿

近一个时期以来，不少读者来电反映，农历月逢二逢七的李村大集亟需整顿。6月4日，记者来到这里，进行了采访。

位于李村镇繁荣地段的古镇路，成群的人们或坐或蹲，聚精会神地听算命先生们为他们讲解祸福。这里的算命先生约有二十几位，分坐于道的两侧，一个个摇头晃脑，一副玄妙的样子，无生意的则在一旁察言观色，引诱行人上当受骗。据了解，这些算命先生的生意不错，每占一卦收费6至10元不等。

古镇路南端尽头是一厕所，而厕所出口处却是卖咸菜的摊点，相隔不到2米处竟还有油饼加工业户在尘土飞扬中操作。

沿附近一条土路来到李村桥下，只见这里的几处肉食和小吃摊点均是露天作业，极不卫生。靠近海货市场的污水沟内，塑料袋、烂菜叶等杂物淤积其中，走到近旁，只觉臭味熏天，从沟内打捞上来的部分杂物被搁置沟旁桥洞下，无人处理。而此处，则是李村集的临时餐馆，各种大锅在此就地支起，二十几条长凳一溜儿排开，许多赶集的人往往图省事都在此就餐。临时餐馆在如此脏乱的环境中经营，其卫生状况可想而知。

经当地人指点，记者来到了位于"华隆酒店"西北侧的狗市。这里道路狭窄，而狗却泛滥成灾。狗的种类繁多，有金巴狗、白巴狗等观赏狗，同时，也不乏狼狗。狗摊旁，许多"明智"者随之摆上了《名犬相册》《养狗指南》等书，自吹自擂，好不热闹。

记者又来到了李村西桥上，只见这里买卖兴隆，生意不错。据知情人讲，此处原是 3 路车必经之路，因李村集许多商贩云集于此，车辆无法通过，只得改道而行。

在此，记者呼吁有关管理部门加大管理力度，采取相应措施，彻底整顿李村大集，还市民生活的平静与健康。（少鸿　李如梅）

1995 年 6 月 10 日《青岛日报》

治治李村街头"四怪"

徐辉全

自我市行政区划结束后，李村城区发生了很大的变化，可谓旧貌换新颜。这是有目共睹的事实。但李村城区也存在一些怪现象，颇令人思忖。

一怪，小摊路中摆　漫步李村的大街小巷，您可以发现，卖水果、蔬菜、海产品的小贩争先恐后，占据马路叫卖。他们各自划分地域，强行霸占车行道、人行道。

二怪，自行车比汽车跑得快　由于马路被小摊贩占用，可行路面时宽时窄，加之行人较多，令机动车司机望路兴叹。但自行车体小灵活，前后左右穿行，使马路独成一番风景。

三怪，算命先生很自在　在李村汽车站西侧路边、邮局门口，总有一些算命先生，他们或看手相，或看面相，或占卜，预测人生旦夕祸福。一次 3 元或 5 元，生意颇为兴隆，算命先生人数也在递增。

四怪，李村大集啥都敢卖　由于李村大集是我市近郊唯一的一处大集，加之地处农村、城市结合部，所以李村集便成了销赃的好去处。在大集上，您可以买到无证自行车、摩托车、工业用小设备、小仪器以及市民常用的票证等，可谓应有尽有，令人奇怪的是，别处在不断地丢，这边却不断地销售丢失的物品，物美价廉，买者喜欢，谁能仔细的调查来龙去脉？

因此，消除"四怪"，美化城市，迫在眉睫。

1995 年 11 月 2 日《青岛日报》

房地产商贸服务仓储交通运输五业齐飞
第三产业：李村镇经济发展支柱

本报讯　房地产、商贸、服务、仓储、交通运输五业齐飞，使第三产业已经成为李村镇经济发展支柱产业。

近年来，随着崂山百货大楼、崂山第一商场、华隆商厦、商贸大厦和万隆商厦等大型商场的先后崛起，加上有着几十年传统的李村大集，李村已经发展为我市北部的购物中心。地处李沧、四方、市北、崂山、城阳5区交界的特殊位置，也为李村镇发展第三产业提供了得天独厚的优越条件，镇党委、政府审时度势，及时制定了一系列优惠政策，鼓励、扶持集体、个体发展第三产业，逐步形成了以镇村房地产业、商业、服务业、仓储业及交通运输业为主体，以外引内联为突破口，发展第三产业的良好局面。

房地产开发是李村镇第三产业的重头戏。随着群众生活水平的提高和大批外来打工、经商人员的涌入，李村镇产生了住房求大于供的矛盾。全镇以镇办李村房地产开发公司为龙头，以河北、河南、新村、东北村、杨哥庄等10多家开发公司组成的房地产开发队伍应运而生。为把这些房地产公司纳入放而有度、活而有序、管而有法的轨道，镇党委、政府本着"大市场、大流通、大服务"的思路，制定出以城区为中心，以308国道、小白干路、九水路、浮山路4线为辐射，房地产开发与商业网点建设、旧城改造紧密结合、连片开发的房地产开发整体构图。目前，占地100亩的李村商城新村一、二期工程已基本完工，第三期工程已经动工；建筑面积4.1万平方米的滨河路商业步行街将于年底投入使用；占地200亩的南庄建材批发市场已吸引100多家业户入市经营；李沙路东段、刘家下河段两侧也随着房地产开发的进行形成了连片的中、小商业网点。一座纵横交错、功能齐全、城乡联结、服务配套、交易活跃的商贸城初步形成。

仓储、交通运输业多年来一直是李村镇第三产业的重要组成部分，目前已初步形成了以308国道为主线，以九水路南、浮山路西、李沙路两侧区域为重点，以东李仓储货场为基地，以镇集装箱储运公司和郑庄、南庄、侯家庄等村为重点的仓储网络。拥有 3 万平方米室内库房、12 万平方米露天货场的山东国际经济技术合作公司青岛李沧分公司是郑庄村的一个村办企业，实现了对外贸易订船、报关、报验、仓储、运输一条龙服务，是全市唯一一家享有出口自主权的村级企业。镇办青岛集装箱有限公司已发展成为能容纳 1200 个集装箱仓储、运输服务的企业。目前，全镇已拥有室内仓储面积 11 万平方米，露天货场 220 亩，仓储门类 20 多个、上百个品种，成为我市重要的仓储基地。

据统计，李村镇从事第三产业的人数已有近万人，占全镇总人口的六分之一，今年 1 至 7 月已完成第三产业收入 2.1 亿元，迅速发展的第三产业正在成为推动全镇经济腾飞的重要力量。（本报通讯员　隋红）

1995 年 11 月 20 日《青岛日报》

两大集团对垒　六大商场争雄
李村现象：都市边缘新生代

本报讯　地处城乡接合部的李村，而今正在不足 1 平方千米的弹丸之地上矗立起了营业面积近 7 万平方米的 6 家颇具规模的大商场。"李村现象"标志着青岛商业新中心正在曾是农田菜地的都市边缘崛起。

1989 年前，作为原崂山区城的李村仅有崂山百货大楼"一枝独秀"，崂山区供销社率先打破沉闷格局，先后建成开业了崂山第一商场、崂山商贸大厦，形成了李村零售业"三足鼎立"的局面。此时，崂山区商业局不甘落后，一举投资 1400 万元建成了现代化商场——华隆商厦，将李村商业档次、竞争水平推向高潮，呈现"四强争霸"之势，区划调整以后，在李沧区"商贸兴区"战略的推动下，李沧区商业总公司和供销总公司几乎同时立项、筹资、开工建设了新崂山百货大楼和北方国贸大厦，两商场均投资近亿元，营业面积达 1 万平方米以上。两大集团在规模、档次、经营、服务上竞争处于白热化之时，崂山新区供销社又不失时机地抢滩李村商业，于今年中秋节开业了面积 6000 平方米的万隆商厦。目前，不足 1 平方千米的弹丸之地，百米之内兼有 6 家较有规模的商场，营业面积近 7 万平方米。在市财委按全市各大商场 1993 年综合经济指标统计评选出的全市 10 大商场名单中，李村占有 4 家，且崂山百货大楼和华隆商厦两家赫然名列第三、第四。眼下两大集团属下的北方国贸和新崂百大厦正在紧锣密鼓地筹备年底开业。届时，李村将有 6 大商场，其中万米商场有 3 家，在全市 10 大商场排行榜中将上升到 5 家，年商品销售预计可突破十个亿，在青岛零售业中几乎可以和以国贸、东方为代表的中山路商业中心平分秋色。

这一耐人寻味的"李村现象"正预示着我市中山路商业中心独领风骚的时代宣告结束，都市边缘开始成为零售商业的新生代。（马维盈）

1995 年 12 月 4 日《青岛日报》

要想致富快　请到嘉瑞来　要想致富快　请进商业街

李村滨河路商业街　黄金地段　商贾云集　手续齐全　产权所有主体竣工，现已预售，五月底交付使用。

该商业街是李沧区政府九五年要办的十八件实事之一，也是新区划调整后区委、区政府为美化新城区面貌退路进室的重大举措。

每平方米 1200 元—4500 元，三万元即可购得一间营业厅，价格适宜，购买商业网点，现在正是最佳时机。

卖者诚心，买者放心，实是经商、餐饮，娱乐，居住，办公的理想家园。

开发商：青岛嘉瑞房地产有限公司　售房地址：李村滨河路（万隆商厦东侧）　垂询电话：（0532）7616816/9021930/127-1391101　联系人：李先生　闫小姐

1996 年 1 月 15 日《青岛日报》（广告）

我市第二个大型污水处理工程 李村河污水处理厂基建工程完工

本报讯　市政府确定的重点工程、一期投资 2.8 亿元的李村河污水处理工程，经过市政二公司广大干部职工的日夜奋战，目前顺利完成了主体基建工程，并进入大规模设备安装阶段。

李村河污水处理厂是李村河流域 26 平方千米范围内处理工业、生活污水，解决胶州湾水域污染的环保工程。该污水处理厂坐落在青岛煤制气厂西侧与环胶州湾快速路之间近期人工天海造地上，全厂区总面积约 15.5 公顷，设计日处理污水 17 万吨，采用好氧、缺氧生物处理工艺，为二级处理后排放胶州湾内。一期工程由 12 组、31 个单体构筑物组成，约用总工程砼 3.5 万立方米。该工程由于建立在填海造地上，地质条件复杂、处理难度极大，而且技术要求高，工期短，其施工难度为国内同类工程所少见。为保证工程顺利完工，承担施工任务的市政二公司在市政管理局的直接领导下，组成了精干的施工班子，以国优工程为目标，严把工程质量关，发挥群体的智慧，攻克了一个又一个的施工难关，使整个工程得以顺利进行，并一举使工艺安装工序提前了两个月，有效地缩短了总工期，为污水处理厂的早日完工打下了坚实的基础。（本报记者　樊泽顺）

1997 年 7 月 1 日《青岛日报》

照片报道

为维护菜农的利益，工商李沧分局对市场、大集上销售种子的行为进行了规范，对无证经营种子的商贩进行了查处。图为工商人员在李村集上查扣涉嫌假冒的白菜种子。

李　波　摄

1997 年 8 月 6 日《青岛日报》

报纸文章选编：张树枫　王晓瑛（协助）

有史为证
——档案摘录

市集

在城五：

东门里集　南门里集　东关集　南关集　西关大集。

在乡十二：

客旅店　　在县东北六十里。

零山　　　在县西北四十里。

信村　　　在县西三十里。

团湾　　　在县西四十里。

城阳　　　在县西南三十里。

栾村　　　在县西六十里。

刘家庄　　在县西北六十里。

南村　　　在县西七十里。

流亭　　　在县西南三十里。

李村　　　在县南六十里。

棘洪滩　　在县西南四十里。

长直　　　在县西北三十里。

明万历版《即墨县志》

里社

三厢
正南厢　西南厢　东南厢　池皆附城。今改为七铺，仍存旧名，然非今号矣。

七乡

良

仁化乡领社十三
浮峰　郑疃　寨仙　南曲　女姑　古镇　葛村　铁其　驯虎　石原　期信　双埠　温

东移风乡领社十三
兴仁　颜武　文山　高旺　古清　洪兴　周疃　青山　龙泉　段村　林家庄　流丛

双泉

海润乡领社十三
盟旺　肖旺　上疃　皋虞　松林　高山　大任　满贡　北行　天井　黄埠

卫田

里仁乡领社十一
西流　三官　东西城　文武　不其　陈家庄　阴岛　会海　洪海　北曲　城阳

灵山乡领社十二
辛里　长直　温泉　灵山　柘家庄　泉庄　牛齐埠　王鲁　王疃　大于庄　三泉

营上

福海乡领社十二
程赵庄　墨邱　葛埠　太祉庄　普东　南泉　福海　姜家庄　郭家庄　清泉　孙家庄

西城

西移风乡领社九
栾村　古城　大召　张院　其家庄　移风　丰台　北住　张柄

收井鳌山卫领屯六
俞家　黄家　中黄家　梁家　朱家　潘家

收井雄崖所领屯八
黄家　殷家　韩家　姜家　北阡　周家　殷西　柳树

即墨县志卷之二　三五

清同治版《即墨县志》「市廛」

即墨县志

即墨县志卷之二

四一

鬵　泊子　普东　鸭儿湾　青家埠　泊石桥　綦家庄　傅家　草场　信村　尖庄　凤凰

永兴　王疃　水泊　庆余　巫山　里林

市廛

城集四

西关小集二七　东关小集三八　南关小集四九　西关大集五十

乡集二十四

长直　刘家庄　南村　栾村　信村　棘洪滩　流亭　李村　王村　客旅店　瓦哥庄

灵山　城阳　段铺栏　林哥庄　程哥庄　华阴　石泉头　皋埠　移风店　王哥庄　段村

普东　七及

续增乡集十四

王圈庄　社生集　方哥庄　王疃　塔子夼　洼里　毛家岭　牛齐埠　张哥庄　卫里

神会四

王林庄　歇佛寺　范哥庄　三官庙

续增神会一

灵山　四月、十月　马山　三月、九月　玉皇庙　四月、十月　火神庙　五月

石桥

即墨县志

即墨县志图

四三

清同治版《即墨县志》「七乡村庄图」——仁化乡

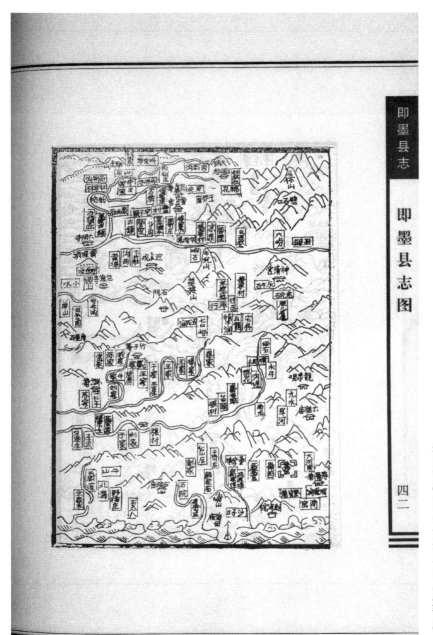

即墨县志

即墨县志图

清同治版《即墨县志》「山川脉络图」

四二

大清光绪二十八年三月初二日

收民费筹办公益章程

大德钦命总督胶澳文武事宜大臣都

訂立征收华民公费以便筹办公益之事案照德国护卫属境律例第十五条并参德国枢臣于西历一千八百九十八年四月二十七日宣布之训示第一条订立章程列左　為

第一条凡征收德境华民之公费一切章程如下

第二条在女姑口沧口沙子口塔埠头各海口以及台东台西两镇订立华式住房房捐每年每间应收二元四元六元不等该房应列入何等须酌坐落房势是否租与他人并内开之生意大小定夺

凡有沧口塔埠头华式牲口棚栈房以及存储货物之厂院每年每一百方米打或不足一百方米打应交厂捐二元四元六元不等惟该棚等应列入何等须酌或来往或生意多寡定夺

入列等次之事须归管理中华事宜辅政司或代理委员譬如副臬司商同该埠会首办理倘有不服之处由本总督断定

房厂各捐归该房厂各主交纳若实系贫穷或另有要故此项公费由本总督或减收或豁免

凡各该捐每年分四季先期交纳欲先交纳一年捐款由该房厂各主自便

九十九

一百

第三條在女姑口滄口沙子口塔埠頭台東鎮李村設立公稱以便所有買賣之貨物過稱稱費歸賣主認交凡

過稱之貨物每值一百抽不過三惟此項稱費至少銅元三枚每担不能過於一角五分至於應該過稱之貨

物詳細規條以及征收稱費則例由管理中華事宜輔政司隨時出示曉諭偷有不服之處由本總督斷定

第四條在李村集台東鎮凡有擺攤賣貨者應分別攤之大小納費小攤每座每日收銅元二枚大攤每座每日

收銅元四枚該賣貨者一經將攤擺落卽須出一日之費大攤一處占地不得過四方米打若過四方米打自

應核算所占之地多大加收攤費每攤地段只准一人擺設由管理中華事宜輔政司亦可隨時出示詳細規

條倘有不服之處由本總督斷定

第五條在李村凡有買賣牲口之事該賣者應照牲口價值每百分交納二分

第六條台東台西兩鎮之糞尿各筒招人包倒牲口糞亦在其內此項包價亦作爲公費並同以上各該公費專

爲備辦公益之事

第七條交納房廠各捐應發給蓋印之收條該收條內註明交納日期並費款外寨其餘各該公費繳納時亦可

請給收單一紙

第八條按此項章程征收之費項專爲備辦於華民有公益之事惟不能過逾國家度支表所定之數目以上

各項公費或另在華民居住之他處征收由本總督隨時出示曉諭

第九條此項章程仰自西本年十月初一日一律遵行關係此項章程詳細事宜特飭管理中華事宜輔政司核

大德一千九百八年九月初一日

大清光緒三十四年八月初六日

一百零六

右　諭　通　知

為

官報第三十一篇所出之告示卽行作罷切切特諭

大德一千九百十一年九月十四日

大清宣統三年七月二十二日

● 第十一端　○○○○○○○　通用錢幣衡量章程

以銅元救錢荒章程

大德欽命護理總督膠澳文武事宜大臣夏

釐訂開通銅圓以救錢荒章程列左

第一條嗣後德境以內凡有華人往來交易暫時應准如制錢例通用新鑄之銅圓姑無論該銅圓造自何處皆宜一律按照使用制錢向規悉數領收以歸劃一

第二條所有朝鮮日本兩種銅圓俱不准在德境內行使

第三條倘有違背第一條或違犯第二條故用朝日兩種銅圓者查出能罰洋至十五元之多或監押至十四日之久

第四條此項章程卽自發出之日起一體遵行勿違特諭

大德一千九百四年七月廿二日
大清光緒三十年六月初十日

銅元進口章程

大德欽命總督膠澳文武事宜大臣都 為

更訂章程事查銅元運進德境各口一事曾於西曆一千九百五年十二月初二日釐訂章程並刊列四十九

號官報各在案茲復按德國護衛屬境律例第十五條並參照國樞臣前於一千八百九十八年四月二十

七日宣布之示諭第一條辦理擬將他省銅元運進德境章程量為更改分條列左

第一條除山東省鼓鑄之銅元不計外其他省銅元欲由水路運進德境各口始准運進德境

一凡孤客若由水路駛入德境帶有他省銅元其數不過二千枚者始准運進德境

二凡商人或乘民船或乘遵照內港章程掛號之船來青欲用他省銅元在德境內置買貨物或還賬者始准

帶入應需之數其餘一概不准運進德境但前項准帶之銅元其數多寡應註明於艙單運到時報明海關

由海關提存監守若辦貨還賬完竣尚存若干仍由本署勒限運回

三其餘他人應先由本署特准方可進口但帶來數目須註明於艙單運到時報明海關即由海關提存監守

直至呈驗本署特准字據止若未經本署特准者亦即勒限運回至欲將前項銅元轉運東省內地宜先裏

准山東撫院給有專照則毋須請領本署准照

一百零七

第二條凡違第一條擅將他省鼓鑄之銅元運進德境或不遵前列勒限依期運回者其銅元一律由海關罰充

入官半歸海關半歸本署

第三條西曆一千九百○四年七月二十二日所訂開通銅元以救錢荒章程有與此項章程關礙者應卽作罷其

餘各條仍舊遵行

第四條此項章程准自出示日起一律遵行其一千九百○五年十二月初二日釐訂銅元運進德境各口章程亦

自是日作廢須至章程者

右諭通知

大德一千九百○六年十二月二十日

大清光緒三十二年十一月初五日

通用鎳鎘小洋章程

（此項小洋在靑共合六萬七千五百元計一角者四萬七千元五分者二萬零五百元）

大德欽命署理總督膠澳文武事宜大臣麥為

通用鎳鎘小元事案照德國護衛屬境律例第十五條並參德國樞臣於西曆一千八百九十八年四月二十

七日宣布之訓示第一條訂立章程列左

第一款德政府鑄有鎳鎘小元茲擬發出於膠澳德境以內通用其名價分爲兩樣有一角者每十枚當英洋一

大元有五分者每二十枚當英洋一大元

第一款此項鎳鎘小元一面上鑄有飛鷹與船錨之形象以及膠澳德境洋字與分兩年歲各數目一面上中間

鑄有大德國寶外邊鑄有青島與壹角每十枚當大洋一元或五分每二十枚當大洋一元漢字

第三款凡用此項鎳鎘小元在三元以內無論各署公廨各項公司與各樣舖戶人等均須收用

第四款用此項鎳鎘小元赴本署糧台處交納無論多寡均照收用欲兌換大洋者亦均如數換給

第五款此項鎳鎘小元除行使年久自然稍有磨稜仍可照收外其餘鑽眼損壞或偽造者本署糧台處一律退回並不須收換

第六款現在發出此項鎳鎘小元流通德境市面嗣後督署查其情形卽將現有中國或香港之二角一角並五分之小銀元出示曉諭定日減少酌用或禁止使用

大德一千九百九年十月十一日

大清宣統元年八月二十八日

訂立衡量告示

大德欽命署理總督膠澳文武事宜大臣師　　　　為

出示曉諭通用事照得衡量什物須有一定不易之器始昭平允德境以內應用之稱平斗管尺頭應與膠州市面相同庶歸劃一而免紛爭前因大小長麥差歧異當經飭屬定章茲已將中西數目校對明晰計每一兩合西數三十六格拉母零十分之一每一斤合西數五百七十七格拉母零十分之六每一斗合西數五十四利特零一萬分之四百零八分每一管合西數一利特萬分之五千七百八十四分每斤以十六兩爲率其

一百零九

度量長短之尺頭分別兩種一係營造尺每一尺合西數三百二十米里邁當一係裁尺每一尺合西數三百

四十米里邁川之稱平砝碼稱錘斗管尺頭各造兩分一分存儲本署水師工務局一分常存青島

商務公所以備商民遇事往對惟每逢較對應酌繳公所對費京錢一百文藉資挹注爲此仰商民人等一體

遵行勿違特諭

右　諭　通　知

大德一千九百五年九月十八日

大清光緒三十一年八月二十日

●○○○○○○

第十二端　中華商會章程

青島准設中華商會告示

大德欽命膠澳督署

出示曉諭事照得現在青島本署准設華商商務總會今將該會便宜章程以及增條核准登報以便週知特

諭

右　諭　通　知　爲

大德一千九百十年八月十七日

大清宣統二年七月十三日

外，几乎整个乡村地区饮用的烧酒都由它生产，其产品还销售至中国内地。这个企业由十多个股东共同经营。

在固定时间和地点举行的集市，被用来进行在上述情况下产生的互通有无的交流活动。李村是农村的主要集市。从中国农历每月第二天起，每隔五天，在这里举行一次农产品交易。另一个较小的集市是坊子街；在流亭和华阴的集市上也销售相当数量的德占区产品，另一方面中国地区的商品也在德占区市场上销售。李村集在 11 月至 3 月份最为兴旺。中国新年（约在 2 月份）前夕是最繁忙的时节，前来赶集的人数可达 15000 人。即使在遭到冷落的夏季，只要天气适宜，赶集人数也不少于 4000 人。集市上货摊提供的货品一般接近 70 种。6 月份的一次中等规模的集市上搭起的货摊有 1788 个，出售 65 种货品，其中：

燃料商贩	218 人
渔产品商贩	181 人
甘薯（地瓜）干商贩	141 人
蔬菜果品商贩	122 人
其他 10 种农产品商贩	283 人
共　计：	945 人

这些商贩经营的农产品只有 14 种，更多的货摊上出售着 51 种不同的手工业产品，这说明乡间的商业活动意义不大。

如果说在经济生活中进行有限的实物交换是其特色的话，那么也同时存在着调节生产者与消费者之间商品交流性的贸易往来。首先是小商贩，他们走村串户兜卖商品，主要是些能满足农村老百姓奢侈需求的低级货品。在仙家寨和李村，在乡间每个村子都开设的小客店里，甚至在一些持有官方许可证的鸦片大烟馆里，都有这种经营固定生意的小商人。只有那些经营农村过剩产品出口贸易的商店才具有国民经济意义。其贸易产品有：水果、白菜、黑毛猪。

海港内以上类型的出口商店计有：

沧口	25 家
女姑口	12 家
沙子口	7 家
东盐场（Teng yan tschiang）	6 家
共　计：	50 家

货物由生产者卖给商人，然后由商人转卖给大帆船主。没有代理贸易。公司本身就有船并用自己的船进行海外贸易的情况是没有的。船只多半来自中国中部（长江流域各省）及南部，买了货物运回去出卖。

与小工商业相反，某些买卖活动可向固定的组织商谈。其原因是，这些商人多是专为买卖商品而从别的地区派来的。这些商人已从当地的单纯从事农业的人口中分离出来，受过较好的文化教育。这种商人与农民的区别可以在沧口和女姑口看到，那里的商先的出发点必须是,农业生产主要仍是自给自足的自然经济,即每个农民种植各种作物;此外,还必须考虑到,最便宜而且最丰产的大众粮食是农作物中产量占首位的甘薯(地瓜)。几乎每户全部耕地的一半都种春甘薯。

下列统计数字是正常年景下各种粮食一年的亩产实物收获量;金额价值是按农村地区的平均价格估算出来的。

A 项中的产量是按每亩地三熟计算的,是三次粮食总收获量在两年耕作期内的平均产量。在正常年景下,两年三熟粮食产量数字的一半就是该田亩两年耕作期内的年均产量。

B 项中的产量是一年一熟作物(春马铃薯)的产量。

C 项是 A、B 两项产量中求出的年产量的平均值。

粮食品种	一等地		二等地		三等地	
	收获量 (升)	价值 (制钱)	收获量 (升)	价值 (制钱)	收获量 (升)	价值 (制钱)
A. 两年三熟的粮食						
I. 首次收获						
1. 谷子 1 升=15 斤 (Catty)=550 文制钱①	18	9900	12	6600	8	4400
2. 黍子 1 升=17 斤=600 文制钱	18	10800	12	7200	8	4800
3. 稷子或稗子 1 升=7-8 斤 =400 文制钱	26	10400	18	7200	13	5200
4. 高粱 1 升=18 斤 =550 文制钱	18	9900	12	6600	8	4400
5. 玉米 1 升=18 斤 =800 文制钱	15	12000	12	9600	8	6400
共计		53000		37200		25200
首次收获平均亩产		10600		7440		5040
II. 第二次收获						
1. 小麦 1 升=20 斤 =1000 文制钱	13	13000	9	9000	6	6000
2. 大麦 1 升=13~14 斤=680 文制钱	18	12240	12	8160	8	5440
3. 豌豆 1 升=20 斤 =950 文制钱	13	12350	9	8550	6	5700
共计		37590		25710		17140
第二次收获平均亩产		12530		8570		5713

① 升为容量单位,1 升=1.03 公升;斤为重量单位,1 斤=4/3 英磅=605 克。——原注

续表

粮食品种	一等地		二等地		三等地	
	收获量（升）	价值（制钱）	收获量（升）	价值（制钱）	收获量（升）	价值（制钱）
Ⅲ. 第三次收获						
1. 大豆 1 升＝21～22 斤＝900 文制钱	13	11700	9	8100	6	5400
2. 荞麦 1 升＝18 斤＝1000 文制钱	18	18000	12	12000	8	8000
3. 晚红薯 鲜薯 1 斤＝5 文制钱	2000 斤	10000 斤	1500 斤	7500 斤	1000 斤	5000
4. 萝卜 1 斤＝4 文制钱	4500 斤	18000	2000 斤	8000	1500 斤	6000
5. 白菜 1 斤＝6 文制钱	3000 棵＝15000 斤	90000	3000 棵＝15000 斤	90000	3000 棵＝1500 斤	90000
共计		147700		125600		114400
第三次收获平均亩产		29540		25120		22880
二年三收之平均亩产		52670		41130		33553
一年的平均亩产		26335		20565		16777
B. 一年一作之收获						
早播土豆鲜品 1 斤＝30 文制钱	1000 斤	30000	650 斤	19500	500 斤	15000
C. A 和 B 两项之平均亩产						
1. 两年作每亩每年之平均产量		26335		20565		16777
2. 土豆地每年每亩平均产量		30000		19500		15000
每亩每年平均等产量		28168		20033		15889

上表中计算得的平均亩产量与统计调查之结果相符。统计还表明，纯产值为：

　　一等地每亩：23 吊制钱
　　二等地每亩：15 吊制钱
　　三等地每亩：10 吊制钱

　　一等地分布在白沙河下游河谷低地、东流水的平坦山坡地、瓮窑（Tscheng tau）周围的李村谷地、以及河谷以上地区和登窑湾一带。中等地是李村向下的李村谷地以及张村和大村（Ta tsun）河的河谷平地。山地和沿海（渔村）一带的土地属三等地。这三种地的地价相差很大，也很不固定。出卖土地的事——现总督府已下令禁止——即使在占领前也很少。出卖田地绝非为了投机赢利，而是迫不得已。卖地的太少了，难以形成某种近于固定的价格。把买地作为原始投资的要比卖地的多，这

218

表 B 列举了村庙及其占有土地的情况。

表 B　村庙

寺庙名称	占有土地（亩）	特别收入	注
1. 浮山所;关帝庙和真武庙	8.00	年集(庙会)的不定小额收入	佛教
2. 河东;关帝庙	1.10	–	道教
3. 西小水;成云寺	3.40	–	佛教
4. 香厘;龙王庙	4.40	–	道教
5. 小洋;菩萨庙	6.00	–	道教
6. 仙家寨;仁寿宫	16.20		
7. 幸岛;三家堂(家庙)	4.35	–	
8. 候家湾;潮海寺	9.00	–	佛教
9. 黄岛刘哥庄;三官庙	9.60		道教
10. 狗塔埠;苦拜庵	8.80		
11. 李家下河;观音洞	13.74	–	
12. 李村: (a)三官庙 (b)玉皇庙 (c)清凉寺	21.06 14.00	–	对(a)和(b):一名自己耕种 8 亩地和每年从中有 80 吊钱收入的道士。庙的其他土地租给村里,每年有 52 吊钱的收入。 对(c):两个和尚经营土地,每年从中有 280 吊钱的收入。其每年的庙务费用为 200 吊钱。
13. 刘家 – 韩哥庄;三官庙	4.20	–	道教

宗教庙宇的调查　《胶州发展备忘录》（德）对李村

219

续表

寺庙名称	占有土地（亩）	特别收入	注
14. 南曲： (a)娘娘庙 (b)关帝庙	4.70 2.40	－	道教 佛教
15. 宁家：关帝庙	4.00		佛教
16. 女姑山： (a)养贞院 (b)天后宫	20.80 15.60		
17. 潘家坊：海岳庙	2.00	－	道教
18. 北村：关帝庙	4.00	－	佛教
19. 上沧口：竹子庵	3.00	－	
20. 猪窝：大石寺	1.00	－	佛教
21. 登窑：石佛寺	0.80	－	佛教
22. 沧口：天后宫	17.20	1200 吊钱船的贡献	17.20 亩地租出去，每年收入租金 71 吊钱
23. 张村：张才庵	46.00		
24. 米家洼：关帝庙	6.00	－	佛教
25. 曲哥庄：关帝庙	2.90	－	佛教
26. 东李村： (a)关帝庙 (b)娘娘庙	4.60 6.50	－	佛教 道教
27. 王家－上流庄：牛王庙	1.73		
28. 午山庙	50.00	山地的烧柴每年100 吊钱，每年庙会没有收入	午山庙是一个较大的庙。出租 40 亩地，每年有120 吊钱的收入，有 10 亩地自己种，每年有 80 吊钱的收入。两个道士和三个仆人每年用去 180 吊钱，这样每年尚有 120 吊钱的节余

胶澳发展备忘录(1903 年 10 月~1904 年 10 月)   329

续表

寺庙名称	占有土地 （亩）	特别收入	注
29. 闫家山： 贞惠庵	9.00	–	佛教
30. 阴岛尹家 庄：关帝庙	1.10	–	佛教
31. 阴岛肖家： 关帝庙	8.10	–	佛教
32. 于家下河： 龙王庙	4.90	–	道教
33. 于哥庄： 关帝庙	8.07	–	佛教
总计	348.19		

（八）戲場

一等　　　每三箇月　　七十五元

二等　　　同　　　　　五十元

三等　　　同　　　　　二十五元

定演の場所なきものは一日一元三箇月最大限五十元

（九）支那人質尾

一等　　　每三箇月　　二百元

二等　　　同　　　　　百元

一、支那人公益事業税　地租整理の結果、千九百一年の收入一萬二千八百五十五麻克なりしものゝ、千九百四年には三萬五千八百二十四麻克に增加せしを以て、總督府は地租整理の利益を一般人民に知らしむる目的を以て、地租收入中每年一萬麻克を超えざる金額を村落に交付し、道路の開鑿維持、橋梁渡船井戸の設置維持、學校の設立、街路の點燈及掃除消防器具の設置、醫院建設、共同墓地の設置廟宇の保存等公益事業に供せしむ、此等の費用は每年三萬麻克を要する計算なるを以て、總督府の交付金一萬麻克以外に二萬麻克の財源を求めざるべからず是に於て千九

《胶州湾》（日）记载的德国殖民当局颁发的在李村、台东等集市征收各项杂税的法规条文，是专门针对中国人制定的法律条文，而在此之前，这些税项绝大部分是不存在的。

百八年九月一日公益事業等辦課税規則を發布し、市場、倉庫、公秤等より公課を徵收する事とせしが總督府の一萬麻克交付に感じて、各村は公益事業の課税を好意を以て迎ふるに至れり該規則の內容左の如し、

一、女姑口、滬口仙旱口、塔埠頭の諸港竝に臺東鎮、臺西鎮の開市地に於ては支那人住家に毎年毎間二弗、四弗又は六弗の家屋(房捐)を課す、家屋の等級は其の位說及大小賃貨の如何竝に業務の大小に依り之を定む。

滬口塔埠頭に於ける支那人の畜舍又は物置場は毎年毎百平方米突其の以下に付二弗、四弗又は六弗の舍税(廠捐)を課す等級は其の地の繁華及業務の程度に因り之を定む。

二、等級は中華事宜輔政司(廢止となれり)又は其の代理官理事官當該省と商議して之を查定す不服あるときは總督之を裁決す、家屋税及舍税は其の所有者之を負擔す貸寫其の他重大の事由あるときは總督は該税を減免することを得。

租税は四期に分ち毎期前納とす、又一年分を前納することを得。

三、女姑口、滬口沙子口、塔埠頭、臺東鎮、臺西鎮及李村に公秤を置き賣買貨物の看貫

第三編　第十六章　税制

二二七

第二編　第十六章　税制　　　　　　　　　　　二三八

に便し、課金を徴收す、看貰料は賣主の負擔とし、其の額は看貰貨物の百分の三とす、但し一擔に付十五仙を超過し、又銅貨三枚以下に下るを得ず、看貰を要する貨物及看貰料に關しては、中華事宜輔政司之を定む、不服あるときは總督之を裁決す、

四、李村及臺東鎭の市場に於て、露店攤擺を開く者は、毎一座一册に利小店は銅貨二枚、大店は四枚を納付すべし、賣貨者開店したるときは、一日分を納付すべし、大店は一箇所四平方米以上の地を占むべからず、若し之を超過したるときは、其の超過面積に付相當の增徵を爲すべし、數人の賣貨者一店を同時に占むるを得ず、必要なる細則は中華事宜輔政司之を定む、不服あるときは總督之を裁決す。

五、李村に於ける家畜の賣買に付、賣主は其の賣價の百分の二を納付すべし、

六、臺東鎭及臺西鎭に於ける入札に依る糞尿賣却代金は、前四條に揭ぐる各種の租稅及公課と同じく之を公費に充つ、畜糞代價も亦同じ、

七、家屋稅及合稅を納付したるときは納付金額及日附を記載し捺印し各領收證を交附すべし、其の他の諸稅に關しては、請求あるときに限り之を交付すべし。

一、本令に依り徴収したる公課は、豫算規程に依り、支那人の公益事業に使用す、本令を他の村落に施行するの必要あるときは總督之を告示す。

九、本令は一九〇八年十月一日より之を施行す、本令の施行は中華事宜輔政司に之を委任す。

第十七章　土地制度

獨逸の靑島を經營するや、其の日的高遠雄大にして、之を軍事的策源地、經濟的根據地と爲すの外、獨逸制度の模範を示し、獨逸文化の淵籔に化するに在り、支那官民をして崇獨の觀念を喚起せしめ、親獨の思想を養成せしめ、將來大に支那に爲す所あらんとするに在り彼の土地制度の如きは確に模範的制度の一にして、殖民地經營に一新好例を開きたるものと謂ふべし、抑も新領土取得に當り、最も先づ研究すべきは土地問題にして、若し放任忽且に付せんか、土地の投機賣買行はれ、土地の買收策併盛に、地價の人爲的釣上となり、地代借家料の騰貴となり、來住者の負擔苛重商工業の不振萎縮を來たして、殖民地の發達を阻害すること大なり、關東州の如く、市街地を全部官有として、其の賣買を禁止し貸下ること是れ亦殖民地土地處分の一

第二編　第十七章　土地制度

《胶州湾》(日)记载的德国官方于1914年5月对青岛、台东镇、李村三个市场的物价调查表，这三个市场是当时青岛最重要的市场，它们的物价代表了青岛的市场价格。

して新規兵の來る事にして、新來者は若干の金を所有するを以て、自然に濫費するの傾あり、又歸逖兵は本國妻子への土産物等を買ひ求むる等,自然に物價の騰貴を來せるものゝ如し、物價の高價、家賃の不廉は賃銀の高價となること言ふ迄もなし。本年六月五日發行膠澳官報第十五年第二十七號は本年五月中の青島(含太包島臺東鎮李村三地の平均物價表を掲げたれば之を譯載す當時の銅錢相場は一弗に付青島は二千六百五十文小錢蓋東鎮二千六百二十文李村二千六百三十文なりとす。

第三編 貿易 第九章 物價及賃銀

品目	單位	青島	蓋東鎮	李村
殷	一片	五二〇		
林檎(支那)	同	二六〇	二六〇	
同(クラナート)	同	二〇〇		
アナナス	同	二〇〇		
杏	同	二六〇		
芭蕉實	同	二〇〇	三〇〇	一〇〇
梨(支那)	同	二〇〇	三〇〇	一〇〇
豆モヤシ	同	一〇〇	一一〇	一〇〇
豆	同	五〇		
笑豆	同	二六〇		
豆腐	同	六〇	六〇	五〇

品目	單位	青島	蓋東鎮	李村
豆				
餅	一斤	八〇	八〇	八〇
豆油	同	三三〇	三〇〇	二〇〇
麵包(支那燒パン)	一箇	四〇		四〇
同(支那饅頭)	一箇	六〇		四〇
同(粟)	同	二〇	四〇	四〇
マルブシュカン	同	二六〇	一五〇	一五〇
(小麥)	同	二五〇	一五〇	一五〇
卵(家鴨)	十箇	五〇〇	五〇〇	五〇〇
(雞)	同	二六〇	二六〇	二四〇
家鴨	一羽	一,二〇〇		

三四九

第三編　貿易　第九章　物価及貨銀

品名	單位				
豌豆	一斤	一〇〇	一〇	｜	八〇
蒜	同	一〇〇	｜	八〇	
踑	同				
落花生	同	一二〇	一二〇	一六〇	
落花生油	同	二二〇	｜	｜	
魚（燒）	同	一〇〇	｜	一四〇	
魚（煮）	同	一五〇	｜	｜	
魚（烏賊）	同	一二〇	｜	｜	
同（乾魚）	同	一六〇	｜	一二〇	
同	同				
魚	一羽	二一〇〇	｜	｜	
窩鳥	一羽	一二〇	五〇〇	一八〇	
大麥	一斤	一四〇	二一〇	八〇	
胡瓜	同	七六〇	｜	｜	
苧麻	同	一〇〇	一六〇	七〇	
粟	同				
木材	同	二二〇	｜	八〇〇	
雞（老）	一羽	八〇〇	｜	七〇〇	
同（劫）	同	五〇〇	｜	一〇〇	
生姜	一斤	｜	｜	｜	
同	同	八〇	｜	三〇	
馬鈴薯（支那）	同	六〇	｜	｜	
同（外國）	同	三〇〇	｜	三〇	
渠	同				

品名	單位				
高粱	一斤	一〇〇	一〇〇	七〇	
高粱程	同	一三〇	一三〇	一一〇	
櫻實	同	一一〇	一三〇	六〇	
糠	同	一五〇	六〇	八〇	
大蒜	同	一三〇	八〇	｜	
大蒜森（白）	同	一二〇	一二〇	三〇〇	
コールラビー	同	五〇〇	二〇〇	｜	
榮（花）	同	一六〇	一六〇	｜	
蝦	同	一四〇	｜	｜	
蟹 殘	同	一六〇	｜	二〇〇	
冬瓜	同	九〇	八〇	｜	
玉蜀黍	同	一六〇	一二〇	二〇〇	
山（粟）	同	一一〇	｜	｜	
粉	同	一八〇	一八〇	｜	
同（小麥）	同	｜	二〇	七五	
甜瓜	同	五〇	一二〇	｜	
貝	同	六〇	｜	五〇	
素麵	同	二〇〇	｜	｜	
芹（支那馬鈴薯）	同	二三〇	一〇〇	三三〇	
同（支那）	同				

三五〇

227

品目	単位				品目	単位			
芹（外國）	一斤	四九〇	三三〇	ー	豚肉	一斤	五二〇	五六〇	四〇〇
胡椒（赤）	同	四〇〇	三三〇	九六〇	ナランダミツバ	同	八〇	四〇	ー
同（黒）	同	九六〇	九六〇	ー	ホウレン草	同	八〇	ー	一五
大根類	同	二〇〇	ー	ー	滷（大）	一枚	ー	ー	一,一〇〇
米類	同	一八〇	一三〇	極	菠草	一斤	四八〇	三六〇	一三〇
大根（支那）	同	一六〇	ー	一〇	鳩	一羽	二六〇	二六〇	三六〇
牛脂	同	四四〇	四〇〇	ー	トマト	一斤	二六〇	二六〇	ー
牛肉（生）	同	四〇〇	三二〇	三〇〇	胡桃	一斤	四〇〇	三〇〇	二六〇
同（煮）	同	三二〇	三六〇	二六〇	小參	同	一二〇	三三〇	二六〇
赤、蕪	同	ー	三〇	二六〇	砂糖（支那）	同	二二〇	二二〇	三六〇
サラダ	同	一六〇	三〇	三〇〇	葱	同	二二〇	一六〇	三〇
豚フェット	同	六四〇	六四〇	ー	同（外國）	同	六〇	ー	ー
鰻	同	一〇	一〇	五					

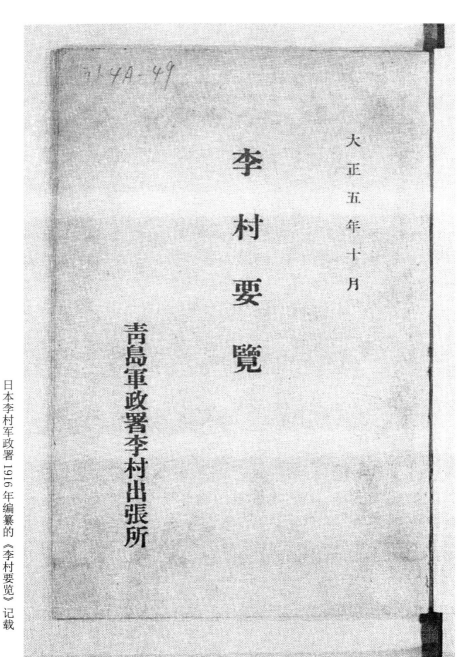

714A-49

大正五年十月

李村要覽

青島軍政署李村出張所

日本李村军政署 1916 年编纂的《李村要览》记载了对李村乡区社会及集市贸易状况的调查。

該會社ハ殆ト同會社ニ買取セラルル前石料及冬炭ニ就テハ第六章ニ詳説ス

三、李　村

李村ノ地タル李村河ニ沿ヒ西ハ滄口ニ隣リ北ハ王埠嶺、流亭ヲ經テ即墨ニ通シ東ハ張村ヲ經テ沙子口ニ抵ル道路網ノ中心ニ位シ四通八達ノ衝ニ當レルノミナラス三百徐年ノ歴史ヲ有スル市ニ毎月陰暦二七ノ日ヲ以テ李村河沙灘ニ開カレ一箇年七十二回ノ市日ニハ遠近村落ヨリ賣買者絡繹トシテ集ヒ來リ物資ノ集散頗ル多ク昔時ヨリ李村集ノ名弘ク知ラレタリ獨逸租借時代ニハ此ノ地ニ李村刷泉司衙門及監獄、農園等ヲ置キシヨリ更ニ一般販ノ加ヘタリ唯港灣及鐵道ニ接セサルカ故ニ將來商業地トシテ大ナル發展ヲ遂ケ難カルヘキモ古領地ノ農工業漸次發達スルニ至ラハ産物ノ小集散地トシテ城内有數ノ地位ヲ保ツニ足ルヘシ

第十七節　日支人營業狀態

一、支那人ノ營業

（一七九）

李村　現時李村ニ於ケル支那人商舗ハ左記十五戸トス

（一九〇）

和順誠（豆油製造販賣）　　　協順楼（燒酒、豆油製造販賣）

愼泰成（雜穀商）　　　　　　愼和順（同）

愼源永（支那料理店）　　　　福順館（同）

雙和與（右者反物商）　　　　復與號（右者雜質商）

合盛（黃酒製造販賣）　　　　德順和（燒酒商）

聚和（右者及藥種商）　　　　謙徐順（雜質商）

東順台（雜貨商）　　　　　　阜盛成（同）

三盛復（雜貨商）

此ノ中和順成、協順楼ハ一昨年迄盛ニ豆油及燒酒ヲ製造シ豆油ノ原料タル黃豆ハ濟南、海州竝ニ附近各村落ヨリ又燒酒ノ原料タル高粱ハ大連ヨリ輸入シ而シテ製出シタル燒酒、豆油及豆粕ハ市ニ出陳スル外各地ニ移出シ居タルカ偶々水害ニ次クニ戰亂ヲ以テシ爲ニ工場ハ倒壞シ今仍ホ復舊セサルモ近々更ニ家屋ヲ再建シ舊業ニ從事スヘシト云フ又一昨年秋迄夫々錢票ヲ發行シタリシ前記三軒及愼泰誠、復與號ノ中今尙ホ發行ヲ繼續セルハ唯タ協順楼ノミ

《李村要览》中记载的李村的商铺调查

抑モ李村ノ商業ハ前ニ云ヘル如ク市ヲ以テ生命トシ店賣リ其ノ他ハ市ノ販賣高ニ比

スレハ一少部ニ止マレリ資本主及經營者ハ皆土着人ニシテ商業關係ノ最モ密接ナル

ハ青島、卽墨及再輸出先ナル濟口、沙子口ノ四地ナリ

李村中華商會ハ曾テ獨逸租借時代ニ創立セラレ一昨年秋戰亂ニヨリ一旦解散客春再

與シ新ニ規則ヲ定メ現ニ和順成内ニ事務所ヲ設ケ役員ニハ總理一名協理二名若ヰ十

名ヲ置ク現任總理ハ愼泰誠店主安茂境ナリ左ニ該會規則ヲ附シテ參考トナス

・李村中華商會規則(譯文)

　第一章　名稱及住址

第一條　本會ハ李村中華商人ヲ以テ組織シ李村中華商會ト稱ス

第二條　本會ハ商會ノ永久機關タルヲ以テ必ス一定ノ場所ヲ定メ建築スヘキモ創

　業ノ際トテ資金無キヲ以テ暫時和順號内ニ事務所ヲ設ケ後來基金ノ出來次第建

　築移轉スヘシ

　　第二章　會　　則

（一九二）

232

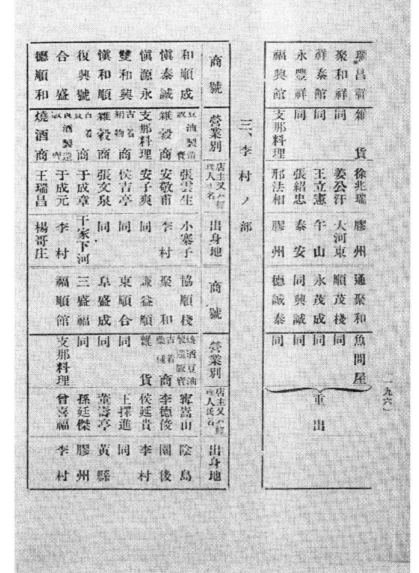

三、李村ノ部

商號	營業別	店主又ハ管理人氏名	出身地	商號	營業別	店主又ハ管理人氏名	出身地
聚昌	雜貨	徐兆瑞	膠州	通聚和	魚問屋		
聚和祥	同	姜公汗	大河東	順茂樓	同		
祥泰館	同	王立憲	午山	永茂成	同		
永興祥	同	張紹忠	泰安	同興誠	同		
福興館	支那料理	邢法相	膠州	德誠泰	同		

（重出）（一九六）

商號	營業別	店主又ハ管理人氏名	出身地	商號	營業別	店主又ハ管理人氏名	出身地
和順成	釀酒製造業	張雲生	小寨子	協順樓	飯店溫麵館	寶蕊山	陰島
慎泰誠	雜穀商	安敬甫	李村	聚和順	古着商	李德俊	李村後
慎源永	支那料理	安子爽	同	盛合	雜貨	侯延貴	同
雙和興	古物商	張文泉	東順合	阜盛成	豆腐商	李園後	李村
慎和順	雜穀商	于成章	王家下河	東順合	酒館	上擇進	同
復興	古雜商	于成元	李村	三盛福	同	董壽亭	黃縣
合興盛				福順館	支那料理	孫廷傑	膠州
德順和	燒酒商	王瑞昌	楊哥庄			曾喜福	李村

《李村要览》中记载的李村中国商号调查

233

第二十節　各地開市ノ概況

山東省内ニハ到ル處定日ヲ期シ市ヲ開クノ古習アリ按スルニ上右神農氏人ヲシテ日中ニ市ヲ爲サシメタルコト史籍ニ見ヘ易ノ繁辭ニモ日中市ヲ爲シ天下ノ民ヲ致シ天下ノ貨ヲ聚メ交易シテ退ク各其ノ所ヲ得トアルニ據リテ考フレハ市ノ起源遠シト謂フヘシ又史記ノ平準書顏師古ノ註ニ古未タ市アラサルトキ朝ニ井ニ聚マリテ汲ム便ヲ貨物ヲ將チテ非遜ニ貨賣ス市井ト曰フト蓋シ交通不便ナル未開時代ニ於ケル物々交換ノ遺風ナリ當政區内ニハ李村及棗園ノ開市アリ近接地ニハ流亭及華陰ノ市アリ依テ李村棗園兩市ノ概況ヲ記シテ流亭及華陰ノ市ニ及ホサムトス

　一、李村市ノ概況附棗園市

李村ノ市ハ三百有餘年來ノ歷史ヲ有シ每月陰暦二、七ノ日ヲ以テ李村河沙灘ニ開カレ棗園ノ市亦百餘年前ヨリ每月陰暦四、九ノ日ヲ以テ同村西街 南端ノ沙灘ニ開カル就中李村ノ市ハ附近ニ於ケル大市ニシテ一ヶ年七十二回ノ市每ニ四方ヨリ絡繹トシテ集マリ季節天候ニヨリ少差アルモ一年ヲ通シテ平均セハ每回露店ノ數一千二百且ツ天氣好晴ナルニ會セハ露店數一千四百以上物資總價額壹高圓以上ニ達スルコト（魚類、雜貨、古物種子類、兩換店、及飲食店ヲ除キ）其ノ物資總價額ハ九千圓内外ヲ算スヘク農事閑散ノ時季ニシテ

（二六五）

《李村要覽》中记载的李村集市调查

（二六六）

敢テ珍シカラス土民ノ言ニ據レハ獨逸占領以前ニ在リテハ（現時ニ比シ出場物資較々

少ナカリシカ獨逸ハ占領一二年後ヨリ之ヲ獎勵シテ陰ニ陽ニ發展ヲ計リタル結果一

段ノ繁榮ヲ增セリトン嘗テ獨逸當局者八十數回ニ亙リ市ニ集ル人數ヲ測算セシ結果

平均貳萬貳千ヲ計ヘタリトイフ是亦季節天候ニ由リテ差異アルモ之ヲ平均セハ現今

モ略ホ同樣ナルカ如シ襄園ノ市ハ李村ニ比スレハ規模著シク小ニシテ露店數ノ如キ

最モ多キ時ニ於テ六百五十以上出場物資總價格約壹千圓ヲ算スルコトアルモ一年ヲ

通シテ平均セハ每回ノ露店數凡ソ百、物資總價格約七百圓ニシテ入出ノ數ハ一千名

內外ニ止マルヘシ下ニ今春以來調查セル李村市出場物資ノ平均數及品目一覽表ヲ揭

ク流亭、華陰ノ分ハ大同小異ナレハ之ヲ略ス

　　二、流亭竝華陰市ノ槪況

流亭ノ市ハ每月陰曆一、六ノ日ヲ以テ開ク其ノ平均露店數ハ七百三、四十物資總價格

約參千六、七百圓ナリ卽チ李村ノ市ニ比スレハ三分ノ一强ニ當リ各店頭ノ物資價格

モ之ニ準シテ著シク劣レリ出場物資ノ主要品タル棉花、石油、燐寸、葦笠、紙頭ハ

235

此ノ名アリトシ使用法ハ前二者ト異ナリ各網別々ニ用フルモノニシテ小艪板一隻

（柔込漁）毎ニ大抵二十五張ヲ備フ而シテ之ヲ沈ムルニ際シテハ袋口ヲ開張スル爲メ其
（天五人）

ノ四隅ニ十數尺ノ竹竿ヲ結ヒ着ケ竿ノ下部ニハ又石ヲ附ケタル繩ヲ結ヒ着ケテ動搖

ヲ防キ斯クテ大抵一日一回網ヲ引揚ケテ中ナル小蝦及雜魚ヲ取ルナリ

蠣捉　曳網ト投網ハ普通本邦內地ノモノト同一ナレハ別ニ説明セス蝱、蛤蜊等ノ

貝類ヲ採取スルニ蠣捉トテ杖樣ノ棒ノ先端ニ叉ヲ作リ又尖ニ丈夫ナル針ヲ植ヱタル

モノヲ以テ搔キ取レル一種特異ノ風ト謂フヘシ

（三二二）

李村市場出場物資平均數量及品目一覽表

區分　品目	出場量	單價	總價額	產地	摘要
九鳳表布（天竺布）（金巾）	一〇 元	円 五.二〇	円 五二,〇〇〇	日 本	青島經由
表布（虎印）（白金）	一〇	四.三〇	四三,〇〇〇	同	同
表布（城印）（同）	一〇	四.二〇	四二,〇〇〇	同	同
表布（紅印）（白金）	一〇	四.〇〇	一〇八,〇〇〇	同	同
白竹布	二	七,五〇	一五,〇〇〇	同	同

《李村要览》中记载的李村集市物价调查

品名			数量	数量	数量	産地	経由
九龍大洋布	（白金布）		二四	六,〇〇〇	一,四四〇,〇〇〇	上海	同
月頭兎印搭捷布	（紅羽紗）		二四	五〇,〇〇〇	一,一〇,〇〇〇	同	同
印獅子印猪搭布			三	四二,〇〇〇	五五,五一四	李村附近	
本地粗布			一五〇	一,八六〇	四〇,一四四	濰縣	
海縣白色花花布	（手綿織更紗）	（東綿更紗）	一五	一,〇〇〇	七一,四〇〇	上海	青島經由
福島子紡績綿	（花）		一五	一,六五〇	七九,六八〇	日本	同
同島細布印	（糸）		三一〇	二,八六〇	三八,五六八	同	同
花蝶印			二五	三,三五〇	三三五,三六〇	青島	同
三馬印			一五	二,二一〇	七七,二二六	同	同
虎石印	（油）		一五	三,二三一	三八,六〇六	上海	同
亞細印			一〇	五,七一九	一七,六二七	同	
亞球印			五	五,六七九	二〇,四七一	同	
有色獅			六	五,〇七六	三四〇,三八〇	同	
雙獅			五			同	
地球印			五			同	
印馬印燧							
四馬同							
印馬同	（寸）						

（註二）

237

（三一四）

菜蔬 蕉麻	泰安 安麻 繩	麻 	葉荬 (草蓆垡) 油	豆 餅(豆粕)	豆 	粗貨 紙	皮貨 	竹 簍	柳條 筐	窰(陶器) 器	靴貨 子	鐵釘 類	鐵器 鍋	炕蓆 (ペアラン)	門蓆 (戸)	窻戸 (窓格子)
一八〇斤	三三〇	二六〇	三〇〇	四·五〇〇包	三〇〇〇	三〇〇斤	三六〇匹	二〇〇個	五〇〇	六〇〇	一八〇斤	五〇〇斤	一八〇斤	三五斤	一〇〇束	四〇戸
二·〇〇	一·五〇	一·六〇	一·六〇	一·一七	一·二〇	一·五〇	·二八	·五三	·二五	·三二	·五五	一·〇〇〇	一·二四〇	四·五〇
五七二·一〇〇	五五〇·〇〇〇	六·〇〇〇	七二〇·〇〇〇	六四八·〇〇〇	一〇一五·〇〇〇	一七·二〇〇	三二四·〇〇〇	一三五·〇〇〇	二三二·一〇〇	三五·〇〇〇	三五·〇〇〇	五五二·〇〇〇	三三·三五〇	八〇·四〇〇
菜蕉 滄口經由	泰安 同	劉家宋哥庄	濰縣 滄口經由	滄口、大村 (庄口、港亭)	上海	即墨	同	宋哥庄	下庄西窰會	濰縣	即墨	滄口 墨	樂安 滄口經由	李村、下河	同

238

品名	数量			产地
箕(箕撬)	五〇	二·七〇	六四·三五	即墨
木杴(草掻)柄	一〇〇	一·一三	大六·二〇〇	李村、下河
锡	一〇〇	一·四〇	八八·四〇〇	同
扁担(棒)柄	三〇	二·四〇	二八·二八六	即墨 南屋石
水缸(水甄)	六〇	二·六〇	一八·七一	同
蜡扠(立塼燭)	三〇	三·〇二	一〇·四七〇	即墨 東小水
锅盖	五〇	三·二一	三·九三六	同
圆(柳条槐製)	三〇	六·八六	七·一六〇	同
黎斗把(锄)	一二〇	三·四五	三四·〇〇〇	上海 滬口經由
箇笆子	二〇〇	〇·六八	一一·八〇〇	李村一帯
小條笾(草笾)子	五〇〇	〇·七〇	一七·八五〇	北村
毂笾衣	一五	七·二六	六·四五〇	李村
松箅(草笠)	一二〇	四·〇六	五·七六〇	九水口、北龙滩一帯
蒌子(马鞍)衣	一〇	四·二四	四五·二六〇	
松柴(枯松)	一〇〇〇	八·二一	一六·四八〇	李村一帯
苇草(粟秆)笠	一五〇〇	〇·九八	一三·二八〇	安邱

(三一五)

品名	數量	單價	總價	產地
白粉糊（粉糊）	八〇〇疋	·〇一〇	一一·一〇〇	萊州
掀柄（桐柄匙）	三〇〇把	·〇四四	一〇·七五〇	南屋石　青島經由
小麥	一·一〇〇斗	·〇三三	一·一〇〇	城陽鎮村一帶及
穀子（粟）	三〇〇斗	·六九	一〇·九三〇	同
黃豆	一〇〇斗	·六一三	一六·四一〇	同
豌豆	四〇〇斗	·五七〇	二〇·四三〇	海州　青島經由
包米（玉蜀黍）	三〇〇斗	·五八九	三二·七二〇	同
高粱（甘粱）	三〇〇斗	·二九	一六·五〇〇	大連一帶　同
地瓜乾（菁干肉）	四〇〇〇斤	一·〇	一四五·四〇〇	李村一帶
牛肉	三〇〇斤	·六	八〇·〇〇〇	同
猪肉（豚肉）	二三〇担	三·〇〇	三〇·〇〇〇	同
雞肉	四五〇〇隻	·六二	四二·〇〇〇	平度
雞蛋（雞卵）	四〇〇箱	·〇八	八一·〇〇〇	即墨
燒酒	四五〇斤	一五〇	六〇·〇〇〇	同
黃酒			三六·八七〇	李村一帶
粉條（豆麵粉）	一五〇	一二三	三六·八七〇	同
白糖	五〇	一五七		上海　青島經由

（三一六）

蒜	四季豆	芋頭	韮菜	薑	蒜頭	胡椒	葱	韮	紅葡萄(大根)糖
一〇,〇〇〇	四,〇〇〇	二,四〇〇		二,五〇〇	八〇 斤	六〇	四〇	一,五〇〇	八〇〇 把
									七五〇
									一,〇〇〇
万頭		万頭							
二三九		三五〇	〇,五〇〇	〇,四〇〇	〇,九四三	〇,二四	〇,二三	〇,三一	一,〇〇
三三,七〇〇	一二,〇〇〇	一一,〇〇〇	三五,〇〇〇	七五,〇〇	二五,七	三〇,〇〇〇	一〇,〇〇〇	一六,八〇〇	七五,〇〇
卽墨	同	同	李村一帶 青島經由	上海	卽墨 青島經由	上海	同	李村一帶	同

備考

以上ハ十一年ヲ通シ若ハ比較的ノ長期間ニ亘リ出場セラルル諸物資ニ就キ毎回出場物資ノ平均ヲ載サ
列舉セルモノニシテ合計銀六千九百圓七拾錢強ナリ此外春夏ノ候ニ於テ豆粕、魚類、夏布、蚊
張布、種苗等ノ出場セラルルアリ又秋冬ノ候ニ於テハ果實類及古筆、古綿等ノ多數出場セラル
アリテ是等ヲ加算セハ毎回出場ノ平均總價類ハ概算九千圓ニ達スルナリ加之毎年流期ニ際シ洛
子日及洛口ノ二地ヨリ海産物ノ出場セラルルモノ其最盛期ニ於テハ一回五百圓以上ニ達シ洛
表外ナル雜貨、古物、種子類ヲ合算セハ給算七拾壹萬圓ニ達スヘク卽チ一簡年七拾二回ノ市日ニ際
シ李村市場ニ集マリ來ル物資ハ概算七拾萬圓ニシテ假ニ毎回平均三割ノ需要アリトセハ一簡年
貳拾參萬圓以上ノ移出入アルモノト看做スコトヲ得ヘシ

(三一七)

歸ルノ狀之ヲ夫ノ長江一帶ノ農民力田畝ニ赴ク二雨傘ヲ携ヘ日傘高クシテ家二歸ル

モノニ比較セハ霄壤ノ差アリト謂フ可シ是レ地味薄痟ナルカ割合ニ人口稠密ナルカ

故ヲ孜々勉勵スルニ非レハ糊口困難ナルニ依ルナリ古來支那ノ婦女ハ室家ニ閉居シテ

內事二專ナルノ舊習ナルモ獨リ當地方二於テハ女子ト雖モ男子ト等シク隴畝二出テ

甘藷ヲ堀リ落花生ヲ收ムル等ノ勞役二服スルヲ常トスルハ支那二在リテハ特異ナル

風習タリ亦以テ生計二餘裕乏シキノ一徵トシテ見ルヘシ

第四節　生活狀態

前節述フル如ク人民ハ極メテ低級ナル生活二甘ンシ磊爾トシテ眠食ヲ惟レ事トシ衣

食住共二唯舊慣ヲ墨守セルノミ左二其ノ梗略ヲ記ス

一、衣　　服

衣服ハ男女ヲ問ハス無地青藍色ノ綿服トシ緞子綢子ノ如キハ富家ノ女子カ嫁入リノ

際稀二用フルコトアルノミ女子二ハ間々模樣付綿布又ハ更紗ノ衣服、赤色褲子ヲ若

（二九）

《李村要览》中记载的李村居民生活调查

（三〇）

用セルヲ見ル衣服地ハ李村、薹園、流亭、城陽、王哥庄、薹東鎮等ノ市ニ於テ之ヲ求ムルカ或ハ自家ニテ織リタルモノヲ用ヒ各々其ノ家庭ニ於ケル女子之ガ裁縫ニ任ス其ノ大人用衣類仕上日數ヲ參考ノ爲メ左ニ記ス

名稱 ＼ 區分	一重ノ物	二重ノ物	備考
上衣　單（小掛）	二日	二日半	普通八尺ヲ要ス
長キ着衣（大掛）	三日	三日半	普通十四尺ヲ要ス
股（引・襯子）	一日	一日半	普通六尺ヲ要ス
絹物綿入着物（大緞子）	一	三日半	

其ノ工程ノ遲々タル我カ國普通女子ノ手工ニ比シテ三分ノ一ニモ及ハサルハ蓋シ其ノ縫目ノ極メテ精緻ナルニモ因ルナラン地質ハ華ヲ避ケテ專ラ堅牢耐久ナルモノヲ擇ヲ試ニ普通着衣ノ價格ヲ揭レハ左ノ如シ

名稱 ＼ 品目	粗布	洋布	假緞	緞	備考
小掛	三吊 文一吊六百文				單衣ノ上半身衣

《李村要览》中记载的李村居民生活调查

品名	價格	摘要
夾小掛	二吊六百文　二吊文	袷ノ上半身衣
小襖	三吊五百文　三吊文	綿入ノ上半身衣
小皮襖	十吊文	裏毛ノ上半身衣
大掛	二吊四百文　二吊二百文	單ノ全身衣
夾大襖	四吊五百文　十四吊文	袷ノ全身衣
大襖	七吊文　六吊文	綿入ノ全身衣
大皮襖	十五吊文　十四吊文　十八吊文　二十五吊文	裏毛ノ全身衣
砍肩子	一吊五百文　一吊文　一吊六百文　二吊文	禮裝用半上衣
馬掛子	三吊文　四吊文　八吊文	袖ナシノ上衣
褲子	一吊六百文　一吊四百文	臀部ヲ覆ハサル脱引ノ一種
套褲	一吊六百文　八百文　三吊五百文	ツボン
汗衫	一吊六百文	シヤツノ一種
衛生褲	一吊文　八百文	メリヤス製シヤツ
腿幣	布四吊二百文　綿七百二十文	腿巻キ
兜子	一吊二百文	腹掛

其ノ他ノ衣服附屬品帽子靴下及足袋等最モ普通ニ行ハルルモノト其ノ價格トヲ示セ

（三三）

244

ハ左ノ如シ　（三二）

名稱／區分	品目	價格	備考
帽子	半氈帽	三百文	平常ハ帽子ヲ戴クモノ稀ナリ
	草笠	六七百文	
	麥稈帽	二百八十文／二百四十文／二百二十文	
耳封		（自）八百四十文（至）一吊	
靴	布製	一吊二百文	普通ハ蒲子又ハ布製ノモノヲ用ヒ冬期ニハ雪中用トシテ猪皮製ノモノヲ用フ凡テ履物類ハ大概家庭内子女ノ手工ニ成ル
	假緞製	一吊八百文	
	猪皮製	三吊文餘	
	蒲子製	一吊文餘	
	女鞋（緞）	一吊二百文	
	同（布）	三百文	
襪子　大		七百文	
小		三百文	

夏期ニ扇子ヲ携帯スルノ俗無シ要スルニ當地人民著衣ノ價格ハ一揃二三圓乃至十圓ヲ通常トス

抱脚布		二百文
脚布	粗布	
	大線洋布	一百六十文

二、食物

當政區内土人ノ食事ハ冬季ニハ朝夕二食其ノ他ハ朝晝晩ノ三食トス食物ハ四季ヲ通シ甘藷ヲ主食トシ一日平均二斤半(我三百七十五匁乃至四斤(我六百匁)ヲ要シ之ニ粟、豆、高粱、小麥等ヲ混食シ副食物トシテ自家栽培ノ大根類ノ鹽漬、白菜、菠菜、韮菜、茄子等ノ蔬菜及豆腐ニ肉類若ハ甘藷ノ干葉ヲ混シタルモノヲ取ル又「凍」トテ寒天ニ鹽ヲ混シテ製セルモノアリ饅頭ノ好副食物トシテ道士等ニ最モ賞味セラル麥粉製ノ饅頭、獸肉、魚肉(鰻、鰍ハ従來食スル者ナカリシカ近來多少食用スルニ至レリト云フ)等ハ上流社會ニアラサレハ容易ニ口ニ上ス能ハス一般人ハ唯冠婚等酒宴ノ場合ニ用フルノ外常食ニ供スルハ稀ナリ下流ニ至リテハ甘藷ノ蔓ヲ乾シタルヲ

(三三)

（三四）

菱或ハ之ヲ磨籠シ團子トシテ食シ野草ノ如キモ苟モ葉ノ柔軟ナルモノハ採リテ喰ハ
サル莫シ滿洲ニ在リテハ高粱ヲ常食トスレトモ當地方ニテハ高粱ハ小麥粉ト其ニ高
等ノ食糧トナセリ亦以テ其ノ食物ノ粗劣ナルヲ知ル可キナリ今左ニ地方土人ノ常食
品及ヒ其ノ製造法ノ概略ヲ記ス

イ、主　食　物

餅子、粟ノ粉末ヲ團子ト爲シテ菱タルモノトス多少富裕ノ家ニアラサレハ用ヒス
貧民ハ柔軟ナル野草ヲ細裁シ水ニテ洗ヒ灰汁ヲ出シ此ノ餅子ニ混和シテ食ス
炸、大豆ヲ水ニ浸スコト半日ノ後之レヲ磨碎シテ大根ノ細切片ヲ混シ菱タルモノ
ニシテ俗ニ小豆腐ト稱シ貧民ハ之ヲ茶ニ代用シ三食共飲用ニ供ス
黏粥、高粱粉ノ粥ナリ
地瓜、或ハ菱或ハ蒸シテ食ス此レ當地方土人ノ最モ多ク用フル常食品ナリ
地瓜乾兒、甘諸ヲ輪切ニシテ乾シタルモノニシテ貧デ食ス春夏冬期ニハ多ク之レ
ヲ常食トス

乾飯、粟ヲ米飯ノ如ク炊キタルモノニシテ稍富メル家ニテ用フ

地瓜丸子、甘藷ノ蔓ヲ洗滌シテ細截シ大豆ヲ混シテ磨ニテ潰シ之レヲ烹テ小豆腐

トナシタルヲ云フ貧民ノ飲料トス

ロ、副 食 物

白菜、菠薐等ノ蔬菜ハ切リテ水煮トシ豆油或ハ鹽ニ浸シテ食ス

大根ハ煮テ食スル外鹽ニ漬ケ三ケ月位ヲ經テ食ス之ヲ鹹菜ト稱ス

其ノ他菜、大根等ヲ生ノママ食シ肉類ハ通常油ト鹽トヲ以テ煮テ食ス

又飲用ノ酒ハ粟或ハ黍ヲ以テ造レル黄酒最モ多ク自家製ノ地瓜酒之ニ次ク燒酒ヲ

用ユル者ハ一小部分ノミ今參考ノ爲メ黄酒其ノ他當政區内ニ見ル所ノ酒類ト其ノ

毎一升ノ價格トヲ記セハ左ノ如シ但シ本價格ハ青島及李村ニ於ケル元賣捌所ノ價

格ナリ

名稱 ＼ 等級	上 等	下 等	最 下 等	摘 要
黄 酒 銀	九•三	五•三	四•七	

（三五）

248

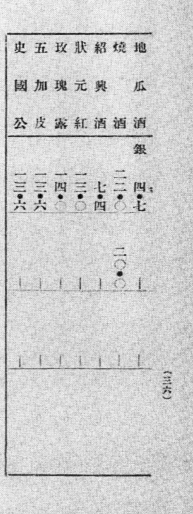

地瓜酒 銀	四・七		
燒酒	二二〇	二〇・〇	
紹興酒	七・四		
狀元紅	一三		
玫瑰露	一四		
五加皮	一三六		
史國公	一三六		

（三六）

次ニ煙草ハ本地産ノモノ甚タ少ナク大部分ハ灘縣地方ヨリ來ル葉煙草（一斤約一角五分内外）ヲ各市ニテ購ヒ用ユ煙草ヲ喫スル者ハ今尚ホ無シ

次ニ茶ハ平常ハ用ヒラレス茶ノ代用品トシテ萊連草ヲ用ユル者アリ又九水ヨリ北九水ニ至ル一帯ノ地方ニテハ其ノ地ニ産スル竹ノ葉ヲ煎シテ飲用ニ供スル一種ノ風習アリ柳樹臺療養院ニ於ケル獨逸醫師ハ之ヲ研究シテ腦病ニ効能アリトシ該地ニ遊フ者ハ此ヲ採取シテ青島ニ持チ歸ルモノアリシトソ又獨逸人ハ胡藤ノ葉ヲ其ノ花ト共ニ蔭干トシ茶ト同樣ノ方法ニヨリ飲料トスベキヲ民間ニ教ヘタリト云フ

《李村要览》中记载的李村集市酒类价格调查

249

为知会事查本股所管外镇杂税向系招商承办现

时尚未满期暂行照旧办理所有十一年十二月份各

商缴到代征各项税款均已照数收足逐日转缴

会计科核收掣有收条惟代征费用向系三成每

届月终结算收税总数之后即便核明应支代

征费数于次月十日之前如数发给兹特分别算明

开具清单相应知会

贵股查照核发贵为公便此致

制用股

附送

李村、台东镇等集市被德、日殖民当局视为外镇集市。1923年1月，胶澳商埠财政局关于台东镇、李村等外镇杂税征收清单

250

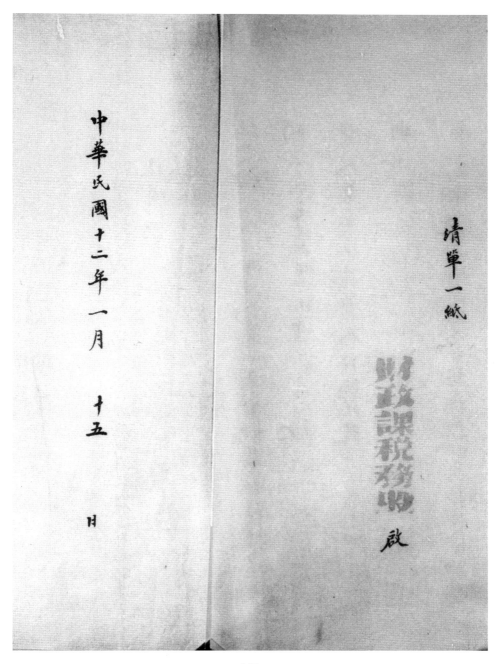

清单一纸

财政课税务所 启

中華民國十二年一月 十五 日

外鎮承辦雜稅各商繳到十一年十二月份稅款總數及代征費細數清單

計開

棗園集 自十二月十八日起至三十一日止

收稱費銅元肆佰陸拾伍枚 四次

收商攤銅元肆百貳拾捌枚 四次

以上共收銅元捌百玖拾叁枚 合足京錢拾柒吊捌百陸拾文

應支三成代征費京錢伍吊叁百陸拾文

李村集 自十一年十二月二十日起至三十一日止

收稱費銅元伍仟柒佰肆拾玖枚 三次

收商攤銅元肆仟九佰柒拾壹枚 三次

收牲畜稅銅元陸仟叁百壹拾玖枚

收牲畜稅大洋陸毛貳分 二次

以上共收銅元壹萬柒仟零叁拾玖枚　合足京錢叁百肆拾吊零柒百捌拾文

又大洋陸毛貳分

應又三成代征費京錢壹百零貳吊貳百叁拾文

又　大洋壹毛捌分陸厘

塔埠頭　自十二月一日起至三十一日止

收稱費大洋壹百叁拾元零伍毛 二次

收稱費銅元壹萬壹仟玖百捌拾伍枚

以上共收大洋壹百叁拾元零伍毛

又銅元壹萬壹仟玖百捌拾伍枚　合足京錢貳百叁拾玖吊柒百文

253

收稱費大洋壹百叁拾元零伍毛

二次

收稱費銅元壹萬壹仟玖百捌拾伍枚

以上共收大洋壹百叁拾元零伍毛

又　銅元壹萬壹仟玖百捌拾伍枚　合足京錢貳百叁拾玖弔柒百文

應交三成代征費大洋叁拾玖元壹毛伍分

收稱費銅元叁仟柒百肆拾柒枚　三次

又　京錢柒拾壹弔玖百貳拾文

台東鎮　自十二年十二月二日起至三十一日止

收商攤銅元貳萬伍仟叁佰伍拾肆枚　三次

以上共收銅元貳萬玖仟壹佰零壹枚　合足京錢伍百捌拾貳仟零貳拾文

應交三成代征費京錢壹百柒拾肆弔陸百文

以上統計銅元九伍萬玖仟零壹拾捌枚　合足京錢壹十壹百捌拾弔零叁百陸拾文

又　大洋壹百叁拾壹元壹毛貳分

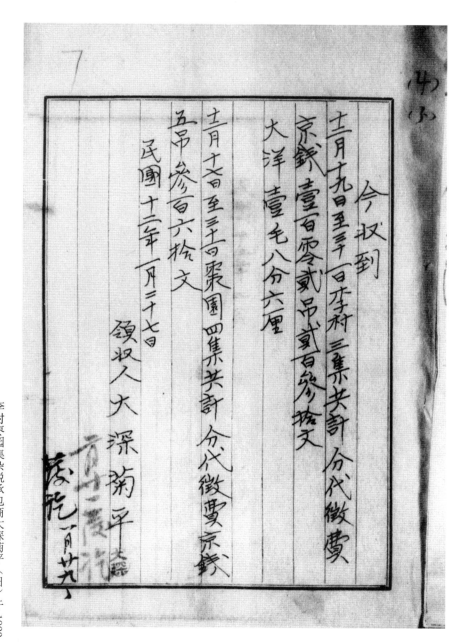

今收到

十一月十九日至三十日李村三集共計分代徵費

京錢壹百零貳吊貳百參拾文

大洋壹毛八分六厘

十二月十六日至三十日棗園四集共計分代徵費京錢

五吊參百六拾文

民國十二年一月二十七日

領收人大深菊平

李村枣园集杂税承包商大深菊平（日）于 1923
年 1 月至 3 月从财政局领取代征费的收条。

255

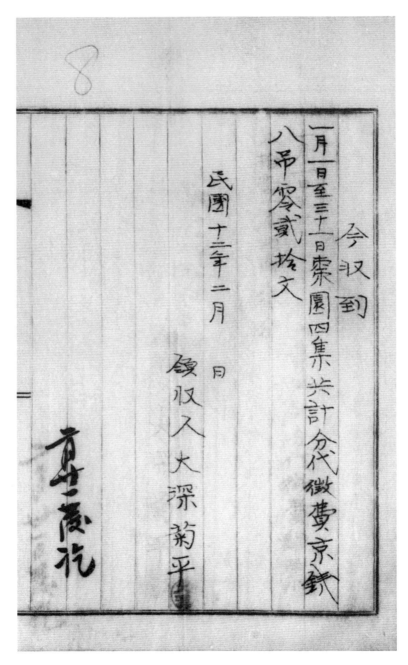

今收到

一月一日至三十一日棗園四集共計分代徵費京錢

八吊零貳拾文

民國十二年二月　　日

領收入大深菊平

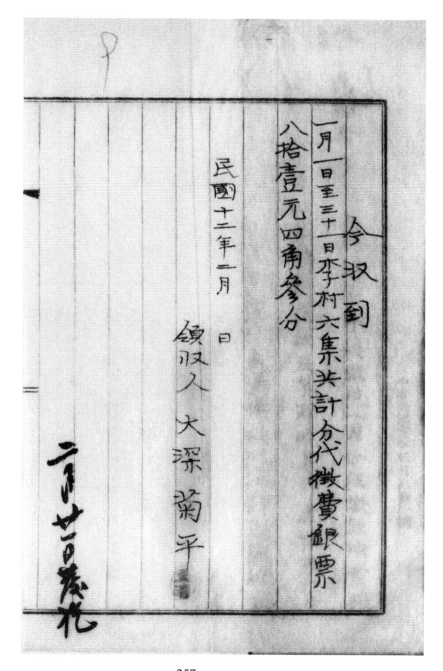

今收到

一月一日至三十一日李子村六集共計分代徵費銀票

八拾壹元四角參分

民國十二年二月　日

領取人　大深菊平

二月廿日慶祝

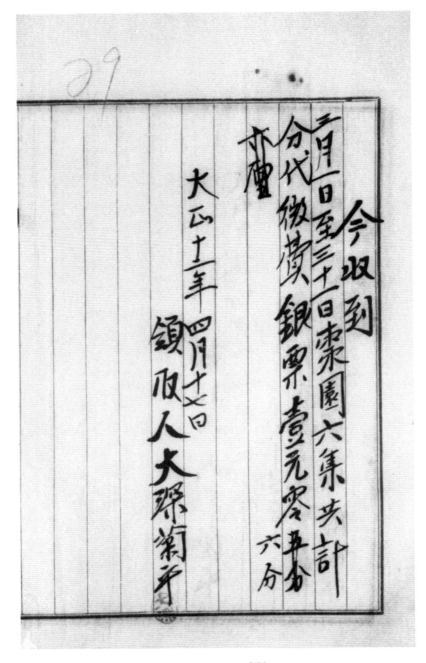

今收到

二月一日至三十一日柒園六集共計

分代徵費 銀票壹元零五分

六分

亦畢

大正十一年 四月十七日

領取人 大琛菊平

258

30

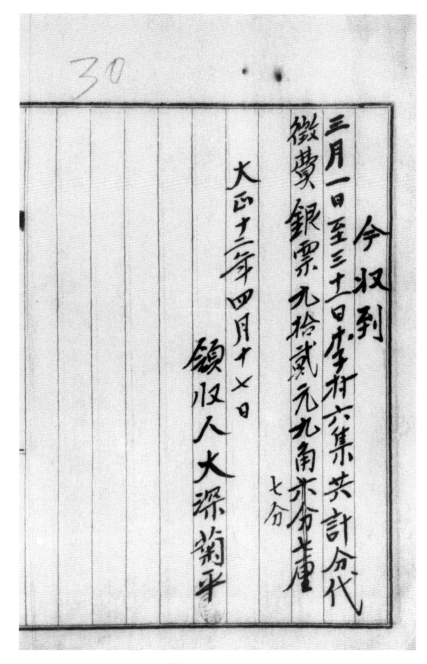

今収判

三月一日至三十日李村六集共計分代

徴費銀票九拾貳元九角六分　七分庫

大正十二年四月十七日

領収人大深菊平

膠澳商埠財政局呈字第　三　號

呈為本埠稅務雜費已佈告投標日期懇請屆時

派員監視事、案查膠澳商埠稅務雜費舊日色

商行將期滿亟應提前投標以憑決定、敝局按此核定

規則、將投標場所日期時間種數暨色税區域色款之

最低額於三月大月先行布告以期一體周知投標場

所即在敝局定于三月二十八日開辦後重規則第六條

內載凡投標開標時均由本局派員蒞場監視等

語、擬請

山東省長兼膠澳商埠督辦態、
俯賜施行、謹呈
鈞鑒派員蒞場監視、以昭慎重、伏乞

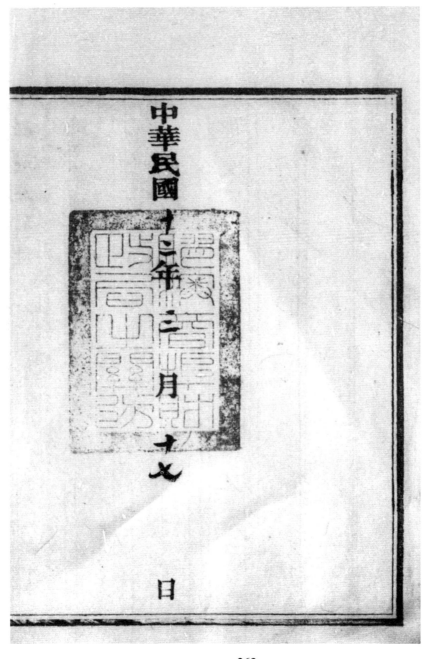

中華民國十二年二月十九

日

膠澳商埠財政局佈告第　　號

為佈告事案奉

山東省長兼膠澳商埠督辦熊飭發本埠稅務雜費
投標規則到局奉此本局自應遵照辦理所有投標
場所日期時間區域種類及最低標額茲特開列
於後各該商民人等如願包辦後開各項稅務
雜費應即遵照規則辦理除將投標規則粘附俾
眾周知外特此佈告

計開

胶澳商埠举办的首届杂税公开招标活动，胶澳
商埠财政局发布布告，列举招标场地时间日期
区域投放种类及最低标额等。

263

投標場所　膠澳商埠財政局

投標日期　三月二十八日

投標時間　上午八点至十二点，下午一点至六点

投標區域　市内台東鎮廣島町瀨戶、町定為上午投標　李村東園集滄口塔埠頭定為下午投標

投標種類及最低標額

市内糞便（衛生馬廄糞便在内）每年最低標額銀洋一萬元

台東鎮商灘公稱稅每年最低標額銀洋六千元

台東鎮糞便每年最低標額銀洋四千弍百元

廣島町瀨戶町啣筒糞便每年最低標額銀洋一千元

李村東園集牲畜稅商灘費公稱賣每年最低標

、額銀洋五千元

滄口公稱賣每年最低標額銀洋八百元

塔埠頭公稱賣每年最低標額銀洋五千元

中華民國十二年三月　日

264

膠澳商埠財政局布告第　二　號

為佈告事業奉

山東省長兼膠澳商埠督辦熊飭發本埠稅務

雜費投標規則到局奉此本局自應遵照辦

理所有投標場所日期時間區域種類及最

低標額茲特開列于後各該邑商民人等如

願包辦稅務雜費應即遵照規則辦理除將投（後開各項）

標規則粘附俾眾周知外特此佈告

計開

胶澳商埠财政局发布的第二号布告：杂税招标地点时间种类最低标额及各类杂税招标开标的具体安排，由此可见其考虑之全，用心良苦。

265

投標場所	膠澳商埠財政局
投標日期	二月二十八日
投標時間	上午八點至十二點、下午一點至六點
投標區域	市內台東鎮廣島町瀬戸町定為上午投標　李村棗園集滄口塔埠頭定為下午投標
投標種類及最低標額	市內糞便（衛生馬廄糞便在內）每年最低標額銀洋一萬元 台東鎮商灘公秤稅每年最低標額銀洋六千元 台東鎮糞便每年最低標額銀洋四千二百元

广岛町濑户町嘭筒冀便每年最低标额银洋

一千元

李村枣园集牲畜税商滩费公秤费每年最低

标额银洋五千元

沧口公秤费每年最低标额银洋八百元

塔埠头公秤费每年最低标额银洋五千元

二面先引
公佈
一面请
官府署
派員呈
視

謹將各項應行投標之稅費名目最低標額及投標場所

日期開列如左

計開

台東鎮

商灘公稱稅每年最低稅數大洋六千元

投標亟場所督辦公署後小樓

日期三月二十八

按該鎮舊房地租每月收歇二百八十九零三角

五分向歸承辦商灘稱費商人代征呈繳亞

下午

下午

下午

下午

不另支公費將來無論何人得標承辦該鎮商

灘稱費仍須代征前項地租隨時報解不

得另支公費合先聲明

李村棗園集

牲畜稅商灘費公稱費每年最低稅數大洋五千元

滄口

公稱費每年最低稅數大洋八百元

塔埠頭

公稱費每年最低稅數大洋五千元

269

上午　上午　上午　上午

市內（衛生範圍以內）

糞便（衛生馬厩糞便在內）

最低標額 每年一萬元

投標場所督辦公署後小樓

日期 三月二十八日

台東鎮 糞便

最低額 全年四千二百元

廣島町瀨戸町卿简糞便

最低標額 全年一千元

中華民國十一年三月十七

日

膠澳商埠督辦公署指令第 二八一 號

令財政局

呈一件呈報稅務雜費投標日期請派員監視由

呈悉准派本署總務課會計股股長鄒魯政務課實業股股長周東曜於投標開標時到場監視以昭慎

重除令委外仰即知照惟據呈稱此次為本埠稅務稀費公布投標究係何種稅務稀費應呈並未明白聲叙應再詳晰聲覆并將投標規則呈報備案嗣後如有此項投標情事並應先期呈報本署核准後再行公布俾仰遵照此令

开标在即，胶澳商埠财政局呈文请求督办公署派员「到场监视，以昭慎重」熊炳琦批准，派人前往现场监视开标。

中華民國十二年二月十二十三日

山東省長兼膠澳商埠督辦 魚炳祷

監印時維屏
核對廖珩正

膠澳商埠財政局呈第　　號

呈為補送投標規則仰祈

鑒核備案事案奉

鈞署第二八一號指令內開云云等因奉此查此

次投標稅務雜費，分別區域種類及最低標額均

載明於布告之中，業將籌辦情形暨布告原文

抄錄續呈在案茲奉前因理合備文補送投標規

則一本呈請

鑒核備案謹呈

山東省長兼膠澳商埠督辦熊

計呈送膠澳商埠稅務雜費投標規則一本

青岛首届杂税招标活动，从胶澳督办（山东省省长兼）熊炳琦到财政局局长科员无不高度重视，特拟定投标规则15条，报督办批准后公布实施。

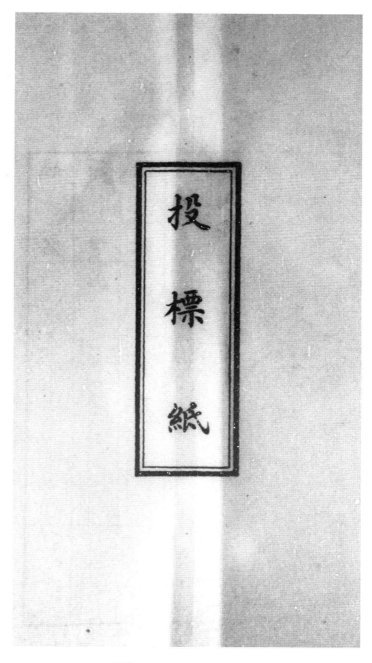

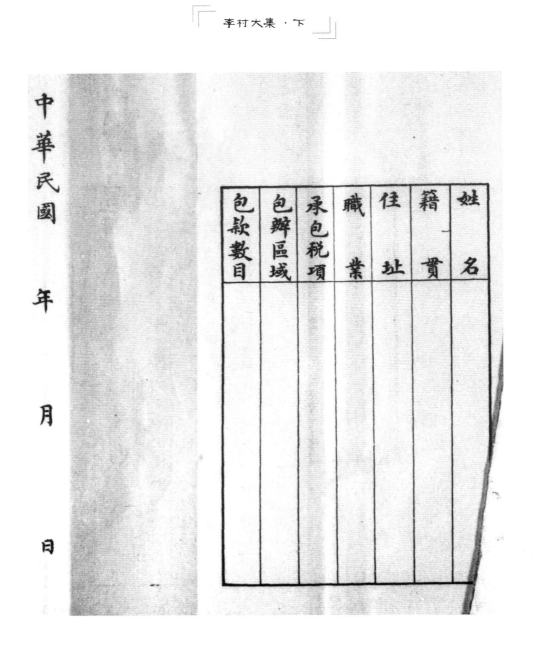

中華民國　年　月　日

姓名	籍貫	住址	職業	承包稅項	包辦區域	包款數目

膠澳商埠稅務雜費投標規則

第一條　本埠牲畜商灘裝船公稱等稅務及糞便雜費招商包辦依照本規
則投標決定以認款最多數者為得標從前代征按成留支辦法悉撤消
之

第二條　包辦期限定為一年即照會計年度自每年七月一日為始至翌年
六月末日止但十二月三十一日舊包商業已滿期應即提前投標
仍以十二個月為滿按照此次得標款額另加包款四分之一准其包期
延長三個月但嗣後仍截至六月末日為一年度

第三條　投標場所日期時間種類暨包稅區域包款之最低額准於投標前
十日另行佈告

第四條　各投標人須於佈告後投標期前開具姓名籍貫住址職業向本局
聲明掛號方准屆期投標

277

第五條　各投標人應遵照佈告之事項齊集投標場所領取標紙按照標紙所載各項逐一填明親自投入標匭即時當眾開標並將各投標人所投數目全行揭示以昭大公標紙式樣另定之

第六條　凡投標開標時均由本局派員蒞場監視以昭慎重

第七條　各投標人應照佈告所定之最低額加增投包開標後以投包稅款最多數者為得標其包款最多數有二人以上相同若一為舊商即歸舊商承包若舊商有二人以上或均係新商則以抽籤法定之但舊商須以繳清原包稅款者為限

第八條　各投標人所投包稅數目均不及佈告所定最低額應於五日內再定期另投其時期當場宣示

第九條　各投標人於掛號投標時應照佈告所定最低額繳納十分之一保證金由本局掣給臨時收條不得標者隨時發還得標者換給收據抵繳

278

税款

第十條　得標人應於三日內出具認狀並取具殷實商號蓋章保結呈送本
局存案包商如有拖欠稅款時即由該保商照數賠繳

第十一條　得標人於三日內不能取具保結或查明保商並不殷實者應飭其
退包並發遠保證金准由投包稅款次多數者照退包人所投數目承包

投標人次多數有二人以上相同時得照第七條之規定辦理

第十二條　得標人如無正當理由聲明退包者應沒收其保證金但退包之後
得照第十一條之規定辦理

第十三條　各得標人履行本規則所規定各手續完畢之後須由本局發給包
商憑照一紙照費每張大洋五圓

第十四條　雜稅雜費投標除中標人繳納保證金及照費外毫無其他花費倘
有在外招搖需索情事准包商據實控究

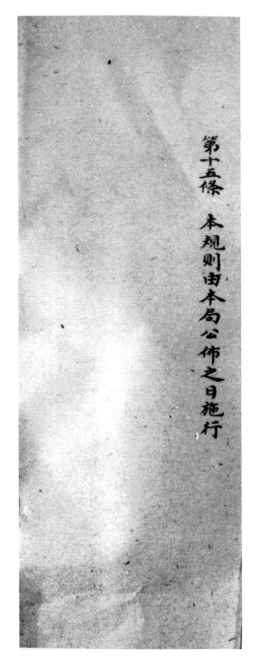

第十五條　本規則由本局公佈之日施行

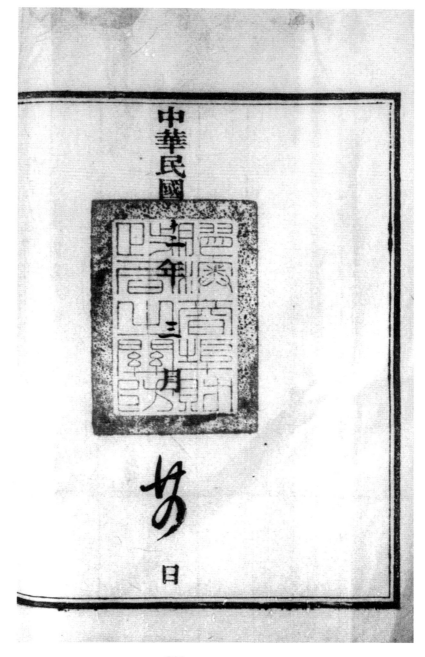

膠澳商埠財政局公函第 十七 號

敬啟者查本埠稅務雜費至三月三十一日舊有包商均已期滿應即提前投標現由本局按照奉發投標規則定于三月二十八日投標投畢即日開標并將投標場所日期時間種類暨包稅區域包額之最低額已于本月十八日先期佈告并呈准

督辦公署屆時派員監視在案茲將規則一本布告稿一紙函送

貴會查照請屆期派員蒞場參觀為荷此致

青島總商會

計函送規則布告各一份

中華民國十二年三月廿七日

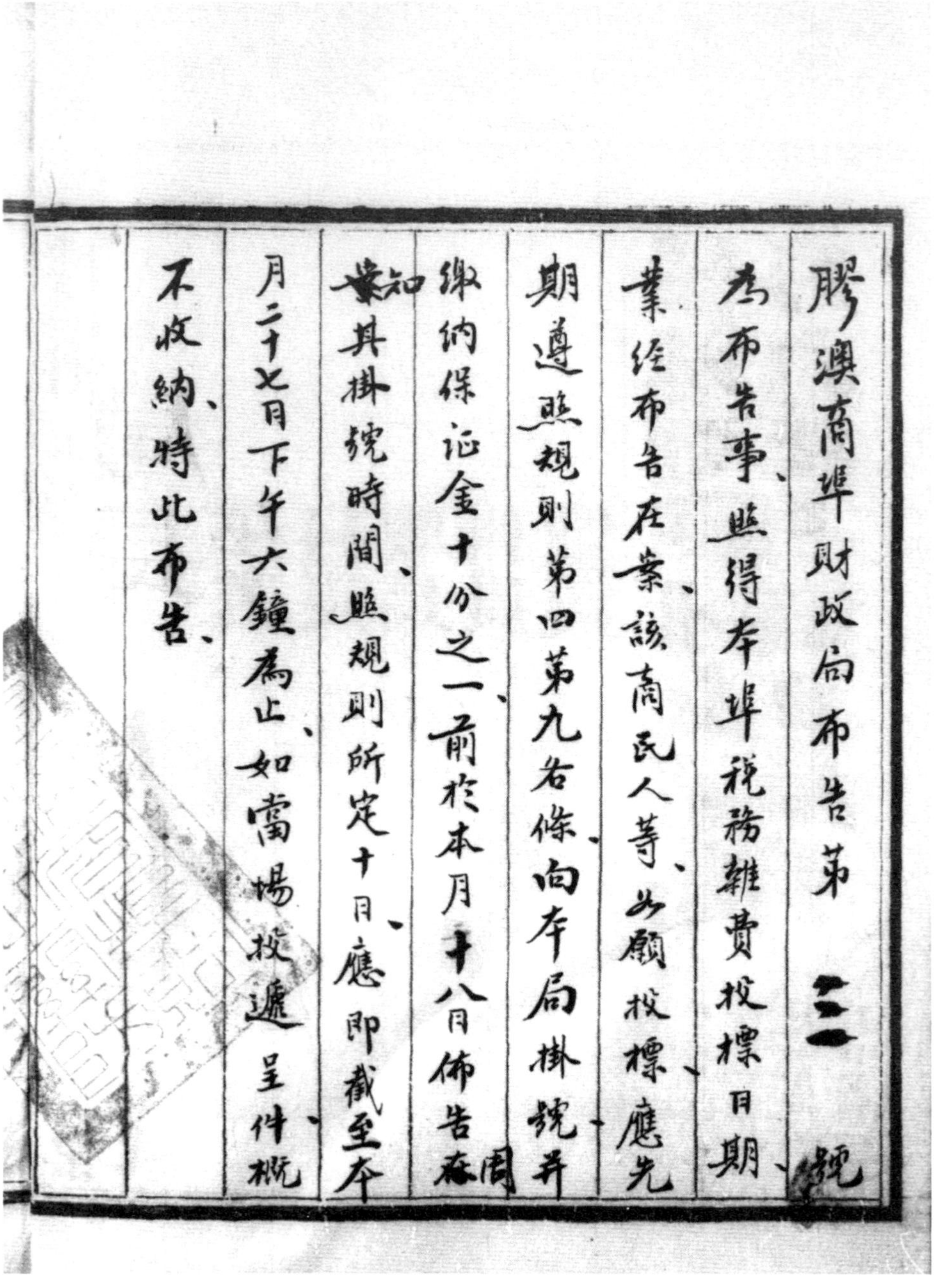

膠澳商埠財政局布告第三號
為布告事、照得本埠稅務雜費投標日期、
業經布告在案、該商民人等、如願投標、應先
期遵照規則第四第九各條、向本局掛號、并
繳納保証金十分之一、前於本月十八日佈告在案周
知、其掛號時間、照規則所定十日、應即截至本
月二十七日下午六鐘為止、如當場投遞呈件概
不收納、特此布告、

胶澳商埠财政局再次提醒有意参加招标活动的商民注意截止日期

膠澳商埠財政局布告第 四 號

為布告事照得本埠稅務雜賣各包商齊集

本局業於本日投標當衆公開以最多數得

標茲將最多數得標人姓名及未得標之

次多數分別開列於後俾衆周知仰得

標人等、務於三日內出具認狀并具殷實商

號蓋章保結呈送本局查核如查明保商

並不殷實應飭其退包准由投包次多數

者、照退包人所包數目承包除塔埠頭公

首届招标大会吸引众多商家参加，开标后财政局公布了各类杂税投标人的姓名，以及最高标额和次多标额，做到公开透明。

286

稱所投不及標額另行定期投標外特此布告、

計開、

市內真便包飯、

郭建堂、得標最多數一萬零零四拾元、

隋玉山、次多數一萬零零十元一角、

台東鎮商灘公稱包飯、

張德山、得標最多數六千零零一元、

台東鎮真便包飯、

張榮華、得標最多數八千二百十三元、

何傳康、次多數七千八百五十二元、

孫華圖、七千二百零元八角九分、

牟乃頤、七千一百十元、

于福堂、七千一百元、

劉悅臣、七千元、

李德峻、七千元、

王銘臣、六千六百七十八元九角、

張鳳林、六千二百五十元、

孫歸之、六千二百一十元、

隋幹臣、　六千二百零五元

臧兆芳、　六千一百三十六元七角

沈海亭、　伍千八百元

劉顯清、　伍千六百七十元

柳雲峰、　五千五百五十元二角五分

劉景和、　五千一百元

廣島町瀨戶町郵筒糞便包缺

王長鴻得標最多數一千八百六十五元、

趙臨壼　次多數一千七百元。

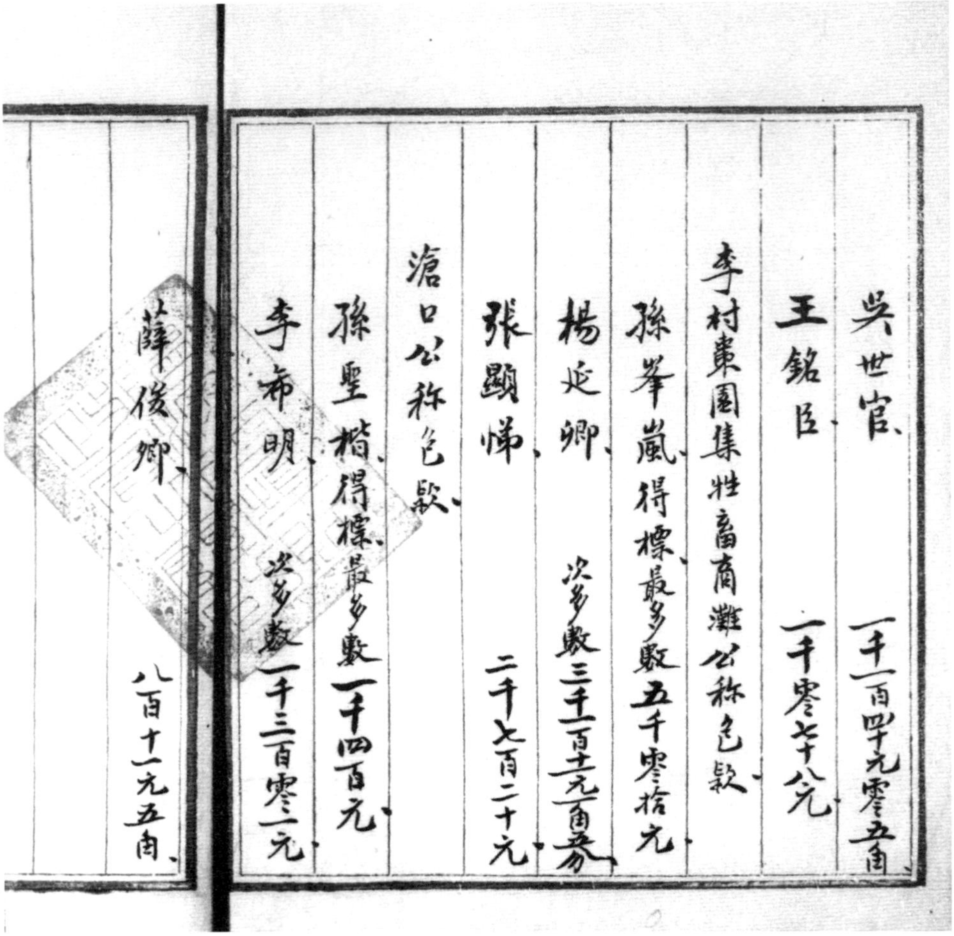
吳世官、一千一百四十元零五角、
王銘臣、一千零七十八元、
李村東園集牲畜商灘公称包款
孫峯嵐、得標、最多數五千零拾元、
楊延卿、次多數三千一百十一元一角五分、
張顯悌、二千七百二十元、
滄口公称包款、
孫聖楷、得標、最多數一千四百元、
李布明、次多數一千三百零二元、
薛俊卿、八百十一元五角、

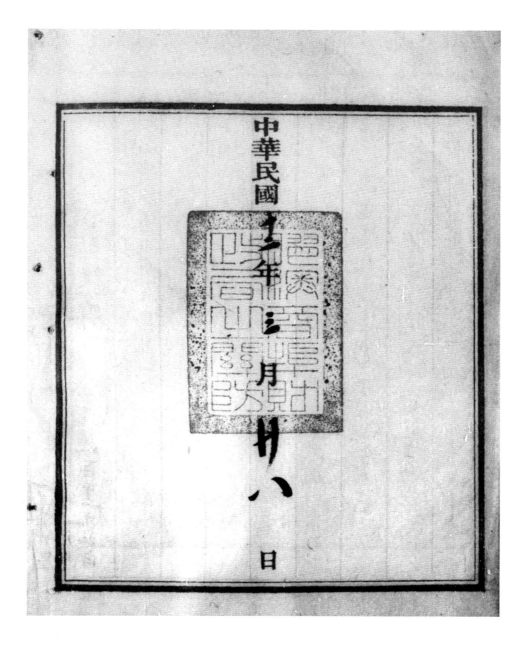

中華民國十二年三月廿八日

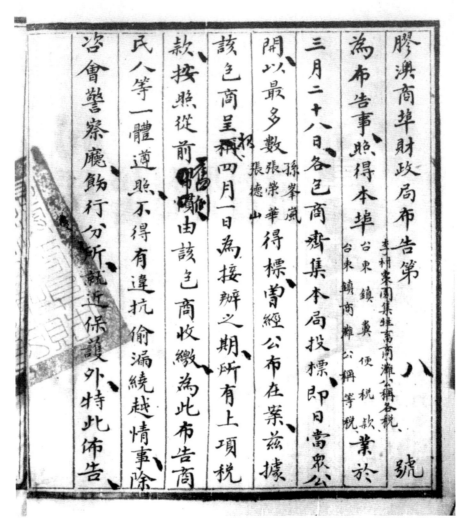

胶澳商埠财政局布告第八号

为布告事照得本埠李村枣园集暨高南滩公稱各税、台东镇镇商囊便税款、业於

三月二十八日各包商齐集本局投标即日当众公开以最多数张荣华得标曾经公布在案兹据

该色商呈稱四月一日为接辦之期所有上项税款、按照從前曉嘛由该色商收缴为此布告商

民人等一體遵照不得有違抗偷漏繞越情事除

咨會警察廳飭行分所就近保護外特此佈告、

孙峰嵐

张德山

李村枣園集暨高南滩公稱各税、台东镇商囊便税款、

招标活动结束，孙峰岚，张荣华，张德山分别获得李村枣园集，台东镇粪便税款，台东镇商摊杂税的承包权。财政局印制布告在四地『实贴』公之于众。

292

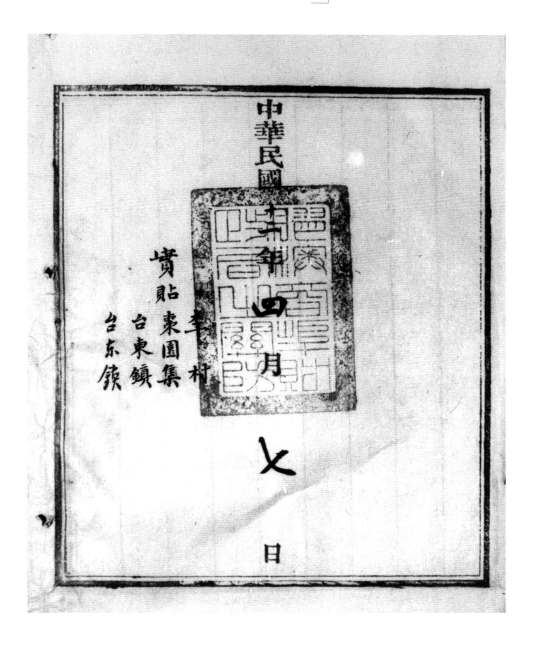

293

膠澳商埠財政局咨第三九號

為咨會事查本埠李村東圍集牲畜商灘

公秤各雜稅台東鎮糞便費款及商灘公秤等稅

稅各包商均於三月二十八日齊集本局投標

即日當眾公開李村東圍集以包款最多數

孫峯嵐得標台東鎮糞便以包款最多數張

紫華得標台東鎮商灘公秤等稅以最多數張

德山得標業經公布周知在案茲據各包商呈圖

已於四月一日為接辦之期誠恐無知商民希

胶澳商埠财政局以首届招标大会结束，各中标商人即将接任工作，要求警察厅『就近妥为保护』的咨文。

294

16

图违抗有偷漏繞繳情事恐藉□作弊□相應咨請出示保護

等情前來除由本□□□咨請

貴廳查照分飭李村棗園集台東鎮各警察

署所就近妥為保護實□□鄰公誼此咨

膠澳商埠警察廳

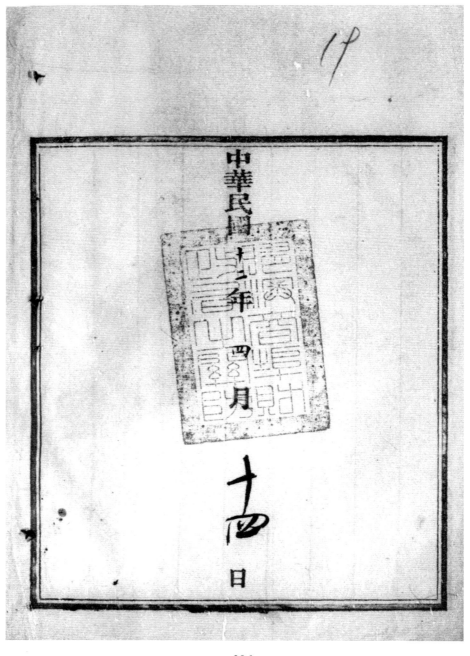

中華民國十二年四月

十西

日

膠澳商埠警察廳公函　第三七號

逕覆者案准

貴局公函第七三號內開逕啟者本局前以台東鎮轟使包商張

榮華欠稅業經函請飭傳押追在案茲查李村塔埠頭滄口等

處雜稅包商孫峯嵐梁方進孫聖楷等均自接辦以來拖欠稅

歇甚鉅屢次催提藉端抗違延不繳納自應以原保人等是問值

此年關緊迫整埠稅收之際催征實難再緩相應函請貴廳查照

分令各該警署迅傳各該包商孫峯嵐等並原保人葯子仁等到

案速同張榮華一案勒限押進稅欠務於三日內趕繫來局繳納以

重圓稅並希見復傳案以待幸勿稽延等因計送本埠包商欠繳

胶澳商埠财政局因李村台东沧口等地承包商拖欠税款请警察厅派警力催征，警察厅对此出警行为的回复。

297

雜稅表一紙到廳准此查前傳進台東鎮糞便包商張榮華欠稅

一案業經將傳進情形商復在案茲有表列孫峯嵐張榮華孫

聖楷梁方進等四名並保人樂子仁義泰號義威泰等商敏廳當

即分別令行該管區警署查傳嚴進去後據青島一二兩署復稱

孫峯嵐張榮華保人樂子仁等均於上年九月間外出不家營業

已早停頓無憑傳進孫聖楷亦不在青保人義泰號現尚在高

密路營業當由該管署將義泰經理何福祺解送來廳訊據

稱作保是實孫聖楷所包滄口秤稅屢經商家反對沒法收稅送

次稟請財局均批候核非不繳欵係沒法收稅等語查梁方進

於一月二十八日因犯煙案移送地方檢察廳訊辦其營業鋪保義

盛泰遍查無此字號除將孫聖楷保人義本號經理何福祺令其

取具妥實鋪保聽候辦理外准函前因相應將傳遵情形函覆

貴局查核辦理實為公便此致

膠澳商埠財政局

計抄送何福祺供單一紙

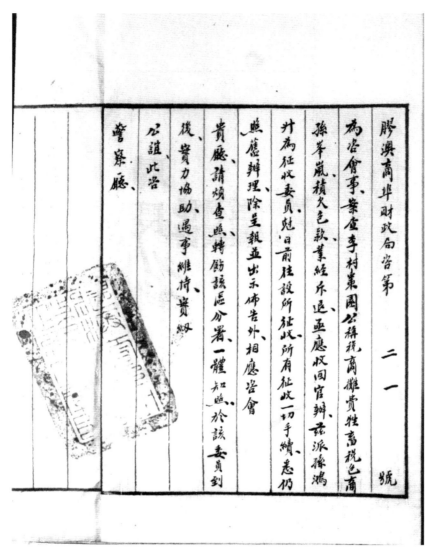

膠澳商埠財政局咨第　二一　號

為咨會事案查李村棗園公稱現商攤貴牲高稅包商

孫峯嵐積欠包款業經斥退亟應收回官辦茲派孫鴻

升為征收委員現日前往設所征收所有征收一切手續悉仍

照舊辦理除呈報並出示佈告外相應咨會

貴廳請煩查照轉飭該區分署一體知照於該委員到

後賣力協助過事維持資紉

正誼此咨

警察廳、

胶澳商埠财政局关于李村枣园集杂税征收改由"官办"，派孙鸿升为征收委员办理李村枣园集杂税征收事宜的通告。

3.

為簽呈事查得李村包商之情形據該市人云前包商自
十二年三月收征稅款至現今尚有收攤稅者並言該包商係
藍村人家資小康前之包費財政局並未按期追繳追討
致有合辦之譏諷而財局既經追索該包商即擬以逃遁
為辭其實安慶前月尚曾親赴李村監視征收
風聞該鄉人叩云該包商自十二年三月起迄今共收稅款
貳仟五六百元是否向其催討包費請
科長鈞裁施行

孫鴻升謹呈 五月二日
孫鴻升

孙鸿升关
于孙峰岚
拖欠税款
的报告

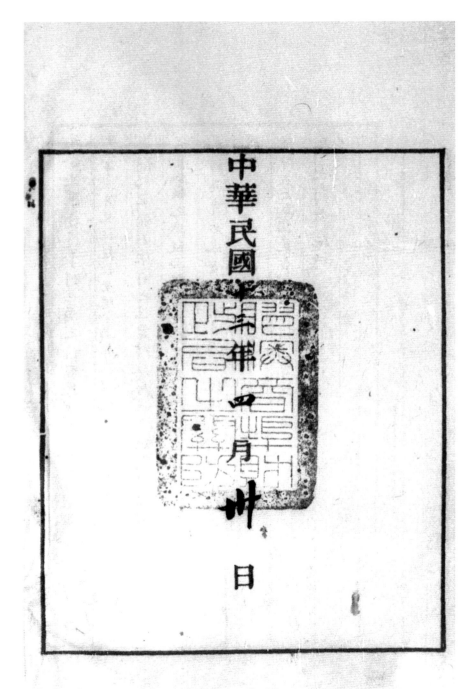

中華民國　　　年　四月　卅　日

第
136
號

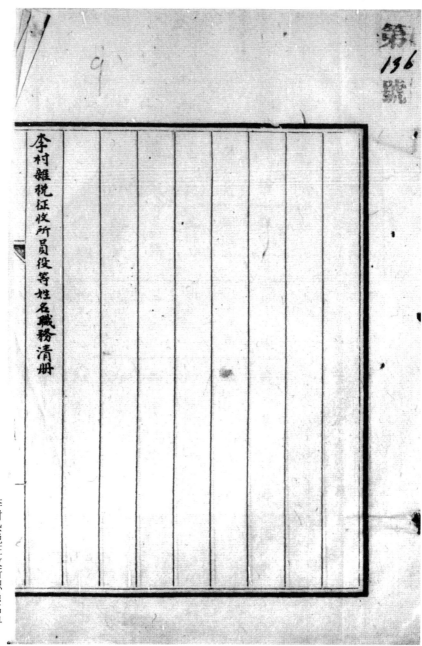

李村雜稅征收所員役等姓名職務清冊

李村杂税征收所职员名单

謹將李村雜稅征收所所有現行供差員役等姓名職務繕具清冊呈請

核鑒

職務	姓名	年歲	籍貫	薪俸	備考
委員	孫鴻升	四十五歲	淄川	五十元	管理簿記事項
書記	王維球	四十二	即墨	十六元	兼收牲畜稅 管各項稅票事宜
書記	袁朋傳	三十六	即墨	十元	牲畜稅稽查 管理稱稅事記錄
稅役	仇承統	三十八	即墨	十二元	估價征收事項
	周正楓	二十三	即墨	八元	填寫稱稅票
	胡元昌	四十五	即墨	八元	收灘稅

臨時稅段					夫役
孫玉貴	劉貴秋	孫玉和	李成同	謝瑞贊	范永琴
三十四	四十	二十九	三十四	三十	十五
即墨	即墨	即墨	即墨	即墨	歷城
八元	四元	四元	四元	四元	八元
收灘稅	收灘稅	收穚稅	帮收牲畜稅	收灘稅	

管理徵收上各項売免

沒反調查牲畜稅

孫潤升

孫鴻升　領訖七月份薪俸洋五十元　【孫鴻升】

王維球　領訖七月份俸資洋拾二元　押

袁朋遠　領訖七月份俸資洋拾元　押

仇承統　領訖七月份工資洋拾數元　押

周正楓　領訖七月份工資洋拾次元　押

利丹亭　領訖七月份工資洋八元　押

孫玉貴　領訖七月份工資洋八元　十

孫玉鶴　領訖七月份工資洋〇元　十

謝瑞賢　領訖七月份工資洋〇元　十

李其臣　領訖七月份工資洋〇元　七

劉貴秋　領訖七月份工資洋〇元　八百

各雜稅征收所收入支出一覽表

機關名稱	十三年度全年收入數目	十三年度全年支出數目	備考
台東鎮征收所	四九一三二一	一六四三.七九	
塔埠頭征收所	二〇七五〇	一〇五六.五八	
紅石崖征收所	四二六七.六九	一八三四.三八	
李村東圖	不有另元	包出	
沙子口	三百元	又	
滄口	高魯代收 每年約三百元		

以上每年收入共計洋一萬四千六百七萬人元四角…

收所收支一覽表

胶澳商埠实行政府直接征税后各征

為呈明事竊查李村舊有稅務原分三種一牲畜稅值百抽四一公秤稅值百抽二一商

灘稅每一商灘納銅元二枚無大小之分此舊日之德管日管時代及包商皆如此征收有

該包商孫峯嵐核交各項稅票可據於六月四日奉

鈞科轉示鄉民公會來函附有征繳灘費一紙並未提及稱稅是該會素不諳辦護處

稅務以致言語含混慎會頗多若照該會所擬不但碍於征收而尚於該集不適合者

顧多甚至大體悞會　職　所敢少為解釋以資明了查伊來函之主旨係先稅後售是以

指豆餅一項委言此集之貨即上集所剩之貨征而再征未免太甚云云殊不知征收

稱稅均按售價征收原係先售後稅征收售出之貨不征所剩之貨　（假如有豆餅

商來豆餅一百個先行照數記賬至市終時即數其豆餅數若剩七十個只收三十個之

稅若剩八十個只收二十個之稅其他項稱稅皆照餘額推）該會不甚明了固之俱體悞

李村杂税征收所成立后，李村集豆饼商拒缴税款，煽动罢市，孙鸿升态度强硬，要求对拒缴税款的豆饼商采取严厉态势，并将其欠税情况登记成册，呈财政局核办。

會查豆餅商均屬股實商人對於

國稅之見担題明大義只有秦園東泰油坊王如章洪樸祥油坊王玉珍個牽抗稅

扇感諸商自為豆餅商代表呈請鄉民公會援助希圖減輕稅率而伊等擅定稅

目自言每一豆餅商情願交灘稅十枚以此可証明豆餅稅原屬舊例該會無甚主

持是以草玉致覆足以証明該會不主張反抗稅務　職　所查來李村賣售豆餅者皆

係油坊家而小販無幾另有調查表附呈而該會來函言油坊家零售者甚少賣

豆餅者皆係小販商人云云此皆係奸商王知章玉珍砌詞妄言而該會僅據豆

餅商片面之解並不詳細調查以靈語入而以靈語出致該商等皆存觀望　職　所對豆

餅一項征收稱稅事前極力籌畫詳查舊例維思再四並認真開導勸化極端

和平每集期親赴該市演說而該商等情願納稅者十居八九只有王知章王玉珍

從中挑撥若蒙署加主持函請警廳令飭李村警署稍示彈壓即可辦理完善

況關于此項豆餅稅若辦理瓦解是必惹起他商反對之風潮　職　所難免辦理不善之

過若股實之商不能令其負擔公稅似青菜商魚商煙葉商肉商麻商等賢肩

擔負販比較開油坊之家皆係窮迫商人實有天淵之別於行政上似難昭公允而

富賈既持勢不稅窮販必怨聲載道內關減少征收稅政恐為徒法將來公稱稅

一項曷堪設想俯仰我

督辦

財長主持大公仁德兼施關於各項稱稅抑或政令主持熙舊征收抑或鄉民公會

主持熙來函征收懇請

賜准明示以便遵奉實為公便謹呈

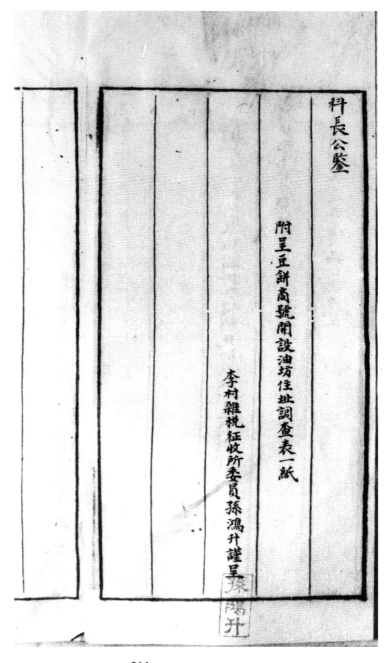

科長公鑒

附呈豆餅商號開設油坊住址調查表一紙

李村雜稅征收所委員孫鴻升謹呈

孫鴻升

137

豆餅商號五月份積欠稅欵數目清册

謹將開設油坊來李村發售豆餅各商號五月份所欠應征稅欵數目繕具清

冊呈請

核鑒

商號	住址	第二集期	第三集期	第四集期	第五集期	第六集期	合計
洪復祥	棗園	五十二枚	三十八枚	十八枚	十枚	四十枚	一百五十八枚
積祥誠	滄口	七十二枚	五十六枚	四十四枚	三十四枚	二十六枚	二百三十二枚
同盛公	北曲	三十枚	二十枚	八十六枚	二十枚	六十四枚	二百二十枚
永興	棗園	四十枚	五十二枚	二十二枚	二十八枚		一百十二枚
永記	滄口	五十二枚	九十二枚	九十六枚	一百枚	八十四枚	四百二十四枚

字號	地點						合計
和盛泰	港東	四十枚	五十枚	四十八枚	十六枚		一百五十四枚
公順誠	東鎮	四十枚	四十枚	四十枚	四十枚	四十枚	二百枚
東泰	棗園	四十枚	五十六枚	十四枚	三十六枚	四十八枚	一百九十四枚
協泰	雙埠	十六枚			十六枚	八枚	四十枚
劉京誠	九水	十枚			六十枚		七十枚
源裕興	東鎮	六十枚	二十四枚	二十二枚	二十八枚	十六枚	一百五十枚
天香齋	東鎮	六十枚	八十枚	十枚	二十四枚		一百七十四枚
餘慶永	東鎮	二十枚	十八枚				三十八枚
宗宅玉	楊哥庄	三十二枚			二十二枚	二十四枚	七十八枚

商號	地點						合計
仁德	南城陽	四十枚	二十枚	二十六枚	十枚	二十枚	一百十六枚
義興	北曲	六十枚		六十枚	六十枚	四十枚	一百五十二枚
德記	東鎮	六十枚	三十六枚	二十枚	四十枚	四十枚	一百四十枚
復盛	東鎮	五十枚	二十枚	四十枚	四十枚	四十枚	一百八十六枚
復和成	滄口	三十枚	四十枚	五十二枚	四十二枚	二十四枚	一百八十八枚
協德	宋哥庄	八十枚	二十枚		三十四枚	三十二枚	一百六十六枚
益豐棧	滄口	六十枚	一百枚	一百五十二枚	三十枚	六十枚	四百零三枚
義和祥	青島	四十枚	二十四枚	二十四枚	二十枚	十八枚	一百二十六枚
萬盛	東鎮		四十枚	四十枚	二十八枚	四十枚	一百八十枚

宋述光	曲中顯	周民先	紀尚同	瑞源永	裕順	曲中德	豐盛	寶盛
楊哥庄	大村庄	滄口	桃林	北曲	桃林	大村庄	北曲	北曲
十四枚	八枚	三十枚						
			四枚	十六枚	十二枚	四十四枚		
		四十枚		三十枚	二十八枚	十四枚	二十二枚	三十二枚
		四十枚		四十枚	三十枚		四十枚	四十八枚
十四枚	八枚	一百十枚	四枚	五十枚	七十枚	五十八枚	六十二枚	八十枚

		共計銅元　四仟三百五十枚
皆屬膠澳區內之開設油坊商號特此說明	茲查以上商號皆係開設油坊之家但北曲桃林南城陽港東係膠澳區外其餘	
孫鴻升　謹呈		

中華民國十三年六月九日

李村禊稅徵收所

為簽呈事竊奉

派籌辦李村棗園雜稅事項於五月二日遵即前往

調查前之包商辦理情形及籌備一切進行手續詳列

於後是否有當伏候

科長鈞裁施行

員一人司稱一人

一查前包商收稅人員司賬一人司票一人稅差六人調查

一牲畜稅按售價值百抽四買主賣主均各貳分

一稱稅每售價銅元五拾枚收一枚

李村杂税征收所机构情况及人员名单

一攤稅每攤收同元貳枚

以上前包商之辦理情形也但稱稅因地面反對征收不齊草類及地瓜因商民罷市稱稅攤稅皆停征

甲李村係二七集棗園係四九集可以暫設事務所

於李村擬自五月四號即陰歷四月初二日實行征收

乙呈請

督辦出示佈告現歸官辦所有牲畜稅稱稅攤稅照舊例交納不得故意抗延並請

320

令知警察廳轉令李村警察署承警協助

丙擬暫用司賬一人司票一人稅役一人其餘稅差仍暫用前

包商之稅差借其熟手以資引導待一月後酌量

去留

丁暫在李村賃草房五間以便辦公棗園不必賃房

戊所有稱稅牲畜稅攤稅仍照舊抽收

己擬修公稱一杆稱架子壹個掉子四張椅子四把

舖板四付代橙子八條坐橙子兩條杌子四個以及

賬簿文具征稅票等物件

庚　木牌一塊文曰李村征稅處　征收所木戳記長方圖

各一塊文與本木牌同

窃查該市塲稅務自接收以來即行包辦未嘗直接征收以

致參差暫難整齊又兼去年曾經抗拒而包商無法制

止因互相觀望不納當然收入減少但此區牲畜稅乃

大宗稅欵鄉間私相受授者頗多若不設法制止聞

係收入極重似可遍告鄉民關於牲畜稅一項凡在膠澳區

內者即照舊納稅不得私行偷漏倘經查出或被吿發即

處以相當罰金然佈吿雖嚴屬催征而收稅者以和平

322

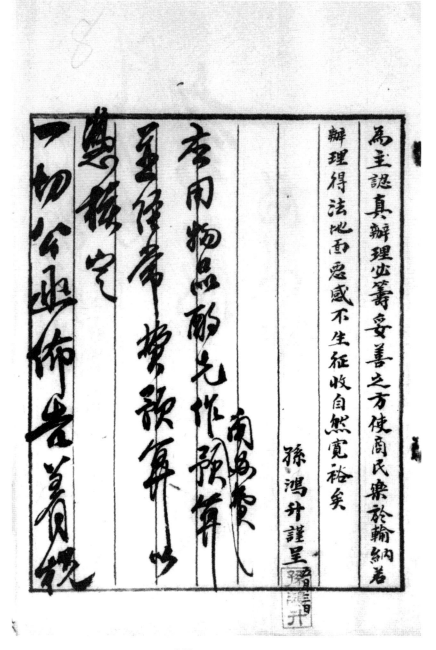

為主諭真辦理必籌妥善之方使商民樂於輸納若

辦理得法地面惡感不生徵收自然寬裕矣

孫鴻升謹呈

市面物品務先作預算

至經常費預算必

應核定

一切公車佈告菁稅

附李村祿稅征收圖章印式一紙

李村祿稅征收所委員孫鴻升謹呈

中華民國十三年五月十五日

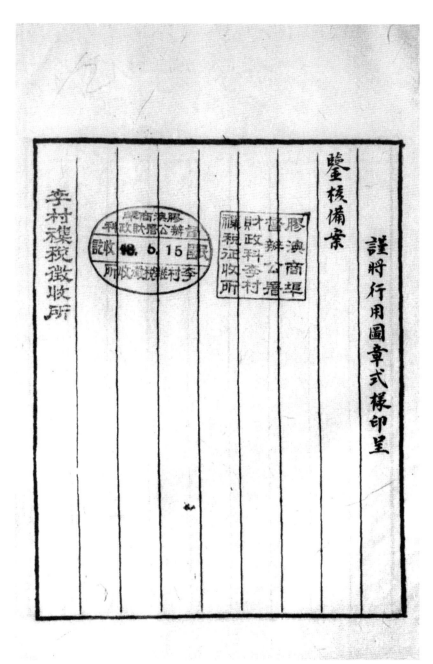

謹將行用圖章式樣印呈

鑒核備案

膠澳商埠
督辦公署
財政科李村
禤稅征收所

膠澳商埠督辦公署財政科李村稅徵收
記收 18. 6. 15 所收李村禤稅

李村禤稅徵收所

325

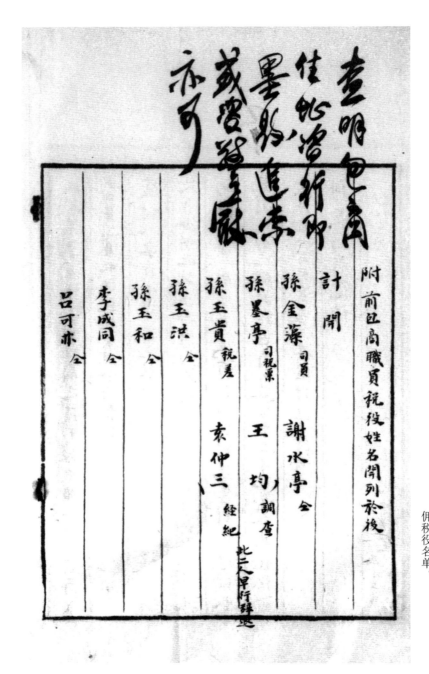

李村杂税所暂时留用之前李村枣园集杂税承包商所佣税役名单。

326

商摊税征收存根

胶澳商埠督办公署征收证

胶澳商埠督办公署征收证

商摊税

今收

商摊税

今收

商

枚

枚

中华民国　年　月　日

计一纸两票每票铜元

共计票面收讫铜元

枚

枚

李村杂税征收所

中华民国　年　月　日

李村杂税征收所

中华民国　年　月　日

李村杂税征收所

胶澳商埠督办公署

牲畜税征收存根

胶澳商埠督办公署

牲畜税征收证

买主

卖主

经纪

口数

卖价

税额

住批

买主

卖主

经纪

口数

卖价

税额

住批

中华民国　年　月　日

李村杂税征收所

牲畜状况

中华民国　年　月　日

李村杂税征收所

牲畜状况

姓字第　号税额　文

胶澳商埠杂税税票样式

327

1925年，张立珂向新任胶澳督办高恩洪呈请取消德、日制定实施之集市杂税的建议书，认为中国对青岛行使管理权，应将【德、日所行虐民害民之政皆当一扫而除】，撤销摊税、称税，专行牲畜税云云。

為建議事竊維為政在於愛民治民賴以善政故聖經

有云民所好好之民所惡惡之此之謂為民父母自古以來

凡為民上者皆當以民為本興其利而除其弊其弊為何

即如李村集征收攤捐是已查李村之設集也歷有

年載既非若台東鎮台西鎮之附近本埠又非若滄

口沙子口之為水路碼頭不過皆鄉間農民日中為市交

易而退一切買賣物品俱係鄉民日用之需近來生活

程度日高雖云取之於商實皆出之於民我國二十二行

省各城鎮市集皆無此等征收惟李村集自德人站

領青島以後甘心剝奪民財巧取民利遂於李村集征

收攤捐每攤征收銅元二枚三枚四枚不等迨至日人時

代依然踵而行之尤加甚焉鄉民淪於異域二十餘年在

其勢力範圍之下敢怒而不敢言今我國土重光雲霓

望慰凡德日所行虐民害民之政皆當一掃而除若云

有例不減無例不增率由舊章等等言詞俱是官樣

文章敷衍塞責以中國官行中國政蕭規曹隨則可

安可以堂堂中國仍沿外人之苛政剝取民脂民膏逢

集捩攤索取銅元數枚形同乞丐並且收捐者不無

中飽之獎爭多論少辱罵凶毆此等情事時所恆有

未免有傷國體至所收之款直等陋規約計每年征

330

收不過二千餘元除去用人公費一切開支所餘千元左

右國家總然庫款支絀亦安用此區區若將攤捐革除

一力專辦牲畜稅捐此乃李村舊有全國通行之政人

民無不樂從辦理得法每年可得七八千元之數用人

亦少入款則多雖犧牲此項攤捐亦不難小往而大來

況李村集之擺攤生意絕非殷實商賈而皆小本營

業利覓蠅頭甚至肩擔員販售賣鮮魚水菜瓜果

梨桃者居其多數風仰

督辦關心民瘼體恤民隱倘蒙

毅然獨斷將李村征收攤捐之糞政立即免除不惟

膠澳區內十餘萬衆頌德歌功即境外四鄉趕集之

民亦皆有口皆碑流傳百世凡我鄉民被

督辦之深仁厚澤浹髓淪肌自當没齒不忘也冒昧

陳詞是否有當伏乞

鑒核施行不勝待命之至謹呈

膠澳督辦高

張立珂謹呈

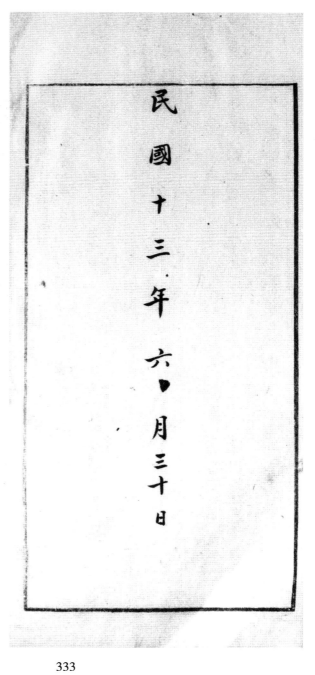

民國十三年六月三十日

13.

高恩洪批交张立珂上书令财政局回复的文件。财政局不同意取消杂税的理由有些勉强，但符合接收以来奉行「率由旧章」的做法。高恩洪据此回复张立珂「所请取消摊捐之处应毋庸议」。

334

14

査李村集商攤捐之設始於德人□□人冉之我國接收仍
照舊規辦理此項攤捐係屬一種暫時營業地皮捐性質
各有城鎮碼頭凡有官地為商民佔居營業者莫不收
租、不過名目不同而已原其所稱我民國二十二行商皆無
此等征收云云未免言過其實、僅就表面觀察此捐似近
苛細、若考其實際官地收租理無不合且攤捐不僅一廛
行之既久未聞病民似未便准予取消致啓他處效尤要
在之漸至推行惟畜稅一新查李村惟畜稅久經設

膠澳商埠督辦公署

335

立典攤捐無涉，並非取消攤捐，方能推行牲畜稅

此事實以斯尤無取消攤捐之必要 股長 管窺之見

是否有當理合簽請

科長轉呈

督辦核奪施行 批

稽征股股長彭福基謹簽 七月五日

查攤捐係官有土地否收之利且無損等

需久之以仍何解釋 取締派員

膠澳商埠督辦公署批第五三七號

具呈人張立珂

呈一件　呈請取銷李村稅捐條陳請查照核辦由

呈悉查李村集商攤捐之設始於德人日人因之我國接
收後仍照舊規辦理新定現今未聞病民且此項攤捐係
屬一種臨時營業地皮捐之性質官地收捐理無不合至
推行牲畜稅一節查李村牲畜又經設立攤捐無涉
並無取銷相□方能推行牲畜稅之理由所請取消攤捐

之處仰即便□□遵照此批

337

中華民國十三年 七 月 日

原呈一件
附二件

核對員
監印員

為通知事、據該委員呈請添設牲畜稅等情查台
東鎮向無集期且距李村甚近故牲畜稅一項揆前並
未設立所有在台東鎮賣買牲口者自應赴李村照
章納稅其有顧在東鎮繳納者亦可由該所代收換照
李村徵收牲畜稅手續辦理以便商民仰即遵照至稅
票如何備用收款如何解署並與李村孫委員接洽妥
善稟復注呈明查考所請添設牲畜稅一節應勿庸議
須至通知者、

台东杂税征收所请开牲畜交易市场并征税事，财政局以牲畜交易税须到李村缴纳为由，回复「应勿庸议」。

右通知慶東鎮雜捐徵收所劉委員華信准此

中華民國卅年 六月廿五日

六月二十晉

具保結協衆祥今保到王振堂包辦

李村棗園䌷稅等項言明每年包價

洋式仟捌佰捌拾元正自十四年八月一旦起至

廿五年七月末日止按月分繳不得有悮如

有不繳等情有保人承繳具保結是

實

粘光角產承包人王振堂

保人 協衆祥

中華民國廿五年八月 日

王振堂第
二次承包
李村枣园
集杂税的
合同书

341

包商王振堂年五十歲李村人

呈為懇祈鑒免十月份應繳商灘雜稅事竊商辦理李村

集商灘雜稅之始本係領有包辦憑照實含有代繳代徵

之性質已經受銅元價低洋價增高所入不抵所出之應又

困

張督辦剪髮令下即有剪髮隊每逢集期迫令鄉民剪髮

以致鄉愚一哄而散數集之間收有十餘元未足工人之開消繼

又有招兵隊每逢集期強行拉人以致擺灘者棄灘而逃避

者有之棄器具而逃者又有之至今未散有一人來集買賣者商

小本營業何能有擔負賠償此歉之能力迫出無奈惟有懇祈

王振堂是 1925 年 8 月续签李村枣园集市杂税征收承包合同的。本呈文是王振堂以政局动乱影响集市税收而要求减免部分税款的报告函。

342

贵科免收十月份應繳洋二百四十元以示體恤而免賠累

本來關係公家稅務與公家負担以區區之數輕而易舉

而商担負有閉門歇業之虞倘蒙俯免請祈批示則感

德無極矣上呈

膠澳商埠局財政科長周

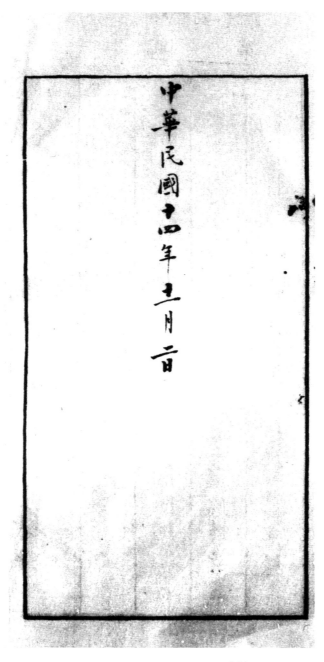

中華民國十四年三月二日

呈為征稅賠累懇予減價續包事竊商承包李村集地皮捐牲畜
稅兩項業經認定稅額照章征收按月報解迄今兩年從未欠款應
毋過懇但目去秋以來戰事發生兵燹頻仍該集市面蕭條買賣
零落於九十兩月罷戶關閉四民恐慌集場空虛渙散寂寥較常尤

其皇人李村集 牲畜
地皮 稅包商王珍堂 現年五十歲佳義和號
膠澳鄉區李村集

甚牲畜灘捐直至無處楷征分文莫見商以事屬包辦重關公款
祇得强忍墊賠勉為措解惟望地方稍靖元氣恢復再遇旺月
暢征或可畧資弭補詎意至今年二月正值旺月又奉令剪髮兵
士如雲目至該集絡繹处逸帶辦即捕商旅驚逃鄉民畏避一月如
斯莫之散至追至四月又滄口招兵尋檄民夫地近咫尺舉足可到軍

王振堂第二期杂
税承包合同将
满，财政局询问
其有无兴趣续
包。王振堂趁机
叫苦，要求「核
减包价，俾再继
续承办」。

兵林立商業絕迹又復月餘空資靡費稅無所出未及該集又募集

刀軍隊士卒學生充滿街市串換軍票紛擾愈甚影響商業調

零萬分瘡痍滿目收稅更難伏思征收捐全賴地方豐穰貿易繁

集八烟攤客方能征收暢旺課稅加增該集既有以上反常情形人跡

罕見稅向誰征況兼近年生活日高未珠薪桂銀價較常陡漲數倍

征收稅項原按銅元繳納而報解公款須易銀圓交兌此中賠虧無

形墊賠目積月累損失良多商報効公家經征兩年包期已屆計共虧墊

公款六百餘元不支情形人所共見為此呈懇

鈞局念商因公賠累情實可原准將該集牲畜地皮兩稅核減包價俾再

繼續承辦藉補虧累以示體恤實為德便謹呈

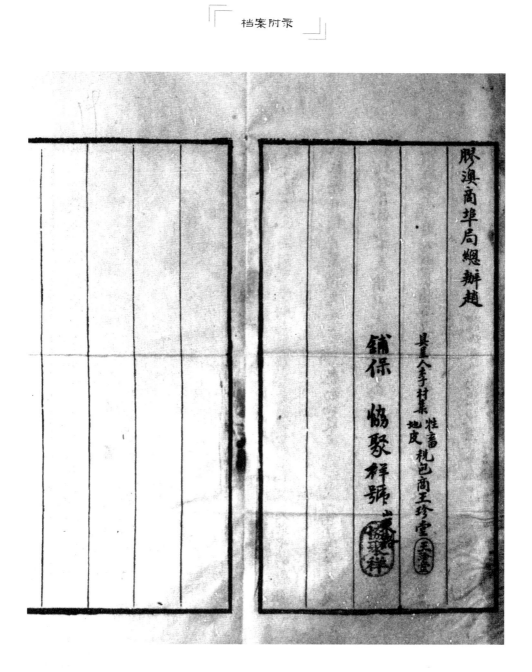

胶澳商埠局总办趙

具呈人全手村集
牲畜
地皮 桃包商王珍堂

鋪保 協聚祥號

具保結協興成今保到王振堂包辦李

村棗園商攤牲畜雜稅每年包價

大洋貳仟陸百四拾圓按月繳納

倘有不繳等弊有保人担負完全

責任具保結是實

膠澳商埠局

財政科長周

承保人協興成 協興成

承包人王振堂 王振堂

中華民國十六年八月一日

这是王振堂第三次承包李村枣园集杂税的合同签订后，其保人出具的保单。

中華民國十五年七月五日

商人李文章请求承包李村枣园杂税的呈文

呈為呈包李村河灘棗園內廢雜稅自仰祈

鈞鑒俯予批准事竊人　李文章欲承包李村河灘棗園等廢雜稅自並為採偏國家政策列推可保金

錢不致外溢延見致此承包內廢雜稅自如蒙

鈞座批准開辦後每年文稅洋金仟圓正按月計算每壹有辰承交稅洋壹仟如屆備有欠少等事

以保証人為擔成立稅局以後若有本局辦事人員故意行為以公訴才不合規則等辦擬請

鈞座派員查察按罪懲別並有承辦員據員責任況有商係承辦者件此呈文呈祭

懇辦批准施行狀

賜委示指遵照辦

雁侯舊包同期滿正章攷

標月

保証人　蟬洪聚畐　春陽樓

承辦員李文章

350

中华民国十七年四月十日

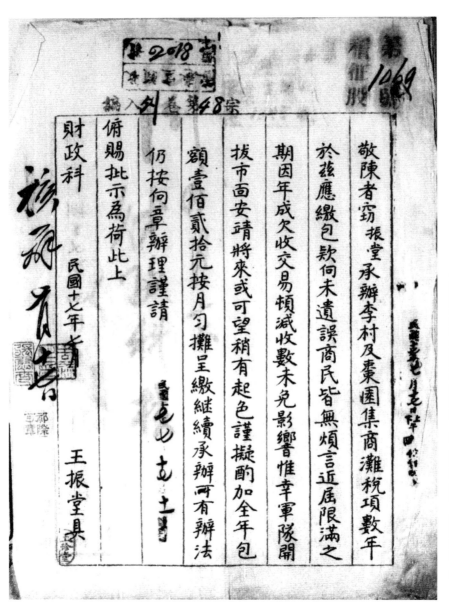

敬陳者竊振堂承辦李村及棗園集商灘稅項數年

於茲應繳包欵何未遺誤商民皆無煩言近屆限滿之

期因年成欠收交易頓減收數未免影響惟幸軍隊開

拔市面安靖將來或可望稍有起色謹擬酌加全年包

額壹佰貳拾元按月勻攤呈繳繼續承辦兩有辦法

仍按佝章辦理謹請

俯賜批示為荷此上

財政科

民國十七年七月

王振堂具

1928年7月聞知有多人欲承包李村棗園雜稅後，王振堂再次上書，提出：

「拟酌加全年包额壹佰贰拾元，按月匀摊呈缴，继续承办。」

352

茲簽請予直王振堂承包李村雜稅起自十六年八月

一日起至十七年七月卅日兩期全年包收洋貳仟

六百四十元現在期將屆備授王振堂荀陸該廣

續承包坐共有四名

（一）王振堂願增價一百廿元計全年包收洋貳仟七百

六十元（原包價每月洋貳百廿元）

（一）李子善願仿照原價預繳兩個月包收計金

年包收洋貳仟六百四十元

中華民國十八年七月廿□警目□

膠澳商埠局

膠澳商埠局

1928 年 8 月至 1929 年 7 月年度之李村枣园杂税招标分外激烈，王振堂、李子善、李文章、张显约均参加招标，最终由标额最高的张显约中标。

353

一、李文章願出全年包飯洋叁仟五百元

一、張題約願每月出洋三百元計全年包飯洋叁仟六百元

查以上四名呈承包價額以張題約為最每實

店作予承包抑仍四季招標再行核加之處

理合呈請

理合呈請 已飭該股傳詢諸題灼知弊多預徵包款恐有損及股厘鋪保橋擬如何

股長核呈 似可准予承包

副科長核示遵辦呈

科長

總務核示　科員解題業謹呈　七月十九日

批標

如以最多數之時題約承包可也

354

第433號

2013號

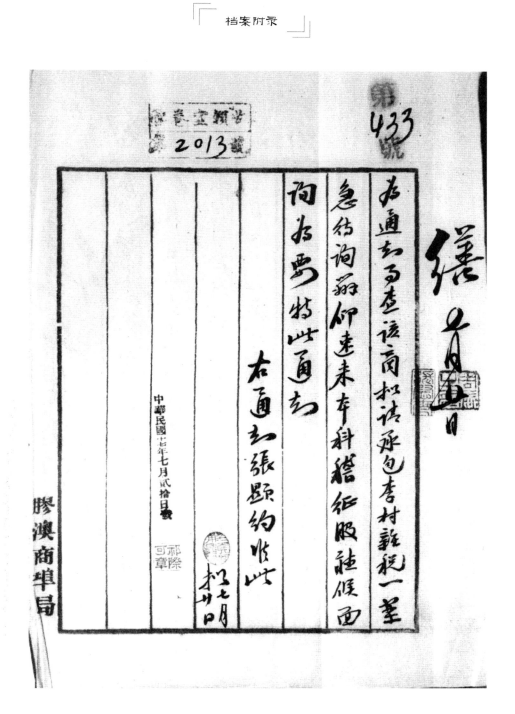

右通知為查該商擬請承包李村雜稅一筆
急待詢明仰速來本科詳談徵股詎候面
詢為要特此通知

右通知張顯約此

中華民國十七年七月貳拾日發

祁隊可章

膠澳商埠局

355

第441號

優异券

為通知事查該商請包攬李村雜稅自本年

八月一日起至十八年七月卅日兩期全年包

欵洋叁仟陸百元填原預繳保証金洋

三百六十元兩个月包欵洋六百元共計玖

百陸拾元其餘按月攤繳苛慎業經堂率

總處核准在案為此通知仰速正保具結

來為將上項欵洋九百六十元世繳候飭

憑此可也須至通知者

膠澳商埠局

中華民國十七年七月廿叁日發

謹按李村雜稅向有商攤公稱牲畜稅三種均係由一人

承包無享獨包各種牲畜稅先例最近於十七年七月間曾淮

張顯約以全年包欵洋三千六百元承包自十七年八月一

起至十八年七月末日滿期該包商揭辦後甫經月餘旋

經前商埠局明令於十月一日起將該項雜稅一律蠲免

在案兹據王友三呈請包辦李村全區牲畜稅情願繳

納全年包欵洋壹千元等情到署是否應准詢該具

呈人礦商包價再行定奪抑仍繼續蠲免成逕將商

张显约请求商埠局支持其征收牲畜税的呈文

358

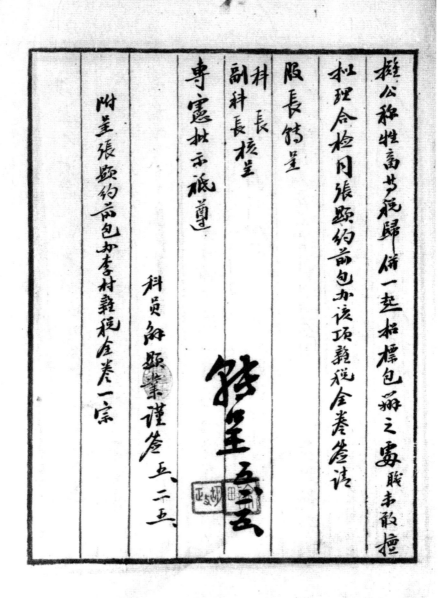

拟公称牲畜芦税归併一起招標包办蓋之需賤未敢擅

拟理合检同張顕約前包办该項難税全卷呈请

股長鈞呈

科　長核呈

副科長核呈

專憲批示祇遵

科員解顕業謹呈　五二五

附呈張顕約前包办李村難税全卷一宗

呈求飭令警界曉諭鄉民按照舊章繳納牲稅勿使

影響事竊商目經營徵收牲畜稅謀無論鄉民以及

請己人等無不照章納稅特因南北失和大局未定但張

聲增加之副稅戶者雖百免者很多所以民間不知的細

以爲盡行取消因此買賣頭口者不肯納稅特生爭競兩警

察猶不能盡心保護所以大受影響爲此呈求

鈞科長飭令李村警察署以及各外駐所曉諭鄉民以及請色

人等務按舊章納稅切勿抗違等因盂加保護祥使稅謀不

漏尤免擾亂則商受惠之極感禱盡謹呈

青島商華局

财政科科长鈞鑒

具呈人張顋悦

年 四十九歲

籍貫 本滕澳

住址 李村河南

職業 商

中華民國十七年七月二十九日

具呈人姓名 包商張顯約　職業 商

呈為呈請事竊商承辦李村柬園商攤公稱費自本年七
年齡　　　　籍貫 膠澳區
現在 李村
住址　　　　舖保 協聚祥

月一日起全年包額三千六百元當即預繳兩個月包款計洋

六百元並另繳保証金一成計洋三百六十元領有收據在案茲奉

傳知自本年十月一日起此項稅款一律豁免諭即遵照結束

等因仰見

鈞局體恤商艱無微不至深仁厚澤有口皆碑查 商承辦

此捐甫滿三月除預繳之兩個月包價外計尚欠九月份包價洋

1928年9月，胶澳商埠局布告自10月1日起取消杂税。张显约承包合约作废，遂上书诉说赔累之况，请求返还其保证金。

363

三百元理應遵繳惟查李村集場純係附近農民交易之址每年向以冬春季農閒時貿易為最盛稅收亦以此時為較旺而商接辦迄今冶值秋季農民忙於收穫且數月以來連降大雨四鄉河水陡發道路交通阻碍集期赴市者寥寥無幾總計三個月內所收稅款尚不滿四百元計賠累約五百元原冀冬季收項暢旺藉以抵補現既遵令結束此項賠累實係無担負伏維鈞局愛民如子全埠蒙德而商之賠累又係實情謹請俯念苦況將九月份應繳包價三百元恩准豁免前繳存之保証金三百六十元立予發還並此外賠墊之款酌予補助以全

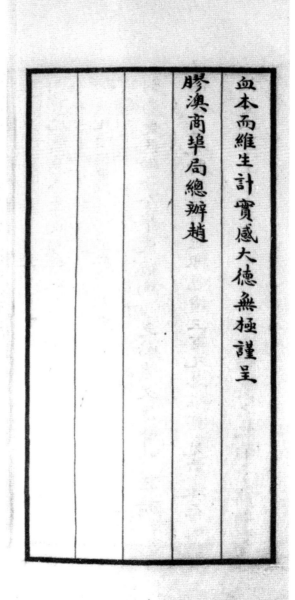

血本而維生計實感大德無極謹呈

膠澳商埠局總辦趙

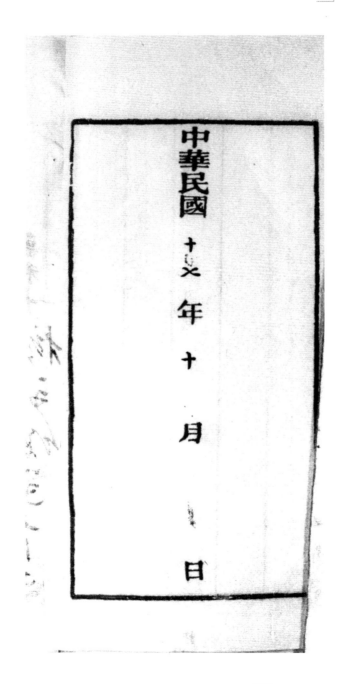

中華民國 十七 年 十 月 日

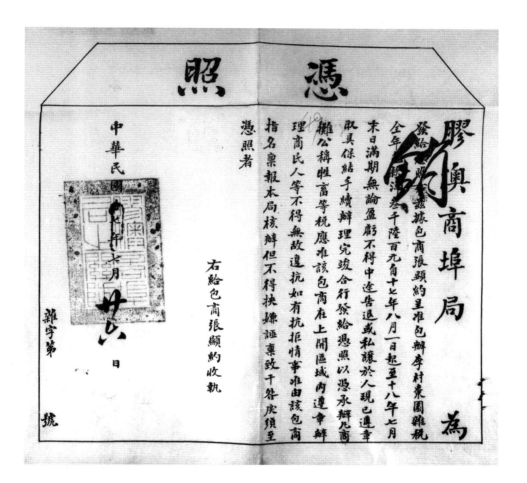

胶澳商埠局发给张显约的"凭照",因张显约迟迟未缴保证金,"凭照"一直未颁发。后商埠局取消集市杂税,该"凭照"被注销作废。

367

膠澳區內之水流最大者爲白沙河發源於巨峯北麓之魚鱗口歷北九水而北會合

一水二水三水諸澗經流河西河東兩村之間以達窩落村匯合平森澗棒石澗桑家

澗五龍澗諸水北流至涼亭西折經華陰蜿蜒以抵流亭華樓華陽牛兒諸山北流之

水及源頭河次第入焉由此而西南流抵仙家寨之西有水源地在焉西折經趙村至

女姑口入膠州灣白沙河流長六十餘公里河口寬七百五十公尺平時水竭水幅僅

寬四公尺水深三公寸一遇雨期則洪流泛濫水幅之寬增至八百公尺以上附近村

落時有氾濫之虞然懷挾上流肥沃之土壤以沉澱於下游兩岸流亭附近乃成沃土

是亦白沙河之賜也

源頭河發源於華陽石門臥狼匙諸山之西麓長約十公里西北行經南圈安樂溝丹

山西小水趙哥莊至狗塔埠北入白沙河

亞於白沙河之水爲李村河發源於石門山之東南方自上流莊至蘇家下河折而西

南流合臧疃河經莊子鄭疃蜿蜒至東李村之西自臥狼匙山南流之水及自李村南

《胶澳志》记载之『李村河』

山北流之水均匯焉由此西流經楊哥莊曲哥莊南至閻家山枯桃山南方之張村河

來匯之北折至李村水源地北西流合王埠鹽河入於膠州灣李村河全長二十餘公

里河口寬三百公尺平時水量枯竭遇雨則洪流橫溢與白沙河相類河口附近平日

水幅僅一公尺乃至三公尺水深約二公寸

張村河發源於葛場山以西石門山以南之諸山中南流經橫担水牛溝崖南北龍口

枯桃山折而西南流經張村下莊至中韓哥莊午山北流及李村南山南流為

由此西北經劉家韓哥莊河東至河涯西北合浮山北流之水更北流至閻家山匯於

李村河全流長二十公里

灣頭河發源於老虎山丹山之間長約五公里由灣頭西流經南曲至樓山後西北合

梅菴河西入膠州灣平日僅一脈細流雨期暴漲與白沙河相類而河流更爲短狹其

上流斷崖絕壁下流兩岸平坦河流甚屈曲河口遠而多淺灘宜於製鹽

梅菴河發源於老虎山西麓長約五公里由十梅菴西流至樓山後西北合於灣頭河

《胶澳志》将李村列为青岛游览名胜，其后之《青岛指南》等旅游书籍均将李村列为青岛名胜地。

膠澳志　民社志　游覽

之可及也

（五）郊外風景四季不同而春秋為最佳鄉民植果為業到處成林丹山小水一帶多植桃杏蘋果春則花色繽紛秋則懸寶纍纍登窰等村植梨尤盛花時遠望如雲艷麗奪目而姿態雄偉心胸開闊所謂觀櫻盛會又如小巫之見大巫矣

沙子口　膠澳灣內之漁航集於滄口而外則聚於沙子口沙子口當旱河入海之處衆流交匯灣闊而水深故李村南部之貨物出入薈萃於是往年日軍當於此登岸並築輕便鐵道經張村而與膠濟鐵路相銜接春秋漁汛漁舟咸集海物紛陳有時裝卸梨果堆積如山亦奇觀也

李村　距青島市三十里地當李村河之中流為四通八達之地鄉區之重要路線悉以此為中心點村貿易亦聚於是河涯有市集每逢陰歷二七等日鄉民張幕設店米粮布疋木器農具以及家畜家禽應有盡有臨時營業恆得千數百家集人數不下二三萬棗園流亭華陰等處市集概不如李村之盛附近有農事試驗場稍遠有李村

百二六

水源地之建置皆足以供游覽

自台東鎮以達四方滄口悉爲工場薈萃之區李村諸河貫注其間女姑山遙峙於北東則崗陵起伏村落錯綜西則膠澳淺灘與陰島遙遙相對澳內風景又與灣外有殊也

（五）嶗山名勝 嶗山岩石突兀姿勢莊嚴嶧峯上有峯谷下有谷又以所傍東海雲氣離合嵐光變幻爲內地名山所不及故齊記有泰山高不如東海勞之說非過譽也祇以偏在一隅遠人裹足往者惟讀書修道之士隱居其中開埠而後德人獎勵登山不遺餘力由青島至太淸宮則有汽船至登窰柳樹台大嶗觀等處則有汽車道逕達山麓又於山中刻石立誌關爲登山路徑十有六線依次編號間數百步立一標誌第幾路之號數刻於其上游山者按圖覓路循標往還內則以之鍛煉市民外則藉此招來游侶其用意甚深遠也嶗山名盛殊多約可分爲三部北部爲華樓宮大嶗觀神淸宮迎仙觀白沙澗北九水劈石口桑家澗修眞觀遇眞觀太平宮中部爲九水柳樹台魚

371

李村市集以舊歷逢二逢七等日爲期利用李村河之沙灘爲臨時市場於各市集之

中其買賣之繁盛首屈一指每年七十二回之市集四方供求咸集於是雖其買賣多

少視時令之需要與氣候之晴雨而有不同通年計之平均每次陳列之臨時賣店約

及一千二百魚類雜貨籽種古衣錢攤食物攤不計在內其陳列物品總值每次不下

九千元當農事閒散之際遇有天氣晴朗賣店或至一千四百以上物價總值可達萬

元而外據本地居民言自膠澳關爲租界而後德人頗獎勵市集之發展故有逐年日

盛之象德人嘗調查蒞會人數先後統計十餘次平均每次得二萬二千人又據日人

調查平時集會陳列之主要物品總值就多次統計所得推算其每次之平均值如小

麥一千一百五十元屬趙村城陽所產棉紗九百餘元屬濰縣產豆餅五百元屬滄口流亭大村莊產

十之四洋布佔十之六菸葉七百餘元屬濰縣產豆餅五百元屬滄口流亭大村莊產

其總值在二百元以上者爲海州產之蔬豆大連產之玉蜀黍在百五十元上下者爲

海州產之黃豆李村產之高粱地瓜干宋哥莊產之柳條筐與上海運來之火柴在百

《胶澳志》对李村集的描述

元以上者為泰安萊蕪之麻上海之粗紙安邱之葦笠趙村之粟在八十元以上者為

即墨產之黃酒李村產之猪肉外洋之煤油上海運來之棉花在五十元以上者為即

墨產之黃酒李村產之牛肉嶗山產之松柴樂安產之炕蓆在三十元上下者為即墨

之皮貨竹簍鐵器器下莊之陶器濰縣之靴釘滄口之鐵鍋上海之筥籃半度之雞卵及

雞李村之粉條及韮菜即墨之蒜上海之胡椒此外在十元上下者為食物之蔬菜糖

薑及器具之木扒鋤柄鍋蓋圓斗以及建築用之窗戶門板無不備具春夏之際更有

多數之豆餅夏布蚊帳布籽種秋冬之際更有多數之果實古衣舊棉花等類臨時陳

列春秋漁汎又有多數之水產由滄口沙子口運來陳列綜計每年七十二集逢閏有

加全年陳列總值不下七十萬元假定交易三成亦得二十一萬元也

棗園市集假棗園村西街南端之河灘為市場逢四逢九為期其市況較李村集為小

每年盛時約有露店百五十家陳列物品總值約一千元平時約減其三之一逢會人

數恆在一千名內外陳列物品名色大都相類也

流亭市集每逢舊曆一六等日假流亭村外河灘集會每次之平均露店數七百三四

十家陳列總值三千六七百元約當李村集三之一其主要物品爲棉花煤油火柴葦

笠紙類棉紗小麥粟豆高粱玉蜀黍豆粕菸葉布疋烟捲蔴食鹽干魚穀其產及來路

與李村集所陳列者同流亭地界膠澳卽墨之間又當白沙河之下流附近居民多集

於此卽膠縣方面亦有多少之關繫也

華陰市集每逢舊曆四九等日集會露店數約得八百四五十家較流亭集爲多而每

次陳列平均總值二千五六百元蓋小本經營佔其多數華陰近山而僻不如流亭之

殷實矣陳列之主要物品爲棉花棉紗洋布火柴煤油紙類玉蜀黍小麥豌豆土布菸

葉蔴海產物與流亭略同 以上見日本人著李村要覽

浮山所市集爲本區東南濱海一帶各村莊之惟一市場逢四逢九爲期每會趂場人

數盛時可四五千人平時二千上下尤以浮山所滬山一帶居民及漁戶居其多數

滄口市集逢五逢十爲期每會盛時可千餘人少則五六百陳列物品以工人需用爲

膠澳志 建置志 市廛 六八

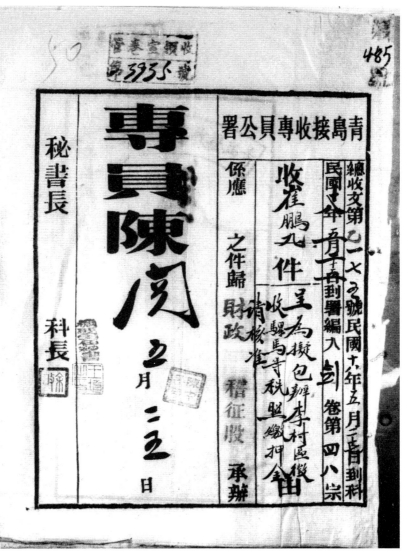

1928年10月，胶澳商埠局因日军占据青岛、济南和胶济铁路，国民党新军阀与奉系军阀混战，导致政局动荡、经济凋敝，青岛集市交易锐减，遂下令取消自德占时期实行的集市杂税征收制度。1929年5月崔鹏九、王友三分别呈请包办牲畜税，被青岛接收专员陈中孚否决。

具呈人姓名崔鵬九　職業　商

年齡三十一歲　籍貫　平度縣人

現在滄口吳□醫門牌第五號舖保

住址

呈為美請恩准設所徵收稅欵以裕國課事竊青島李村區及

乘團向自德管時代至日本接管以及我國接收該處立有課

馬牛驢豬五行稅務每逢集期派人按頭徵收稅欵在商埠局

預繳押金按月繳欵在業嗣於去歲奉令取消茲接收就緒

百廢待舉滿此呈請

鈞署准予立案呈繳押金以便接照舊章收稅並每集期所

有在集售貨各攤地皮稅一併徵收既省

376

钧署手续而免漏税之虞且於人民亳無額外索取所懇是

否有當理合具文呈請

接收專員公署核准立案准予設所徵收伏乞

批示祗遵謹呈

青島接收專員公署

具呈人崔鵬九押

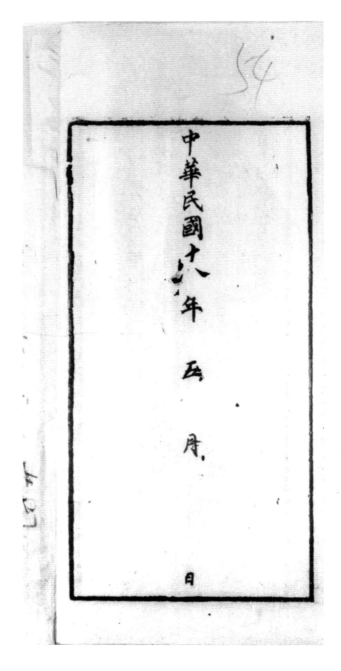

中華民國十八年

正月

日

具呈人姓名 王友三　　職業 商

年齡 三十八歲　　籍貫 即墨縣

現在住址 河南路二号　　舖保 黄島棧

呈為呈請包辦李村全區牲畜買賣稅事竊查近幾年來內江

盛織大局欠徵地面勸擾各項稅務因而停滯者豈僅一二事

而羣盜遍藏上下稍安農工商賈俱各固而就緒惟李村方面

牲畜稅務尚在延擱但自該稅停止以來高販乘姦繁迭悶燦騙

買賣賣秩序紛紛甚至莫問公理買賣無信民困營兒及茲不

感激且就稅務輪之無論何項稅務混言其要均為國家度支上之殼

倘誅稅雖云寥寥然亦似在不却之列是以爰敢僂文呈請凡

該項稅務之徵收仍循前規按百分之四照扣買賣者之稅贏絀

計週年共集（李村集）七十二個自今五月一日起至明年五月一日止擬願

繳納該稅金額一千元矣右所陳是合與否理應條文呈請

鈞署恩賜核准便照進行不勝感德之至謹呈

青島接收專員公署陳

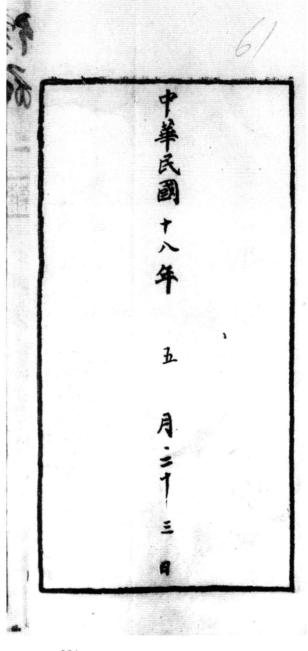

中华民国十八年　五　月二十三日

李村乡区建设办事处 1934 年所做的李村区户口数、人数及各村牲畜、农产数字调查表的一部分。

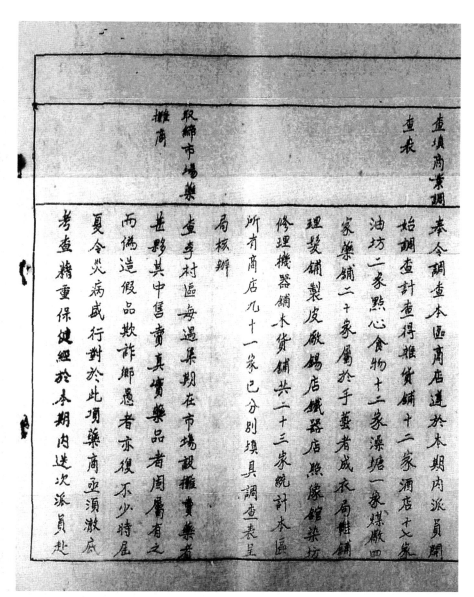

查填商業調
查表

攤商

取締市場藥攤商

奉令調查本區商店適於本期內派員期
始期查計查得攤貨鋪十二家酒店十七家
油坊二家點心食物十二家澡塘一家煤廠四
家藥鋪二十家屬於手藝者成衣局鞋鋪
理髮鋪製皮敝錫店鐵器店照像館染坊
修理機器鋪鋪木貨鋪共二十三家統計本區
所有商店九十一家已分別填具調查表呈
局核辦

查李村區每逢集期在市場設攤賣藥者
甚夥其中售賣真實藥品者固屬有之
而僞造假品欺詐鄉愚者亦復不少特屆
夏令災病咸行對於此項藥商亟須澈底
考查精重保健經於本期內迭次派員赴

李村乡区建设办事处月报有关李村集内容

385

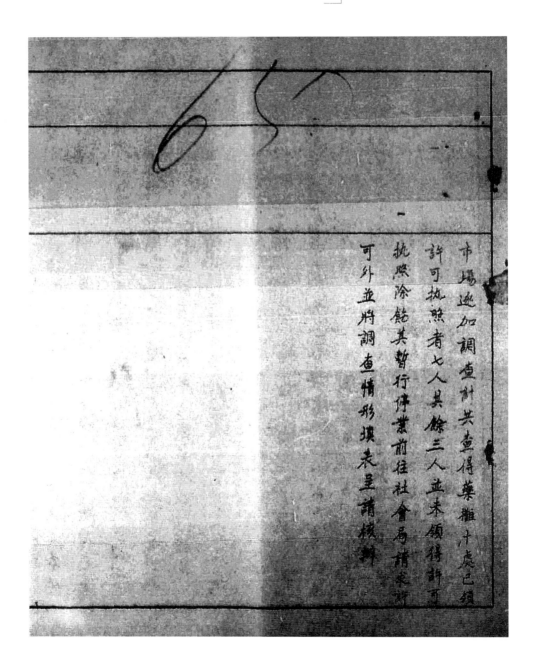

市場逐加調查計共查得藥攤十處已領

許可執照者七人其餘三人並未領得許可

執照除飭其暫行停業前往社會局請求許

可外並將調查情形填表呈請核辦

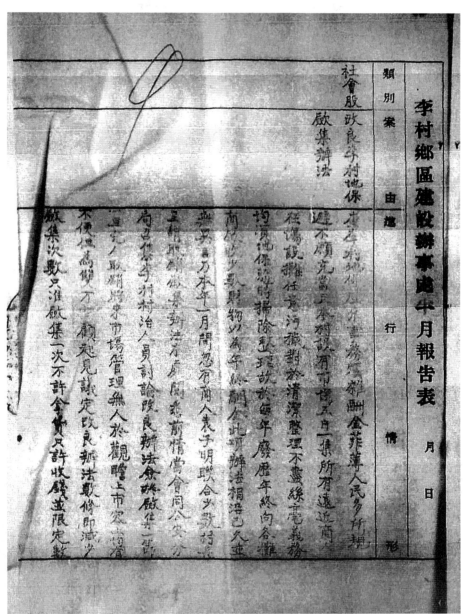

李村乡区建设办事处关于协调李村集「敛集」事件报告

自上等商排列得三角二等二角二角一角零產小販亦許在
任何敝市行走售賣辦法不但商人減少攤員地保亦不

調查鰥寡孤
獨殘疾者

　　　　室空盡義務
　　　　乘令調查各村鰥寡孤獨殘疾之貧民以備救濟邁
　　　　即派員分赴各村調查並印製調查表令發各村村長
　　　　協同辦理計轄境內七十七村先後查明亦貧無告之男
　　　　女貧民二百三十四人當經姓具清冊呈局核示

調查農村經濟
　　青島經濟年鑑益修亥其會函請調查農村經濟
　　以備編算本會經派員按照所需項目逐一詳查計分
　　五項(一)農村經濟狀況(二)農村經濟救濟情形(三)農家
　　副業經營情形(四)鄉區之交通(五)農民風尚之關於經
　　濟事項

指導張家窪　　查張家下莊組織信用合作社業由發起人草擬社章

李村鄉區建設辦事處半月報告表　月　日

類別案由	行情形
取締攤商並頒發臨時許可証	查李村街馬路兩旁攤販林立殊及菜核隨處拋棄致快污穢濕地聯物狼藉不特妨碍清潔抑且有碍觀瞻本處為整理市容起見將各集各該攤販來處訓話詳加指導　鄉令嗣後務宜保持清潔並各發給臨時可証以資限制此後未經核准者一律不准在馬路再行添設攤舖
社會應可証　村長訓話　勗導	本期內名集七十七村村長訓話間於社會方面之衛生清潔及各村應行組織信用合作及消費合作之意義均作詳細之講演並切實勗導

李村乡区建设办事处关于取缔李村街头商摊事项。

389

查以前各村遇有婚喪仍沿用帝制時代之旗鑼牌傘不特有礙觀瞻亦與制度不合本處爲澈底改革起見當經召集管界

內賃鋪經理人廿三家到處訓話劉切勸諭俾其即日取銷舊式儀仗嗣後不得出租各該鋪經理人深明大義巳一律銷毀

(三) 改用新制度量衡

查本市度量衡劃一日期早經屆滿惟鄉區沿於習習仍多使用舊器參差不齊商民所受經濟損失甚大本處履經探定戶

口繁多村莊張貼佈告重申禁令俾令家諭戶曉復於李村市期派員勸導鄉民速行改用新制尺稱一資劃一而利商民

(四) 取締巫婆

查巫婆借神治病事屬迷信固應取締藉敷炔應嚴禁現管內後台村有巫婆一人家中供奉神像遞神施藥蠱惑鄉民

而附近各村趨之若鶩當經查悉當轉令該管分駐所即日驅逐並函第四第六兩公安分局飭屬隨時查禁鏟除迷信

(五) 查禁烟賭嗎啡海洛因毒品

查烟賭爲盜匪之來源地農村破產之致命傷非嚴加查禁廢村無由與復本處成立以來即注意於此所至各村均經詳細

查訪有無販賣及吸食毒品情事並令村長查有上項情事即行報告本處現經村長報告者巳有十六八業經呈請社會局

在市立李村醫院設立戒烟所迫令戒除並即着手辦理籌備進行

(六) 查禁村民演唱不良戲劇

查鄉村俗習每於廢曆年後演唱本地不良戲劇以取娛樂不法之徒利用時機聚衆賭博本處爲防止流弊起見所有各村

第一關於社會事項

三三二

青島市李村鄉區建設辦事處　27

第十一條　本會開會時須得有過半數之會員方能表決會議案

第十二條　凡本會表決之案其不出席之會員日後不得有異議

第十三條　本會職員俱係義務性質

第十四條　本會十年為一期

第十五條　本會會員不得自勤退會

第十六條　本簡章自全體大會通過呈報鄉區建設辦事處核准施行

會員

(三) 設立民衆閱報室

查鄉村人民智識淺陋不但對於國內大事亦不知悉即關於本市緊要情形亦多屬茫然推原其故雖由於文盲過多實由於見聞不廣現在李村雖經黨部設有圖書分館供人閱覽但因館址離街市較遠村民前往者實居少數本處為開發人民知識便利羣衆閱覽起見特在李村河南茶肆內附設民衆閱報室定購外埠及本市報紙四份以備民衆閱覽

(四) 整理李村市場

李村五日一集市場設在河灘每逢市期各商任意陳列貨物漫無秩序本處為整理市場計製木牌二十個審明肉市魚市菜市辭由本處擇定地點派工依次排植以便各商團體並會同公安局地方紳耆俾成行列則交易既便秩序亦然

二　關於社會事項

處派員會同公安第六分局官警逐一再行告知各攤販須各設提筐將瓜皮菜核盛於筐內不得任意拋棄違者取締售賣加以處罰茲將取締飲食物營業簡章列左以備參考

青島市公安局取締飲食物營業簡章

一、刀切瓜菓須用紗罩設攤賣賣攤旁須設備桶筐盛放皮核違者禁售

二、沿途行人購食刀切瓜菓務須在攤旁吃食將皮核盛放桶筐之內不准隨意拋棄妨礙道路清潔違者拘罰

三、冰淇淋汽水及涼粉漿水等不得攙和生水及冰塊違者禁售

四、菜蔬瓜菓已經腐爛或變色者不准售賣

五、熟食薰炙糖菓等物須用紗罩遮護者禁售

六、魚餿肉敗者不准售賣

七、魚肉及一切油膩等物隔宿者不准售賣

八、其他一切妨礙衞生食物飲料不准售賣

（十一）整理鄉村道路清潔

查本市區域內大小馬路原設有**清潔隊按時**掃除清潔異常然鄉村道路沿途污穢無人過問以致市鄉界限顯然區別非加整理難期清潔所有鄉區已成馬路積存污物分段責成附近各村分撥民工每月舉行清潔掃除一次以整理鄉區道路清潔而軍衞生幷參照本市修路徵工辦例由公安局通告各該村村長地保定期施行掃除

第三關於公安事項

三七·

第十一條　本簡則如有未盡事宜得隨時呈請修正之

第十二條　本簡則自呈奉　核准之日施行

(二) 規定夏季販賣生熟食物辦法

查李村負販小商販賣生熟食物每當夏季任意陳列蚊蠅蝟集最易傳染病疫應經會同公安分局挨戶曉諭凡販賣生熟食物均須加薹紗罩以重衛生

(三) 整理李村市街

李村河南河北原定分組擺街後為村民便利改為僱用民夫由公衆出資專司掃除以覈實成並於河北用碑石築成垃圾箱一個河南築成垃圾箱兩個以便傾倒僻土所有馬路兩旁舊日多支設板房布棚及水菓糖烟之攤販沿路陳設妨礙交通已由辦事處會同公安分局逐加取締此馬路旁之洩水溝因向來無人管理以致積滿污穢一遇大雨泥濘難行亦一併

(四) 取締李村市場便所

李村河直通李村水源地原以供給飲料之用該村市場設在河灘每逢市期村民隨地便溺有傷風化且於飲料關係甚鉅已飭村長地保一律移於河場並設圍籬以資掩蔽

(五) 抽費李村清潔

建　設　紀　要　34

第三　關於公安事項

第二條　凡無人牽絷未懸警犬牌之犬一律搜捕由各該管分局設犬牢暫養其處理方法區分如左

一、第六分局可仍循舊例每俟集有成數送往李村農林事務所雜斃

二、第五分局搜捕野犬集有成數時可送商品檢驗局血清製造所製造疫苗或就地毒斃

第三條　驗務組織規定如左

查考

每分局設複捕證者千餘議所轄鄉區情形而定每班由局長指派長警一名警士二名捕丁一名組織之一分局發給捕犬事具全套應用

第四條　本辦法所稱各該管分局指第五第六分局即晉其搜捕區域暫限於四方滄口及李村各鄉區

第五條　凡取締飼犬罰令應按取締鄉區飼犬前則第十條及醫領手摺辦理并應另案登記月終彙報總局一次以資

（八）取締李村集期乞丐

人民因窮迫流為乞丐沿街乞討者不設法收容不但於觀瞻不雅亦於人道有礙本市設有乞丐及游民收容所將所有市內一般乞丐游民一律收容於所內使衣食有所寄託其未經入所者亦須謀一勞力職業不許在市衒行乞於是分赴各鄉區趕集所以李村集期各處乞丐羣集李村乞討並有一種乞丐頑要惡討曾經公安第六分局屢次取締輕則遞解出境重則即送入乞丐收容所現在集期乞丐大見減少矣

（九）取締售賣各食品鋪戶攤販一律加素紗罩

三四

第三關於公安事項

第三條　凡鋪店之廚灶不得接近便溺處所致染穢氣

第四條　凡鋪店之泔水桶及溅水處所須勤加冲洗以免汚穢

第五條　凡店鋪之水缸須每日洗刷一次

第六條　凡飲食物須備相當器具盛貯並須證紗罩紗櫥玻璃櫥等物以免沾染塵土招集蠅蚋

第七條　凡店鋪所用之刀鈎鏟鐽及其他鐽用具亦須勤加抹拭不得任其生銹

第八條　凡店鋪所用之瓦器碗具等物均不得積有垢膩其為竹木各器尤宜清潔

第九條　凡熟食物不得加以染色及含有毒質之顏料

第十條　凡熟食物不得以鉛質器具裝貯

第十一條　凡飲食物用冰防腐者不得用泥污不潔之冰

第十二條　違犯第二條之規定者依違警罰法處罰

第十三條　違犯第三條至第十一條之規定者如經警察人員查見得隨時飭令改良其有不遵者仍照前條酌予處罰

第十四條　本規則如有未盡事宜得提出市政會議修正之

第十五條　本規則自公佈之日施行

（十）取締任意拋棄瓜菓皮核

查本處境內爲産生瓜菓最盛之區每年夏季瓜菓成熟時期李村集日及平時爲瓜菓集中地點而售賣瓜菓攤販亦特別較多往往將瓜皮菓核任意拋棄道上河中迭經取締旨之諄諄飭勸之親親仍然狼藉滿地對於清潔衛生兩有妨礙除由本

三六

0032

報告　李村警察分局

為報告李村成立憲兵分隊日期祈　鑒核由

為報告事竊查青島友軍憲兵隊於本日派服部軍曹帶憲兵二
十名來李村成立李村憲兵分隊隊址即假前李村醫院事前因職局
派員照料除隨時連絡外理合報告

鑒核謹呈

警察部

李村分局分局長陳寶琳　謹呈

伪李村警察分局关于日军在李村设立宪兵分队的报告

1941 年 2 月17 日，青岛抗日力量组织武装劫狱，救出被关押在李村监狱的抗日人员。

397

用意周到ニ之ノ実現ヲ期セラル

海軍應援隊ハ十時ニ子仲ニ先頭着陸シ引着キ大

碇獄ノ目的ハ夢其ニ□□ノ如ク 九水袋下ニ〇軍半□

ニ施行ニテ予定トス 因ニ中ニ 航者ノ如ク強盤方□

軍情今撰ヲ囲送ニシタル重大ナル人多ク但等ノ処

ヘ散乱ニ洗手援乱ヘ更ニ探化ノ措進カトニテニヲ

ニ変行注祝セラレニヨ一リ

尚各ニ場ヘ赤化ノ潜入ニ圖 一時ニ名繼シ不ツ為一

トハ死ヲ要スル時日下ニツリ 聲成ヲ希望ニ

从《青岛经济市况》可以看出，日本占领下的青岛物价飞涨

金融＝聯銀券發行高は引續き增額の一路を辿り二千四百十五萬四

〻千圓と前月末に比し約二百七十萬圓を増加したが、票據としては物價昂騰による資金の需要增大及奥地の治安區域擴大に伴ふ聯銀券の澁滯によるものと見られ他に之と云ふ原因も見られない。亦爲替の聯銀錢中は益々順調に推移しつゝあり・金融漸次活況を呈し來たつた。

綿絲布＝先月來當局の主なるもの亦郷制當局に出頭を命ぜられ動價抑制策に關し警告されるのではないかとの懸念あつたが事情を聽取されただけに過ぎなかつたので一般の安心となり本月初には定期俄然三十元方の上放れを演じ現物前場も思惑買旺盛を極め市況頗る活潑・あと連日續騰して四日には綿布の定期開市と相俟つて人氣白熱化し定期綿絲五六六元・綿布一九元五〇仙と稀有の高値を見せたが流石此の一擧高には現物相場追從せずあと當局の物價抑制乘出説に忽ち反落に轉じ加ふるに天津に於ける聯銀券の打歩1

縮小・舊法幣の租界集中に上海向爲替の低落となつて早くも九日には綿糸四七七元・綿布と六元一〇仙と高値から綿糸丸〇元・細布三元四〇仙の暴落となつた。"

中旬に入つてからも人氣の動搖は可成激だしかつたが反動高狙ひの買物もあつて一時綿糸五〇〇元搗みまで引戻したが其後天津租界問題や撲滅期換氣幣へ等で貿勢は悪く加ふるに五月上旬上海に設立された蕖興商業銀行は新券の發行に伴ひ聯銀券とバーとなつて躍て中支・北支間の物資阻通も緩和されるだらうとの觀測が華商方面に濃つて來たため再び慇落して廿日には綿糸四四二元・細布一五元〇五仙と四日の最高値から綿糸一二三元・綿布四元四五仙方大暴落となつた。

其後下旬に入つて上海の法幣高に天津市場暴騰し・天津幣の思惑買となり濟目方面も賈行稍見直し乎り人氣漸く安定・月宋接近氣溝へで金融關係からの賢物もきり且つ法緒の裂れ磯り誑幾らかの

段分も出たが相場じりじり引締り悉々月末になつて整理一巡の折柄外麥國境の惡化を傍へ人氣硬化して本月を終る。

綿糸定期相場

	月初 最高	最低 月末	賣買高
五月限			件
六月限			件

綿布定期相場

	月初 最高	最低 月末	賣買高
五月限	一八・八〇 一九・〇三	一七・〇九 一七・二三	一二・三五〇件
六月限	一九・〇三 一九・一〇	一七・六三 一七・二三	八・〇八〇件

（立命十二日）

402

青島地方物資對策委員會規程第一號

　茲制定物資運出取締規則及施行細則如左

　物資運出取締規則

第一條　非經呈請青島地方物資對策委員會委員長許可不得由青島舊市區向特別指定之地域以外運出特別規定之

　　　　物資

　　　　但對於左列記載之物資之運出不在此限

　　　　一、日本軍軍用品

　　　　二、認為攜帶者之自衆用品者

第二條　依照軍令之所定對於運出予以限制或禁止之物資從其所定

第三條　依照第一條之規定指定之物資對於運出者非事前受另外規定之物資運入之許可並依照第一條之規定受許可不得由青

　　　　島舊市區辦理運出

第四條　對於青島地方物資對策委員會委員長指示之物資者非事前受有關於特別指定之統制團體之物資運出之副狀並依

　　　　第一條之規定受許可不得由青島舊市區辦理運出

第五條　本規則自昭和十六年十二月二十日起施行

物資運出入取締規程施行細則

第一條　依照昭和十六年十二月十五日青島地方物資對策委員會第一號物資運出取締規程（以下簡稱規程）之規定凡

　　　　欲呈請青島地方物資對策委員會委員長之許可者應依照本細則之規定繕具正副抄本三份（但如在海路時為

　　　　五份）之許可申請書向青島地方物資對策委員會委員長提出之但如有另外規定時不在此限

第二條　凡依照規程第一條之規定關於運出物資之許可申請書須記載左列事項

一、申請者住所職業及姓名或商號

二、運出物資之種類數量及價格

三、受貨人住所職業及姓名或商號

四、運出之物資屬於他人之所有時其所有者之住所職業及姓名或商號

五、運出之方法運往地

六、運出之預定年月日

七、運出目的及其他必要之事由

八、其他應參考事項

第三條　關於規程第三條規定之物資運入之許可書須載左列事項且要有在該物資運入地域之日本軍物資對策委員會及物資運入統制機關加蓋運入許可印者

一、申請者住所　職業及姓名或商號

二、運入物資之種類數量及價格

三、送貨人住所　職業及姓名或商號

四、運入人住所　職業及姓名或商號

五、運入之方法

六、運入之預定年月日

七、其他應參考事項

第四條　依照規程第四條之規定關要副狀之物資運出欲申請許可時依照第一條規定之許可申請書記載事項中其他應參考事項呈請主管物資之統制團體蓋印

第五條　本細則自十二月二十日施行

青島商會

404

青島地方物資對策委員會告示第一號

茲依照昭和十六年十二月十五日青島地方物資對策委員會規則第一號物資運出取締規程第一條之規定其地域指定如左

一、日本
二、關東州
三、滿洲國
四、右以外之第三國
五、蒙南華中

昭和十六年十二月十五日

青島地方物資對策委員會

委員長　緒方　真　記

青島地方物資對策委員會告示第二號

茲依照昭和十六年十二月十五日青島地方物資對策委員會規程第一號物資運出取締規則第一條規定之物資指定如左

一、兵器
二、彈藥類
三、人造膠質並間製品
四、機械類機器類及金屬製品
五、汽車脚踏車及同部分品
六、礦油

405

七、煤炭

八、皮革及鞣製品

九、生膠皮及膠皮製品

十、棉花棉系布及其他纖維製品

十一、洋灰（水泥）

十二、木材

十三、甆

十四、火柴

十五、醫療藥品

十六、工業藥品

十七、米

十八、小麥及小麥粉

十九、雜穀類

二十、砂糖

二一、紙類

二二、蠟燭

昭和十六年十二月十日

青島地方物資對策委員會

委員長　緒　方　眞　記

青島商會

青島地方物資對策委員會告示第三號

在依照昭和十六年十二月十五日青島地方物資對策委員會規程第一號物資輸出入取締規程第四條之規定之物資及統制團體指定如左

一、礦油
二、煤炭
三、棉系布及其他織維製品
四、木材
五、鹽
六、火柴
七、小麥
八、小麥粉
九、砂糖
十、紙類

北支石油協會青島支部
山東煤礦產銷公司
華北纖維組合青島支部
華北木材輸入組合青島支部
青島鹽務局
中華全國火柴聯營社青島支部
華北小麥協會青島支部
青島小麥粉輸入組合
青島砂糖輸入組合
山東紙配給組合

命令

關於青島地方物資移動取締

第一條　本令為強化對敵經濟封鎖及佔領地域內物資交流之圓滑關於由青島嶗市區向其以外地域之物資移動取締之規定對於帝國臣民及其以外之人民適用之

第二條　凡欲由青島嶗市區向其以外地域輸出特定物資者須呈請青島地方物資對策委員會許可關於物資之特定及許

布　告

第三條　青島地方物資對策委員會關於陸海軍司令官之監督關於此項之規程應依照另外之規定
可之規程由該委員會規定之

第四條　受有第二條所定之許可者欲輸出物資時在陸上關係須向憲兵隊據呈許可書請求檢閱在海上關係須向青島方面陸軍特別根據地隊司令部提呈許可書請求檢閱

第五條　如未受有第二條所定之許可而由青島衛市城向其以外之地域輸出物資或將輸出因經濟攪亂行爲危害軍之利益或妨害軍事行動之行爲者適用軍律處罰之

第六條　本令自昭和十六年十二月二十日起施行

爲期於強化判敵經濟封鎖並青島地方物資交流圓滑自昭和十六年十二月二十日以後自青島衛市城向該地方以外之搬運物資不向帝國臣民與其外國人應遵照青島地方物資對策委員會之規定呈請許可倘有違反者以軍律處罰之

桐第四二七〇部隊長

青島方面特別根據地隊司令部

青島商會

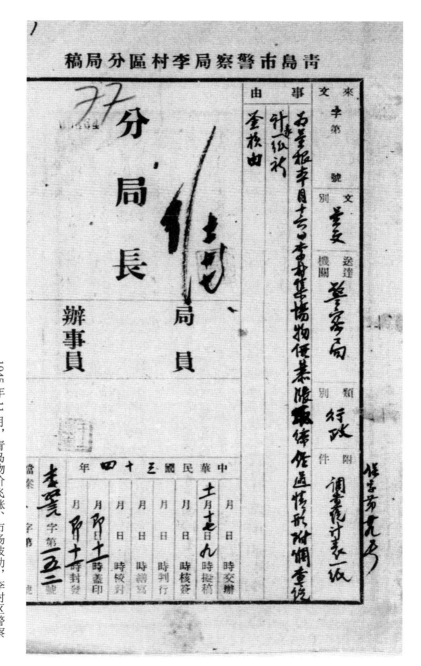

1945 年 11 月，青岛物价飞涨、市场波动，李村区警察分局奉市警察局命令，调查李村集物价上涨情况。附表为 11 月 11 日、11 月 16 日两个集期物价比较表。

青島市警察局李村區警察分局簽呈　字第一○一號

中華民國三十四年十月十七日

查本月十□日李財集當局為糧物低、及雜物低、指上集切行業服、歎价

奸商負貨攬私金融、操縱物價訛詐、影响民生玉深且鉅、判

止毋任當經電信本年、奉

鈞府、戚當即率同关警赴集場嚴查取締、並一面佈告商民

不得任意高写物價、如有違反、即予送業鑑究、由本市節

稽見平秋人心似堂穩定、謹將登口可貨行情捡同調查物

低統計表一份備文呈報

鑒核

謹達

局長　孙

410

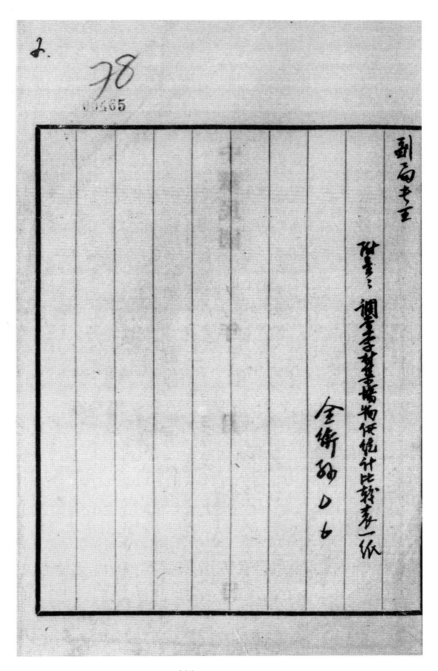

士林布每尺五百元	五百二十
棉花每斤九百元	七百元
小刀煙每大盒四千五百元	四千
天壇煙每大盒二千七百元	二千
生花生每斤一百五十元	一弓元
牛肉每斤四百五十元	三弓四十
白菜每斤二十五元	廿元
白蘿蔔每斤十五元	十元
大蔥每斤三十元	二十五
菜廿六	廿

牧事蔬菜廿

255

調查李村集場各種物價清單 十四種品 □□十六日比較表

計開　十六日集價格　　十一日便格

地瓜　每斤二十三元　　　　　十四元

瓜干　每斤六十五元　　　　　三十元

麥子　每升四千五百元　　　　三十七百元

穀子　每升一千五百元　　　　九百元

麵粉　每袋九千元　　　　　　二千元

豆油　每斤四百元　　　　　　三百五

豬肉　每斤五百元　　　　　　四百元

白細布　每尺四百元　　　　　四百元

413

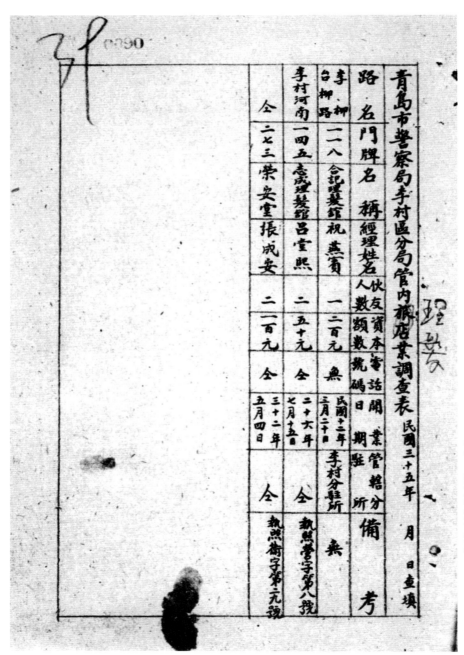

青岛市警察局李村区分局管内旅店业调查表　民國三十五年　月　日查填

路名門牌名	稱	經理姓名	伙友人數	資本額數	電話號碼	開業日期	管轄分駐所	備考
李村台柳路一一八	合記理髮館	祝燕賓	一	二百元	無	民國十二年三月二十日	李村分駐所	無
李村河南一四五	志成理髮館	呂璧熙	二	五十元	全	二十六年七月十五日	全	執照警字第八號
全二七三	榮安堂	振成安		二百元	全	三十二年五月四日	全	執照衛字第元號

1945年底，李村警察分局对本辖区旅馆、餐馆、理发行业调查表。

路名門牌	名稱	經理姓名	伙友人數	資本數額	電話號碼	開業日期	管轄分駐所	備考
李村台柳路一一五三號	園宣運盛		一	二百五十元	無	三十二年二月二十七日	李村分駐所	執照營字第六號
仝 一二一	新華飯舘	袁振邦	六	六千元	仝	三十二年六月六日	仝	執照營字第三號
仝 三一	僅域棧	常邦賢	一	五百元	仝	二十七年二月	仝	仝 無

青島市警察局李村區分局管內餐館業調查表　民國三十五年　月　日查填

415

路名門牌名稱	經理姓名	伙友人數	資本數額	電話號碼	開業日期	營業管轄分駐所	備考
李村河南一九八　高鳳夏	高鳳夏	一	四千元	無	三十四年一月二十日	李村分駐所	
仝二一五　張維聚	張維聚	一	二百元	仝	三十年一月二十	仝	仝
李台柳路二八〇　大車店　王曲氏	王曲氏	三	二百元	仝	三十三年七月一日	仝	仝

青島市警察局李村區分局管內理髮業調查表　民國三十五年　月　日查填

27

事由　為奉派核定偽青島區合作社聯合會勞山辦事處保管費支給數目簽請　核示由

擬辦　批示　示

簽呈

中華民國三十五年六月廿二日

合業字第 六六 號

附件 一份

經核楊錫模所呈保管偽青島地區合作社聯合會勞山辦事處物品費用估計書内小工火食玻璃劈柴等四項共計國幣二萬零九百元前已由教育局呈市政府並奉府計會字第一三〇一號指令准由保管物品變賣款内撥發在案惟以夫役一項於九個月内

檔号.10

这篇内部报告，从侧面反映了当年（1946年）李村物价飞涨的状况。

共實國幣三十五萬元實有未當查額夫役係兼肩管之責每

月津貼麵粉一袋較其他夫役之待遇亦不為低薄依此標準核

算計之個月內約需國幣十萬零之元九連同前列褲費合計國

幣十二萬七千九百元此項係責用應飭青島市合作社物品供銷

處於接收該項物資變價款內撥付棠業呈報是否有當理合檢

其麵粉價格調查表一份一併簽請

鑒核示遵

　　　　　謹呈

主任秘書牟　　　轉呈

主任李 [印]　轉呈

局長曹

　　　職 方德卿 [印] 謹呈

418

28

麵粉價格調查表　民國三十四年十二月至三十五年六月

月份	麵粉每袋價格	備考
十二月	六〇〇〇元	
一月	七五〇〇元	
二月	八五〇〇元	
三月	一〇〇〇〇元	
四月	一三〇〇〇元	
五月	三三〇〇〇元	
六月	三〇〇〇〇元	
合計	一〇七〇〇〇元	

档10地1

419

調查人方德卿
六月廿

青島市警察局李村區警察分局李村分駐所管界公共處所調查表

名稱	地點	備考
監獄	李村河北	332名
青島李村電話局	李村河北	
青島李村郵政局	李村河南	62
青島財政局李村稽徵所	全	46
青島市立李村圖書館	全	47
李村區□公所	全	
夏莊區署	全	
李村鎮公所	李村河北	
青島市工務局第四工區	全	333
第八軍	李村河南	103
青保第七大隊	全	

李村公共机关调查表

421

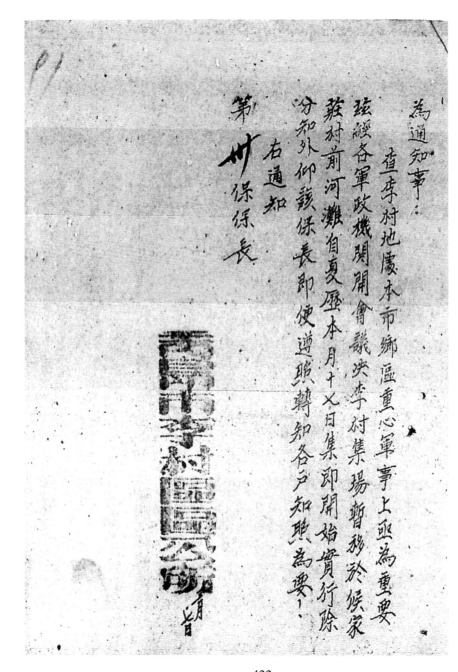

為通知事：

查李村地屬本市鄉區重心軍事上亟為重要

茲經各軍政機關開會議決李村集場暫移於候家

莊村前河灘自夏歷本月十七日集即開始實行除

分知外仰該保長即便遵照轉知各戶知照為要！

右通知

第卅保保長

1947年，李村区区公所关于搬迁李村集场公告。

1948年青岛市政府奉经济部中央标准局通知，对度量衡实行『双轨制』。青岛市度量衡检定所拟定《度量衡器具加刻公制暂行办法》，拟自5月1日推行。

423

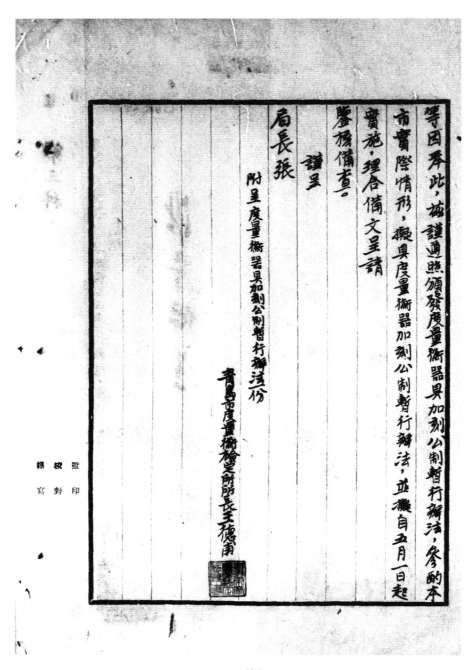

等因奉此，拟谨遵照頒發度量衡器具加刻公制暫行辦法，參酌本市實際情形，擬具度量衡器加刻公制暫行辦法，並擬自五月一日起實施。理合備文呈請

鑒核備查。

　　謹呈

局長張

附呈度量衡器具加刻公制暫行辦法一份

青島市度量衡檢定所所長王德甫

監印
校對
謄寫

度量衡器具加刻公制暫行辦法

一、度器 兩面刻度．一為公制．一為市制．如偏...釘量之公制分度精細不...

釘準者．得於尺之中部加釘公制名稱．如...

二市尺加釘「三分之二公尺」字樣．

二、量器 應於市制名稱側加註公制名稱．如一市升．加註即「公升」一市...

升加註即「公升」字樣．

三、衡器 甲凡易刻度軌制之衡器．如台秤簧秤自動秤等．應加刻公...

制分度．

乙桿秤量在十五公斤以下．釘星裏上兩面者．應於釘秤量...

丙加註公制名稱．倒如秤量為二千市斤．則加註十公斤字樣．秤...

量在十五公斤以上者，應實行雙軌制加刻公制分度。

丙、盤秤與桿秤相活同。

不戤秤應於鐘上或匣上加註公制名稱。如一市兩戤秤加註三

「五公分」字樣。

馬戲請求許可開演申請書

呈為呈請事竊查中國魔術加演馬團經理人前在各大商埠表演多年來

青三年有餘今在四方鎮開演現因營業不佳無法維持生活 敝團概自於

本月二十六日來李村趕集一日是以懇請

鈞局恩准許可開演而維 敝團老幼三十餘人之生活恩德兩便理合備文呈

請

鑒核 恩准 謹呈

李村警察局

局長 公鑒

具呈人朱大德 呈

1948年10月，青岛中国魔术加演马团来李村大集演出的申请书。

427

開演節目	跑馬、武術、什樣雜耍、國術。
開演日期	十月二十六日起集一天
開演地址	李村集場
開演時間	上午十時至十二時 下午二時至四時
演員人數	男女共計三十二名 男十九名 女十三名
票價	每位四佰元 童子半價
畜類	馬四匹
住址	台東一路菜市

青島新華興印製

140

原件字迹不清

青島市政府 训令

府秘二字第 15247 號

中華民國卅七年□□□月有廿四□□□

令 碼頭運揽发理发

案准膠區節令本市市警第十一月廿日辰管字第八六一號代電開

「據報參謀欲簡團轉附次序確保华中退见咨村鎮自即日把後晚披戒

……简要建理皇二十二億週理解声六陈北卿則辣服业原一體遵照需要」

此令

華中陸此隊合令案列令一律知照

市長龔學遂

青岛市市长龚学遂签发布的戒严令

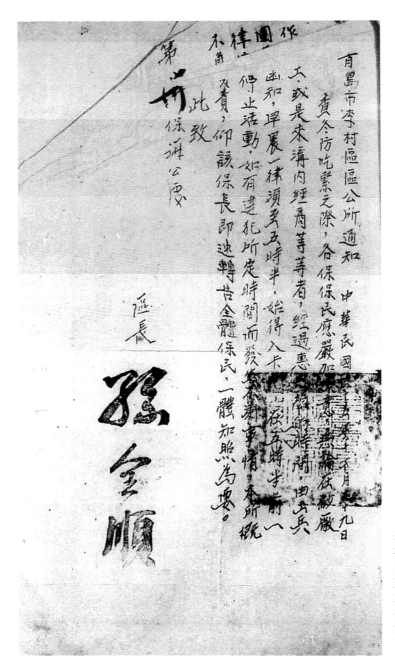

青島市李村區區公所通知　中華民國

查冬防吃緊之際，各保保民應嚴加

不或晨來海肉經商等等者，經過惠

出卡，早晨一律頭另五時半，始得入卡

得止活動，如有違犯所定時間而發

律止

圍一

作保

第　號

不荀

此致

保辦公處

及責，仰該保長即速轉告全體保民，一體知照為要。

區長

孫金順

李村区发布之戒严令

430

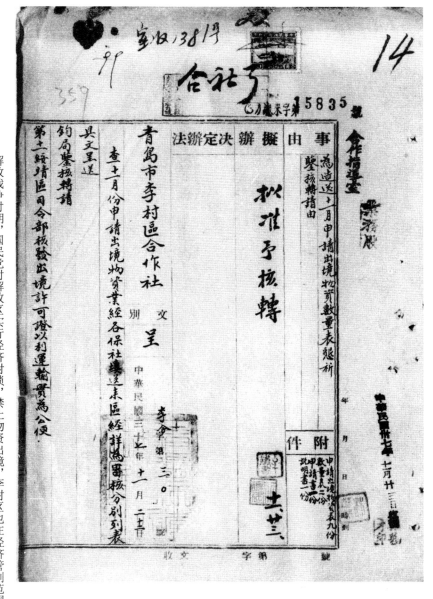

解放战争时期，国民党对解放区实行经济封锁，禁止物资出境，李村区也在经济管制范围内。李村区居民所需物资必须由其官办之「青岛市李村合作社」向李村各保甲（村）统计后，上报李村区再由李村区呈报第十一绥靖署司令部批准，发证放行。

431

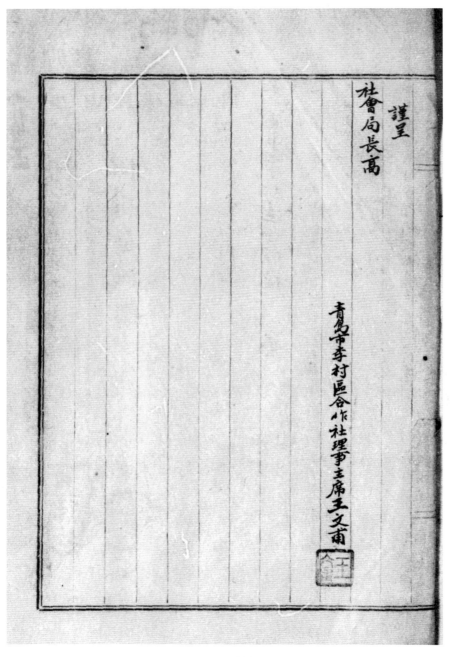

謹呈

社會局長高

青島市李村區合作社理事主席王文甫

青島市李村區合作社申請出境物資說明書　三七年十一月

品名	單位	數量	說　明
生豆餅	斤	一八,三二〇	社員施肥蔬菜及飼養家畜約需如上數
燒酒	斤	一一,〇〇〇	社員喜喪酬用約需如上數
烟捲条	条	二,三〇〇	各保社供銷部應用約需如上數
啤酒打	打	四	社員應酬約需如上數
土紙捆	捆	五三	社員喪事及祭祠約需如上數
洋連連		四	社員及保校約需如上數
飯鍋口	口	三	社員揽坏時申請約需如上數
竹木料支		六〇	社員修建房屋編竹扒約需如上數
洋灰包		二五	社員修理粉刷水池及修補房屋約需如上數
酒麹塊		一〇〇	社員釀酒用約需如上數
坡璃箱		三	社員修補花屋約需如上數

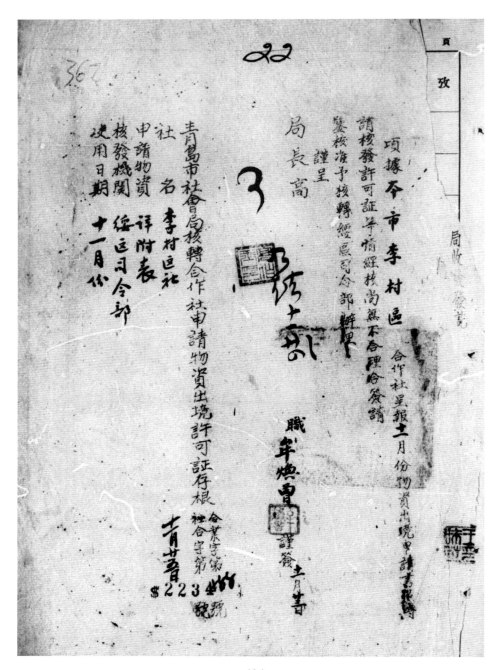

項據奉市李村區　合作社呈報十一月份物資出境申請書証明

請核發許可証等情經核尚無不合理合簽請

鑒核准予核轉經區司令部辦里

謹呈

局長高

青島市社會局核轉合作社申請物資出境許可証存根

社　名　李村巨社

申請物資　詳附表

核發機關　經區司令部

使用日期　十一月份

職年煥曹謹簽十一月

合業字第223號

青島市李村區合作社申請出境物資數量表　二十七年十一月

品名單位	申請數量核定數	核定數	備攷
雜糧　斤	八三〇〇	八三〇〇	
吉豆　斤	三〇〇〇	三〇〇〇	
爆炭　斤	一〇〇〇	一〇〇〇	
火油　斤	六〇〇〇	六〇〇〇	
棉布碼	四〇〇〇	四〇〇〇	
棉花　斤	五〇〇五	五〇〇五	
掃紗支	一三〇一	一三〇一	
火柴色	一三二四	一三二四	
肥皂塊	四〇〇〇	四〇〇〇	
糖類斤	三八〇	二六〇	

435

361

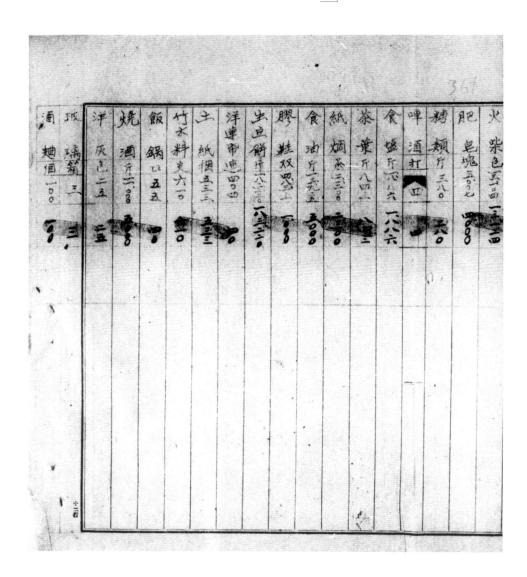

火柴	肥皂塊	糖類	啤酒打	食塩	茶葉	紙烟	食油	膠鞋	出豆餅	洋運布	土紙	竹木料	飯鍋	燒酒	洋灰	玻璃鏡	酒麴
色三品一三四	色五◯◯七	斤三八◯	皿	斤四八六 一八八六	斤八四六 二	条三◯◯	斤一元五	双四		速四◯四 一三二◯	捆五三三	支六◯ 一◯	二五五	斤二◯◯ 二五	色二五	三	個一◯◯ 三

為呈請事茲據本保河南莊保民願值此農閒
期間演唱戲劇共同歡樂擬自本月十六日起至
二十一日止共演唱六日保長未便擅專理合具文
呈請
鈞長　鑒核准予所請實為公德兩便
謹呈
巡官曲轉呈
分局長楊

第三保保長袁德鴻　謹呈
演戲承辦人宋吉昌

1949 年 4 月 15 日，李村区第三保请求连唱六天大戏的呈文。

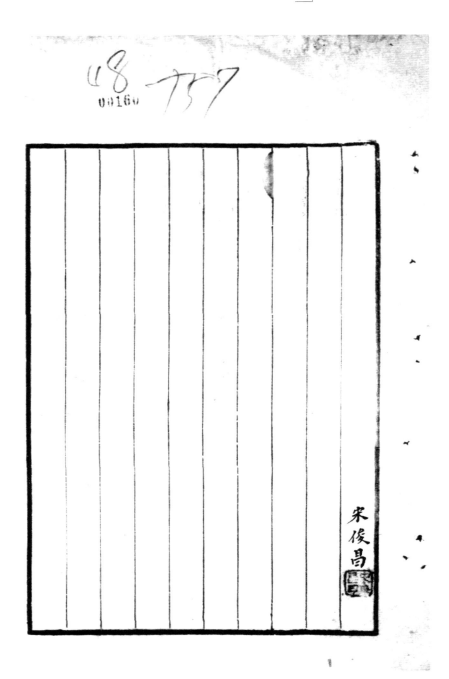

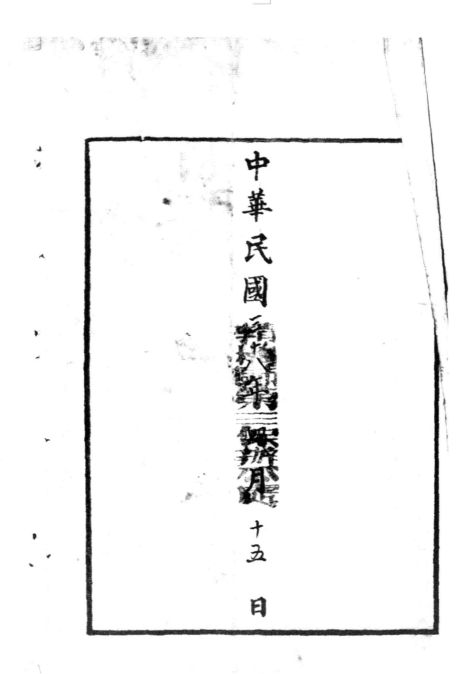

中華民國二年八月二十五日

竊查本保界內每逢舊曆二七大集以李村河灘為集場襤穰市向在魚市通

西河灘內因靠近李村路隅遇雨水之時即移于路邊在以往出難襤穰者為

數無多對于交通兩無大碍以致放任成習近查該襤穰市日見壞大現已延至市

街以內每逢集期難穰者已集滿路面不獨車輛無法通行既單人行走亦頗不

便賣屬好官交通長此以往難保不無意外發生保長為防患未然便利交通

起見擬將該襤穰市仍移河底以利交通為此具呈

鈞所鑒核賜予派警取締實為公便

謹呈

李村警察分駐所鈞官曲

具呈人李村區第二保保長安郁熙

安郁熙印

李村区第二保（河北村）保长呈请警方整治
李村集场占路经营情事。

440

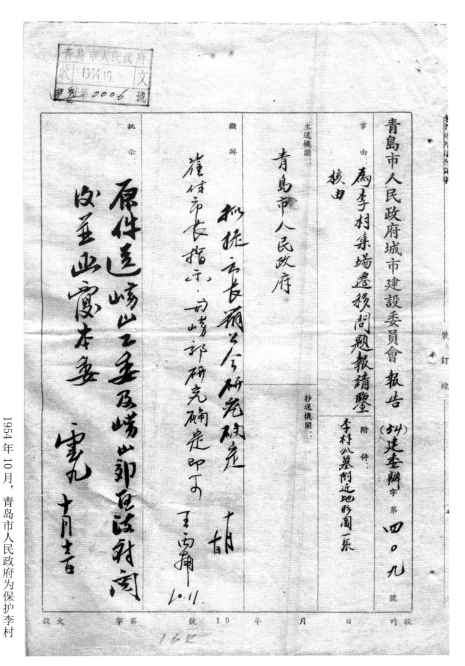

1954年10月，青岛市人民政府为保护李村河环境和水源地，批准将李村集场从李村河滩迁往河北村『李村公墓』旧址。

441

据崂山郊区人民政府为建立李村新市场，废除旧市场一

案，经协同该区政府前往集场手办，因现集场地点，系在李

村河内，不但影响李村水源，而且对医院病人休养，机关

办公，亦影响颇大，确有迁移之必要。

惟因崂山郊区政府提出之新集场地点"李村公墓"靠近

公安局及郊区机关，为此曾与各有关部门联系研究，

据公安局意见，因距机关太近，有碍警备，不同意把集场

设在该处。但因集场是城乡物资交流场所，不宜离李村太

远，为此，虽曾各方寻觅，因条件所限，未能找妥。复兴崂

山工委刘书记研究，为保持水源清洁，照顾城乡物资交

流，便於物資集散，認為仍以二委以西、李村廟後一帶（李村公墓）利用公墓公地作集場為宜，且在遷移集場費用上亦可節省，可否請提市長辦公會討論決定及早批覆崂山郊区政府辦理！

一九五四年

443

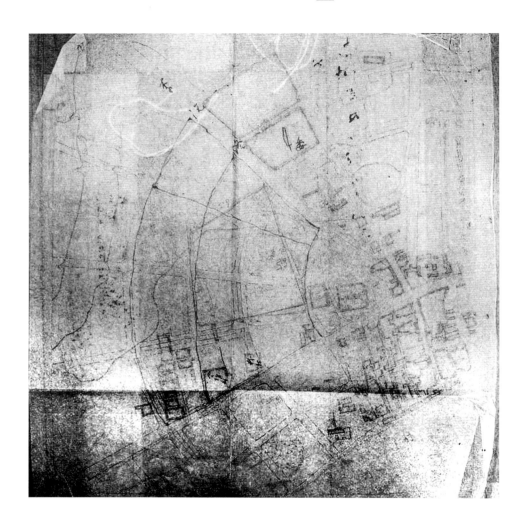

李村公墓地形图

444

1962年全面开放农村集市后，为达到顺利征收『集体交易税』之目的，崂山县政府印制了开征集市贸易税宣传材料，从『为什么要开征集市交易税、怎样征收交易税』两方面予以宣传解答。

关于开征集市交易税宣传材料

我县在党的正确领导下，在三面红旗的光辉照耀下，三年来大跃进成绩是伟大的。总之，政治形势大好，经济形势有严重的困难，正向好的方面转化。

咱县的工农业生产发展成绩也是好的。除粮食1960年减产较大外，蔬菜、果品、水产品都有增产。如蔬菜：1958年2亿斤，1959年2.9亿斤，1960年3.8亿斤。每年递增14.3%。从农田水利建设来看：全县已有大小水库220座，机井407眼，塘坝591座。农业机械设备成倍增长，全县已有拖拉机53个标准台，2,134马力，机耕面积达14万亩。柴油机488台，煤气机24台，锅驼机392台，电动机855台，汽油机783台，铁水车12,708部。我县这些伟大成就从何处而来呢？这是与党的正确领导，国家的大力支持和广大干群的积极努力，跟苦奋斗分不开的。为了更好的建设我们伟大的祖国，就必须有更多的资金。那么国家的资金从哪里来呢？除了国营企业向国家交纳利润外，是国营工业、商业和供销社、手工业社、城乡人民公社企业、生产队付业向国家交纳税收积累起来的。积累起来以后再分配到各部门用于发展工农业生产，支援社会主义建设。为了更好的和更合理的积累社会主义建设资金，根据上级指示，在我县开征一种新税，就是集市交易税。

为什么要开征集市交易税呢？理由有三个：

第一个理由是：国营工商企业和供销社、手工业社、城乡人民公社和生产大队付业都要向国家交纳工商各税，生产队和社员在集市上卖自己的农、付产品，也应该向国家纳税，这样就作到合理负担，对国家、生产队、社员都有好处，互相支援，相互促进共同发展生产。

第二个理由是：咱们国家宪法规定向国家纳税是每个公民应尽的义务。所以按照政府的税法规定积极的纳税是拥护宪法的具体表现，也是支援社会主义建设的具体行动，也是光荣的事情。集市交易税是国家税收的一种。在党和毛主席的英明领导下，特别是贯彻党中央12条、60条以后，农、付业生产发展的很快，市场……生产队和社员出卖自己的产品收入增加了，向国家交纳集市交易税也是应该必要的，对我们的社会主义建设将起一定的作用。

第三个理由是：人民税收和国民党反动派统治时候税收根本不一样。国民党反动派那时候的税收是剥削压榨广大人民的血汗，拿来养活那些极少数的反动家伙，吃喝嫖赌，挥霍浪费。咱们的税收是为什么呢？是为建设美好的社会主义，是为了改善和提高广大人民的幸福生活。就拿我们崂山县来说吧，四年来国家对我县各项建设事业的投资包括水利、教育卫生、救济和扶持贫队共322万元。国家帮助我们扩大了灌溉面积，实现了车子胶轮化，配齐了四大件，并帮助七处公社的蔬菜基地通上了电力。所以咱们国家的税收是取之于民，用之于民，是符合人民切身利益的。因此我们应该以实际行动拥护政府开征集市交易税。

怎样征收集市交易税呢？

第一、哪些品种应该向国家交纳集市交易税呢？有五类：

第1类：家畜：猪、羊。对15斤以下的仔猪，12斤以下的绵羊、羊羔，8市斤以下的山羊羔不征税；

445

42

第2类：肉类：猪、羊、牛、驢、騾、馬、鷄、鴨、鵝肉；

第3类：干鮮果：苹果、梨、核桃、栗子、紅枣、烏枣、柿子、柿并、柿干、山楂、山楂片；

第4类：土特产品：麻、菸、生姜、大蒜；

第5类：其他产品：鐘表、自行車。

第二、由誰向国家交納集市交易稅呢？由生产大队、生产队、社員、全休农民、市民、商販，凡是在集市上出售以上規定征收稅的品种，都应該向稅务机关交納集市交易稅，为了鼓励生产队、社員等把产品卖給国家，凡是直接卖給国营公司、供銷合作社的都不征稅。如果卖給或通过貿易貨栈、农民服务部出售的产品，就按照应納稅款減征30%，也就是說如果納两元錢的稅，減去30%应納一元四角。

第三、到底交納多少稅呢？凡是規定征收集市交易稅的产品除鐘表、自行車按照銷售額15%稅率征稅，其余产品一律为10%，即卖20元交納2元的稅款。

第四、是否不管卖多少錢都納稅呢？不的。凡是在集市上出售应納集市交易稅产品滿十元的才納稅，不到十元的不納稅。

第五、經过政府批准发証的商販，在指定的集市和規定的业务范围內出售上列产品，只征工商統一稅和所得稅，不征收集市交易稅。沒有經过批准发証的商販，除了征收集市稅外，还要加成征收临时商业稅。

为了区别誰是自产的，誰是販卖的。凡是生产队、社員自己生产的东西，可到当地稅务所去开自产自銷証明，到附近或指定的习慣集市上去卖，只征收集市交易稅，如果长途远銷就按商販来征稅。

大家都要来維护国家的稅收，因为稅收是为人民服务的，人人应該实实在在的交納国家的稅收，不要偷稅漏稅。对投机商販要配合市場管理部門严加收繳，对棄农經商的社員，公社各級組織应加强教育，劝他們不要搞商业卖。如果有偷稅漏稅的行为，稅务机关应按照規定追补应交納稅款外，並分别情节輕重給予批評教育或处以罰金。同时，任何人都应該检举揭发，經稅务机关查实处理后，对检举人給予表揚或物質奖励。

最后談一下，我們对交納集市交易稅应該抱个什么态度呢？依法納稅是每个公民的光荣义务，广大社員羣众都应該积极的拥护国家的稅法。人民的稅收是取之于民，用之于民的，是完全代表广大人民的切身利益。几年来，国家支援咱县的农业投資和社会福利救济錢是年年增加的。同时用这些錢治疗了因自然災害所发生的各种疾病，所以，我們都应該积极的遵章納稅，不偷稅不漏稅，为国家积累更多的建設資金，来建設社会主义。

同志們！社員們！集市交易稅已經开征了，国家稅务机关，是在党的統一領导下，依靠广大羣众来做好稅务工作，希望你們除积极遵章納稅以外，还要积极地协助稅务机关办好稅收工作，只要大家共同努力，就一定能够把国家稅收工作搞好，集市交易稅的征收工作，使人民的稅收更好的为祖国建設，为人民的幸福生活服务。

1962年7月　日

各集市粮油价格

品种名称		城阳	流亭	惜福镇	屯	四流区南山市场市北区
小麦	市价	0.36	0.35	0.33—0.35	0.35	0.30	0.38
玉米	市价	0.30		0.30	0.30		
高粱	市价						
大豆	市价	0.48	0.39	0.42	0.25	0.20	
	牌价	0.21	0.18—0.20	0.17—0.21	0.42	0.40	
粮食平均价				0.19	0.17—0.18	0.23	0.22
散豆油	市价		0.29				
豆油			2.20	2.20			
豆饼			0.32	0.35			

1962年8月，崂山县对李村、城阳、流亭等集市的粮油肉鱼价格、税收进行调查统计。

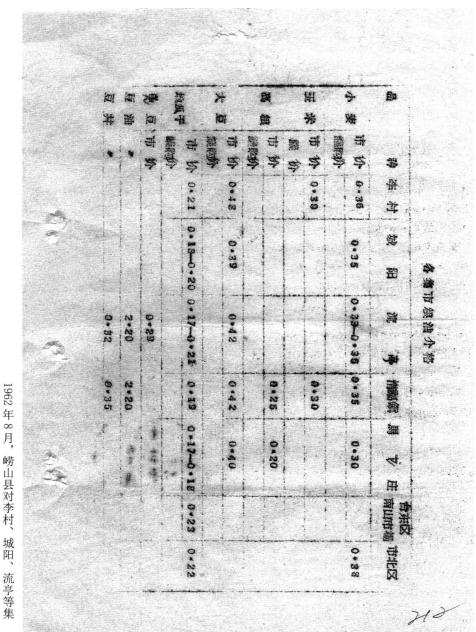

附表三

集市税收收入情况统计表

据报批表：编号校对讫

1962年 8月 16日大集

税别	使用税票张数	征收税款（元）	备注
合　计	240	1102	在集市交易税中
小　计	77	631	临商：使用税票 8 张；征收税款 57 元；
家　畜	38	161	社员、集民：使用税票 64 张；征收税款 347 元；
肉　蛋	26	239	生产队集体：使用税票 5 张；征收税款 25 元；
交易　干鲜果	8	22	
土特产品	5	9	
自行车			
临商税	146	135	主毛收入计：临商、社员、生产队等的合计
牲畜交易税			
房　屋	10	128	
农产品和付业工商统一税	9	9	

注：按底商征税的小商贩和小手工业均不予统计。

集市贸易基本情况统计表

附表一

填报机关：山东小学税务所（？）　　　　1962年 8月16日大集

品种	单位	上市情况									成交情况						备注
		合计			农民			临商			合计		农民		临商		
		户数	数量	总值	户数	数量	总值	户数	数量	总值	数量	总值	数量	总值	数量	总值	
羊	只	82	107	2248	82	107	2248				28	1455	28	1455			
猪		11	29	823	11	29	823				19	593	19	593			
猪肉	斤	10	439	1492	9	385	1299	1	54	193	439	1492	385	1299	54	193	
熟猪肉		1	8	16	1	8	16				8	16	8	16			
蛋	个	1	2	2000				1	2	2000							
羊肉	斤	1	20	50				1	20	50	20	50			20	50	
大蒜	斤	20	705	205	5	50	50	15	155	155	86	86	66	66	20	20	
苹果	斤	20	1050	315	17	1000	300	3	50	15	1050	315	1000	300	50	15	
麻	斤	6	23	131	3	7	35	3	16	96	9	51	3	15	6	26	
梨		6	400	120	6	400	120				400	120	400	120			
水萝卜	斤	150	7380	1098	83	3200	480	67	4180	615	7380	1098	3200	480	4180	615	
西红柿	斤	1000	8860	7500	485	3350	1975	515	5150	3775	1850	10600	555	3300	4125	7030	
青芋	斤	100	10000	805	100	1000	805				1000	805	1000	805			
蚊果	斤	765	1200	1900	170	7900	1390	143	4100	510	900	900	7900	1390	4100	510	
茄把子	斤	200	8000	2400	80	1800	480	120	6400	1920	8200	2400	1800	480	6400	1920	
其他	斤	600	9000	300		9000	300				9000				3000	3000	

注：1. 农民栏包括生产大队、生产队数字。临商栏包括未批准登按临商办法定税的小商贩，但不包括按座商定税的小商贩。不论是否漏起征点，均应统计。

2. 开征集市交易税的产品全部分品名统计，其中：猪要求分母猪、克郎猪、肥猪、羊要求分山羊　绵羊统计。

3. 不开征集市交易税的产品要求将主要产品分类别统计，如牛、骡、驴、马（羊羔、仔猪、农民家庭付业产品、烟叶、水产品、蔬菜　瓜果、估衣物等），余者列为其他。

· 3 ·

449

最 高 指 示

被推翻的地主买办阶级的残余还是存在，资产阶级还是存在，小资产阶级刚刚在改造。阶级斗争并没有结束。

~~~~~~~~~~~~~~~~~~~~~~~~~~~~~~~~~~~~~~

山东省财政厅收入局革命委员会
关于加强集市税收管理问题的通知
(67)税革字第91号

各地区、市、县（市）税务局：

各地普遍反映：自从把自产自销证明下放到生产大队填发和废止对临商扣交纳税保证金的办法以后，在集市税收管理工作中出现了一些困难。尤其当前投机倒把和长途贩运增加，市场上两条道路斗争激烈。为了限制资本主义自发势力，巩固社会主义经济阵地，在集市税收管理上，迫切需要采取新的措施。我们认为，搞好集市税收管理的根本办法是高举毛泽东思想伟大红旗，以"斗私批修"为纲，大张旗鼓地广泛深入地宣传毛泽东思想，放手发动群众，搞好革命的大批判，彻底批臭中国的赫鲁晓夫及其代理人所散布和推行的"阶级斗争熄灭论"、"三自一包"、"四大自由"等复辟资本主义的修正主义货色，提高广大人民群众的社会主义觉悟，在此基础上组织广泛的群众性的监督组织，发动广大群众自觉地同资本主义势力作斗争。与此同时，并恢复以下管理制度。

　1.整顿自产自销证明。生产队、社员在本县境内（包括两县

· 1 ·

450

30年前？

毗邻地区）销售自产农、林、牧、渔产品，仍由生产大队填发；出县境的，恢复由税务所填发，其中，属于一、二类物资须与市管部门联系后始可填发；出省境的，由市管部门填发。"证明"应指定销售地区和注明有效时间，并执行销地注销，产地交销的制度。

2.生产队、社员、手工业者外销工业、手工业产品，恢复由税务机关填发"座商外销证明"制度（以自产自销证明加戳代替）。

生产队、社员、手工业者在附近集市销售自产品，税务部门一般能够识别，也可以不填自产自销证明或座商外销证明。

3."自产自销证明"由各市、县税务局参照以往的式样印制，分发给生产大队使用。其费用由税务费报销，免收工本费。

4.在一些重点集市，可以对较大的临商恢复扣交税款保证金的制度。对暂时无款的临商，可以暂时扣留一部分货物；但属于国家管理物资，应协同市管部门办理。

"临商纳税保证金收据"应视为税票管理。现在省局尚存一批，为节省开支，打算加盖戳记后发各地使用。请各地、市局将现存的未加戳记的"收据"清点后把数字报省，以便加戳使用。

以上请各地抓紧与市管部门研究，在做好有关准备工作后，即可布置执行。

1967年11月20日

抄送：省工商局。

·2·

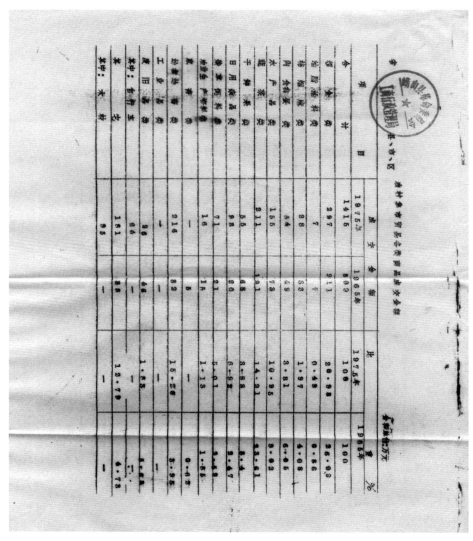

1975年，崂山县集市贸易各类商品成交金额调查表，其中有1965年、1975年数据登记。

材料零售牌价情况

项目名称	计量单位	1975年市价	国营牌价	牌市价差距(%)	1965年市价	国营牌价	牌市价差距(%)	牌市价差距1975年比1965年上升之%
总平均								
大米	斤	0.40	0.154	259.77	0.38	0.146	260.2	+5.28
小麦	〃	0.88	0.137	277.3	0.36	0.125	288	+6.28
玉米	〃	0.26	0.096	298.9	0.27	0.086	318.9	-3.5
食用植物油	〃	1.80	0.82	227.5	0.78	0.78	153.8	+50
猪肉	〃	2.00	0.40	500	1.20	0.40	260	+260
牛肉	〃	0.90	0.81	111.1	1.00	0.79	113.9	+55
鸡	〃	1.80	0.78	220.5	1.00	0.81	129	+25
鸡蛋	〃	0.80	0.60	133.3	0.60	0.64	166.2	+60
鲜鱼	〃	0.80	0.29	275.8	0.36	0.24	146.78	+25
其中:白菜	〃	0.06	0.036	171.4	0.04	0.031	129	+25
萝卜	〃	0.03	0.022	136.3	0.03	0.022	136.3	+25
苹果	〃	0.25	0.16	156.2	0.18	0.13	115.3	+40
红苕	〃	0.50	0.30	166.6	0.25	0.22	112.6	+60
白糖	〃	5.00	3.00	166.6	4.00	3.00	133.3	+25
盐	〃	5.00	2.00	250	1.80	1.80		+78
胡椒生姜	〃	3.50	3.50		2.70	2.70		+32
草纸	〃	7.00		140	5.00	3.500	142.8	+40
毛巾	条	5.00	5.00		5.00	5.00		
肥皂								
热水瓶								
耕牛	头							
菜牛	头							
猪	只							
马	匹							
羊	斤	0.70			0.70			

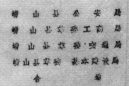

崂山县公安局
崂山县革委工商局
崂山县革委交通局
崂山县革委基本建设局

联 合 通 告

为了进一步贯彻落实战略决策，加强社会治安，维护交通秩序，整顿市场，繁荣市场，根据崂山县革命委员会指示，李村集于七月三十一日搬迁至李村河 老桥以西和新桥以西河底。现将有关事项通告如下：

一、李村老桥和新桥以西至枣戈庄村前，河底填平垫场地，两岸修筑通道。所有庄作物和其它设施，限于本月二十八日前自行拆除，逾期将统一处理。

二、集市搬迁后严禁古桥头、商埠等处交易。

三、维护社会治安秩序。要服从统一指挥，车辆停放，到指定地点。

四、加强市场管理，维护集市秩序，交易双方服从统一安排，到指定的行市交易。

五、新集场填平垫后，严禁任何单位和个人挖砂、拉土、倾倒垃圾和损坏垫道。

有关部门要密切配合，依靠群众，加强管理。对于抗拒 国家政策法令、破坏 群众经按照管理，严肃处理。

一九七八年 月 五日

崂山县革命委员会
工商行政管理局

崂山县
公安局

崂山县革命委员会
基本建设局

崂山县革命委员会
交通局

因集市发展，原有李村集场已显狭窄拥挤，崂山县革委会于1978年决定将集场迁往李村河底。

搬迁李村集场的几项工作安排

根据县革委的指示，公安、工商、交通、建设局四个单位发了联合通告，决定李村集于七月三十一日迁到李村河底。有关几项工作安排如下：

1. 李村集场各个行、市的安排，河两岸和集场入口通道处的指挥，集场内的宣传、管理工作由工商局负责。

集场内各行市的大体划分：老桥以西，新桥以东为粮食市，新桥以西南侧为禽蛋市、木材市，其余都在北侧。

2. 从七月三十一日开始至八月十五日共四个，每　　　集日，外围值勤作下列安排：

(一)从佟委墙外经邮电局门前，向南至新桥头，为一值勤组。分四个岗位：佟委门前、邮电局门前，药店门前、二工局前十字路口，共二十五人。由（　　　　　　）负责。

(二)从服务公司屋后十字路口，包括工商局门前、经百货公司到老桥头为一值勤组。分三个岗位，服务公司屋后十字路口，工商局门前，百货公司门前十字路口共二十人，由（　　　　　　）负责。

值勤时间：每逢集日早晨四点钟至集散。

值勤任务：在自己负责的路段内整个集日都不出现停留交易和设摊现象，向来赶集的人指示集场方向。

3. 看车处设老桥以东，具体安排由公安局负责。

                                78年7月29日

李村集搬迁工作安排。

455

14

崂山县基本建设局信笺

县委、县革委：

　　去年六月份县委决定将李村集场移往李村河底，平整集场疏通道路和修连半永久性厕所予拨费用计27000余元，已报县批准，并已暂拨下壹万元。

　　在李村河南沿李村河南大队闲忿固用荒地3敕多，因集场设於此处该地出陡闲耕种，按规定应补给大队菁苗和土地败害费3625元，该费用未作予拨，特请批示。

李村集搬迁后，崂山县给河南村占地补偿。

21

崂山县革委工商局
关于改善李村集环境卫生的报告

县革委：

自从三中全会把集市贸易作为农村经济政策的一个重要内容提到议事日程上以来，贯彻执行"管而不死，活而不乱"的方针，我县集市贸易日益活跃。李村集是我县集市贸易的眉目之集，七 八年春在县革委统筹安排下，搬迁了场地，之后我们加强了整顿和管理，这对于活跃城乡经济，方便群众生活发挥了积极作用，并改善了县城的市容和环境卫生，维护了交通秩序。但在这期间，也出现了一些新的，急需解决的问题，特报告如下：

一、集市场地环境卫生遭到破坏。李村集场搬迁后，在有关部门配合下，财政局拨款壹万元，由城建部门负责，平整场地，清除垃圾污物，但随后李村附近工厂、医院、学校、卫生队、机关团体等数十个单位，的垃圾都运集场，星布其罗，成堆成令。无法赶集，特别是含有传染病菌和血污的医院垃圾、卫生队从宿舍街道清理的死猫烂狗鸡屎粪便，和有毒有害的工厂垃圾。天气晴暖，就臭气熏人，一遇雨天到处泥宁，车辆不通，行动困难。这期间市场管理人员虽多次全力以赴进行整顿和清理，但随整随倒，无济于事，多次向卫生等单位反映，向县革委写了报告，终未解决。这种状况如不迅速解决，伏季将到，天气转热，蚊蝇孳生，病菌繁衍，瘟疫极易传播，集场成了病源地；而且入市商品多为生活用品和吃食物，来这赶集的带是十几个县，万人以上，对人民的健康的潜在威协极大。还应予见到，群众有可能迫于场地破坏、卫生环境的恶化，而四散到大马路上交易 给我们造成被动的局面。

李村集由河北迁回李村河滩后，集场环境卫生恶劣，崂山县工商局对集场状况及处理对策向县革委会的报告书。

二、卫生设施急待解决。

一九七八年，县革委把搬迁集市作为市政建设的一个内容，组织卫生、城建等有关单位共同进行的，并规定集场厕所由城建局修建。通过集场中心的两条污水沟也随同解决，但这些设施至今未建。李村集少则万人，多达三万人以上，场地又大，附近可借用的厕所只有两处，群众没法，有的就随地便尿，人踩脚沾，恶化环境，污染商品。群众说："在李村集上有场吃没场屙，喝水容易，散尿难"。

李村镇两条污水沟的出口都通过集场中心，把集场隔成三段，来往不便，经常发生伤人和翻车事故。

解决意见：

一、从老桥以西至场进庄村前一带，工商局已经县革委批准，正式划为集场使用，并对新桥以西河崖征用，赔偿生产队损失计三千六百元。同时还多次投资进行了修整，使用权应得到保护。要求县革委根据《中华人民共和国环境保护法》第六条、第卅二条规定精神，通告各单位，从现在起任何单位和个人不得占用集市场地，不准倾倒拉圾或其它危害人民健康、污染环境、破坏场地的活动。本着"谁污染谁治理"和对造成污染的单位要"予以批评、警告、罚款，或者赔偿损失"的规定，对不听劝阻者要扣留运输工具，一次罚款50元，用于清拉圾使用，拒付者由银行划播。

二、清理拉圾平整场地；建厕所四处；通过场内的两条污水沟进行疏通，搭桥四处；河流边沿须修砌护坡。上述建设，要求拨款两万元。

特此报告，请批复。

1980年4月28日

—2—

青岛市李沧区人民政府办公室文件

青李沧政办发〔2015〕21 号

关于印发《李村河中游"安全综合整治年" 工作方案》的通知

各街道办事处，区政府各部门，区直各单位，驻区各有关单位：

《李村河中游"安全综合整治年"工作方案》已经区政府研究同意，现印发给你们，望认真贯彻执行。

李沧区人民政府办公室

2015 年 3 月 20 日

－ 1 －

李沧区政府关于整治李村河中游，搬迁李村大集「天天市场」的文件。

李村河中游"安全综合整治年"工作方案

一、指导思想

落实区委、区政府提出的"城市功能再造、经济活力注入、发展环境改善、民生质量提升"四大任务和"抓回迁、谋规划、兴经济、促和谐"的工作部署，将 2015 年作为李村河中游"安全综合整治年"，按照"安全为主，规划先行，建管并重，弘优治劣，积极稳妥，提升发展"的总体要求，巩固提升 2014 年李村大集经营秩序整治年的成效，着力解决困扰李村河中游安全隐患、假冒伪劣、环境脏乱、交通拥堵等一系列问题，促进李村中心商圈提升发展。

二、工作目标

2015 年李村河中游安全综合整治年，要实现如下工作目标：

1. 完成李村河中游整治工程建设，提升防汛功能，确保防汛安全，生态环境明显改善。

2. 完成河底"天天市"固定经营业户外迁，保障居民食品安全。

3. 消除火灾隐患，启动二手车市场搬迁，确保消防安全。

4. 假冒伪劣等违法行为得到有效整治，市场秩序明显好转，保障居民消费安全。

5. 完成李村河中游河道两岸产业规划编制。

6. 实现周边交通疏导和停车组织规范有序，保障交通安全。

三、工作原则

（一）安全第一的原则。牢固树立安全发展理念，全方位落实安全生产企业主体责任和政府监管责任，确保李村河中游防汛安全、消防安全、食品安全、交通安全。

（二）民俗延续的原则。挖掘延伸大集历史文脉，弘扬大集民俗文化内涵，倡导诚信经营理念，突出经营特色。坚决打击销售假冒伪劣商品、黄赌毒和盗抢商品等违法行为。

（三）资源整合的原则。按照疏堵结合的要求，选择合适区域，结合全区标准化农贸市场建设，有计划地实施河底"天天市"固定经营业户外迁安置。

（四）品质提升的原则。李村河中游安全综合整治，要体现高水平、前瞻性、特色化和产业化发展的理念，以规划引领，实现自然风貌、人文商脉、建筑风格的传承和创新的有机统一。

（五）稳妥推进的原则。充分考虑各方实际情况和利益需求，协调好各方利益，确保社会稳定。按照积极稳妥、分步有序的要求，边规划边推进，做到岸上岸下协调一致。

四、工作重点

（一）规划编制

1.结合《青岛李村商圈发展规划》的编制，根据李村商圈功能定位，做好李村河中游沿河两岸产业发展规划编制，进一步明确两岸的产业发展方向、业态定位、经营特色和推进措施等。

完成时限：2015年6月

区委领导同志批示事项办理通知单

王希静同志批示 20160060

区政府办、区商务局：

　　现将区委书记王希静同志在《李村大集"天天市"业户搬迁摸底情况汇报》上的批示（王希静同志批示 20160060）转给你们，请认真研究、抓紧办理。

领导批示内容	王希静：1. 建议为大集配套的交通，如道路、停车场问题尽最大努力满足。2. 对剩余的18户，必须逐户做好工作，才能行动，否则这些"孤岛"很难解决。3. 搬迁式优惠政策必须要到位，不得截留。4. 发现因工作不到位问题出现"上访"或"网情"坚决处理。5. 上述建议，请兴伟区长、大川同志参考。
批示材料	见附件

6月1日驻集束批。

请大川同志牵头有关部门，对书记的4条工作要求，提出工作措施，落实到位。
李兴伟
6.5.

区委督查室
2016年5月26日
请忠辽局长面处。近期召集调度一次，抓紧推进工作。
刘大川 6.6

中共李沧区委、区政府领导对大集搬迁工作的批示。

李村大集“天天市”业户搬迁摸底情况汇报

5月18日以来，区市场中心迅速行动，认真贯彻落实17日大集搬迁工作专题会议精神，进一步深入细致地对“天天市”业户搬迁思想动态进行了详细摸底，现将情况汇报如下：

一、业户搬迁意愿概况

1. 业户数量：“天天市”分东、中、西三段，共有摊位567个（东：311个，中：225个，西：31个），营业房201间（东：71间，中：47间，西：83间），合计768个（间）。经营业户434户。

2. 搬迁意愿：434户经营业户中，

同意搬迁414户，占总数95.4%。

不同意搬迁18户，占总数4.1%：主要集中在中所，这些业户中调味品营业间6户、土产营业间2户、水产摊位6户、牛肉摊位1户、干鲜水果摊位3户。

模棱两可2户，占总数0.5%：经营蔬菜。

搬入大集新市场经营的业户374家，占总数86.2%。自愿搬到其他市场经营的业户60家（东所19户，中所8户，西所33户），占总数13.8%。其中，竹竿檩条花盆类6户，活禽宰杀类5户，蔬菜、烟叶类22户，粮食小吃类4户、白铁8户，百货鞋帽等12户，仓库用房3户。

二、业户反映问题

1

1. 加大新市场的培育力度。关心大集搬迁后新市场的发展，担心搬到新市场后自身买卖的好坏，占搬迁业户总数 95% 以上。

2. 给予搬迁补贴、适当延长租金减免期限。减免租金期限 3-6 个月，占业户总数 95%。减免租金期限 1 年，占业户总数 40%。

3. 新市场摊位面积小。占业户总数 90% 以上。

4. 给予装修费补偿，主要是 170 间营业房分隔和经营活鱼鱼缸 13 户业户。

5. 直接经济补偿：不去大集新市场，给予经济补偿 1 户（薛老太 14 间门头房），占业户总数 0.2%。

6. 完善周边道路建设，增加停车位和公交线路。占业户总数 95% 以上。

三、重点业户问题解决进展

近日，重点开展 18 户不同意搬迁业户提出问题的解决工作，其中：

1. **7 户业户反映面积小的经营业户。** 这些业户多数经营调味品，不同意搬迁的主要原因是新大集调味品行市统一安排在室内单层营业房，面积小。现已沟通通过安排仓库、延长免租优惠、亲戚朋友间劝说，可以解决。

2. **7 户水产和 4 户干鲜蔬果经营业户。** 对新大集位置、经营前景、租金等方面有意见，一是通过延长免租优惠、加大市场培育能够解决，二是水产 7 户中有 3 户或是因为安排摊位未安排营业房（2 户），或是因为安排营业房未安排摊位（1 户）而存有

2

意见，1户未明确答复继续做工作、另2户沟通可解决。

3.意见模凌两可的2户经营业户. 均经营蔬菜，原因是犹豫观望未作决定，通过多次沟通，现已基本达成同意搬迁意向。

区市场建设服务中心
2016 年 5 月 23 日

根据上部实地地查看，老大集秩序还于无序，但新加李村大集同边交通状况堪忧，占用人行道经营情况存在，请市内服务尽量从现在开始抓紧加强市场管理。争取上路经营，试点局于抓起这支持加大力度。都有力做，让新大集尽量又高级

李村大集搬迁顺利完成

为解决李村河中游长期存在的防汛安全、消防安全等系列重大安全隐患问题，区政府决定要实施李村大集整体搬迁，腾出河道。2015年，李沧区市场建设服务中心在充分调研论证的基础上，投资5000余万元，新建了一处新李村大集，占地50余亩，经营面积2.3万余平方米。

为实现李村大集平稳、顺利、和谐搬迁，区商务局认真贯彻落实区委、区政府关于李村大集搬迁的有关精神，在搬迁工作中，坚持惠民、繁荣的原则，攻坚克难、勇于创新，积极协调。制定了周密的李村大集搬迁搬迁工作方案，同时，制订了李村大集老业户进入新大集经营免1年租金等一系列鼓励业户搬迁和培育新市场发展的优惠政策。为严肃工作纪律，规范工作行为，还制定了廉洁自律制度，与全体参与搬迁工作人员签订了搬迁工作《承诺书》，并进行公示，设立了监督电话（87636638），由区商务局纪委进行监督。

经过历时一年多的建设和搬迁筹备，2016年6月18日，李村大集业户搬迁开始启动，截止6月30日，李村大集"天天市"经营业户100%搬迁完成，700家经营余户全部迁出河道。6月28日新大集开始试营业，7月1日正式开业。顾客盈门，生意兴隆，市场繁荣。实现了平稳、顺利、和谐、稳定搬迁工作目标任务。

请海涛同志继续关注流情信息，依法管理。
1. 老大集巩固成果，建立城管长效方案，决不能形成新的聚集。
2. 新大集有序管理，周边交通、停车、卫生、消防等尽快进入正常状态。

区商务局
2016年7月1日

李学伟 2.4.

李沧区商务局关于李村大集搬迁顺利完成的报告。

档案资料选编：张树枫　王晓瑛（协助）

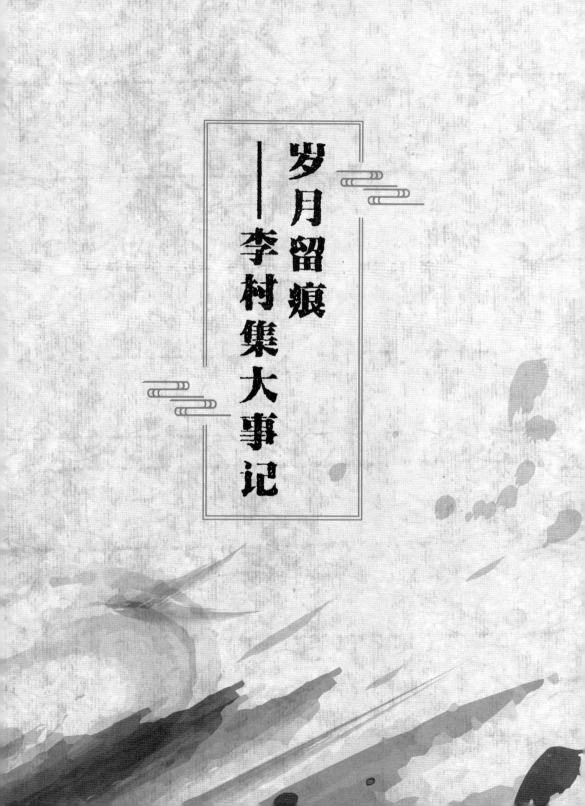

岁月留痕
——李村集大事记

李村集大事记

明万历七年（公元 1579 年）编纂之《即墨县志·建置篇·市集》载："在乡十二……李村，在县南六十里。"

同版《即墨县志·建置卷·仓铺》记载："西北抵平度州，曰李村十里。"是为李村集和李村地名首次见于史籍，迄今已有 439 年。

清朝乾隆年间（公元 1736 年至 1795 年）编纂之《即墨县志·建置卷·市廛》记载："乡集二十四：长直、刘家庄、南村、栾村、信村、棘洪滩、流亭、李村……"；

同版《即墨县志·武备卷·邮驿》中记载："西北路通平度州、莱州府铺七：李村、周哥庄、长直、段铺栏、泉庄、刘家庄、高家庄，铺司七名，兵夫二十一名"；

同版《即墨县志·七乡村庄图》中，李村被冠以"李村集"地名。

清朝同治年间（公元 1861 至 1874 年）编纂之《即墨县志·建置卷·市廛》记载："乡集二十四：长直、刘家庄、南村、乐村、信村、棘洪滩、流亭、李村……"。

1891 年 6 月 14 日，清廷内阁"明发上谕"："奏拟在胶州、烟台各海口添筑炮等语，著照所请。"是为青岛建置之始。

1897 年 11 月 14 日，德国海军东亚舰队以武力侵占青岛，史称"胶州湾事件"。

1898 年 3 月 6 日，清廷与德国签订《胶澳租界条约》，将包括即墨县仁化乡、里仁乡和胶县乡陆地村庄以及胶州湾在内 1128.25 平方千米的海陆总面积（陆域面积551.75平方千米）领土领海划为胶澳租借地。从此，包括李村在内的208个村镇和8万多居民沦入德国殖民者的统治之下。

1898年4月，设立德国胶澳总督署。

1898年9月2日，德国殖民当局发布征收税赋法令，开始在胶澳租界征税，税目包括鸦片税、地产税、灯标费和港口费、狗税、狩猎税等，以及车辆、轿子、药店、烧锅、客栈、宾馆、当铺等营业税。

1898年10月10日，中德两国官员完成了对胶澳租界区边界划定工作。

1898年，德国总督署在李村设置区公所（又称胶澳副臬司衙门）和法院（又称华民审判庭），设置行政官员，同时兼任区法院法官。

1898年，德国总督署在李村设置警察局，由德国第三营军官和边防警官、中国籍巡捕组成。

1899年10月，德国总督府将胶澳租界划分为内、外界，内界为青岛区（即青岛要塞核心区，界址南起浮山湾、盐城路、镇江路、南口路、海泊河，北至胶州湾），也就是青岛的市区。青岛市区以外的500余平方千米的乡村为外界，称为李村区。

1899年10月，德国殖民当局在李村修建李村区公所办公楼。

1898年10月12日，胶澳总督府在《德属地区及其居民》的报告中介绍说"租借地比较重要的集镇是李村。在这里交换农产品，诸如牛、驴和猪等牲畜的交换很活跃"等等。

1903年6月，德国人对李村集市上做了实地调查："搭起的货摊有1788个，出售65种货品，其中：燃料商贩218人，渔产品商贩181人，甘薯（地瓜）干商贩141人，蔬菜果品商贩122人，其他10种农产品商贩283人，共计945人。"

1904年10月，李村门诊部建成使用，德国人认为门诊部的设立对李村集有拉动作用。

1905年，德国胶澳总督府发布《订立衡量告示》规定："德境之内应用之称秤、斗管、尺寸，应与胶州市面相同，庶归划一，而免纷争。"确定度器采用营造尺和裁尺两种，衡器十六两为一斤。规定在青岛各市场均应执行新定之度量衡。

1906 年 9 月，德国当局在李村举办农业展览会。

1906 年 12 月 20 日，德国胶澳总督府发布《规范青岛货币流通办法》，规定除山东省铸造之铜元外，他省铜元入境的携带、使用办法。

1906 年，德国当局在李村以西 4 华里的李村河闫家山河段开凿水井、铺设管道，辟建李村河水源地。1909 年建成，是为德占时期青岛最大的水源地。

1907 年 6 月，青岛德国商号费·理查德开业，从事营业性汽车运输，开通青岛市区至崂山柳树台的汽车客运线，每周三、六从中央饭店发车，周四、周日从柳树台返回。是为青岛和山东最早的汽车客运线路。

1908 年 9 月 1 日，德国殖民当局发布《收民费筹办公益章程》（又译《中国人公益事业筹办课税规则》），开始在青岛城乡集市征收交易税费。

1908 年 10 月，德国与清政府合资成立青岛德华大学（又称青岛特别高等专门学校），确定在李村设立农科实习地。

1908 年 10 月 1 日，正式实施《中国人公益事业筹办课税规则》，规定：(1)在女姑口、沧口、沙子口、塔埠头、台东镇、李村设立公称，凡过称之货物抽取 3% 货物税；(2)在李村集、台东镇收取摊位费，小摊每日收铜元二枚，大摊每日收铜元四枚；(3)在李村集买卖牲口者，收取 2% 牲畜税，由卖家缴纳（后改为收取 4%，由买卖双方各付一半）。

1909 年 7 月，青岛德华大学农科实习地在李村建成，面积 74 亩。先后引进 200 余种果树品种和蔬菜品种进行适应性试验。

1909 年 10 月 11 日，德国胶澳总督府批准德华银行青岛分行发行 5 分、10 分镍币。规定在青岛胶济铁路必须使用德华银行纸币和镍币用于买票、缴费、兑粮纳税。

1912 年 10 月 1 日，孙中山一行乘汽车沿台柳路经李村到崂山旅游观光。

1913 年 12 月，日文《胶州湾》出版。记载有李村与青岛、台东镇三处市场物价对照表。

1914 年 8 月 1 日，第一次世界大战爆发。8 月 23 日，日本对德国宣战，日德战争爆发。

1914 年 9 月 27 日，从崂山登陆的日军与德军在李村交战，毁坏居民房屋财产甚烈。当天，日军占领李村和李村河水源地，与 9 月 2 日在龙口登陆南下的日军会合，进攻青岛德军要塞。

1914 年 11 月 7 日，青岛德军战败，向日军投降。日德战争中，李村地区饱受战火，外出逃难者 12000 余人，占李村总人口的 1/6，财产损失惨重。

1914 年 11 月 21 日，日军在李村设立李村军政署，掌管李村区所有事务。

1914 年 11 月 26 日，日本青岛守备军司令部成立。下辖青岛、李村军政署。

1915 年 4 月 15 日，日本青岛守备军司令部公告，强制使用其在战时发行的军用票，给中国人民造成重大损失。

1915 年 4 月，日本守备军司令部指定日本扶桑公司特许鸦片专卖，在李村设立专卖分局，在李村、沧口、沙子口、仙家寨、张村、老洼乡、小水清沟、姜哥庄、大崂设置分店，引诱中国居民吸食鸦片，以收取鸦片税。

1916 年春，日本人国武金太郎串通李村军政署，以每亩 30 元低价强行购买李村一带农民土地 1168 亩，以此成立国武农场。

1916 年 5 月，日本青岛、李村两军政署合并，名为青岛军政署，李村改设军政分署。

1916 年 10 月，日本李村警察所编写出版《李村要览》（日文）一书。本书共分七章，从地理、行政、农业、商业、渔业、工场、交通等方面记述了李村的状况。

是年，春旱、秋涝，李村粮食减产，从东北运入 100 余万担高粱接济市场粮乏之困。

1917 年 1 月，日本青岛守备军成立民政部，李村军政署改为李村民政分署，下设内务、外务、警务课、卫生、经理 5 课。

1922 年 3 月，日本人大深菊平取得李村、枣园集承包权，承包期一年。

1922 年 12 月 10 日，中日两国代表在原德国总督署举行交接仪式，中国政府正式收回青岛主权。同一天，成立直属中央政府的胶澳商埠督办公署，任命山东省省长熊炳琦兼任胶澳商埠督办。

1923 年 1 月，胶澳商埠督办公署发布关于严格实行对生熟食品管理监督法规，对于售卖生熟食品制订若干规定。

1923 年 1 月 27 日，山东省省长兼胶澳督办熊炳琦发布训令，针对青岛币制混乱，商民纳税用一枚铜元折合银币一分的习惯，下令废除这一陋习，一律以银币为准，"若有奇零，即照当日银元市价折收银元"，以保护商民利益。

1923 年 1 月，北京路复丰恒商号王子青向财政局呈请"包办胶澳李村集与枣园等处牲畜税、栈税及商摊税，出银洋一千八百元包办"。财政局认为胶澳商埠杂税征收事关重大，应在前承包期满以前确定接收后的新一轮承包竞标活动，遂回复王子青：届时按招标文书参与竞标。

1923 年 3 月 23 日，熊炳琦发布第 281 号指令："准派本署总务科会计股股长邹鲁、政务科实业股股长周东曜于投标开标时到场监视，以昭慎重。"

1923 年 3 月 26 日，经山东省省长兼胶澳商埠督办熊炳琦批准，胶澳商埠财政局向社会各界发布了《胶澳商埠税务杂费投标规则》，共计 15 条款。

1923 年 3 月 28 日，胶澳商埠"税务杂费招标大会"在财政局召开。参与投标的商号共 30 家。招投标项目有"李村枣园集牲畜商摊公称各税、台东镇粪便税款、台东镇商摊公称等税"，以及"沧口公称税""濑户广岛町唧筒粪便税""塔埠头公称税""市内粪便税"等项目。"李村枣园集牲畜商摊公称各税"有 3 人竞标。最终，蓝村人孙峰岚以 5001 银元的价位取得李村枣园集牲畜商摊公称各税承包权，承包期一年。

1923 年 4 月 1 日，李村枣园集杂税承包商孙峰岚在李村租赁民房，雇佣征税差役，开始在李村、枣园两集征税。

1923 年 4 月 7 日，财政局发布第八号通告："照的本埠李村枣园集牲畜商摊公称各税、台东镇粪便税款、台东镇商摊公称等税业于三月二十八日各包商齐集本局投标，即日当众公开，以最多数孙峰岚、张荣华、张德山得标，曾经公布在案。"明令"实贴李村、枣园、台东镇、台东镇（街道）"四处。同时咨请警察厅"分饬李村枣园集、台东镇各警察署所，就近妥为保护"。

1923 年 5 月 15 日，胶澳商埠督办公署发布《胶澳商埠杂税征收款项暂行规则》，其中第三条规定："杂税征收税率均应照旧日习惯办理，不得额外增加。违者照第八条处罚。"而第八条规定："违反第三条规定，额外增加，按照增加之数加十倍处罚。"

1923 年 10 月，胶澳商埠下发《李村区新定道路名称表》，重新命名李村区所有 19 条道路，以彻底清除日本殖民文化痕迹和规范城乡道路交通管理。

1923 年 12 月，山东青岛地方审判、检察厅发布第四十一号布告：在李村设立审判、检察分厅，管辖李村区所属 210 个村庄的司法审判事宜，首次在李村实行中国司法行政权。

1923 年，胶澳督办公署制定发布一系列法规章程，其中与集市贸易有关的如《胶澳商埠税务杂费投标规则》《取缔药摊暂行规则》《取缔药摊暂行细则》等。

1923 年，承包李村枣园集杂税上孙峰岚遭李村集商贩抵制，拒缴税款。孙峰岚以商贩拒缴税款为由，长期拖欠应纳承包税款。

1924 年 1 月，胶澳商埠财政局咨文警察厅，以孙峰岚等各承包商"自接办以来拖欠税款甚钜。屡次催提，籍端抗违，延不缴纳"为由，请"分令各该警署迅传各该包商孙峰岚等并原保人栾子仁等到案……务于三日内赶紧来局缴纳，以重国税"。

1924 年 2 月 4 日，警察厅回复财政局："孙峰岚、张荣华，保人栾子仁等均于上年九月间外出不家，营业早已停顿，无凭传追。"

1924年4月30日，胶澳商埠财政局发布第五号布告："照的李村枣园公称税、商摊费、牲畜税各项，现拟收归官办设所征收，委任孙鸿升为征收委员，所有一切征收手续悉仍照旧办理。"

1924年4月，高恩洪出任胶澳商埠督办。

1924年5月2日，孙鸿升向财政局报告在李村租赁办公场所，购置办公用品，聘用助手，5月5日即开始在李村集征收税款，征收所计有职员12人。

同年5月，据孙鸿升报告：李村集豆饼经营商户集体拒绝缴税，一连三个集期，税款分文未得。

1924年6月24日，孙鸿升向财政局报告称："职所于本年五月一日奉委筹备征收事宜，于五月五日试办征收，九日设所，十日实行征收。"

1924年6月30日，市民张立珂致函新任胶澳商埠督办高恩洪，提出"关心民瘼，除弊兴利，取消李村集摊捐"的要求。

1924年7月5日，财政局将回复张立珂的意见呈报高恩洪："查李村集商摊之设，始于德人，日人因之。我国接收仍照旧规办理。此项摊捐系属一种临时营业地皮捐性质，各省城镇码头凡有官地位商民占据营业者莫不受租，不过名目不同而已。"高恩洪根据财政局回复内容，批示"所请取消摊捐之处应毋庸议"。

同年7月末，通过新一轮招投标，李村商人王振堂以3600元大洋的价位竞得李村枣园集的代征税承包权，承包期从1924年8月1日起至1925年7月31日止。

1924年9月"银价陡涨"，铜钱兑换银元的比例提高，承包商亏损，王振堂请求减免税款。经财政局批准"暂准减收二成，每月按二百四十元呈解"。

1925年7月，山东督办张宗昌将原中央直属的胶澳商埠督办公署改为商埠局，任命赵琪为总办。

1925年8月，财政局以"查该商自承办以来，办理尚称安善"为由，呈报胶澳商埠局总办赵琪批准，由王振堂继续承包李村枣园集杂税征收。

1925年8月1日，王振堂及保人协聚祥（商号）与胶澳商埠财政局正式签订承包合同，包期一年。

1925年8月10日，李村区九水一带暴雨成灾，淹死居民69人。山东省省长兼督办张宗昌还特批两千大洋给李村赈济灾民。

1925年10月，胶澳牲畜检疫局在李村、沙子口设立分所。次年6月，开始兼收乡区屠宰税。

1925年10月，山东督军张宗昌通令全省，禁止男子蓄发和女子缠足。剪辫队在李村集市"迫令乡民剪发，以致乡愚一哄而散"；"又有招兵队每逢集期强行拉人，以致摆摊者弃摊而逃，避者有之，弃器具而逃者又有之。至今未敢有一人来集买卖者"，导致集市凋散，交易下降，税收减少。

1926年7月，王振堂又一次呈请财政局"准将该集牲畜、地皮两税核减包价，俾再继续承办，籍补亏累，以示体恤"。总办赵琪批复："查本届包价已属最低限度，碍难核减。该商承办有年，应准仍照原价，全年二千八百八十元，按月摊缴，接续承办。"

1926年8月1日，王振堂与财政局签订承包合同，其承保人协兴成也同时签字盖章，包期一年。

1927年6月1日，日军以"保护侨民"为名，在青岛登陆，随后侵占胶济铁路，直到9月才撤离青岛。

1928年4月10日，商人李文章在台东洪聚昌和春阳楼的担保下，提出"欲承包李村河滩、枣园等处杂税局"的申请。

1928年4月25日，日军再次侵占青岛、济南与胶济铁路。5月3日，制造屠杀中国军民的"济南惨案"。青岛被日军完全占领。李村在日军盘踞下，集市交易大受影响。

1928年6月29日，财政局通知王振堂"该包商五、六两月份包款均未缴纳，与定章不合。为此通知限于十日内来科照缴，无得稍延，致干未便。该商承包限期至七月末日即行届满，是否仍愿照原价续包，即一并声复，以凭核办"。

1928年7月，李文章、李子善、张显约、王振堂申请承包李村枣园集杂税。经财政局批准，出价最高的张显约获得李村枣园集杂税承包权，包期一年。

1928年8月1日，张显约成为李村集市的新一届承包商，开始在李村枣园集征税。

1928年10月1日，胶澳商埠局鉴于日军占领青岛、济南，时局大乱、社会动荡、经济凋敝的状况，下令取消集市各项杂税。

1928年10月，张显约上书总办赵琪"商承办此税甫满三月，总计三个月内所收税款尚不满四百元，计赔累约五百元"。要求"将就月份应缴三百元恩准豁免。前缴存之保证金三百六十元立予发还，并此外赔垫之款酌予补助，以全血本而维生计"。财政局爆照其批准，"从宽准予免缴九月份包款，将保证金洋三百六十元全部发还，以示格外体恤。"

1928年，《胶澳志》记载：青岛集市计有"公立市场一，商办二，乡间市集则有李村、沧口、枣园、浮山所、薛家岛、红石崖、韩家庄以及即墨交界之流亭、华阴等处"。

1929年4月15日，南京国民政府下令成立青岛接收专员公署，任命陈中孚为接收专员、接管胶澳商埠行政。

1929年4月20日，南京国民政府确定青岛为特别市。

1929年5月，商人王友三、崔鹏久"呈请包办李村全区牲畜买卖税事"，陈中孚批示："查该项税收前经明令豁免，现在仍拟缓办。所请承包之处应勿庸议。"未批准。

1929年7月2日，青岛接收专员公署改设青岛特别市政府，马福祥任市长。原胶澳商埠李村区改称青岛特别市李村区。

1929年9月，青岛特别市调整区划，分为第一区、第二区、台东区、四沧区、李村区、海西区。第一、第二区为市区，其余为乡区。

1932年3月，青岛市推行乡村建设计划，成立了李村、九水、沧口、阴岛、薛家岛等五处乡区建设办事处。

1932年7月，李村乡区建设办事处对李村乡区家畜调查显示："李村有猪257头、牛38头、骡13头、驴56头、马3头、羊4头、鸡510只、鸭20只"，家畜家禽的数量远高于周边村庄。

1932年12月，李村乡区建设办事处对李村乡区农产进行调查。

1932年，整顿李村集市食品卫生状况。

1933年7月，李村乡区建设办事处统计"李村乡区农户总数为12918户，总人数72688人，其中从事副业人数19268人"。在五个乡区中，李村区的经济收入最高。

1933年11月，开工建设李村公共汽车停车场，缓解李村集市造成的交通拥堵现象。

1933年，李村办事处以"李村街马路两旁摊贩林立，瓜皮果核随处抛弃，致使污秽满地，脏物狼藉"，予以整顿，禁止乱扔垃圾，并发给临时营业证。"此后未经核准者一律不准在马路再行添设摊铺。"

1933年，处理李村集"敛集"风波，规定每年腊月只准敛集一次，只准收取银钱，不准拿取货物。

1934年，青岛市社会局《业务特刊》记载："李村河南河北区百五十余户，有地一千零四十一亩，有牛三十头、马三头、骡十三、驴五十六头，人民除务农外，营商者七十六家。""村民嗜好以酒为最，河南北共有酒店四五家。"

1934年，李村街道有"板房二十余处，参差不齐，未经严加取缔，至今仍旧存在，实属有碍观瞻。现为整顿市容起见，除派员实地查验外，复召集各房主来处开会，分别轻重拟定拆除、修改两种办法。结果，各房主均各表示服从。现已一律修整完竣"。

1934 年，李村办事处在各村庄和李村集市张贴布告："查禁废历年一切旧习……对于燃放爆竹一节，以关系地面治安，已会同公安分局严厉查禁，并巡祝（驻）李村集场集场及商店一律禁止贩卖。"

1935 年 7 月 1 日，山东省政府与青岛市政府联合公告将崂山东部地区划归青岛市管辖。其后，青岛市对乡区组织进行调整，设置李村、崂西、崂东、夏庄、阴岛五区。

1936 年 9 月 25 日，李村建镇。时李村区各机关已通水通电，街道纵横，俨然成为中心街区。

1937 年 7 月 7 日，日本发动全面侵华战争。

1937 年 12 月，青岛市政府在青岛实施"焦土抗战"，将包括李村在内的台柳路沿线之公共设施烧毁。

1938 年 1 月 10 日，日本侵略军第二次占领青岛，旋即入侵李村，占据李村小学作为兵营。

1938 年 6 月，青岛日本宪兵队加派军曹服部带 20 名宪兵来李村成立李村宪兵分队，强行占领李村医院作为宪兵队驻地。

1939 年 5 月，青岛日本商工会议所在青岛调查了七大类 70 种商业物品的价格，发现与上个月（4 月）物价相比，"腾贵者 22 个品种，平稳者 39 个品种，下落者 7 个品种，未调查者 2 个品种，平均物价上涨了九分四厘"。与 1934 年 1 月相比，物价指数上涨了 169%。

1940 年 2 月 3 日，伪《青岛新民报》刊载"李村分局派警弹压集市"文章，称："本市警察局、李村分局以该分局所在管界内李村集市，在旧历年前为本市乡区各商云集之处，各乡镇村民多赴李村集购买年货，往来客商众多，为整理秩序起见，除对于集市各商摊按指定处所摆设外，车辆禁止穿行。"

1940 年 3 月 6 日，伪《青岛新民》刊发《市区所属各乡镇土产调查统计——李村区界内产量最丰富》的文章："本市警察局前奉市公署训令，对于本市辖区内各乡镇土产物之种类及产量，应详细调查，以便向北京实业部汇报，以兹调查华北物产状况。本市乡区、台东镇、海西、李村等各分局界内各种产物以李村为最多，且极丰富。"

1941 年 2 月 17 日，李村发生劫狱事件。国民党抗日组织将李村监狱在押的被捕人员和其他 200 多名抗日人员一同救出。

1941 年 3 月，据伪李村警察分局《李村区户口调查表》统计：李村，户数 482 户，男女人口 2790 口；河南村，户数 111 户，男女人口 582 口；李村南庄，户数 85 户，男女人口 463 口；东李村，户数 285 户，男女人口 1533 口……合计调查 53 个村，共计户数 7876 户，男女人口共计 40270 口。

1941 年 12 月 15 日，青岛日本军方发布第二号布告，严禁兵器、弹药、人造橡胶制品、机械类机器和金属制品、汽车脚踏车、矿油、煤炭、皮革及制成品、生胶皮及制成品、棉花棉布及其他纤维制品、洋灰（水泥）、木材、盐、火柴、医疗药品、工业药品、米、小麦及小麦粉、杂谷类、砂糖、纸类、蜡烛等物资出境。

1942 年 4 月，日本为强化军事占领和防止战略物资出境，修建了南起山东头海岸，中经中韩、李村、西大村，北至板桥坊的防御沟——"惠民壕"对李村集造成重大影响。

1945 年 8 月 15 日，日本宣告战败投降。

1945 年 9 月 13 日，李先良被任命为青岛市市长，率青岛保安队进入青岛市区，17 日接收青岛行政。

1945 年 10 月，青岛市警察局李村区分局管内旅店业调查：李村共计九家商户。

1945 年 11 月 11 日，李村集市物价指数：地瓜每斤 14 元；小麦每升 3700 元；谷子每升 900 元；面粉每袋 6000 元

1945 年 11 月 16 日，李村集市各种物价暴涨，地瓜从每斤 14 元涨到 30 元，地瓜干从每斤 30 元涨到 90 元，小麦从每升 3700 元涨到 6000 元，谷子从每升 900 元涨到 16500 元，面粉从每袋 6000 元涨到 12200 元，比 11 日集

市物价暴涨一到两倍。

1945 年 11 月 17 日，李沧区警察分局认为李村集市物价暴涨，"显系奸商浮贩扰乱金融、操纵物价所致，影响民生至深且巨。制止办法，当经电请查拿。奉谕后。职当即带同员警赴集场严查取缔，并一面布告商民不得任意抬高物价，如有违反，即予送警惩处。由此市稍见平和，人心似呈稳定"。

1945 年 12 月 30 日，国民党青岛当局以"确保治安，而杜匪患，并严整军风纪为目的"，由青岛保安第一旅与李村警察分局合组"李村区军警联合稽查队"，稽查队由青保两个班士兵和 10 名警察组成，以"查究奸尻，严整军纪、并随时取缔不良分子为原则"，在李村和集市执勤。

1946 年 1 月 29 日，分局训令："地方不靖，冬防吃紧，若不加以限制，诚恐宵小乘机扰乱危害治安殊非浅鲜，规定除旧历除夕外，每日夜间十时后不得燃放鞭炮。"

1946 年 3 月 17 日，青岛保甲编组完毕，全市划为 12 个区：台东、台西、市南、市北（以上为市区）及四沧、李村、崂东、崂西、夏庄、浮山、阴岛、薛家岛（以上为乡区），共计 327 保，6873 甲，122908 户，683571 人。李村计有 30 保（后增设临一保 1 个）。

1946 年 6 月 22 日，青岛市合作社物品供销处在接收伪青岛地区合作社联合会崂山办事处物资品等呈文附带 1945 年 12 月至 1946 年 6 月面粉价格，可窥见李村物价上涨之一斑：12 月，每袋面粉 6000 元；1 月，7500 元；2 月，8500 元；3 月，10000 元；4 月，13000 元；5 月，32000 元；6 月，30000 元。

1946 年 12 月，沧口税捐稽征所改为青岛第三税捐稽征处，分管沧口、李村、阴岛三地的地方税。

1947 年 3 月 7 日，李村区公所发布李村集市搬迁通告："为通告事：查李村地处本市乡区中心，军事上极为重要。兹经各军政机关开会议决：李村集场暂移于侯家庄村前河滩。自夏历本月十七日集即开始实行。"此为李村集历史上的首次搬迁。

1947 年 12 月 11 日，青岛《青报》刊载"发行十万元大面钞额后，本市物价顿形猛涨不已"，"市府将以对症下药之方式，予以有效措施，最近将就实际情形，拟定各种日用品物价价格，勒令商人参照实行。"

1947 年，青岛市警察局第六分局李村分驻所管界公共处所调查表显示，在李村的公共处所计有：山东第四监狱、李村区公所、李村镇公所、夏庄区署、青岛市工务局第四工区、青岛市立李村小学（河北村），在李村河南的有青岛李村电话局、青岛李村邮政局、青岛财政局李村稽征所、青岛市立图书馆、第八军、青保第七大队、青岛市立李村简易师范，以及散布于李村周边村庄的青岛市立曲哥庄小学校（曲哥庄）、青岛市立东李村小学校（东李）、青岛市立郑庄乡中心小学校（侯家庄）、青岛市立郑庄小学校（郑庄）、青岛市立下王埠初级小学校（下王埠）、青岛市立王埠庄小学校（上王埠）等。

1948 年 2 月 7 日，青岛《军民日报》登载了青岛市政府"疏浚李村河道，辟设乡区公园"的计划书，但最终不了了之。

1948 年 3 月 7 日，李村区第二保保长安郁熙向李村警察分驻所曲巡官报告："本保界内每逢旧历二七大集以李村河滩为集场，杂粮市向在鱼市迤西河滩内，因靠近李曲村路隅遇雨水之时，即移于河边……每逢集期粜粮者已挤满路面，不独车辆无法通行，既单人行走亦颇不便，实属妨害交通……拟将该杂粮市仍移河底，以利交通。"

1948 年 4 月 7 日，青岛市度量检定所拟具度量衡加刻公制暂行办法，拟自 5 月 1 日起实施。

1948 年 6 月统计"李村区各保概况表"：李村区共有 30 保，另有临一保（临时安排流亡到李村的"难民"），其中"第一保，甲数：21，户数：564，人口总数：3172，等级：甲，保公所地址：李村河南；第二保，甲数：22，户数：400，人口：2455，等级：乙，保公所地址：李村河北；第三保，甲数：31，户数：583，人口：2939，等级：甲，保公所地址：杨哥庄"等等。

1948 年 8 月 19 日，南京国民政府实行所谓"币制改革"，发行金圆券取代法币，强制人民将手中的黄金、银元、美钞到指定银行兑换金圆券，禁止在市场上使用和兑换黄金、银元、美钞。

1948 年 8 月 26 日，青岛警察在青岛市区和李村集市大抓使用银元、美钞的"金融犯"。李村抓获"抬高物价及使用美钞、银元犯八起，已解总分局法办"。

1948 年 8 月 28 日，青岛《民报》以"钞鬼游街——李村亦捕获大批奸商"为题，报道了青岛市大抓"金融犯"的事件。

1948 年 9 月 2 日，青岛《军民晚报》刊载"非法商人查获续志"文章，报道李村抓获"金融犯"以及李村警察分局长"亲赴集场演讲，希使商民彻底明了新币制之要旨，并恪遵各项有关法令"的消息。

1948 年 10 月 15 日，中国魔术加演马团经理朱大德向李村分驻所提交"马戏请求许可开演申请书"："拟自本月二十六日来李村赶集一日。"

1948 年 11 月 20 日，青岛市市长龚学遂案准第十一绥靖区司令部戒严令，全市自晚上 10 点至早上 6 点为戒严时间，居民不得出门上街。这对于素有起大早占摊位赶大集习惯的李村居民和商贩是一个很大的制约。

1948 年 12 月 31 日，《青岛健报》刊发的"李村集市的素描"文章，记者对李村集市交易情景做了一个简单的"素描"。

1949 年 4 月 15 日，李村第三保保长袁德鸿与"演戏承办人宋吉昌"向曲巡官呈请"兹据本保保民愿值此农闲期间演唱戏剧，共同欢乐。拟自本月十六日起至二十一日止共演唱六日"。

1949 年 5 月，国民党在青岛李村等地大抓壮丁补充军队。仅 10 余天时间，在崂山地区抓捕壮丁 2889 名。人心畏惧、市面萧条。

1949 年 6 月 1 日，解放军于晚上 8 点攻克李村，李村获得解放。

1949 年 6 月 2 日，青岛解放，马保三任青岛市市长。

同日，中共李村区委、区政府进驻李村。

1949 年 6 月 3 日，青岛市军管会宣布中国人民银行发行的人民币为本位币，山东银行发行的北海币为辅币。规定自 12 日起，所有缴粮纳税及一切公司交易均须以人民币为计算单位。

1949 年 8 月 6 日，为抑制物价上涨，打击囤积物资抬高物价行为，市政府宣告成立杂货交易所，经营者必须在所内按照交易管理暂行办法进行交易。

1949 年 10 月 1 日，李村沧口区机关、部队、群众团体 2 万余人在沧口机场举行集会，庆祝中华人民共和国成立。

1950 年 7 月 26 日，《青岛日报》刊登"半年来的青岛市场"文章，指出"随着全国金融物价的历史转换，青岛市场半年来的物价和全国总的物价趋势一样，是由上涨转为下落，复由下落转为平稳。"

1951 年 4 月 1 日，原属胶州专署的崂山郊区行政办事处划归青岛，更名为青岛市人民政府崂山办事处。

1951 年 4 月 2 日，《青岛日报》刊登"山东土产情况"长篇报道，系统讲述山东土产历史情况、销售情况、销路状况等。

1951 年 4 月 13 日，《青岛日报》刊登"本市人民政府接受广大人民要求，昨枪决一批反革命罪犯"。同一天，《青岛日报》以"记李村区审判大会"为标题，报道在李村公判反革命罪犯的实景。

1951 年 7 月 7 日，青岛市调整行政区划，市内划为市南、市北、台东、台西、四方、沧口 6 个区，市郊分为流亭、夏庄、崂东、崂西、李村、楼山 9 个区。

1952 年 3 月起，美国飞机连续在沙子口、李村、大麦岛、市区等地段投放大量有毒生物、毒物。青岛市政府组织卫生部门部署消灭细菌工作。出动 46 万市民"铲除细菌、毒虫"。至 6 月，美国飞机投放之细菌、毒虫被基本消灭。

1952 年 8 月，崂山郊区农业合作社——李村区车家乡李京明农业生产合作社成立。

1952 年 11 月 23 日，李村区文化馆在李村集举行"中苏友好月"活动。

1954 年 3 月，中共崂山工委改称中共崂山郊区委，崂山办事处改称崂山郊区人民政府。

1954 年 6 月 17 日，青岛市实行食油凭票计划供应。

1954 年 8 月 30 日，青岛市开始使用全国和山东省通用粮票。9 月，居民实行粮食分等定量供应和行业粮油计划供应，凭票供应棉布。

1954 年 10 月 8 日，青岛市人民政府城市建设委员会以〔54〕建委办字第 409 号文件"为李村集场迁移问题报请鉴核由"报送青岛市人民政府："因现集场地点，系在李村河内，不但影响李村水源，而且对医院病人修养，机关办公，亦影响颇大，确有迁移之必要"，经研究"为保持水源清洁，照顾城乡物资交流，便于物资集散，认为仍以工委以西、李村庙后一带（李村公墓）利用公墓公地作集场为宜，且在迁移集场费用上亦可节省"。获得市政府批准。

1954 年 12 月 16 日，《青岛日报》登载"李村市集"专题文章，讲述李村集市交易的情况。

1954 年 12 月 22 日，《青岛日报》刊载"李村正在开展新市场"的文章，报道了李村集准备搬迁新集场的准备工作：新集场占地 70 余亩，分为 30 多个小市场，能容纳两三千人赶集，预计春节前后即可在此交易。

1955 年 2 月，崂山郊区开始对私营商业进行社会主义改造。至 6 月，9090 个私营商户完成改造，组成多种形式的社组。

1955 年 5 月 3 日，青岛报纸上刊登文章《李村集上粮食市场开始活跃》，报道李村集市粮食交易情况。

1955 年 5 月 25 日，《青岛日报》刊登"李村区供销社帮助商贩组织合作商店"文章，报道了供销社帮助集市个体商贩成立合作商店的消息。

1956 年 2 月，在李村集的粮食市关闭一段时间后，再次开放。由于粮食市刚刚开放，人们还不适应，2 月里李村集的上市粮食仅有 1000 余斤（地瓜干 389 斤，地瓜 647 斤，其他粮食 190.5 斤），后数量逐渐增加。

1956 年，国家开始实行计划经济体制，对按计划生产的蔬菜规定系列采购政策，按蔬菜质量分等级，由国家蔬菜公司定点收购。

1956 年 9 月 4 日，崂山全区暴雨成灾，损失惨重。

1957 年 12 月 6 日，青岛市人民委员会颁布实行《青岛市场暂行管理办法》。

1958 年 2 月 5 日，适逢李村集市，由李村镇胜利、建国、砲援三个农业社，加上崂山郊区机关和驻军部分人员 1200 多人组成的"除四害"宣传大队，在集上向 1 万多赶集的人进行了"除四害"卫生大宣传。

1958 年 9 月 1 日，月子口水库（今崂山水库）工程开工，由崂山县供销社、商业局负责水库工地人员粮食、副食、蔬菜供应。

1958 年 10 月 10 日，崂山郊区人民委员会决定：撤销大枣园、源头、华阴 3 个集市；保留李村、流亭、王哥庄、沙子口 、惜福镇 5 个集市，但将集期由原来 5 日一集改为半月一集。

1958 年至 1962 年，崂山县遭遇空前自然灾害，粮食产量锐减。粮食产量统计：1958 年粮食总产量 19535 万斤；1959 年总产量 16278 万斤；1960 年总产量 7889 万斤；1961 年总产量 8577 万斤；1962 年总产量 10455 万斤。

1958 年至 1962 年，崂山县每人每年口粮：1958 年 362 斤，1959 年 328 斤，1960 年 226 斤，1961 年 251 斤，1962 年 262 斤。

1958 年，崂山县生产蔬菜 2 亿斤，1959 年 2.9 亿斤，1960 年 3.8 亿斤，每年递增 14.3%。

1959 年 9 月 23 日，中共中央、国务院发出"关于组织农村集市贸易的指示"，针对 1958 年对集市贸易管得过死的情况，要求正确认识乡村集市存在的合理性，"领导和组织农村集市贸易的原则，应当是活而不乱、管而不死"。"人民公社、生产队对农村集市贸易要给以必要的支持，并向社员进行有关经济政策的教育，使他们在参加集市贸易当中，作到买卖公平、不抬价、不抢购、不贩运、不弃农经商。"

1961年3月12日，《青岛日报》发表"开展集市贸易 活跃农村经济"的署名文章，认为集市贸易在"调剂余缺，互通有无，扩大商品流通，促进公社多种经济的发展，活跃农村经济，满足社员生活和生产上的需要，起到了一定的作用"。提出"加强管理，有领导地开展集市贸易"的建议。

1961年9月7日，青岛普降暴雨，北宅、李村等5公社受灾严重。

1961年10月10日，崂山郊区改为崂山县，由青岛市领导，以李村为崂山县政府驻地。

1962年初，鉴于经济建设的需要和居民生活的必需，国务院下令开放农村市场，有条件地开放了粮食、蔬菜、副食品等市场。崂山县积极响应和执行农村市场开放政策，全县16个传统集市全部开放，消失了几年的农村集市又恢复生机。

1962年5月之前，李村市场地瓜干每斤4~5角，最高8角，5月份以后，降到3角5分，10月份最好的3角左右。其他物资价格也大幅下降。

1962年7月，崂山县税务局在李村等集市开展开征集市交易税宣传活动，在解释为什么要征税的理由以后，重点讲述如何征收集市交易税：哪些品种应该向国家缴纳集市交易税，征税额度、征税理由等。

1962年8月，汛期大水，李村河自王家下河左岸处决口，洪水使河道自然向左改道100米。

1962年10月9日，崂山县《关于当前集市贸易情况和今后意见的报告》统计："16个市场参与集市贸易的人数可达8万以上。其中4个集（李村、流亭、城阳、马戈庄）参加集市贸易的人数都超过万人。有4个集（惜福镇、王哥庄、棘洪滩、河套）在五千人以上；有8个集（沙子口、坊子街、仲村、源头、南万、中华埠、肖家、王林庄）在千人上下。"

1962年统计，河南、河北两个大队农业户501户，经商户历史上占总户数的70%。"今年夏收前后有50%从事商业活动。从事商业的农户大部分搞熟食，卖火烧、熟菜等占65%左右，其他跑行商卖烟酒、水果、电石等占 35%。"

1963 年 2 月 12 日，《青岛日报》刊登"了解生产需要，多方增加品种，李村供销社生产资料部春耕生产资料准备齐全"的报道，表扬李村供销社未雨绸缪，提前组织货源，为农民准备充足的生产资料支援农村春耕生产的事情。

1964 年 8 月，山东省人民委员会发出《关于整顿集市收费问题的通知》，指出："集市收费应本着'以集养集，以集建集和以旺养淡'的原则，和根据为买卖双方服务的收费，不服务的不收费的精神，由市场管理部门适当收取一定的即时交易服务手续费。"

1964 年秋，崂山县针对"有的生产队和社员贪图高价，在市场上大量出售鲜地瓜"的情况，认为"这样既能影响征购任务的完成，又能滋生资本主义的发展"，特别规定禁止生产队到集市出售鲜地瓜。

1965 年 2 月 15 日，青岛市人民委员会发布〔65〕青工商字第 34 号文件，下发《关于在集市贸易市场上收取市场管理费的通知》，规定市场管理费收取范围只限于在集市上摆摊经营的集体和个体业者，对国营、公私合营企业和供销社不收费；收费标准：集体企业按营业额 1% 比例收取。有证商贩和个体业者在集上设临时摊位者每摊每集（日）营业额不满五元者收费一角，五元以上不满十元者收费二角，十元以上不满十五元者收费三角，十五元以上不满二十元者收费四角，二十元以上者收费五角。征收办法：集体企业每月交纳（每月于 5 日前交纳上月管理费），有证个体商贩和个体业者，在集市上临时设摊出售者，按旬交纳；市场管理费全部上交市财政局。同时，取消了崂山县各集市的卫生费、地摊费。

1965 年，崂山县集市经济发展到了一个新水平，全县有 19 个农村集市，比 1962 年的 16 个增加了 3 个，年度集市成交金额 809 万元，集市交易商品品种达到十五大类，如粮食类、油脂油料类、棉烟麻类、肉食禽蛋类水产品类、蔬菜类、干鲜果类、日用杂品类、柴草饲料类农业生产资料类、家禽类、幼禽幼畜类、工业品类、废旧品类、其他等。

1972年10月，崂山县政府在李村老桥西侧（现浮山路）建起了李村历史上第一座横跨李村大集的大桥。

1975年，据崂山县革命委员会工商行政管理局《关于农村集市贸易统计年报的说明》（崂工商〔75〕字第2号）显示："全县有13个集市。其中万人以上一个，万人以下五千人以上两个，五千人以下的十个。"市场交易额明显下降。

1975年7月13日夜三小时内降雨222.5毫米，白沙河、李村河水位陡涨，全县河堤决口158处，死亡37人。

1978年7月25日，崂山县委、县革委会决定对李村集市再次搬迁。崂山县公安局、崂山县革委工商局、崂山县革委交通局、崂山县革委基本建设局联合通告："李村集于七月三十一日搬迁至李村河老桥以西和新桥以西河底。"

1979年，山东省革委会在《关于集市贸易政策若干问题的试行规定》中规定了可以上市（生产队和农民自产的农副产品、木材、木制品以及旧自行车等）和禁止上市（粮、油产品在完成征购统购任务后可以上市买卖，棉花、等级内的烤烟常年不准上市）的品种目录、商品交易数量（纯粮不超过50斤，地瓜干不超过100斤，花生米不超过10斤，食油不超过5斤）等，严禁在集市出售迷信用品，取缔测字、占卜、赌博和买卖票证等非法活动。

1980年1月，崂山县革委会工商局向县革委会请示报告，建议设置"平日小市场"，地点拟设在韶山路东段和古镇路南段，"搭建简易棚和用水泥板筑售货台300米的固定摊址，共需用资金6000元，资金来源由市场服务费收入解决"。县革委会回复同意，遂建起了李村集市的第一片固定摊位。

1980年4月29日，崂山县革委会工商局向县革委会呈报"关于改善李村集环境卫生的报告"："李村附近工厂、医院、学校、卫生队、机关团体等数十个单位的垃圾都运往集场，星布其（棋）罗，成堆成令（岭），无法赶集。"并提出相应整治办法。

1982 年 5 月 26 日，《青岛日报》刊登"李村河成了垃圾河"的文章："李村河从李村镇穿过入海，近一二年来，李村河两边的住户和一些单位把垃圾倒入河里，使河面逐年变窄，河面宽由原来的四十米，变成二十米左右，河床也升高。如果大雨来临，崂山山洪倾泻下来，将会因河道阻塞造成灾害。因此，建议崂山县有关部门制止向河内倒垃圾，并清理一下河道以防患于未然。"

1982 年，青岛市工商局在《关于当前农村集市贸易发展变化情况的调查报告》中说"我市现有农村集市贸易 159 处"。在对胶县城关、胶南张戈庄、即墨刘家庄、崂山李村、黄岛辛安五个集市的调查中，据统计，农村集市 1979 年贩卖占 0.7%，1980 年占 2.85%，1981 年占 3.01%。最近，对五个典型集调查，贩卖占总摊位的 23%。其中，靠城市较近的李村集占 46.75%，离城市较远的刘家庄集占 5.12%。

1983 年 5 月，崂山县恢复了城阳公社仲村集、西城汇集，棘洪滩公社中华埠集、南万集，马哥庄公社王林集五处传统集市。

1984 年 3 月 19 日上午，青岛海关与崂山县工商局联合采取行动，突击取缔李村集上的摩托车交易点，扣留外国制摩托车 30 余辆。

1984 年 11 月 13 日，《青岛日报》登载"要爱护李村新大桥"的人民来信，批评说："近几年来，有 20 余户个体商户在桥洞里开起饭店，烟熏火燎，石桥下方出现一层深厚的黑灰，有的桥栏也熏黑了，我建议有关部门管一管这件事，爱护好这座石桥。"见报后，李村工商所便对桥下摊位的卫生环境和李村桥的污染问题进行处理。

1985 年 8 月 17 至 22 日，九号台风袭击崂山，全县平均降雨 284 毫米，相当于 20 年一遇，李村河与张村河交汇处闫家山实测洪峰流量 1040 立方米／秒，李村河堤多处决口，经济损失惨重。

1985 年 12 月 12 日，《青岛日报》刊登图片报道"由崂山县东方联合企业公司筹建的我市第一座地方集资的崂山宾馆，正在李村河南凤凰岭脚下兴建"。

1985 年，崂山县东方联合企业公司利用银行贷款和企业自筹资金，在李村河南侧河道建设了李村人民商场（"水上漂"）。

1986 年 8 月 13 日，《青岛日报》刊登了 "崂山县城新添大型商场"的消息："由东方联合企业公司和市工商银行信托公司合资开办的崂山人民商场，日前在崂山县城建成开业。这座总投资二百万元的综合性商场，由七座高低不一的梅花形、圆形、长方形小楼组成，总建筑面积为六千平方米。主要经营日用百货、家用电器、绸布服装、土产杂品等，是县城目前最大的商业市场。"

1986 年 11 月，在第一座高架桥的东侧 1000 米处（今 308 国道）东李村西端，修建了第二座横跨李村大集河滩的高架桥。

1987 年 1 月 21 日，是日为农历腊月二十二，李村大集的集期。因意外事件，导致大集鞭炮爆炸，爆炸燃烧近三个小时，财产损失惨重，但幸运的是撤退及时，没有人员伤亡。

1987 年 4 月 18 日，《青岛日报》登载短消息："李村镇又添一大型宾馆"，报道李村河北集资 150 万元修建了一座 8 层楼高、建筑面积 4000 平方米，拥有 400 个床位的大型宾馆"龙海宾馆"。

1987 年 4 月 18 日，《青岛日报》报道李村崂山百货大楼新近增添便民项目：建立咨询服务台，开办租赁业务，为顾客定购特殊型号的服装、鞋帽，代办函购商品业务，顾客在外地购买的商品，如穿用不适，完整无缺的，可凭发票办理代销。

1988 年 11 月 17 日，经国务院批准，崂山县改为崂山区。

1988 年 12 月 30 日，崂山区政府正式成立。

1988 年 12 月底，原滚水桥改建成横跨李村大集的第三座大桥。

1993 年 4 月 27 日，青岛人民政府宣布，从 5 月 1 日起，市内 5 区禁放烟花爆竹。

1993 年，崂山区政府采用摊派形式，让全区 14 个乡镇的建设工程队（公司）各承建一处公厕，公厕用地由李村各村提供，每建成一个公厕政府补贴 4 万元。最终建成了 13 处公共厕所，有效地解决了李村市民和赶集商贩与群众的需求。

1994 年，区划调整后，原崂山县李村地区与沧口区合并成立李沧区。李村因成市区，遂禁止燃放烟花爆竹，李村大集从此禁止售卖烟花爆竹等危险品。

1994 年 8 月，中共李沧区第一次代表大会提出的'三产领先、商贸兴区'的战略目标。随后，又推出了发展"三产"的实施意见。最终形成了"建设大市场、发展大贸易、搞活大流通，把我区建设成为青岛市第二商业中心"的方针。

1994 年，李沧区政府在原崂山区规划的基础上批准了在李村河两侧河岸及河道建设"滨河路商业街"项目。后期工程因青岛市水利局的反对未能建设。

1994 年，李沧市场服务中心成立。

1995 年 4 月 14 日，《青岛日报》报道李沧国税局在李村大集组织税法"入集市"活动。

1995 年 6 月 10 日，《青岛日报》发表"算命、贩狗者众，环境脏乱不堪，李村大集应整顿"的文章，批评李村大集存在的问题。

1995 年 8 月 22 日晚，李村河流域降雨 73 毫米，洪水将河道内集贸市场的木材和苇箔等杂物全部冲走，致使曲哥庄桥孔基本堵塞，严重阻碍洪水下泄，公交车被淹，50 多人被洪水围困，最后调用消防车才将被困群众救出。

1995 年，改建扩建了李沧供销社集团公司（5800 余平方米）、崂山百货大楼（20000 平方米）、崂山大世界实业公司（388 平方米）。

1995 年 11 月 2 日，《青岛日报》以"治治李村街头'四怪'"为标题，再次批评李村街头存在的小摊路中摆、自行车比汽车跑得快、算命先生很自在、李村大集啥都敢卖的"四怪"问题。

1995年12月4日，《青岛日报》登载"两大集团对垒，六大商场争雄。李村现象：都市边缘新生代"的文章，认为："这一耐人寻味的'李村现象'正预示着我市中山路商业中心独领风骚的时代宣告结束，都市边缘开始成为零售商业的新生代。"

1996年1月15日，《青岛日报》发布李村滨河路商业街广告"要想致富快，请到嘉瑞来。要想致富快，请进商业街。李村滨河路商业街，黄金地段，商贾云集，手续齐全，产权所有。"

1997年6月，青岛市李沧区劳动局下发《关于成立青岛市职工自立市场管理委员会的通知》："各有关单位：为了繁荣职工自立市场，加强对入市职工的管理和指导，决定成立青岛市职工自立市场管理委员会。"

1997年6月20日，李沧区政府发布《李村河防汛、清障专题会议纪要》："会议认为，由于李村河多年未能进行彻底清淤，特别是曲哥庄桥附近淤积严重，严重影响泄洪，必须进行清理。另外，新建滨河路商业街的建筑底层的经营业户私自建起隔断墙以及裕丰房地产开发公司等单位在建设中非法占用河道，部分经营业户的商品堆积在河底、桥洞内等现象，也直接影响了河道排洪能力，都应该坚决予以清除。"明确提出"组成专门工作班子，结合有利于防汛和市场退路进室以及村庄改造等，尽快研究并提出李村大集迁址方案。"

1997年7月1日，《青岛日报》登载"我市第二个大型污水处理工程李村河污水处理厂基建工程完工"消息。

1997年，根据上级指示精神，李村大集个体劳动者成立了滨河路市场自管组织，开展行业自律活动。

1998年，税务局实行"委托代收代征办法"，将集市贸易税收委托给街道办事处财政所代收。经过招投标，李村街道办事处中标，获得李村大集税务征收权。

1999年8月，在李村河底市场建设6000平方米的玻璃钢大棚，并对地面进行硬化，成为李村大集的新市场。

2004年，浮山路街道办事处（前身为李村镇之一部分）共有常住人口7315户、19245人、暂住人口1万余人。暂住人口占了总人口的1/3。

2009年出版的《李沧区志（1994-2004）》对李村集的介绍说："李村集位于李沧区九水路与滨河路之间的李村河河道，东至东李村、西至杨哥庄，东西长约1500米，南北宽约80米，占地总面积约12万平方米。自东至西分为四大交易市场：汽车、摩托车市场，每集上市车辆2000余部，汽车、摩托车各半；服装、鞋帽、旧货市场，约有摊位600个；蔬菜、海鲜、粮食、肉类市场，为设有大棚的全日制市场，固定摊位400余个；花鸟、农产品、木材、日用品、自行车市场，摊位达千余个。农历逢二、七为集日。京口路桥和向阳路桥两侧河床之间长约300米的区域设常年农贸市场。"

2005年6月2日，李沧区政府成立李村大集改造建设领导小组。

2007年6月27日，李沧区普降暴雨，历时11个小时，平均降雨量127.1毫米，当时是近几年来雨量最大的一次李村河水上涨，对大集造成一定影响。

2007年7月10日，区政府组织公安、执法、发改等部门对李村河底市场的3000平方米的非法花卉市场进行了强拆，消除了防汛隐患。

2007年8月10日夜间至12日凌晨，李沧区普降大到暴雨，局部大暴雨，平均降雨量267毫米，是李沧区历史记载中降水量最大的一次，也是青岛市50年一遇的大暴雨。10日夜间，李村河水猛涨，情况危急。区政府及时组织区建管局、城管执法局、公安分局、消防大队等单位进行抢险，强制河底滞留人员撤离，救出市场人员18人，确保了防汛期间无一人伤亡。

2007年8月29日，成立李村大集综合整治工作领导小组，下设办公室，具体负责李村大集的整治和管理工作。

2007年9月18日至20日，第13号热带风暴"韦帕"来袭，带来暴雨，平均降水量 193.1 毫米。9 月 19 日，针对李村大集清理情况，防汛指挥部及时下发了《关于清理取缔李村大集临时摊位和固定摊位的紧急通知》的指挥部第 1 号令，要求由李村大集综合整治工作领导小组办公室负责组织彻底清理取缔。到 19 日 18 时，李村大集所有 126 家业户全部撤离，河底物品彻底清除，确保了大集人员生命和财产安全。

2008 年 1 月 28 日，李沧区公共管理指挥中心下发通知，做好对农历年最后两个集期的管理工作，要特别做好李村大集经营秩序，严查假货进入市场；对李村大集周边占路经营，乱摆乱放、游摊浮贩进行重点治理。对无证经营烟花爆竹、乱设摊点的行为要重点打击；对偷盗行为，扰乱公共秩序行为要严厉打击。

2010 年 3 月 31 日凌晨时分，位于李沧区万年泉路与九水路交界处的李村大集桥底发生火灾，火势由桥下一烧烤摊位引起，蔓延至桥下 10 多个摊位被烧毁，损失初步估计在 10 万元以上。

2012 年 2 月 24 日下午，为加大对李村大集的综合整治力度，李沧区政府成立李村大集综合整治行动领导小组。

2013 年 8 月 23 日，李沧区在遭遇多日大雨之后，再次遭遇暴雨，当日恰逢李村大集，市场管理中心通过广播为市场业户播报雨情并反复通知业户撤离，大多数业户在工作人员有序的组织下安全撤离，但少部分业户对雨情估计不足撤离动作过慢导致被淹。

2013 年 8 月 28 日，李沧区政府办公室回复市政府办公厅新闻信息处，就李村集被淹事情进行说明。

2013 年 11 月 4 日，李沧区政府办公室向市政府办公厅新闻信息处报告"李村大集排污污染胶州湾舆情信息办理情况"，对于李村大集污水随意排放、遍地菜叶垃圾等状况的批评予以接受，并提出整改措施。

2014 年 2 月 27 日，李沧区就市政府办公厅新闻信息处转发网民认为李村河中游综合治理工程不应保留李村大集的舆情一事回复信息处，报告正在编制李村河整治升级的方案。

2014 年 3 月 24 日，李沧区政府提出：按照"凤凰涅槃"的发展思路，结合李村河中游河道整治工程，在弘扬民俗文化的同时，开展李村大集经营秩序专项整治年活动，规范市场秩序，打击大集上存在的非法经营行为，改善市场面貌，进一步完善大集管理的体制机制，营造良好的经营秩序和消费环境。并成立李村大集经营秩序整治工作领导小组。

2015 年 3 月 20 日，李沧区政府下发青李沧政办发〔2015〕21 号《关于印发〈李村河中游"安全综合整治年"方案〉的通知》，决定实施李村大集整体搬迁计划。

2016 年 6 月 18 日，在经过认真周密的精心准备以后，李村大集开始搬迁，截至 6 月 30 日，"天天市"的经营业户全部搬迁完成，700 余家经营业户全部迁离李村河道。

2016 年 7 月 1 日，李村新大集正式开集，翻开了李村集崭新的一页。

编　纂：张树枫

后 记

在课题立项两年之后，李沧区政协编纂之《李村大集》终于跟大家见面了。回顾两年来的经历，可谓苦乐参半，五味杂陈，坚持本心，终得成功。

编纂《李村大集》的动因，源于李村大集搬迁，目的是要保护李村大集历史遗产、传承李村大集文脉。然而，理想很美满，现实很骨感。李沧区政协教科文卫体与文史办公室接受任务时，面临着"四无"处境：无大集的历史档案资料为基础、无大集的管理经营数据做支撑、无相应的编辑模式可借鉴、无既懂历史又有实地调研采访经验和编写能力的专门人才。面对一个以流动性交易为主的松散型基层草根商业平台，如何破题、如何入手、如何操作，大家都心中无数。

经过区政协领导和教科文卫体与文史办公室同志反复研讨，认为李村大集历史渊源悠长，文化积淀深厚，具备挖掘文史资料的潜力与空间，既然已经立项，就要认真去做，深挖大集商业文化资源，将《李村大集》做成一个精品。本部门人力有限，只有寻求社会人才支持。为此，曾征求过若干有潜能担纲大集调研的专家学者的意见，均认为李村大集属于流动性的商业交易模式，没有发现历史档案资料，没有大集管理数据资料，缺乏了解和撰写大集文章的专家团队，凡此种种，要想做出一本有分量的文史资料著作，太难！

2017年4月，我们找到了青岛市社会科学院张树枫研究员。一经交流，颇有"所见略同"之感，均认为大集作为青岛市商业领域的一颗耀眼的明星，具有重要的经济活力和社会影响力。为了保护这一历史文化遗产，将这一题材发掘整理，形成一部完整的文史资料，以填补空白，是非常必要。但要推出精品，必须在文史研究传统模式的基础上独辟蹊径，从历史档案资料发掘研究和对大集当事人、知情人的实地调研采访两条主线同步进行，对李村大集400余年的历史沿革、管理模式、税收制度、交易状况、大集搬迁等多方面进行全面发掘整理，推出一个以传统集市文化为核心的文史资料新模式。这一构想得到了区政协主要领导的认可同意，遂诚邀张树枫研究员担纲《李村大集》的调研编辑任务，在编辑委员会办公室（教科文卫体与文史办公室兼）的领导下开展调研与编纂工作。其后，吴翠芝、吴娟、刘锦、李生德、王晓瑛也先后参与了《李村大集》的调研编辑工作。

李沧区政协对此项目极为重视，专门成立了以李桂锡主席为主任的《李村大集》组委会，对于编辑组的工作予以全力支持，提供了一切方便条件。2017年8月举行《李村大集》编写启动仪式，要求全区有关单位全力协助资料征集和实地调查采访工作。事实证明，李沧区各个部门对于《李村大集》调研与编纂工作都给予了积极帮助，有效地支持了实地采访工作的顺利完成。

针对《李村大集》课题的特殊性，编辑组在与组委会领导研讨之后，确定了以 "新史料、新数据、新故事"的"三新"采访编研原则，制订了档案发掘、实地调研、集体座谈、重点采访的调研方案，并付诸实施。经过一年多的实地调研采访，编辑组在青岛市特别是李沧区范围内走访了20余家单位，采访知情人员400余人次，其中重点人物则多次回访，对其讲述事件、人物重点发掘整理，形成一批有分量、有故事、有依据的"三亲"文章。实践证明这是非常必要和卓有成效的。

历史资料的发掘尤为困难，说是大海捞针一点也不为过。在青岛市档案馆、青岛市图书馆、崂山区档案馆、李沧区档案馆、李沧区城市建设管理局、中国海洋大学文学与新闻传播学院等部门的大力支持下，编辑组充分发挥历史研究的长项，从浩如烟海的档案、图书资料中查阅征集到一批珍贵的中外文历史资料，共计征集档案资料近4000页，历史文献资料400余万字。这些历史资料为李村大集历史沿革概述的撰写提供了翔实的基础资料，也为李村大集400余年历史文化增添了有力的证据。在此谨向相关档案、图书管理部门致以诚挚的感谢。

《李村大集》以新发见的历史档案、管理数据和人物故事为基础，以历史沿革研究与"三亲"文章为主体，共分为沿革概述、发展见证、百业百态、风生水起、八方见闻、花絮故事、报章集萃、有史为证、岁月留痕九大部分。在编辑体例和选编文章、档案资料等方面形成了与以往文史资料格式、体例不尽相同的新格式、新体例，希望这一创新能为文史资料领域提供有益的启示作用。

中共李沧区委书记王希静为本书题写书名并题词。

再次谨向所有为《李村大集》的编纂作出贡献和帮助的部门与个人致以衷心的感谢！

戴玉环
2018 年 12 月

图书在版编目（CIP）数据

李村大集 / 青岛市李沧区政协编 . — 青岛 : 中国
海洋大学出版社 , 2018.8
ISBN 978-7-5670-1324-7

Ⅰ . ①李… Ⅱ . ①青… Ⅲ . ①乡村 – 集市 – 青岛
Ⅳ . ① F724.3

中国版本图书馆 CIP 数据核字 (2018) 第 261671 号

出版发行	中国海洋大学出版社
社　　址	青岛市香港东路 23 号
出 版 人	杨立敏
网　　址	http://www.ouc-press.com
电子信箱	coupljz@126.com
订购电话	0532-82032573（传真）

责任编辑 于德荣　　　　　　　　　　　**电　　话** 0532-85902505

印　　制	青岛印之彩包装有限公司
统筹设计	双福文化
版　　次	2018 年 12 月第 1 版
印　　次	2018 年 12 月第 1 次印刷
成品尺寸	165mm×230mm
印　　张	60.5
字　　数	776 千
定　　价	168.00 元